PPP财税处理实操指南

主　编　王庆　副主编　张丛萍　刘强

ACCOUNTING AND TAX PRACTICE GUIDE TO PPP PROJECTS

中国市场出版社
China Market Press
·北京·

编委会

主　　编　王　庆

副 主 编　张丛萍　刘　强

参编人员　（以姓氏笔画为序）

王自民　白良鸿　罗　为　贺　刚　姜小华

贾中财　潘　震

REVIEW

推荐序 I

作为体制、机制创新的 PPP 模式近年来获得中央高层力挺，地方政府和民间资本也逐渐热情高涨，积极参与其中。各路媒体、政府部门、投资人、咨询与研究机构、金融机构等纷纷加入 PPP 热潮，PPP 的发展开始驶入快车道。

但是，在 PPP 的热潮中，关于如何进行科学、规范的财税处理，却始终没有说明白。客观地说，PPP 引入中国的时间并不长，直到 2014 年这个“PPP 元年”，政府才集中发布了成批的 PPP 规范性文件。即使这样，财政部对会计核算的政策、解释、规范等依然是语焉不详，也没有颁布完整的 PPP 或特许经营的会计准则为业界提供约束、指导；税务部门则各自为战，各地税务机关的公告内容五花八门，企业通过 12366 热线对 PPP 问题进行咨询往往难以得到满意的答复。考虑到 PPP 项目建设经营期十分漫长，企业对 PPP 项目的财税处理必然会战战兢兢、如履薄冰。这将有碍于 PPP 模式在中国的推广。

随着社会的进步，各种经济、金融创新模式层出不穷，迫切需要财税各界的理论认识与实操快速跟上。本书作者王庆，一名长期从事税收征管的基层税务干部，通过自己的思考，对 PPP 财税处理提出了独到的见解，他对 PPP 的思考与实践活动，是一种大胆的尝试。在听取我和国家税务总局税务干部进修学院其他老师的建议之后，本书一定程度上颠覆了过去财税界在 PPP 实践中惯用的理解与核算方式。在此基础上，努力尝试重新建立一整套的财税处理框架。本书的特色在于：

1. 打破了过去 PPP 财税处理书籍和文章以建筑施工企业会计处理为基础的不合

理假设，从实际出发，绝大多数案例都以项目公司将施工业务发包给专业建筑施工为基础设定，实操性强。

2. 本书案例涉及 PPP 各模式，在付费机制方面则覆盖了等额本金终值方式、等额本金、等额本息方式等，对 PPP 财税处理中技术含量很高的财务测算、报表合并等都提供了具体的实例，可以给 PPP 从业者提供很好的借鉴。

3. 对 PPP 财税处理的认识有所突破，大胆提出投融资方构建 PPP 项目设施与政府授予特许经营权之间存在非货币性资产交换这一环节，并就投融资方从政府换入的特许经营权无法得到进项税额这一问题，提出了应对办法。

4. 由于国内没有颁布 PPP 或特许经营会计准则，本书从已发布的准则中抽取有用的条款进行组合，并大量借鉴《国际财务报告解释公告第 12 号——服务特许权协议》《国际会计准则解释公告第 29 号——服务特许权协议：披露》等国际准则的精神，构建了比较符合国际惯例的 PPP 项目财务核算体系。

由于本书涉及的核心内容比较前沿，理论上必然不够成熟完善，具体内容的错漏也在所难免，但这种大胆的探索应得到鼓励，其中的不足之处则希望作者团队能逐步修订，日臻完善。

目前，PPP 模式及其财税处理都仍然有待深入开发的模糊地带，这本书的出版发行，必将有助于提高从业者对 PPP 模式的认识，也有利于各级政府部门的规范、管理。祝本书及其后续的修订改版越来越成功。

国家税务总局税务干部进修学院教授，税收经济教研室主任

陈玉琢

REVIEW

推荐序Ⅱ

之前的很长一段时间，在PPP项目培训、教学与项目咨询过程中，我和广大财税从业人员一样，一直在寻找一本贴近业务实际、能够真正解决PPP财税处理问题的工具书；然而，虽多方寻觅，终不可得。直到王庆老师的这本《PPP财税处理实操指南》的书稿摆在面前，我才不禁怦然心动。

大家都知道，PPP发端于欧洲，盛行于欧美，推之于世界；PPP的理论和实践，欧美也走在了世界前列；PPP之于中国，自改革开放以来，经历了从试点至推广到快速发展的过程。财政部PPP中心公布的数据显示，截止到2017年3月末，我国已经入库的PPP项目已经达到12 287个，覆盖了31个省（自治区、直辖市）的19个行业，合计投资额已经达到创纪录的14.6万亿元。然而，我国的PPP相关立法却一直没有跟上实践的发展脚步，现有的关于PPP的法律法规条目非常分散，既缺乏针对性，也没有形成完善的顶层设计和规范体系。特别是关于PPP财税处理，尚未形成PPP或特许经营的会计准则体系，因此更显得散漫杂乱，让人寻寻觅觅，不得要领。尽管社会上关于PPP立法的呼声不绝于耳，然而一切还在路上。

习近平主席在《干在实处 走在前列》的讲话中曾引用《老子》篇中的名句："为之于未有，治之于未乱"，告诉我们，"做事，要在尚未发生以前就着手；治理国政，要在祸乱没有产生以前，就早做准备"。王庆老师的这本《PPP财税处理实操指南》，就是"为之于未有"的大胆创新。本书从我国目前业已发布的各项会计准则中抽取了与PPP相关且切实有用的条款，并大量借鉴《国际财务报告解释公告》等国际准则，重新进行排列组合，创造性地构建了实用型的PPP项目财务核算体系。为了提高本书的实操价值，作者从PPP实际出发，摒弃了其他PPP财税处理书籍和文章一直以来关于项目公司自建项目设施的不合理假设，所选择的案例均以项目公司将施工业务发包给专业建筑施工为基础设定，其会计核算、财税处理都具有极强的针对性和便捷的可复制性，且能够真正解决PPP财税处理的各类疑难杂症。

我长期身处PPP培训、教学和项目咨询的第一线，深知一本好的PPP财税实操指南类的书籍，对于在政府相关单位或企业一线从事PPP管理的人员来说，是多么的重要和宝贵！

“锦囊在手，从此无忧”。希望本书能够成为PPP财税处理的灯塔，让那些在PPP的海洋中航行的人们，从此不再迷茫。

中国四海控股有限公司副总裁

桂茂林

REVIEW

推荐序Ⅲ

我和王庆相识于PPP税收业务讨论会。我国的PPP虽然在20世纪已经起步，但真正获得发展则是2013年党的十八届三中全会允许社会资本通过特许经营等方式参与城市基础设施投资和运营后。PPP作为一种政府和社会资本合作模式，有效弥补了政府资本的不足，正在公共基础设施投资等领域蓬勃发展。由于起步晚，我国的PPP项目管理和发达国家还有较大差距，在财税领域仍属新鲜话题，同时，在其部分财税处理尚有不明确之处。

王庆的《PPP财税处理操作指南》详细分析了PPP项目的财务和税务处理，在PPP财税领域进行了有益的探索和尝试。作为PPP实操者，我愿向广大PPP理论研究者和实务操作者推荐此书。

德勤华永会计师事务所高级经理

段从军

REVIEW

推荐序Ⅳ

看到我们吉林财经大学大企业税收研究所（TILB）王庆副研究员主编的《PPP财税处理实操指南》的书稿，很是欣喜。日常工作中对PPP虽有了解，但并没有深究，不敢轻易荐之。不过，从一个学习者的角度看，这本书给人的启发意义非常大。

党的十八届三中全会提出“允许社会资本通过特许经营等方式参与城市基础设施投资和运营”，随即PPP模式开始进入公众视野，并在国内广泛应用。PPP模式是政府提供公共服务融资模式的一项重要创新，它克服了政府或市场单独提供公共产品存在的种种弊端和低效，是一种合作共赢、提高绩效的公共治理范式。PPP模式有利于拓宽融资渠道，激发民间投资活力，形成多元化、可持续的资金投入机制，提升经济增长动力；有利于加快转变政府职能，提高公共服务的效率与质量，提升国家治理能力；有利于深化财税体制改革，构建现代财政制度，提升财税管理效力。

然而，随着PPP模式在国内的广泛应用，社会资本在税务处理上却遇到了一些问题和困惑，目前我国还没有统一的法律法规或文件对PPP模式运作过程中可能涉及的税务问题做出明确规定，现有的一些规定也散见于多个税种的诸多文件中，没有为解决PPP模式税务处理问题提供直接而有效的帮助。同时，PPP呈现为一种复杂的交易结构，涉及众多的利益相关主体，税收制度规范纵横交错，税收征管面临严峻挑战。

《PPP财税处理实操指南》一书，结构分明，条理清晰，内容丰富，原创性强。本书突破了前人仅对PPP模式国内税收优惠政策和法规体系的梳理和研究的局限，大量借鉴了国际准则，如《国际财务报告解释公告第 12 号——服务特许权协议》《国际会计准则解释公告第 29 号——服务特许权协议：披露》（SIC29）等，领会各准则精神，整合各准则条款，创新性地构建了我国 PPP 项目财务核算的体系。同时，本书也打破了以往 PPP 财税处理书籍和文章假设项目公司自建项目设施的痼疾，从实际出发，以项目公司将施工业务发包给专业建筑施工企业为基础设定核算案例，抽丝剥茧地介绍了 PPP 模式中的各类税务问题，与现实中的业务接轨，具有较强的实际操作指导意义。

王庆副研究员是一位具有宽阔的国际视野、严谨的治学态度、扎实的理论功底和高超的业务水平的高端复合型人才。希望他能够以本书的出版为契机，表达学术思想，积累学术声望，不断超越自我，最终成长为 PPP 模式税收领域的中坚力量。

作为一名热爱科研的新时代税官，王庆的研究具有极其重要的示范意义。我相信，他的实际行动会带动我们大企业税收研究所更多的研究人员砥砺前行，将更多高质量的科研成果呈现给广大读者，为提升我国大企业税收管理水平，推动我国大企业税收现代化略尽绵薄之力。

吉林财经大学大企业税收研究所常务副所长

张　剀

PREFACE

前　言

2016 年 5 月，我因为家庭私事，回到阔别已久的新疆。去之前，我的铁哥们，著名的网红“中国财税浪子”王骏，觉得千里迢迢去趟新疆不容易，于是为我联系了一次建筑行业营改增的公开课。课后，主人邀请了新疆当地著名的财税同人，王骏老师约来了财税界的大咖樊剑英和林萍老师。既然是一群财税人，话匣子一打开，很快就回到了营改增的主题上。席间，我和王骏老师就 EPC 的财务核算问题开辩后却有了完全不同的看法，最后大家都坚持自己的看法，谁也没说服谁。在场的诸位老师纷纷发表了自己的意见，大家很快从 EPC 聊到了当下热门的 PPP，都觉得现在的 PPP 政策不是很清楚，搞得基层税务干部和财务人员不知所措。王骏老师一手举着烤串，一手端着大杯的格瓦斯，对着我说：“王庆你对建筑业熟，干脆咱整个 PPP 课程吧，准火。”宴席一散，我们立刻谋划起草课程大纲。回家后，秉持慎重的态度，我花了近一个月的时间搜集、整理资料。大纲写出来后，通过微信传给赵国庆老师和赵小刚老师，赵国庆老师看后觉得很不满意，认为我对 PPP 模式的财税类核心问题触及的质和量都不够，必须加大比重，挖深、挖透。赵小刚老师则认为，PPP 业务要讲深讲透并不容易，很多老师都只有想法而并未真正动手。

王骏老师提出，理论不用写得太复杂，案例分析则越多越好。按照几位老师的意见，我再次对大纲做了修改，决定将重点放在财务核算的原理探讨和具体案例分析上，并适度提高实操内容的比例。

书稿的开始部分准备得还算顺利，BT、EPC 类的内容结束得很快，但到 PPP 部分就停了下来。王骏老师的工程群里一段偶然的对话改变了我的想法。一位建筑企业的财务总监甲（为其身份保密）公开声称："我们做 PPP 不就是为了少交点税吗?"我好奇地陪着小心问他："做 PPP 为何能少缴税?"他却避而不谈。好不容易，我才从另一位网友乙先生那里探到了一些内容。

于是，我陷入了深思：为何政府以 2～3 年时间对某企业集团设立的项目公司实施的 BT 项目进行回购时需要缴税，但如果是一个 PPP 项目，政府将付款的名义从回购变成了购买运维，再将时间拉长，项目设施建成后，项目公司就不用缴税了? 我开始改变思路，决心删繁就简，以 PPP 项目中比较有代表性的 BOT 模式为代表进行深度挖掘，以期找出问题的根源。

理论、概念部分并不麻烦，好思维不如烂笔头，想得头昏脑胀不如直接写会计分录。写着写着我发现，当下主流的 PPP 会计处理的思路似乎有些问题。从已有的资料看，要么是回避问题，将所有的会计核算都假设为项目公司自己承建项目设施，并按照施工企业进行会计核算（事实上这几乎是不可能的），要么干脆就是：

借：长期应收款（无形资产）——特许经营权

贷：长期应收款（无形资产）——××项目

从上面的会计分录我们可以看出，此分录的意思是，PPP 项目公司获得了特许经营权。大致情形是：项目公司不是自己施工，而是在与分包的施工企业进行工程结算时，将所有成本付出都直接归集进金融资产或无形资产，然后有一天早晨，突然"老母鸡变鸭"，成本归集项目变成了特许经营权。也就是说，特许经营权的获得来源于施工企业的建造行为。我当时百思不得其解：是什么样的高科技手段，能让施工企业为项目公司带来一个虚无缥缈的特许经营权? 再说，政府认可吗? 政府可是在协议上白纸黑字地明确了，特许经营权是由政府授予项目公司的，如果这项特许经营权是施工企业带来的，那还玩什么 PPP? 叫什么政府与社会资本合作? 还不如叫项目公司与施工企业合作。

至于为什么会这样，总不能真的像企业财务人员宣称的，"搞 PPP 模式，就是为了少缴税"吧。我将自己的想法与贺刚、姜小华老师等几位安徽建筑行业财会负责人进行了沟通。他们都认为，特许经营权肯定是政府授予的，但对于为何不作为交换行为处理，大家则产生了分歧。期间，在江西鹰潭龙虎山的营改增讨论会上，我与王骏、朱国海、武晓红老师等又进行了一次深入探讨，依然没有得到满意的答案。但大家都赞同我的疑问："为何项目公司自行建造需要确认一次收入，缴纳一次税金。但交由母公司或第三方企业施工后，项目公司就没有缴税义务了?"我认为，类似于政府购买服务的PPP模式的BT模式下，无论项目公司是自己建造还是发包给第三方建造，项目公司实施完项目设施的构建后都有一个收入确认和缴税环节。难道政府付费期限从3～5年延长到10年以后，项目公司为政府建造项目设施，尤其是建造完毕时，就自动获得了不征税的优惠吗？

当时大家都认为值得就此进行深入的思考，中国市场出版社的胡超平老师更是鼓励我把自己的思考写成书，并且和我定下了年底的约期。

到2016年10月份，苏州召开了PPP创新模式与发展机遇研讨会。会前，我和扬州税院陈玉琢教授进行了长时间的交流，陈教授对我的看法给出了“有保留的支持”态度。在会议上我提出，PPP项目里SPV公司出资建造项目设施的目的是交换政府授予的特许经营权，在此期间合作双方，即政府和社会资本方之间有一次非货币性资产交换行为。这个观点引起了较大的反响。

我认为，这个非货币型资产交换可以从政府和投融资方两个角度来进行分析。

从政府的角度看：第一，政府在签订合同时即授予了投融资方特许经营权，包括前期特许建设，后期利用公共设施开展经营等权利（BT模式下项目公司只获得了特许建设权）；第二，政府希望获得的回报有两种，一种是具有社会利益，即通过授予特许经营权，投融资方需要向社会提供公共服务；另一种是具有商业价值，即政府向投融资方授予特许经营权，有权要求投融资方向政府支付回报。即投融资方有义务组织构建所有权属于政府的，用于提供公共服务的项目设施作为给政府的对价。

从投融资方的角度看：第一，投融资方通过签订合同，获得了政府授予的特许经营权；第二，投融资方获得特许经营权并不是无偿的，根据合同要求，必须向授予方提供回报，即应为政府组织构建项目设施。

特许经营权由政府授予，投融资方获得，是一种双赢的局面：政府通过授予特许经营权获得了限于财力困扰暂时无力或无需建造的项目设施；投融资方通过构建、改建或租赁符合合同要求的、政府控制下的项目设施，使得特许经营权中的后续经营得以触发，并通过提供公共服务进行收费，可以回收成本、利息，且有机会最终获利。毫无疑问，双方在此过程中有一个以权利换资产的行为。

令人欣慰的是，回到合肥后，我拿到了刚刚问世的2015年版国际会计准则的中文版，从中了解到，IASB在《国际财务报告解释公告第12号——服务特许权协议》结论基础BC34明确提出：“当经营方在交换其建造服务中收到无形资产时，存在两组而非一组流入和流出。在第一组，与授予方易货贸易中建造服务交换为无形资产。在第二组，耗尽从授予方收到的无形资产而从公共服务使用者获取现金流入。”得到了国际会计准则的支持，我如释重负，开始集中精力撰写 PPP 财税处理的书籍。由于中国并未颁布特许服务或 PPP 操作的会计准则，我在写作中被迫从已颁布的各项准则中抽取相关信息，以便为全书的各项结论性意见构筑起可信的理论基础。这也是部分章节理论内容较多的主要原因。

此时，还有两个难点必须解决：一是非货币性资产交换的观点如何在 BOO 模式下获得圆满的解释。我认为，BOO 模式应该分多种情况，至少有特许经营权价值低于项目公司建造公允价值，或者两者相等，甚至前者超出后者等多种情况，但非货币性资产交换的实质并没有改变。比如某 BOO 项目中，政府提供的特许经营所能带来的收益低于投融资方提供的项目设施的价值，而 PPP 项目又不可能无限期地被授予特许经营权。政府的对策之一是将在特许经营到期后，将预计依然具有一定价值的项目设施，也作为给予投融资方的对价的一部分，以弥补特许经营获益不足的弊端。由于项目设施一直由投融资方设立的项目公司（也有可能交由其他经营方）进行运营，表面上看项目设施从构建开始直到特许经营到期一直属于项目公司，但实质上已经经历了两轮的价值交换。第二个难点是 BTO 如何与 BOT 模式进行细分和区别。通过一系列的研究，这个问题也终于也得以解决。

由于此时离约定的交稿时间已经很近，且我的理论水平和实操经验都有限，因此我组织了部分有志于研究 PPP 财税处理的企业财务人员和社会中介人员加入写作团队。其中，张丛萍老师、贺刚老师、贾中财老师参与了“PPP 概述”“PPP 发展历程”“PPP 项目付费机制”“关于 PPP 项目财税实务的深层次思考”“PPP 项目融资的账务处理”等章节的写作；刘强老师负责“PPP 项目的税会处理要点”一章中“综合案例”一节的写作；潘震老师和姜晓华老师参与了“BT 概述”“BT 模式的危机及其对策”等章节的写作和审核工作。白良鸿、王自民老师则负责收入准则、金融工具确认和计量准则的新旧对比，差异分析等工作量巨大的幕后工作。王自民老师还参与了本书纸质稿的最终审核工作。

王骏老师设定了全书总体框架，陈玉琢老师则对全书所列的财税业务仔细把关。

同时，还要感谢长沙税院刘慧平教授进行了大量的文献查询工作，为本书得以完成给予了有力的支持。

安徽省国税局大企业管理处的前任领导查永泉处长，以及许玲处长也对本书的写成给予了大力支持。除了各类资料的提供外，许玲处长还为我联系企业提供了很多便利，在此由衷地表示感谢！

作为吉林财经大学（原长春税院）大企业税收研究所（TILB）的副研究员，我在立项、写作工程中得到了所领导一贯的鼓励与支持，王向东所长、张剀老师都多次关心、指导过本书的写作思路、序言的写作等。所宣传总监屠杰琳女士则提前做好了在公众号进行宣传的准备。

虽然本书交稿于 2017 年 1 月底，由于可供参考的书籍、文章较少，需要思考和原创的比例较高，为提高读者的可用性和可参考性，又需要在大量的资料里进行筛选，而且很多案例出于保密的必要，必须进行合并、改写，因此书稿当时的问题很多，事实上并未达到出版社的质量要求。感谢中国市场出版社的默默付出，尤其是有幸得到了辛慧蓉老师数月间逐字逐句的修订和编辑，很多章节几乎成了改写。加上钱伟老师智慧之手的点拨，胡超平老师不断的督促、鼓励，甚至发火等等的助力，本书终于即将付梓。没有编辑们在背后大力的支持，本书就不可能顺利出版。

本书将所用资料的时点截止于 2017 年第一季度。由于我国过去对 PPP 项目财税处理政策规定不详细，因此，造成了社会资本投融资方在财税处理方法上的不妥，但不能完全将责任推给投融资方。如果将来有权威的政策出台，理应不追溯既往，选择一个合适的时点全面推行。因此无须过多担心营业税时代的处理如何调整（如政策规定追溯调整，笔者将在公众号为读者提供解释和应对方案）。而涉及营改增政策的，比如营改增之前已动工的老项目如何处理，本书虽有涉及，但毕竟本书的主线是 PPP 而不是营改增政策，有此要求的，建议参阅同样由中国市场出版社出版的，由计敏女士主编，笔者作为副主编编写的《全行业增值税操作实务与案例分析》一书。对于财政部已发布的新的收入准则及金融工具确认和计量准则，本书编写了新旧准则对照表，但并不作为重点内容。本书在第 10 章提供了基于 2 号解释的多个案例，本意是与后续的批判性案例进行比对。如今后的财税政策继续沿用过去的理解不变，则本章内容可供读者在实操中参考使用。

本书在设定案例条件时，原本全部都假设已成立项目公司，并将施工建造业务发包给施工企业。不过目前很多已出版的书籍都是假定项目公司直接施工（虽然笔者和其他参与作者都认为这样的设定脱离实际）。最终，本书的 PPP 综合案例多数还是假设项目公司不直接进行施工，个别案例则假设项目公司进行施工（不至于与已出版的 PPP 财税书籍差异过大）。

由于本人业务能力有限，时间较紧，其他作者同样受困于写作经验不足，本职工作烦累，因此，很多内容浅尝辄止，书中的问题和谬误更是在所难免，希望读者多提宝贵意见，以便我们不断完善本书。

需要声明的是，在写作过程中，有部分材料借鉴了其他作者的著作，由于条件所限，尤其是部分来自网络的材料，甚至无法得到有效信息，无法全部注明文献名称及原作者，在此表示歉意。我们争取在今后的改版中加以改进。

纠错信息联系邮箱：wq. cn@sohu. com

王　庆

2017年5月

CONTENTS

目 录

Part Ⅰ BT 项目

Part Ⅱ EPC项目

Part Ⅲ PPP 项目

ACCOUNTING
AND TAX PRACTICE

Guide to PPP Projects

Part Ⅰ　BT项目

Chapter 01

第 1 章

BT 概述

1.1 BT 的内涵与 BT 模式的演进

1.1.1 BT 的概念

BT 是建设（build）和移交（transfer）的英文缩写，直译为“建设—移交”，是政府或政府授权的项目发起人通过与社会投资者签订合同，特许投资者负责项目的融资，并建设专属于政府的、非经营性的基础设施建设项目，基础设施建设完工后，项目发起人根据事先约定的回购时间和方式，分期向投资方支付回购价款，将项目设施的有关权利按协议赎回的一种融资模式。BT 模式下，交易的实质是政府在项目期间向投融资方融资，因此，在回购阶段需要根据事先约定的资金成本向投资方支付回购款。对于投融资方来说，投资 BT 项目的目的在于依靠自身的投融资与建设能力，通过项目的工程建设环节和回购价款支付环节获得收益。对于政府方（发起方）而言，则希望通过采用 BT 模式缓解以财政资金投资基础设施项目的资金压力，提高资金使用效率。

目前，我国尚未出台统一的有关 BT 方面的法律规范。通常意义上说，BT 项目融资模式是 BOT 融资模式的一个变种。两者的主要区别在于：

在 BOT 融资模式下，投资方在项目建成后的一定期限内，通过经营收回投资取得盈利，授权期结束后，再将项目无偿转让给政府。大致流程如下：政府通过招投标与投资方达成特许经营协定，由投资方负责项目的设计、融资、投资与建设；项目完成后，在特许经营期内，由投资方自己或委托他人经营该项目，经营期间的利润作为投资成本及收益的回报；特许经营权到期后，根据协议规定将项目的所有权、经营权移交给政府或其指定的公共组织。

而 BT 融资模式（见图 1-1）将中间环节（即特许经营环节）省略，投资方在项目建成后立即移交，以取得回购款方式收回投资并获得合理利润，不拥有项目的经营权。在投资方将 BT 项目建设到一定节点时或项目全部完成后，政府按之前的协议以现金或其他方式，分期或一次性返还投资方的投资成本及相应回报。BT 项目合同签订后，投资方代替政府进行项目投融资和建设，政府只负责监督项目的质量和工程进度，项目建设过程中的一切费用开支，例如设计、勘察、原材料、人工、工程建设、管理、融资等费用均由投资方承担，直到项目竣工后交由政府验收。BT 项目建设完成验收合格后，投资方将 BT 项目全部移交给政府或其指定的公共组织。

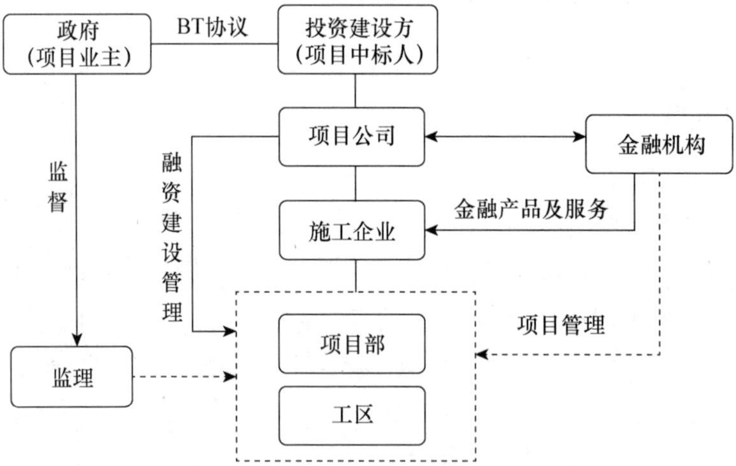

图 1-1　BT 融资模式

BT 项目投资巨大，建设周期长，由于政府有限的财政收入与膨胀的支出欲望间的矛盾长期存在，因此向社会融资成为必然。政府通过引入社会资本，采用 BT 模式，多方共同承担风险，获取收益，使财政资金与产业资本、金融资本形成利益共同体，成为一种解决基础设施建设项目资金周转困难的融资新模式，为投资方提供了一个新的投资途径。

1.1.2　BT模式的国外传承

各个国家对BT模式的界定与规范的理解各不相同。

美国将BT模式界定为：政府通过招标，“订购”一项工程，并采用固定总价、固定工期的总承包合同，其中承包商负责设计、融资、建造，在竣工验收合格后，由政府一次性支付合同价款的融资建设模式。

世界上对BT的第一个法律定义出现于菲律宾的《BOT法案》。在该法案第一条C款中，对“建设—移交”的解释是：“建设—移交是一种契约性安排，项目建设人据此承担经授权的基础设施或发展设施的融资和建设，并在建成后将它转让给政府机关或地方政府有关单位，后者按商定的分期付款时间表，支付建设人在项目上花费的总投资，加上合理比例的利润。这样的安排可应用于建设任何基础设施发展项目，包括关键设施，由于安全或战略的原因，这些设施必须由政府直接经营。”

1.1.3　BT模式的中国沿袭

2003年，建设部发布《关于培育发展工程总承包和工程项目管理企业的指导意见》(建市〔2003〕30号)，该文件明确：“鼓励有投融资能力的工程总承包企业，对具备条件的工程项目，根据业主的要求，按照建设—转让（BT)、建设—经营—转让（BOT)、建设—拥有—经营（BOO)、建设—拥有—经营—转让（BOOT）等方式组织实施。”

这是我国第一次提出BT的概念。

之后，在天津滨海新区政府发布的《公共基础设施建设项目BT模式建设管理施行办法》中，提到以融资、建设、移交为基本特征的BT融资模式。长春市发布的《长春市政府投资基础设施建设工程BT模式融资建设管理若干规定》里也将BT翻译成“建设—移交”。

严格地说，将BT译为“建设—转让”或“建设—移交”，其含义还是有区别的。国内做的一些BT项目，并没有立项在项目公司名下，而是立项在发起人或者项目业主名下，投资人虽然成立了项目公司，但是根本不拥有这个项目。

1.2 BT理论基础

1.2.1 BT项目的特点

（1）BT模式仅适用于政府推动的基础设施非经营性项目建设，即只有政府发起的基础设施项目才能采用BT模式。

（2）项目业主方（政府）将项目融资和建设的特许权授予项目投融资方。

（3）项目投融资方获得BT项目的特许权后设立项目公司。BT模式不存在经营风险，项目完工后移交给工程项目业主。项目在规定的时间建成后立即有偿转让给政府，收回投资并赚取一定的利润。事实上，BT是一种投融资方式。

（4）投资建设期短，投资回报率稳定。

（5）政府利用的资金是非政府资金，是通过投融资方融到的资金。BT项目投融资方的融资渠道有多种，可以是借贷，比如从银行或其他金融机构借款，也可以发行债券，甚至接受股权投资、混合性投资等；可以是内资，也可以是外资。

1.2.2 BT项目的主要参与方及其职责

BT项目的主要参与方包括：工程项目业主、投融资方、项目公司、建设单位和回购单位。

1.2.2.1 工程项目业主

工程项目业主是政府及其有关部门或政府授权进行招标的企业，项目所有权属于政府，政府仅将项目的融资和建设特许权转让给投融资方。

工程项目业主的主要职责是：做好项目初步设计或者施工图批准前的所有前期工作，监督投融资方的资金到位、资金使用和建设管理情况，审查建设总进度计划，组织回购等。由于项目业主原因不能按期履行回购条款的，项目业主应承担相应责任。

1.2.2.2　投融资方

投融资方是按照有关程序取得项目融资及建设特许权的企业。为便于操作，在 BT 项目运营时，投融资方一般会设立项目公司进行项目建设。

投融资方应组建与项目建设管理相适应的具有独立法人资格的项目公司，具体负责项目建设的实施。投融资方和项目公司及其法定代表人对工程质量实行终身负责制。投融资方要严格执行政府投资项目的有关规定，完成合同约定的建设内容。涉及项目规模、功能、标准等内容变更的，必须经项目业主和项目行业主管部门同意；重大内容变更，必须经项目行业主管部门审核后报原审批部门审批，并及时提出项目融资调整意见。相关手续，由项目业主、投融资方或项目公司按现行管理要求共同办理。

1.2.2.3　项目公司

项目公司除取得建造有关基础设施的权利以外，在基础设施建造完成以后并不进行后续经营。

项目公司的职责包括：按照 BT 项目合同和相关法律、法规、规范、标准组织工程建设，完成全部工程任务，确保质量、安全生产和工期符合规定；组织完成和上报项目的初步设计和施工图设计及概（预）算；编制项目实施计划和年度计划，合理安排项目工期；遵守国家有关法律、法规，接受行政主管部门的监管，服从行政主管部门的行业管理；按照合同约定，对工程质量、进度、投资、安全生产和环境保护承担相应的法律责任；接受质量监督机构、造价管理机构对工程质量、造价的监督检查，按时如实报送项目建设的有关信息资料；建设期内，禁止向他方整体或部分转让特许经营项目，严禁拖欠工人工资；按国家有关规定照章纳税；按照法律法规规定完成交工验收及做好竣工验收准备工作，等等。

1.2.2.4　建设单位

建设单位是实际进行该项基础设施建设的单位。若项目公司同时承担建设施工，那么项目公司和建设单位是合二为一的；若项目公司不自行建设施工，则项目公司与建设单位是分离的。

1.2.2.5 回购单位

回购单位，就是指在项目建设完毕后，向项目公司接收工程项目，并支付约定的工程建设费用、融资费用及项目收益的单位。一般来讲，回购单位即工程项目业主。

1.2.3 BT 项目的法律关系与实施方式

BT 项目的法律关系如图 1-2 所示。

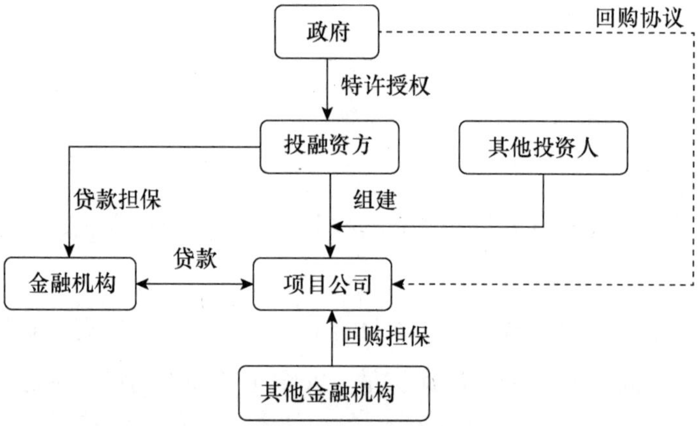

图 1-2 BT 项目的法律关系示意图

在实施过程中，BT 项目通常包括以下流程：

（1）项目的确定阶段：政府对项目立项，完成项目建设书、可行性研究、筹划报批等工作。

（2）项目的前期准备阶段：政府确定融资模式、贷款时间及数量要求，完成偿还资金的计划安排等工作。

（3）项目的合同确定阶段：政府确定投融资方，完成谈判商定双方的权利与义务等工作。

（4）项目的建设阶段：参与各方按 BT 项目合同要求，行使权利，履行义务。

（5）项目的移交阶段：竣工验收合格、合同期满，投融资方将项目有偿移交给政府，政府按约定总价，按比例分期偿还投资方的融资和建设费用。

1.2.4 BT项目的类型

根据BT项目的发起和回报方式，可将其分为四类，即政策型BT项目、无偿（附带）型BT项目、租赁型BT项目、标准型BT项目。

1.2.4.1 政策型BT项目

出于政治、经济、安全等方面的考虑，有些项目在建成后不适合由社会单位运营，而必须由政府或某些特殊单位进行运营。也就是在PPP项目建成后即行移交，变成BT项目，由政府直接控制BT项目的运营，但给予投融资方合理的投资回报。这就是政策型BT项目。

1990年，菲律宾在《BOT法案》中规定："建设—移交是一种契约性安排，项目建设人据此承担授予的基础设施或发展设施的融资和建设，并在建成后将它转让给政府机关或地方政府有关单位，后者按商定的分期付款时间表，支付建设人在项目上花费的总投资，加上合理比例的利润。这种安排可应用于建设任何基础设施发展项目，包括关键设施，由于安全或战略的原因，这些设施必须由政府直接经营。"该条款充分证明，BT模式最初是由剥夺了投融资方的运营权，而转为政府根据投融资方在项目上花费的总投资，加上合理比例的利润为付款依据，按商定的分期付款时间表，给付合理回报形成的。

例如，某地公安机关发布了一个数据分析中心建设项目，最初的设计方案是建成后政府继续购买项目公司10年的专业服务，期满后移交政府。由于涉及敏感内容，后转为建成即移交，政府分5年平均给付回购款。

1.2.4.2 无偿（附带）型BT项目

投融资方为获得某可获得预期收益的商业项目，经谈判，在政府做出一定的商业利益让步的基础上，同意政府提出的在商业项目外建设无偿的附带项目的要求。这就是无偿（附带）型BT项目。

这种BT模式最早出现于越南。越南2000年修订的《越南外国投资法》第一章第二条第十三款规定："建设—转让合同是指获得授权的国家机关与外国投资者为建设基础设置而签订的书面文件，建设完成后，外国投资者将该设施转让给政府，而越南政府创造条件给外国投资者去实施其他投资项目，以偿还投资并帮助其获得合理利润。”由此可见，在越南，政府将BT项目视为无偿的，投融资方要获得商业回报，就只能在无偿附带的BT项目上让步。

在我国，这样的项目很常见。很多房地产开发项目，在规划中，都要求开发商在建设可售的商品房之外，还要无偿建设附属的幼儿园、学校、医院、其他社区公共配套项目，以及红线外市政道路和公园等，并在达到可用状态后移交给政府。只是允许开发商将这些BT项目的支出作为土地成本，在出售的房地产开发项目中扣除，间接获得补偿。

1.2.4.3 租赁型BT项目

施工方将项目建成交付政府后，政府在较长的一段时间内，通过支付租金的形式给付工程款，租赁期结束后，项目公司将项目所有权移交给政府（或其指定的机构）。这就是租赁型BT项目。这实际上是BLT（build-lease-transfer）模式，即“建设—租赁—移交”模式，是传统BOT项目融资模式的一种延伸。需要注意的是，在BLT模式下，租赁期内政府（或其指定的机构）负责项目运行和日常维护，项目公司除了提供一定年限的质量保证外，仅负责一定的非承租方责任的质量瑕疵修复工作。BLT模式可以看作是EPC（engineering procurement construction）总承包模式与融资租赁的组合，而它与融资租赁的区别在于：BLT不仅是一种融资模式，也是一种项目建设管理模式（社会资本方应按照政府的要求选择EPC总承包商并进行建设）。20世纪90年代，韩国的《PPP法案》刚出台时，仅明确了BOT、BTO和BOO三种模式，这种限制导致PPP项目在韩国一度遭受冷遇；2005年韩国第三次修订《PPP法案》，更名为《民间参与基础设施法》，正式引入BTL（build-transfer-lease）模式即“建设—移交—租赁”模式，并扩大允许民间资本进入的领域。

韩国的《民间参与基础设施法》第一次提出了BTL模式。在BTL模式下，由社会资本方通过融资建设基础设施，在项目完成之后，设施的所有权转移至政府。特许期内特许经营者被赋予运营的权利，并在确定时间段内依据绩效从政府处获得报酬（租金和执行成本）。其中，租金包括设施投资本金和利息，执行成本包括设施维护和修理费以及其他提供运营服务所必需的成本。需特别指出的是，韩国BTL模式中的特许经营者一般只提供非核心服务，不负责用户服务，即项目公司不承担需求风险。由于私人部门每年可以从政府支付的租金中获得稳定的现金流，相对于

BTO项目风险较低，因此政府往往会设置比BTO项目更低的收益率。BTL模式适用于学校、军队住房、污水管道等项目，风险较小，回报率也相对较低。

BTL模式与BLT模式有很多共同点，例如：都是项目公司将资产出租给政府，投资回报均依赖于政府付费，项目回报率较低，等等。同时，两者也存在较大差异（见表1-1）。由于BLT模式下特许期内资产所有权不转移，特许权获得者不得不缴纳财产税，因此在韩国BTL模式更流行。

表1-1　BTL模式与BLT模式的差异对比

项目	BTL模式	BLT模式
投资收益	政府付费涵盖建设成本（含合理利润）和运营成本	政府付费仅涵盖建设成本（含合理利润）
设施类型	学校、军队住房、污水管道等适宜采用可用性付费的项目	不适宜由私人部门直接运营的基础设施领域
私人部门承担的风险	融资、建设及运营的风险	融资和建造风险
政府付费方式	“可用性付费＋绩效付费”	“可用性付费”

1.2.5 BT模式的演化

BT模式的分类与演化见图1-3。

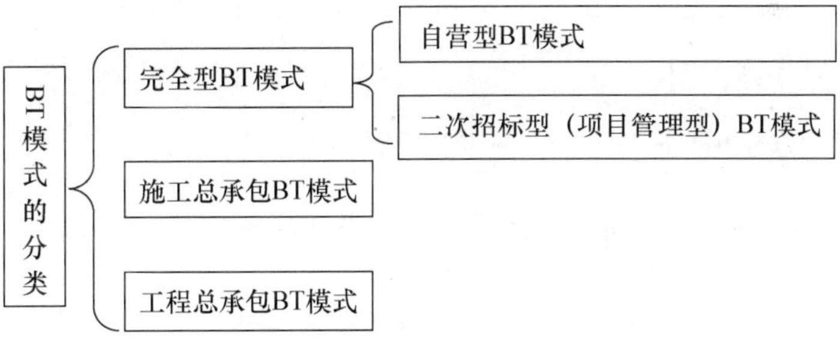

图1-3　BT模式演化结构图

1.2.5.1 完全型BT模式

完全型BT模式是指通过招标确定项目建设方，建设方中标后组建项目公司，由项目公司负责BT项目的投资、融资和建设，项目建成后由业主回购收回的形式。在我国，最有代表性的项目是2008年北京奥运会主体育馆。根据项目公司是否进行施工，完全型BT模式可进一步细分为自营型BT模式和项目管理型BT模式。

1. 自营型 BT 模式

通过招标确定项目建设方，建设方组建项目公司，项目公司负责项目的融资、投资和建设，项目建成后由业主回购的形式就是标准的自营型 BT 模式（见图 1-4）。项目公司通常还要完成包括初步设计在内的全部勘察、设计和建设管理，也有的将其交由总承包单位完成。在自营型 BT 模式中，有时政府也会直接以项目法人的名义进行立项和初步设计。

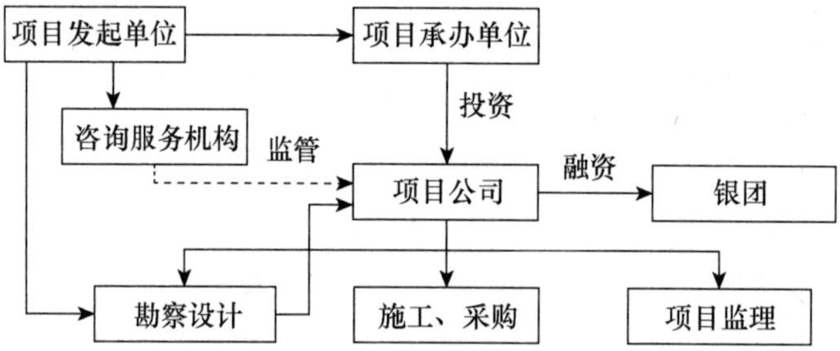

图 1-4　自营型 BT 模式

2. 项目管理型 BT 模式

项目管理型 BT 模式也称二次招标型 BT 模式，是指建设方组建项目公司，项目公司负责项目的融资、投资，通过二次招标确认施工方，项目公司全程负责建设施工管理的模式（见图 1-5）。

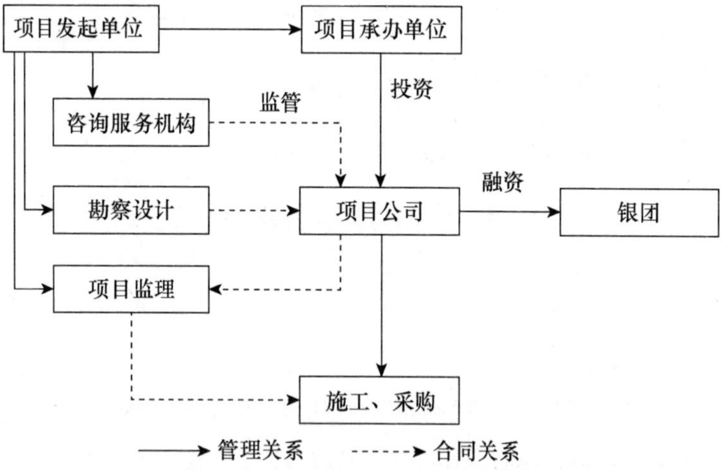

图 1-5　项目管理型 BT 模式

项目公司应按照建造过程中支付的工程价款等考虑合同规定，确认长期应收款。其中，长期应收款应采用摊余成本计量并按期确认利息收入，实际利率在长期应收款存续期间内一般保持不变。

回购款由工程建设费用、融资费用、管理费用、合理回报收入构成。其中融资费用又分为两部分，一是建设期融资费用，二是回购期融资费用。建设期的融资费用已包含在工程建设费用中，而回购期的融资费用超出贷款利息部分，应计入投资收益。另外，管理费用和合理回报收入也计入投资收益。用公式表示如下：

回购款＝工程建设费用＋融资费用＋管理费用＋合理回报收入

＝工程建设费用＋回购期贷款利息＋投资收益

1.2.5.2　施工总承包 BT 模式

施工总承包 BT 模式是指通过招标确定项目建设方，建设方按照合同约定负责工程施工及投资，项目验收合格后由业主回购的形式（见图 1-6）。

在施工总承包 BT 模式下，项目发起人不成立项目公司，直接发包工程。

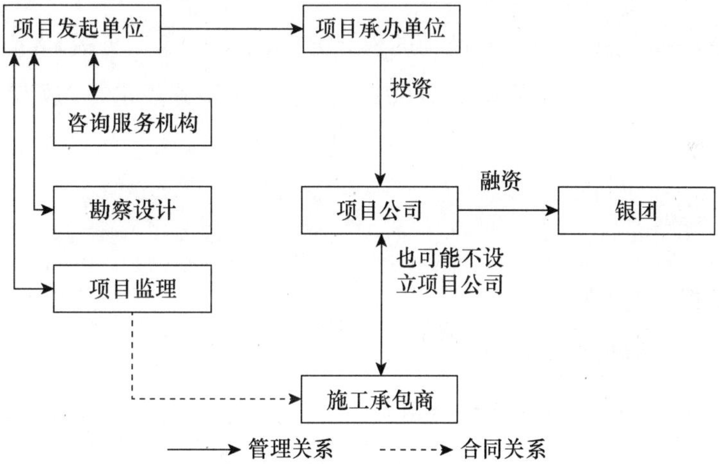

图 1-6　施工总承包 BT 模式

1.2.5.3　工程总承包 BT 模式

工程总承包 BT 模式是指通过招标确定项目建设方，建设方按照合同约定对工程项目的勘察、设计、采购、施工和竣工验收等实行全过程的承包，并承担项目的全部投资，由业主委托指派工程监理，项目建成后由业主回购的形式（见图 1-7）。详细内容参见本书第二部分“EPC项目”。

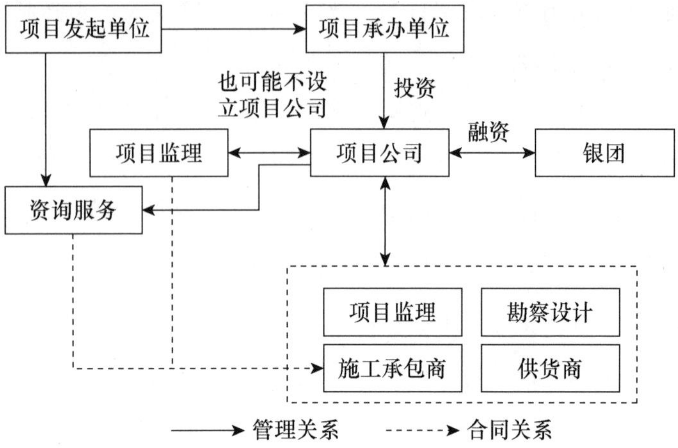

图 1-7 工程总承包 BT 模式

《关于培育发展工程总承包和工程项目管理企业的指导意见》（建市〔2003〕30号）第四章第七条明确：“鼓励有投融资能力的工程总承包企业，对具备条件的工程项目，根据业主的要求按照建设—转让（BT）、建设—经营—转让（BOT）、建设—拥有—经营（BOO）、建设—拥有—经营—转让（BOOT）等方式组织实施。”该文件明确将BT模式列为国家鼓励的模式之一。2004年国务院颁布的《国务院关于投资体制改革的决定》（国发〔2004〕20号）又明确规定，“放宽社会资本的投资领域，允许社会资本进入法律法规未禁入的基础设施、公用事业及其他行业和领域”。

1.2.6 BT模式的缺点

1. BT项目涉及环节多，建设费用大

采用BT模式，必须经过确定项目、项目准备、招标、谈判、签署与BT项目有关的合同、移交等阶段，涉及政府许可、审批以及外汇担保等诸多环节，牵扯的范围广，不易实施。最重要的是，融资成本也因中间环节多而增大。

2. BT项目分包情况难以控制

在BT模式下，由于政府只与项目总承包人发生直接联系，因此项目的落实可能被细化，建设项目的分包将愈显严重。近年来，一些地方政府和部门要求建筑业

企业以带资承包的方式建设新的工程项目，也有一些建筑业企业以承诺带资承包作为竞争手段，承揽政府投资项目，并美其名曰“BT项目”。BT项目与PPP项目有所不同，本质上是施工企业垫资代政府部门建设的工程项目，而国家明令禁止的使用带资承包方式建设政府投资项目的行为，往往会形成资金风险，导致非法转包、拖欠工程款和农民工工资等问题，干扰国家对固定资产投资的宏观调控，扰乱建筑市场秩序。

3. BT项目质量难以得到应有保证

在BT项目中，虽然政府会督促和协助投资方建立质量保证体系，要求其申请政府质量监督，健全各项管理制度，抓好安全生产，但是，投资方出于自身利益考虑，往往在BT项目的建设标准、建设内容、施工进度等方面自行其是，导致建设质量得不到应有的保证。

4. BT模式的法制不够健全

BT模式因为其筹资更方便、投资建设效率高、投资回收风险低等优势，已在我国得到越来越广泛的应用。然而，与BT模式相关的法律法规却比较少。从现有的一些规章制度可以看出，BT模式下的业主方、投资方和项目公司分别负有不同的职责，承担不同的责任和义务。投资方与业主中负责注资的一方应依约履行出资义务，在项目公司进行开发建设时，投资方负责解决建设资金的融资问题，业主方提供必要的协助，如有必要，业主方可对出资比例对应部分的融资提供担保，投资方与项目公司就项目投融资、建设向业主方承担连带责任。业主方就其投资额向投资方承担有限责任，与其承包商就其自建部分的工程建设管理在其自管建范围内向项目公司承担连带责任。

目前，我国尚缺乏针对BT项目的专门立法，规范和调整BT项目的法律文件主要有政府采购和工程建设管理方面的法律法规，国务院各部委发布的部门规章和各类政策性文件，以及各地方政府关于本地实施的BT项目的规范性文件。

法律和行政法规主要有《中华人民共和国政府采购法》《中华人民共和国预算法》《中华人民共和国招标投标法》《中华人民共和国建筑法》《建筑工程质量管理条例》等，这些法规基本囊括了BT项目的项目评估、选择私营部门、建设、运营等主要阶段。

国务院及各部委发布的规范性文件主要是部门规章及政策性的文件，在内容上分两类：一是20世纪90年代针对外资参与我国基础建设的文件，主要有《关于以

BOT 方式吸收外商投资有关问题的通知》（外经贸法函〔1994〕第 89 号）、《关于试办外商投资特许权项目审批管理有关问题的通知》（计外资〔1995〕1208 号）；二是 2000 年以后我国政府拓展投融资渠道，引导民资参与基础设施建设，参与公共服务的政策性文件，主要有《市政公用事业特许经营管理办法》、《关于鼓励支持和引导个体私营等非公有制经济发展的若干意见》（国发〔2005〕3 号）、《国务院关于鼓励和引导民间投资健康发展的若干意见》（国发〔2010〕13 号）等。

各级地方政府根据本地 BT 项目实践情况，制定了适用于本地的 BT 项目管理方面的地方法规、政府规章或规范性文件。目前，有 7 个省区针对公用事业特许经营颁布了 8 部地方法规，13 个省区针对公用事业特许经营颁布了 17 部地方规章。

1.3 BT 项目的投标报价与回购总价的构成分析[1]

1.3.1 BT 项目的投标报价构成

当承包企业对项目产生了一定的兴趣，获得了一些招标项目信息，并认为可能从这些项目的投标中受益后，其所面临的问题就是：如何在这些招标项目中进行选择？一般来讲，在选择投标项目时，需要考虑一些关键因素。

1.3.1.1 基准回购价格

BT 项目的合同定价方式与传统承包项目有所不同。采用 BT 模式，理论上可以在 EPC 模式报价的基础上加上融资成本的方式进行报价。一般采用总价合同（即固定回购价或可调回购价），但也可采用单价合同。在实际操作过程中，如果投标时还未完成设计，一般以政府最终批准的设计概算为基础，还要考虑投标下浮的百分比。如果投标时已完成设计，可以采用单价合同或者总价合同。以政府最终批准的设计概算为计税基础时，承包商控制设计概算的关键是确定工程建设费用的计税依据和方式。例如，明确是采用《国家标准建设工程工程量清单计价规范》（GB50500-

---

[1] 本节参考：汤明，裴劲松，吕海军. 建筑企业 BT、BOT 项目投资管理及案例分析［M］. 北京：北京交通大学出版社，2015.

2013）还是采用当地政府的定额。

一般来说，BT项目的回购总价款构成如下式：

回购总价款＝回购基价＋回购期投资收益

回购基价＝工程建设费用＋建设期融资费用

1.3.1.2 偿付时间计划

与传统承包项目不同，BT项目一般在项目竣工移交之后才开始付款，偿付时间计划确定承约商获得偿付的支付时间和支付次数。支付时间约定可以是项目移交后较短时间内支付或较长时间内支付，支付次数约定可以是一次付清或多次付清，两者可以有多种组合形式。为了减轻投融资方的资金压力，政府可能同意在项目竣工移交之前就开始分期支付。

（1）标准偿付计划。理论上说，项目回购人应该在项目竣工验收移交后较短时间内，一次性付清项目回购价款。EPC模式下，一般是按合同约定的付款节点付款，而BT模式下，只是把进度付款延迟到竣工验收后一次或分次付清。

（2）惯用偿付计划。实践中，项目回购人一般在项目竣工验收移交后的较短时间内多次支付清偿款项。这种实际实施的偿付计划，可称为惯用偿付计划。这种偿付计划由双方商定，偿付时间和偿付次数具有很大的灵活性。

（3）分期偿付计划。项目回购人在项目竣工移交后一个较长时间内分期偿付，如每年偿付一次，其延迟偿付的价款，按商定的利率支付利息。这种具有分期偿还贷款性质的偿付计划即为分期偿付计划。

采用分期偿付方式的BT模式的合同期，由建设期和偿还期两部分组成。其付款的时点，可以安排在从部分工程完工到全部完工投入运行后的期间内。每次付款金额也由谈判确定。

（4）远期偿付计划。项目回购人在项目竣工移交后较长时间内，一次付清回购价款，并按商定的利率支付利息。这种类似期末本息一次性偿还贷款性质的偿付计划，称为远期偿付计划。采用远期偿付方式的BT模式的合同期，由建设期和偿还宽限期两部分组成。其宽限期的长短由双方协商谈判确定。由于投融资方获得政府偿付的时间较长，占用了大量的资金也承担了较大的融资建设风险，因此，投融资方对这种偿付计划通常避而远之。

1.3.1.3 风险补偿机制

采用BT模式需要在项目早期就确定回购价格，因而回购价格与实际造价可能有较大的偏差。如果是正偏差，即回购价格大于实际造价，有利于投融资方；如果是负偏差，即回购价格小于实际造价，则有利于政府。对双方而言，价格偏差都有很大的风险。如果在偿付机制中设置合理的风险补偿机制，则可以实现双赢。风险补偿有两种方式，一种是内含风险补偿，另一种是外设调价机制。内设风险补偿有两种计算方法：一是，对转移给投融资方的风险进行量化，计算出风险成本，以不可预见费等形式，加在基本回购价之上。例如，深圳地铁5号线BT模式中设置了风险包干及其他费用，约定风险包干费、赶工费、总承包管理费占批准后的基本设计概算的4%。二是，采用风险调整后的折现率，代替市场平均投资回报率计算回购价。外设调价机制，是把风险因素作为变量，包含在回购价格之中，在付款时，根据实际风险情况进行调整。

1.3.2 BT项目回购总价的构成

根据政府及其有关部门与投资人签署的融资建设协议，BT项目进入回购期后，回购人应按照协议规定向投融资方支付回购款。回购款数额通常为，经财政部门批准的竣工财务结算价款（回购基价）与回购期的投资回报之和。回购基价是BT项目合同双方约定的合同价款，由工程费、建设期的融资费用和回购缓冲期的融资费用组成。根据《关于印发建设项目经济评价方法与参数的通知》（发改投资〔2006〕1325号）的规定，工程费用，指直接构成固定资产实体的各项费用。建筑安装工程费和设备及工、器具购置费，该项费用由合同双方根据项目施工图预算，在BT项目合同中初步确定；项目完工后，由合同双方考虑工程变更、索赔、工期延误等因素，最终通过工程结算确定。回购期的投资回报，指双方约定由回购方在回购期间支付给投资人的投资回报值。回购基价是计算回购期投资回报的依据。

1.3.3 影响BT项目回购总价的相关因素

1. 资金使用计划

BT项目开工前，投资人要编制项目资金使用计划，以便合理确定施工阶段投资控制的目标值，为资金的筹集和协调打下基础。在总工期和总成本不变的情况下，项目内各项活动不同的进度安排，会形成不同的项目资金使用计划。一般而言，所有活动段最迟时间安排，对减少资金占用和利息支出最为有力，但也降低了项目按期完工的保证程度。

2. 工程项目变更

大量的工程项目实践表明，在建设过程中，工程项目变更往往不可避免。特别是大型的、技术特别复杂的项目，由于来自自然、社会等不可预见因素的干扰，工程项目施工过程中发生项目工程变更的概率更大。较为普遍的一种情况是，施工企业在施工过程中，遇到一些原设计未预料到的具体情况，如现场地质条件与原设计不符，此时就需要进行工程项目设计更改以满足施工需要。另外，政府可能认定需要修改设计以加快建设速度，或降低建设运营和维护成本，或提高本项目的质量，回购人也可能出于公共利益的需要而提出变更设计的请求。如果上述设计修改的获益人是投资方，政府一般不承担相关费用，否则政府应承担可能增加的工程项目费用和融资利息。

3. 费用索赔

一般而言，索赔是指在工程项目合同实施过程中。当事人一方不履行或未正确履行其义务，或发生本应由当事一方承担的风险，而使另一方遭受损失，受损失的一方向对方提出的补偿要求，包括工期补偿和费用补偿。回购人按此金额赔偿后，投资方的财务状况应能恢复到假如未发生索赔事件前的水平，即投资方不致因索赔事件而遭受任何损失，但也不得因索赔事件而获得额外收益。因此，施工过程中发生的索赔费用，对回购基价也会产生较大影响，进而影响到融资利息。

4. 工期延误

在项目施工过程中，会遇到各种各样干扰施工的事件，进而影响工程项目的总进度。根据《〈标准施工招标资格预审文件〉和〈标准施工招标文件〉试行规定》（国家发改委、财政部、建设部等九部委令2007年第56号文发布）的规定，对于非承包人原因造成的工期延误，合同工期应顺延，业主应弥补给承包人由此增加的各项成本。对BT项目而言，政府除了应弥补工程项目成本增加的费用外，还应将增加的融资利息计入回购价款。

5. 回购期限

回购期限是指，项目从竣工完成并验收合格之日起，到按约定完成回购款支付所用的时间。政府与投融资方一般会在融资建设协定中约定回购期限。回购期限对回购总价的影响相对简单，在其他因素不变的情况下，回购的计息周期越短，需支付的融资利息就越少，因而回购总价越低。

6. 回购方式

回购方式是指回购款的支付方式。回购期内，回购款的支付方式主要有两种：一是等额本金方式，二是等额本息方式。相关内容可参考第16章“PPP项目融资”。

7. 利率变动

利率变动属外部经济风险因素，不受回购人与投资人的影响与控制，因此双方应在合同中对该风险进行合理分配。比如利率的变化，会引起融资费用的变化：利率提高了，相应的融资费用会增加；利率降低了，融资费用会减少。双方应在合同中明确约定可接受的幅度范围，在此范围内回购价格无须调整，在此范围外则回购价格需重新计算调整并通过谈判确定。

8. 回报率

BT项目的投资回报率并没有一个规定值，国内通行的做法是在银行贷款利率的基础上上浮若干百分点，具体数值由双方谈判约定。很明显，投资回报率越高，回购总价越大。

9. 政策规定

按照现行税收政策规定，如果将BT项目移交视为销售不动产行为，投融资方还需缴纳因项目回购导致的产权转移各项税费，如增值税、教育费附加、土地增值税、契税等。融资建设合同一般规定该项费用由回购方承担，若能申请减免，应由投融资方负责申请办理和享有。因此，此项费用对于合同回购总价一般不产生影响，除非合同规定此项费用由投融资方承担。

10. 不可抗力事件

不可抗力事件是指合同任何一方不能预见、不可避免、无法控制或不能克服的自然事件，包括地震、台风、洪水等自然灾害，以及战争等一切非人力可预测或者控制的事件。发生不可抗力事件时，双方应尽一切合理的努力使不可抗力对合同履行造成的延误或损失减到最小。根据风险分配原则，不可抗力事件发生后产生的损失，根据事件性质可由双方共同承担，具体事项应在合同中详细规定。

Chapter 02

第 2 章

BT 模式的危机及其对策

2.1 BT 模式风光不再

2012 年 12 月 24 日，四部委（财政部、发展与改革委员会、中国人民银行、银监会）联合发布《关于制止地方政府违法违规融资行为的通知》（财预〔2012〕463 号）。该通知明确指出，除法律和国务院另有规定外，地方各级政府及所属机关事业单位、社会团体等不得以委托单位建设并承担逐年回购责任（BT）等方式举借政府性债务，并且禁止为 BT 项目提供担保。

2.1.1 BT 与 PPP 模式的关系

根据亚洲开发银行的定义，PPP 是指“为开展基础设施建设和提供其他服务，公共部门和私营部门实体之间可能建立的一系列合作伙伴关系，主要特征有：政府授权、规制和监管私营部门，私营部门出资、建设和（或）运营提供公共产品和服务，公私双方长期合作、共担风险和收益，提高效率和服务水平”。从亚洲开发银行的定义来看，在 PPP 模式下，政府和社会资本方的合作是全过程的，应该目标一致、利益共享、风险共担，仅仅参与建设期的建设并不完全具备政府与社会资本合作的特征。

因为只有政府与社会资本方建立长期合作关系，才能保证社会资本方实质性地参与 PPP 项目，避免企业的投机行为，避免项目效率低下甚至“烂尾”。从社会资本方参与程度来看，如果采用社会资本方不承担运营责任的合作模式，不论使用何种支付机制都不能认定为 PPP 模式。从合作机制来看，如果一个项目的政府和社会资本方没有交集，就无法形成利益相关的合作。政府和社会资本方如果不是合作而是委托建设与项目融资的关系，那么实质上充其量只是一种融资模式。

从特许经营的角度看，BOT，BOOT，TOT，DBFO 等都属于特许经营，但是因为企业未参与运营，所以 BT 模式显然要被排除在 PPP 模式之外（有人认为，因 BOO 模式下的资产已完全转移给企业，只能算是部分特许经营，本书认为此观点有待商榷）。因此，不管从定义、合作机制还是特许经营的层面来看，BT 模式都被排除在 PPP 模式之外。

狭义的 PPP 模式是指政府与私人部门组成特殊目的机构 SPV（special purpose company），引入社会资本，共同设计开发，共同承担风险，全过程合作，期满后再移交给政府的公共服务开发运营方式。显然，BT 模式不属于狭义的 PPP 模式，更不属于目前财政部力推的 PPP 模式。

广义的 PPP 模式是指政府与私人部门为提供公共产品或服务而建立的合作关系，包括 BOT，BOO，PFI 等各种公私合作形式。主要包括外包类 PPP 模式、特许经营类 PPP 模式、私有化类 PPP 模式。BT 模式属于广义的 PPP 模式。

2.1.2　BT 与垫资工程总承包的区别

BT 与垫资工程总承包的本质区别在于项目实施主体不同。垫资工程总承包模式是由总承包单位作为项目主体来实施，BT 模式则通过项目法人（为项目而组建的项目公司）来实施。另外，还有以下几个方面的区别：从合同性质来看，BT 模式的合同属于投融资性质的合同，而垫资工程总承包模式合同属于典型的建设工程合同；从合同内容来看，BT 模式的合同内容包括融资、征地拆迁、建设管理、工程施工和验收移交等，而垫资工程总承包模式的合同内容主要是工程施工；从适用范围来看，BT 模式主要适用于基础设施和公用事业，而垫资工程总承包模式适用于各类工程项目。

2015 年 1 月 4 日，财政部出台《政府购买服务管理办法（暂行）》（财综〔2014〕96 号发布），对政府购买服务的主体、内容、方式和流程、资金管理以及绩效管理等事项作了详细规定。该文件规定，政府采购服务事项应按规定纳入政府购买服务指导性目录进行管理；同时以列举加概括的方式规定，住房保障、公共交通运输、环境治理、城市维护、规划编制、工程服务等领域适合由社会力量承担的服务事项，应当纳入政府购买服务指导性目录。对于市政道路、公园、街路绿化等非经营性项目，则规定应由财政部门在充分征求相关部门意见后，确定是否纳入政府购买服务指导目录，并根据经济社会发展变化、政府职能转变及公众需求等情况进行动态调整。

当前，非经营性项目可供选择的承建模式到底有哪些？模式的合法性又如何保障？本书结合地方债管理及 PPP 新规，对新常态下非经营性项目的承建模式及其注意事项加以分析，供 PPP 项目参与方参考。

2.1.3 项目属性的界定

《中华人民共和国预算法》（以下简称《预算法》）规定，政府举借的债务只能用于公益性资本支出，不得用于经常性支出。《国家发展改革委关于开展政府和社会资本合作的指导意见》（发改投资〔2014〕2724 号）中明确，根据项目是否有收益及收益是否实现投资成本的全覆盖，公益性项目可以分为经营性、准经营性和非经营性三类。

对于公益性，目前尚没有统一的认定标准。现有文件中，仅在发改委对平台债和产业债的分类认定以及财政部和国务院办公厅发布的三份文件中涉及公益性项目的定义。其中，《关于贯彻国务院加强地方政府融资平台公司管理通知》（财预〔2010〕412 号）规定："'公益性项目'是指为社会公共利益服务、不以营利为目的，且不能或不宜通过市场化方式运作的政府投资项目，如市政道路、公共交通等基础设施项目，以及公共卫生、基础科研、义务教育、保障性安居工程等基本建设项目。"

《国务院办公厅关于做好全国政府性债务审计工作的通知》（国办发明电〔2011〕6 号）规定："公益性项目包括交通运输（铁路、公路、机场、港口等）、市政建设（地铁、城市道路、公共交通、广场、文体场馆、绿化、污水及垃圾处理等）、保障性住房、土地收储整理等。"

《财政部关于印发政府和社会资本合作模式操作指南（试行）的通知》（财金〔2014〕113 号）对适用 PPP 模式的项目做了特征描述。其中第六条规定，投资规模较大、需求长期稳定、价格调整机制灵活、市场化程度较高的基础设施及公共服务类项目，适宜采用政府和社会资本合作模式。结合《财政部关于推广运用政府和社会资本合作模式有关问题的通知》(财金〔2014〕76 号）的规定来看，财政部力推的 PPP 模式更多地强调优先应用于有收益的公益性项目。发改投资〔2014〕2724 号文件对于适用 PPP 模式的项目做了分类处理，非经营性项目也可适用 PPP 模式。所以相较于财金〔2014〕113 号文件的规定而言，发改投资〔2014〕2724 号文件对于适用 PPP 模式的项目类型规定较为宽松。

对比财政部先后出台的财金〔2014〕76 号文件和财金〔2014〕113 号文件，不难看出，财政部门更关注项目的全生命周期管理，关注社会资本是否合理分担了风险、PPP 模式本身是否不合理地增加了财政负担。所以，对政府而言，如果社会资本方参与了非经营性项目的后续运营或管理，在社会资本方分担项目运营管理风险的同时，项目管理效率将会由于先进管理技术的引入而得以提高。与此同时，运营期内通过政府分期付费让社会资本方逐年收回投资成本和合理回报，也将在一定程度上缓解财政资金集中支付的压力。因此，财金〔2014〕76 号文件规定将 PPP 模式优先应用于有收益的项目，很大程度上是出于当前地方政府负债较高、全面推广 PPP 模式可能会加剧地方债务风险的考虑，其本意并非要排除 PPP 模式在非经营性项目中的应用。

2.2　相关模式的运用及注意要点

2.2.1　BT 模式的运用及注意要点

2.2.1.1　BT 模式的相关文件规定

财综〔2014〕96 号、财金〔2014〕113 号和发改投资〔2014〕2724 号文件中既没有肯定 BT 模式也没有明确排除 BT 模式的运用。《地方政府存量债务纳入预算管理清理甄别办法》(财预〔2014〕351 号文件发布）规定，通过 PPP 模式转化为企业债务的，不纳入政府债务。而 BT 模式下，政府是回购款的直接债务主体。所以，从财政部文件的规定来看，BT 模式并没有被纳入 PPP 范畴。2012 年年底，发改委等四部委出台财预〔2012〕463 号文件，对 BT 模式加以规范。虽然财预〔2012〕463 号文并未明文禁止 BT 模式，但目前政府大力推广 PPP 模式（狭义）是不争的事实，BT 模式的适用范围大为缩减。

2.2.1.2 BT模式仍有待深入研究

本书在此以较多的篇幅对BT模式加以介绍，究其原因，一方面，不少BT项目尚处于建设和政府回购期间，目前的税收研究明显不到位，因此有必要继续研究；另一方面，可以说，BT模式的财税处理是PPP模式的基础，搞清楚了BT模式的财税处理，就很容易理解PPP模式（尤其是政府付费模式下的PPP模式）财税处理的原理和具体方法。

2.2.1.3 BT模式操作建议

（1）对于债务高风险区域，应当避免采用BT模式承接项目。

（2）投资人应当认真审查所涉采购事项是否已被列入当地财政部门编制的政府采购服务指导性目录。

（3）BT模式实施方案应由同级财政部门先行进行债务风险评估。

（4）购买主体应按照《财政部 国家税务总局关于继续执行小微企业增值税和营业税政策的通知》（财税〔2015〕96号）的规定，将符合规定的政府购买服务项目同时反映在政府采购预算中，与部门预算一并报送财政部门审核。

（5）根据《预算法》第十三条的规定，以BT模式实施项目的，相应预算支出尚应经由同级人大审批决议通过，必要的话还应提交上级人大审议通过。

2.2.2 国务院和财政部规定的其他采购形式的运用及注意要点

根据《国务院办公厅关于政府向社会力量购买服务的指导意见》（国办发〔2013〕96号）和财综〔2014〕96号文件的规定，对于非经营性项目，除以特许经营（PPP）模式进行采购外，各级行政机关和具有行政管理职能的事业单位还可采用购买、委托、租赁、承包、战略合作等形式采购所需的服务事项。

根据财综〔2014〕96号文件的规定，采购项目应当属于政府采购服务指导性目录内的服务事项，购买主体应该采用法定方式确定承接主体，并应按照法定程序办理购买及相应的预算审批手续。

中央治理工程建设领域突出问题工作领导小组办公室发布的《关于对工程建设中挂靠借用资质投标违规出借资质问题进行专项清理的通知》（中治工办发〔2012〕1号）

指出，对无资质证书的企业、个人或者有资质证书的企业通过各种途径和方式，利用其他企业的资质及名义投标或承接工程，采用出让、出借资质证书或者其他方式，允许其他企业和个人以本企业名义投标或承接工程等行为要进行清理和查处。

2.2.2.1　BT 项目不适用政府采购法

BT 项目与政府采购项目在资金来源方面存在一定的相似性。根据法律规定，政府采购应当严格按照批准的预算执行。我国各级政府的预算按预算年度编制，负有编制预算职责的部门在编制下一财政年度部门预算时，应当将该财政年度本部门政府采购的项目及资金预算列出，报本级财政部门汇总，最后由政府报经同级人大审查、找准后才能生效。但是，BT 项目的建设与回购期通常会横跨 3～5 个年度。如果要求 BT 项目完全按照政府采购模式运作，就意味着预算审批机关需要在当年对今后 3～5 年甚至更长时间的预算预先做出批复，这是与《预算法》等现行法律有冲突的。所以 BT 项目不适用《中华人民共和国政府采购法》（以下简称《政府采购法》）。

2.2.2.2　严禁政府投资项目使用带资承包方式进行建设

2006 年 1 月 4 日发布的《建设部 国家发展和改革委员会 财政部 中国人民银行关于严禁政府投资项目使用带资承包方式进行建设的通知》（建市〔2006〕6 号）明确要求：“今后政府投资项目一律不得以建筑业企业带资承包的方式进行建设，不得将建筑业企业带资承包作为招投标条件；严禁将此类内容写入工程承包合同及补充条款，同时要对政府投资项目实行告知性合同备案制度。各级发展改革及有关审批部门不得批准建设资金来源不落实的政府投资项目；各商业银行要据实出具项目开工前的项目资金存款证明；各级财政部门要对工程建设过程中的资金进行监管；各级建设行政主管部门在发放施工许可时要严格审验资金到位情况，对建设资金不落实的，不予发放施工许可证。”同时明确：“政府投资项目是指使用各类政府投资资金，包括预算内资金、各类专项建设基金、国际金融组织和外国政府贷款的国家主权外债资金建设的项目。党政机关（包括党的机关、人大机关、行政机关、政协机关、审判机关、检察机关，以及工会、共青团、妇联等人民团体）及财政拨款的事业单位自筹资金建设的项目，视同政府投资项目适用本通知，采用 BOT、BOOT、BOO 方式建设的政府投资项目可不适用本通知。”

2.2.2.3 回购担保问题

对于投资人来讲，BT 项目最大的风险就是回购风险。若政府不能按照回购协议及时支付回购款项，投资人的权益就得不到保障，这就是回购风险。由于 BT 项目法律状态和所有权归属的不确定，回购担保对于投资人来讲显得至关重要。目前实施的 BT 项目，一般存在如下几种回购担保形式：

（1）财政收入回购承诺。由地方政府财政部门出具承诺，以财政收入作为回购资金来源，一些地方还配合由地方人大作出决议。然而，《中华人民共和国担保法》（以下简称《担保法》）第八条明确规定："国家机关不得为保证人。"财政部发布的《关于规范地方财政担保行为的通知》（财金〔2005〕7 号）也明确规定，地方财政应严格遵守有关法律规定，停止对《担保法》规定之外的贷款或其他债务承担担保责任。因而，财政部门出具的回购承诺不能构成法律意义上的有效担保。

（2）资产担保。主要是土地担保，土地担保有效的前提是权属清晰并严格履行相应的抵押担保登记手续，同时要合理确定土地的价值和抵押率。实践中要注意，《土地储备管理办法》（国土资发〔2007〕277 号文件发布）明确规定，土地储备机构不得对外担保（包括在其名下的储备土地），如使用其他项目经营收益权质押、动产抵押方式进行担保，则投资方要注意要求依法办理相应的手续，以保证其有效性。

（3）第三方担保。首先，最理想的方式是银行提供保函，由金融机构向投资人出具回购保函予以担保；其次，可以由资信良好的企业提供保函，此时，要注意对担保企业的资产状况、履约能力进行充分的调查和评估。

（4）其他担保方式。实践中，政府可能以其他多种回购资金来源作为保证方式，如封闭运行特定区域税收、BT 项目未来的收费经营收益、采用 BT 模式进行一级土地开发后取得的出让所得，这些都不能构成《担保法》意义上的有效担保。

2.2.2.4 回购款审计问题

在目前的 BT 项目实践中，回购时，一般要求最终的回购价款以审计机关的审计结果为准，这会导致最终的回购不确定性较大。具体操作过程中，若必须经过审计，一定要约定详细、透明的审价规则，如工程造价的定额标准、增加工程量的计算原则等，特别是应加强和重视项目变更后的鉴证工作。

2.2.2.5 项目用地拆迁问题

项目用地拆迁所涉工作主要是办理工程建设用地手续、施工用地上的拆迁。这是项目发起人或者政府发挥作用的领域，不应由投融资方来分担责任。

2.2.2.6 优惠政策承诺问题

实践中，政府可能对具体的 BT 项目给予优惠政策的承诺。问题是，政府所做的承诺，有些并不在其权限范围内，如当地政府对一些税收的减免承诺。因此，投资方在签订 BT 合同时不能轻信空洞的政府承诺，尤其是口头承诺，而要通过替代性的制度设计有针对性地加以解决。根据实际，在确需接受政府承诺的情况下，投融资方应要求政府在 BT 合同中设定详细、可操作的实现路径。

Chapter 03

第 3 章

BT 项目会计核算的政策规定

3.1 《上市公司执行企业会计准则监管问题解答（2011 年第一期)》[1]摘要解读

问题 3：部分上市公司采用 BT（建设—移交）模式参与公共基础设施建设，合同授予方是政府（包括政府有关部门或政府授权的企业），BT 项目公司负责该项目的投融资和建设，项目完工后移交给政府，政府根据回购协议在规定的期限内支付回购资金（含占用资金的投资回报）。对于此类 BT 业务，应如何进行会计处理？

解答：对于符合上述条件的 BT 业务，应参照企业会计准则对 BOT 业务的相关会计处理规定进行核算：项目公司同时提供建造服务的，建造期间，对于所提供的建造服务按照《企业会计准则第 15 号——建造合同》确认相关的收入

[1] 以下简称《解答》。

和成本，建造合同收入按应收取对价的公允价值计量，同时确认长期应收款；项目公司未提供建造服务的，应按照建造过程中支付的工程价款等考虑合同规定，确认长期应收款。其中，长期应收款应采用摊余成本计量并按期确认利息收入，实际利率在长期应收款存续期间内一般保持不变。

本问题解答发布前相关BT业务未按上述规定进行处理的，应当进行追溯调整，追溯调整不切实可行的除外。

《解答》比较明确地规定了BT方式下的会计核算方法：如果投融资方组建的项目公司提供建造服务，则按《企业会计准则第15号——建造合同》（以下简称CAS15）的规定确认营业收入；项目公司不提供建造服务，按照建造过程中支付的工程价款等，确认长期应收款。按照CAS15的规定，将长期应收款作为金融资产，采用摊余成本计量，按实际利率计算确认利息收入。

（1）政府根据回购协议在规定的期限内支付回购资金（含占用资金的投资回报）。资金占用费也是回购款的一部分，企业不得将其从回购款中剥离出去。

（2）项目公司提供建造服务模式下的会计核算（适用于完全BT方式）。此种模式下，项目公司作为建设期间的“业主”，自行进行项目的建设。

建造期间，项目公司若同时提供建造服务的，对于其所提供的建造服务，应当按照CAS15确认相关收入和费用；建造合同收入则应当按照收取或应收对价的公允价值计量，即合同总收入要包括合同造价、资金成本及投资回报等其他应收价格的公允价值。按完工进度计算各期应确认的收入时，应以该总收入为计算基数。

建造过程中发生的借款利息，也应按照《企业会计准则第17号——借款费用》（以下简称CAS17）的规定处理，即估算预计总成本时，将借款利息考虑在内。在进行财务处理时，利息收入有的计入投资收益，有的计入财务费用，有的计入收入，总体上不影响报表结果。但推荐计入收入，以便减少报表误读。

（3）项目公司不提供建造服务模式下的会计核算（适用于BT工程总承包及BT施工承包方式）。

这种模式下，项目公司将项目的建造工作发包，由中标的建设单位进行施工，项目公司作为建设期间的“业主”进行项目管理，承担类似于代建的职责。

此时的项目公司不确认建造服务收入，而应当按照建造过程中支付的工程价款等考虑合同规定，确认金融资产。项目建造过程中，由于项目建设周期长，大多超过1年，同时，在项目完工并进入回购期前，项目公司不能收到项目建设的相关款项，且回购基数在完工审价前是不确定的。为此，在建设期应在“长期应收款”科目中核算，核算包括建安工程、设计、监理等一系列投资支出和资本化的借款利息（即实际投资额），可按投资明细项目分设明细账核算。项目公司暂不确认损益。

在投资项目建设完工验收时，根据工程最终审定造价确定投资总额，以此为基数按投资合同约定报酬率计算项目建设公司的代理投融资回报，最终业主方（政府）应支付的回购价款为审定的投资总额与代理投融资回报之和，即最终“长期应收款”科目的入账价值。根据业主方的回购付款方式和年限以审定的投资总额为现值计算确定回购期间每年的实际投资报酬率。审定投资总额与原账面记录的“长期应收款”科目账面价值之间的差额，转入当期损益。

3.2 《企业会计准则解释第5号》摘要解读

2011年，财政部会计司发布了《关于征求〈企业会计准则解释第5号（征求意见稿）〉意见的函》（财会便〔2011〕72号），后来发布的《企业会计准则解释第5号》（财会〔2012〕19号文件发布，以下简称《解释》）对BT项目进行了详尽解释，对从事BT项目相关财税工作的单位具有很强的指导作用。

三、企业采用建设转让方式（BT）参与公共基础设施建设业务，应当如何处理？

答：企业采用建设转让方式（BT）参与公共基础设施建设业务，应当按照以下规定进行处理：

（一）本规定涉及的BT业务应当同时满足以下条件：

1. 合同授予方为政府及其有关部门或政府授权进行招标的企业。

该条目规定了合同授予方为政府及其有关部门或政府授权进行招标的企业。也就是说，非政府及其有关部门或政府授权进行招标的企业不得发布、授予BT项目合同。企业即使发布了类BT的商业项目，也不能以BT命名。

2. 合同投资方为按照有关程序取得合同的企业（以下简称合同投资方）。合同投资方按照规定设立项目公司（以下简称项目公司）进行项目建设和运营。

该条目规定了合同投资方按照规定设立项目公司进行项目建设和运营。也就是说，设立项目公司是财政部推荐的标准的BT模式，但文件并没有用“必须”这个词汇，相当于默认了不设立项目公司的业务模式可以选择适用该解释和建造合同准则等文件。

3. 合同中对所建造公共基础设施的质量标准、工期、移交的对象、合同总价款及其分期偿还等作出约定，同时在合同期满，合同投资方负有将有关公共基础设施移交给合同授予方或其指定的单位，并对基础设施在移交时的性能、状态等作出明确规定。

该条目规定了合同投资方有在合同规定期限内将有关公共基础设施移交给合同授予方或其指定的单位的义务。

（二）与BT业务相关收入的确认

1. 建造期间，项目公司对于所提供的建造服务应当按照《企业会计准则第15号——建造合同》确认相关的收入和费用。

我们认为，《企业会计准则第15号——建造合同》规定的完工百分比法确定收入与PPP合同约定确定收入的时间有冲突。目前对于非上市的股份制企业和有限责任公司，一般没有太高的信息披露要求，限于财务人员的配置比例，对于按完工百分比法确定收入的规定通常执行不严，往往是在开票时才确定收入。这看似与增值税法规的要求并不冲突，但违背了企业会计准则和企业所得税法的规定。如果要求在年终汇算清缴时进行调整，而企业又以数据不清、人员不足等理由拒绝调整，则对其税收风险需要特别注意。

基础设施建成后，项目公司应当按照《企业会计准则第14号——收入》确认与后续经营服务相关的收入。

本书认为此项规定有含糊不清之处。BT项目与BOT等典型的PPP项目最大的区别就在于，项目移交后，项目公司就不再拥有BT项目的控制权、管理权和经营权，因此，“后续经营服务相关的收入”一说不知从何而来。

合同规定基础设施建成后的一定期间内，项目公司可以无条件地自合同授予方收取确定金额的货币资金或其他金融资产的，应当在确认收入的同时确认金融资产，并按照《企业会计准则第22号——金融工具确认和计量》的规定处理。

建造过程如发生借款利息，应当按照《企业会计准则第17号——借款费用》的规定处理。

结合《解答》的有关内容，“建造合同收入按应收取对价的公允价值计量，同时确认长期应收款”。也就是说，合同规定基础设施建成后，项目公司只要满足了BT合同约定的有关条款，按合同约定可以在“一定期间内”收取上述“货币资金或其他金融资产”的，项目公司即应当在施工过程中按完工百分比法确认收入。反过来说也是成立的，即只要具备了确认金融资产的条件，就应该同时确认收入。目前，绝大多数企业是在项目完工甚至移交后才确认收入，其处理方式并不符合企业会计准则和《解答》的要求。

2. 项目公司未提供实际建造服务，将基础设施建造发包给其他方的，不应确认建造服务收入，应当按照建造过程中支付的工程价款等考虑合同规定确认为金融资产。

该条目规定了项目公司将基础设施建造发包给其他方的，按照建造过程中支付的工程价款等考虑合同规定确认为金融资产。

（1）由于BT项目中不存在项目运营权，因此不能确认为无形资产，只能确认为金融资产。

（2）支付的款项包含但不限于工程款。

（3）具体科目选择没有规定。目前看，实践中，一般都是按“长期应收款”设置科目。

也有人主张，在项目建设完工并审价后，由于最终收回的回购款的到期日固定、回收金额固定，且项目公司有明确意图和能力持有至到期（即最后的回购款支付日），符合金融资产中“持有至到期投资”的定义。（因而此时，应从“长期应收款”账户转入“持有至到期投资”账户进行核算，即以审核后确定的回购基数从“长期应收款”账户转入“持有至到期投资”账户；两者之间的差额则一次性记入“主营业务收入”科目。）

但是，《企业会计准则第22号——金融工具确认和计量》（以下简称CAS22）第十一条规定：“持有至到期投资，是指到期日固定、回收金额固定或可确定，且企业有明确意图和能力持有至到期的非衍生金融资产。下列非衍生金融资产不应当划分为持有至到期投资：（一）初始确认时被指定为以公允价值计量且其变动计入当期损益的非衍生金融资产；（二）初始确认时被指定为可供出售的非衍生金融资产；（三）贷款和应收款项。”

所以，根据上述规定，将长期应收款转入“持有至到期投资”账户并不符合准则的要求。

《解答》与《解释》的比较如表3-1所示。

表3-1 《解答》与《解释》的比较

内容	《上市公司执行企业会计准则监管问题解答》	《企业会计准则解释第5号》	差异
合同授予方	政府、政府有关部门或政府授权的企业	政府及其有关部门或政府授权进行招标的企业	含义相同
合同投资方	参与公共基础设施建设的上市公司	按照有关程序取得合同的企业	范围不同
合同承包方	项目公司	项目公司	相同
是否区分建造服务	区分	区分	相同
是否追溯调整	是	自2012年1月1日起施行	生效时间有明显差异
收入、成本如何确认	根据《企业会计准则第15号——建造合同》按完工百分比法确认相关的收入和费用	根据《企业会计准则第15号——建造合同》按完工百分比法确认相关的收入和费用	相同
形成资产核算方式	长期应收款	金融资产	同一含义，不同表述
长期应收款计量方式	采用实际利率法计量摊余成本	按照《企业会计准则第22号——金融工具确认和计量》的规定处理	同一含义，不同表述

3.3 《企业会计准则第15号——建造合同》的有关规定

3.3.1 摘要解读

第二条 建造合同，是指为建造一项或数项在设计、技术、功能、最终用途等方面密切相关的资产而订立的合同。

第三条 建造合同分为固定造价合同和成本加成合同。

固定造价合同，是指按照固定的合同价或固定单价确定工程价款的建造合同。

成本加成合同，是指以合同约定或其他方式议定的成本为基础，加上该成本的一定比例或定额费用确定工程价款的建造合同。

该准则将建造合同划分为固定造价合同和成本加成合同两大类。固定造价合同，是指按照固定的合同价或固定单价确定工程价款的建造合同，即通常意义上的闭口合同；成本加成合同，是指以合同约定或其他方式议定的成本为基础，加上该成本的一定比例或定额费用确定工程价款的建造合同，即通常意义上的敞口合同。合同价格是以图纸及规定、规范为基础，按照时价进行计算，得到包括全部工程任务和内容的暂定合同价格。在合同履行过程中，建造项目在工期内发生原材料价格上涨、施工方案变更、工程量变化等，可按合同约定对合同总价进行相应的调整。

固定造价合同适用于工程量小、工期短、风险小的项目，其风险大多是由建造承包商承担；成本加成合同通常用于工程特别复杂、建设周期长、价值高或者时间特别紧迫的项目，其风险更多地是由发包方承担。目前大多数工程项目签订的是成本加成合同。

第八条　合同收入应当包括下列内容：

（一）合同规定的初始收入；

（二）因合同变更、索赔、奖励等形成的收入。

该条内容圈定了除合同规定的初始收入外，还有哪些现金或利益的流入不是利得而是合同收入。

第十条　索赔款，是指因客户或第三方的原因造成的、向客户或第三方收取的、用以补偿不包括在合同造价中成本的款项。索赔款同时满足下列条件的，才能构成合同收入：

（一）根据谈判情况，预计对方能够同意该项索赔；

（二）对方同意接受的金额能够可靠地计量。

尚处于争议状态下的、无法确定对方是否给付的赔偿不构成索赔款；金额无法准确、可靠计量的也不能计入。

第十六条　合同完成后处置残余物资取得的收益等与合同有关的零星收益，应当冲减合同成本。

需要注意此处规定与税法的差异。税法认为，处置残余物资取得的收益等与合同有关的零星收益应该确认为收入，增值税上要求计提相应的增值税销项税款，而不是冲减成本。

第二十一条　企业确定合同完工进度可以选用下列方法：

（一）累计实际发生的合同成本占合同预计总成本的比例。

（二）已经完成的合同工作量占合同预计总工作量的比例。

（三）实际测定的完工进度。

该准则规定，企业采用完工百分比法确定合同收入和费用，确定合同完工进度可以选用下列三种方法：

（1）累计实际发生的合同成本占合同预计总成本的比例。该方法是确定合同完工进度最为常用的方法，由此计算确认的合同收入与合同费用以及工程项目成本的发生能够配比。公式为：

合同完工进度＝累计实际发生的合同成本/合同预计总成本×100％

（2）已经完成的合同工作量占合同预计总工作量的比例。该方法更适用于合同工作量容易确定的建造合同，如道路工程、土石方挖掘、砌筑工程等。公式为：

合同完工进度＝已经完工的合同工作量/合同预计总工作量×100％

（3）实际测定的完工进度。该方法是在无法根据上述两种方法确定合同完工进度时所采用的一种特殊的技术测量方法。完工进度并不是由建造承包商自行随意测定，而由专业人员现场进行科学测定。该方法适用于一些特殊的建造合同，如水下施工工程等。[1]

值得注意的是，《国家税务总局关于确认企业所得税收入若干问题的通知》（国税函〔2008〕875号）明确："（二）企业提供劳务完工进度的确定，可选用下列方法：1. 已完工作的测量；2. 已提供劳务占劳务总量的比例；3. 发生成本占总成本的比例。"请注意其中选择顺序的差异。

第二十二条　采用累计实际发生的合同成本占合同预计总成本的比例确定合同完工进度的，累计实际发生的合同成本不包括下列内容：

（一）施工中尚未安装或使用的材料成本等与合同未来活动相关的合同成本。

（二）在分包工程的工作量完成之前预付给分包单位的款项。

---

［1］本段参考了程显平先生撰写的《〈建造合同〉准则执行中的偏差与对策》。

该准则要求，作为计算合同成本依据的，必须是实际发生的成本。也就是说，预计将会发生或已预付但未完成的都不得计入。

第二十三条　在资产负债表日，应当按照合同总收入乘以完工进度扣除以前会计期间累计已确认收入后的金额，确认为当期合同收入；同时，按照合同预计总成本乘以完工进度扣除以前会计期间累计已确认费用后的金额，确认为当期合同费用。

在资产负债表日，同时满足下列条件的，应当根据完工百分比法确认合同收入和合同费用。这些条件是：

(1) 合同总收入能够可靠地计量；

(2) 与合同相关的经济利益很可能流入企业；

(3) 实际发生的合同成本能够清楚地区分和可靠地计量；

(4) 合同完工进度和为完成合同尚需发生的成本能够可靠地确定。

也就是说，《解答》及《解释》都要求在资产负债表日而不是合同约定的付款日，根据完工百分比法来确认收入和合同费用。目前不少BT项目的投资方或施工企业按照项目完成移交或实际收款进度确认收入，未按企业会计准则要求执行收入的核算时间，并不完全符合规定，需要引起注意。

第二十四条　当期完成的建造合同，应当按照实际合同总收入扣除以前会计期间累计已确认收入后的金额，确认为当期合同收入；同时，按照累计实际发生的合同成本扣除以前会计期间累计已确认费用后的金额，确认为当期合同费用。

第二十五条　建造合同的结果不能可靠估计的，应当分别下列情况处理：

（一）合同成本能够收回的，合同收入根据能够收回的实际合同成本予以确认，合同成本在其发生的当期确认为合同费用。

（二）合同成本不可能收回的，在发生时立即确认为合同费用，不确认合同收入。

该准则规定，如果建造合同的结果能够可靠地估计，企业应根据完工百分比法在资产负债表日确定合同的收入与费用；如果建造合同的结果不能可靠计量，则应区别以下情况进行处理：

(1) 合同成本能够收回的，合同收入根据能够收回的实际合同成本加以确认，合同成本在其发生的当期确认为费用；

（2）合同成本不能收回的，应在发生时立即确认为费用，不确认收入。

在进行税务处理时，要注意区分清单和专项申报的差异，避免无谓的税收损失。

3.3.2　税会差异

1. 计税基数差异

CAS15规定，建筑施工企业应于资产负债表日，按照完工百分比法确认建造合同收入额。而增值税是价外税，销项税额的计税基数是施工企业销售货物或者提供应税劳务所取得的销售额（需换算为不含税销售额），为每次施工企业实际收讫工程进度款项或者取得索取工程进度款项凭据载明的数额，或发包方、监理认定的工程价款结算单上的应收工程进度款金额。但该数额与纳税人当期按准则确认的建造合同收入金额存在差异，通常情况下要比纳税人已完工程量少，因此销项税额的计税基数要比合同金额要少。这属于时间性差异。

案例3-1

假设A建筑公司的第二项目部承接了某BT项目的施工，该项目的后续资金已纳入财政预算。项目分为甲乙丙三个区段。在年末资产负债表日，甲区段预计总成本1亿元，预计总收入为1.1亿元（不含税，下同），累计实际发生的成本投入已完成预算的70%，即7 000万元；乙区段预计总成本1亿元，实际支出为1亿元，预计总收入为1.1亿元，已于当月交付，合同约定政府应在交付时支付首批回购款，金额为4 000万元；丙区段预计总成本1亿元，预计总收入为1.1亿元，累计实际发生的成本已完成60%，即6 000万元。此时，税法和会计准则的处理存在差异。

增值税处理，此时应税收入为：4 000/1.11=3 603.6(万元)。

按会计准则应确认的收入为：(7 000+10 000+6 000)×1.1=25 300(万元)。

2. 纳税义务发生时间与合同收入确认时间的差异

《财政部 国家税务总局关于全面推开营业税改征增值税试点的通知》（财税〔2016〕36号）附件1《营业税改征增值税试点实施办法》规定：

第四十五条　增值税纳税义务、扣缴义务发生时间为：

（一）纳税人发生应税行为并收讫销售款项或者取得索取销售款项凭据的当天；先开具发票的，为开具发票的当天。

收讫销售款项，是指纳税人销售服务、无形资产、不动产过程中或者完成后收到款项。

取得索取销售款项凭据的当天，是指书面合同确定的付款日期；未签订书面合同或者书面合同未确定付款日期的，为服务、无形资产转让完成的当天或者不动产权属变更的当天。

（二）纳税人提供建筑服务、租赁服务采取预收款方式的，其纳税义务发生时间为收到预收款的当天。

CAS15 规定，收入确认的时间分为三类：资产负债表日、合同完成时、能得到补偿的费用发生当期，且所确认的收入是指已完工部分预计可以收回的收入，并不一定都取得了收取款项的凭证。

该准则规定了合同收入的确认时间，当项目公司、监理企业对施工企业的工程价款结算单没有确认签字时，施工企业无法将工程进度款确认为工程结算或应收账款。而增值税纳税义务发生时间为纳税人发生了应税行为，并收讫销售款项或者获得索取销售款项凭据当天；对于先开具发票的确认为开具发票的当天。而采取预收方式的，纳税义务发生时间为收到预收款日。该金额为含税金额，计税时应注意换算。

3. 所得税处理差异

（1）《中华人民共和国企业所得税法实施条例》第二十条规定，“建筑、安装、装配工程和提供劳务，持续时间超 1 年的，可以按完工进度或完成的工作量确认收入的实现”，这与企业采用完工百分比法确认合同收入与准则的规定基本一致。只是修订后的准则取消了关于时间的具体规定。

（2）《国家税务总局关于确认企业所得税收入若干问题的通知》（国税函〔2008〕875 号）规定：

企业在各个纳税期末，提供劳务交易的结果能够可靠估计的，应采用完工进度（完工百分比）法确认提供劳务收入。

提供劳务交易的结果能够可靠估计，是指同时满足下列条件：

1. 收入的金额能够可靠地计量；

2. 交易的完工进度能够可靠地确定；

3. 交易中已发生和将发生的成本能够可靠地核算。

会计上采用谨慎性原则，通常假设交易行为发生的前提是劳务交易的结果能够可靠估计。即与交易相关的经济利益能够流入企业，且数额确定。但税法不考虑谨慎性原则，如果将来应收款项未能收到，企业可以向税务机关申报扣除相应的损失。

3.3.3 小　结

（1）该准则将工程价款结算和收入确认分开处理，主要会计科目包括“主营业务收入”“主营业务成本”“工程施工”“工程结算”等。“工程施工”科目下设置“合同成本”“合同毛利”“间接费用”等二级明细科目。

“工程结算”科目是“工程施工”科目的备抵科目。在工程施工过程中，“工程结算”科目单独归集工程价款结算情况；“工程施工”科目归集工程项目自开工以来累计发生的合同成本及确认的合同毛利。在合同完工前，将“工程结算”和“工程施工”两个科目的余额合并，可以单独反映出该项工程实际占用的资金或占用发包商的资金情况。建造合同完工后，两个科目的累计发生额应相等，并对冲结平。

“主营业务收入”账户与“工程结算”账户从不同角度反映了建造合同的收入完成情况。由于工程结算与完工进度的进程不一定完全一致，在施工期间，每一期确认的“工程结算”账户发生额与“主营业务收入”账户发生额有所不同，但在单项建造合同完工后，该工程的“工程结算”账户累计发生额应该与各期“主营业务收入”账户发生额合计数相等。

“主营业务成本”账户与“工程施工——合同成本”账户之间也存在对应关系。建造合同完工后，工程项目的“主营业务成本”账户累计发生额与各期“工程施工——合同成本”账户的发生额合计数通常是一致的。如果完工进度是按照实际成本比例计算的，每一期确认的“主营业务成本”金额与当期实际发生的“合同成本”金额理论上应该一致。

（2）目前流行的一种观点认为，EPC合同应该分解为若干子合同单独核算，在核算税款时就能将设计等内容按6%税率单独申报，从而降低税负。从多数EPC合同看，勘探、设计等费用占总造价的比例并不高，相反，采购所占的比例更高，若单独分开核算，采购的材料、设备等部分将按17%的增值税税率缴税，总体上税负有增无减。其次，按该准则第七条的规定，EPC总承包合同中，无论设计、勘探等内容是否单独核算了成本、造价，都无法改变整个EPC合同是“一揽子交易”的事实，也无法改变勘探、设计合同与整个EPC合同密切相关，实际上已构成EPC项目完整的一项综合利润率工程的组成部分的事实。

所以，按照《企业会计准则第15号——建造合同》第七条的规定，EPC合同只能是一个单项合同。

国际咨询工程师联合会（FIDIC）编制的《设计采购施工（EPC）/交钥匙工程合同条件》（简称FIDIC“银皮书”）、《联合国工业发展组织交钥匙工程合同文本》都对EPC合同有全面的安排。在《建设部关于培育发展工程总承包和工程项目管理企业的指导意见》（建市〔2003〕30号）第二条第（三）项中有如下规定：

> 设计采购施工总承包是指工程总承包企业按照合同约定，承担工程项目设计、采购、施工、试运行服务等工作毛病对承包工程的质量、安全、工期、造价全面负责。交钥匙总承包是设计采购施工总承包业务的延伸，最终是向业主提交一个满足使用功能、具备使用条件的过程项目。

从企业实践来看，目前EPC合同的签订也是将设计、采购、施工等不加区分的全部纳入建造合同。因此，如果人为地将EPC合同拆解为多项合同，事实上等于将设计、采购等拆分并重新交由业主方主导，根据前文中施工总承包和工程总承包的定义，分拆后的合同从内涵到外延都具备了施工总承包合同的特征。而不再是EPC合同。

3.4 《企业会计准则第22号——金融工具确认和计量》及其应用指南摘要解读

3.4.1 《企业会计准则第22号——金融工具确认和计量》摘要解读

> 第七条　金融资产应当在初始确认时划分为下列四类：
>
> （一）以公允价值计量且其变动计入当期损益的金融资产，包括交易性金融资产和指定为以公允价值计量且其变动计入当期损益的金融资产；
>
> （二）持有至到期投资；

（三）贷款和应收款项；

（四）可供出售金融资产。

项目公司因为建造公共基础设施而应对政府收取的长期应收款，属于项目公司的金融资产。需要注意的是，在PPP业务中，作为企业成本归集项目的“长期应收款——××工程——××支出”，与“长期应收款——××政府”，虽然都因核算为长期应收款而符合金融资产的定义，但是属于截然不同的内容，不可混淆。

第十条 除本准则第二十一条和第二十二条的规定外，只有符合下列条件之一的金融资产或金融负债，才可以在初始确认时指定为以公允价值计量且其变动计入当期损益的金融资产或金融负债：

（一）该指定可以消除或明显减少由于该金融资产或金融负债的计量基础不同所导致的相关利得或损失在确认或计量方面不一致的情况。

（二）企业风险管理或投资策略的正式书面文件已载明，该金融资产组合、该金融负债组合、或该金融资产和金融负债组合，以公允价值为基础进行管理、评价并向关键管理人员报告。

在活跃市场中没有报价、公允价值不能可靠计量的权益工具投资，不得指定为以公允价值计量且其变动计入当期损益的金融资产。

活跃市场，是指同时具有下列特征的市场：

（一）市场内交易的对象具有同质性；

（二）可随时找到自愿交易的买方和卖方；

（三）市场价格信息是公开的。

项目公司获得的项目公司因为建造公共基础设施而应对政府收取的长期应收款，并不天然地必须按公允价值模式计量。一般是采用实际利率法，按摊余成本计量。

第十一条 持有至到期投资，是指到期日固定、回收金额固定或可确定，且企业有明确意图和能力持有至到期的非衍生金融资产。下列非衍生金融资产不应当划分为持有至到期投资：

（一）初始确认时被指定为以公允价值计量且其变动计入当期损益的非衍生金融资产；

（二）初始确认时被指定为可供出售的非衍生金融资产；

（三）贷款和应收款项。

企业应当在资产负债表日对持有意图和能力进行评价。发生变化的，应当按照本准则有关规定处理。

该条明确指出，应收账款不得核算为持有至到期投资。这澄清了不少误解、误操作。

第十三条　金融资产或金融负债的摊余成本，是指该金融资产或金融负债的初始确认金额经下列调整后的结果：

（一）扣除已偿还的本金；

（二）加上或减去采用实际利率法将该初始确认金额与到期日金额之间的差额进行摊销形成的累计摊销额；

（三）扣除已发生的减值损失（仅适用于金融资产）。

第十四条　实际利率法，是指按照金融资产或金融负债（含一组金融资产或金融负债）的实际利率计算其摊余成本及各期利息收入或利息费用的方法。

实际利率，是指将金融资产或金融负债在预期存续期间或适用的更短期间内的未来现金流量，折现为该金融资产或金融负债当前账面价值所使用的利率。在确定实际利率时，应当在考虑金融资产或金融负债所有合同条款（包括提前还款权、看涨期权、类似期权等）的基础上预计未来现金流量，但不应当考虑未来信用损失。

金融资产或金融负债合同各方之间支付或收取的、属于实际利率组成部分的各项收费、交易费用及溢价或折价等，应当在确定实际利率时予以考虑。金融资产或金融负债的未来现金流量或存续期间无法可靠预计时，应当采用该金融资产或金融负债在整个合同期内的合同现金流量。

在 BT 项目和 PPP 模式中由政府付费的项目中，实际利率和摊余成本的概念十分重要。利息收入应当使用实际利率法计算，利息收入应通过将实际利率乘以金融资产的账面总额进行计算。

第十九条　企业在初始确认时将某金融资产或某金融负债划分为以公允价值计量且其变动计入当期损益的金融资产或金融负债后，不能重分类为其他类金融资产或金融负债；其他类金融资产或金融负债也不能重分类为以公允价值计量且其变动计入当期损益的金融资产或金融负债。

金融资产初始确认为按公允价值进行计量后，不得变动。

第二十四条 企业成为金融工具合同的一方时，应当确认一项金融资产或金融负债。

根据《企业会计准则第22号——金融工具确认和计量》（以下简称CAS22）第二条："金融工具，是指形成一个企业的金融资产，并形成其他单位的金融负债或权益工具的合同。"企业成为该类业务合同的一方时，必然会确认一项金融资产或金融负债，根本没有选择的余地。

第二十五条 金融资产满足下列条件之一的，应当终止确认：

（一）收取该金融资产现金流量的合同权利终止。

（二）该金融资产已转移，且符合《企业会计准则第23号——金融资产转移》规定的金融资产终止确认条件。

终止确认，是指将金融资产或金融负债从企业的账户和资产负债表内予以转销。

符合下述条件之一时，项目公司才应终止确认一项金融资产：

（1）收取金融资产所产生的现金流量的合同权利到期。

（2）主体符合了以下条件时视为转移了金融资产：

①项目公司转让了收取金融资产现金流量的合同权利；

②如果项目公司既保留了收取一项金融资产（"原始资产"）现金流量的合同权利，又承担了将这些现金流量支付给一个或多个主体（"最终收款人"）的合同义务，且同时满足下述三个条件，作为合同主体，项目公司可以将该交易作为金融资产已转移进行处理。

一是合同项目主体（项目公司）已收取了相等于原始资产公允价值的金额，否则没有义务向最终收款人支付款项。

二是已签订的转移合同中的条款禁止主体出售或抵押原始资产，除非这种出售或抵押是作为向最终收款人支付现金流量义务的保证。

三是项目公司有义务划拨代最终收款人收取的任何现金，且无权将该现金进行再投资。（此处参考了《国际财务报告准则第12号——对其他主体中权益的披露》〔以下简称IFRS12〕）

第三十条 企业初始确认金融资产或金融负债，应当按照公允价值计量。对于以公允价值计量且其变动计入当期损益的金融资产或金融负债，相关交易费用应当直接计入当期损益；对于其他类别的金融资产或金融负债，相关交易费用应当计入初始确认金额。

在 PPP 项目中，政府是否保留了对被转移资产的控制，取决于投融资方出售该资产的能力。如果投融资方具有向不相关的第三方整体出售该资产的实际能力，并且能够单方面地动用这种能力，而不需要对该转移加诸额外的限制，则政府并未保留对该公共设施的控制。否则，则认为政府保留了对该资产的控制。

第三十二条　企业应当按照公允价值对金融资产进行后续计量，且不扣除将来处置该金融资产时可能发生的交易费用。但是，下列情况除外：

（一）持有至到期投资以及贷款和应收款项，应当采用实际利率法，按摊余成本计量。

（二）在活跃市场中没有报价且其公允价值不能可靠计量的权益工具投资，以及与该权益工具挂钩并须通过交付该权益工具结算的衍生金融资产，应当按照成本计量。

该条目将金融资产的后续计量限定为摊余成本模式和公允价值模式。

《国际财务报告准则第 9 号——金融工具》（以下简称 IFRS9）将金融资产分为两大类：以摊余成本进行后续计量的金融资产和以公允价值进行后续计量的金融资产，分类标准是以企业管理金融资产的方式（即业务模式）和金融资产合同现金流量的特征为基础制定的。同时满足下列两个条件的金融资产应当划分为以摊余成本进行后续计量的金融资产：

（1）企业管理金融资产的业务模式是以收取合同现金流量为目的。IFRS9 引入业务模式测试，评估管理企业其金融资产的目的是否为收取合同现金流量，而不是在合同到期之前通过出售来实现公允价值变动产生的损益。

（2）金融资产的合同条款规定，在特定日期产生的现金流量仅为支付本金及为未付本金支付的利息。

IFRS9 中有关评估金融资产合同现金流量特征的要求，是根据国际会计准则理事会（IASB）近期发布的《中小型企业的国际财务报告准则》中采用的类似方法修订而成的。这说明，只有那些合同现金流量为产生本金和本金利息的金融工具才符合以摊余成本计量的标准。

只要上述两个条件中有任何一个不满足，金融资产就应当以公允价值进行后续计量，并将其变动计入当期损益。企业应当用公允价值对金融资产进行初始计量。

除了以公允价值计量且其变动计入当期损益的金融资产以外，应当按照公允价值和相关交易费用之和作为金融资产的初始入账金额。在初始确认后，分别对两类金融资产以摊余成本和公允价值进行后续计量。

第三十三条　企业应当采用实际利率法，按摊余成本对金融负债进行后续计量。但是，下列情况除外：

（一）以公允价值计量且其变动计入当期损益的金融负债，应当按照公允价值计量，且不扣除将来结清金融负债时可能发生的交易费用。

（二）与在活跃市场中没有报价、公允价值不能可靠计量的权益工具挂钩并须通过交付该权益工具结算的衍生金融负债，应当按照成本计量。

（三）不属于指定为以公允价值计量且其变动计入当期损益的金融负债的财务担保合同，或没有指定为以公允价值计量且其变动计入当期损益并将以低于市场利率贷款的贷款承诺，应当在初始确认后按照下列两项金额之中的较高者进行后续计量：

1. 按照《企业会计准则第 13 号——或有事项》确定的金额；

2. 初始确认金额扣除按照《企业会计准则第 14 号——收入》的原则确定的累计摊销额后的余额。

第三十九条　以摊余成本计量的金融资产或金融负债，在终止确认、发生减值或摊销时产生的利得或损失，应当计入当期损益。

第四十二条　以摊余成本计量的金融资产发生减值时，应当将该金融资产的账面价值减记至预计未来现金流量（不包括尚未发生的未来信用损失）现值，减记的金额确认为资产减值损失，计入当期损益。

预计未来现金流量现值，应当按照该金融资产的原实际利率折现确定，并考虑相关担保物的价值（取得和出售该担保物发生的费用应当予以扣除）。原实际利率是初始确认该金融资产时计算确定的实际利率。对于浮动利率贷款、应收款项或持有至到期投资，在计算未来现金流量现值时可采用合同规定的现行实际利率作为折现率。

根据前文所述，IFRS9 将金融资产分为两大类金融资产。即，以摊余成本计量的两个前提条件（需同时满足）是：

（1）项目主体以收取合同现金流量为目标而持有金融资产。

（2）金融资产的合同条款规定，在特定日期产生的现金流量仅为支付本金及未偿付的源自该本金金额而计算出的利息。

比如在PPP业务中，项目公司建造公共基础设施，获取特许经营权的最终目的是通过提供公共服务而获得相应报酬。同样，通过物有所值评价和企业盈亏平衡测算等，政府和投融资方最终达成共识，认可项目公司获取的收入等于政府应给予投融资方的对价及其利息。

金融资产的摊余成本，是指该金融资产的初始确认金额经下列调整后的结果：

(1) 扣除已偿还的本金；

(2) 加上（或减去）采用实际利率法将该初始确认金额与到期日金额之间的差额进行摊销形成的累计摊销额；

(3) 扣除已发生的减值损失（仅适用于金融资产）。公式为：

$$期末摊余成本=\begin{matrix}初始确认\\金额\end{matrix}-\begin{matrix}已偿还的\\本金\end{matrix}\pm\begin{matrix}累计\\摊销额\end{matrix}-\begin{matrix}已发生的\\减值损失\end{matrix}$$

摊余成本实际上是一种价值，它是某个时点上未来现金流量的折现值。

将摊余成本的概念延伸到对摊销金融资产（负债）的计量中，根据摊余成本与实际利率法的定义，即在定义“当前”时点上，金融资产（负债）摊余成本在金额上等于其账面价值。实际上，在金融资产（负债）的存续期间，其摊余成本也等于其账面价值。资产或负债的账面价值，是企业按照相关会计准则的规定进行核算后在资产负债表中列示的金额，对于计提了减值准备的各项资产，账面价值就是其账面余额减去已计提的减值准备后的金额。

第四十四条　对以摊余成本计量的金融资产确认减值损失后，如有客观证据表明该金融资产价值已恢复，且客观上与确认该损失后发生的事项有关（如债务人的信用评级已提高等），原确认的减值损失应当予以转回，计入当期损益。但是，该转回后的账面价值不应当超过假定不计提减值准备情况下该金融资产在转回日的摊余成本。

第四十五条　在活跃市场中没有报价且其公允价值不能可靠计量的权益工具投资，或与该权益工具挂钩并须通过交付该权益工具结算的衍生金融资产发生减值时，应当将该权益工具投资或衍生金融资产的账面价值，与按照类似金融资产当时市场收益率对未来现金流量折现确定的现值之间的差额，确认为减值损失，计入当期损益。

第四十九条　金融资产发生减值后，利息收入应当按照确定减值损失时对未来现金流量进行折现采用的折现率作为利率计算确认。

以摊余成本计量的金融资产在终止确认、发生减值或摊销时，产生的利得或损失，应当计入当期损益。但是，当该金融资产被指定为被套期项目时，相关的利得或损失的处理，适用《企业会计准则第24号——套期保值》（以下简称CAS24）。同时，应注意以下几点：

（1）项目公司有客观证据表明应收款项发生了减值的，可根据其未来现金流量现值低于其账面价值的差额，确认减值损失，计提坏账准备。（2）金融资产发生减值后，需要确定一个明确的时点，对未来的现金流量进行折现。（3）进行涉税处理时应加以调整。

第五十条　公允价值，是指在公平交易中，熟悉情况的交易双方自愿进行资产交换或者债务清偿的金额。在公平交易中，交易双方应当是持续经营企业，不打算或不需要进行清算、重大缩减经营规模，或在不利条件下仍进行交易。

第五十三条　初始取得或源生的金融资产或承担的金融负债，应当以市场交易价格作为确定其公允价值的基础。

第五十四条　企业采用未来现金流量折现法确定金融工具公允价值的，应当使用合同条款和特征在实质上相同的其他金融工具的市场收益率作为折现率。金融工具的条款和特征，包括金融工具本身的信用质量、合同规定采用固定利率计息的剩余期间、支付本金的剩余期间以及支付时采用的货币等。

没有标明利率的短期应收款项和应付款项的现值与实际交易价格相差很小的，可以按照实际交易价格计量。

第五十六条　金融资产，是指企业的下列资产：

（一）现金；

（二）持有的其他单位的权益工具；

（三）从其他单位收取现金或其他金融资产的合同权利；

（四）在潜在有利条件下，与其他单位交换金融资产或金融负债的合同权利；

（五）将来须用或可用企业自身权益工具进行结算的非衍生工具的合同权利，企业根据该合同将收到非固定数量的自身权益工具；

（六）将来须用或可用企业自身权益工具进行结算的衍生工具的合同权利，但企业以固定金额的现金或其他金融资产换取固定数量的自身权益工具的衍生工具合同权利除外。其中，企业自身权益工具不包括本身就是在将来收取或支付企业自身权益工具的合同。

（1）金融资产，可以是在有潜在的有利条件下，与其他单位交换金融资产或金融负债的合同权利。这在PPP中是业务基础，即投融资方与政府间进行资产与权利交换。

（2）政府与投融资方进行资产交换，是双方在公平交易情况下，按公允价值自愿进行的。

（3）折现率的确定必须有依据。

3.4.2 《〈企业会计准则第22号——金融工具确认和计量〉应用指南》摘要解读

一、金融资产和金融负债的计量

根据本准则规定，企业对于取得的金融资产或承担的金融负债，应当分别不同类别进行计量。

（三）贷款和应收款项

根据本准则第十七条规定，贷款和应收款项主要是指金融企业发放的贷款和一般企业销售商品或提供劳务形成的应收款项等债权。贷款和应收款项在活跃市场中没有报价。

金融企业按当前市场条件发放的贷款，应按发放贷款的本金和相关交易费用之和作为初始确认金额。一般企业对外销售商品或提供劳务形成的应收债权，通常应按从购货方应收的合同或协议价款作为初始确认金额。

贷款持有期间所确认的利息收入，应当根据实际利率计算。实际利率应在取得贷款时确定，在该贷款预期存续期间或适用的更短期间内保持不变。实际利率与合同利率差别较小的，也可按合同利率计算利息收入。

企业收回或处置贷款和应收款项时，应将取得的价款与该贷款和应收款项账面价值之间的差额计入当期损益。

对于实际利率与合同利率差别较小的，可按合同利率计算利息收入，这样可以有效地降低工作复杂程度。企业收回或处置贷款和应收款项时，应将取得的价款与该贷款和应收款项账面价值之间的差额计入当期损益。

IFRS9与CAS22的比较如表3-2所示。

表 3-2　　IFRS9 与 CAS22 的比较

项目	IFRS9	CAS22	备注
类型	以公允价值计量的金融资产、以摊余成本计量的金融资产两类	以公允价值计量且其变动计入当期损益的金融资产、持有至到期投资、贷款和应收款项及可供出售金融资产	
划分依据	对管理金融资产业务模式和合同现金流量特征的判断	会计主体持有某项金融资产、金融负债的目的或意图	
公允价值的计量范围	凡不能满足业务模式标准和合同现金流量特征标准两者之一的金融资产	只有以公允价值计量且其变动计入当期损益的金融资产和可供出售金融资产	
计入其他综合收益的金融资产损益可否转回	以公允价值计量且其变动计入其他综合收益的权益性工具投资，只有在投资后赚得的股利收入才能计入当期损益，无论是发生减值还是终止确认，原计入其他综合收益的累计损益不可转回至当期损益，终止确认时售价与账面价值的差额也只能在其他综合收益中反映	可供出售金融资产的公允价值变动带来的利得和损失直接计入所有者权益。其一，当市价大幅下跌时，原直接计入所有者权益中的因公允价值下降形成的累计损失，应当予以转出，计入当期损益；其二，当可供出售金融资产终止确认时，原直接计入所有者权益的累计金额结转当期损益	根据《企业会计准则解释第 3 号》的规定，未在损益中确认的各项利得和损失在利润表的新增项目“其他综合收益”中列示

3.4.3 《企业会计准则第 22 号——金融工具确认和计量》新旧对照

长期以来，国际会计准则理事会欲以 IFPS9 取代《国际会计准则第 39 号——金融工具：确认和计量》。2014 年 7 月，国际会计准则理事会发布《国际财务报告准则第 9 号——金融工具》完整版。

随着《中国企业会计准则与国际财务报告准则持续趋同路线图》（财会〔2010〕10 号文件发布）的问世，我国企业会计准则与国际趋同的立场日渐明确。在大量参考国际财务报告准则的基础上，财政部于 2017 年 3 月 31 日重新修订了《企业会计准则第 22 号——金融工具确认和计量》，并宣布，在境内外同时上市的企业以及在境外上市并采用国际财务报告准则或企业会计准则编制财务报告的企业，自 2018 年 1 月 1 日起施行；其他境内上市企业自 2019 年 1 月 1 日起施行；执行企业会计准则的非上市企业自 2021 年 1 月 1 日起施行。由于 PPP 项目在施工、运营过程中，相当多的模式都会用到金融工具与资产核算，因此本书对新旧 22 号准则做一对比（见表 3-3），帮助读者比较、理解。

表 3-3　《企业会计准则第 22 号——金融工具确认和计量》新旧对照表

序号	旧准则	新准则	点评
	第一章　总则	第一章　总则	
1	第一条　为了规范金融工具的确认和计量，根据《企业会计准则——基本准则》，制定本准则。	第一条　为了规范金融工具的确认和计量，根据《企业会计准则——基本准则》，制定本准则。	一致。
2	第二条　金融工具，是指形成一个企业的金融资产，并形成其他单位的金融负债或权益工具的合同。	第二条　金融工具，是指形成一方的金融资产并形成其他方的金融负债或权益工具的合同。	将“一个企业”改为“一方”，其外延扩大。在 IFRS9 中，则使用了“主体”一词。（后续相同）
3	第五十六条　金融资产，是指企业的下列资产： （一）现金； （二）持有的其他单位的权益工具； （三）从其他单位收取现金或其他金融资产的合同权利； （四）在潜在有利条件下，与其他单位交换金融资产或金融负债的合同权利； （五）将来须用或可用企业自身权益工具进行结算的非衍生工具的合同权利，企业根据该合同将收到非固定数量的自身权益工具； （六）将来须用或可用企业自身权益工具进行结算的衍生工具的合同权利，但企业以固定金额的现金或其他金融资产换取固定数量的自身权益工具的衍生工具合同权利除外。其中，企业自身权益工具不包括本身就是在将来收取或支付企业自身权益工具的合同。	第三条　金融资产，是指企业持有的现金、其他方的权益工具以及符合下列条件之一的资产： （一）从其他方收取现金或其他金融资产的合同权利。 （二）在潜在有利条件下，与其他方交换金融资产或金融负债的合同权利。 （三）将来须用或可用企业自身权益工具进行结算的非衍生工具合同，且企业根据该合同将收到可变数量的自身权益工具。 （四）将来须用或可用企业自身权益工具进行结算的衍生工具合同，但以固定数量的自身权益工具交换固定金额的现金或其他金融资产的衍生工具合同除外。其中，企业自身权益工具不包括应当按照《企业会计准则第 37 号——金融工具列报》分类为权益工具的可回售工具或发行方仅在清算时才有义务向另一方按比例交付其净资产的金融工具，也不包括本身就要求在未来收取或交付企业自身权益工具的合同。	1. 将旧准则（一）、（二）移入定义条款； 2. 增加了企业自身权益工具不包括应当按照《企业会计准则第 37 号——金融工具列报》分类为权益工具的可回售工具或发行方仅在清算时才有义务向另一方按比例交付其净资产的金融工具的规定。

续表

序号	旧准则	新准则	点评
4	第五十七条　金融负债，是指企业的下列负债： （一）向其他单位交付现金或其他金融资产的合同义务； （二）在潜在不利条件下，与其他单位交换金融资产或金融负债的合同义务； （三）将来须用或可用企业自身权益工具进行结算的非衍生工具的合同义务，企业根据该合同将交付非固定数量的自身权益工具； （四）将来须用或可用企业自身权益工具进行结算的衍生工具的合同义务，但企业以固定金额的现金或其他金融资产换取固定数量的自身权益工具的衍生工具合同义务除外。其中，企业自身权益工具不包括本身就是在将来收取或支付企业自身权益工具的合同。	第四条　金融负债，是指企业符合下列条件之一的负债： （一）向其他方交付现金或其他金融资产的合同义务。 （二）在潜在不利条件下，与其他方交换金融资产或金融负债的合同义务。 （三）将来须用或可用企业自身权益工具进行结算的非衍生工具合同，且企业根据该合同将交付可变数量的自身权益工具。 （四）将来须用或可用企业自身权益工具进行结算的衍生工具合同，但以固定数量的自身权益工具交换固定金额的现金或其他金融资产的衍生工具合同除外。企业对全部现有同类别非衍生自身权益工具的持有方同比例发行配股权、期权或认股权证，使之有权按比例以固定金额的任何货币换取固定数量的该企业自身权益工具的，该类配股权、期权或认股权证应当分类为权益工具。其中，企业自身权益工具不包括应当按照《企业会计准则第37号——金融工具列报》分类为权益工具的可回售工具或发行方仅在清算时才有义务向另一方按比例交付其净资产的金融工具，也不包括本身就要求在未来收取或交付企业自身权益工具的合同。	1. 修改了措辞，将“非固定数量”改为“可变数量”。 2. 权益工具包括同比例外币固定换固定股权、期权，认股权。 3. 增加了“企业自身权益工具不包括按照《企业会计准则第37号——金融工具列报》分类为权益工具的可回售工具或发行方仅在清算时才有义务向另一方按比例交付其净资产的金融工具”的规定。
5	第三条　衍生工具，是指本准则涉及的、具有下列特征的金融工具或其他合同： （一）其价值随特定利率、金融工具价	第五条　衍生工具，是指属于本准则范围并同时具备下列特征的金融工具或其他合同：	措辞更精简，仅仅说了常见的衍生工具，并没有像老版准则那样采用列举方式。

续表

序号	旧准则	新准则	点评
5	格、商品价格、汇率、价格指数、费率指数、信用等级、信用指数或其他类似变量的变动而变动，变量为非金融变量的，该变量与合同的任一方不存在特定关系； （二）不要求初始净投资，或与对市场情况变化有类似反应的其他类型合同相比，要求很少的初始净投资； （三）在未来某一日期结算。 衍生工具包括远期合同、期货合同、互换和期权，以及具有远期合同、期货合同、互换和期权中一种或一种以上特征的工具。	（一）其价值随特定利率、金融工具价格、商品价格、汇率、价格指数、费率指数、信用等级、信用指数或其他变量的变动而变动，变量为非金融变量的，该变量不应与合同的任何一方存在特定关系。 （二）不要求初始净投资，或者与对市场因素变化预期有类似反应的其他合同相比，要求较少的初始净投资。 （三）在未来某一日期结算。 常见的衍生工具包括远期合同、期货合同、互换合同和期权合同等。	
6	第四条　下列各项适用其他相关会计准则： （一）由《企业会计准则第2号——长期股权投资》规范的长期股权投资，适用《企业会计准则第2号——长期股权投资》。 （二）由《企业会计准则第11号——股份支付》规范的股份支付，适用《企业会计准则第11号——股份支付》。 （三）债务重组，适用《企业会计准则第12号——债务重组》。 （四）因清偿预计负债获得补偿的权利，适用《企业会计准则第13号——或有事项》。 （五）企业合并中合并方的或有对价合同，适用《企业会计准则第20号——企业合并》。 （六）租赁的权利和义务，适用《企业会计准则第21号——租赁》。 （七）金融资产转移，适用《企业会计准则第23号——金融资产转移》。	第六条　除下列各项外，本准则适用于所有企业各种类型的金融工具： （一）由《企业会计准则第2号——长期股权投资》规范的对子公司、合营企业和联营企业的投资，适用《企业会计准则第2号——长期股权投资》，但是企业根据《企业会计准则第2号——长期股权投资》对上述投资按照本准则相关规定进行会计处理的，适用本准则。企业持有的与在子公司、合营企业或联营企业中的权益相联系的衍生工具，适用本准则；该衍生工具符合《企业会计准则第37号——金融工具列报》规定的权益工具定义的，适用《企业会计准则第37号——金融工具列报》。 （二）由《企业会计准则第9号——职工薪酬》规范的职工薪酬计划形成的企业的权利和义务，适用《企业会计准则第9号——职工薪酬》。	1. 适用范围增加：(1) 企业持有的与在子公司、合营企业或联营企业中的权益相联系的衍生工具除符合《企业会计准则第37号——金融工具列报》的，都适用本准则。(2) 买入和卖出非金融项目的合同。(3) 租赁应收款的减值、终止确认，租赁应付款的终止确认，以及租赁中嵌入的衍生工具。(4) 对于嵌入保险合同的衍生工具，适用于该嵌入衍生工具本身不是保险合同的情形。(5) 对于财务担保合同，适用于发行方之前明确表明将此类合同视作保险合同，并且已按照保险合同相关会计准则进行会计处理的情形（可以选择）。 2. 排除范围增加：(1) 收入准则规范的金融工具的合同权利和义务。(2) 职工薪酬计划形成的企业权利和义务。(3) 将在未来购买日形成的企业合并的远期合同。

续表

序号	旧准则	新准则	点评
6	（八）套期保值，适用《企业会计准则第24号——套期保值》。 （九）原保险合同的权利和义务，适用《企业会计准则第25号——原保险合同》。 （十）再保险合同的权利和义务，适用《企业会计准则第26号——再保险合同》。 （十一）企业发行的权益工具，适用《企业会计准则第37号——金融工具列报》。	（三）由《企业会计准则第11号——股份支付》规范的股份支付，适用《企业会计准则第11号——股份支付》。但是，股份支付中属于本准则第八条范围的买入或卖出非金融项目的合同，适用本准则。 （四）由《企业会计准则第12号——债务重组》规范的债务重组，适用《企业会计准则第12号——债务重组》。 （五）因清偿按照《企业会计准则第13号——或有事项》所确认的预计负债而获得补偿的权利，适用《企业会计准则第13号——或有事项》。 （六）由《企业会计准则第14号——收入》规范的属于金融工具的合同权利和义务，适用《企业会计准则第14号——收入》，但该准则要求在确认和计量相关合同权利的减值损失和利得时应当按照本准则规定进行会计处理的，适用本准则有关减值的规定。 （七）购买方（或合并方）与出售方之间签订的，将在未来购买日（或合并日）形成《企业会计准则第20号——企业合并》规范的企业合并且其期限不超过企业合并获得批准并完成交易所必须的合理期限的远期合同，不适用本准则。 （八）由《企业会计准则第21号——租赁》规范的租赁的权利和义务，适用《企业会计准则第21号——租赁》。但是，租赁应收款的减值、终止确认，租赁应付款的终止确认，以及租赁中嵌入的衍生工具，适用本准则。	

续表

序号	旧准则	新准则	点评
6		（九）金融资产转移，适用《企业会计准则第 23 号——金融资产转移》。 （十）套期会计，适用《企业会计准则第 24 号——套期会计》。 （十一）由保险合同相关会计准则规范的保险合同所产生的权利和义务，适用保险合同相关会计准则。因具有相机分红特征而由保险合同相关会计准则规范的合同所产生的权利和义务，适用保险合同相关会计准则。但对于嵌入保险合同的衍生工具，该嵌入衍生工具本身不是保险合同的，适用本准则。对于财务担保合同，发行方之前明确表明将此类合同视作保险合同，并且已按照保险合同相关会计准则进行会计处理的，可以选择适用本准则或保险合同相关会计准则。该选择可以基于单项合同，但选择一经做出，不得撤销。否则，相关财务担保合同适用本准则。财务担保合同，是指当特定债务人到期不能按照最初或修改后的债务工具条款偿付债务时，要求发行方向蒙受损失的合同持有人赔付特定金额的合同。 （十二）企业发行的按照《企业会计准则第 37 号——金融工具列报》规定应当分类为权益工具的金融工具，适用《企业会计准则第 37 号——金融工具列报》。	
7	第五条　本准则不涉及企业作出的不可撤销授信承诺（即贷款承诺）。但是，下列贷款承诺除外：	第七条　本准则适用于下列贷款承诺： （一）企业指定为以公允价值计量且其变动计入当期损益的金融负债的贷款承诺。	1. 明确能够以现金或者通过交付或发行其他金融工具净额结算的贷款承诺为衍生工具。

续表

序号	旧准则	新准则	点评
7	（一）指定为以公允价值计量且其变动计入当期损益的金融负债的贷款承诺。 （二）能够以现金净额结算，或通过交换或发行其他金融工具结算的贷款承诺。 （三）以低于市场利率贷款的贷款承诺。 本准则不涉及的贷款承诺，适用《企业会计准则第13号——或有事项》。	如果按照以往惯例，企业在贷款承诺产生后不久即出售其所产生资产，则同一类别的所有贷款承诺均应当适用本准则。 （二）能够以现金或者通过交付或发行其他金融工具净额结算的贷款承诺。此类贷款承诺属于衍生工具。企业不得仅仅因为相关贷款将分期拨付（如按工程进度分期拨付的按揭建造贷款）而将该贷款承诺视为以净额结算。 （三）以低于市场利率贷款的贷款承诺。 所有贷款承诺均适用本准则关于终止确认的规定。企业作为贷款承诺发行方的，还适用本准则关于减值的规定。 贷款承诺，是指按照预先规定的条款和条件提供信用的确定性承诺。	2. 明确贷款承诺都适用本准则关于终止确认的规定，发行方还应适用减值的规定。 3. 定义了“贷款承诺”。
8	第六条　本准则不涉及按照预定的购买、销售或使用要求所签订销售或使用要求所签订，并到期履约买入或卖出非金融项目的合同。但是，能够以现金或其他金融工具净额结算，或通过交换金融工具结算的买入或卖出非金融项目的合同，适用本准则。	第八条　对于能够以现金或其他金融工具净额结算，或者通过交换金融工具结算的买入或卖出非金融项目的合同，除了企业按照预定的购买、销售或使用要求签订并持有旨在收取或交付非金融项目的合同适用其他相关会计准则外，企业应当将该合同视同金融工具，适用本准则。 对于能够以现金或其他金融工具净额结算，或者通过交换金融工具结算的买入或卖出非金融项目的合同，即使企业按照预定的购买、销售或使用要求签订并持有旨在收取或交付非金融项目的合同的，企业也可以将该合同指定为以公允价值计量且其变动计入当期损益的金融资产或金融负	1. 明确企业预定要求签订的旨在收取或交付非金融项目的合同不适用本准则，但是可以通过指定显著减少会计错配，可以适用本准则。 2. 定义了“会计错配”。

续表

序号	旧准则	新准则	点评
8		债。企业只能在合同开始时做出该指定，并且必须能够通过该指定消除或显著减少会计错配。该指定一经做出，不得撤销。会计错配，是指当企业以不同的会计确认方法和计量属性，对在经济上相关的资产和负债进行确认或计量而产生利得或损失时，可能导致的会计确认和计量上的不一致。	
	第四章　金融工具确认	第二章　金融工具的确认和终止确认	
9	第二十四条　企业成为金融工具合同的一方时，应当确认一项金融资产或金融负债。	第九条　企业成为金融工具合同的一方时，应当确认一项金融资产或金融负债。	IFRS9（311）指出："当且仅当主体成为一项金融工具合同条款的一方时，主体才应在其财务状况表中确认一项金融资产或一项金融负债"。
10		第十条　对于以常规方式购买或出售金融资产的，企业应当在交易日确认将收到的资产和为此将承担的负债，或者在交易日终止确认已出售的资产，同时确认处置利得或损失以及应向买方收取的应收款项。 以常规方式购买或出售金融资产，是指企业按照合同规定购买或出售金融资产，并且该合同条款规定，企业应当根据通常由法规或市场惯例所确定的时间安排来交付金融资产。	新增，解释了在 SPV 为政府构建的适用为金融资产的基础设施完工时，可供交换的基础设施和换入的特许经营权的核算方式。
11	第二十五条　金融资产满足下列条件之一的，应当终止确认： （一）收取该金融资产现金流量的合同权利终止。 （二）该金融资产已转移，且符合《企业会计准则第 23 号——金融资产转移》规定的金融资产终止确认条件。	第十一条　金融资产满足下列条件之一的，应当终止确认： （一）收取该金融资产现金流量的合同权利终止。 （二）该金融资产已转移，且该转移满足《企业会计准则第 23 号——金融资产转移》关于金融资产终止确认的规定。	一致。

续表

序号	旧准则	新准则	点评
11	终止确认，是指将金融资产或金融负债从企业的账户和资产负债表内予以转销。	本准则所称金融资产或金融负债终止确认，是指企业将之前确认的金融资产或金融负债从其资产负债表中予以转出。	
12	第二十六条　金融负债的现时义务全部或部分已经解除的，才能终止确认该金融负债或其一部分。 企业将用于偿付金融负债的资产转入某个机构或设立信托，偿付债务的现时义务仍存在的，不应当终止确认该金融负债，也不能终止确认转出的资产。	第十二条　金融负债（或其一部分）的现时义务已经解除的，企业应当终止确认该金融负债（或该部分金融负债）。	措辞更精炼、准确。
13	第二十七条　企业（债务人）与债权人之间签订协议，以承担新金融负债方式替换现存金融负债，且新金融负债与现存金融负债的合同条款实质上不同的，应当终止确认现存金融负债，并同时确认新金融负债。 企业对现存金融负债全部或部分的合同条款作出实质性修改的，应当终止确认现存金融负债或其一部分，同时将修改条款后的金融负债确认为一项新金融负债。	第十三条　企业（借入方）与借出方之间签订协议，以承担新金融负债方式替换原金融负债，且新金融负债与原金融负债的合同条款实质上不同的，企业应当终止确认原金融负债，同时确认一项新金融负债。 企业对原金融负债（或其一部分）的合同条款做出实质性修改的，应当终止确认原金融负债，同时按照修改后的条款确认一项新金融负债。	将“债务人”改为“借入方”，“债权人”改成“借出方”。
14	第二十八条　金融负债全部或部分终止确认的，企业应当将终止确认部分的账面价值与支付的对价（包括转出的非现金资产或承担的新金融负债）之间的差额，计入当期损益。	第十四条　金融负债（或其一部分）终止确认的，企业应当将其账面价值与支付的对价（包括转出的非现金资产或承担的负债）之间的差额，计入当期损益。	基本一致。
15	第二十九条　企业回购金融负债一部分的，应当在回购日按照继续确认部分和终	第十五条　企业回购金融负债一部分的，应当按照继续确认部分和终止确认部分	基本一致。

续表

序号	旧准则	新准则	点评
15	止确认部分的相对公允价值，将该金融负债整体的账面价值进行分配。分配给终止确认部分的账面价值与支付的对价（包括转出的非现金资产或承担的新金融负债）之间的差额，计入当期损益。	在回购日各自的公允价值占整体公允价值的比例，对该金融负债整体的账面价值进行分配。分配给终止确认部分的账面价值与支付的对价（包括转出的非现金资产或承担的负债）之间的差额，应当计入当期损益。	
	第二章　金融资产和金融负债的分类	第三章　金融资产的分类	
16	第七条　金融资产应当在初始确认时划分为下列四类： （一）以公允价值计量且其变动计入当期损益的金融资产，包括交易性金融资产和指定为以公允价值计量且其变动计入当期损益的金融资产； （二）持有至到期投资； （三）贷款和应收款项； （四）可供出售金融资产。	第十六条　企业应当根据其管理金融资产的业务模式和金融资产的合同现金流量特征，将金融资产划分为以下三类： （一）以摊余成本计量的金融资产。 （二）以公允价值计量且其变动计入其他综合收益的金融资产。 （三）以公允价值计量且其变动计入当期损益的金融资产。 企业管理金融资产的业务模式，是指企业如何管理其金融资产以产生现金流量。业务模式决定企业所管理金融资产现金流量的来源是收取合同现金流量、出售金融资产还是两者兼有。企业管理金融资产的业务模式，应当以企业关键管理人员决定的对金融资产进行管理的特定业务目标为基础确定。企业确定管理金融资产的业务模式，应当以客观事实为依据，不得以按照合理预期不会发生的情形为基础确定。 金融资产的合同现金流量特征，是指金融工具合同约定的、反映相关金融资产经济特征的现金流量属性。企业分类为本准则第十七条和第十八条规范的金融资产，其合同现金流量特征，应当与基本借贷安	1. 对金融资产取消了原分类。 2. 明确按照业务模式、合同现金流量特征来划分金融资产。 IFRS9 指出："主体应基于下列两项将金融资产分别归类为按摊余成本、以公允价值计量且其变动计入其他综合收益，或者以公允价值计量且其变动计入损益进行后续计量： （1）主体管理金融资产的业务模式； （2）金融资产的合同现金流量特征。"

续表

序号	旧准则	新准则	点评
16		排相一致。即相关金融资产在特定日期产生的合同现金流量仅为对本金和以未偿付本金金额为基础的利息的支付，其中，本金是指金融资产在初始确认时的公允价值，本金金额可能因提前还款等原因在金融资产的存续期内发生变动；利息包括对货币时间价值、与特定时期未偿付本金金额相关的信用风险、以及其他基本借贷风险、成本和利润的对价。其中，货币时间价值是利息要素中仅因为时间流逝而提供对价的部分，不包括为所持有金融资产的其他风险或成本提供的对价，但货币时间价值要素有时可能存在修正。 在货币时间价值要素存在修正的情况下，企业应当对相关修正进行评估，以确定其是否满足上述合同现金流量特征的要求。此外，金融资产包含可能导致其合同现金流量的时间分布或金额发生变更的合同条款（如包含提前还款特征）的，企业应当对相关条款进行评估（如评估提前还款特征的公允价值是否非常小），以确定其是否满足上述合同现金流量特征的要求。	
17	第十七条　贷款和应收款项，是指在活跃市场中没有报价、回收金额固定或可确定的非衍生金融资产。企业不应当将下列非衍生金融资产划分为贷款和应收款项： （一）准备立即出售或在近期出售的非衍生金融资产。 （二）初始确认时被指定为以公允价值	第十七条　金融资产同时符合下列条件的，应当分类为以摊余成本计量的金融资产： （一）企业管理该金融资产的业务模式是以收取合同现金流量为目标。 （二）该金融资产的合同条款规定，在特定日期产生的现金流量，仅为对本金和以未偿付本金金额为基础的利息的支付。	IFRS9 指出："如果同时满足下列两个条件，则金融资产应当以摊余成本计量： （1）金融资产在以收取合同现金流量为目标而持有金融资产的业务模式中持有。 （2）金融资产的合同条款规定在特定日期产生的现金流量，仅为本金及未偿付本金金额之利息的支付。"

续表

序号	旧准则	新准则	点评
17	计量且其变动计入当期损益的非衍生金融资产。 （三）初始确认时被指定为可供出售的非衍生金融资产。 （四）因债务人信用恶化以外的原因，使持有方可能难以收回几乎所有初始投资的非衍生金融资产。 企业所持证券投资基金或类似基金，不应当划分为贷款和应收款项。		
18	第十八条　可供出售金融资产，是指初始确认时即被指定为可供出售的非衍生金融资产，以及除下列各类资产以外的金融资产： （一）贷款和应收款项。 （二）持有至到期投资。 （三）以公允价值计量且其变动计入当期损益的金融资产。	第十八条　金融资产同时符合下列条件的，应当分类为以公允价值计量且其变动计入其他综合收益的金融资产： （一）企业管理该金融资产的业务模式既以收取合同现金流量为目标又以出售该金融资产为目标。 （二）该金融资产的合同条款规定，在特定日期产生的现金流量，仅为对本金和以未偿付本金金额为基础的利息的支付。	IFRS9 指出："如果同时满足下列两项条件，则金融资产应当以公允价值计量且其变动计入其他综合收益： （1）金融资产在通过既收取合同现金流量又出售金融资产来实现其目标的业务模式中持有； （2）金融资产的合同条款规定在特定日期产生的现金流量，仅为本金及未偿付本金金额之利息的支付。"
19	第九条　金融资产或金融负债满足下列条件之一的，应当划分为交易性金融资产或金融负债： （一）取得该金融资产或承担该金融负债的目的，主要是为了近期内出售或回购。 （二）属于进行集中管理的可辨认金融工具组合的一部分，且有客观证据表明企业近期采用短期获利方式对该组合进行管理。 （三）属于衍生工具。但是，被指定且为有效套期工具的衍生工具、属于财务担保	第十九条　按照本准则第十七条分类为以摊余成本计量的金融资产和按照本准则第十八条分类为以公允价值计量且其变动计入其他综合收益的金融资产之外的金融资产，企业应当将其分类为以公允价值计量且其变动计入当期损益的金融资产。 在初始确认时，企业可以将非交易性权益工具投资指定为以公允价值计量且其变动计入其他综合收益的金融资产，并按照本准则第六十五条规定确认股利收入。该指定一经做出，不得撤销。企业在非同一	IFRS9 指出："除按照以摊余成本计量或按照以公允价值计量且其变动计入其他综合收益以外，其他金融资产应当以公允价值计量且其变动计入损益。然而，对于本应以公允价值计量且其变动计入损益的特定权益工具投资，主体可在初始确认时作出不可撤销的选择，将其公允价值的后续变动在其他综合收益中列报。"

续表

序号	旧准则	新准则	点评
19	合同的衍生工具、与在活跃市场中没有报价且其公允价值不能可靠计量的权益工具投资挂钩并须通过交付该权益工具结算的衍生工具除外。	控制下的企业合并中确认的或有对价构成金融资产的，该金融资产应当分类为以公允价值计量且其变动计入当期损益的金融资产，不得指定为以公允价值计量且其变动计入其他综合收益的金融资产。 金融资产或金融负债满足下列条件之一的，表明企业持有该金融资产或承担该金融负债的目的是交易性的： （一）取得相关金融资产或承担相关金融负债的目的，主要是为了近期出售或回购。 （二）相关金融资产或金融负债在初始确认时属于集中管理的可辨认金融工具组合的一部分，且有客观证据表明近期实际存在短期获利模式。 （三）相关金融资产或金融负债属于衍生工具。但符合财务担保合同定义的衍生工具以及被指定为有效套期工具的衍生工具除外。	
20	第十条　除本准则第二十一条和第二十二条的规定外，只有符合下列条件之一的金融资产或金融负债，才可以在初始确认时指定为以公允价值计量且其变动计入当期损益的金融资产或金融负债： （一）该指定可以消除或明显减少由于该金融资产或金融负债的计量基础不同所导致的相关利得或损失在确认或计量方面不一致的情况。 （二）企业风险管理或投资策略的正式书面文件已载明，该金融资产组合、该金融	第二十条　在初始确认时，如果能够消除或显著减少会计错配，企业可以将金融资产指定为以公允价值计量且其变动计入当期损益的金融资产。该指定一经做出，不得撤销。	IFRS9指出："尽管有前述的规定，主体仍可以在初始确认时将金融资产不可撤销地指定为以公允价值计量且其变动计入损益，前提是这样做可以消除或显著减少计量或确认的不一致（有时称作"会计错配"），即如果不做该指定，会因以不同的基础计量资产或负债或者确认其产生的利得和损失而产生这种不一致。"

续表

序号	旧准则	新准则	点评
20	负债组合、或该金融资产和金融负债组合，以公允价值为基础进行管理、评价并向关键管理人员报告。 在活跃市场中没有报价、公允价值不能可靠计量的权益工具投资，不得指定为以公允价值计量且其变动计入当期损益的金融资产。 活跃市场，是指同时具有下列特征的市场： （一）市场内交易的对象具有同质性； （二）可随时找到自愿交易的买方和卖方； （三）市场价格信息是公开的。 第二十一条　企业可以将混合工具指定为以公允价值计量且其变动计入当期损益的金融资产或金融负债。但是，下列情况除外： （一）嵌入衍生工具对混合工具的现金流量没有重大改变。 （二）类似混合工具所嵌入的衍生工具，明显不应当从相关混合工具中分拆。		
		第四章　金融负债的分类	
21	第八条　金融负债应当在初始确认时划分为下列两类： （一）以公允价值计量且其变动计入当期损益的金融负债，包括交易性金融负债和指定为以公允价值计量且其变动计入当期损益的金融负债； （二）其他金融负债。	第二十一条　除下列各项外，企业应当将金融负债分类为以摊余成本计量的金融负债： （一）以公允价值计量且其变动计入当期损益的金融负债，包括交易性金融负债（含属于金融负债的衍生工具）和指定为以公允价值计量且其变动计入当期损益的金融负债。	IFRS9指出："主体应以摊余成本对所有的金融负债进行后续计量，以下情况除外： （1）以公允价值计量且其变动计入损益的金融负债。此类负债（包括属于负债的衍生工具）应当以公允价值进行后续计量。 （2）金融资产转移不符合终止确认条件或者应用继续涉入法进行核算而形成的金融负债。"

续表

序号	旧准则	新准则	点评
21		（二）金融资产转移不符合终止确认条件或继续涉入被转移金融资产所形成的金融负债。对此类金融负债，企业应当按照《企业会计准则第23号——金融资产转移》相关规定进行计量。 （三）不属于本条（一）或（二）情形的财务担保合同，以及不属于本条（一）情形的以低于市场利率贷款的贷款承诺。企业作为此类金融负债发行方的，应当在初始确认后按照依据本准则第八章所确定的损失准备金额以及初始确认金额扣除依据《企业会计准则第14号——收入》相关规定所确定的累计摊销额后的余额孰高进行计量。 在非同一控制下的企业合并中，企业作为购买方确认的或有对价形成金融负债的，该金融负债应当按照以公允价值计量且其变动计入当期损益进行会计处理。	（3）财务担保合同。初始确认后，此类合同的发行人应对其以下列两者较高者计量［除非适用于前文（1）、（2）］： ①损失准备金额； ②初始确认的金额。 （4）以低于市场利率提供贷款的承诺。此项承诺的发行人应以下列两者较高者计量［除非适用于前文（1）］： ①损失准备金额； ②初始确认的金额。 （5）购买方在适用《国际财务报告准则第3号》的企业合并中确认的或有对价。 此类或有对价应以公允价值计量且其变动计入损益进行后续计量。”
22	第十条　除本准则第二十一条和第二十二条的规定外，只有符合下列条件之一的金融资产或金融负债，才可以在初始确认时指定为以公允价值计量且其变动计入当期损益的金融资产或金融负债： （一）该指定可以消除或明显减少由于该金融资产或金融负债的计量基础不同所导致的相关利得或损失在确认或计量方面不一致的情况。 （二）企业风险管理或投资策略的正式书面文件已载明，该金融资产组合、该金融负债组合、或该金融资产和金融负债组	第二十二条　在初始确认时，为了提供更相关的会计信息，企业可以将金融负债指定为以公允价值计量且其变动计入当期损益的金融负债，但该指定应当满足下列条件之一： （一）能够消除或显著减少会计错配。 （二）根据正式书面文件载明的企业风险管理或投资策略，以公允价值为基础对金融负债组合或金融资产和金融负债组合进行管理和业绩评价，并在企业内部以此为基础向关键管理人员报告。 该指定一经做出，不得撤销。	IFRS9指出：“在初始确认时，主体可以将一项金融负债不可撤销地指定为以公允价值计量且其变动计入损益，主体这样指定是由于下列原因之一： （1）这样做可以消除或显著减少计量或确认的不一致（有时称作“会计错配”，即如果不做指定，会因以不同的基础计量资产或负债或者确认其产生的利得和损失而产生这种不一致； （2）根据书面记载的风险管理或投资策略，以公允价值为基础对金融负债组合或金融资产和金融负债组合进行管理和业绩评价，

续表

序号	旧准则	新准则	点评
22	合，以公允价值为基础进行管理、评价并向关键管理人员报告。 在活跃市场中没有报价、公允价值不能可靠计量的权益工具投资，不得指定为以公允价值计量且其变动计入当期损益的金融资产。 活跃市场，是指同时具有下列特征的市场： （一）市场内交易的对象具有同质性； （二）可随时找到自愿交易的买方和卖方； （三）市场价格信息是公开的。 第二十一条　企业可以将混合工具指定为以公允价值计量且其变动计入当期损益的金融资产或金融负债。但是，下列情况除外： （一）嵌入衍生工具对混合工具的现金流量没有重大改变。 （二）类似混合工具所嵌入的衍生工具，明显不应当从相关混合工具中分拆。 第二十一条　企业可以将混合工具指定为以公允价值计量且其变动计入当期损益的金融资产或金融负债。但是，下列情况除外： （一）嵌入衍生工具对混合工具的现金流量没有重大改变。 （二）类似混合工具所嵌入的衍生工具，明显不应当从相关混合工具中分拆。		以及内部以此为基础向主体关键管理人员，如主体董事会及首席执行官，提供有关该组合的信息。”

续表

序号	旧准则	新准则	点评
	第三章　嵌入衍生工具	第五章　嵌入衍生工具	
23	第二十条　嵌入衍生工具，是指嵌入到非衍生工具（即主合同）中，使混合工具的全部或部分现金流量随特定利率、金融工具价格、商品价格、汇率、价格指数、费率指数、信用等级、信用指数或其他类似变量的变动而变动的衍生工具。嵌入衍生工具与主合同构成混合工具，如可转换公司债券等。	第二十三条　嵌入衍生工具，是指嵌入到非衍生工具（即主合同）中的衍生工具。嵌入衍生工具与主合同构成混合合同。该嵌入衍生工具对混合合同的现金流量产生影响的方式，应当与单独存在的衍生工具类似，且该混合合同的全部或部分现金流量随特定利率、金融工具价格、商品价格、汇率、价格指数、费率指数、信用等级、信用指数或其他变量变动而变动，变量为非金融变量的，该变量不应与合同的任何一方存在特定关系。 衍生工具如果附属于一项金融工具但根据合同规定可以独立于该金融工具进行转让，或者具有与该金融工具不同的交易对手方，则该衍生工具不是嵌入衍生工具，应当作为一项单独存在的衍生工具处理。	IFRS9 指出："嵌入衍生工具，是同时包括非衍生工具主合同的混合合同的一个组成部分，并导致该组合工具中的某些现金流量以类似于单独存在的衍生工具的方式变动。 嵌入衍生工具使得该合同原本要求的全部或部分现金流量须根据特定利率、金融工具价格、商品价格、外汇汇率、价格或利率指数、信用评级或信用指数，或其他变量（如果该变量是非金融变量，则该变量不应与合同的任一方存在特定关系）予以修正。附属于一项金融工具的衍生工具，如果可以独立于该金融工具进行合约转让，或者具有与该金融工具不同的交易对手方，则该衍生工具不是一项嵌入衍生工具，而是一项独立的金融工具。"
24		第二十四条　混合合同包含的主合同属于本准则规范的资产的，企业（忘了修改"企业"）不应从该混合合同中分拆嵌入衍生工具，而应当将该混合合同作为一个整体适用本准则关于金融资产分类的相关规定。	明确：如果混合合同包含的主合同是一项本准则范围内的资产，则主体应当对整个混合合同应用金融资产分类的相关规定。
25	第二十二条　嵌入衍生工具相关的混合工具没有指定为以公允价值计量且其变动计入当期损益的金融资产或金融负债，且同时满足下列条件的，该嵌入衍生工具应当从混合工具中分拆，作为单独存在的衍生工具处理：	第二十五条　混合合同包含的主合同不属于本准则规范的资产，且同时符合下列条件的，企业应当从混合合同中分拆嵌入衍生工具，将其作为单独存在的衍生工具处理： （一）嵌入衍生工具的经济特征和风险	IFRS9 指出："如果混合合同包含的主合同不是本准则范围内的资产，当且仅当符合下述条件时，嵌入衍生工具应当与主合同分拆，并作为衍生工具根据本准则的规定核算： （1）嵌入衍生工具的经济特征和风险与主合同的经济特征和风险并不紧密相关；

续表

序号	旧准则	新准则	点评
25	（一）与主合同在经济特征及风险方面不存在紧密关系； （二）与嵌入衍生工具条件相同，单独存在的工具符合衍生工具定义。 无法在取得时或后续的资产负债表日对其进行单独计量的，应当将混合工具整体指定为以公允价值计量且其变动计入当期损益的金融资产或金融负债。	与主合同的经济特征和风险不紧密相关。 （二）与嵌入衍生工具具有相同条款的单独工具符合衍生工具的定义。 （三）该混合合同不是以公允价值计量且其变动计入当期损益进行会计处理。 嵌入衍生工具从混合合同中分拆的，企业应当按照适用的会计准则规定，对混合合同的主合同进行会计处理。企业无法根据嵌入衍生工具的条款和条件对嵌入衍生工具的公允价值进行可靠计量的，该嵌入衍生工具的公允价值应当根据混合合同公允价值和主合同公允价值之间的差额确定。使用了上述方法后，该嵌入衍生工具在取得日或后续资产负债表日的公允价值仍然无法单独计量的，企业应当将该混合合同整体指定为以公允价值计量且其变动计入当期损益的金融工具。	（2）与嵌入衍生工具具有相同条款的单独工具符合衍生工具的定义； （3）混合合同不以公允价值计量，公允价值的变动也不计入损益（即，嵌在以公允价值计量且其变动计入损益的金融负债中的衍生工具不予分拆）。增加按剩余价值确定嵌入衍生工具公允价值表述。如果嵌入衍生工具被分拆，主合同应该按照适用的准则进行会计核算。 本准则并未涉及嵌入衍生工具是否应当在财务状况表中单独列报。”
26	第二十一条　企业可以将混合工具指定为以公允价值计量且其变动计入当期损益的金融资产或金融负债。但是，下列情况除外： （一）嵌入衍生工具对混合工具的现金流量没有重大改变。 （二）类似混合工具所嵌入的衍生工具，明显不应当从相关混合工具中分拆。	第二十六条　混合合同包含一项或多项嵌入衍生工具，且其主合同不属于本准则规范的资产的，企业可以将其整体指定为以公允价值计量且其变动计入当期损益的金融工具。但下列情况除外： （一）嵌入衍生工具不会对混合合同的现金流量产生重大改变。 （二）在初次确定类似的混合合同是否需要分拆时，几乎不需分析就能明确其包含的嵌入衍生工具不应分拆。如嵌入贷款的提前还款权，允许持有人以接近摊余成本的金额提前偿还贷款，该提前还款权不需要分拆。	明确：除主合同为金融资产的混合合同应作为一个整体处理。IFRS9 指出：“如果合同中包括一项或多项嵌入衍生工具，并且主合同不是本准则范围内的资产，主体可以将整个混合合同指定为以公允价值计量且其变动计入损益，除非： （1）该嵌入衍生工具没有显著影响合同要求的现金流量； （2）当初次考虑类似的混合工具时，几乎不需进行分析就可明确其包含的嵌入衍生工具不应进行分拆，例如嵌入贷款的提前偿付选择权，即允许持有人以接近摊余成本的金额提前偿还贷款。”

续表

序号	旧准则	新准则	点评
		第六章　金融工具的重分类	
27		第二十七条　企业改变其管理金融资产的业务模式时，应当按照本准则的规定对所有受影响的相关金融资产进行重分类。 企业对所有金融负债均不得进行重分类。	新增，明确：重分类的前提是业务模式发生变化，金融负债不能重分类。
28	第三十八条　金融资产或金融负债公允价值变动形成的利得或损失，除与套期保值有关外，应当按照下列规定处理： （一）以公允价值计量且其变动计入当期损益的金融资产或金融负债公允价值变动形成的利得或损失，应当计入当期损益。 （二）可供出售金融资产公允价值变动形成的利得或损失，除减值损失和外币货币性金融资产形成的汇兑差额外，应当直接计入所有者权益，在该金融资产终止确认时转出，计入当期损益。 可供出售外币货币性金融资产形成的汇兑差额，应当计入当期损益。采用实际利率法计算的可供出售金融资产的利息，应当计入当期损益；可供出售权益工具投资的现金股利，应当在被投资单位宣告发放股利时计入当期损益。 与套期保值有关的金融资产或金融负债公允价值变动形成的利得或损失的处理，适用《企业会计准则第24号——套期保值》。	第二十八条　企业发生下列情况的，不属于金融资产或金融负债的重分类： （一）按照《企业会计准则第24号——套期会计》相关规定，某金融工具以前被指定并成为现金流量套期或境外经营净投资套期中的有效套期工具，但目前已不再满足运用该套期会计方法的条件。 （二）按照《企业会计准则第24号——套期会计》相关规定，某金融工具被指 定并成为现金流量套期或境外经营净投资套期中的有效套期工具。 （三）按照《企业会计准则第24号——套期会计》相关规定，运用信用风险敞口公允价值选择权所引起的计量变动。	明确：套期保值相关不属于重分类。
29		第二十九条　企业对金融资产进行重分类，应当自重分类日起采用未来适用法进行相关会计处理，不得对以前已经确认	1. 明确：重分类适用未来适用法。 2. 定义了“重分类日”。

续表

序号	旧准则	新准则	点评
29		的利得、损失（包括减值损失或利得）或利息进行追溯调整。 重分类日，是指导致企业对金融资产进行重分类的业务模式发生变更后的首个报告期间的第一天。	
30	第十九条　企业在初始确认时将某金融资产或某金融负债划分为以公允价值计量且其变动计入当期损益的金融资产或金融负债后，不能重分类为其他类金融资产或金融负债；其他类金融资产或金融负债也不能重分类为以公允价值计量且其变动计入当期损益的金融资产或金融负债。 第三十六条　对按照本准则规定应当以公允价值计量，但以前公允价值不能可靠计量的金融资产或金融负债，企业应当在其公允价值能够可靠计量时改按公允价值计量，相关账面价值与公允价值之间的差额按照本准则第三十八条的规定处理。	第三十条　企业将一项以摊余成本计量的金融资产重分类为以公允价值计量且其变动计入当期损益的金融资产的，应当按照该资产在重分类日的公允价值进行计量。原账面价值与公允价值之间的差额计入当期损益。 企业将一项以摊余成本计量的金融资产重分类为以公允价值计量且其变动计入其他综合收益的金融资产的，应当按照该金融资产在重分类日的公允价值进行计量。原账面价值与公允价值之间的差额计入其他综合收益。该金融资产重分类不影响其实际利率和预期信用损失的计量。	明确：将一项以摊余成本计量的金融资产重分类为以公允价值计量且其变动计入当期损益的金融资产的，应当按照该资产在重分类日的公允价值进行计量。
31	第三十七条　因持有意图或能力发生改变，或公允价值不再能够可靠计量，或持有期限已超过本准则第十六条所指“两个完整的会计年度”，使金融资产或金融负债不再适合按照公允价值计量时，企业可以将该金融资产或金融负债改按成本或摊余成本计量，该成本或摊余成本为重分类日该金融资产或金融负债的公允价值或账面价值。与该金融资产相关、原直接计入所有者权益的利得或损失，应当按照下列规定处理：	第三十一条　企业将一项以公允价值计量且其变动计入其他综合收益的金融资产重分类为以摊余成本计量的金融资产的，应当将之前计入其他综合收益的累计利得或损失转出，调整该金融资产在重分类日的公允价值，并以调整后的金额作为新的账面价值，即视同该金融资产一直以摊余成本计量。该金融资产重分类不影响其实际利率和预期信用损失的计量。 企业将一项以公允价值计量且其变动计入其他综合收益的金融资产重分类为以	明确：以公允价值计量且其变动计入其他综合收益的金融资产重分类为以摊余成本计量的金融资产的，视同该金融资产一直以摊余成本计量。

续表

序号	旧准则	新准则	点评
31	（一）该金融资产有固定到期日的，应当在该金融资产的剩余期限内，采用实际利率法摊销，计入当期损益。该金融资产的摊余成本与到期日金额之间的差额，也应当在该金融资产的剩余期限内，采用实际利率法摊销，计入当期损益。该金融资产在随后的会计期间发生减值的，原直接计入所有者权益的相关利得或损失，应当转出计入当期损益。 （二）该金融资产没有固定到期日的，仍应保留在所有者权益中，在该金融资产被处置时转出，计入当期损益。该金融资产在随后的会计期间发生减值的，原直接计入所有者权益的相关利得或损失，应当转出计入当期损益。	公允价值计量且其变动计入当期损益的金融资产的，应当继续以公允价值计量该金融资产。同时，企业应当将之前计入其他综合收益的累计利得或损失从其他综合收益转入当期损益。	
32		第三十二条　企业将一项以公允价值计量且其变动计入当期损益的金融资产重分类为以摊余成本计量的金融资产的，应当以其在重分类日的公允价值作为新的账面余额。 企业将一项以公允价值计量且其变动计入当期损益的金融资产重分类为以公允价值计量且其变动计入其他综合收益的金融资产的，应当继续以公允价值计量该金融资产。 按照本条规定对金融资产重分类进行处理的，企业应当根据该金融资产在重分类日的公允价值确定其实际利率。同时，企业应当自重分类日起对该金融资产适用本准则关于金融资产减值的相关规定，并将重分类日视为初始确认日。	明确：以公允价值计量且其变动计入当期损益的金融资产可以重分类为以摊余成本计量的金融资产。

续表

序号	旧准则	新准则	点评
		第七章　金融工具的计量	
33	第三十条　企业初始确认金融资产或金融负债，应当按照公允价值计量。对于以公允价值计量且其变动计入当期损益的金融资产或金融负债，相关交易费用应当直接计入当期损益；对于其他类别的金融资产或金融负债，相关交易费用应当计入初始确认金额。 第三十一条　交易费用，是指可直接归属于购买、发行或处置金融工具新增的外部费用。新增的外部费用，是指企业不购买、发行或处置金融工具就不会发生的费用。 交易费用包括支付给代理机构、咨询公司、券商等的手续费和佣金及其他必要支出，不包括债券溢价、折价、融资费用、内部管理成本及其他与交易不直接相关的费用。	第三十三条　企业初始确认金融资产或金融负债，应当按照公允价值计量。对于以公允价值计量且其变动计入当期损益的金融资产和金融负债，相关交易费用应当直接计入当期损益；对于其他类别的金融资产或金融负债，相关交易费用应当计入初始确认金额。但是，企业初始确认的应收账款未包含《企业会计准则第14号——收入》所定义的重大融资成分或根据《企业会计准则第14号——收入》规定不考虑不超过一年的合同中的融资成分的，应当按照该准则定义的交易价格进行初始计量。 交易费用，是指可直接归属于购买、发行或处置金融工具的增量费用。增量费用是指企业没有发生购买、发行或处置相关金融工具的情形就不会发生的费用，包括支付给代理机构、咨询公司、券商、证券交易所、政府有关部门等的手续费、佣金、相关税费以及其他必要支出，不包括债券溢价、折价、融资费用、内部管理成本和持有成本等与交易不直接相关的费用。	1. 明确：企业初始确认金融资产或金融负债，应当按照公允价值计量。 2. 明确：对于不具有重大融资成分或不考虑不超过一年的合同中的融资成分的，按交易价格进行初始确认。 3. 对交易费用简化了措辞。
34	第五十二条　金融工具不存在活跃市场的，企业应当采用估值技术确定其公允价值。采用估值技术得出的结果，应当反映估值日在公平交易中可能采用的交易价格。估值技术包括参考熟悉情况并自愿交易的各方最近进行的市场交易中使用的价格、参照实质上相同的其他金融工具的当	第三十四条　企业应当根据《企业会计准则第39号——公允价值计量》的规定，确定金融资产和金融负债在初始确认时的公允价值。公允价值通常为相关金融资产或金融负债的交易价格。金融资产或金融负债公允价值与交易价格存在差异的，企业应当区别下列情况进行处理：	明确：公允价值与交易价格之间的差额不符合损益情况时可以计入递延。

续表

序号	旧准则	新准则	点评
34	前公允价值、现金流量折现法和期权定价模型等。 企业应当选择市场参与者普遍认同，且被以往市场实际交易价格验证具有可靠性的估值技术确定金融工具的公允价值： （一）采用估值技术确定金融工具的公允价值时，应当尽可能使用市场参与者在金融工具定价时考虑的所有市场参数，包括无风险利率、信用风险、外汇汇率、商品价格、股价或股价指数、金融工具价格未来波动率、提前偿还风险、金融资产或金融负债的服务成本等，尽可能不使用与企业特定相关的参数。 （二）企业应当定期使用没有经过修正或重新组合的金融工具公开交易价格校正所采用的估值技术，并测试该估值技术的有效性。 （三）金融工具的交易价格应当作为其初始确认时的公允价值的最好证据，但有客观证据表明相同金融工具公开交易价格更公允，或采用仅考虑公开市场参数的估值技术确定的结果更公允的，不应当采用交易价格作为初始确认时的公允价值，而应当采用更公允的交易价格或估值结果确定公允价值。	（一）在初始确认时，金融资产或金融负债的公允价值依据相同资产或负债在活跃市场上的报价或者以仅使用可观察市场数据的估值技术确定的，企业应当将该公允价值与交易价格之间的差额确认为一项利得或损失。 （二）在初始确认时，金融资产或金融负债的公允价值以其他方式确定的，企业应当将该公允价值与交易价格之间的差额递延。初始确认后，企业应当根据某一因素在相应会计期间的变动程度将该递延差额确认为相应会计期间的利得或损失。该因素应当仅限于市场参与者对该金融工具定价时将予考虑的因素，包括时间等。	
35	第三十二条　企业应当按照公允价值对金融资产进行后续计量，且不扣除将来处置该金融资产时可能发生的交易费用。但是，下列情况除外： （一）持有至到期投资以及贷款和应收	第三十五条　初始确认后，企业应当对不同类别的金融资产，分别以摊余成本、以公允价值计量且其变动计入其他综合收益或以公允价值计量且其变动计入当期损益进行后续计量。	明确：应按不同类别分别进行后续计量。

续表

序号	旧准则	新准则	点评
35	款项，应当采用实际利率法，按摊余成本计量。 （二）在活跃市场中没有报价且其公允价值不能可靠计量的权益工具投资，以及与该权益工具挂钩并须通过交付该权益工具结算的衍生金融资产，应当按照成本计量。		
36	第三十三条　企业应当采用实际利率法，按摊余成本对金融负债进行后续计量。但是，下列情况除外： （一）以公允价值计量且其变动计入当期损益的金融负债，应当按照公允价值计量，且不扣除将来结清金融负债时可能发生的交易费用。 （二）与在活跃市场中没有报价、公允价值不能可靠计量的权益工具挂钩并须通过交付该权益工具结算的衍生金融负债，应当按照成本计量。 （三）不属于指定为以公允价值计量且其变动计入当期损益的金融负债的财务担保合同，或没有指定为以公允价值计量且其变动计入当期损益并将以低于市场利率贷款的贷款承诺，应当在初始确认后按照下列两项金额之中的较高者进行后续计量： 1. 按照《企业会计准则第 13 号——或有事项》确定的金额； 2. 初始确认金额扣除按照《企业会计准则第 14 号——收入》的原则确定的累计摊销额后的余额。	第三十六条　初始确认后，企业应当对不同类别的金融负债，分别以摊余成本、以公允价值计量且其变动计入当期损益或以本准则第二十一条规定的其他适当方法进行后续计量。	明确：应按不同类别分别进行后续计量。

续表

序号	旧准则	新准则	点评
37	第三十八条　金融资产或金融负债公允价值变动形成的利得或损失，除与套期保值有关外，应当按照下列规定处理： （一）以公允价值计量且其变动计入当期损益的金融资产或金融负债公允价值变动形成的利得或损失，应当计入当期损益。 （二）可供出售金融资产公允价值变动形成的利得或损失，除减值损失和外币货币性金融资产形成的汇兑差额外，应当直接计入所有者权益，在该金融资产终止确认时转出，计入当期损益。 可供出售外币货币性金融资产形成的汇兑差额，应当计入当期损益。采用实际利率法计算的可供出售金融资产的利息，应当计入当期损益；可供出售权益工具投资的现金股利，应当在被投资单位宣告发放股利时计入当期损益。 与套期保值有关的金融资产或金融负债公允价值变动形成的利得或损失的处理，适用《企业会计准则第24号——套期保值》。	第三十七条　金融资产或金融负债被指定为被套期项目的，企业应当根据《企业会计准则第24号——套期会计》规定进行后续计量。	明确：主体应当对指定为被套期项目的金融资产应用的套期会计要求（并且如适用，针对利率风险组合套期应用《国际会计准则第39号——金融工具：确认和计量》的公允价值套期会计要求。
38	第十三条　金融资产或金融负债的摊余成本，是指该金融资产或金融负债的初始确认金额经下列调整后的结果： （一）扣除已偿还的本金； （二）加上或减去采用实际利率法将该初始确认金额与到期日金额之间的差额进行摊销形成的累计摊销额； （三）扣除已发生的减值损失（仅适用于金融资产）。 第十四条　实际利率法，是指按照金融	第三十八条　金融资产或金融负债的摊余成本，应当以该金融资产或金融负债的初始确认金额经下列调整后的结果确定： （一）扣除已偿还的本金。 （二）加上或减去采用实际利率法将该初始确认金额与到期日金额之间的差额进行摊销形成的累计摊销额。 （三）扣除累计计提的损失准备（仅适用于金融资产）。 实际利率法，是指计算金融资产或金融	明确：金融资产的利息收入应当使用实际利率法计算。利息收入应通过将实际利率乘以金融资产的账面总额进行计算，但下列情况除外： （1）所购买或源生的已发生信用减值的金融资产。对于此类金融资产，主体应针对初始确认后金融资产的摊余成本应用经信用调整的实际利率计算利息收入。 （2）并非所购买或源生的已发生信用减值的金融资产，但随后发生了信用减值的金

续表

序号	旧准则	新准则	点评
38	资产或金融负债（含一组金融资产或金融负债）的实际利率计算其摊余成本及各期利息收入或利息费用的方法。 实际利率，是指将金融资产或金融负债在预期存续期间或适用的更短期间内的未来现金流量，折现为该金融资产或金融负债当前账面价值所使用的利率。 在确定实际利率时，应当在考虑金融资产或金融负债所有合同条款（包括提前还款权、看涨期权、类似期权等）的基础上预计未来现金流量，但不应当考虑未来信用损失。 金融资产或金融负债合同各方之间支付或收取的、属于实际利率组成部分的各项收费、交易费用及溢价或折价等，应当在确定实际利率时予以考虑。金融资产或金融负债的未来现金流量或存续期间无法可靠预计时，应当采用该金融资产或金融负债在整个合同期内的合同现金流量。	负债的摊余成本以及将利息收入或利息费用分摊计入各会计期间的方法。 实际利率，是指将金融资产或金融负债在预计存续期的估计未来现金流量，折现为该金融资产账面余额或该金融负债摊余成本所使用的利率。在确定实际利率时，应当在考虑金融资产或金融负债所有合同条款（如提前还款、展期、看涨期权或其他类似期权等）的基础上估计预期现金流量，但不应当考虑预期信用损失。	融资产。对于此类金融资产，主体应在后续报告期间针对金融资产的摊余成本应用实际利率计算利息收入。
39	第四十条　企业应当在资产负债表日对以公允价值计量且其变动计入当期损益的金融资产以外的金融资产的账面价值进行检查，有客观证据表明该金融资产发生减值的，应当计提减值准备。	第三十九条　企业应当按照实际利率法确认利息收入。利息收入应当根据金融资产账面余额乘以实际利率计算确定，但下列情况除外： （一）对于购入或源生的已发生信用减值的金融资产，企业应当自初始确认起，按照该金融资产的摊余成本和经信用调整的实际利率计算确定其利息收入。 （二）对于购入或源生的未发生信用减值、但在后续期间成为已发生信用减值的金融资产，企业应当在后续期间，按照该金	1. 购入或源生的已发生信用减值的金融资产和后续期间发生信用减值的金融资产，均按摊余成本和实际利率计算利息收入。在计算实际利率时，均只考虑已实际发生的信用减值，而不考虑预期损失。 2. 定义了经信用调整的实际利率。 3. PPP项目中的金融资产，比如换入的特许经营权，一般经过了物有所值和财政可承受能力的科学评价，如果没有重大的人力不可控情况发生，通常不会出现信用减值情况。

续表

序号	旧准则	新准则	点评
39		融资产的摊余成本和实际利率计算确定其利息收入。企业按照上述规定对金融资产的摊余成本运用实际利率法计算利息收入的，若该金融工具在后续期间因其信用风险有所改善而不再存在信用减值，并且这一改善在客观上可与应用上述规定之后发生的某一事件相联系（如债务人的信用评级被上调），企业应当转按实际利率乘以该金融资产账面余额来计算确定利息收入。 经信用调整的实际利率，是指将购入或源生的已发生信用减值的金融资产在预计存续期的估计未来现金流量，折现为该金融资产摊余成本的利率。在确定经信用调整的实际利率时，应当在考虑金融资产的所有合同条款（例如提前还款、展期、看涨期权或其他类似期权等）以及初始预期信用损失的基础上估计预期现金流量。	
40	第四十一条　表明金融资产发生减值的客观证据，是指金融资产初始确认后实际发生的、对该金融资产的预计未来现金流量有影响，且企业能够对该影响进行可靠计量的事项。金融资产发生减值的客观证据，包括下列各项： （一）发行方或债务人发生严重财务困难； （二）债务人违反了合同条款，如偿付利息或本金发生违约或逾期等； （三）债权人出于经济或法律等方面因素的考虑，对发生财务困难的债务人作出让步；	第四十条　当对金融资产预期未来现金流量具有不利影响的一项或多项事件发生时，该金融资产成为已发生信用减值的金融资产。 金融资产已发生信用减值的证据包括下列可观察信息： （一）发行方或债务人发生重大财务困难； （二）债务人违反合同，如偿付利息或本金违约或逾期等； （三）债权人出于与债务人财务困难有关的经济或合同考虑，给予债务人在任何其他情况下都不会做出的让步；	1. 增加以大幅折扣购买或源生一项金融资产，该折扣反映了发生信用损失的事实的情形。 2. 删除权益工具相关内容。

续表

序号	旧准则	新准则	点评
40	（四）债务人很可能倒闭或进行其他财务重组； （五）因发行方发生重大财务困难，该金融资产无法在活跃市场继续交易； （六）无法辨认一组金融资产中的某项资产的现金流量是否已经减少，但根据公开的数据对其进行总体评价后发现，该组金融资产自初始确认以来的预计未来现金流量确已减少且可计量，如该组金融资产的债务人支付能力逐步恶化，或债务人所在国家或地区失业率提高、担保物在其所在地区的价格明显下降、所处行业不景气等； （七）债务人经营所处的技术、市场、经济或法律环境等发生重大不利变化，使权益工具投资人可能无法收回投资成本； （八）权益工具投资的公允价值发生严重或非暂时性下跌； （九）其他表明金融资产发生减值的客观证据。	（四）债务人很可能破产或进行其他财务重组； （五）发行方或债务人财务困难导致该金融资产的活跃市场消失； （六）以大幅折扣购买或源生一项金融资产，该折扣反映了发生信用损失的事实。 金融资产发生信用减值，有可能是多个事件的共同作用所致，未必是可单独识别的事件所致。	
41	第十四条　实际利率法，是指按照金融资产或金融负债（含一组金融资产或金融负债）的实际利率计算其摊余成本及各期利息收入或利息费用的方法。 实际利率，是指将金融资产或金融负债在预期存续期间或适用的更短期间内的未来现金流量，折现为该金融资产或金融负债当前账面价值所使用的利率。 在确定实际利率时，应当在考虑金融资产或金融负债所有合同条款（包括提前还	第四十一条　合同各方之间支付或收取的、属于实际利率或经信用调整的实际利率组成部分的各项费用、交易费用及溢价或折价等，应当在确定实际利率或经信用调整的实际利率时予以考虑。 企业通常能够可靠估计金融工具（或一组类似金融工具）的现金流量和预计存续期。在极少数情况下，金融工具（或一组金融工具）的估计未来现金流量或预计存续期无法可靠估计的，企业在计算确定其	实际利率的确定。企业在确定实际利率时，应当考虑发生时的交易相关税费及溢价折价因素。

续表

序号	旧准则	新准则	点评
41	款权、看涨期权、类似期权等）的基础上预计未来现金流量，但不应当考虑未来信用损失。 金融资产或金融负债合同各方之间支付或收取的、属于实际利率组成部分的各项收费、交易费用及溢价或折价等，应当在确定实际利率时予以考虑。金融资产或金融负债的未来现金流量或存续期间无法可靠预计时，应当采用该金融资产或金融负债在整个合同期内的合同现金流量。	实际利率（或经信用调整的实际利率）时，应当基于该金融工具在整个合同期内的合同现金流量。	
42		第四十二条　企业与交易对手方修改或重新议定合同，未导致金融资产终止确认，但导致合同现金流量发生变化的，应当重新计算该金融资产的账面余额，并将相关利得或损失计入当期损益。重新计算的该金融资产的账面余额，应当根据将重新议定或修改的合同现金流量按金融资产的原实际利率（或者购买或源生的已发生信用减值的金融资产的经信用调整的实际利率）或按《企业会计准则第24号——套期会计》第二十三条规定的重新计算的实际利率（如适用）折现的现值确定。对于修改或重新议定合同所产生的所有成本或费用，企业应当调整修改后的金融资产账面价值，并在修改后金融资产的剩余期限内进行摊销。	新增。修改或重新议定未导致终止确认，但合同现金流量发生变化的，应当重新计算账面余额，并将相关利得或损失计入损益。对于修改或重新议定合同所产生的所有成本或费用，企业应当调整修改后的金融资产账面价值，并在修改后的金融资产剩余期限内进行摊销。
43		第四十三条　企业不再合理预期金融资产合同现金流量能够全部或部分收回的，应当直接减记该金融资产的账面余额。这种减记构成相关金融资产的终止确认。	新增，明确：不再合理预期金融资产合同现金流量能够全部或部分收回的，直接减记。

续表

序号	旧准则	新准则	点评
44	第三十二条　企业应当按照公允价值对金融资产进行后续计量，且不扣除将来处置该金融资产时可能发生的交易费用。但是，下列情况除外： （一）持有至到期投资以及贷款和应收款项，应当采用实际利率法，按摊余成本计量。 （二）在活跃市场中没有报价且其公允价值不能可靠计量的权益工具投资，以及与该权益工具挂钩并须通过交付该权益工具结算的衍生金融资产，应当按照成本计量。 第四十五条　在活跃市场中没有报价且其公允价值不能可靠计量的权益工具投资，或与该权益工具挂钩并须通过交付该权益工具结算的衍生金融资产发生减值时，应当将该权益工具投资或衍生金融资产的账面价值，与按照类似金融资产当时市场收益率对未来现金流量折现确定的现值之间的差额，确认为减值损失，计入当期损益。	第四十四条　企业对权益工具的投资和与此类投资相联系的合同应当以公允价值计量。但在有限情况下，如果用以确定公允价值的近期信息不足，或者公允价值的可能估计金额分布范围很广，而成本代表了该范围内对公允价值的最佳估计的，该成本可代表其在该分布范围内对公允价值的恰当估计。 企业应当利用初始确认日后可获得的关于被投资方业绩和经营的所有信息，判断成本能否代表公允价值。存在下列情形（包含但不限于）之一的，可能表明成本不代表相关金融资产的公允价值，企业应当对其公允价值进行估值： （一）与预算、计划或阶段性目标相比，被投资方业绩发生重大变化。 （二）对被投资方技术产品实现阶段性目标的预期发生变化。 （三）被投资方的权益、产品或潜在产品的市场发生重大变化。 （四）全球经济或被投资方经营所处的经济环境发生重大变化。 （五）被投资方可比企业的业绩或整体市场所显示的估值结果发生重大变化。 （六）被投资方的内部问题，如欺诈、商业纠纷、诉讼、管理或战略变化。 （七）被投资方权益发生了外部交易并有客观证据，包括发行新股等被投资方发生的交易和第三方之间转让被投资方权益工具的交易等。	1. 明确：对权益工具的投资和与此类投资相联系的合同应当以公允价值计量。 2. 明确判断成本能否代表公允价值的情形。

续表

序号	旧准则	新准则	点评
45		第四十五条　权益工具投资或合同存在报价的，企业不应当将成本作为对其公允价值的最佳估计	新增。
		第八章　金融工具的减值	（注：本章不作为PPP项目学习的重点。）
46	第四十条　企业应当在资产负债表日对以公允价值计量且其变动计入当期损益的金融资产以外的金融资产的账面价值进行检查，有客观证据表明该金融资产发生减值的，应当计提减值准备。 第四十二条　以摊余成本计量的金融资产发生减值时，应当将该金融资产的账面价值减记至预计未来现金流量（不包括尚未发生的未来信用损失）现值，减记的金额确认为资产减值损失，计入当期损益。 预计未来现金流量现值，应当按照该金融资产的原实际利率折现确定，并考虑相关担保物的价值（取得和出售该担保物发生的费用应当予以扣除）。原实际利率是初始确认该金融资产时计算确定的实际利率。对于浮动利率贷款、应收款项或持有至到期投资，在计算未来现金流量现值时可采用合同规定的现行实际利率作为折现率。 短期应收款项的预计未来现金流量与其现值相差很小的，在确定相关减值损失时，可不对其预计未来现金流量进行折现。 第四十六条　可供出售金融资产发生减值时，即使该金融资产没有终止确认，原直接计入所有者权益的因公允价值下降形成的累计损失，应当予以转出，计入当	第四十六条　企业应当按照本准则规定，以预期信用损失为基础，对下列项目进行减值会计处理并确认损失准备： （一）按照本准则第十七条分类为以摊余成本计量的金融资产和按照本准则第十八条分类为以公允价值计量且其变动计入其他综合收益的金融资产。 （二）租赁应收款。 （三）合同资产。合同资产是指《企业会计准则第14号——收入》定义的合同资产。 （四）企业发行的分类为以公允价值计量且其变动计入当期损益的金融负债以外的贷款承诺和适用本准则第二十一条（三）规定的财务担保合同。 损失准备，是指针对按照本准则第十七条计量的金融资产、租赁应收款和合同资产的预期信用损失计提的准备，按照本准则第十八条计量的金融资产的累计减值金额以及针对贷款承诺和财务担保合同的预期信用损失计提的准备。	1. 明确：应以预期信用损失为基础确认减值。 2. 定义了“损失准备”。

续表

序号	旧准则	新准则	点评
46	期损益。该转出的累计损失，为可供出售金融资产的初始取得成本扣除已收回本金和已摊销金额、当前公允价值和原已计入损益的减值损失后的余额。		
47	第四十二条　以摊余成本计量的金融资产发生减值时，应当将该金融资产的账面价值减记至预计未来现金流量（不包括尚未发生的未来信用损失）现值，减记的金额确认为资产减值损失，计入当期损益。 预计未来现金流量现值，应当按照该金融资产的原实际利率折现确定，并考虑相关担保物的价值（取得和出售该担保物发生的费用应当予以扣除）。原实际利率是初始确认该金融资产时计算确定的实际利率。对于浮动利率贷款、应收款项或持有至到期投资，在计算未来现金流量现值时可采用合同规定的现行实际利率作为折现率。 短期应收款项的预计未来现金流量与其现值相差很小的，在确定相关减值损失时，可不对其预计未来现金流量进行折现。	第四十七条　预期信用损失，是指以发生违约的风险为权重的金融工具信用损失的加权平均值。 信用损失，是指企业按照原实际利率折现的、根据合同应收的所有合同现金流量与预期收取的所有现金流量之间的差额，即全部现金短缺的现值。其中，对于企业购买或源生的已发生信用减值的金融资产，应按照该金融资产经信用调整的实际利率折现。由于预期信用损失考虑付款的金额和时间分布，因此即使企业预计可以全额收款但收款时间晚于合同规定的到期期限，也会产生信用损失。 在估计现金流量时，企业应当考虑金融工具在整个预计存续期的所有合同条款（如提前还款、展期、看涨期权或其他类似期权等）。 企业所考虑的现金流量应当包括出售所持担保品获得的现金流量，以及属于合同条款组成部分的其他信用增级所产生的现金流量。 企业通常能够可靠估计金融工具的预计存续期。在极少数情况下，金融工具预计存续期无法可靠估计的，企业在计算确定预期信用损失时，应当基于该金融工具的剩余合同期间。	1. 定义了“预期信用损失”和“信用损失”。 2. 明确信用损失考虑考虑付款的金额和时间分布。

续表

序号	旧准则	新准则	点评
48		第四十八条　除了按照本准则第五十七条和第六十三条的相关规定计量金融工具损失准备的情形以外，企业应当在每个资产负债表日评估相关金融工具的信用风险自初始确认后是否已显著增加，并按照下列情形分别计量其损失准备、确认预期信用损失及其变动： （一）如果该金融工具的信用风险自初始确认后已显著增加，企业应当按照相当于该金融工具整个存续期内预期信用损失的金额计量其损失准备。无论企业评估信用损失的基础是单项金融工具还是金融工具组合，由此形成的损失准备的增加或转回金额，应当作为减值损失或利得计入当期损益。 （二）如果该金融工具的信用风险自初始确认后并未显著增加，企业应当按照相当于该金融工具未来 12 个月内预期信用损失的金额计量其损失准备，无论企业评估信用损失的基础是单项金融工具还是金融工具组合，由此形成的损失准备的增加或转回金额，应当作为减值损失或利得计入当期损益。 未来 12 个月内预期信用损失，是指因资产负债表日后 12 个月内（若金融工具的预计存续期少于 12 个月，则为预计存续期）可能发生的金融工具违约事件而导致的预期信用损失，是整个存续期预期信用损失的一部分。 企业在进行相关评估时，应当考虑所有	新增。

续表

序号	旧准则	新准则	点评
48		合理且有依据的信息，包括前瞻性信息。为确保自金融工具初始确认后信用风险显著增加即确认整个存续期预期信用损失，企业在一些情况下应当以组合为基础考虑评估信用风险是否显著增加。整个存续期预期信用损失，是指因金融工具整个预计存续期内所有可能发生的违约事件而导致的预期信用损失。	
49	第四十六条　可供出售金融资产发生减值时，即使该金融资产没有终止确认，原直接计入所有者权益的因公允价值下降形成的累计损失，应当予以转出，计入当期损益。该转出的累计损失，为可供出售金融资产的初始取得成本扣除已收回本金和已摊销金额、当前公允价值和原已计入损益的减值损失后的余额。	第四十九条　对于按照本准则第十八条分类为以公允价值计量且其变动计入其他综合收益的金融资产，企业应当在其他综合收益中确认其损失准备，并将减、值损失或利得计入当期损益，且不应减少该金融资产在资产负债表中列示的账面价值。	明确：应在其他综合收益中确认其损失准备。
50	第四十四条　对以摊余成本计量的金融资产确认减值损失后，如有客观证据表明该金融资产价值已恢复，且客观上与确认该损失后发生的事项有关（如债务人的信用评级已提高等），原确认的减值损失应当予以转回，计入当期损益。但是，该转回后的账面价值不应当超过假定不计提减值准备情况下该金融资产在转回日的摊余成本。 第四十七条　对于已确认减值损失的可供出售债务工具，在随后的会计期间公允价值已上升且客观上与确认原减值损失确认后发生的事项有关的，原确认的减值	第五十条　企业在前一会计期间已经按照相当于金融工具整个存续期内预期信用损失的金额计量了损失准备，但在当期资产负债表日，该金融工具已不再属于自初始确认后信用风险显著增加的情形的，企业应当在当期资产负债表日按照相当于未来 12 个月内预期信用损失的金额计量该金融工具的损失准备，由此形成的损失准备的转回金额应当作为减值利得计入当期损益。	明确：金融工具的减值转回计入当期损益。

续表

序号	旧准则	新准则	点评
50	损失应当予以转回，计入当期损益。 第四十八条　可供出售权益工具投资发生的减值损失，不得通过损益转回。但是，在活跃市场中没有报价且其公允价值不能可靠计量的权益工具投资，或与该权益工具挂钩并须通过交付该权益工具结算的衍生金融资产发生的减值损失，不得转回。		
51		第五十一条　对于贷款承诺和财务担保合同，企业在应用金融工具减值规定时，应当将本企业成为做出不可撤销承诺的一方之日作为初始确认日。	新增。
52		第五十二条　企业在评估金融工具的信用风险自初始确认后是否已显著增加时，应当考虑金融工具预计存续期内发生违约风险的变化，而不是预期信用损失金额的变化。企业应当通过比较金融工具在资产负债表日发生违约的风险与在初始确认日发生违约的风险，以确定金融工具预计存续期内发生违约风险的变化情况。 在为确定是否发生违约风险而对违约进行界定时，企业所采用的界定标准，应当与其内部针对相关金融工具的信用风险管理目标保持一致，并考虑财务限制条款等其他定性指标。	明确：应通过比较金融工具违约风险的变化情况来判断信用风险是否增加。
53		第五十三条　企业通常应当在金融工具逾期前确认该工具整个存续期预期信用损失。企业在确定信用风险自初始确认后是否显著增加时，企业无须付出不必要的额	新增，明确：如果逾期超过 30 日，则表明金融工具的信用风险已经显著增加。

续表

序号	旧准则	新准则	点评
53		外成本或努力即可获得合理且有依据的前瞻性信息的，不得仅依赖逾期信息来确定信用风险自初始确认后是否显著增加；企业必须付出不必要的额外成本或努力才可获得合理且有依据的逾期信息以外的单独或汇总的前瞻性信息的，可以采用逾期信息来确定信用风险自初始确认后是否显著增加。 无论企业采用何种方式评估信用风险是否显著增加，通常情况下，如果逾期超过 30 日，则表明金融工具的信用风险已经显著增加。除非企业在无须付出不必要的额外成本或努力的情况下即可获得合理且有依据的信息，证明即使逾期超过 30 日，信用风险自初始确认后仍未显著增加。如果企业在合同付款逾期超过 30 日前已确定信用风险显著增加，则应当按照整个存续期的预期信用损失确认损失准备。 如果交易对手方未按合同规定时间支付约定的款项，则表明该金融资产发生逾期。	
54		第五十四条　企业在评估金融工具的信用风险自初始确认后是否已显著增加时，应当考虑违约风险的相对变化，而非违约风险变动的绝对值。在同一后续资产负债表日，对于违约风险变动的绝对值相同的两项金融资产，初始确认时违约风险较低的金融工具比初始确认时违约风险较高的金融工具的信用风险变化更为显著。	新增。

续表

序号	旧准则	新准则	点评
55		第五十五条　企业确定金融工具在资产负债表日只具有较低的信用风险的，可以假设该金融工具的信用风险自初始确认后并未显著增加。如果金融工具的违约风险较低，借款人在短期内履行其合同现金流量义务的能力很强，并且即便较长时期内经济形势和经营环境存在不利变化但未必一定降低借款人履行其合同现金流量义务的能力，该金融工具被视为具有较低的信用风险。	新增具有较低的信用风险情形的判别。
56		第五十六条　企业与交易对手方修改或重新议定合同，未导致金融资产终止确认，但导致合同现金流量发生变化的，企业在评估相关金融工具的信用风险是否已经显著增加时，应当将基于变更后的合同条款在资产负债表日发生违约的风险与基于原合同条款在初始确认时发生违约的风险进行比较。	新增修改或重新议定合同后，应当对金融工具的信用风险采取必要的判别手段。
57		第五十七条　对于购买或源生的已发生信用减值的金融资产，企业应当在资产负债表日仅将自初始确认后整个存续期内预期信用损失的累计变动确认为损失准备。在每个资产负债表日，企业应当将整个存续期内预期信用损失的变动金额作为减值损失或利得计入当期损益。即使该资产负债表日确定的整个存续期内预期信用损失小于初始确认时估计现金流量所反映的预期信用损失的金额，企业也应当将预期信用损失的有利变动确认为减值利得。	新增已发生信用减值的金融资产的处理。

续表

序号	旧准则	新准则	点评
58		第五十八条　企业计量金融工具预期信用损失的方法应当反映下列各项要素： （一）通过评价一系列可能的结果而确定的无偏概率加权平均金额。 （二）货币时间价值。 （三）在资产负债表日无须付出不必要的额外成本或努力即可获得的有关过去事项、当前状况以及未来经济状况预测的合理且有依据的信息。	明确企业计量金融工具预期信用损失的方法必须包含的要素。
59		第五十九条　对于适用本准则有关金融工具减值规定的各类金融工具，企业应当按照下列方法确定其信用损失： （一）对于金融资产，信用损失应为企业应收取的合同现金流量与预期收取的现金流量之间差额的现值。 （二）对于租赁应收款项，信用损失应为企业应收取的合同现金流量与预期收取的现金流量之间差额的现值。其中，用于确定预期信用损失的现金流量，应与按照《企业会计准则第21号——租赁》用于计量租赁应收款项的现金流量保持一致。 （三）对于未提用的贷款承诺，信用损失应为在贷款承诺持有人提用相应贷款的情况下，企业应收取的合同现金流量与预期收取的现金流量之间差额的现值。企业对贷款承诺预期信用损失的估计，应当与其对该贷款承诺提用情况的预期保持一致。 （四）对于财务担保合同，信用损失应为企业就该合同持有人发生的信用损失向其做出赔付的预计付款额，减去企业预期	明确信用损失的算法。

续表

序号	旧准则	新准则	点评
59		向该合同持有人、债务人或任何其他方收取的金额之间差额的现值。 （五）对于资产负债表日已发生信用减值但并非购买或源生已发生信用减值的金融资产，信用损失应为该金融资产账面余额与按原实际利率折现的估计未来现金流量的现值之间的差额。	
60		第六十条　企业应当以概率加权平均为基础对预期信用损失进行计量。企业对预期信用损失的计量应当反映发生信用损失的各种可能性，但不必识别所有可能的情形。	明确：不可用最佳估计数。
61		第六十一条　在计量预期信用损失时，企业需考虑的最长期限为企业面临信用风险的最长合同期限（包括考虑续约选择权），而不是更长期间，即使该期间与业务实践相一致。	考虑了估计预期信用损失的时间确定：为面临信用风险的最长合同期限。
62		第六十二条　如果金融工具同时包含贷款和未提用的承诺，且企业根据合同规定要求还款或取消未提用承诺的能力并未将企业面临信用损失的期间限定在合同通知期内的，企业对于此类金融工具（仅限于此类金融工具）确认预期信用损失的期间，应当为其面临信用风险且无法用信用风险管理措施予以缓释的期间，即使该期间超过了最长合同期限	循环信用额度估计期限的确定：为面临信用风险且预期信用损失无法被信用管理措施缓解的期间。

续表

序号	旧准则	新准则	点评
63		第六十三条　对于下列各项目，企业应当始终按照相当于整个存续期内预期信用损失的金额计量其损失准备： （一）由《企业会计准则第 14 号——收入》规范的交易形成的应收款项或合同资产，且符合下列条件之一： 1. 该项目未包含《企业会计准则第 14 号——收入》所定义的重大融资成分，或企业根据《企业会计准则第 14 号——收入》规定不考虑不超过一年的合同中的融资成分。 2. 该项目包含《企业会计准则第 14 号——收入》所定义的重大融资成分，同时企业做出会计政策选择，按照相当于整个存续期内预期信用损失的金额计量损失准备。企业应当将该会计政策选择适用于所有此类应收款项和合同资产，但可对应收款项类和合同资产类分别做出会计政策选择。 （二）由《企业会计准则第 21 号——租赁》规范的交易形成的租赁应收款，同时企业做出会计政策选择，按照相当于整个存续期内预期信用损失的金额计量损失准备。企业应当将该会计政策选择适用于所有租赁应收款，但可对应收融资租赁款和应收经营租赁款分别做出会计政策选择。 在适用本条规定时，企业可对应收款项、合同资产和租赁应收款分别选择减值会计政策。	关于金融资产计提减值的规定：对于应收账款、租赁应收款及合同资产，应当（适用于不包含重大融资成分的应收账款与合同资产）或可以（适用于包含重大融资成分的应收账款与合同资产）使用简化方法计提减值。

续表

序号	旧准则	新准则	点评
		第九章　利得和损失	
64	第三十八条　金融资产或金融负债公允价值变动形成的利得或损失，除与套期保值有关外，应当按照下列规定处理： （一）以公允价值计量且其变动计入当期损益的金融资产或金融负债公允价值变动形成的利得或损失，应当计入当期损益。 （二）可供出售金融资产公允价值变动形成的利得或损失，除减值损失和外币货币性金融资产形成的汇兑差额外，应当直接计入所有者权益，在该金融资产终止确认时转出，计入当期损益。 可供出售外币货币性金融资产形成的汇兑差额，应当计入当期损益。采用实际利率法计算的可供出售金融资产的利息，应当计入当期损益；可供出售权益工具投资的现金股利，应当在被投资单位宣告发放股利时计入当期损益。 与套期保值有关的金融资产或金融负债公允价值变动形成的利得或损失的处理，适用《企业会计准则第24号——套期保值》。	第六十四条　企业应当将以公允价值计量的金融资产或金融负债的利得或损失计入当期损益，除非该金融资产或金融负债属于下列情形之一： （一）属于《企业会计准则第24号——套期会计》规定的套期关系的一部分。 （二）是一项对非交易性权益工具的投资，且企业已按照本准则第十九条规定将其指定为以公允价值计量且其变动计入其他综合收益的金融资产。 （三）是一项被指定为以公允价值计量且其变动计入当期损益的金融负债，且按照本准则第六十八条规定，该负债由企业自身信用风险变动引起的其公允价值变动应当计入其他综合收益。 （四）是一项按照本准则第十八条分类为以公允价值计量且其变动计入其他综合收益的金融资产，且企业根据本准则第七十一条规定，其减值损失或利得和汇兑损益之外的公允价值变动计入其他综合收益。	明确不把以公允价值计量的金融资产或金融负债的利得或损失计入当期损益的情形。需要注意的是，税法只承认实际处置金融资产时产生的利得或损失，持有期间的“公允价值变动损益”不计入当期的应税所得额。由此产生的账面价值与计税基础间的差异，应确认递延所得税负债或损失。
65		第六十五条　企业只有在同时符合下列条件时，才能确认股利收入并计入当期损益： （一）企业收取股利的权利已经确立； （二）与股利相关的经济利益很可能流入企业； （三）股利的金额能够可靠计量。	明确应收股利确认条件。

续表

序号	旧准则	新准则	点评
66	第三十九条　以摊余成本计量的金融资产或金融负债，在终止确认、发生减值或摊销时产生的利得或损失，应当计入当期损益。但是，该金融资产或金融负债被指定为被套期项目的，相关的利得或损失的处理，适用《企业会计准则第 24 号——套期保值》	第六十六条　以摊余成本计量且不属于任何套期关系的一部分的金融资产所产生的利得或损失，应当在终止确认、按照本准则规定重分类、按照实际利率法摊销或按照本准则规定确认减值时，计入当期损益。如果企业将以摊余成本计量的金融资产重分类为其他类别，应当根据本准则第三十条规定处理其利得或损失。 以摊余成本计量且不属于任何套期关系的一部分的金融负债所产生的利得或损失，应当在终止确认时计入当期损益或在按照实际利率法摊销时计入相关期间损益。	明确：以摊余成本计量且不属于任何套期关系的一部分的金融资产计入损益。
67	第三十九条　以摊余成本计量的金融资产或金融负债，在终止确认、发生减值或摊销时产生的利得或损失，应当计入当期损益。但是，该金融资产或金融负债被指定为被套期项目的，相关的利得或损失的处理，适用《企业会计准则第 24 号——套期保值》	第六十七条　属于套期关系中被套期项目的金融资产或金融负债所产生的利得或损失，应当按照《企业会计准则第 24 号——套期会计》相关规定进行处理。	一致。
68	第三十八条　金融资产或金融负债公允价值变动形成的利得或损失，除与套期保值有关外，应当按照下列规定处理： （一）以公允价值计量且其变动计入当期损益的金融资产或金融负债公允价值变动形成的利得或损失，应当计入当期损益。 （二）可供出售金融资产公允价值变动形成的利得或损失，除减值损失和外币货币性金融资产形成的汇兑差额外，应当直接计入所有者权益，在该金融资产终止确认时转出，计入当期损益。	第六十八条　企业根据本准则第二十二条和第二十六条规定将金融负债指定为以公允价值计量且其变动计入当期损益的金融负债的，该金融负债所产生的利得或损失应当按照下列规定进行处理： （一）由企业自身信用风险变动引起的该金融负债公允价值的变动金额，应当计入其他综合收益； （二）该金融负债的其他公允价值变动计入当期损益。	明确：企业自身信用风险变动引起的该金融负债公允价值的变动金额，应当计入其他综合收益；除非造成或扩大损益中的会计错配。

续表

序号	旧准则	新准则	点评
68	可供出售外币货币性金融资产形成的汇兑差额，应当计入当期损益。采用实际利率法计算的可供出售金融资产的利息，应当计入当期损益；可供出售权益工具投资的现金股利，应当在被投资单位宣告发放股利时计入当期损益。 与套期保值有关的金融资产或金融负债公允价值变动形成的利得或损失的处理，适用《企业会计准则第 24 号——套期保值》。	按照本条（一）规定对该金融负债的自身信用风险变动的影响进行处理会造成或扩大损益中的会计错配的，企业应当将该金融负债的全部利得或损失（包括企业自身信用风险变动的影响金额）计入当期损益。该金融负债终止确认时，之前计入其他综合收益的累计利得或损失应当从其他综合收益中转出，计入留存收益。	
69		第六十九条　企业根据本准则第十九条规定将非交易性权益工具投资指定为以公允价值计量且其变动计入其他综合收益的金融资产的，当该金融资产终止确认时，之前计入其他综合收益的累计利得或损失应当从其他综合收益中转出，计入留存收益。	新增。
70	第三十八条　金融资产或金融负债公允价值变动形成的利得或损失，除与套期保值有关外，应当按照下列规定处理： （一）以公允价值计量且其变动计入当期损益的金融资产或金融负债公允价值变动形成的利得或损失，应当计入当期损益	第七十条　指定为以公允价值计量且其变动计入当期损益的金融负债的财务担保合同和不可撤销贷款承诺所产生的全部利得或损失，应当计入当期损益。	一致。
71		第七十一条　按照本准则第十八条分类为以公允价值计量且其变动计入其他综合收益的金融资产所产生的所有利得或损失，除减值损失或利得和汇兑损益之外，均应当计入其他综合收益，直至该金融资产终止确认或被重分类。但是，采用实际利率法计算的该金融资产的利息应当计入当期损	新增。

续表

序号	旧准则	新准则	点评
71		益。该金融资产计入各期损益的金额应当与视同其一直按摊余成本计量而计入各期损益的金额相等。 该金融资产终止确认时，之前计入其他综合收益的累计利得或损失应当从其他综合收益中转出，计入当期损益。 企业将该金融资产重分类为其他类别金融资产的，应当根据本准则第三十一条规定，对之前计入其他综合收益的累计利得或损失进行相应处理。	
		第十章　衔接规定	
72		第七十二条　本准则施行日之前的金融工具确认和计量与本准则要求不一致的，企业应当追溯调整，但本准则第七十三条至八十三条另有规定的除外。在本准则施行日已经终止确认的项目不适用本准则。	新增。
73		第七十三条　在本准则施行日，企业应当按照本准则的规定对金融工具进行分类和计量（含减值），涉及前期比较财务报表数据与本准则要求不一致的，无需调整。金融工具原账面价值和在本准则施行日的新账面价值之间的差额，应当计入本准则施行日所在年度报告期间的期初留存收益或其他综合收益。同时，企业应当按照《企业会计准则第37号——金融工具列报》的相关规定在附注中进行披露。企业如果调整前期比较财务报表数据，应当能够以前期的事实和情况为依据，且比较数据应当反映本准则的所有要求	新增。

续表

序号	旧准则	新准则	点评
74		第七十四条　在本准则施行日，企业应当以该日的既有事实和情况为基础，根据本准则第十七条（一）或第十八条（一）的相关规定评估其管理金融资产的业务模式是以收取合同现金流量为目标，还是以既收取合同现金流量又出售金融资产为目标，并据此确定金融资产的分类，进行追溯调整，无须考虑企业之前的业务模式。	新增。
75		第七十五条　在本准则施行日，企业在考虑具有本准则第十六条所述修正的货币时间价值要素的金融资产的合同现金流量特征时，需要对特定货币时间价值要素修正进行评估的，该评估应当以该金融资产初始确认时存在的事实和情况为基础。该评估不切实可行的，企业不应考虑本准则关于货币时间价值要素修正的规定。	新增。
76		第七十六条　在本准则施行日，企业在考虑具有本准则第十六条所述提前还款特征的金融资产的合同现金流量特征时，需要对该提前还款特征的公允价值是否非常小进行评估的，该评估应当以该金融资产初始确认时存在的事实和情况为基础。该评估不切实可行的，企业不应考虑本准则关于提前还款特征例外情形的规定。	新增。
77		第七十七条　在本准则施行日，企业存在根据本准则相关规定应当以公允价值计量的混合合同但之前未以公允价值计量的，该混合合同在前期比较财务报表期末的公允价值应当等于其各组成部分在前期	新增。

续表

序号	旧准则	新准则	点评
77		比较财务报表期末公允价值之和。在本准则施行日，企业应当将整个混合合同在该日的公允价值与该混合合同各组成部分在该日的公允价值之和之间的差额，计入本准则施行日所在报告期间的期初留存收益或其他综合收益。	
78		第七十八条　在本准则施行日，企业应当以该日的既有事实和情况为基础，根据本准则的相关规定，对相关金融资产进行指定或撤销指定，并追溯调整： （一）在本准则施行日，企业可以根据本准则第二十条规定，将满足条件的金融资产指定为以公允价值计量且其变动计入当期损益的金融资产。但企业之前指定为以公允价值计量且其变动计入当期损益的金融资产，不满足本准则第二十条规定的指定条件的，应当解除之前做出的指定；之前指定为以公允价值计量且其变动计入当期损益的金融资产继续满足本准则第二十条规定的指定条件的，企业可以选择继续指定或撤销之前的指定。 （二）在本准则施行日，企业可以根据本准则第十九条规定，将非交易性权益工具投资指定为以公允价值计量且其变动计入其他综合收益的金融资产。	新增。
79		第七十九条　在本准则施行日，企业应当以该日的既有事实和情况为基础，根据本准则的相关规定，对相关金融负债进行指定或撤销指定，并追溯调整：	新增。

续表

序号	旧准则	新准则	点评
79		（一）在本准则施行日，为了消除或显著减少会计错配，企业可以根据本准则第二十二条（一）的规定，将金融负债指定为以公允价值计量且其变动计入当期损益的金融负债。 （二）企业之前初始确认金融负债时，为了消除或显著减少会计错配，已将该金融负债指定为以公允价值计量且其变动计入当期损益的金融负债，但在本准则施行日不再满足本准则规定的指定条件的，企业应当撤销之前的指定；该金融负债在本准则施行日仍然满足本准则规定的指定条件的，企业可以选择继续指定或撤销之前的指定。	
80		第八十条　在本准则施行日，企业按照本准则规定对相关金融资产或金融负债以摊余成本进行计量、应用实际利率法追溯调整不切实可行的，应当按照以下原则进行处理： （一）以金融资产或金融负债在前期比较财务报表期末的公允价值，作为企业调整前期比较财务报表数据时该金融资产的账面余额或该金融负债的摊余成本； （二）以金融资产或金融负债在本准则施行日的公允价值，作为该金融资产在本准则施行日的新账面余额或该金融负债的新摊余成本。	新增。
81		第八十一条　在本准则施行日，对于之前以成本计量的、在活跃市场中没有报价	新增。

续表

序号	旧准则	新准则	点评
81		且其公允价值不能可靠计量的权益工具投资或与该权益工具挂钩并须通过交付该工具进行结算的衍生金融资产，企业应当以其在本准则施行日的公允价值计量。原账面价值与公允价值之间的差额，应当计入本准则施行日所在报告期间的期初留存收益或其他综合收益。 在本准则施行日，对于之前以成本计量的、与在活跃市场中没有报价的权益工具挂钩并须通过交付该权益工具进行结算的衍生金融负债，企业应当以其在本准则施行日的公允价值计量。原账面价值与公允价值之间的差额，应当计入本准则施行日所在报告期间的期初留存收益。	
82		第八十二条　在本准则施行日，企业存在根据本准则第二十二条规定将金融负债指定为以公允价值计量且其变动计入当期损益的金融负债，并且按照本准则第六十八条（一）规定将由企业自身信用风险变动引起的该金融负债公允价值的变动金额计入其他综合收益的，企业应当以该日的既有事实和情况为基础，判断按照上述规定处理是否会造成或扩大损益的会计错配，进而确定是否应当将该金融负债的全部利得或损失（包括企业自身信用风险变动的影响金额）计入当期损益，并按照上述结果追溯调整。	新增。
83		第八十三条　在本准则施行日，企业按照本准则计量金融工具减值的，应当使用	新增。

续表

序号	旧准则	新准则	点评
83		无须付出不必要的额外成本或努力即可获得的合理且有依据的信息，确定金融工具在初始确认日的信用风险，并将该信用风险与本准则施行日的信用风险进行比较。 在确定自初始确认后信用风险是否显著增加时，企业可以应用本准则第五十五条的规定根据其是否具有较低的信用风险进行判断，或者应用本准则第五十三条第二段的规定根据相关金融资产逾期是否超过 30 日进行判断。企业在本准则施行日必须付出不必要的额外成本或努力才可获得合理且有依据的信息的，企业在该金融工具终止确认前的所有资产负债表日的损失准备应当等于其整个存续期的预期信用损失。	
		第十一章　附则	
84		第八十四条　本准则自 2018 年 1 月 1 日起施行。	境内外同时上市的企业以及在境外上市并采用国际财务报告准则或企业会计准则编制财务报告的企业，自 2018 年 1 月 1 日起施行；其他境内上市企业自 2019 年 1 月 1 日起施行；执行企业会计准则的非上市企业自 2021 年 1 月 1 日起施行。

3.5 特许服务模式中金融资产和无形资产的确认标准

本章是专为BT模式会计核算所做的分析，重点适用于BT项目，但这不代表BT模式部分讨论的建造收入、合同收入、金融工具、金融资产等内容在PPP模式下就不重要。因为本章已经对CAS22做了解析，在PPP项目下，企业在构建基础设施、提供公共服务时，不仅会使用金融资产的相关科目，也会用到无形资产的相关科目。如何加以区别、如何确定在什么情况下要确认为金融资产，必须在本章先行明确。但什么情况下要用无形资产则属于PPP部分的重点。为保持研讨内容的连续性，避免同类问题反复研讨，下面金融资产和无形资产的确认标准进行讨论。

3.5.1 金融资产

3.5.1.1 概念与范围

对于金融资产的概念与范围，在CAS22中有如下规定：

第七条 金融资产应当在初始确认时划分为下列四类：

（一）以公允价值计量且其变动计入当期损益的金融资产，包括交易性金融资产和指定为以公允价值计量且其变动计入当期损益的金融资产；

（二）持有至到期投资；

（三）贷款和应收款项；

（四）可供出售金融资产。

第五十六条 金融资产，是指企业的下列资产：

（一）现金；

（二）持有的其他单位的权益工具；

（三）从其他单位收取现金或其他金融资产的合同权利；

（四）在潜在有利条件下，与其他单位交换金融资产或金融负债的合同权利；

（五）将来须用或可用企业自身权益工具进行结算的非衍生工具的合同权

利，企业根据该合同将收到非固定数量的自身权益工具；

（六）将来须用或可用企业自身权益工具进行结算的衍生工具的合同权利，但企业以固定金额的现金或其他金融资产换取固定数量的自身权益工具的衍生工具合同权利除外。其中，企业自身权益工具不包括本身就是在将来收取或支付企业自身权益工具的合同。

3.5.1.2 特许经营服务中的处理

无论是项目公司自己进行施工还是二次发包给施工企业，按特许服务合同规定，基础设施建成后的一定期间内，因为协议通常由法律强制执行，授予方难以避免支付，经营方（项目公司）可以无条件地自合同授予方收取确定金额的货币资金或其他金融资产；或在项目公司提供经营服务的收费低于某一限定金额的情况下，合同授予方按照合同规定将有关差价补偿给项目公司的，应当在确认收入的同时确认金融资产，并按照CAS22的规定处理。

如果经营方能无条件地根据合同约定从授予方收取确定或固定的现金流量，即使付费的公共服务使用者或授予方可以直接向经营方支付应收的合同款项，则混合收费模式依然无须纠缠于付款形式，经营方资产的性质并不会发生改变，因为经营者最终的收费金额从开始就已经被确定。“即使收到现金的合同权利需要视经营方是否满足具体的质量或效率要求或目标而定，仍符合金融资产的定义。”（《国际财务报告解释公告第12号——服务特许权协议》结论基础BC44、BC45。）

3.5.2 无形资产

3.5.2.1 概念与范围

对于无形资产的概念与范围，在CAS22中有如下规定：

第五条 企业在判断无形资产产生的经济利益是否很可能流入时，应当对无形资产在预计使用寿命内可能存在的各种经济因素作出合理估计，并且应当有明确证据支持。

第十二条 无形资产应当按照成本进行初始计量。

第十三条 自行开发的无形资产，其成本包括（自满足本准则第四条和第九条规定后）至达到预定用途前所发生的支出总额，但是对于以前期间已经费用化的支出不再调整。

第十七条　使用寿命有限的无形资产，其应摊销金额应当在使用寿命内系统合理摊销。

企业选择的无形资产摊销方法，应当反映与该项无形资产有关的经济利益的预期实现方式。无法可靠确定预期实现方式的，应当采用直线法摊销。

无形资产，是指企业拥有或者控制的没有实物形态的可辨认非货币性资产。

资产满足下列条件之一的，符合无形资产定义中的可辨认性标准：

（1）能够从企业中分离或者划分出来，并能单独或者与相关合同、资产或负债一起，用于出售、转移、授予许可、租赁或者交换。

（2）源自合同性权利或其他法定权利，无论这些权利是否可以从企业或其他权利和义务中转移或者分离。

无形资产同时满足下列条件的，才能予以确认：

（1）与该无形资产有关的经济利益很可能流入企业；

（2）该无形资产的成本能够可靠地计量。

3.5.2.2　特许经营服务中的处理

如果特许经营合同规定，经营方在有关基础设施建成后，从事经营的合同约定期间内有权利向获取服务的对象收取费用，只要经营方的收入是视公共服务使用者的使用情况而定、收费金额事先无法确定的，该权利就不构成一项无条件收取现金的权利，项目公司应当在确认收入的同时确认无形资产。

3.5.3　特许服务模式中两者的确认标准

3.5.3.1　明晰概念

在《企业会计准则解释第2号》中，对金融资产确认标准的规定是："项目公司可以无条件地自合同授予方收取确定金额的货币资金或其他金融资产的；或在项目公司提供经营服务的收费低于某一限定金额的情况下，合同授予方按照合同规定负责将有关差价补偿给项目公司的，应当在确认收入的同时确认金融资产。"

对无形资产确认标准的规定是："特许经营合同规定项目公司在有关基础设施建成后，从事经营的一定期间内有权利向获取服务的对象收取费用，但收费金额不确定的[1]，该权利不构成一项无条件收取现金的权利，项目公司应当在确认收入的同时确认无形资产。"

3.5.3.2　标准的掌握

在《企业会计准则解释第 2 号》中，是按照项目公司自己承建基础设施还是二次发包给施工企业（投融资方）进行分类。事实上，金融资产的划分标准是以合同约定的政府付费模式、可行性缺口补助模式为依据，只要符合上述两种模式，则项目公司在确认收入或支付工程款的同时应确认金融资产。而在使用者付费模式下，项目公司在确认收入或支付工程款的同时应确认无形资产。

从原理的角度看，金融资产必须有确定的金额。在政府付费模式、可行性缺口补助模式下，经营方进行会计处理时，是有确定金额的，但在使用者付费模式下，经营方进行会计处理时，无法填写实际能向使用者收取费用的具体数字。准确地说，这时，经营方为授权方构建基础设施后，收到的对价事实上只是一种权利，未来经营方还需要通过提供公共服务换取使用者的缴费，但具体有多少使用者、使用者的使用程度如何、可收到多少费用，都是未知数。

结论：

（1）构建基础设施时，经营方能够确定未来收费金额的，一般作为金融资产处理。

（2）构建基础设施时，按照合同约定，经营方未来只能通过提供服务而获得收费权利，且无法确定收费金额的，一般作为无形资产处理。（《国际财务报告解释公告第 12 号——服务特许权协议》结论基础 BC53。）

（3）如果经营方构建基础设施的报酬一部分由金融资产支付，一部分由无形资产支付，即授予方对经营方的服务部分支付金融资产，部分给予其向公共服务使用者收费的权利（无形资产），在这种情况下，必须把经营方对价分为现金金额得到保证的金融资产与其他金融资产，剩余的为无形资产。

（4）经营方不得将构建的基础设施核算为固定资产。（具体解释将在本书第三部

[1]　此处是指不能确保经营方收到某种确定金额的合同协议。不同于亏空担保。

分展开。）

3.5.3.3 重点解读

无形资产调整金额累计摊销额利用实际利率法计算得到。实际利率法是指按照金融资产（负债）的实际利率计算其摊余成本及各期利息收入或利息费用的方法。实际利率，是指将金融资产（负债）在预期存续期间或适用的更短期间内的未来现金流量，折现为该金融资产（负债）当前账面价值所使用的利率。

将摊余成本的概念延伸到对摊销金融资产（负债）的计量中，根据摊余成本与实际利率法的定义，在定义“当前”时点上，金融资产（负债）摊余成本在金额上等于其账面价值。实际上，在金融资产（负债）存续期间，其摊余成本也等于其账面价值。资产或负债的账面价值，是企业按照相关会计准则的规定进行核算后在资产负债表中列示的金额，对于计提了减值准备的各项资产，账面价值就是其账面余额减去已计提的减值准备后的金额。

IFRS9 将金融资产分为两大类：以摊余成本进行后续计量的金融资产和以公允价值进行后续计量的金融资产。分类标准是以企业管理金融资产的方式（即业务模式）和金融资产合同现金流量的特征为基础制定。

Chapter 04

第 4 章

BT 项目的会计核算

由于 BT 项目实质上是一种代政府投融资行为，项目建成后移交给政府从而完成投资并取得投资回报，因此不能将 BT 项目建设看作简单的建造固定资产行为。应设置“长期应收款”科目核算建安工程、设计、监理等一系列投资支出，可按投资明细项目分设明细账核算。

在投资项目建设完工验收时，根据工程最终审定造价确定投资总额，以此为基数，按投资合同约定报酬率计算项目建设公司的代理投融资回报，最终政府应支付的回购价款为审定的投资总额和代理投融资回报之和，即“长期应收款”账户的最终入账价值。根据政府的回购付款方式和年限，以审定的投资总额为现值计算确定回购期间每年的实际投资报酬率。审定投资总额与原账面记录的“长期应收款”账户账面价值之间的差额转入当期损益。

4.1 BT 项目不成立项目公司的会计核算

在 BT 项目中，投融资方中标后，按照协议，投融资方可以不成立项目公司，本身既做投资又提供建造服务，采用工程施工总承包或施工总承包方式（以工程施工总承包为主）。最终项目竣工验收后由业主回购，即进行资产转让。完成“建设—

转让”的过程。在此前提下，投融资方和政府签订的BT合同的核心是提供建造业务，但对政府又有融资的实质。对于其所提供的建造服务，应当按照《企业会计准则第15号——建造合同》确认相关收入和费用。

建造合同收入则应当按照收取或应收对价的公允价值计量，即合同总收入应当包括合同价、资金成本及投资回报等其他应收价格的公允价值，按完工进度计算各期应确认的收入时，应以该总收入为计算基数。建造过程中发生的借款利息，也应按照《企业会计准则第17号——借款费用》的规定处理，即估算预计总成本时，将借款利息考虑在内。

案例4-1

一、基本情况

A建筑公司与某市政府签订了××大道Ⅱ标段BT项目合同（不设立项目公司）。该项目全长4 884.228米。规划路幅宽50米，按城市主干道一级建设标准建造，合同规定为一般计征，假设不含税收入为9 000万元。该项目于2016年7月开工，2018年10月完工。具体情况如下：

（1）截至2016年年底，A建筑公司实际发生如下商品购入业务：商品砼1 000万元（征收率3%）；钢筋100万元（税率17%）；其他辅材25万元（税率17%）。全部取得增值税专用发票，上年无留抵。

（2）截至2016年年底，A建筑公司实际发生工程成本支出总计2 000万元，预计完成合同还需要发生工程成本支出6 000万元。

（3）到2017年年底，已发生工程成本支出5 832万元，预计还需要发生2 268万元。为计算方便，假设进项税额与上年相同。

（4）到2018年10月，该项工程完成时，累计发生工程成本、费用支出为8 100万元。

假设该项目交付时政府一次性支付工程款完毕。

二、分析说明

1.2016年的会计处理

完工进度＝2 000/(2 000＋6 000)×100%＝25%

不含税收入＝9 000×25%＝2 250(万元)

合同费用＝8 000×25%＝2 000(万元)

进项税额＝(1 000×3%)＋(100×17%)＋(25×17%)

＝30＋17＋2.75＝49.75(万元)

应确认合同毛利＝2 250－2 000＝250(万元)

账务处理如下（单位：万元，下同）：

借：原材料——商品砼	1 000
——钢筋	100
应交税费——应交增值税（进项税额）	49.75
贷：银行存款	1 149.75

A公司采用实际成本法进行材料核算，一般根据领、发料凭证登记材料明细账。月末，根据按实际成本计价的各种凭证，按材料的类别以及使用部门，汇总编制材料领用发汇总表，据以登记总账。

借：工程施工——合同成本（某市××大道Ⅱ标段）	1 125
贷：原材料——主材	1 100
——其他材料	25
借：工程施工——合同成本（某市××大道Ⅱ标段人工费）	500
贷：应付职工薪酬	500

年末，根据完工百分比法确认合同收入和合同费用。

借：主营业务成本	2 000
工程施工——合同毛利	250
贷：主营业务收入	2 250

2. 2017年的会计处理

完工进度＝5 832/(5 832＋2 268)×100%＝72%

不含税收入＝9 000×72%－2 250＝4 230(万元)

合同费用＝8 100×72%－2 000＝3 832(万元)

进项税额＝(1 000×3%)＋(100×17%)＋(25×17%)

＝30＋17＋2.75＝49.75(万元)

应确认合同毛利＝4 230－3 832＝398(万元)

账务处理如下：

借：主营业务成本	3 832
工程施工——合同毛利	398
贷：主营业务收入	4 230

3. 2018年的会计处理

完工进度＝8 100/(8 100)×100%＝100%

不含税收入＝9 000×100%－6 480＝2 520(万元)

合同费用＝8 100×100%－5 832＝2 268(万元)

进项税额＝(1 000×3%)＋(100×17%)＋(25×17%)

＝30＋17＋2.75＝49.75(万元)

应确认合同毛利＝2 520－2 268＝252(万元)

账务处理如下：

借：主营业务成本　2 268

　工程施工——合同毛利　252

　贷：主营业务收入　2 520

回购时：

借：工程结算　9 000

　贷：工程施工——合同毛利　900

　　——合同成本　8 100

借：应收账款　9 990

　贷：工程结算　9 000

　　应交税费——待转销项税额　990

案例 4-2

一、基本情况

合肥ABC股份有限公司与乙市政府签署了建设分布式光伏发电项目ABC产业园子站项目的协议，拟采取BT项目合作建设方式。

合同约定：项目建设的设计、施工、监理、项目评审、水保、环保由合肥ABC股份有限公司以工程总承包形式负责，项目资金由合肥ABC股份有限公司自行筹措，政府在建设过程中负责监督管理。

项目完成，工程投资成本经政府指定审计机构审定，工程质量经相关部门验收合格后移交给乙市政府。政府按审定投资总额上浮30%作为回购总价（假设项目于营改增试点前动工，施工手续已办理。税金总计为3%），从工程移交之日起分5年支付，每满1年时支付1次，分5次付清。（为计算方便，本案例部分数字和比例经人为调整。）

二、分析说明

合肥 ABC 股份有限公司的会计处理如下：

（1）借入款项目时：

借：银行存款

　贷：长期借款

（2）计提利息时：

借：工程施工——合同成本（BT 项目支出）

　贷：应付利息

（3）发生工程支出：

借：工程施工——合同成本（BT 项目工程支出）

　贷：银行存款

（4）确认本期主营业务收入：

借：主营业务成本

　　工程施工——合同毛利

　贷：主营业务收入

自工程审定、验收并移交之日起，政府在 5 年内付清该笔回购价款，会计处理为：

借：长期应收款（BT 项目回购款）

　贷：工程结算

　　　应交税费——待转销项税额

　　　未实现融资收益

第一年收回回购款时，分录为：

借：银行存款

　贷：长期应收款——应收 BT 项目回购款

借：应交税费——待转销项税额

　贷：应交税费——应交增值税（销项税额）

借：未实现融资收益

　贷：财务费用

之后各年度依此类推。

4.2 项目管理型BT模式下的会计核算

在该模式下，建设方组建具有法人治理结构的项目公司，由项目公司负责项目的融资、投资和建设，项目建成后由业主以股权回购方式完成。

建设方对项目公司投资，本身不参与施工建设活动，仅作为投资行为，此种情况下建设方按投资方式进行会计核算。项目公司在BT项目竣工验收后以股权转让的形式将项目整体转让给业主，而业主通常为政府或者政府投资设立的国有公司。

建设方对BT工程项目的投融资实质上有代政府垫付资金的性质，到期可以将约定金额从政府（或业主）处收回，因而满足“到期日固定、回收金额固定或可确定，且企业有明确意图和能力持有至到期的非衍生金融资产”的条件。

案例4-3

一、基本情况

某市中环线临港开发区段交通工程BT项目，是××市城市中心区域综合基础设施建设工程。××市某投资有限公司（以下简称业主）经项目所在地政府授权，负责该项目的招标。A集团中标该项目。根据合同约定：A集团出资成立B项目公司，由B项目公司负责该项目的实施，B项目公司不提供建造服务。A集团下属C公路桥梁建设有限责任公司中标BT项目工程施工总承包，D电子股份有限公司负责电气、以太网交换机、高清视频监控、后台交通控制中心等零星工程。

B项目公司由A集团出资成立，注册资本为合同价的20%，剩下的资金缺口通过银行贷款解决。

“回购条款”根据双方签订的BT合同约定：整个项目的建设期三年，回购期五年，各子项目的回购期限分别计算，每期回购本金为每个单项工程BT投资回购基数的1/5，同时按照审价确定的投资总额支付相应期间的资金回报。项目回购基数包含项目建设工程管理费、建设期利息等合同内价款，合计约为12.6亿元；建设总投资按时结算。

B项目公司对BT项目的会计核算可参照《企业会计准则解释第2号》公告中有关“BOT业务政府付费项目的相关收入的确认”原则及《企业会计准则第22号——金融工具确认和计量》相关规定进行核算。

二、分析说明

1. 项目建设期的会计核算

项目建设期应设置“长期应收款”“未实现融资收益”等科目。

“长期应收款”科目用于核算建设期BT工程所实际发生的建造成本和融资费用，按照单项工程项目设置二级科目，并在此二级科目下设三个三级明细科目，分别是：“投资成本”“投资收益”“回购资金”。

账务处理如下：

(1) A集团根据股东协议注资成立B项目公司。B项目公司根据与业主之间的资金监管规定将BT项目配套的自有资金按期转入双方共同监管的资金账户。项目公司收到股东注资款时：

借：银行存款——××银行

贷：实收资本

(2) 项目公司将自有资金注入双方共管资金监管账户时：

借：银行存款——资金监管户

贷：银行存款——××银行

(3) 根据资金使用计划，结合BT项目实际实施情况，从双方共管资金监管账户拨付工程进度款、工程监理费、勘察设计费等款项时：

借：长期应收款——工程款/建设管理费等——××单项工程（××总包单位）

（项目公司选择简易计征，税金直接计入工程成本）

贷：银行存款——资金监管户

(4) 取得银行借款（根据资金监管约定，银行融资贷款直接注入双方共管资金监管账户）时：

借：银行存款——资金监管户

贷：长期借款——××银行

(5) 每季度，支付银行借款利息（资本化）时：

借：长期应收款——财务费用——××单项工程

贷：银行存款——资金监管户

项目公司将基础设施建造服务发包给第三方，未提供实际建造服务的，建设期内，项目公司不确认建造服务收入。

2. 回购期的会计核算

BT项目的回购按各单项工程分别进行。假设2016年12月31日，其中的某单项工程按期完工并完成竣工验收，交付使用（按老项目选择简易征收）。经审定的回购基数为5.15亿元（含税），该单项工程的建设投资总额为4.6亿元。2016年12月31日，此单项工程进入回购期。

根据合同约定，回购款分五年等额支付，需根据实际利率对工程投资差额进行摊销确认。回购期的利息自该单项工程进入回购之日开始计算并按季支付，每期的利息以每个单项工程未支付的BT投资总额为计算基数，利率按照合同约定执行。

(1) 2016年12月31日，即回购期首日：

借：长期应收款——××单项工程（业主）

　贷：长期应收款——××单项工程——建筑工程支出

　　应交税费——待转销项税额

　　未实现融资收益（长期应收款）——××单项工程——工程投资差额

(2) 2017年12月31日，第一次收到回购款时：

①确认收到回购款本金时：

借：银行存款——××银行

　贷：长期应收款——××单项工程（业主）

②确认收到投资差额的投资收益时：

借：未实现融资收益（长期应收款）——××单项工程——工程投资差额

　贷：投资收益——××单项工程额

第1～5年应确认的投资收益分别为0.91亿元、0.85亿元、0.80亿元、0.74亿元、0.70亿元，账务处理与第一次确认投资收益的账务处理相同。

③计提销项税额：

借：应交税费——待转销项税额

　贷：应交税费——应交增值税（销项税额）

④支付银行贷款本息时：

借：长期借款——××银行

　财务费用

　贷：银行存款——××银行

⑤支付税款时：

借：应交税费——应交增值税（销项税额）

　贷：银行存款——××银行

股东注册资本出资部分享有公司税后利润分红权，无须归还股东利息。

ACCOUNTING
AND TAX PRACTICE
Guide to PPP Projects

Part Ⅱ EPC项目

Chapter 05

第 5 章

EPC 概述

近年来，工程总承包（EPC）在国际工程领域发展十分迅速，已成为工程承包的主要实施模式。根据美国设计-建造学会（Design Build Institution of America）的统计，到 2015 年工程总承包模式在市场上被采用的份额首次超过 55%，从而超过传统的建设模式。

在国际咨询工程师联合会（FIDIC）银皮书导言里有如下观点“*this form for EPC/Turnkey Projects is thus intended to be suitable, not only for EPC contracts within a BOT or similar type venture, but also many projects, both large and smaller, particularly Electrical and Mechanical and other process plant projects*”。

FIDIC 认为，EPC 比较适合于在 BOT 等有代表性的 PPP 类特许经营项目（1999 年时宽泛的 PPP 概念还未盛行，融资项目模式的主要代表就是 BOT）；电气、机械、价格设备，包括现在流行的高科技概念等需要复杂技术或高新技术的施工项目。相对地，FIDIC 不推荐在房地产开发、土木工程建设等项目类型中采用 EPC 模式。

当业主的建设意向确定之后，即可委托给 EPC 总承包单位按业主对项目的意愿，自行组织工程的设计、采购和施工工作。这可以使传统承发包模式中在采购和施工环节才会遇到的问题提前到设计阶段加以考虑，在很大程度上消除施工和材料设备供应单位无法参与设计过程中的弊端，充分整合施工和材料设备供应方的优势，并将其体现在工程设计成果中，从而使得工程能够早日动工并完工投入运行。EPC

合同的实施，还同时大大减少了业主在设计与施工单位之间的协调工作量，也减少了信息传递的数量。

2005年，建设部推出《建设项目工程总承包管理规范》，以国家标准的形式确立了工程总承包的法律地位。

随着PPP模式在中国的兴起，作为项目授予方的政府，一般没有商业项目授予方的技术基础，也不可能像商业特许经营中的授予方一样凡事亲力亲为。为了提高工程质量与效率，降低前期勘探设计和招投标的成本，在一些技术含量较高，工程设计、施工复杂的项目里，EPC＋PPP模式已成为最佳的选择。

5.1 工程承包的主要模式

5.1.1 施工总承包模式

施工总承包（general contractor，GC）模式是起步于19世纪初，后来逐渐在国际上通行的一种传统施工模式。这种模式最突出的特点是强调工程项目的实施必须按照设计—招标—建造的顺序进行，只有在雇佣的设计单位的设计阶段结束后才能开始为建造项目招标。采用这种模式时，业主与设计单位签订设计合同，设计单位负责提供项目的设计和施工文件。

目前，施工总承包模式的不足愈加明显，主要表现为：

第一，项目管理的技术基础是按照线性顺序进行设计、招标、施工管理，因建设周期长而导致投资成本容易失控。

第二，由于承包商无法参与设计工作，设计的“可施工性”差，设计变更频繁，导致业主与承包商之间的协调复杂，同时因索赔频发而增加项目成本。曾经发生过施工承包商明知道设计有可商榷之处却故意继续按设计图纸施工的案例，造成恶劣影响。

虽然施工总承包模式有上述缺点，但是，在一些较为传统的民间项目中，依然有其市场和需求，值得我们去研究。

5.1.1.1 传统建设模式

在传统建设模式中，有代表性的模式是DBB（design-bid-build）模式。通常是项目业主将工程项目的设计、施工和设备材料采购的任务分解后，先聘请一个设计单位完成项目的设计，然后依据设计分别发包给施工单位和材料设备供应商，施工商在监理工程师的监督下完成施工项目的建造（见图 5-1）。

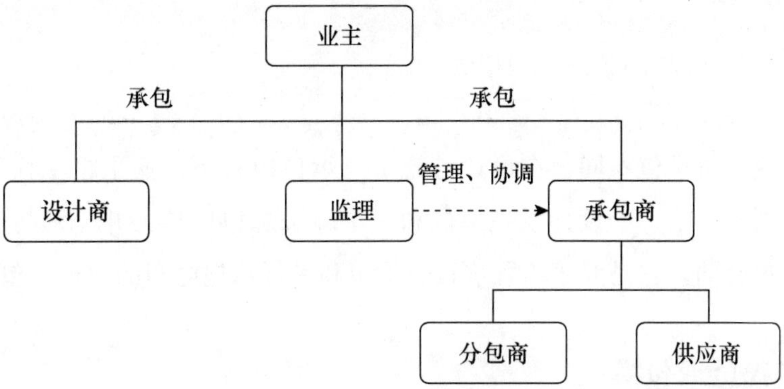

图 5-1　DBB 模式业务结构

1. 传统建设模式的优点

（1）该模式是目前各施工企业最熟悉的项目模式，企业内控、管理和合同模板都比较到位。

（2）业务直接与项目中标乙方直接签订合同，有利于减少盲点，易于监控，尤其是能有效地对设计进行管理。

（3）先设计再施工，符合自然条件下工程施工的流程。

2. 传统建设模式的缺点

（1）按照线性顺序进行设计、招标、施工管理，建设周期长，易导致投资成本容易失控，且无助于缩短建造周期。

（2）参与项目的乙方较多，业主管理的难度加大。由于建造商无法参与设计工作，设计的“可施工性”差，设计变更频繁，导致建筑师或工程师与承包商之间的协调比较复杂，可能因为设计与施工协调引发争端而使业主利益受损。

（3）出现质量事故时，查清责任相对困难。

5.1.1.2　分体模式（平行承包）

在分体模式下，项目业主将工程项目的设计、施工和设备材料采购的任务分解后分别发包给若干或同一个集团内的设计、施工单位和材料设备供应商，并分别和中标承包商签订合同。各个承包合同之间的关系是平行的，它们在工程实施过程中接受业主或业主委托的监理公司的协调和监督。

5.1.1.3 设计与施工总承包模式

与工程项目总承包不同，在设计与施工总承包模式下，业主将工程项目设计和施工任务分别发包给一个设计承包单位和一个施工总包单位，并分别与设计和施工单位签订承包合同。它是介于工程项目总承包和平行承包之间的一种承包模式。

5.1.2 工程总承包模式

工程项目总承包（engineering procurement construction，EPC）模式（含 DB，DC 等模式）是指业主在项目立项后，将工程项目的设计、施工、材料和设备采购任务一次性地发包给一个工程项目承包公司，由其负责工程的设计、施工和采购的全部工作，最后向业主交出一个达到运营条件的工程项目（见图 5-2）。业主和工程承包商签订一份承包合同，称为“交钥匙”“统包”或“一揽子”合同。按这种模式发包的工程也称“交钥匙工程”。

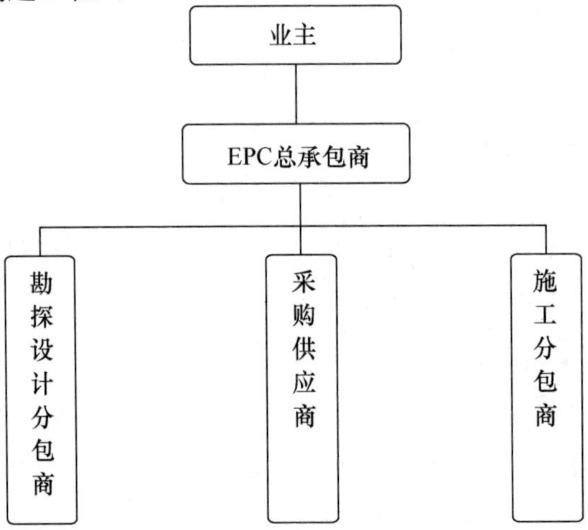

图 5-2 工程总承包模式（EPC）业务结构

设计—建造总承包（desing bulild，DB）模式从 20 世纪 80 年代初开始在西方国家出现，因其能减少建设活动时间而一步步发展成流行的项目采购方式（见图 5-3）。DB 模式即业主在项目初始阶段邀请一位或几位有资格的承包商或具备资格的管理咨询公司，提出要求或者提供设计大纲，由承包商会同自己委托的设计咨询公司提出初步设计和成本概算。业主和DB承包商密切合作，完成项目的规划、设计、成本控制、进度安排等工作。根据工程项目的不同类型和不同需要，业主也可能委托自己的顾问工程师准备更详细的设计纲要和招标文件，中标的承包商将负责该项目的设计和施工。

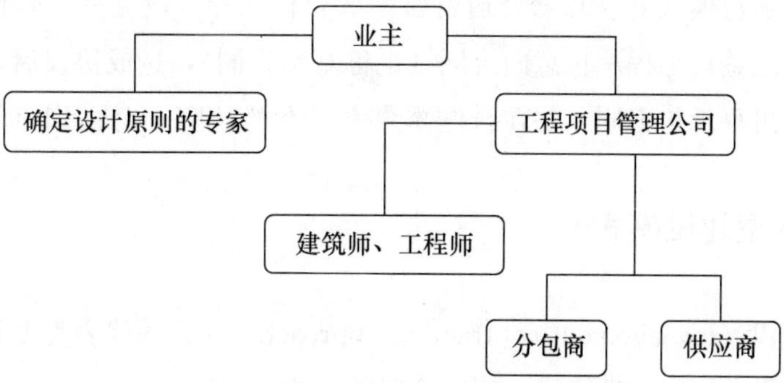

图5-3 设计—建造总承包（DB）业务结构

DB模式的主要特点是业主和某实体采用单一合同的管理方法，由该实体负责项目的设计和施工。一般来说，该实体可以是大型承包商、具备项目管理能力的设计咨询公司或者专门从事项目管理的公司。一旦合同签订，承包商就据此进行施工图设计。若承包商本身拥有设计能力，就通过合理组织和精心协调提高设计质量，创造效益；若承包商不具备设计能力和资质，就把设计业务委托给专业设计公司。但业主对最终设计和细节的控制能力较弱。

国内目前EPC总承包模式又可细分为项目工程总承包和工程项目建设总承包。

项目工程总承包，是指根据业主的投资意图和需求，对业主的立项工程项目做立项项目的调研、论证和投资策划，根据业主批准的立项工程项目的策划方案，进行工程设计，并根据工程设计组织工程项目建设的物资采购和施工，完成工程总包合同产品，向业主收取合同产品报酬。

工程项目建设总承包，是指根据业主的需求和业主的工程项目投资方案，对工程建设项目进行设计，并根据工程设计组织工程项目建设的物资采购和施工，完成工程总包合同产品，向业主收取合同产品报酬。

5.1.3 联合体承包模式

当工程项目规模巨大或技术复杂，以及承包市场竞争激烈，由一家公司总承包有困难的时候，可以由联合体（多家工程、设计、投资公司为承包某项工程而组成的一次性组织机构）去竞争承包合同，以发挥各家的特长和优势。

5.1.4 合作体承包模式

在合作体承包模式下，几家公司自愿结成合作伙伴，成立一个合作体，以合作体的名义与业主签订工程承包意向合同（也称基本合同），达成协议后，各公司再分别与业主签订工程承包合同，并在合作体的统一计划、指挥和协调下完成承包任务。

5.1.5 管理型建设模式

管理型建设（management contracting approach）模式的代表类型是建设管理的CM模式、管理承包的MC模式、项目管理承包的PMC模式。

管理型建设模式指承包商受业主委托，对项目工程的全程进行全方位的策划、管理和控制的模式（见图5-4）。包括项目前期、实施阶段的全方位管理。譬如项目前期阶段的项目施工工艺选择、编制项目预算、确定设计方案等；实施阶段对项目的工程进度、质量、费用、安全、材料等的全面管理。

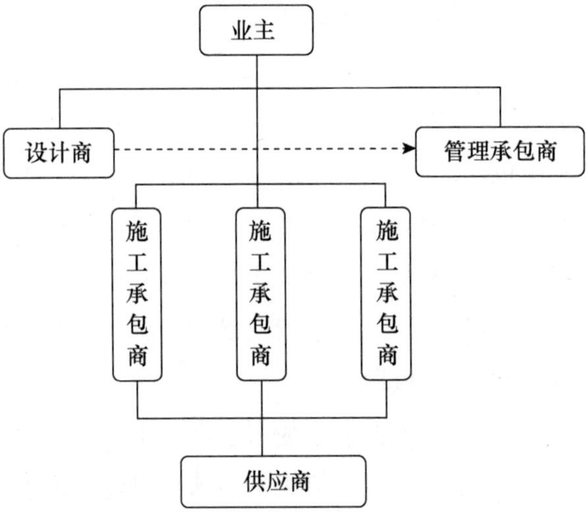

图5-4 管理型建设模式业务结构

5.1.5.1 管理型建设模式的优缺点

1. 管理型建设模式的优点

（1）能利用专业管理承包商专业人员的实力，从而创造最大的价值。

（2）有利于提高设计和施工规划水平，也可以减少在施工中变更设计带来的麻烦；

（3）能提高业主与施工方的沟通、协调，满足施工要求。

2. 管理型建设模式的缺点

（1）我国对此类模式没有成熟的法规进行规范，难以提出统一的要求，也难以进行错误或事故处置。

（2）与传统施工模式相比，所需人员和费用明显增加，提高了总项目成本。

（3）随着管理层级的增加，各方沟通协调的难度加大。

5.1.5.2 建设管理模式

建设管理（construction management，CM）模式是一种特定的承发包模式。CM模式是指CM单位接受业主的委托，采用“fast track”组织方式来协调设计和进行施工管理的一种承发包模式。采用CM模式的目的是缩短工程建设工期。它的基本思想是：通过采用“fast track construction management”快速路径法的生产组织方式，即设计一部分、招标一部分、施工一部分的方式，使工程项目实现有条件的“边设计、边施工”。在CM模式下，具有施工经验的CM单位在项目决策阶段就参与到工程实施过程中，为设计人员提供施工方面经验的建议，并负责之后的施工全程管理，改变了DBB模式下直到设计完成后才进行招标的传统做法。

在这种模式下，采取分阶段发包，由业主、CM单位和设计单位组成一个联合小组，共同负责组织、管理规程的规划、设计和施工，CM单位负责规程的监督、协调和管理，在施工阶段定期与承包商进行接触、会谈，对施工承包商的成本、质量和进度进行监督，并预测和监控成本、进度变化。

CM模式在欧美的大型建筑项目中得到了广泛的应用，代表性项目如美国的世贸中心、英国的诺丁汉地平线工厂等。我国也引入了CM模式，如上海证交所施工项目，由于规模大、工期紧、技术复杂，且当时业主方不能及时完成设计工作，如果采取传统的DBB模式，肯定无法在限定时间达成。如果在设计未完成的情况下就交由施工企业开展施工总承包模式下的建设服务，则项目风险又太大。采用CM模式后，完美地达到了各方的要求。

5.2 EPC模式简介

EPC模式是指公司受业主委托，按照合同约定对工程建设项目的设计、采购、建设、试运行等实行全过程或若干阶段的承包。通常，公司在总价合同条件下，对所承包工程的质量、安全、费用和进度负责。

在EPC模式中，Engineering不仅包括具体的设计工作，而且可能包括整个建设工程内容的总体策划以及整个建设工程实施组织管理的策划和具体工作；Procurement也不是一般意义上的建筑设备材料采购，而更多地是指专业设备、材料、甚至设计的采购；Construction意为“建设”，其内容包括施工、安装、试车、技术培训等。

5.2.1 EPC模式产生的背景

（1）大型工程项目日益增多，技术要求日趋复杂，工程实施难度加大，对项目建设期的工期和成本控制要求更为严格，而传统的“设计—招标—施工”管理模式采用渐进式分段组织方式，无法对建设总工期实施有效控制。

（2）业主在传统模式下难以控制工程参与方的预算和工期，出现工程质量事件后，责任方相互交叉，互相推诿责任，导致业主的利益得不到充分保障。

（3）由于设计配合界面较多，争端时常发生，降低了工作效率。同时，设计方、厂商、施工单位分专业、分阶段的计价模式也使业主控制投资的难度增大。

工程总承包模式通过由单一承包方对整个工程项目实行整体构思、全面策划、协调运行的系统化管理模式，有效解决了上述问题。

5.2.2 EPC各阶段的工作内容

EPC包括三个阶段的工作内容，即设计（engineering）、采购（procurement）、施工（construction）。

（1）设计阶段。设计阶段的工作内容不仅有方案设计，还有设备主材的选型、施工图及综合布置详图设计，以及包括施工与采购规划在内的所有与工程的设计、计划相关的工作。

方案设计主要研究工程方案，确定技术原则，包括编制工艺流程图、总布置图、工艺设计及系统技术规定等。

详细设计主要是施工图及综合布置详图的设计、设备技术规定和施工技术规定。在设备订货、工程分包和施工验收工作中涉及的工程设计方面的问题以及施工过程中的设计修改也属于详细设计的范畴。

施工与采购规划主要包括确定施工方案、进行工程费用估算、编制进度计划和采购计划，建立施工管理组织系统以及取得建设许可证等工作。

(2) 采购阶段。采购阶段工作内容包括设备采购、设计分包以及施工分包等，其中有大量的对分包合同的评标、签订合同以及执行合同的工作。与我国建筑企业的采购部门相比，工作内容更广泛，工作步骤也更复杂。

(3) 施工管理阶段。工程总承包商除了必须对工程总体进度控制、品质保证、安全控制负责外，还要负责组织整个工程的服务体系（如现场的水平，垂直运输，临时电、水、场地管理，环保措施，保安等）的建立和维护。

5.2.3 EPC类型汇总

EPC的各种类型如表5-1所示。

表5-1　　EPC类型

序号	简称	英文名称	中文全称
1	DB	Design、Build	设计—建造总承包
2	LSTK	Lump SumTurkey	交钥匙总承包
3	DC	Design & Construct	设计—施工总承包
4	EP	Engineering、Procument	设计—采购总承包
5	EPC	Turnkey Projects	设计—采购—施工总承包
6	EPCm	Engineering、Procument、Construction management	设计—采购—施工管理总承包
7	EPCs	Engineering、Procument、Construction superintendence	设计—采购—施工监理总承包
8	EPCa	Engineering、Procument、Construction advisory	设计—采购—施工咨询总承包
9	E+PC	Engineering、Procument Construction	设计—采购、施工总承包
10	EP+C	Engineering Procument+Construction	设计、采购—施工总承包
11	E+P+C	Engineering、Procument、Construction	业主负责制（常用于亚行、世行等贷款项目）

说明：需要注意的是，表中DB，DC等模式是工程总承包范围内的承包模式，需要与传统的施工总承包模式下的分体模式、设计与施工总承包模式进行区分。

5.3 工程总承包与施工总承包模式的关系与差异分析

搞清楚EPC与其他施工总承包模式的关系与差异非常有必要。目前，企业财务人员、专业中介从业者、税务人员普遍对EPC模式以及其他施工模式的概念和关系认识不清，甚至有人认为可以将EPC合同拆分为多个平行的合同，混淆了工程总承包模式与传统施工模式和平行承包模式的区别。对企业而言，错误的核算方式很有可能导致企业对工程造价的错误测算，最终影响到企业的利润与税负实现。对税务机关而言，错误适用税率和计税方式，要么会造成应收税款流失，要么会多征税款，增加企业负担。

从多数EPC合同看，勘探、设计费用等占总造价的比例并不高，相反，采购费用所占的比例更高，若单独分开核算，采购的材料、设备等部分将按17%的增值税税率缴税，总体上税负有增无减。另外，按照《企业会计准则第15号——建造合同》第七条的规定，EPC合同只能是一个单项合同。EPC总承包合同中，无论设计、勘探等内容是否单独核算了成本、造价，都无法改变整个EPC合同是“一揽子交易”的事实，也无法改变勘探、设计合同与整个EPC合同密切相关，勘探、设计合同实际上已构成EPC项目完整的一项综合利润率工程的组成部分的事实。

FIDIC银皮书、《联合国工业发展组织交钥匙工程合同文本》都对EPC合同有全面的安排。在《关于培育发展工程总承包和工程项目管理企业的指导意见》（建市〔2003〕30号）第二条第（三）项中有如下规定：“设计采购施工总承包是指工程总承包企业按照合同约定，承担工程项目设计、采购、施工、试运行服务等工作，并对承包工程的质量、安全、工期、造价全面负责。交钥匙总承包是设计采购施工总承包业务的延伸，最终是向业主提交一个满足使用功能、具备使用条件的过程项目。”从企业实践来看，目前EPC合同的签订也是将设计、采购、施工等不加区分地全部纳入EPC合同。因此，如果人为地将EPC合同拆解为多份合同，事实上等于将设计、采购等拆分并重新交由业主方主导，变回到施工总承包合同。而不再是EPC合同。

目前有不少财税界人士认为，施工企业在纳税时应该按兼营来进行税务处理和申报。本书认为，EPC模式本身就是一项集成了设计、采购、施工等业务为一体的不可分割的现代施工承包模式，即使是施工企业单独向建设方单独开具设计发票、采购发票和工程施工发票，按照企业会计准则的规定，也必须按设计、采购、施工各项业务在总价中的占比进行分割，分别核算设计、采购和施工的收入。也就是说，如果非要按此方式开票，有票实不符的风险。有人为此设计了一种筹划方案，提出中标企业可以与建设方通过事先或事后的沟通，分别签订设计与施工合同。对于“这个是否符合兼营概念”问题的回答非常简单——“符合”。但是，需要注意，此时承包合同已不再是工程总承包合同（EPC 合同），而是施工总承包中的“设计与施工总承包”等合同了。

建设方与中标方或第三方公司分别签订设计与施工合同，事实上是选择了施工总承包模式中的“设计与施工总承包”这种传统的施工承包模式，而不再是工程总承包模式，即 DB 或 EPC 模式了。理论上，业主将工程项目设计和施工任务分别发包给一个设计承包单位和一个施工总包单位，并分别与设计和施工单位签订承包合同，就是介于工程项目总承包和平行承包之间的“设计与施工总承包”模式。而如果是和同一家中标方分别签订设计与施工合同，则又可能会符合是分体或 DBB 承包模式。总而言之，都不再符合 EPC 模式的基本概念。也就是说，如果签订的是 EPC 合同，就没有将项目分解为混合销售的可能；如果建设方配合进行了分解，则合同不再符合 EPC 模式的定义，自然也就无须再讨论工程中标方分别与建设方签订设计、施工合同是否符合兼营的问题。

本书希望通过这里的概念解析，让读者对 EPC 项目有初步的理解，从而消除对 EPC 这种总承包模式的误解，更加准确地掌握 EPC 模式的实质，理解 PPP 项目与 EPC 模式是如何有机融合的。

Chapter 06

第 6 章

EPC 项目的税会处理

EPC 项目是一种集提供设计、设备材料采购、建造施工于一体的综合性项目，随着 PPP 模式的迅猛发展，我国政府也同样开始大力推进工程总承包的发展。2003 年 3 月，建设部印发了《关于培育发展工程总承包和工程项目管理企业的指导意见》（建市〔2003〕30 号），其中第二条明确：

> （一）从事工程总承包的企业（以下简称工程总承包企业）受业主委托，按照合同约定对工程项目的勘察、设计、采购、施工、试运行竣工验收等实行全过程或若干阶段的承包。
>
> （二）工程总承包企业按照合同约定对工程项目的质量、工期、造价等向业主负责。

同时，该文件第二条第（三）项指出，工程总承包主要方式为设计—采购施工（EPC）/交钥匙总承包、设计—施工总承包（D—B）。

2011 年，国家发改委等九部委发布《标准设计施工总承包招标文件》（发改法规〔2011〕3018 号文件发布）。随着 PPP 模式在中国的兴起，作为项目授予方的政府，不可能像商业特许经营中的授予方一样凡事亲力亲为。为了提高工程质量与效率，降低前期勘探设计和招投标的成本成为最可能的选择。《中华人民共和国招标投标法实施条例》第九条规定："已通过招标方式选定的特许经营项目投资人依法能够自行建设、生产或者提供的项目可以不进行招标。"这就使得 EPC+PPP 组合具有了法律的基础。

目前，我国企业遵循《企业会计准则第 15 号——建造合同》的相关规定对工程合同业务进行核算。从国内研究来看，为了规范建造工程项目的会计核算，财政部颁布了《施工企业会计制度》，尽管其中并没有明确提出"建造合同"的概念，但其所包含的建造工程项目的会计核算方法为日后建造合同核算打下了基础。1998 年 6 月，财政部颁布《企业会计准则——建造合同》及其应用指南，首次提出"建造合同"的概念，该准则对施工企业建造承包商建造合同的确认、计量以及相关信息的披露提出了明确规范，其应用指南对建造合同的会计记录作了详细规定。2003 年 9 月，财政部颁布《施工企业会计核算办法》，在已执行《企业会计制度》的施工企业执行。该核算办法注重规范建造合同的会计记录，并对施工企业会计处理涉及的会计科目进行了说明。为了进一步规范企业建造合同的确认、计量和相关信息的披露，并逐步与国际会计准则趋同，财政部于 2006 年对建造合同会计准则进行了修订，发布了《企业会计准则第 15 号——建造合同》，新准则更注重规范建造合同的确认与计量，与国际会计准则趋同。随着国际会计准则将收入准则与建造合同准则的合并，预计我国也会在不久的将来进行类似的修订。

6.1　EPC 模式下的税务处理

6.1.1　材料采购中心的税务处理

在 EPC 业务开展过程中，针对采购业务，一般在合同中约定由总承包商采购材料、设备后投入工程项目使用。其中的采购支出，凡符合规定的票据金额，可构成总承包商的合同成本。材料或设备的采购，其适用税率一般为 17%，由于其税收占比较高，税率也是所有增值税税率中最高的，企业应尽量争取取得正规、合法的增值税专用发票。

笔者曾利用多元线性回归方程对营改增后建筑企业税负变化的各自变量与税负变化的因变量函数关系进行推算。

$$\mathrm{TAX}=a\times\mathrm{SGML}+b\times\mathrm{CLY}+d\times\mathrm{CLW}+e\times\mathrm{SH}+f\times\mathrm{QT}+\mathrm{G}+\varepsilon$$

式中，SGML 为施工毛利；LW 为劳务；CLY 为可抵扣材料费；CLW 为不可抵扣材料费；SH 为商品混凝土费用；QT 为其他费用；G 为常数；ε 为随机误差项。a、b、 *c*、*d* 等为 SPSS21.0 运算的系数。

通过运算可知，LW、CLW 和 QT 与 TAX 没有显著的线性关系。由于存在影响税负变化的多个自变量，而其中有些因素对税负的影响可能不是很大，故采用逐步回归方法，将各个自变量逐步引入回归方程，以估计各个自变量是否与因变量有显著线性关系，剔除非显著变量。

如表 6-1 所示，逐步引入各个变量，直到 R^2 的更改不再明显，且保证 Sig 值小于 0.05，再增加任何一个变量（如 LW 和 QT），均不能保证上述两点，故 LW 和 QT 被剔除。

表 6-1　　模型汇总

模型	R	R^2	调整 R^2	标准估计的误差	更改统计量					Durbin-Watson
					R^2 更改	F 更改	df1	df2	Sig. F 更改	
1	.868[a]	.754	.743	.57108653660055	.754	67.406	1	22	.000	
2	.947[b]	.897	.887	.37897376910335	.143	28.958	1	21	.000	
3	.999[c]	.998	.997	.05739293500290	.101	895.632	1	20	.000	
4	.999[d]	.998	.998	.05129274957224	.001	6.040	1	19	.024	1.455

a. 预测变量：(常量)，CLY。
b. 预测变量：(常量)，CLY，SH。
c. 预测变量：(常量)，CLY，SH，SG。
d. 预测变量：(常量)，CLY，SH，SG，CLW。
e. 因变量：TAX。

可得到如下模型：

$$TAX=6.547SG-12.114CLY+0.862CLW-5.205SH+8.769$$

由于上述模型采用逐步回归方法建立，方法本身保证每个变量的引入都保证可决系数 R^2 的提高和 Sig 值的显著，且由各个自变量的相关系数表（见表 6-2）可知，各个自变量的相关性并不高，因而很大程度上避免了自变量之间的多重共线性。

表 6-2　　相关系数表

		SG	CLY	CLW	SH
SG	Pearson 相关性	1	−.398	−.254	.320
CLY	Pearson 相关性	−.398	1	−.134	−.697**
CLW	Pearson 相关性	−.254	−.134	1	−.413*
SH	Pearson 相关性	.320	−.697**	−.413*	1

* * 在 0.01 水平（双侧）上显著相关。
* 在 0.05 水平（双侧）上显著相关。

最终，通过运算得出结论：在其他条件不变的情况下，CLY 每减少 1 单位，TAX 增加约 *n* 单位（此数据暂不宜公开）。而我们知道，CLY 的减少必然导致 CLW

的等量增加。

对于工程总承包的施工企业而言，从前述方程中可获得的有益信息是：企业如为获得等额的进项税款，而另行增加支付了等额的款项，从企业综合税负变化的角度看，具有十分显著的性价比。

6.1.2　建筑施工设备核算中的财税风险

机械使用费是指施工企业在施工过程中使用自有施工机械所发生的使用费和租用外单位施工机械的租赁费，以及施工机械的安装、拆卸和进出场费等。一般分为租入机械设备和自有机械设备，分别进行核算。

1. 租入施工机械的核算

租入的施工机械所支付的租赁费，能够分清成本计算对象的，直接计入有关工程成本；无法分清成本计算对象的，应按照各个成本计算对象所耗用租赁机械的台班数，分配计入有关成本计算对象，借记“工程施工——某工程”“应交税费——应交增值税（进项税额）”科目，贷记“银行存款”或“应付账款”科目。

对于采用融资租赁租入的机械设备，《企业会计准则第21号——租赁》规定：在租赁开始日，承租人应当将租赁开始日租赁资产公允价值与最低租赁付款额现值两者较低者作为租入资产的入账价值，将最低租赁付款额作为长期应付款的入账价值，其差额作为未确认融资费用。承租人在租赁谈判和签订租赁合同过程中发生的，可归属于租赁项目的手续费、律师费、印花税等初始直接费用，应当计入租入资产价值，而不是确认为当期费用。

《企业会计准则第4号——固定资产》规定：购买固定资产的价格超过正常信用条件延期支付，实质上具有融资性质的，固定资产的成本以购买价格的现值为基础确定。实际支付的价格与购买价格之间的差额，除应予资本化的以外，应当在信用期间内计入当期损益。

2. 自有施工机械的核算

对于施工单位自有施工机械和运输设备进行机械作业所发生的各项费用，应通过“机械作业”科目进行核算，按照机组或单机设置明细分类账。发生有关费用时，借记“机械作业”科目，贷记“库存材料”“应付工资”“应付福利费”“辅助生产”“待摊费用”“递延资产”“累计折旧”“银行存款”等有关科目。月末按有关受益对象，借记“工程施工”“工业生产”“机械作业”“其他业务支出”“专项工程支出”等科目，贷记“机械作业”科目，期末一般无余额。

月末分配机械作业费时，应根据各受益对象实际使用施工机械的台班数进行分配。分配机械作业费的方法主要有台班分配法、预算分配法和作业量法。

目前，相当多的施工集团在集团内部将大型建筑施工设备统一划拨在一个设备管理公司内，以达到方便管理调度、提高企业效益、避免重复购入的目的。虽然从集团角度看，这属于内部调拨，租入方按机械使用的定额进行核算，但从税收角度看，必须是租出方计算有形动产的租赁收入，并计算增值税销项税额，租入方按租出方开出的发票计算企业所得税的扣除和增值税的抵扣金额。如果对于合格发票开具和收取有所疏忽，会产生相应的税收风险。

6.1.3 临时工棚、福利用房的处理

财税〔2016〕36号文件附件1《营业税改征增值税试点实施办法》规定：

第二十七条　下列项目的进项税额不得从销项税额中抵扣：

（一）用于简易计税方法计税项目、免征增值税项目、集体福利或者个人消费的购进货物、加工修理修配劳务、服务、无形资产和不动产。其中涉及的固定资产、无形资产、不动产，仅指专用于上述项目的固定资产、无形资产（不包括其他权益性无形资产）、不动产。

财税〔2016〕36号文件附件2《营业税改征增值税试点有关事项的规定》规定：

一、营改增试点期间，试点纳税人［指按照《营业税改征增值税试点实施办法》（以下称《试点实施办法》）缴纳增值税的纳税人］有关政策

（四）进项税额。

1. 适用一般计税方法的试点纳税人，2016年5月1日后取得并在会计制度上按固定资产核算的不动产或者2016年5月1日后取得的不动产在建工程，其进项税额应自取得之日起分2年从销项税额中抵扣，第一年抵扣比例为60%，第二年抵扣比例为40%。

取得不动产，包括以直接购买、接受捐赠、接受投资入股、自建以及抵债等各种形式取得不动产，不包括房地产开发企业自行开发的房地产项目。

此处需要理解，该文件所说的会计制度，是包括企业会计准则、小企业会计准则和企业会计制度等在内的适用于全部企业的会计处理规范。

《不动产进项税额分期抵扣暂行办法》(国家税务总局公告2016年第15号发布)规定:

第二条 增值税一般纳税人(以下称纳税人)2016年5月1日后取得并在会计制度上按固定资产核算的不动产,以及2016年5月1日后发生的不动产在建工程,其进项税额应按照本办法有关规定分2年从销项税额中抵扣,第一年抵扣比例为60%,第二年抵扣比例为40%。

取得的不动产,包括以直接购买、接受捐赠、接受投资入股以及抵债等各种形式取得的不动产。

纳税人新建、改建、扩建、修缮、装饰不动产,属于不动产在建工程。

房地产开发企业自行开发的房地产项目,融资租入的不动产,以及在施工现场修建的临时建筑物、构筑物,其进项税额不适用上述分2年抵扣的规定。

因此,施工企业在施工场所修建的各种临时性建筑、构筑物都可以一次性直接抵扣;用于职工福利等项目的,只要兼用于其他生产经营业务,就可以抵扣;包括在将来转变用途后达到可抵扣条件的,也可以抵扣。

因此,作为EPC总包商的施工企业,需要注意取得增值税专用发票,及时认证,之后将不符合抵扣条件的做进项税额转出。千万不要图省事,该取得的发票未能取得,该认证的没有认证,待将来可抵扣时就无法进行抵扣了。

6.1.4 人工薪酬的处理

《国家税务总局关于工资薪金及职工福利费扣除问题的通知》(国税函〔2009〕3号)规定:

一、关于合理工资薪金问题

《实施条例》第三十四条所称的“合理工资薪金”,是指企业按股东大会、董事会、薪酬委员会或相关管理机构制订的工资薪金制度规定实际发放给员工的工资薪金。税务机关在对工资薪金进行合理性确认时,可按以下原则掌握:

(一)企业制订了较为规范的员工工资薪金制度;

(二)企业所制订的工资薪金制度符合行业及地区水平;

(三)企业在一定时期所发放的工资薪金是相对固定的,工资薪金的调整是有序进行的;

（四）企业对实际发放的工资薪金，已依法履行了代扣代缴个人所得税义务；

（五）有关工资薪金的安排，不以减少或逃避税款为目的。

对上述条文一般可理解为：为员工工资发放建立了规范可辨识、具有可操作性的制度，工资薪金水平适度（不过高或过低，尤其是避免部分企业为躲避个人所得税，往往会将一个人的工资分拆为数人，导致与行业平均数明显悬殊），即使是计件工资也要有真实的工作量清单可供检查。

《国家税务总局关于企业所得税应纳税所得额若干税务问题的公告》（国家税务总局公告2012年第15号，以下简称15号公告）规定：

一、关于季节工、临时工等费用税前扣除问题

企业应雇佣季节工、临时工、实习生、返聘离退休人员以及接受外部劳派遣用工所实际发生的费用，应区别工资薪金支出和职工福利支出，并按《企业所得税法》规定在企业所得税前扣除。其中属于工资薪金支出的，准予计入企业工资薪金总额的基数，作为计算其他各项相关费用扣除的依据。

根据15号公告，雇佣季节工、临时工、实习生、返聘离退休人员以及接受外部劳派遣用工所实际发生的费用可按《中华人民共和国企业所得税法》的规定在企业所得税前扣除。上述人员多数没有缴纳社保，部分企业在雇佣人员和发放薪酬时，财务处理比较粗疏。甚至连将员工工资直接提取现金交给项目经理，甚至连临时工、季节工连起码的雇佣手续和身份证复印件都无法提供。此类情况，往往在接受税务机关检查时被要求调整。

6.1.5 营改增后总、分包的财税核算及申报处理

财税〔2016〕36号文件附件2《营业税改征增值税试点有关事项的规定》规定：

一、营改增试点期间，试点纳税人［指按照《营业税改征增值税试点实施办法》（以下称《试点实施办法》）缴纳增值税的纳税人］有关政策

（七）建筑服务。

4. 一般纳税人跨县（市）提供建筑服务，适用一般计税方法计税的，应以取得的全部价款和价外费用为销售额计算应纳税额。纳税人应以取得的全部价款和价外费用扣除支付的分包款后的余额，按照2%的预征率在建筑服务发生地预缴税款后，向机构所在地主管税务机关进行纳税申报。

5. 一般纳税人跨县（市）提供建筑服务，选择适用简易计税方法计税的，应以取得的全部价款和价外费用扣除支付的分包款后的余额为销售额，按照3%的征收率计算应纳税额。纳税人应按照上述计税方法在建筑服务发生地预缴税款后，向机构所在地主管税务机关进行纳税申报。

《纳税人跨县（市、区）提供建筑服务增值税征收管理暂行办法》（国家税务总局公告2016年第17号发布）规定：

第五条 纳税人跨县（市、区）提供建筑服务，按照以下公式计算应预缴税款：

（一）适用一般计税方法计税的，应预缴税款＝(全部价款和价外费用－支付的分包款)÷(1＋11%)×2%

（二）适用简易计税方法计税的，应预缴税款＝(全部价款和价外费用－支付的分包款)÷(1＋3%)×3%

纳税人取得的全部价款和价外费用扣除支付的分包款后的余额为负数的，可结转下次预缴税款时继续扣除。

纳税人应按照工程项目分别计算应预缴税款，分别预缴。

由于PPP项目总金额较大，不是一般纳税人的情况比较少见。适用一般计税方法计征，可以近似理解为适用一般计税的EPC项目施工企业，其预缴时扣除分包款，在向机构所在地主管税务机关进行纳税申报时，则完全以进销项差额为依据计算应缴的增值税税款。

两种计税方法的比较见表6-3。

表6-3　两种计税方法的比较

一般计税方法	简易计税方法
适用一般计税方法计税的，以取得的全部价款和价外费用扣除支付的分包款后的余额，按照2%的预征率计算应预缴税款	以取得的全部价款和价外费用扣除支付的分包款后的余额，按照3%的征收率计算应预缴税款
应预缴税款＝(全部价款和价外费用－支付的分包款)÷(1＋11%)×2%	应预缴税款＝(全部价款和价外费用－支付的分包款)÷(1＋3%)×3%
纳税人取得的全部价款和价外费用扣除支付的分包款后的余额为负数的，可结转下次预缴税款时继续扣除	
纳税人应按照工程项目分别计算应预缴税款，分别预缴	
扣除支付的分包款，应当取得符合法律、行政法规和国家税务总局规定的合法有效凭证	

根据财税〔2016〕36号文件的规定，纳税人提供建筑服务、租赁服务采取预收

款方式的，其纳税义务发生时间为收到预收款的当天。先开具发票的，为开具发票的当天。也就是说，即使未发生销售服务的业务行为，施工方也需要计提销项。需要注意的是，此处与财会核算和企业所得税规定都有所不同，即企业在具体进行核算时，需要将税款从预收款中分离；待确认收入时，不再需要计算销项税额。

纳税人按照规定扣除支付的分包款，应当取得合法有效凭证，否则不得扣除。具体指：

（1）从分包方取得的 2016 年 4 月 30 日前开具的建筑业营业税发票。上述建筑业营业税发票在 2016 年 6 月 30 日前可作为预缴税款的扣除凭证。

（2）从分包方取得的 2016 年 5 月 1 日后开具的，备注栏注明建筑服务发生地所在县（市、区）、项目名称的增值税发票。

（3）国家税务总局规定的其他凭证。

6.1.6 税率的适用

鉴于 EPC 模式下的施工项目符合混合销售的定义，企业主营范围的选择将十分重要。财税〔2016〕36 号文件附件 1《营业税改征增值税试点实施办法》规定：

> 第四十条　一项销售行为如果既涉及服务又涉及货物，为混合销售。从事货物的生产、批发或者零售的单位和个体工商户的混合销售行为，按照销售货物缴纳增值税；其他单位和个体工商户的混合销售行为，按照销售服务缴纳增值税。
>
> 本条所称从事货物的生产、批发或者零售的单位和个体工商户，包括以从事货物的生产、批发或者零售为主，并兼营销售服务的单位和个体工商户在内。

因此，对中标 EPC 科目的企业予以定性，对税率的选择影响很大。有的企业有可能会进行资产重组，采用分立、合并等手段，或者在经营范围中将建筑或其他内容的设计作为公司的主营业务，以使企业在被定性为非从事货物的生产、批发或者零售的其他单位后，尽量被认定为从事现代服务业的企业。对此，税企双方必须有所认识。

6.2 EPC 模式下的会计核算

假设企业中标某 PPP 项目的施工，则其会计核算如下：

（1）采购物资到货时：

借：原材料（库存商品）

应交税费——应交增值税（进项税额）

贷：应付账款

（2）物资出库时：

借：工程施工——合同成本——直接材料

贷：原材料（库存商品）

（3）发生间接费用时：

借：制造费用

贷：银行存款、累计折旧、应付职工薪酬等

（4）在预定的结算节点，与业主按计价清单结算工程进度款时：

借：应收账款、银行存款等

贷：工程结算

应交税费——应交增值税（销项税额）

（假设合同约定施工企业应开具发票。）

（5）工程耗用材料时：

借：工程施工——合同成本——直接材料

贷：原材料（库存商品）

（6）将归集的间接费用，按照系统、合理的方法分配计入各项合同成本：

借：工程施工——合同成本（某项目）

贷：制造费用

如果对建造合同的结果能可靠估计，应采用完工百分比法（实际成本法）计量和确认当期合同收入、成本和毛利（或亏损）：

借：主营业务成本

工程施工——合同毛利

贷：主营业务收入

工程施工——合同毛利（亏损）

如果对建造合同的结果不能可靠估计，则应按照合同成本的可回收程度分别确认收入：

借：主营业务成本

贷：主营业务收入

工程施工——合同毛利（亏损）

（7）期末计算并计提城市维护建设税、教育费附加和地方教育费附加等增值税附加时：

借：税金及附加

贷：应交税费——应交城市维护建设税

——应交教育费附加、地方教育费附加

需要注意的是，房产税、土地使用税、印花税等已不再进入管理费用核算。

（8）期末预期发生合同预计损失时：

借：资产减值损失

贷：存货跌价准备——预计损失准备

（9）合同完成后，处置残余物资时：

借：银行存款

贷：工程施工——合同成本——直接材料

应交税费——应交增值税（销项税额）

（10）待合同完成并决算后，将“工程结算”科目余额与“工程施工”科目余额对冲后抵平：

借：工程结算

贷：工程施工——合同成本

——合同毛利

同时，

借：存货跌价准备——预计损失准备

贷：主营业务成本

代理收入按照其他业务收入进行核算，会计分录如下：

借：应收账款

贷：其他业务收入

应交税费——应交增值税（销项税额）

ACCOUNTING
AND TAX PRACTICE
Guide to PPP Projects

Part Ⅲ　PPP 项目

Chapter 07

第7章 PPP概述

PPP（public-private-partnership）过去译为“公共—私营—合作机制”，因为国内私营企业往往与国有企业有明显区分，所以将PPP用“政府—社会资本方—合作”进行定义。放眼海外，私营部门参与基础设施建设由来已久，该模式在英国、美国、法国都已运行多年。近年来，联合国、世界银行、欧盟和亚洲开发银行也把PPP的理念和经验在全球大力推广，转型国家与新兴经济体争相效仿。

比较成熟的PPP概念是在1997年联合国可持续发展项目管理会议（SPM）上提出的，比BOT等概念的提出要晚。到目前为止，仍未形成对PPP统一、明确的定义。

世界银行对PPP的定义是：

A long-term contractual arrangement between a public entity or authority and a private entity for providing a public asset or service in which the private party bears significant risk and management responsibility.

为提供公共资产或服务，而由私营部门与政府部门签署一个长时间的，合同性质的安排，并由私营部门承担高风险和管理责任。（政府部门根据项目的绩效考核结果，就营收差额向私营部门支付费用。）

《欧盟绿皮书》（*Green paper on public-private partner ships and community law on public contracts and concessions 2004*）对 PPP 的定义是：

> *The term public-private partnership（"PPP"）is not defined at Community level. In general，the term refers to forms of cooperation between public authorities and the world of business which aim to ensure the funding，construction，renovation，management or maintenance of an infrastructure or the provision of a service.*
>
> PPP 并没有一个得到普遍认可（标准）的定义（不可能用一个定义包含所有的模式）。一般来说，PPP 被描述为：为确保在公共设施或公共服务供给方面的资金投入以及建设、创新、管理，并维持其运转，公共权威机构和私营部门在商业层面进行多种形式的合作。

目前得到普遍认可的定义是：PPP 是指为了建设基础设施项目，或者为提供某种公共物品和服务，政府按照一定的程序和方式，与私人组织（社会力量或社会资本方）以政府购买服务合同、特许经营协议为基础，明确双方的权利和义务，发挥双方优势，形成一种伙伴式的合作关系，并通过签署合同来明确双方的权利和义务，由社会力量向公众提供市政公用产品与服务的方式，提高质量和供给效率，最终实现使合作各方达到比预期单独行动更为有利的结果。

PPP 模式本质上是政府与社会资本方合作，为提供公共产品或服务而建立的全过程合作关系，以授予特许经营权等为基础，以利益共享和风险分担为特征，通过引入市场竞争和激励约束机制，发挥双方优势，提供公共产品或服务的质量和供给效率。即建立政府与企业"利益分享、风险共担、全程合作"的机制，形成"政府监管、企业运营、社会评价"的良性互动格局。PPP 模式的核心是在公共服务领域引入市场机制，因此，它不仅是一种融资方式，也是一种机制和制度设计。推广 PPP 模式进行城市基础设施的建设与运行，可以将适度的市场竞争引入城市基础设施领域，在实现社会福利、提高基础设施服务质量的同时，给企业带来合理的投资回报，同时也能够增强公共基础设施可持续运行的效率和能力。

在 PPP 模式下，项目的实施主要包括项目选择、社会力量合作伙伴确定、组建项目公司、融资、建设、运行管理等环节。项目收入来源主要分为三类：一是完全依靠使用者付费；二是政府支付服务费用；三是前两种方式的结合。

为推动 PPP 模式的发展，财政部先后出台《财政部关于印发政府和社会资本合作模式操作指南（试行）的通知》（财金〔2014〕113 号）和《财政部关于推广运用政府和社会资本合作模式有关问题的通知》（财金〔2014〕76 号），国务院也发布了

《国务院关于加强地方政府性债务管理的意见》(国发〔2014〕43号)。以上政策的出台，充分表明了我国政府对公共经济领域中公私合作方向的重视与肯定，以及鼓励社会资本参与提供公共产品和公共服务并获取合理回报，大力推广项目融资的PPP模式的意见。

7.1 PPP项目的运作方式

PPP项目的运作方式，是指对政府与社会资本方在PPP项目全寿命周期内权利、义务的安排。具体选择主要取决于收费定价机制、项目投资收益水平、风险分配基本框架、融资需求、改扩建需求和期满处置等因素。

7.1.1 PPP项目运作方式的内涵

PPP是公共部门通过与私人部门建立伙伴关系来提供公共产品或服务的一种方式。对PPP内涵的界定有广义和狭义之分。广义的PPP泛指公共部门与私人部门为提供公共产品或服务而建立的各种合作关系；狭义的PPP则可理解为一系列项目融资模式的总称，是指公共部门与私人部门共同参与生产并提供物品和服务的制度安排，是一种项目融资方式，如特许经营、租赁合同模式、管理合同模式等。

国内外常见的PPP项目运作方式主要包括：委托运营(O&M)、管理合同(MC)、建设—运营—移交(BOT)、建设—拥有—运营(BOO)、转让—运营—移交(TOT)、改建—运营—移交(ROT)。除此之外，国内外PPP项目实践中应用比较普遍的运作方式还包括：租赁—运营—移交(LOT)、建设—移交—运营(BTO)、建设—租赁—移交(BLT)、区域特许经营(Concession)、设计—建造—运营(DBO)或设计—建造—融资—运营(DBFO)等。

各运作模式具体介绍如下：

1. 委托运营(Operations&Maintenance，O&M)

O&M模式是指政府将存量公共资产的运营维护职责委托给社会资本方或项目公司，社会资本方或项目公司不负责用户服务的政府和社会资本方合作项目运作方式。政府保留资产所有权，只向社会资本方或项目公司支付委托运营费。

2. 管理合同（Management Contract，MC）

MC 模式是指政府将存量公共资产的运营、维护及用户服务职责授权给社会资本方或项目公司的项目运作方式。政府保留资产所有权，只向社会资本方或项目公司支付管理费。

3. 建设—运营—移交（Build-Operate-Transfer，BOT）

BOT 模式是指由社会资本方或项目公司承担新建项目设计、融资、建造、运营、维护和用户服务职责，合同期满后项目资产及相关权利等移交给政府的项目运作方式。

4. 建设—拥有—运营（Build-Own-Operate，BOO）

BOO 模式由 BOT 模式演变而来。二者的区别主要是 BOO 方式下社会资本方或项目公司拥有项目所有权，但必须在合同中注明保证公益性的约束条款，一般不涉及项目期满移交问题。

5. 建设—拥有—运营—移交（Build-Own-Operate-Transfer，BOOT）

BOOT 模式由 BOT 模式演变而来。二者的区别主要是 BOOT 方式下社会资本方或项目公司在运营期拥有项目所有权，但必须在合同中注明保证公益性的约束条款。

6. 转让—运营—移交（Transfer-Operate-Transfer，TOT）

TOT 模式是指政府将存量资产所有权有偿转让给社会资本方或项目公司，并由其负责运营、维护和用户服务，合同期满后资产及其所有权等移交给政府的项目运作方式。

7. 改建—运营—移交（Rehabilitate-Operate-Transfer，ROT）

ROT 模式是指政府在 TOT 模式的基础上，增加改扩建内容的项目运作方式。

8. 租赁—运营—移交（Lease-Operate-Transfer，LOT）

LOT 模式是一种将存量及新建公共资产的运营管理职责、维护职责以及用户服务职责转移给社会资本方的 PPP 运作模式，政府仍然承担公共资产投资的职责并保留公共资产的所有权。社会资本方通过向使用者收费的方式回收运营维护成本，同时将部分收费返还给政府，作为存量公共资产租赁费用并用于新增资本性支出。LOT 模式的应用目的在于引入先进的运营管理技能和经验提高公共服务水平，进而改善公共资产经营绩效，为政府持续投资提供资金支持。LOT 模式在我国单独应用的情况比较少见，通常与 BOT 等其他运作模式组合应用。

9. 建设—移交—运营（Build-Operate-Transfer，BTO）

BTO 模式是指由社会资本方或项目公司承担新建项目融资、设计、建造、运营等职责，建设完成后先将项目资产及相关权利等移交给政府，政府将运营管理职责交给社会资本方，政府则向社会资本方分期支付回购款、资金占用成本和运营维护费用的项目运作方式。

对 PPP 项目运作方式的选择，通常借助决策树分析工具（见图 7-1）。

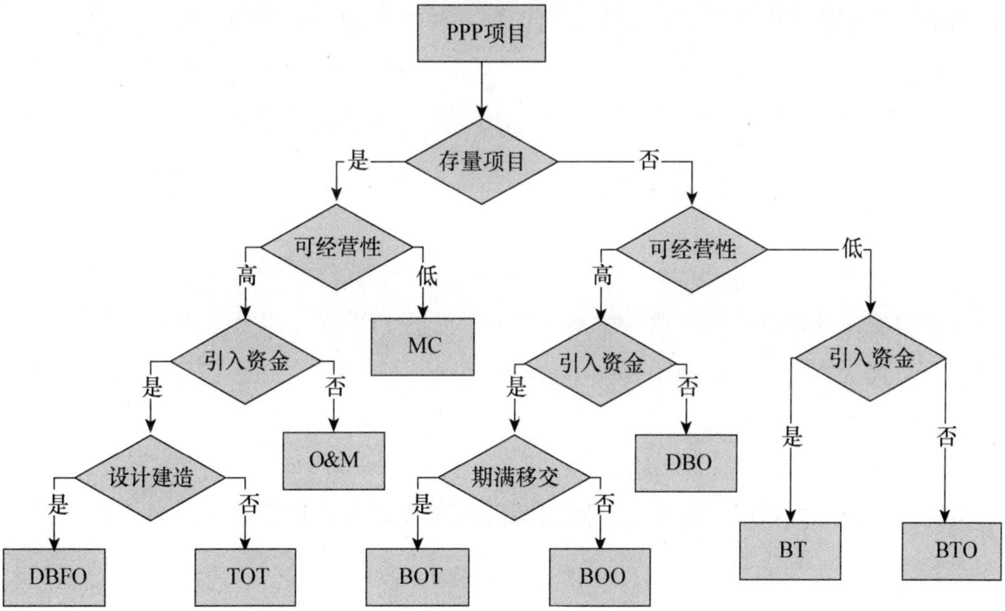

图 7-1 用决策树选择 PPP 项目运作方式

7.1.2 运作方式的影响因素

PPP 项目运作方式的影响因素包括：

(1) 收费定价机制。收费包括使用者付费、可用性付费及可行性缺口补助等方式，由项目自身经营属性所决定。可单独选择，也可组合使用。

（2）项目投资收益水平。PPP项目通常投资收益水平一般，运营期收益水平相对较低，项目投资回收期相对较长，运营期设计应相对合理。

（3）风险分配基本框架。社会资本方承担财务、建设、运营维护风险，政府方承担政策、法律、设计风险，双方共担不可抗力风险。因此，合作期限需要覆盖建设期和运营期。

（4）融资需求。PPP项目通常由项目公司负责融资，项目公司需要以项目资产或预期收益为担保获得项目融资。目前，国内金融机构对PPP项目的融资渠道已有所拓展，以项目预期现金流为担保的有限追索或无追索项目融资可得到金融机构支持，从资产转让项目税费策划方面考虑，可以选择不拥有项目资产的所有权，但项目公司在合作期内需要获得项目特许经营权。

（5）改扩建需求。因PPP项目合作期较长，在项目设计中应适当超前考虑合作期内是否有改扩建需求。如确需实施改扩建，相关费用由社会资本方和政府方按照国家相关计价规则经审计后确定。

（6）期满处置因素。考虑PPP项目在哪个阶段向政府方移交。

7.1.3 常见项目

根据城市基础设施的行业性质及用途，常见的PPP项目可分为以下七类：

（1）涉水项目：包括城镇供水、排水、雨水收集利用、中水回用、污水处理厂和管网以及水环境治理等。

（2）燃气和能源项目：包括管道燃气、CNG燃气、LNG燃气、加气站、加油站及管网等。

（3）环卫环保项目：包括垃圾收运系统及生活垃圾焚烧、卫生填埋、填埋气利用、餐厨垃圾焚烧处理、建筑垃圾综合利用等。

（4）城市道路交通及园林绿化项目：包括轨道交通、公共交通、道路桥梁、园林绿化等。

（5）综合管廊项目：包括城市共同沟、综合管廊等。

（6）供热项目：包括热源厂、供热管网、换热站等。

（7）市政公用设施管养项目：包括道路清扫保洁、公厕管理、市政照明、道路桥梁维护、园林绿化管理养护等。

7.2 PPP项目社会资本方准入条件

按照PPP项目的形成特点和项目特性，需要规范设置必要的社会投资人准入门槛，保障社会大众和政府的权益。在多数情况下，政府部门对社会资本方的主要要求如下：

（1）信用与信誉良好。投资人要有良好的银行资信、财务状况及相应的偿债能力；重合同、守信用，具有社会责任感。

（2）具有建设营造、经营管理、运营维护同类工程的业绩、资质或经验。投资人或投资人组成的联合体要有良好的业绩与技术能力，必须具备相应的专业资质，经验丰富。

（3）资金充足，具有较强的财务与融资能力。投资人要具备良好的财务实力与融资能力，具有良好的财务状况及相应的偿债能力以及同类项目成功的盈利模式和竞争模式。

（4）专业知识与技术力量雄厚。投资人要具备专业的PPP人才团队、技术人才团队、财经人才团队与管理人才团队。

（5）设备配置等要素实力良好。投资人要拥有专业的设备及完成服务所必需的其他重要要素资源。

（6）质量安全管理体系完善。一般要求近三年没有发生过重大生产安全和质量事故，投资人主动防范意识强，措施得力，合规性较好；具有独立法人资格；能遵从合同，合法合规运营。

在设置具体PPP项目准入条件时，应遵循"公开、公平、公正"的原则，注意准入条件设置的规范、合理和可操作性。

7.3 PPP项目运作基本流程

7.3.1 项目前期准备阶段

在PPP模式中，项目前期准备阶段包括项目发起和项目准备两个部分。

1. 项目发起

项目发起部分的工作主要内容有启动准备和前期调研，具体包括组建项目实施班子、制定整体工作计划、开展项目调查等。

实施 PPP 模式是一个系统工程，其复杂性及专业程度极高。一要组建一个 PPP 项目实施团队，由政府牵头，规划、建设、土地、发改、财政、审计、国资委、法制办等部门组成领导小组；二要制定具体工作实施方案，明确部门责任分工、目标任务和实施工作计划安排等；三要根据城市总体规划和近期建设规划，由政府组织相关部门或机构梳理城市基础设施领域拟新建项目和存量项目，决定可以采用 PPP 模式运作的具体项目清单，构建 PPP 项目库。

2. 项目准备

项目准备部分的工作主要是项目策划实施方案研究和编制。具体工作包括：一是聘请顾问团队；二是拟定项目协议；三是开展项目的前期论证，确定项目范围和实施内容（项目建设规模、主要内容和总投资）；四是进行前期沟通，研究项目模式，设计项目结构，编制项目实施方案；五是设计项目主要商业原则；六是进行财务分析，编制财务模型；七是确定投资人比选方式和原则（确定投资人应具备的条件和能力及招标方式，双方的主要权利和义务）；八是组织相关单位讨论方案；九是将实施方案公示和报批。

在项目实施的最初阶段，需要考虑项目的可融资方式和财政是否负担得起，并要对传统方式与 PPP 方式进行效率比较，分析该项目是否适合采用 PPP 方式，拟定项目协议。

聘请专业咨询机构，研究项目模式，设计项目结构，编制项目实施方案，关键是设计项目主要商业原则，进行财务分析，编制财务模型。组织专家对项目实施方案进行论证，并报所在市政府批准和省住房城乡建设厅备案。

7.3.2 项目招投标实施阶段

项目招投标实施阶段包括协议编制、竞争性程序、协议签署三个部分。

1. 协议编制

协议编制部分的工作主要是细化研究协议文件编制。具体包括：研究和分析项目的技术、商务边界条件（投资、运营成本与收益测算，回购总价、回购期限与方式，回购资金来源安排和支付计划等）；落实建设内容分工、投资范围（投资建设期限、工程质量要求和监管措施等）；研究和编制项目协议等法律文件（项目移交方式及程序、项目履约保障措施、项目风险和应对措施等）；落实招标条件。

2. 竞争性程序

竞争性程序部分的工作主要包括：发布项目信息；投标人准备投标文件；制定评标标准、评标细则和评标程序；成立评标工作组，开标、组织评标；编写评标报告，推荐候选人；与候选人澄清谈判。

3. 协议签署

协议签署部分的工作主要包括：草签项目协议；中标人在约定时间内办理好项目公司成立的有关事宜，资金到位；政府配合完成资产交割及项目审批有关事宜，正式与项目公司签约。

7.3.3 项目实施阶段

项目实施阶段包括项目建设和项目运营两个部分。

1. 项目建设

首先，项目公司与各联合单位签订正式合同，包括贷款合同，设计合同，建设合同，保险合同以及其他咨询、管理合同等。

其次，项目公司组织各相关单位进行项目开发。在开发过程中，政府及相关部门对项目开发的过程进行监督，若出现与合同不符的情况应及时与项目公司沟通，并确定责任主体。工程验收试运营合格以后，开发阶段结束，项目进入运营阶段。

2. 项目运营

政府与项目公司签订特许经营权协议，约定特许经营期限。在整个项目运营期间，项目公司应按照协议要求对项目设施进行运营、维护。为了确保项目的运营和维护按协议进行，政府、贷款人、投资者和社会居民都拥有对项目进行监督的权利。

7.3.4 项目终结阶段

项目终结是项目运作的最后一个阶段，包括项目移交和项目公司解散两部分。

1. 项目移交

特许经营期满后，项目公司要将项目的经营权（或所有权与经营权同时）移交给政府。在移交时，政府应注意项目是否处于良好运营和维护状态，以保证项目的继续运营和提供服务的质量。

2. 项目公司清算

项目移交以后，项目公司的业务随之终止。因此，项目公司应按合同要求及有关规定到有关部门办理清算、注销等相关手续。

Chapter 08

第 8 章

PPP 发展历程

8.1　PPP 在国际上的发展概况

8.1.1　PPP 的发展及现状

8.1.1.1　PPP 发展历程

PPP 模式并不是突然被“发明”出来的，而是一种古已有之的模式。古罗马帝国时期，罗马人奉行稳健的财政政策，除了在对迦太基人的布匿战争等少数特殊时期外，一般不允许出现财政赤字。在与日耳曼等蛮族历经数百年的战争中，为保证战争的供给，罗马元首奥古斯都大帝曾经授予意大利北部的萨拉西人对萨拉里亚等道路征收通行费的特许权，作为其道路养护、带路和跨越阿尔卑斯山搬运军用物资的回报。

中世纪，不少国家开始出现以通行费抵偿桥梁、道路建设成本的做法。1286 年，伦敦大桥开始收取通行费。1663 年，英国第一条收费公路建成，收费期限为 21 年。

英吉利海峡自古以风大浪急、航行危险著称。17世纪初，英国部分船主向政府申请自费修建灯塔，英国政府最终授予建造者特许经营权以鼓励社会资本方加入。

17世纪，独立战争后，收费公路制度引入美国。第一条私营企业建设并运营的收费公路（从费城到兰卡斯特），1792年在宾夕法尼亚州获得特许经营权，两年后建成。19世纪40年代，全美批准成立了1 600多家收费公路公司，在19世纪上半叶，私营收费公路的数量超过了公共公路的数量，每年分红和资本回报率最高的为8%，平均为3%。直到20世纪，收费公路才被各州政府收购，归入国有高速公路体系。

1978年，美国出台《私营公用事业规范政策法》，鼓励社会资本方投资新建热电厂，并允许社会资本方将生产出来的电力出售给遵守法律规范的电力公用事业部门。根据双方签订的协议，社会资本方只负责按时修建发电站并保证按质按量供应电力，并不需要关心他们所生产出的电力是否被社会所需要。无论他们所生产的电力被如何使用，政府都需要支付相应的电力生产费用。这就是美国的PPP雏形。

1992年，英国政府推动民间投资提案制度，引导私营企业参与公共基础建设投资。五年后，工党执政，设立专门机构组织和协调相关事宜。2000年，成立合作伙伴关系组织PUK（Partnerships UK），专门从事公共部门PPP项目，为政府公共部门与私人部门搭建了合作平台。2011年，财政部设立基础设施局，全面负责PPP工作。英国三级管理机构共同负责PPP模式运作，分进合击，运作得当。财政部负责制定政策及批准项目；合伙经营机构提供私营企业的专门知识及资源，协助公共部门落实PPP模式的重要目标；公私营机构合作署（由地方政府拨款成立的机构）向地方政府协会委任的董事局问责。

与其他国家相比，英国PPP项目规模庞大，其总金额和数量约为全球的1/3。1987年到2012年，英国一共批准PPP项目730个。目前运营的650个项目，总金额540亿英镑，主要集中在交通、医疗和教育领域。1990—2006年，美国PPP项目在交通基础设施领域的融资规模不过10亿美元，而同期英国的融资规模高达500亿美元。

8.1.1.2 全球PPP分布概览

根据全球PPP研究机构PWF的统计，1985—2011年，全球基础设施PPP名义价值为 7 751 亿美元，其中各地区 PPP 名义价值占比如表 8-1 所示：

表 8-1　　各地区 PPP 名义价值占比

序号	地区	占比
1	欧洲	45.6%
2	亚洲和澳大利亚	24.2%
3	墨西哥、拉丁美洲和加勒比海地区	11.4%
4	美国	8.8%
5	加拿大	5.8%
6	非洲和中东地区	4.2%
合计		100.0%

需要注意的是，PPP 作为传统交付模式的一种补充，仅在能够更好地实现物有所值的情况下才得以使用，在公共投资中的占比很小。

从表 8-2 可以看出，即便是 PPP 运用较为成熟的英国、澳大利亚等国家，PPP 投资占公共投资的比例也未超过 15%。澳大利亚有约 50%的基础设施由私营部门交付，但只有 10%～15%是通过 PPP 方式提供的。

表 8-2　　各国 PPP 投资占公共投资比例

国家	PPP 投资占公共投资的比例	国家	PPP 投资占公共投资的比例
澳大利亚	10%～15%	墨西哥	15%
英国	10%～13%	芬兰	10%～15%
韩国	5%～10%	卢森堡	5%～10%
德国	3%～5%	南非	3%～5%
挪威	3%～5%	西班牙	3%～5%
加拿大	1%～3%	意大利	1%～3%
新西兰	1%～3%	捷克	0%～1%

在国外的 PPP 实践中，英国是最早采用 PPP 模式的国家，发展较成熟；加拿大和澳大利亚也是公认的 PPP 模式运用较好的国家。本部分将以这三个国家为例介绍国际 PPP 模式发展概况。

8.1.1.3　英国的 PPP 发展概况

英国是较早采用 PPP 模式开展基础设施建设的国家，于 1992 年首次提出“私人融资活动”（Private Finance Initiative，PFI）的概念。2012 年，英国财政部进一步推出“新型私人融资活动”（PF2），两者最大的区别是，在 PF2 中，政府在特殊目的公司（SPV）参股投入部分资本金以吸引长期投资者。政府资本的参与使得 PF2 模式下的股本金比例从 10%提高到 20%～25%，化解了资金紧缺时的融资局限性，又有助于发挥私人资本的专业能动性。同时，在 PF2 合同中，公共部门将承担更多的管理风险，如因法律、场址污染、保险等不可预见的变化引发的费用增加的风险；PF2 的融资结构更有利于获得长期债务融资，特别是从资本市场融资。

从法律顶层设计方面看，到目前为止，英国对 PPP 没有专门的立法，而是通过财政部不断发布各种规范性文件进行管理。在 PFI 阶段，有三个政策性文件：《应对投资风险》（2003）、《强化长期伙伴关系》（2006）和《基础设施采购：实现长期价值》（2008）。在 PF2 阶段，有一个政策性文件：《PPP 的新方式》（2012）。

从组织保障方面看，2010 年前，英国负责 PPP 运行的机构有两个。一是财政部的 PPP 工作组；二是“英国合作伙伴关系”（Partnership UK），独立于财政部，按公司化运营，市场投资人占股 51%，财政部和苏格兰主管部门分别占股 44%和 5%，专门支持 PPP 工作组遴选的 PFI 项目。2011 年，财政部设立基础设施局（Infrastructure UK，IUK）工作组和“英国合作伙伴关系”的职能，统一管理实施 PF2 项目。

从 PPP 开展情况看，根据 IUK 的统计，截至 2012 年 3 月 16 日，PFI 项目存量为 717 个，其中在运营的项目为 648 个（统计数据中暂不含 PF2 相关数据。）

英国 PPP 模式有以下几个特点：

一是较少采用特许经营，多数情况下选择 PFI（2012 年后进一步改进为 PF2）。特许经营的项目，需要使用者付费，PFI 项目则是政府付费的。由于英国的教育和医疗实行全民免费，因此大多采用 PFI 模式。即便是交通（高速公路、铁路等）项目，绝大多数也采用 PFI 模式，整个英国目前只有一个使用者付费的交通项目（公路项目：总长 22 公里，因公路收费，使用者较少，目前政府打算收归国有）。

二是项目覆盖行业范围广，以教育、医疗、交通、废弃物处理为主（见表 8-3）。2012 年 3 月底，英国的 717 个存量 PFI 项目中甚至包括我国不常见的监狱、警察局、法院等。其中，教育、医疗、交通、废弃物处理等行业数量占比分别为 28.71%、18.97%、5.30%和 5.30%，合计超过 50%；总投资额占比分别为 20.50%、22.06%、12.78%和 7.95%，合计超过 60%。交通类项目投资额往往较大，虽然项目数量占比不到 6%，但是其投资额占比却超过 12%。

表 8-3　　英国 PFI 项目行业分布

分类	项目数量（个）	项目数量占比	项目总投资（亿英镑）	投资额占比
教育	213	29.71%	112.17	20.50%
医疗	136	18.97%	120.68	22.06%
其他	55	7.67%	87.64	16.02%
交通	38	5.30%	69.90	12.78%
废弃物处理	38	5.30%	43.51	7.95%
住房	34	4.74%	17.25	3.15%
道路照明	32	4.46%	14.27	2.61%
健康	29	4.04%	12.33	2.25%
办公用房	24	3.35%	35.34	6.46%
警察局	24	5.30%	4.75	0.87%
服务中心	24	5.30%	3.19	0.58%
消防	13	1.81%	3.95	0.72%
教育培训	12	1.67%	7.98	1.46%
监狱	12	1.67%	6.37	1.16%
娱乐设施	12	1.67%	2.05	0.37%
法院	8	1.12%	1.95	0.36%
图书馆	7	0.98%	1.58	0.29%
安全教育中心	4	0.56%	0.68	0.12%
防洪	2	0.28%	1.55	0.28%
合计	717	100.00%	547.12	100.00%

资料来源：IUK。

三是运营期限整体较长（见表 8-4）。运营期限在 20～30 年的项目合计占比为 81.45%。也有少量运营期限在 5 年以内的项目（占 0.56%），主要为 IT 类项目；以及部分运营期限超过 40 年的项目（占 0.28%），主要为交通类项目（高速公路维护）和医疗项目。

表 8-4　　英国 PFI 运营合同年限分布

运营期限	项目数量（个）	数量占比
5 年以内	4	0.56%
5（不含）～10 年	11	1.53%
10（不含）～15 年	26	3.63%
15（不含）～20 年	29	4.04%
20（不含）～25 年	317	44.21%
25（不含）～30 年	267	37.24%
30（不含）～35 年	52	7.25%
35（不含）～40 年	9	1.26%
40（不含）～50 年	2	0.28%
合　计	717	100.00%

8.1.1.4 加拿大的PPP发展概况

加拿大是国际公认的PPP模式运用最好的国家之一。1991—2013年，加拿大启动PPP项目206个，项目总价值超过630亿美元，涵盖全国10个省，涉及交通、医疗、司法、教育、文化、住房、环境和国防等领域。

从法律顶层设计方面看，加拿大各级政府积极制定基础设施规划，不断完善PPP项目采购流程。2003年5月加拿大工业部发布的《对应公共部门成本——加拿大最佳实践指引》和《PPP公共部门物有所值评估指引》是目前PPP项目实施的主要依据。

从组织保障方面看，2008年，加拿大以皇家公司的形式建立了联邦级的PPP单位——PPP加拿大（PPP Canada）。该机构由加拿大联邦政府所有，但公司有独立的董事会，按照商业模式运作，通过财政部向国会报告。这种形式可以让私人部门通过董事会监控PPP单位的运作。PPP加拿大设立了一个总额为12亿美元的“加拿大P3基金”（P3 Canada Fund），为PPP项目提供不超过投资额25%的资金支持。任何层级的地方政府都可以申请该基金。截至2013年第一季度末，该基金已为加拿大15个PPP项目提供基金支持近8亿美元，撬动市场投资超过33亿美元。

从PPP开展情况看，根据PPP加拿大发布的统计数据，在2003—2012年期间，加拿大共有121个PPP项目完成了融资，各项目在不同的行业分布情况如表8-5所示。这些PPP项目在建设过程中的资本投入共计384亿美元，其中医疗保健行业直接吸引了资本投入178亿美元；运营与维护投入共计128亿美元，其中医疗保健行业的运营维护投入49亿美元。

表8-5　PPP在加拿大各领域的分布

领域	项目数量	占比	领域	项目数量	占比
教育	7	5.79%	住房	2	1.65%
环境	5	4.13%	国防	1	0.83%
司法	14	11.57%	政府服务	2	1.65%
交通	24	19.83%	文化	7	5.79%
医疗保健	59	48.76%	合计	121	100.00%

资料来源：PPP Canada.

8.1.1.5　澳大利亚的 PPP 发展概况

澳大利亚在运用 PPP 模式实施大型基础设施项目方面处于世界领先地位。20 世纪 80 年代，为了解决加快基础设施建设而带来的资金不足问题，澳大利亚开始在基础设施建设领域运用 PPP 模式。澳大利亚的 PPP 模式通常采用成立 SPV（special purpose vehicle，特殊目的实体）的方式，由 SPV 与政府就融资建设和运营签订项目协议，期限一般为 20～30 年。一旦 SPV 出现不能履行合约的状况，政府可以随时跟进；合同到期时项目资产将无偿转交给政府。20 世纪 80 年代，澳大利亚 PPP 的运营取得了较好效益，90 年代开始，政府开始大量引入私人资本，同时将建设和运营风险更多地转嫁给私人资本方，以致私人资本方负担过重，资金难以为继。2000 年以来，澳大利亚汲取经验和教训，制定特别法律措施，充分发挥政府和私人资本方的各自优势，以实现共赢。

从法律顶层设计方面看，澳大利亚对 PPP 没有专门立法，于 2008 年 11 月颁布一系列国家政策与指南对 PPP 进行规范，各州在此基础上再制定本地的指南。以维多利亚州为例，2000 年颁布的《维多利亚州合作方法》、2003 年颁布的《合同管理方法》等是当地 PPP 项目开展的主要依据。

从组织保障方面看，2008 年，澳大利亚创立全国层面的 PPP 管理机构，即澳大利亚基础设施局（Infrastructure Australia，IAU），推广 PPP 是该机构的职能之一。其后，IAU 发布了一整套全国公私合作指南，将 PPP 项目的决策过程分为投资决策阶段与采购决策阶段，前者确定项目的经济合理性和财务可行性，后者回答公私合作在投资与运行费用、工期、服务质量、运营管理、效率、风险分担等方面是否优于传统采购的问题。

从 PPP 开展情况看，截至 2009 年年底[1]，澳大利亚的 PPP 规模达 920 亿美元，分布在国防、公路、铁路、卫生、教育、司法、娱乐等领域。澳大利亚 PPP 项目多集中在基础设施和公益事业领域，其特色是具有严格的审计和绩效评价机制。

8.1.2　PPP 项目的运营模式、融资模式及其成功关键

与其他运作模式相比，PPP 模式的优点显而易见：公共部门和私人部门可以发

[1]　说明：最新数据未能获取。

挥各自优势，充分利用有限资源，建立长期合作关系实现共赢；可以弥补公共部门资金不足的缺陷；节约管理成本和资金成本，提高建设和运营效率；可以提升基础设施建设和服务水平。但PPP模式又是一个十分复杂的系统工程，参与者众多，组织结构和形式非常复杂，需要牵头人有很强的协调组织能力；同时，PPP项目一般周期较长，前期需要收集和分析大量的数据和资料以识别项目各阶段的风险，对风险分担机制要求很高。

从国际PPP的实践来看，PPP项目成功的核心在于三点：契约精神、风险共担和利益共享。下面，我们将从运营模式、融资模式的角度，并结合案例对国际通常采用的PPP模式进行讨论。

8.1.2.1 运营模式

国际PPP项目一般由政府作为发起人，由政府和私人部门共同投资设立。PPP运作的基本流程如下：

（1）政府和私人部门按比例投入一定资本金筹建PPP项目公司。通常情况下，政府部门出资比例较小，而PPP项目的特点之一就是撬动更多的社会资金。同时，股本金占PPP项目所需全部投资额的比例较小，一般在10%～30%。

（2）通过银行等金融机构获得债权融资。PPP项目的特点之一是高负债运行，一般而言，债权资金占PPP项目公司总资产的70%或以上。融资方式大多是银行贷款（含银团贷款）和发行债券。在最新的PPP实践中，信托、保险资金、养老资金等也有介入，极大地丰富了资金来源渠道。

（3）政府部门将特许经营权转让给PPP项目公司。特许经营期限根据项目类型不同而有所区别，一般在10～30年之间。

（4）承建商与PPP项目公司签订建造合同，建造合同可能采取BT或EPC总承包形式。供应商与PPP项目公司签订设备采购或供货合同。在这个环节，承建商可以通过垫资等方式、供应商可以通过经营租赁等方式给PPP项目提供中短期融资甚至长期融资。

（5）PPP项目公司向承建商、供应商支付相关费用。在大多数情况下，SPV的发起方会同时作为项目承建商或供应商。因此，对私人资本而言，可以从以下两方面获得收入：一是初始股权投资回报，即资金回报；二是建造合同收入或供货合同收入，即服务回报。

（6）运营商与PPP项目公司签订运营维护合同。PPP项目公司向运营商支付相关费用。同样，运营商一方面可以获得资金回报，另一方面可以通过后期运营维护取得服务回报。

（7）保险公司与PPP项目公司就相关债券签订保险合同。对于PPP项目而言，投资回报一般包括三种模式：使用者付费、使用者付费＋政府购买、政府购买。上述三种投资回报模式分别对应三种类型的项目，即经营性项目、准经营性项目和公益性项目。在经营性项目中，使用者付费可基本覆盖投资支出并提供合理回报。在准公益性项目中，由于其具有公益性质，单靠使用者付费也许不能完全弥补项目运行开支，因此需要政府部门通过政府购买方式提供一定的收入来源，即可行性缺口补助。此外，在项目运营期间，特别是在项目收益达不到预期时，政府也会根据约定支付一定补助，即政府承担最低需求风险。而在公益性项目中，政府购买将作为唯一收入来源用以弥补投资成本。

（8）项目公司向股权资本和债权资本分配收益。在有的PPP项目中，后期由于运营等方面的问题可能会出现债务重组而改变原有资本结构的情况（即再融资），在这种情况下，对项目收益的分配应做相应调整。

8.1.2.2　融资模式

国际PPP项目的融资基本上采取“股权＋债权”的模式。

从具体融资工具看，国际PPP项目可以通过股东提供股权融资，包括政府和私人部门出资，最新实践中，PPP基金也逐步参与进来。PPP项目具有高负债运营的特点，资本金比例一般为10％～30％。PPP基金的主要作用是通过撬动资源和运用专业技能寻找优质PPP项目，在培养市场过程中起到催化剂的作用。

从国际PPP基金的实际操作看，主要分为政府发起的PPP基金和市场发起的PPP基金两大类。

（1）政府发起的基金。主要有加拿大P3基金、印度基础设施建设金融有限公司（提供长期的商业贷款，最多可提供资本成本的20％贷款，还提供咨询服务和试点担保计划）、玛格丽特2020基金（为欧洲气候变化、能源安全等其他基础设施投资项目提供股本和准股本金），JISSICA基金（为欧洲市政PPP项目提供贷款、股本和担保）等。

（2）市场发起的基金。主要有气候变化PPP基金（向亚洲开发银行成员开展国内气候与环境相关领域的项目提供股本、贷款及基金）、菲律宾基础设施投资联盟（为菲律宾核心基础设施项目提供股本和准股本）。

国际PPP项目也可以通过商业贷款（包括银团贷款）、利用资本市场、依靠国家或区域性开发银行等方式获得债务融资。其中，利用资本市场的具体形式主要有发行地方政府债券、项目收益债券、公司债券，以及资产证券化产品等。在最新的PPP项目实践中，为了隔离政府风险，政府一般不直接承担债券的偿还责任，但会通过提供政府补贴、帮助申请PPP基金等方式对PPP项目融资提供支持。

在PPP项目的债券融资过程中，由于债券存续期较长，可能会采用通货膨胀指数化债券来规避通胀风险。通货膨胀指数化债券是指债券的本金或利息根据某种物价变量定期进行调整的债券工具。如澳大利亚皇家妇女医院项目中，债券融资额为2.93亿美元（穆迪评级为Aa2），其中就包括1.45亿美元的28年期指数化年金债券（Indexed Annuity Bonds，IABs，通货膨胀指数化债券的一种）。

从资金来源看，目前国际PPP项目对银行渠道的资金来源依赖严重，银行资金大约占全部资金的70%～80%，甚至更高比例。各个国家都在研究探索降低对银行资金的依赖，包括通过债券融资提高资本市场的比重，以及推动股权投资者在股权投资领域发挥更重要的作用（如加拿大和澳大利亚的养老基金）。PPP项目的利润率通常较低，因此追求高收益率的产业资金及高风险高回报的资金均不适合投资于PPP项目，追求长期稳定回报的养老基金、保险资金则与PPP的收益回报特点具有高度的匹配性。以加拿大为例，加拿大养老基金是国内参与基础设施建设的重要力量，在PPP模式中也不乏养老基金的身影。养老基金的参与方式包括以股权形式参与PPP项目，或持有PPP相关债券等。

8.1.2.3 PPP项目成功关键

1. 契约精神

政府重合同、守信用的契约精神是PPP成功的关键，是消除社会资本方顾虑的首要条件。契约精神，是指商品经济所派生的契约关系及其内在原则，是一种平等、尚法、守信的品格，其主要特征除了表现为选择缔约方的自由之外，还隐含着契约各方的地位平等。PPP项目需要政府与企业长达十几年甚至数十年的合作，政府要强调契约精神，严格按契约规则办事。国外很重视PPP合同范本的制定，监管有效的关键在于合同规定的明确程度，在特许权协议中详尽规定各方应承担的责任与义务、风险应对及违约处理事项，强化涉及公私方的利益条款，一旦出现问题可依章办事。

中国地方政府部门在以往的PPP项目执行过程中暴露出的执行力弱、缺乏契约精神是头等问题。“合同是张纸，签完随时改”，政策随意性风险非常大。这种政策不确定性风险是PPP模式的毒瘤。PPP模式若要成功推进，中国政府必须改变以往缺乏契约精神的状况，有一个透明公开、可预期的政策制度安排，崇尚重合同、守信用的契约精神。

2. 政府监管

政府监管也是政府和私人部门合作关系中的重要内容。伦敦地铁项目失败的原因之一便是政府监管不力。由于私人部门在运营方面有先天的信息优势，在项目需要进行重大调整（如改变融资结构）时，政府部门往往面临信息不对称的尴尬境地。因此，要求政府必须在全项目周期对其进行监管，以掌握项目运营信息。此外，由于PPP项目提供的是公众产品和公众服务，而资本的天性是逐利，因此政府需要通过监管来督促私人部门提高服务水平。

监管方式可以是直接监管（包括聘请第三方专业机构进行监管），也可以通过绩效考核的方式进行监管，如根据私人资本提供的服务水平来决定补贴金额等。监管需要政府在一定程度上参与项目的实际运营，了解项目运营情况、遇到的困难，这对政府的管理和专业水平提出了更高的要求。基于这一认识，我国政府需要加快政府职能转变，从以往与私人部门合作中的主导位置上退出，减少对微观事务的干预，腾出更多的精力放到规划和监管上。

3. 确保私人部门盈利但没有暴利

确保私人部门的利益是吸引投资者的关键。政府部门一方面要保持项目回报率的吸引力，另一方面要考虑到整体回报率不能过高。

在纯公益性项目或准公益性项目中，由于没有收入或收入不能弥补投入成本，政府应该给予私人部门补贴；在项目运营之初，政府部门和私人部门会对收益有预期，当实际运营中收益达不到预期时（如法西高铁项目），政府部门应按承诺给予补贴。

另外，政府部门应通过相应机制设计约束私人部门的过高收益。一方面，私人部门的过高收益体现在运营中获得超额收益。如果是由于补贴标准过高而获得，应适当调低补贴金额；如果是由于运营商提高生产效率而获得，可以允许其享受3～5年的超额收益，作为提高生产力的奖励。另一方面，过高收益还体现在存量项目的溢价转让，导致使用者付费价格面临上调压力从而侵害公众利益。政府部门应制定相关约束条件限制存量项目的溢价转让。

4. 设立国家PPP基金

PPP基金可以通过债权、担保、股权等形式，为难以获得市场融资的PPP项目提供资金支持，在项目条件改善后择机退出。亚洲开发银行已经资助印度、印度尼西亚、菲律宾等国家成立了PPP基金和项目开发基金，积极分享成立与运营PPP基金和项目开发基金的国际经验。PPP基金的主要作用是通过股权投资，解决项目初期遇到的资金难题，同时起到撬动社会资本的作用。PPP基金的另一个重要作用是寻找适合的PPP项目。因为在多数情况下，一个国家的社会资本量是非常充裕的，资金并不是难点，难点在于缺乏可行的PPP项目。在条件和时间成熟时，还可以考虑设立地方PPP基金。

5. 创新融资工具

PPP参与各方之间实现公平有效的风险分担和利益共享还需要完善的金融体系及丰富的融资工具予以支持。由于PPP项目的负债率较高（一般为70%～90%），因此融资工具的便利性和丰富程度也是影响PPP项目成功与否的重要因素。目前，国际运用较为广泛的融资工具主要还是银行贷款（含银团贷款），但也有部分项目尝试采用多种融资工具，包括利用资本市场发行债券（含企业发债和政府发债），以及引进追求长期稳定回报的资金，如养老基金、保险资金和社保基金等。结合中国的实际情况，可以采用以下融资工具：

（1）利用传统的商业贷款以及国家开发贷款等；

（2）申请发行地方政府债券；

（3）项目公司发行公司债券、企业债券、中期票据等中长期公募债券，发行项目收益债券，以及发行定向融资工具等非公开发行债券；

（4）项目建成并运营后，在稳定现金流可期的情况下可以考虑资产证券化；

（5）引入养老基金及保险基金等追求长期稳定收益的资金。

目前已有的险资参与基础设施建设的形式主要是债权投资计划，未来还可以研究新的参与形式，如参与联合体的组建以股权方式进入 PPP 领域，参与设立 PPP 基金，购买与 PPP 项目相关的各种公司债券、地方政府债、资产证券化等。

8.2　PPP 在我国的发展历程

当前，PPP 已成为落实国家战略的重要工具，在中国的发展进入了一个新的阶段。回顾 PPP 在中国的发展历程，从 20 世纪 80 年代中期引入我国至今，PPP 发展经历了四个阶段——探索阶段、试点阶段、推广阶段和反复阶段，现在进入到第五个阶段——普及阶段。

1. 探索阶段（20 世纪 80 年代中期—1993 年）

探索阶段的出现有两个背景：第一，1978 年以来的改革开放吸引了很多境外资金进入我国，其中有一部分资金尝试性地进入了基础设施领域。第二，80 年代中期，中等发达国家出现了债务危机，为了推动经济继续发展，土耳其首先出现了 BOT 模式，然后被其他发展中国家效仿，香港地区的商人也把这个概念带入了我国内地。

此阶段，我国没有与 BOT 直接相关的法规，也没有规范的审批程序，地方往往向中央主要领导汇报并在获得首肯后执行。探索阶段的代表性项目有深圳沙角 B 电厂 BOT 项目、广州白天鹅饭店和北京国际饭店等。沙角 B 电厂项目作为 BOT 项目得到了国内外的广泛认可，并已在 15 年特许经营期满后于 2000 年成功移交给当地政府。由于项目成立时间较早，文件较简单，只有几页纸。

探索阶段的项目都是投资人发起、通过谈判和政府达成一致的，没有招标过程。这些项目也是地方政府自发开展的，没有中央政府的关注、总结和大规模推广。

2. 试点阶段（1994—2002 年）

试点阶段的工作是国家计委有组织地推动的。

1992 年初的邓小平南方讲话以及当年底召开的党的十四大确立了社会主义市场经济体制，为基础设施市场化投融资改革提供了理论依据。1993 年新一届政府成立后，国家计委开始研究投融资体制改革，包括 BOT 可行性问题。

1994 年，国家计委确定了五个 BOT 试点项目——广西来宾 B 电厂项目、成都第六水厂项目、广东电白高速公路项目、武汉军山长江大桥项目和长沙望城电厂项目。

1995年8月，国家计委、电力部、交通部联合下发了《关于试办外商投资特许权项目审批管理有关问题的通知》（计外资〔1995〕1208号），为试点项目的实施提供了法律依据。这个通知是试点项目启动之后颁布的，从通知中可以看出：第一，试点的重点是电力和交通项目；第二，以外资为主。后来地方政府推出自己的BOT项目时，无论水务、燃气和区域开发等领域的项目，还是内资参与的项目，都以这个通知为法律依据。

除了国家的试点项目外，各地政府也推出了一些PPP项目，比较典型的有上海黄浦江大桥BOT项目、北京第十水厂BOT项目、北京西红门经济适用房PPP项目、北京肖家河污水治理项目等。

3. 推广阶段（2003—2008年）

2002年，党的十六大提出，我国社会主义市场经济体制已经初步建立，市场在资源配置中发挥基础性作用，为PPP的推广提供了理论基础。十六大精神是建设部2002年年底出台《关于加快市政公用行业市场化进程的意见》（建城〔2002〕272号文件发布）的大背景。随着PPP项目的推进，建设部又陆续出台了包括《市政公用事业特许经营管理办法》在内的一些文件，该办法及各地出台的特许经营条例是这一时期开展PPP项目的基本法律依据。

在此阶段，市场经济特征非常明显：第一，外企、民企、国企同台竞争；第二，项目竞标过程公开透明，竞争达到白热化；第三，溢价现象频出，效率提高的改革效果开始显现；第四，传统企业受到了前所未有的压力，主动改革的积极性提高。尽管多数项目是成功的，但由于PPP项目数量增加很快，有些地区思想不够开放、项目运作方法不够科学，也出现了一些失败案例。

4. 反复阶段（2009—2012年）

2008年，美国爆发金融危机，当年年底我国推出了4万亿经济刺激计划。2009年成为PPP受冲击最严重的一年，社会投资主体彻底失去了讲条件的资本，PPP生存环境遭到了破坏，有些执行中的PPP项目被政府提前终止。4万亿刺激计划的弊端很快暴露出来，政府再次开始重视民间投资，2010年国务院出台了鼓励和引导民间投资的新“国36条”。

这个时期，国企尤其是央企拿到了银行大量授信，据说有些企业的授信额度超过了 1 000 亿元，其中一部分用于向私企放贷。渐渐地，地方与央企对接开始流行，央企成了如火如荼的城市化运动的重要角色，央企参与的很多项目都是以 PPP 方式进行的。以前做项目要进行可行性研究，这个阶段开发一个新城或一个新区往往只要写几页纸说明一下就行了。央企的新做法对私人资本和外资的行为方式产生了很大的影响，他们一方面向央企学习寻求规避竞争，另一方面也寻求与国有资本的合作以利用其优势。这个时期的 PPP 市场没有出现充分竞争、溢价频发的火爆场面。

尽管没有政策禁止私人资本和外资的进入，但由于国企特别是央企在强大政府资源支持下的做法，导致私人资本和外资无法参与竞争。为了促进民间投资，2012 年国务院各部委出台了 20 多个落实新“国 36 条”的细则，然而 PPP 市场并没有发生实质性改变。

这个阶段的 PPP 项目很多，前提是把包括央企在内的国企也视同为社会投资人（Private 一方）。据粗略估计，到 2013 年，全国 PPP 项目有 7 000～8 000 个，其中很多项目没有公开招标，不被外界所了解。

5. 普及阶段

2013 年开始，我国 PPP 发展进入第五个阶段——普及阶段。很多人对这个阶段都有很高的期待，希望 PPP 能成为我国经济发展中的一种常态模式。

党的十八大提出要让市场在资源配置过程中发挥决定性作用，这为 PPP 的普及提供了理论基础。住建部和财政部结合财政体制改革推出若干指导意见，同时地方政府积极上报 PPP 试点项目。国家发改委启动了特许经营立法工作，学术界、咨询界也热闹起来，各种研讨、沙龙层出不穷，各种文章、著作不断问世。

中国城市化经过十年高速发展，在取得成就的同时出现了大量问题。房价高企，土地财政难以为继；地方债规模超过 20 万亿元，并且还在快速增长；环境问题日益突出，治理需要大量资金；国有体制可以调动大量资源但浪费惊人，投资效率越来越低；参与城市建设的央企负债率快速攀升，融资和抗风险能力加速减弱。中国需要转变发展方式，提高效率、减少浪费、少走弯路一定是转变发展方式的基本内容。

在普及阶段，PPP 会出现新特点。第一，并购机会增多。国家要推动混合所有制经济的发展，并购将是实现这个目标的重要手段。第二，多个 PPP 项目同时推进的现象会增加。多个相关项目综合考虑可以减少浪费，提高效益。第三，中国企业走出国门做 PPP 的情况会增加。中国企业走出去是必然的，走出去做自己熟悉的事情，传播中国经验，对己对人都有好处。第四，总结经验教训并进行推广会更加受到领导的重视。

站在普及阶段的起点上，我们对 PPP 的大发展有所期待。我们期待中国会出现一批世界级的公用事业企业，期待 PPP 在转变发展方式方面能够发挥关键作用，使我国不仅不会掉进“中等发达国家陷阱”，反而能迈上一个新的台阶。

做好 PPP 的当务之急是规范，选择投资主体要公开、公平竞争，政府在严格监管社会主体的同时也要守信，要充分发挥中介的作用，千方百计扫除阻碍“国 36 条”落实的种种弊端。

8.3 我国 PPP 项目政策梳理及数据统计

在 PPP 项目普及阶段，国家和地方层面纷纷出台了若干与 PPP 有关的重要法律法规。

8.3.1 国家层面的 PPP 政策

国家层面的 PPP 政策整理如表 8-6 所示。

表 8-6

日期	机关	事项	核心要点
2013-11-12	党的十八届三中全会	通过《中共中央关于全面深化改革若干重大问题的决定》	提出允许社会资本通过特许经营等方式参与城市基础设施投资和运营，让市场在资源配置过程中发挥决定性作用
2014-5-18	国家发展改革委	发布《国家发展改革委关于发布首批基础设施等领域鼓励社会投资项目的通知》（发改基〔2014〕981号）	推出首批 80 个引入社会资本的基础设施建设示范项目
2014-8-22	国家发展改革委	发布《2014 年全国发展改革系统法制宣传教育暨法治机关建设实施意见》	《基础设施和公用事业特许经营法》的立法工作取得新突破
2014-9-21	财政部	部长楼继伟在 G21 财长和央行行长会议上着力推介 PPP 模式	基础设施投资是此次讨论的重点，各方同意应进一步通过 PPP 等融资方式吸引长期融资，撬动民间资本，解决目前亚太地区巨大的基础设施融资缺口问题

续表

日期	机关	事项	核心要点
2014-9-21	国务院	发布《国务院关于加强地方政府性债务管理的意见》(国发〔2014〕43号)	建立规范的地方政府举例融资机制，鼓励社会资本通过特许经营等方式，参与城市基础设施等有一定收益的公益性事业投资和运营
2014-9-24	财政部	发布《财政部关于推广运用政府和社会资本合作模式有关问题的通知》(财金〔2014〕76号)	首次在国家层面上，以系统的部门规范性文件的形式提出PPP模式发展的制度体系
2014-10-23	国务院	发布《财政部关于印发〈地方政府存量债务纳入预算管理清理甄别办法〉的通知》(财预〔2014〕351号)	(1) 认真甄别筛选融资平台公司存量项目，对适宜开展政府与社会资本合作(PPP)模式的项目，要大力推广PPP模式 (2) 财政部门及有关部门对地方政府负有偿还责任的存量债务进行逐笔甄别，通过PPP模式转化为企业债务的，不纳入政府债务
2014-10-24	国务院	国务院总理李克强10月24日主持召开国务院常务会议	提到新型城镇化建设解决“钱”的问题的两种方式：一为发行债券；二是以“创新方式吸引民间资本投资经营”
2014-11-16	国务院	发布《国务院关于创新重点领域投融资机制鼓励社会投资的指导意见》(国发〔2014〕60号)	在生态、水利、基础设施、交通、能源、信息和民用空间基础设施、社会事业等领域、鼓励社会资本特别是民间资本参与投资
2014-12-4	财政部	发布《关于政府和社会资本合作示范项目实施有关问题的通知》(财金〔2014〕112号)	确定30个PPP示范项目，其中新建项目18个，地方融资平台公司存量项目22个，涉及资金1 800亿元
2014-12-4	财政部	发布《关于印发〈政府和社会资本合作模式操作指南(试行)〉的通知》(财金〔2014〕113号)	对于“社会资本”的定义、PPP模式范围、PPP适用范围、具体操作流程等做出了规定
2014-12-4	国家发展改革委	发布《国家发展改革委关于开展政府和社会资本合作的指导意见》(发改投资〔2014〕2724号)	提出开展政府和社会资本合作(PPP)模式，有利于创新投融资机制，拓宽社会资本投资渠道，增强经济增长内生动力
2014-12-31	财政部	发布《财政部关于印发〈政府和社会资本合作项目政府采购管理办法〉的通知》(财库〔2014〕215号)	为达成权利义务平衡、物有所值的PPP项目合同，遵循公开、公平、公正和诚实信用原则，按照相关法规要求完成PPP项目识别和准备等前期工作后，依法选择社会资本合作者
2015-2-13	财政部 住房和城乡建设部	发布《关于市政公用领域开展政府和社会资本合作项目推介工作的通知》(财建〔2015〕29号)	明确公共利益优先、存量项目规范运作的原则，保障资金政策的支持和融资支持，进一步完善市政公用领域价费与财政补贴、土地等体制机制，拓宽社会资本进入渠道

续表

日期	机关	事项	核心要点
2015-4-7	财政部	发布《财政部关于印发〈政府和社会资本合作项目财政承受能力论证指引〉的通知》（财金〔2015〕21号）	通过财政能力的论证进行PPP项目的财政支出责任识别、支出测算、财政承受能力评估，保障政府切实履行责任义务，防范财政风险
2015-4-9	财政部、环境保护部	发布《财政部 环境保护部关于推进水污染防治领域政府和社会资本合作的实施意见》（财建〔2015〕90号）	积极实施水污染防治行动计划，规范水污染防治领域PPP项目操作流程，完善投融资环境，引导社会资本积极参与、加大投入
2015-4-21	财政部、国土资源部、住房和城乡建设部、中国人民银行、国家税务总局、银监会	发布《关于运用政府和社会资本合作模式推进公共租赁住房投资建设和运营管理的通知》（财综〔2015〕15号）	有利于转变政府职能，提升保障性住房资源配置效率；有利于消化库存商品住房，促进房地产市场平稳健康发展；有利于提升政府治理能力，改善住房保障服务
2015-4-25	国家发展改革委、财政部、交通运输部、水利部、中国人民银行	发布《基础设施和公用事业特许经营管理办法》	确定基础设施和公用事业特许经营的方式、特许经营期限、特许经营可行性评估及特许经营协议的主要内容及其履行、终止。鼓励社会资本的参与，保护特许经营者合法权益和社会公共利益及安全
2015-5-19	国务院办公厅	发布《国务院办公厅转发财政部发展改革委人民银行关于在公共服务领域推广政府和社会资本合作模式指导意见的通知》（国办发〔2015〕42号）	保证社会资本和公众共同受益，通过资本市场和开发性、政策性金融等多元融资渠道，吸引社会资本参与公共产品和公共服务项目的投资、运营管理，提高公共产品和公共服务供给能力与效率
2015-6-25	财政部	发布《财政部关于进一步做好政府和社会资本合作项目示范工作的通知》（财金〔2015〕57号）	加快首批PPP项目实施；组织上报第二批备选示范项目；构建激励相容的政策保障机制
2015-7-10	国家发展改革委、财政部、国土资源部、银监会、国家铁路局	发布《关于进一步鼓励和扩大社会资本投资建设铁路的实施意见》（发改基础〔2015〕1610号）	全面放开铁路投资与运营市场，推进融资方式多样化，完善社会投资资本机制及投资环境，加大政策支持
2015-12-8	财政部	发布《财政部关于实施政府和社会资本合作项目以奖代补政策的通知》（财金〔2015〕158号）	PPP项目以奖代补政策旨在支持和推动中央财政PPP示范项目加快实施进度，提高项目操作的规范性，保障项目实施质量。同时，引导和鼓励地方融资平台公司存量公共服务项目转型为PPP项目，化解地方政府存量债务

续表

日期	机关	事项	核心要点
2015-12-18	财政部	发布《关于规范政府和社会资本合作（PPP）综合信息平台运行的通知》（财金〔2015〕166 号）	统一授权分级录入项目库信息；统筹集中录入机构库和资料库信息；规范发布和使用综合信息；建立对口联系人和季报制度；建立综合信息平台建设奖惩挂钩机制
2016-5-28	财政部 国家发展改革委	发布《关于进一步共同做好政府和社会资本合作（PPP）有关工作的通知》（财金〔2016〕32 号）	稳步推进、协调配合、做好前期工作、完善投资回报机制、提高 PPP 项目融资效率、加强监督、信息公开
2016-5-28	国务院	发布《国务院关于印发土壤污染防治行动计划的通知》（国发〔2016〕31 号）	发挥政府主导作用，构建土壤环境治理体系中明确提出要积极采用 PPP 模式
2016-11-14	国务院办公厅	发布《国务院办公厅关于印发地方政府性债务风险应急处置预案的通知》（国办函〔2016〕88 号）	建立健全地方政府性债务风险应急处置工作机制，坚持快速响应、分类施策、各司其职、协同联动、稳妥处置，牢牢守住不发生区域性系统性风险的底线，切实防范和化解财政金融风险，维护经济安全和社会稳定

8.3.2 地方层面的 PPP 政策

地方层面的 PPP 政策整理如表 8-7 所示。

表 8-7

日期	省份	法规名称
2014-6-4	安徽省	《安徽省人民政府关于加强城市基础设施建设的实施意见》（皖政〔2014〕46 号）
2014-9-29	安徽省	《安徽省城市基础设施领域 PPP 模式操作指南》
2014-6-30	四川省	《四川省人民政府办公厅关于进一步做好稳定和扩大投资工作的意见》（川办发〔2014〕61 号）
2014-8-1	陕西省	《陕西省人民政府办公厅转发省住房城乡建设厅等部门关于鼓励社会资本参与城市基础设施建设意见的通知》（陕政办发〔2014〕114 号）
2014-9-6	福建省	《福建省人民政府关于推广运用政府和社会资本合作（PPP）试点的指导意见》（闽政〔2014〕47 号）
2014-12-22	湖南省	《湖南省财政厅关于推广运用政府和社会资本合作模式的指导意见》（湘财金〔2014〕49 号）

8.3.3 数据统计

全国 PPP 综合信息平台项目库显示，截至 2016 年 10 月 31 日，全国入库 PPP 项目共计 10 685 个，入库项目金额 127 421.14 亿元，具体统计数据如表 8-8 所示：

表 8-8　　截至 2016 年 10 月 31 日入库项目数据统计（分领域）

领域	数量	比例	领域	数量	比例
能源	192	1.80%	教育	531	4.97%
交通运输	1 311	12.27%	文化	306	2.86%
水利建设	499	4.67%	体育	201	1.88%
生态建设和环境保护	590	5.52%	市政工程	3 779	35.37%
农业	106	0.99%	政府基础设施	160	1.50%
林业	14	0.13%	城镇综合开发	663	6.20%
科技	122	1.14%	旅游	608	5.69%
保障性安居工程	489	4.58%	社会保障	102	0.95%
医疗卫生	473	4.43%	其他	267	2.50%
养老	272	2.55%	小计	10 685	100.00%

截至 2016 年 10 月 31 日，各省、自治区、直辖市入库 PPP 项目数量及所占比例如表 8-9 所示：

表 8-9　　截至 2016 年 10 月 31 日入库项目数据统计（分省区）

区域	省区	数量	比例	区域	省区	数量	比例
东北	黑龙江	122	1.14%	华北	北京	94	0.88%
东北	吉林	57	0.53%	华北	天津	17	0.16%
东北	辽宁	485	4.54%	华北	河北	443	4.15%
华东	山东	1 057	9.89%	华北	山西	39	0.36%
华东	江苏	338	3.16%	华北	内蒙古	764	7.15%
华东	安徽	159	1.49%	西北	宁夏	72	0.67%
华东	浙江	295	2.76%	西北	新疆	840	7.86%
华东	福建	271	2.54%	西北	青海	72	0.67%
华东	上海	1	0.01%	西北	陕西	259	2.42%
华南	广东	124	1.16%	西北	甘肃	466	4.36%
华南	广西	150	1.40%	西南	四川	811	7.59%
华南	海南	131	1.23%	西南	云南	406	3.80%
华中	湖北	86	0.80%	西南	贵州	1 734	16.23%
华中	湖南	302	2.83%	西南	西藏	—	0.00%
华中	河南	746	6.98%	西南	重庆	66	0.62%
华中	江西	278	2.60%	合计		10 685	100.00%

根据表 8-9 数据统计，各地区入库 PPP 项目数量及所占比例如表 8-10、图 8-1 所示。

表 8-10 截至 2016 年 10 月 31 日入库项目数据统计（分区域）

区域	数量	比例
东北	664	6.21%
华北	1 357	12.70%
华东	2 121	19.85%
华南	405	3.79%
华中	1 412	13.22%
西北	1 708	15.99%
西南	3 017	28.24%
总计	10 684	100.00%

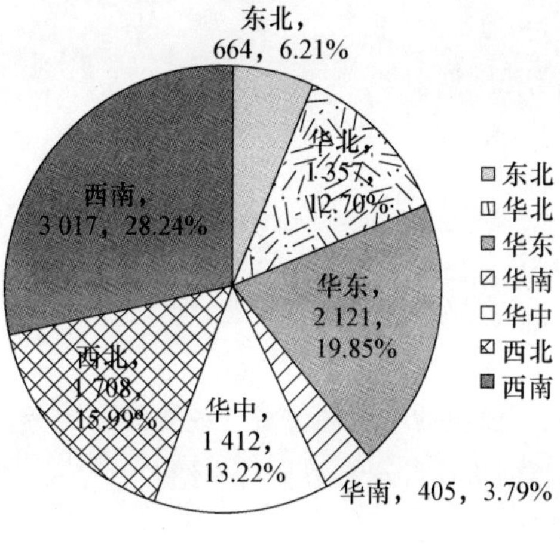

图 8-1 截至 2016 年 10 月 31 日各地区入库项目数量及比例

Chapter 09

第 9 章

PPP 项目付费机制

PPP 项目付费机制一般包括可用性付费（或称建设服务费）、使用量付费和运维绩效付费三种。(详细原理将在后续章节另行介绍。)

9.1 可用性付费

9.1.1 可用性付费简介

可用性付费，是指项目公司为本项目建设符合适用法律及协议规定的竣工验收标准的公共资产之目的投入的资本性总支出而需要获得的服务收入。主要包括项目建设总投资（含前期费用）、投资成本、税费及必要的合理回报。

在 PPP 项目中，常见的可用性付费机制主要包括政府付费、使用者付费、可行性缺口补助三种（见表 9-1）。

表9-1　PPP项目回报机制

项目	收入来源	收入形式	适用项目类型
政府付费	政府	政府直接付费购买公共产品和服务，主要包括可用性服务费、使用量付费和绩效服务费	非经营性项目（市政道路、环境治理等）
使用者付费	消费者	最终由消费者直接付费购买公共产品和服务	经营性项目（燃气、自来水）
可行性缺口补助	消费者 & 政府	由政府以财政补助、股本投入、优惠贷款和其他优惠政策的形式，给予社会资本或项目公司经济补助	准经营性项目（污水处理、垃圾处理等）

9.1.1.1　政府付费

1. 政府付费定义

政府付费（government payment）是指政府直接付费购买公共产品和服务。在政府付费机制下，政府可以依据项目设施的可用性、产品或服务的使用量以及质量向项目公司付费。政府付费是公用设施类和公共服务类项目中较为常用的付费机制，在一些公共交通项目中也会采用这种机制。

此类付费机制下，SPV项目公司在运营期内收取的金额较为固定，在财务核算中采取金融资产模式核算。

2. 政府付费的调价机制

在长达20～30年的PPP项目生命周期中，市场环境的波动会直接引发项目运营成本的变化，进而影响项目公司的收益。设置合理的价格调整机制，可以将政府付费金额维持在合理范围内，防止过高或过低付费导致项目公司亏损或获得超额利润，有利于项目物有所值目标的实现。常见的调价机制如下：

（1）公式调整机制。是指通过设定价格调整公式来建立政府付费价格与某些特定系数之间的联动关系，以反映成本变动等因素对项目价格的影响，当特定系数变动导致根据价格调整公式测算的结果达到约定的调价条件时，将触发调价程序，按约定的幅度自动调整定价。常见的调价系数包括：消费者物价指数、生产者物价指数、劳动力市场指数、利率变动、汇率变动等。调价系数的选择需要根据项目的性质和风险分配方案确定，并应综合考虑该系数能否反映成本变化的真实情况且具有可操作性等。

(2) 基准比价机制。是指定期将项目公司提供服务的定价与同类服务的市场价格进行对比，如发现差异，则项目公司与政府可以协商对政府付费进行调整。

(3) 市场测试机制。是指在PPP项目合同约定的某一特定时间，对项目中某项特定服务在市场范围内重新进行采购，以更好地实现项目的物有所值。通过竞争性采购程序，政府和项目公司将可能会协商更换此部分服务的运营商或调整政府付费。

9.1.1.2 使用者付费

使用者付费（user charges）是指由最终消费用户直接付费购买公共产品和服务。项目公司直接从最终用户处收取费用，以回收项目的建设和运营成本并获得合理收益。高速公路、桥梁、地铁等公共交通项目以及供水、供热等公用设施项目通常可以采用使用者付费机制。

此类付费机制下，SPV项目公司在运营期内收取的金额和使用者息息相关（如高速公路），故而在运营期内其金额具有不确定性，在财务核算中采取无形资产模式核算。

9.1.1.3 可行性缺口补助

可行性缺口补助（viability gap funding，VGF）是指当使用者付费不足以满足项目公司成本回收和合理回报时，由政府给予项目公司一定的经济补助，以弥补使用者付费之外的缺口部分。可行性缺口补助是在政府付费机制与使用者付费机制之外的一种折中选择。在我国的实践中，可行性缺口补助的形式多种多样，具体可能包括土地划拨、投资入股、投资补助、优惠贷款、贷款贴息、放弃分红权、授予项目相关开发收益权等其中的一种或多种。

此类付费机制下，SPV项目公司或社会资本方在使用者付费金额小于PPP合同约定的收款金额时，政府按差额进行补助，这属于混合模式。本书认为，在使用者付费不足时，政府将采取兜底方式补足应付费差额，也就是说，在使用者付费不足时，SPV项目公司或社会资本方收取的金额也是确定的，故而建议按金融资产模式核算。

9.1.2 可用性付费的基本原则

在我国，可用性付费的一个基本原则就是，在符合法律强制性规定的前提下，直至项目设施已建成且全面服务可用时（通常是项目开始运营时）才开始付款。但也存在一些例外，比如改造项目，有可能改造的同时也需要项目公司继续提供服务，在这种情形下，政府可能需要就项目公司继续提供的服务支付一定费用。

在按可用性付费的项目中，通常在项目开始时就已经确定项目公司的投资成本，在项目开始运营后，政府即按照原先约定的金额向项目公司付款。如果存在不可用的情形，再根据不可用的程度扣减实际的付款金额。

需要强调的是，对项目公司而言，尽管按可用性付费的项目风险更低、可融资性更高，但政府转移给项目公司的风险也相对有限。同时，相较于使用者付费项目和按使用量付费的项目，单纯按可用性付费的项目缺乏有效的收益激励机制，通常只能通过项目公司报告或政府抽查的方式对项目进行监控，政府的监控力度较小，难以保证项目随时处于可用状态。因此，必要时可用性付费需要与绩效付费或使用量付费搭配使用。

9.1.3 可用性付费金额的计算方法

除采用使用者付费模式根据使用者情况支付可用性费用外，采用政府付费模式及可行性缺口补助模式均需计算付费金额。结合PPP项目实践经验，本书主要介绍以下四种计算方法：

1. 等额本金终值方式

《政府和社会资本合作项目财政承受能力论证指引》（财金〔2015〕21号）规定：

> 第十六条　运营补贴支出应当根据项目建设成本、运营成本及利润水平合理确定，并按照不同付费模式分别测算。
>
> 对政府付费模式的项目，在项目运营补贴期间，政府承担全部直接付费责任。政府每年直接付费数额包括：社会资本方承担的年均建设成本（折算成各年度现值）、年度运营成本和合理利润。计算公式为：

$$\text{当年运营补贴支出数额}=\left[\text{项目全部建设成本}\times(1+\text{合理利润率})\times(1+\text{年度折现率})^{n}\right]/\text{财政运营补贴周期(年)}+\left[\text{年度运营成本}\times(1+\text{合理利润率})\right]$$

对可行性缺口补助模式的项目，在项目运营补贴期间，政府承担部分直接付费责任。政府每年直接付费数额包括：社会资本方承担的年均建设成本（折算成各年度现值）、年度运营成本和合理利润，再减去每年使用者付费的数额。计算公式为：

$$\text{当年运营补贴支出数额}=\left[\text{项目全部建设成本}\times\left(1+\text{合理利润率}\right)\times\left(1+\text{年度折现率}\right)^{n}\right]/\text{财政运营补贴周期(年)}+\left[\text{年度运营成本}\times\left(1+\text{合理利润率}\right)\right]-\text{当年使用者付费数额}$$

n代表折现年数。财政运营补贴周期指财政提供运营补贴的年数。

第十七条　年度折现率应考虑财政补贴支出发生年份，并参照同期地方政府债券收益率合理确定。

第十八条　合理利润率应以商业银行中长期贷款利率水平为基准，充分考虑可用性付费、使用量付费、绩效付费的不同情景，结合风险等因素确定。

第十九条　在计算运营补贴支出时，应当充分考虑合理利润率变化对运营补贴支出的影响。

根据上述文件规定，则：

$$\text{年可用性服务费金额}=\left[\text{项目全部建设成本}\times\left(1+\text{合理利润率}\right)\times\left(1+\text{年度折现率}\right)^{n}\right]/\text{财政运营补贴周期(年)}$$

$$\text{年绩效服务费金额}=\text{年度运营成本}\times(1+\text{合理利润率})$$

年可用性服务费计算公式可分解如表9-2所示。

表 9-2　　年可用性服务费计算分解

运营年次	全部建设成本×(1+合理利润率)/补贴周期	$(1+\text{折现率})^{n}$	年可用性服务费	备注
第1年				
第2年				
第3年				
……				
第n年				
小计				

$(1+折现率)^n$ 可在 Excel 中通过公式计算，具体计算方法有两种：

（1）在单元格中录入＝power(1＋i，n)，其中 i 为折现率，n 指对应的补贴年份，要相对引用运营年度中对应的数字。

（2）在单元格中录入“＝(1＋i)^n”，其中 i 为折现率，n 指对应的补贴年份，要相对引用运营年度中对应的数字。

年可用性服务费计算公式可理解为，将“项目全部建设成本×(1＋合理利润率)”在运营补贴周期内分为 n 等份，在每个运营年度内，按复利自运营期开始计算至实际支付年度终值，即当年度可用性服务费金额。此计算公式的结果是本金平分为若干等份，在运营期内，可用性服务费金额前期小、后期大。

采用这种方法，可以降低地方财政运营期前期资金压力，同时社会资本方或 SPV 项目公司运营期前期资金压力较大，项目公司应做好资金的统筹安排工作。

2. 等额本息方式

等额本息是指一种贷款的还款方式，是在还款期内，每月偿还同等数额的贷款（包括本金和利息）。即把贷款期内需偿还的贷款的本金总额与利息总额相加，然后平均分摊到还款期限的每个月中，每个月的还款额是固定的，但每月还款额中的本金比重逐月递增、利息比重逐月递减。这种方法是目前使用最为普遍，也是大部分银行长期推荐的方式。在 PPP 实例中，很多政府方及实施机构也采用此种付款方式。

等额本息还款法即借款人每期按相等的金额偿还贷款本息，其中每期贷款利息按期初剩余贷款本金计算并逐月结清。

$$\begin{matrix}每期\\还款额\end{matrix}=\left[\begin{matrix}贷款\\本金\end{matrix}\times\begin{matrix}每期\\利率\end{matrix}\times\left(1+\begin{matrix}每期\\利率\end{matrix}\right)^{\begin{matrix}还款\\期数\end{matrix}}\right]\div\left[\left(1+\begin{matrix}每期\\利率\end{matrix}\right)^{\begin{matrix}还款\\期数\end{matrix}}-1\right]$$

等额本息还款法特点：①本金逐期递增，利息逐期递减，每期还款数不变；②相对于等额本金还款法，其劣势在于支出利息较多，还款初期利息占每月供款的大部分，随本金逐渐返还，供款中本金比重增加；③该方法每月的还款额固定，可以有计划地安排收支，确定还贷能力。

应用在 PPP 项目实例中，政府可用性服务费计算公式为：

$$每期可用性服务费=项目总投资\times(A/P,i,n)$$

或

$$每期可用性服务费=项目全部建设成本\times(1+合理利润率)\times(A/P,i,n)$$

$$可用性付费总额=运营期每期的可用性服务费\times付费期数$$

其中，n 指付费期数；i 指项目投资回报率；$(A/P,i,n)$ 指年金计算公式。

每期可用性服务费可通过表 9-3 及公式进行计算：

表 9-3　　每期可用性

全部建设成本	
合理利润率	
全部建设成本×(1+合理利润率)或项目总投资金额，即 P 值	P
每期折现率（i）	
运营期（n）	
年金系数（A/P，i，n）	$=PMT(i, n, -P, 0, 0)$
每期可用性服务费金额（A）	$=P\times(A/P, i, n)$
可用性服务费总额	$=A\times n$

3. 等额本金方式

等额本金是指一种贷款的还款方式，是在还款期内把贷款数总额等分，每期偿还同等数额的本金和剩余贷款在该期所产生的利息。这样，由于每期的还款本金额固定，而利息越来越少，借款人起初还款压力较大，但是随时间的推移，每期还款数会越来越少。

等额本金还款法即借款人每月按相等的金额（贷款金额/贷款月数）偿还贷款本金，每月贷款利息按月初剩余贷款本金计算并逐月结清，两者合计即为每月的还款额。其计算公式如下：

$$每期还款金额=(贷款本金/还款期数)+\left(本金-\frac{已归还本金}{累计额}\right)\times每期利率$$

等额本金还款法特点：①本金保持相同，利息逐月递减，月还款数递减；②由于每月的还款本金额固定，而利息越来越少，贷款人起初还款压力较大，但是随着时间的推移，每月还款数会越来越少。

4. 其他约定方式

除上述三种可用性付费方式外，PPP 项目实施机构还可以根据地方财政承受能力，按 PPP 项目合同约定的支付比例计算支付可用性付费的方式。

例如，江苏某 PPP 项目约定在项目运营期（13 年）内按以下支付比例（见表 9-4）支付项目可用性服务费：

表 9-4

年次	建设期（第 1～2 年）	第 3 年	第 4 年	第 5 年	第 6 年	第 7 年
支付比例	0	6%	6%	6%	6%	6%
年次		第 8 年	第 9 年	第 10 年	第 11 年	第 12 年
支付比例		8%	8%	8%	8%	8%
年次		第 13 年	第 14 年	第 15 年		合计
支付比例		10%	10%	10%		100%

该项目注明按实际占用投资总额的金额及占用时间计算项目年度可用性付费。

又如，某 PPP 项目（某市安置房、公租房及人才公寓项目）约定在项目运营期 8 年内，逐年回购，回购比例如下（见表 9-5）：

表 9-5

年次	第 1 年	第 2 年	第 3 年	第 4 年	第 5 年	第 6 年	第 7 年	第 8 年	合计
支付比例	50%	30%	10%	2%	2%	2%	2%	2%	100%

此类约定支付方式，在运营期内支付的比例具有不确定性和随意性，即根据项目实施机构的财政承受能力进行支付。

9.2 使用量付费

9.2.1 使用量付费定义

使用量付费（usage payment），是指政府主要依据项目公司所提供的项目设施或服务的实际使用量来付费。在按使用量付费的项目中，项目的需求风险通常主要由项目公司承担。因此，在按使用量付费的项目中，项目公司通常需要对项目需求有较为乐观的预期或者有一定影响能力。实践中，污水处理、垃圾处理等部分公用设施项目较多地采用使用量付费。

一些项目中，使用量付费也可能与绩效付费搭配使用，即如果项目公司提供的设施或服务未达到合同约定的绩效标准，政府的付费将相应扣减。

9.2.2 使用量付费的设置

9.2.2.1 基本原则

使用量付费的基本原则就是由政府（而非使用者）依据项目设施或服务的实际使用量向项目公司付费，付费多少与实际使用量大小直接挂钩。

9.2.2.2 分层级付费机制

在按使用量付费的PPP项目中，双方通常会在项目合同签订前根据项目的性质、预期使用量、项目融资结构及还款计划等设置分层级的使用量付费机制。

图9-1中将使用量付费分为四个层级，其中第1层为“最低使用量”，第4层为“最高使用量”。

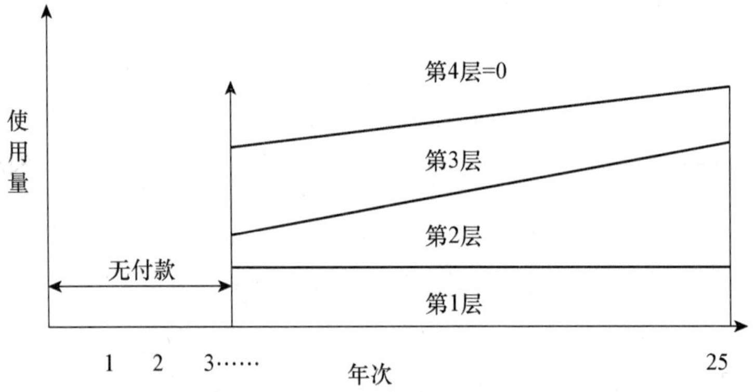

图9-1 比较典型的分层级的使用量付费机制

（1）最低使用量：即政府与项目公司约定一个项目的最低使用量，在项目实际使用量低于最低使用量时，不论实际使用量多少，政府均按约定的最低使用量付费。最低使用量的付费安排可以在一定程度上降低项目公司承担的实际需求风险，提高项目的可融资性。

（2）最高使用量：即政府与项目公司约定一个项目的最高使用量，在实际使用量高于最高使用量时，政府对于超过最高使用量的部分不承担付款义务。最高使用量的付费安排为政府的支付义务设置了一个上限，可以有效防止政府因项目使用量持续增加而承担过度的财政风险。

需要特别强调的是，即使在设置最低使用量的情形下，政府仍然需要承担实际使用量低于最低使用量的风险；即使在设置最高使用量的情形下，实际使用量低于最高使用量时，政府付费的金额仍然会因实际使用量的变化而变化，存在一定的不确定性，需要进行合理的预算安排。

9.3　绩效付费

9.3.1　绩效付费定义

绩效付费（performance payment）是指政府依据项目公司所提供的公共产品或服务的质量付费，通常会与可用性付费或者使用量付费搭配使用。在按绩效付费的项目中，政府与项目公司通常会明确约定项目的绩效标准，并将政府付费与项目公司的绩效表现挂钩，如果项目公司未能达到约定的绩效标准，则会扣减相应的付费。

绩效付费，在实例中又称绩效运维付费、运费付费、按效付费、运营管理付费等。

9.3.2　绩效付费的设置

9.3.2.1　绩效标准的设定

政府和项目公司应当根据项目的特点和实际情况在 PPP 项目合同中明确约定适当的绩效标准。设定绩效标准时，通常需要考虑以下因素：

（1）绩效标准是否客观，即该标准是否符合项目的实际情况和特点，是否可以测量和监控等。这是绩效付费能否有效实施的关键要素。

（2）绩效标准是否合理，即该标准是否超出项目公司的能力范围，是否为实施本项目所必需等。这是项目融资方的核心关键之一。

9.3.2.2　绩效监控机制

在按绩效付费的项目中，通常会专门编制绩效监控方案，并将其作为 PPP 项目合同的附件，以明确项目公司的监控义务、政府的监控措施以及具体的绩效标准。在社会公共服务项目中，绩效监控机制的设置尤为重要。

9.3.2.3 未达到绩效标准的后果

为了对项目公司形成有效约束，PPP项目合同中通常会明确约定未达到绩效标准的后果。具体包括：

（1）扣减政府付费。PPP项目合同中通常会根据设施或服务在整个项目中的重要程度以及未达到绩效标准的情形和影响程度分别设置相应的政府付费扣减比例。此外，实践中还有一种“递进式”的扣款机制：即对于首次未达到绩效标准的情形，仅进行警告或少量扣款，但如果该情形在某段时期内多次发生，则会逐渐增加对于该情形的扣款比例，以促使项目公司及时采取补救措施。

（2）如果长期或者多次无法达到绩效标准，或者未达到绩效标准的情形非常严重，还有可能构成严重违约，进而导致合同终止。

Chapter 10

第10章 基于2号解释的PPP财务处理及案例解析

10.1 2号解释的主要内容

财政部出台《企业会计准则解释第2号》(财会〔2008〕11号文件发布，以下简称2号解释)，该解释的第五项对PPP模式中的基础模式（也是我国目前发布和落地最普遍的模式）——BOT（即建造－运营－移交方式）的会计处理进行了解释。但是，该解释自身过于简单，导致社会各界在实操时问题很多；同时，对其他的PPP模式如何处理，还没有相应的解释。目前，各方都是按自己的理解和习惯在摸索，不少核算方式明显背离了PPP业务的流程与实质，且与国际会计准则的规定存在明显冲突，仍有待财政部予以明确。

该解释第五项的内容列示如下：

> 五、企业采用建设经营移交方式（BOT）参与公共基础设施建设业务应当如何处理？
>
> 答：企业采用建设经营移交方式（BOT）参与公共基础设施建设业务，应当按照以下规定进行处理：

（一）本规定涉及的BOT业务应当同时满足以下条件：

1. 合同授予方为政府及其有关部门或政府授权进行招标的企业。

2. 合同投资方为按照有关程序取得该特许经营权合同的企业（以下简称合同投资方）。合同投资方按照规定设立项目公司（以下简称项目公司）进行项目建设和运营。项目公司除取得建造有关基础设施的权利以外，在基础设施建造完成以后的一定期间内负责提供后续经营服务。

3. 特许经营权合同中对所建造基础设施的质量标准、工期、开始经营后提供服务的对象、收费标准及后续调整作出约定，同时在合同期满，合同投资方负有将有关基础设施移交给合同授予方的义务，并对基础设施在移交时的性能、状态等做出明确规定。

（二）与BOT业务相关收入的确认

1. 建造期间，项目公司对于所提供的建造服务应当按照《企业会计准则第15号——建造合同》确认相关的收入和费用。基础设施建成后，项目公司应当按照《企业会计准则第14号——收入》确认与后续经营服务相关的收入。

建造合同收入应当按照收取或应收对价的公允价值计量，并分别以下情况在确认收入的同时，确认金融资产或无形资产：

（1）合同规定基础设施建成后的一定期间内，项目公司可以无条件地自合同授予方收取确定金额的货币资金或其他金融资产的；或在项目公司提供经营服务的收费低于某一限定金额的情况下，合同授予方按照合同规定负责将有关差价补偿给项目公司的，应当在确认收入的同时确认金融资产，并按照《企业会计准则第22号——金融工具确认和计量》的规定处理。

（2）合同规定项目公司在有关基础设施建成后，从事经营的一定期间内有权利向获取服务的对象收取费用，但收费金额不确定的，该权利不构成一项无条件收取现金的权利，项目公司应当在确认收入的同时确认无形资产。

建造过程如发生借款利息，应当按照《企业会计准则第17号——借款费用》的规定处理。

2. 项目公司未提供实际建造服务，将基础设施建造发包给其他方的，不应确认建造服务收入，应当按照建造过程中支付的工程价款等考虑合同规定，分别确认为金融资产或无形资产。

（三）按照合同规定，企业为使有关基础设施保持一定的服务能力或在移交给合同授予方之前保持一定的使用状态，预计将发生的支出，应当按照《企业会计准则第 13 号——或有事项》的规定处理。

（四）按照特许经营权合同规定，项目公司应提供不止一项服务（如既提供基础设施建造服务又提供建成后经营服务）的，各项服务能够单独区分时，其收取或应收的对价应当按照各项服务的相对公允价值比例分配给所提供的各项服务。

（五）BOT 业务所建造基础设施不应作为项目公司的固定资产。

（六）在 BOT 业务中，授予方可能向项目公司提供除基础设施以外其他的资产，如果该资产构成授予方应付合同价款的一部分，不应作为政府补助处理。项目公司自授予方取得资产时，应以其公允价值确认，未提供与获取该资产相关的服务前应确认为一项负债。

本规定发布前，企业已经进行的 BOT 项目，应当进行追溯调整；进行追溯调整不切实可行的，应以与 BOT 业务相关的资产、负债在所列报最早期间期初的账面价值为基础重新分类，作为无形资产或是金融资产，同时进行减值测试；在列报的最早期间期初进行减值测试不切实可行的，应在当期期初进行减值测试。

《企业会计准则解释第 2 号》逻辑图如下（见图 10-1）：

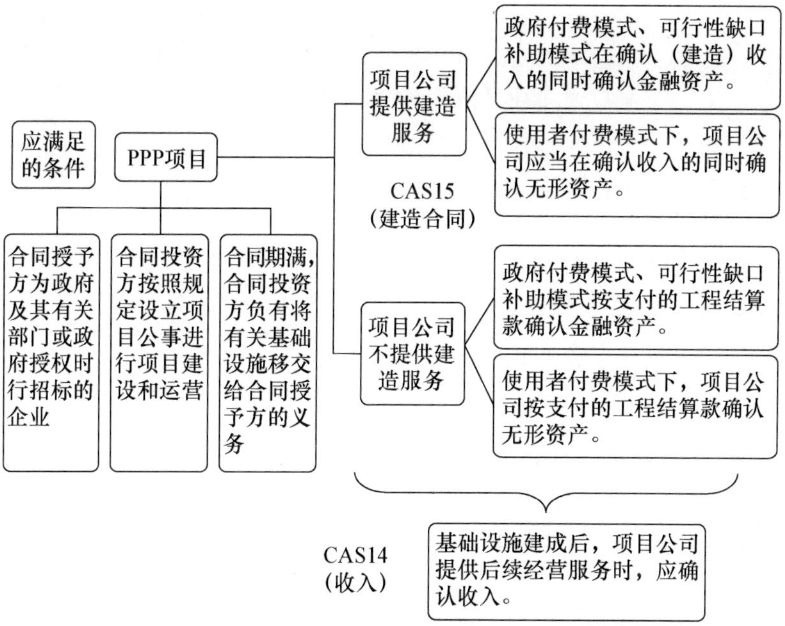

图 10-1　《企业会计准则解释第 2 号》逻辑图

10.2 案例解析

按照2号解释，对于目前主流的PPP模式，根据核算和付费方式的不同，其财务处理也有所不同。

需要说明的是，本书认为，目前财税界对PPP模式的核算和税务处理的部分过程、结果，违背了企业会计准则中关于收入和非货币性资产交易等多项内容的基本规定，也明显违背了税法的规定，导致PPP项目投融资方在以项目公司构建的项目设施换取政府授予的特许经营权的过程中，以及项目设施建成后，只有少数自营建造的设施核算了收入和税款；而项目公司发包给施工企业的、合同约定用于提供公共服务的项目设施，在设施构建后用于交换政府授权行为的纳税义务则被有意无意地隐藏。我们理解企业的担心，如果此环节被计算收入和征收税款，必然会在投融资方构建完毕后将建造期间取得的全部进项税款消耗殆尽，在后续利用项目设施提供公共服务环节将无法获得必要的进项税款，导致税负明显上升。本书认为，增值税进项税款的取得，应该从完善税制和改进税款计算方法上入手，为此，本书在后续章节提供了相应的方案。

案例10-1

政府付费，等额本金终值

一、基本情况

A县某PPP项目于2015年11月公开招标，其基本情况如下。

（一）项目招标文件主要内容

项目招标文件主要内容见表1。

表1

项目名称	A县市政道路、地下综合管廊PPP项目
项目授权主体	A县人民政府
项目实施机构	A县住房保障和城乡建设局
项目概况	本项目包含8条市政道路（全长9 700米），以及其中两条道路地下综合管廊（均为两舱室，标准横断面均为6.34米×4.45米，总长约5 000米）
项目总投资	本项目投资估算批复金额为73 000万元（含建设期利息）
资金来源	PPP模式融资

续表

融资安排	■ 项目公司可采用向社会投资人借款或融资、向金融机构贷款等方式筹措项目资金，包括但不限于基金、信托、资产管理计划等，以解决投资总额和注册资本之间的差额。 ■ 项目公司可以为本项目融资之目的，将其在 PPP 项目协议项下的各项权益（如 PPP 项目协议项下的预期收益权、保险受益权等）之上设置抵押、质押或以其他方式设置担保权益。
操作模式	采用建设—运营—移交（BOT）模式
合作期	共 10 年，其中建设期 1 年，运营期 9 年。本项目根据项目建设完成交付进度进行运营期，即单体项目完工后即交付使用；PPP 项目合同期满后，项目设施无偿移交给政府指定部门
建设期	2016 年 1 月 1 日至 2018 年 12 月 31 日，各单体项目开工时间以开工令为准
项目公司	■ 政府授权出资机构与中选社会投资人共同出资组建 PPP 项目公司，政府按照 PPP 项目合同授予项目公司投资、建设、运营和维护本项目的权利。 ■ 项目公司在 PPP 项目合同期内提供投资、融资、建设、运营和维护服务，在满足可用性付费和绩效评价的条件下，政府向 PPP 项目公司按照考评结果支付项目可用性服务费和运维绩效服务费，PPP 项目公司收回投资并取得合理回报。
股权结构	■ SPV 公司资本金占项目投资金额的 20%，其中 A 县授权出资机构 A 县城投公司出资占项目公司资本金的 20%，社会资本方出资占项目公司资本金的 80%。 ■ 项目公司资本金在项目公司注册时同步同比例一次性到位。
组建项目公司期限	PPP 项目合同签订之日起 10 个工作日内，由社会资本方完成项目公司组建工作
可用性服务费	年度可用性服务费＝建设总投资审计值×(1＋合理利润率)×$(1+i)^n$/运营年限
磋商报价	■ 本项目不承诺固定投资回报，设置合理利润率、i（折现率）、年基准运维服务费（含年度维护费、大修理费用分摊、合理利润等）上限；其中合理利润率上限为 8%；折现率上限为 6.5%；年基准运维服务费为 630 万元/年。 ■ 供应商在报价时应充分考虑本项目全生命周期的项目总投资、绩效目标、合同边界条件、风险划分情况、收入的范围、收费调整机制、利益共享机制、政府付费水平及供应商自身投融资成本、建设、运营成本和管理能力、合理利润等因素。
质量目标	施工质量满足国家有关质量验收标准的合格标准；运行管理满足相应规范及使用要求
供应商 资格条件	1. 具有有效的营业执照，净资产不低于 5 亿元人民币； 2. 具备建设行政主管部门颁发的有效的市政公用工程施工总承包一级以上资质（含一级），具有有效的安全生产许可证； 3. 具有良好的财务状况以及较强的融资偿债能力； 4. 无行贿犯罪记录； 5. 不接受联合体参与采购活动； 6. ……
投标保证金	金额：贰佰万元整（￥2 000 000.00） 投标保证金收款账户信息如下：（略）

续表

建设期、运营期履约保函	建设期履约保函金额：柒仟万元整（￥70 000 000.00） 运营期履约保函金额：贰佰万元整
咨询服务费	■ 依据采购代理机构与A县财政局签订的PPP项目咨询服务合同约定，咨询服务费共计80万元，由成交供应商代为支付，由项目公司承担，计入项目公司总投资金额。 ■ 支付时间：以上服务费由成交供应商在领取成交通知书时一次性支付。

（二）社会资本方中标条件

经过招标代理机构竞争性磋商，甲供应商为成交供应商，其投标报价如下（见表2）：

表2

合理利润率	折现率（i）	年度运维服务费
6.8%	6.1%	600万元

甲公司中标后，成立SPV项目公司，由SPV项目公司与A县政府签订PPP项目合同，与甲公司签订本项目的施工总承包合同，运营期内由项目公司负责本项目的运营管理。

二、账务处理

《企业会计准则解释第2号》规定：①SPV公司采用BOT方式参与公共基础设施建设业务。②合同授予方为政府及其相关部门。③合同投资方为按照有关程序取得该特许经营权合同的企业。④合同投资方按照规定设立项目公司（以下简称项目公司）进行项目建设和运营。项目公司除取得建造有关基础设施的权利以外，在基础设施建造完成以后的一定期间内负责提供后续经营服务。⑤特许经营权合同中对所建造基础设施的质量标准、工期、开始经营后提供服务的对象、收费标准及后续调整做出约定，同时在合同期满，合同投资方负有将有关基础设施移交给合同授予方的义务，并对基础设施在移交时的性能、状态等做出明确规定。

项目公司未提供实际建造服务，将基础设施建造发包给其他方的，不应确认建造服务收入，应当按照建造过程中支付的工程价款等考虑合同规定，分别确认为金融资产或无形资产。

因本项目收费机制为政府可用性付费，项目总投资经审计后，项目公司可以向政府方收取可确定金额的货币资金或其他金融资产，故项目公司应当在确认建造收入的同时确为金融资产，通过“长期应收款——成本”科目归集。

下面是与项目公司有关的经营业务及账务处理（单位：万元，下同）。

2016年1月1日，甲供应商组建成立SPV项目公司，双方于2016年1月1日均采用货币方式出资，按出资方出资比例计算的资本金均已到位（详见表3）。

表3

出资方	出资金额（万元）	出资比例	备注
A县城投公司	2 920.00	20%	
甲供应商	11 680.00	80%	
合计	14 600.00	100%	

项目公司账务处理如下：

借：银行存款　　14 600

　贷：实收资本——A县城投公司　　2 920

　　　　　　——甲供应商　　11 680

（1）甲供应商在取得成交通知书时，代SPV项目公司支付咨询服务费80万元。SPV项目公司于2016年1月5日支付甲供应商代付的咨询服务费80万元，并收到甲供应商开具的收款收据80万元整及招标代理机构开具的增值税发票。

借：长期应收款——成本——咨询服务费　　80

　贷：银行存款　　80

（2）SPV项目公司在2016年3月31日与建设银行签订了本项目贷款合同。合同约定：项目公司一次性从建设银行取得项目总投资80%计5.84亿元的贷款；借款期限8年；借款年利率6%；借款专门用于本项目投资建设；SPV项目公司使用政府可用性付费资金及项目公司资金偿还贷款本息，运营期第1～2年年末偿还本金5 000万元，运营期第3、第4年年末偿还本金7 000元，运营期第5～7年年末偿还贷款本金10 000万元，运营期第8年年末偿还本金4 400万元。按偿还本金后的贷款余额计算借款利息，在季度终了时计算并支付借款利息。

因本借款为专门借款，用于建造本项目资产，故在项目建设期内利息资本化，计入金融资产，运营期内借款利息费用化，计入财务费用。

在借款期间，偿还贷款本金和支付利息安排如下（见表4）：

表4　　金额单位：万元

项目	合计	建设期	运营期第1年	运营期第2年	运营期第3年	运营期第4年	运营期第5年	运营期第6年	运营期第7年	运营期第8年	运营期第9年
融资流入	58 400	58 400									
偿还本金	58 400		5 000	5 000	7 000	7 000	10 000	10 000	10 000	4 400	
贷款余额	279 200	58 400	53 400	48 400	41 400	34 400	24 400	14 400	4 400	—	—

续表

项目	合计	建设期	运营期第1年	运营期第2年	运营期第3年	运营期第4年	运营期第5年	运营期第6年	运营期第7年	运营期第8年	运营期第9年
贷款利率		6.00%	6.00%	6.00%	6.00%	6.00%	6.00%	6.00%	6.00%	6.00%	6.00%
贷款时间（月）	105	9	12	12	12	12	12	12	12	12	
贷款利息（年）	19 380	2 628	3 504	3 204	2 904	2 484	2 064	1 464	864	264	—
季度付息金额		876	876	801	726	621	516	366	216	66	

收到项目贷款时：

借：银行存款　　58 400

　贷：长期借款——本金　　58 400

本项目建设期1年，专项贷款在建设期内实际使用9个月，则：

建设期内资本化借款利息金额＝58 400×6%×9/12＝2 628（万元）

建设期内季度支付贷款利息＝2 628/3＝876（万元）

则每季度终了付息时：

借：长期应收款——成本——建设期利息　　876

　贷：银行存款　　876

运营期第1年各季度末，支付贷款利息876万元，则：

借：财务费用——利息支出　　876

　贷：银行存款　　876

运营期第1年年末，偿还贷款本金5 000万元，则：

借：长期借款——本金　　5 000

　贷：银行存款　　5 000

运营期内其他各年度，SPV项目公司偿还本金及支付利息的财务处理同上。

（3）SPV项目公司与甲公司签订建设总承包合同，合同约定由甲方进行施工建设，合同金额7亿元。建设期1年，项目竣工验收后支付95%的款项，另5%作为质保金，2年后支付。

项目竣工验收后，经SPV公司审定的工程造价为7亿元，则：

借：长期应收款——成本——建安成本　　70 000

　贷：银行存款（付95%）　　66 500

　　　应付账款——应付工程款——甲公司　　3 500

质保期结束后，SPV公司支付剩余5%质保金，则：

借：应付账款——应付工程款——甲公司　　3 500

　贷：银行存款　　3 500

(4) SPV项目公司每年发生管理费用共计120万元，则：

借：管理费用　　120

　贷：银行存款　　120

其他年度发生管理费用，会计分录同上。

(5) 项目资产竣工验收后，经政府方审计的项目总投资金额为72 000万元。而项目实际发生项目投资金额为72 708万元（详见表5）。

表5

项目	金额（万元）	备注
招标代理费	80.00	
项目建安成本	70 000.00	
建设期利息	2 628.00	
合计	72 708.00	

根据甲公司报价，则：

$$\text{该项目政府年可用性付费金额}=\text{建设总投资审计值}\times(1+\text{合理利润率})\times(1+i)^n/\text{运营年度}$$

项目可用性服务费总额=104 602.99万元

具体的计算详见表6。

表6　　金额单位：万元

运营年度	总投资	总投资×(1+合理利润率)	$(1+i)^n$	年可用性付费金额
第1年	72 000.00	76 896.00	1.061 0	9 065.18
第2年	72 000.00	76 896.00	1.125 7	9 618.16
第3年	72 000.00	76 896.00	1.194 4	10 204.87
第4年	72 000.00	76 896.00	1.267 2	10 827.36
第5年	72 000.00	76 896.00	1.344 5	11 487.83
第6年	72 000.00	76 896.00	1.426 6	12 188.59
第7年	72 000.00	76 896.00	1.513 6	12 932.10
第8年	72 000.00	76 896.00	1.605 9	13 720.95
第9年	72 000.00	76 896.00	1.703 9	14 557.93
小计				104 602.99

则SPV项目公司在政府财政审计确定项目总投资金额，并计算出应付可用性付

费总额时，账务处理如下：

借：长期应收款——可用性服务费　104 602.99

贷：长期应收款——成本　72 708.00

投资收益（实际投资与审计值差额）　−708.00

未实现融资收益　32 602.99

（说明：在此过程中，项目公司将“长期应收款——成本”换出，换入“长期应收款——可用性服务费”，实际上是一个资产交换过程，从增值税角度看，换出资产应计提销项税额。本章其他案例类似，不再赘述，本书后续章节对此有专门解析。）

项目竣工验收后，政府财政审计的项目总投资金额与SPV项目公司实际发生的项目资产成本之间的差额，属项目公司对外投资产生的损益，建议通过“投资收益”进行核算。在金融资产模式下，可以采用实际利率法计算应收金融资产的利息收入，计算过程如下（详见表7）。

本项目政府方实际确认资产金额为72 000万元，运营期内实际收款金额为104 602.99万元（各年度的具体金额见表6），则本项目实际利率为7.518%。

表7　金额单位：万元

项目	运营期第1年	运营期第2年	运营期第3年	运营期第4年	运营期第5年	运营期第6年	运营期第7年	运营期第8年	运营期第9年
期初金融资产	71 000.00	68 347.69	63 867.82	58 464.45	52 032.36	44 456.26	35 609.83	25 354.83	13 540.02
实际收益	7.518%								
实际收款金额	9 065.18	9 618.16	10 204.87	10 827.36	11 487.83	12 188.59	12 932.10	13 720.95	14 557.93
本期利息收入	5 412.87	5 138.29	4 801.50	4 395.28	3 911.73	3 342.16	2 677.10	1 906.14	1 017.92
偿还金融资产	3 652.31	4 479.87	5 403.37	6 432.08	7 576.10	8 846.43	10 255.00	11 814.81	13 540.02
期末金融资产	68 347.69	63 867.82	58 464.45	52 032.36	44 456.26	35 609.83	25 354.83	13 540.02	—

由表7可知，本项目运营期第1年收到可用性服务费9 065.18万元，则账务处理如下：

借：银行存款　9 065.18

贷：长期应收款——可用性服务费　9 065.18

借：未实现融资收益　5 412.87

贷：财务费用——利息收入　5 412.87

本项目运营期第2年收到可用性服务费9 618.16万元，则账务处理如下：

借：银行存款　9 618.16

贷：长期应收款——可用性服务费　9 618.16

借：未实现融资收益 5 138.29

贷：财务费用——利息收入 5 138.29

（6）运营期内，收到运维服务费 600 万元时：

借：银行存款 600

贷：主营业务收入——运维服务费 600

（7）运营期内，支付运维成本 510 万元时：

借：主营业务成本——运维成本 510

贷：银行存款 510

（8）特许经营期满的财务处理。按 PPP 项目合同约定，本项目在经营期终止时，应无偿将项目资产移交给 A 县政府，项目公司仅需对移交的资产进行检查，确保其符合合同规定的移交条件。

对于项目公司而言，金融资产在特许经营期内已经收回款项，无须为移交再进行特别的会计处理。在实际移交过程中发生的相关费用支出，可确认为管理费用。

（9）项目公司股权退出。根据 PPP 投资协议或项目公司章程约定，在项目经营期终止后，依据项目公司是解散还是存续，甲公司对项目公司出资的股权进行相应处理。

如果减资或清算，则减少实收资本及相应的未分配利润；如果项目公司存续，甲公司股权转让给政府方，则项目公司进行股权变更处理。

案例 10-2

使用者付费＋可行性缺口补助，等额本息

一、基本情况

B 市某地下综合管廊 PPP 项目采用使用者付费＋可行性缺口补助方式付费，其基本情况如下。

（一）项目招标文件主要内容

项目招标文件主要内容见表 1。

表 1

项目名称	B 市高新区综合管廊 PPP 项目
项目授权主体	B 市人民政府

续表

项目实施机构	B市建设发展局
项目概况	■ 地下综合管廊工程（含约5.5公里示范段）、入廊污水管线及部分雨水箱涵，总投资23.00亿元。其中，综合管廊总长24.00公里。 ■ 管廊断面根据入廊管线的种类，分情况建设为三舱、四舱，主要建设内容为管廊主体以及配套的电气、监控、检测、给排水、消防、通风、照明、控制中心等工程，建成后可满足区域电力、通信、给水、再生水、供热、燃气、污水及部分雨水等管线的敷设需求。
项目总投资	本项目预计总投资23.00亿元
资金来源	PPP模式融资
融资安排	■ 在本项目所需的资本金已经依法缴足的前提下，项目公司为筹措项目工程建设资金，可以将经营权和（或）依经营权而享有的收益权（包括但不限于服务费收费权）进行质押，但这种质押只能用于本项目且融资期限最长不应超过本项目合作期限。 ■ 上述质押应事先征得项目采购人的书面同意，相应的融资文件应得到采购人的批准。
资金管理	为保证本项目工程建设按照计划进度进行，监督项目公司收费情况、补助资金使用情况，本项目要求项目公司就入廊费、日常维护费及建设补助资金建立专户，政府有权对专户内的资金情况进行监督
操作模式	采用建设—运营—移交（BOT）模式
合作期	项目合作期包括建设期和运营期，其中建设期从PPP项目协议生效日起至20×7年12月31日；建设期内项目竣工验收合格后进行运营期，运营期为自商业运营日起20年
项目公司	■ 本项目实施机构授权B市某投资控股有限公司（下称投资公司）作为政府方股东代表，与中标的社会投资人按20%∶80%的股权比例，在B市合资成立项目公司。 ■ 项目公司注册资本不得低于项目总投资的20%。招标时暂定注册资本金为4.6亿元，确定中标投资人后，将根据其项目总投资报价的20%计算并确定项目公司注册资本金。 ■ 项目总投资报价＝建安工程造价＋建设期利息。
股权结构	授权B市某投资控股有限公司与中标人在B市按20%∶80%的股权比例组建项目公司，公司注册资本不得低于项目总投资的20%
项目公司经营范围	负责“PPP项目协议”项下项目的投资、融资、建设及运营维护，最终以工商登记机关核准登记的经营范围为准
合作范围	项目公司在合作期内，自行承担费用、责任和风险，负责本项目新建综合管廊工程、入廊污水管线及部分雨水箱涵的投资、融资、建设，并负责综合管廊工程的运营、维护及更新
可用性服务费	■ 项目公司与入廊管线单位签署《入廊协议》，接受符合入廊标准的管线入廊，向入廊管线单位收取入廊费及日常维护费；按照PPP项目协议约定，获得政府运营期可行性缺口补助。 ■ 合作期满后，将综合管廊项目设施无偿、完好地移交给项目实施机构或其指定机构，并确保其上不附有任何债务、抵押、质押或其他形式的第三方权益。

续表

使用者付费	项目公司根据《入廊协议》向入廊管线单位一次性或分期收取入廊费，同时分年收取日常维护费
建设服务费	本项目通过竣工验收，且实际投资额经审计部门审计确认后，双方应按照以下公式计算建设服务费 $$A=\frac{P\times i\times(1+i)^n}{(1+i)^n-1}$$ 其中： A 为建设服务费，指项目公司因投资建设综合管廊，为收回投资并获得合理投资收益而需获得的年服务费用（含增值税、所得税、土地使用税等所有税费）； i 为综合回报率，期初确定建设服务费时为（中标人名称）的投标报价%； n 为运营期年限20年； P 为项目公司承担的实际投资额，P＝建安工程造价＋建设期利息－建设期收到的入廊费（如有）。其中： (a) 建安工程造价。投标人所报的工程量清单所含内容报价在招标范围内确定，对于经甲方批准予以工程变更和经济签证的工程内容，工程造价增减予以签证计价。最终以审计机关审计的金额为准。 (b) 建设期利息。为____万元，等于中标人投标文件中估算的建安投资额（万元）×中标人投标文件中的债务融资比例（____%，不得高于80%）×本项目招标公告发布之日的五年期以上贷款基准利率。 (c) 建设期收到的入廊费。以建设期内乙方收取到的入廊费为准（如有）。
运营服务费	■ 本项目运营服务费，指乙方因提供管廊运营维护服务，为收回运营成本并获得合理运营收益而需获得的年服务费用（含增值税、所得税等所有税费）。 ■ 本项目的运营服务费单价为____万元/公里·年（运营服务费单位最高报价不得超过70万元/公里·年）。 ■ 本项目的运营服务费为____万元/年（等于生效日的运营服务费单价×商业运营日实际运营的管廊公里数）。
运营期可行性缺口补助	■ 项目公司向入廊管线单位收费不足以使其获得合理投资收益的，政府就缺口部分，按年向项目公司支付财政补贴，计算公式为： $$\text{运营期可行性缺口补助}=\text{建设服务费}+\text{运营服务费}-\text{使用者付费实际收入}-\text{项目公司违约金}$$ ■ 如某一运营年乙方的实收费用（运营期补助资金＋实际收取的使用者付费）超过应收费用（建设服务费＋运营服务费），甲方应在下一年支付运营期可行性缺口补贴时，将差额部分（实收费用－应收费用）及按一年期贷款基准利率计算的利息从可行性缺口补贴中予以扣减。 扣减部分＝(实收费用－应收费用)＋(实收费用－应收费用)×实收费用超过应收费用当年的下一个运营年第一个运营日的一年期贷款基准利率

续表

质量目标	项目建设标准须符合现行国家、行业及地方工程施工质量验收标准以及相关专业验收规范的合格标准以及项目协议的要求。运营维护标准必须符合国家、省市的相关规定和行业规范、标准以及项目协议的要求
投标保证金	■ 人民币伍佰万元，投标保证金应当在投标截止时间前足额到达招标公告指定账号。 户名：××××××××× 开户行：×××××××××× 账号：×××××××××××××××× ■ 前次采购失败的，本招标代理机构将退还投标人的投标保证金。投标人参与后续采购前，须向本项目本次公告公布的投标保证金账号重新交纳投标保证金。 ■ **投标人请注意：**××有限公司投标保证金交纳账号采用动态虚拟账号，项目采购失败后，投标保证金交纳账号将会发生变化，请投标人参与后续采购时，注意勿将投标保证金错交至其他项目虚拟账号或前次公告账号。凡转账到其他项目虚拟账户或本项目前次公告账户的，投标保证金无效。
建设期、运营期履约保函	■ 项目公司应于PPP项目协议生效日后15个工作日内且在投标保证金被退还之前，项目采购人提供以____作为受益人的履约保函。 ■ 建设期内，履约保函的金额应为人民币1亿元；自商业运营日起，至合作期满前2年以前，履约保函的金额应为人民币2 000万元；在合作期满前2年及缺陷责任期内，履约保函的金额应为人民币1亿元。
资产权属	合作期内，项目公司投资、建设所形成资产的所有权归项目采购人所有，包括但不限于政府建设补助资金所形成的资产、项目公司在建设期投资建设所形成的资产、项目公司在运营期因更新重置或升级改造等投资形成的资产
施工总承包	本项目通过一次招标的方式选择具备市政公用工程一级或以上资质，且具备招标文件要求的基础设施工程施工总承包业绩的单位作为本项目施工总承包单位。确定中标投资人后由项目公司直接与中标人签署《施工总承包合同》（如投标人为联合体，则与联合体协议中确定的施工总承包单位签署《施工总承包合同》），不再进行二次招标
项目建设	■ 项目公司应根据所有适用法律、相关技术规范及要求、新站高新区管委会提供的初步设计、施工图设计、《PPP项目协议》的规定和要求组织并完成本项目工程建设，自行承担建设质量、建设成本超支以及工程延期等风险。 ■ 项目公司建设范围包括：综合管廊、入廊污水管线及部分雨水箱涵，具体以经有权部门批复的初步设计、施工图设计及工程量清单为准。
项目分包	■ 本项目施工总承包单位不得将主体工程部分对外分包。需要对外分包的专业工程须经招标人和监理方同意，并根据适用法律的规定选择分包商，接受分包的第三人资质须满足资质管理的相关要求。 ■ 专业工程分包应通过招标方式选择的，项目公司应在招标人指定平台进行招标，不得通过化整为零的方式规避招标。项目公司应将选择承包商的招标文件等报经招标人事先书面同意后方可启动招标程序，并接受招标人和有关政府部门对招标过程的监督。

续表

项目运营维护	■ 项目运营维护范围包括：综合管廊主体工程及控制中心、供电系统、照明系统、消防系统、通风系统、给排水系统、检测系统及监控报警系统等。 ■ 项目运营维护内容包括：保持管廊内的整洁和通风良好；建立健全运营管理制度，做好安全监控和巡查等安全保障；统筹安排管线单位日常维护管理，配合和协助管线单位的巡查、养护和维修；负责管廊内通风、排水、照明、消防、视频监控等设施设备养护和维修，建立工程维修档案，保证设施设备正常运转；组织制定管廊管理应急预案，管廊内发生险情时，采取紧急措施并及时通知管线单位进行抢修；为保障管廊安全运行应履行的其他义务。 ■ 项目运营维护范围及内容详见《PPP项目协议》。
项目设施大修	在满足PPP项目协议约定的股权转让条件后，如项目公司的社会资本方股东进行股权转让，则须在转让前进行一次恢复性大修。在本项目合作期满移交前应根据PPP项目协议进行一次恢复性大修。同时，项目公司在合作期内还应根据需要，对设施设备进行常规大修
付费调价机制	运营期内管廊建设服务费随贷款利率的变动进行调整，运营服务费随人工、电费、企业所得税税率、CPI等进行调整，调整周期均为三年，具体详见《PPP项目协议》相关内容
股权转让机制	详见本项目《PPP项目协议》相关内容
期满移交	合作期满后，项目公司将综合管廊项目设施无偿、完好地移交给新站高新区管委会或其指定机构，并确保其上不附有任何债务、抵押、质押或其他形式的第三方权益。项目公司应确保移交时消防、监控、供电、给排水及通风专业的主要设备属于行业内知名品牌，完好率100%，其他设备完好率不低于99%，管廊本体经专业检测机构的结构安全评估和剩余寿命预测，符合国家相关规范和设计要求
咨询服务费	

（二）投标报价说明

1. 工程量清单报价

投标人须按照招标人提供的工程量清单报价说明对本项目工程量清单进行报价，包括工程量清单所含内容（除暂列金额内容外）报价及暂列金额。

工程量清单所含内容按现行工程量清单计价规范、工程定额及相应的计价规定进行报价（锁定清单价格后为后期项目竣工结算、核定投资及建设服务费）。投标人须将其工程量清单所含内容（除暂列金额内容外）报价填入分项报价表（单位为万元，保留小数点后两位）。暂列金额为不可竞争费用，投标人应按照招标人给定数额填入分项报价表，不得更改（单位为万元，保留小数点后两位）。工程竣工后按项目公司实际完成并经审计确认的工程内容结算。

2. 建设服务费

（1）建设期利息。投标人应按以下公式计算建设期利息，并填入分项报价表（单位为万元，保留小数点后两位）。投标人未按该公式计算的，其投标文件视为无效。建设期利息通过投标报价确定后将予以固定，不根据投资变动或项目实际融资成本等任何原因调整。项目完工后根据《PPP项目协议》核算建设服务费时，建设期利息取投标人投标时的建设期利息报价。

$$\text{建设期利息}=〔\text{工程量清单所含内容(除暂列金额内容)报价}+\text{暂列金额}〕\times \begin{matrix}\text{投标人投标文件财务方案中的}\\ \text{债务融资比例\_\_\_\_\%(不得高于80\%)}\end{matrix}\times 4.9\%$$

（2）综合回报率。投标人应根据招标文件要求，在分项报价表中对综合回报率进行报价。投标人的综合回报率报价不做评标考核打分，仅作为未来核算建设服务费的依据，但如投标人的综合回报率报价高于招标人提供的综合回报率控制价（6.37%），其投标文件视为无效。

（3）建设服务费。投标人必须按照以下公式计算项目建设服务费，并将其计算结果填入分项报价表（单位为万元/年，取整数）。

$$A=\frac{P\times i\times(1+i)^n}{(1+i)^n-1}$$

式中，项目总投资（P）=工程量清单所含内容（除暂列金额外）报价+暂列金额+建设期利息；综合回报率（i）为投标人报价；运营年限（n）等于20。

3. 运营服务费

（1）年管廊运营服务费单价。投标人应根据招标文件要求，结合本项目运营服务范围及内容，在分项报价表中对年管廊运营服务费单价进行报价（单位为万元/公里·年，取整数）。投标人投报的年管廊运营服务费单价，包括项目运营维护的所有成本及所有税费。

投标人投报的年管廊运营服务费单价不做评标考核打分，仅作为未来核算运营服务费的依据，但如投标人的年管廊运营服务费单价报价高于招标人提供的控制价，其投标文件视为无效。

（2）运营服务费。投标人必须按照以下公式计算项目运营服务费，并将其计算结果填入分项报价表中（单位为万元/年，取整数）。

运营服务费=年管廊运营服务费单价×24.00公里

4. 管廊建设运营费

投标人必须按照以下公式计算项目管廊建设运营费，并将其计算结果填入开标一览表（单位为万元/年，取整数）。

管廊建设运营费＝建设服务费＋运营服务费

（三）社会资本方中标条件

假设社会资本方丙公司于20×6年11月底最终竞标成功，其中标条件详见表2。

表2

建安工程造价	(1)	210 000万元
建设期利息	(2)	8 232万元
项目总投资	(3)＝(1)＋(2)	218 232万元
综合回报率	(4)	6.00%
年建设服务费	(5)	19 026.46万元
运营服务费单价	(6)	62.00万元/公里·年
年运营服务费	(7)＝(6)×24	1 488.00万元
年建设运营费	(8)＝(5)＋(7)	20 514.46万元

二、账务处理

《企业会计准则解释第2号》规定：①SPV公司采用BOT方式参与公共基础设施建设业务。②合同授予方为政府及其相关部门。③合同投资方为按照有关程序取得该特许经营权合同的企业。④合同投资方按照规定设立项目公司（以下简称项目公司）进行项目建设和运营。项目公司除取得建造有关基础设施的权利以外，在基础设施建造完成以后的一定期间内负责提供后续经营服务。⑤特许经营权合同中对所建造基础设施的质量标准、工期、开始经营后提供服务的对象、收费标准及后续调整做出约定，同时在合同期满，合同投资方负有将有关基础设施移交给合同授予方的义务，并对基础设施在移交时的性能、状态等做出明确规定。

项目公司未提供实际建造服务，将基础设施建造发包给其他方的，不应确认建造服务收入，应当按照建造过程中支付的工程价款等考虑合同规定，分别确认为金融资产或无形资产。

因本项目收费机制为“使用者付费＋政府可行性缺口补助”，付费金额在项目总投资经审计后，项目公司可根据项目付费机制确定可用性付费金额，收费金额是确定的。即使用者付费小于可用性付费时，政府按差额进行可行性缺口补助；当使用者付费大于可用性付费金额时，政府方将在后期减少可行性缺口补助金额。故项目公司应当在确认建造收入的同时确为金融资产，成本通过“长期应收款——成本”科目归集。

下面是与项目公司有关的经营业务及账务处理（单位：万元，下同）。

(1) 20×6 年 12 月 16 日，丙公司与政府方共同组建成立 SPV 项目公司，双方于 20×6 年 12 月 20 日均采用货币方式出资，按出资方出资比例计算的资本金均已到位，则项目公司账务处理如下：

丙公司投标报价中的项目总投资金额为 218 232 万元，按 20%计算项目资本金，则项目资本金金额为 218 232 万元×20%=43 646 万元，SPV 项目公司各股东方出资比例及出资金额见表 3。

表 3

股东名称	出资比例	出资金额（万元）
B 市某投资控股有限公司	20.00%	8 729.00
社会资本方	80.00%	34 917.00
合计	100.00%	43 646.00

借：银行存款　43 646
　贷：实收资本——B 投资控股有限公司　8 729
　　　　　　——丙公司　34 917

(2) 丙公司在取得成交通知书时，代 SPV 项目公司支付咨询服务费 106 万元。SPV 项目公司于 20×6 年 12 月 5 日支付丙公司代付的咨询服务费 106 万元，并收到丙公司开具的收款收据 106 万元整及招标代理机构开具的增值税专用发票（进项税额 6 万元）。

借：长期应收款——成本——咨询服务费　100
　　应交税费——应交增值税（进项税额）(6%)　6
　贷：银行存款　106

（说明：此处需要注意，各地税务机关对于第三方代付货款是否属于三流统一有不同看法，建议在实际操作时咨询主管税务机关。）

(3) SPV 项目公司在 20×6 年 12 月 31 日与建设银行签订了本项目贷款合同，合同约定：项目公司一次性从建设银行取得项目总投资 80%计 5.84 亿元的贷款；借款期限 17 年（含建设期）；借款年利率 5%；借款专门用于本项目投资建设；因政府方对本项目采用等额本息方式支付可用性付费，故本项目在与金融机构沟通时，根据 SPV 项目公司的收费及自身资金情况，采用在 16 年内以等额本息方式偿还贷款本金及支付利息（建设期内只付息，不计算在还本付息期内）。

因本借款为专门借款，用于建造本项目资产，故在项目建设期内利息资本化，计入金融资产，运营期内借款利息费用化，计入财务费用。

在借款期间，偿还贷款本金和支付利息安排见表 4。

表4　　单位：万元

年度	融资金额	偿还贷款	融资余额	偿付利息
建设期	189 000.00		189 000.00	9 450.00
运营期第1年		7 989.01	181 010.99	9 450.00
运营期第2年		8 388.46	172 622.52	9 050.55
运营期第3年		8 807.89	163 814.64	8 631.13
运营期第4年		9 248.28	154 566.36	8 190.73
运营期第5年		9 710.69	144 855.66	7 728.32
运营期第6年		10 196.23	134 659.43	7 242.78
运营期第7年		10 706.04	123 953.39	6 732.97
运营期第8年		11 241.34	112 712.05	6 197.67
运营期第9年		11 803.41	100 908.64	5 635.60
运营期第10年		12 393.58	88 515.06	5 045.43
运营期第11年		13 013.26	75 501.80	4 425.75
运营期第12年		13 663.92	61 837.88	3 775.09
运营期第13年		14 347.12	47 490.76	3 091.89
运营期第14年		15 064.47	32 426.28	2 374.54
运营期第15年		15 817.70	16 608.58	1 621.31
运营期第16年		16 608.58		830.43
运营期第17年				—
运营期第18年				—
运营期第19年				—
运营期第20年				—
合计	189 000.00	189 000.00	1 800，484.03	99 474.20

账务处理如下：

收到项目贷款时：

借：银行存款　　189 000

　贷：长期借款——本金　　189 000

本项目建设期1年，因丙公司在投标前就与金融机构达成投资协议，丙企业在中标后，即开始办理项目融资工作，专项贷款在建设期内实际使用1年，则：

建设期内资本化借款利息金额＝189 000×5%＝9 450（万元）

建设期内每季度支付贷款利息＝9 450/4＝2 362.50（万元），则建设期每季度终了付息时：

借：长期应收款——成本——建设期利息　　2 362.50

　贷：银行存款　　2 362.50

运营期第1～16年内，SPV项目公司每年采用等额本息方式还本付息。SPV项目公司运营期内第 1 年还本付息金额为 17 439.01 万元，其中偿还本金 7 989.01 万元，利息 9 450 万元，则：

借：财务费用——利息支出　9 450

　　长期借款——本金　7 989.01

　贷：银行存款　17 439.01

等额本息还本付息计算结果与按实际利率法计算结果一致，读者可以按实际利率法自行测算。

运营期其他各年度还本付息的账务处理同上。

(4) SPV 项目公司与丙公司签订建设总承包合同，合同约定由丙方进行施工建设，合同金额 21 亿元。建设期 1 年，项目竣工验收后支付 90%的款项，剩余的 5%在建设完成后 1 年内支付，另 5%作为质保金在建成 2 年后支付。

项目竣工验收后，经 SPV 项目公司审定的工程造价为 21 亿元，则：

借：长期应收款——成本——建安成本（应交税费等）　210 000

　贷：银行存款（付 90%）　189 000

　　　应付账款——应付工程款——丙公司　21 000

运营期第 1 年，支付 5%工程款，则：

借：应付账款——应付工程款——丙公司　10 500

　贷：银行存款　10 500

质保期结束后，SPV 项目公司支付剩余 5%质保金，则：

借：应付账款——应付工程款——丙公司　10 500

　贷：银行存款　10 500

(5) SPV 项目公司每年发生管理费用共计 200 万元，则：

借：管理费用（应交税费等）　200

　贷：银行存款　200

(6) 项目资产竣工验收后，经政府方审计的项目总投资金额为 220 000 万元，而项目实际发生项目投资金额为 219 556 万元。详见表 5。

表 5

项目	金额（万元）	备注
招标代理费	106.00	
项目建安成本	210 000.00	
建设期利息	9 450.00	
合计	219 556.00	

根据甲公司报价，则：

该项目政府年建设服务费金额＝建设总投资审计值×$(A/P, i, n)$

＝220 000×$(A/P$，6.0%，20)

＝19 180.60（万元）

建设服务费总额＝19 180.60×20＝383 612.05（万元）

则：

借：长期应收款——可用性服务费 383 612.05

贷：长期应收款——成本 219 556

投资收益（实际投资与审计值差额） 444

未实现融资收益 163 612.05

（说明：此处资产交换问题同案例10-1。）

项目竣工验收后，政府财政审计的项目总投资金额与SPV项目公司实际发生的项目资产成本之间的差额，属项目公司对外投资产生的损益，建议通过“投资收益”进行核算。

在金融资产模式下，可以通过实际利率法计算应收金融资产的利息收入。经计算，本项目实际利率为6%，本项目运营期每年收款金额为19 180.60万元，每年收回金融资产及每期利息收入金额见表6。

表6 金额单位：万元

运营年度	期初金融资产	实际利率	实际收款	金融资产本金	本期利息收入	期末金融资产
运营期第1年	220 000.00	6.00%	19 180.60	5 980.60	13 200.00	214 019.40
运营期第2年	214 019.40	6.00%	19 180.60	6 339.44	12 841.16	207 679.96
运营期第3年	207 679.96	6.00%	19 180.60	6 719.81	12 460.80	200 960.15
运营期第4年	200 960.15	6.00%	19 180.60	7 122.99	12 057.61	193 837.16
运营期第5年	193 837.16	6.00%	19 180.60	7 550.37	11 630.23	186 286.79
运营期第6年	186 286.79	6.00%	19 180.60	8 003.40	11 177.21	178 283.39
运营期第7年	178 283.39	6.00%	19 180.60	8 483.60	10 697.00	169 799.79
运营期第8年	169 799.79	6.00%	19 180.60	8 992.61	10 187.99	160 807.18
运营期第9年	160 807.18	6.00%	19 180.60	9 532.17	9 648.43	151 275.01
运营期第10年	151 275.01	6.00%	19 180.60	10 104.10	9 076.50	141 170.90
运营期第11年	141 170.90	6.00%	19 180.60	10 710.35	8 470.25	130 460.56
运营期第12年	130 460.56	6.00%	19 180.60	11 352.97	7 827.63	119 107.59
运营期第13年	119 107.59	6.00%	19 180.60	12 034.15	7 146.46	107 073.44

续表

运营年度	期初金融资产	实际利率	实际收款	金融资产本金	本期利息收入	期末金融资产
运营期第 14 年	107 073.44	6.00%	19 180.60	12 756.20	6 424.41	94 317.24
运营期第 15 年	94 317.24	6.00%	19 180.60	13 521.57	5 659.03	80 795.68
运营期第 16 年	80 795.68	6.00%	19 180.60	14 332.86	4 847.74	66 462.81
运营期第 17 年	66 462.81	6.00%	19 180.60	15 192.83	3 987.77	51 269.98
运营期第 18 年	51 269.98	6.00%	19 180.60	16 104.40	3 076.20	35 165.58
运营期第 19 年	35 165.58	6.00%	19 180.60	17 070.67	2 109.93	18 094.91
运营期第 20 年	18 094.94	6.00%	19 180.60	18 094.91	1 085.69	0.00
合计			383 612.05	220 000.00	163 612.05	

因管廊为新生项目，在项目建成后，无单位签订《入廊协议》，未产生入廊费用，即无使用者付费，则 SPV 项目公司在运营期第 1 年收到政府方支付的可行性缺口补助 19 180.60 万元时，账务处理如下：

借：银行存款　　19 180.60

　贷：长期应收款——可用性服务费　　19 180.60

借：未实现融资收益　　13 200

　贷：财务费用——利息收入　　13 200

运营期第 2 年，供水、供电公司与 SPV 项目公司签订《入廊协议》，第 2 年使用者支付的入廊服务费为 5 000 万元，年末政府方支付的建设服务费应扣减使用者付费金额 5 000 万元，可行性缺口补助金额为 14 180.60 万元（19 180.60−5 000）。则 SPV 项目公司会计处理如下：

收到使用者支付的入廊服务费时：

借：银行存款　　5 000

　贷：长期应收款——可用性服务费　　5 000

收到政府方支付的可行性缺口补助金额时：

借：银行存款　　14 180.60

　贷：长期应收款——可用性服务费　　14 180.60

运营期内其他年度收到建设服务费及确认融资收益同上。

(7) 运营期内，SPV 项目公司按每公里 62 万元收取运营服务费，每年收到的运营服务费金额为 1 488 万元（62×24）。则在收到运营服务费时：

借：银行存款　　1 488

　贷：主营业务收入——运营服务费　　1 488

(8) 运营期内，支付运维成本 1 200 万元时：

借：主营业务成本——运维成本　1 200

　贷：银行存款　1 200

(9) 根据 PPP 协议，SPV 项目公司运营期内，每 5 年对项目资产进行一次大修，每次大修预计金额为 1 500 万元整，根据《企业会计准则第 13 号——或有事项》中对预计负债所定义的现时义务，SPV 项目公司应于每个报表日采用合理的估计预提所需的大修支出。

SPV 项目公司在 5 年内每年确认确计负债金额 300 万元时：

借：主营业务成本——运维成本　300

　贷：预计负债　300

在运营期的第 5 年发生大修支出时：

借：预计负债　1 500

　贷：银行存款　1 500

(10) 特许经营期满的财务处理。按 PPP 项目合同约定，本项目在经营期终止时，应无偿将项目资产移交给 A 县政府，项目公司仅需对移交的资产进行检查，确保期符合合同规定的移交条件。

对于项目公司而言，金融资产在特许经营期内已经收回款项，无须为移交再进行特别的会计处理。

在实际移交过程中发生的相关费用支出，可确认为管理费用。

(11) 项目公司股权退出。根据 PPP 投资协议或项目公司章程约定，在项目经营期终止后，依据项目公司是解散还是存续，甲公司对项目公司出资的股权进行相应处理。若是减资或清算，则减少实收资本及相应的未分配利润；若是项目公司存续，甲公司股权转让给政府方，则项目公司进行股权变更处理。

案例 10-3

使用者付费

一、基本情况

某省高速公路 PPP 项目基本情况见表 1。

表 1

实施机构	某省交通厅
中标单位	A 公司
项目模式	建设—运营—移交（BOT）
特许经营期	30 年（含建设期 4 年）
预计投资额	43 亿元人民币
建设内容	高速公路的建设范围包括：路基、桥梁、涵洞、通道、防护、排水、分离式立交、互通式立交、办公用房、沿线的交通安排、通读光缆、照明、环保、通信、收费、监控、救护、绿化等设施设备及服务区、停车场、收费站等
项目运营	负责本项目高速公路用地范围内的停车场、饭店、商场、餐饮、租赁、车辆维护、广告等各项业务，但该项目运营应符合法律、法规和交通管理的有关规定
项目公司	由社会资本方 100%出资设立项目公司作为运作主体
回报机制	使用者付费——对行驶车辆收取通行费
收费标准	■ 对于行驶在本项目高速公路上的车辆按照省政府特价主管部门批准的收费许可证收取通行费。 ■ 根据 PPP 合同规定，收费标准将随本省的经济发展情况进行调整，但调整需要经过听证程序。
融资方式	社会资本股权融资＋金融机构债务融资
期满处置	项目经营期结束后，项目公司将项目的高速公路及支线和配套设施等的全部权利、所有权及利益无偿移交给当地政府

二、账务处理

《企业会计准则解释第 2 号》规定：①SPV 公司采用 BOT 方式参与公共基础设施建设业务。②合同授予方为政府及其相关部门。③合同投资方为按照有关程序取得该特许经营权合同的企业。④合同投资方按照规定设立项目公司（以下简称项目公司）进行项目建设和运营。项目公司除取得建造有关基础设施的权利以外，在基础设施建造完成以后的一定期间内负责提供后续经营服务。⑤特许经营权合同中对所建造基础设施的质量标准、工期、开始经营后提供服务的对象、收费标准及后续调整做出约定，同时在合同期满，合同投资方负有将有关基础设施移交给合同授予方的义务，并对基础设施在移交时的性能、状态等做出明确规定。

项目公司未提供实际建造服务，将基础设施建造发包给其他方的，不应确认建造服务收入，应当按照建造过程中支付的工程价款等考虑合同规定，分别确认为金融资产或无形资产。

因本项目收费机制为使用者付费，项目公司收费金额具有不确定性，故本项目资产通过“无形资产”科目归集；实际发生的项目资产成本通过“无形资产——成本”科目核算，待政府审计后确认的项目资产投资总额通过“无形资产——特许经营权”科目核算。项目公司的账务处理如下（单位：万元）：

（1）无形资产的确认和计量。SPV 项目公司在建设期内发生的可直接计入项目资产的费用支出，通过“无形资产”科目核算。

例如，SPV 项目公司支付施工方工程款 5 亿元，则会计处理如下：

借：无形资产——成本　　50 000

　贷：银行存款　　50 000

（2）SPV 项目公司“无形资产——成本”账户累计借方发生额为 43.5 亿元，经实施机构审计，确认本项目总投资金额为 43 亿元，确认特许经营权 43 亿元。

项目资产实际发生成本与政府审计机构确认值之间的差额，为项目投资产生的投资损益，本书认为应通过“投资收益”科目确认核算。

借：无形资产——特许经营权　　430 000

　　投资收益　　5 000

　贷：无形资产——成本　　435 000

（3）SPV 项目公司运营期第 1 年收到通行费等运营收入 4.5 亿元，则会计处理如下：

借：银行存款　　45 000

　贷：主营业务收入——其他业务收入　　45 000

（4）SPV 项目公司摊销特许经营权使用费，则：高速公路的特许经营权使用费，可按直接法摊销，如果车流量可以可靠预计的情况下，也可以通地车流量法（使用量）进行摊销。本项目公司因车流量不可预计，按直线法摊销无形资产。

每年摊销金额＝430 000 万元/26 年＝16 538.46 万元/年

借：主营业务成本　　16 538.46

　贷：累计摊销　　16 538.46

其他处理同案例 10-1、案例 10-2。

需要提醒的是，我们再次重申，本书假设项目公司负责的所有后期经营行为中经营方与项目公司是同一对象，社会资本方与投融资方是同一对象。

Chapter 11

第 11 章 PPP 项目的财税处理探讨

11.1 PPP 项目的有关概念与基本条件

11.1.1 特许经营的概念与分类

特许经营分两大类，即政府特许经营（concession）和商业特许经营（franchise），本书所说的特许经营特指政府特许经营。社会资本方参与公共产品（服务）的提供，通常需要政府的授权，《基础设施和公用事业特许经营法（征求意见稿）》（2014 年 5 月 3 日发布）中指出，特许经营是指“各级人民政府依法选择中华人民共和国内外的企业法人或者其他组织，并签订协议，授权企业法人或者其他组织在一定期限和范围内建设运营或者经营特定基础设施和公用事业，提供公共产品或者公共服务的活动”。

目前，PPP 项目最流行的模式就是 BOT 模式，只要研究清楚 BOT 项目的主要内容，基本上就可以准确地把握 PPP 模式的精髓。

11.1.2　BOT 业务应满足的基本条件

根据 2 号解释的规定，BOT 业务应满足的基本条件之一是业务的合同授予方为政府及其有关部门或政府授权进行招标的企业。类同于 BT 项目，非政府及其有关部门或非政府授权进行招标的企业发布的商业特许经营项目不属于 BOT 项目。从 PPP 模式的全称“政府与社会资本方合作”也可以看出，项目的发起、授予一方必须是政府或得到政府授权的企业。

条件二针对的是参与 BOT 项目的另一方，即社会资本方，也称投融资方、项目中标方等（本书为保持与部分摘引书籍或文章内容的统一，有时会分别使用以上三种名称，除特别说明外，一般是指同一对象）。签订特许经营权合同后，多数都是另行成立项目公司（SPV），由新成立的项目公司继续项目的建设和运营。《PPP 项目合同指南（试行）》（财金〔2014〕156 号发布）明确：“在 PPP 实践中，社会资本通常不会直接作为 PPP 项目的实施主体，而会专门针对该项目成立项目公司，作为 PPP 项目合同及项目其他相关合同的签约主体，负责项目具体实施。”由于绝大多数项目设施的工程造价比较高，且对施工方有一定的资质要求，因此项目公司一般需要再将项目发包给施工承建方（通常就是成立项目公司的投融资方，也可能是社会第三方）。项目公司接收施工方交付的项目后，要按合同规定的期限内负责后续的经营或运维服务。

条件三则重点对特许经营合同的内容与格式提出了一定的约束性要求，对所建造基础设施的质量标准、工期、开始经营后提供服务的对象、收费标准及后续调整做出约定，保证了工程质量，也限定了投融资方的后续服务质量、盈利上限等。后续调整项对参与项目的双方而言，都是一个兜底项，可以保护双方取得一定的利益。合同期满后，合同投资方应将有关基础设施移交给合同授予方，基础设施在移交时的性能、状态等要符合合同要求，如未达到，投资方还要按合同要求进行修缮、修复，因此，又涉及《企业会计准则第 13 号——或有事项》所规定的内容。

11.2　BOT 项目相关业务的确认

11.2.1　收入的确认

（1）特许经营合同虽然只需要签署一份，即形成一份单项合同，但合同规范的事实上是两个阶段，前期建造和后期运营。

(2) 建造期间，项目公司对于所提供的建造服务按照《企业会计准则第 15 号——建造合同》确认相关的收入和费用。对于建造合同的理解，在本书第 4 章“BT 项目的会计核算”中，已对《企业会计准则第 15 号——建造合同》中项目公司对于所提供的建造服务如何确认相关的收入和费用进行了解读。

建筑服务企业目前在收入确认方面的问题较严重。少数施工企业是在工程建造的各节点，施工方、监理方和出资方三方签字认可工程计价数额后，才确认工程收入。甚至有不少企业已习惯于在整个工程完工后才进行收入确认，尤其是跨年度的工程，往往拖到工程结束后才确认收入。但按《企业会计准则第 15 号——建造合同》的规定，应该在项目施工过程中，按完工百分比确认收入和成本。

(3) 税务处理方面，一般是在纳税义务行为发生后，取得对价或取得索款凭据后才确认应税收入。财税〔2016〕36 号文件附件 1《营业税改征增值税试点实施办法》规定，“收讫销售款项，是指纳税人销售服务、无形资产、不动产过程中或者完成后收到款项。取得索取销售款项凭据的当天，是指书面合同确定的付款日期；未签订书面合同或者书面合同未确定付款日期的，为服务、无形资产转让完成的当天或者不动产权属变更的当天”。

这一点与企业会计准则的规定有一定的差异。

需要注意的是，税法要求，未确认收入不得开具发票，只要开具了发票就必须确认应税收入。

11.2.2 政府支付的对价

项目公司承诺按合同约定完成建设职责后，项目授予方——政府，对投融资方完成项目所付出代价的补偿就是授予项目公司按合同约定进行特许经营的权利。即项目授予方允许项目公司在特许经营期内，独家或一定程度上限制其他竞争对手对项目或类似项目内容进行投资、建设、运营、维护、移交等。项目设施建造完成后，按合同约定，其控制权属于项目授予方。以投融资方为主设立的项目公司可利用项目设施，通过特许的项目提供公共服务。政府则须按合同约定，无条件地付费使用（绩效考核等因素非本书讨论范围，予以忽略）；或者由经营方（可以是项目公司，也可另行招标）经营该项目，向使用者提供公共服务，并向使用者收费的形式获得收入。按照《企业会计准则第 14 号——收入》确认与后续经营服务相关的收入。如果整个项目中的某标段或部分设施按合同约定允许先行交付，则项目公司可利用该设施提供运营维护服务。

11.2.3　金融资产、无形资产的核算标准

由建造合同获得的收入应当按照收取或应收对价的公允价值计量。确认金融资产或无形资产的标准则主要依据项目公司收费的对象和金额进行区分。

（1）一种常见的情形是：合同规定基础设施建成后，根据合同约定的特许经营期限和金额，项目公司可以无条件地自合同授予方收取确定金额的货币资金或其他金融资产（政府付费模式）；或在项目公司提供经营服务的收费低于某一限定金额的情况下，合同授予方按照合同规定负责将有关差价补偿给项目公司（可行性缺口补助模式）。选择上述付费模式的，通常是可经营性系数相对较低、财务效益相对较差、直接向最终用户提供服务但仅凭收费收入无法覆盖投资和运营回报的项目，例如科教文卫和保障房建设等领域的项目。

一般是在确认（建造）收入的同时确认金融资产，并按照《企业会计准则第 22 号——金融工具确认和计量》的规定处理。相关的解析见本书第 4 章、第 5 章内容。

（2）如果合同规定项目公司在有关基础设施建成后，在从事经营的一定期间内，有权利向获取服务的对象收取费用（使用者付费模式），但收费金额不确定，则该权利不构成一项无条件收取现金的权利，项目公司应当在确认收入的同时确认无形资产。使用者付费模式下的 PPP 项目往往具有服务需求量可预测性强、现金流稳定且持续的特点，但一般合同会约定对此模式设定调整机制，框定收入的上限，防止项目公司获得超额利润。

《企业会计准则第 6 号——无形资产》规定：

第三条　无形资产，是指企业拥有或者控制的没有实物形态的可辨认非货币性资产。资产满足下列条件之一的，符合无形资产定义中的可辨认性标准：

（一）能够从企业中分离或者划分出来，并能单独或者与相关合同、资产或负债一起，用于出售、转移、授予许可、租赁或者交换。

（二）源自合同性权利或其他法定权利，无论这些权利是否可以从企业或其他权利和义务中转移或者分离。

第四条　无形资产同时满足下列条件的，才能予以确认：

（一）与该无形资产有关的经济利益很可能流入企业；

（二）该无形资产的成本能够可靠地计量。

特许经营协议中的经营方在有关基础设施建成后，在从事经营的一定期间内，有权利向获取服务的对象收取费用（使用者付费模式），但收费金额不确定的，该权利不构成一项无条件收取现金的权利，符合无形资产的定义。

11.2.4 应收政府款项的处理

项目公司的应收款中，已由授予方确认的，应由授予方支付的款项，一般也不存在坏账风险。对于确认的应收账款等债权，初始确认时不必折现，存续期间一般也不计提坏账准备。

11.2.5 项目公司不提供建造服务时，金融资产或无形资产的核算

由于基础设施的建造都有一定资质要求，新成立的项目公司通常没有资质直接提供建造服务。项目公司一般是将项目的建造工作进行发包，由中标的建设单位（一般就是合同的投资方）进行施工，项目公司作为建设期间的“业主”进行项目管理，履行类似于“代建”的职责。

此时的项目公司不确认建造收入。2 号解释要求按照建造过程中支付的工程价款等考虑合同规定，确认金融资产或无形资产。基础设施建成后，项目公司则按照《企业会计准则第 14 号——收入》确认来自后续经营服务的收入。

在此处，2 号解释的说明不够清晰，建造过程中支付的工程价款与项目公司是按金融资产还是无形资产核算之间理论上没有关系。

事实上，项目公司不提供建造服务，是将基础设施建造发包的。究竟应该以何种标准确认金融资产或无形资产？该金融资产或无形资产确认的数额是项目设施的全部支付工程价款，还是移交时项目设施的公允价值？由于目前项目公司将建造服务交由施工企业二次承包是 PPP 模式的主流，因此 2 号解释在该处的语焉不详是导致目前 PPP 项目核算混乱的原因之一。

建议对项目公司不提供建造服务的，确认金融资产或无形资产的标准参照项目公司直接提供建造服务的解释部分执行。

（1）承建的建筑施工企业将建造完毕的项目基础设施交付项目公司后。根据合同约定的特许经营期限和金额，项目公司可以无条件地按支付的工程款及附生的利息、利润等，向合同授予方收取确定金额的货币资金或其他金融资产（政府付费模

式)；或在项目公司提供公共服务而向使用者收取的费用低于某一限定金额的情况下，合同授予方按照合同规定负责将有关差价补偿给项目公司（可行性缺口补助模式）。按建造过程中支付的工程价款等确认金融资产，并按照《企业会计准则第22号——金融工具确认和计量》的规定处理。授予方应支付的对价，除建造过程中支付的工程价款外，还应考虑成本利润率和现值系数等因素。

《国际会计准则第32号——金融工具：列报》第11段将金融资产定义为“从另一主体收取现金或其他金融资产的合同权利”。《国际财务报告解释公告第12号——服务特许权协议》（以下简称IFRIC12）结论基础BC42认为：“国际财务报告解释委员会决定，经营方因建造服务直接从授予方无条件收取现金的现时权利应当确认为金融资产；因为协议通常由法律强制执行，授予方难以避免支付。”

IFRIC12结论基础BC42同时指出：“有形资产（如存货、不动产、厂场和设备等）、租入资产和无形资产（如专利权、商标权等）都不是金融资产。控制这些有形和无形资产能创造产生现金或其他金融资产流入的机会，但并不引起收取现金或其他金融资产的现时权利。”本书认为，此项内容可近似理解为，无形资产能产生机会，机会不代表一定会实现，或者实现数不能确定；但金融资产是一种权利，未来实现数可以精确预见。

（2）建筑施工企业将建造完毕的项目基础设施交付项目公司后，项目公司在从事特许经营的合同期间内（一般合同都约定为扣除施工期的实际运营期），有权利向获取公共服务的对象收取使用费用（使用者付费模式），但收费金额不确定的，该权利不构成一项无条件收取现金的权利，项目公司应当在确认收入的同时确认无形资产。

IFRIC12结论基础BC47认为：“国际财务报告解释委员会认为，经营方向公共服务使用者收费的权利满足无形资产的定义，因此应当按照《国际会计准则第38号》进行会计处理。”

IFRIC12结论基础BC49提出：“国际财务报告解释委员会认为，向使用者收费的权利无论是否得到授予方亏空担保的支持，都会认为是一项间接收取源于授予方合同的现金的权利。国际财务报告解释委员会认为，尽管经营方的资产可能具有与金融资产相似的特征，但并不满足《国际会计准则第32号》中金融资产的定义。经营方在资产负债表日不具有向另一主体收取现金的权利。”

在IFRIC12结论基础BC53中明确：“国际财务报告解释委员会认为，如果经营方因其建造服务获得的报酬一部分由金融资产支付，一部分由无形资产支付，必须单独核算经营方对价的每一部分。”需要注意的是，国际会计准则在此处提及的混合模式，即无形资产和金融资产各自核算的形式，不能混同为缺口补助模式。在IF-

RIC12 结论基础 BC45 中，国际财务报告解释委员会的解释非常清楚，必须是“经营方因其建造服务获得的报酬一部分由金融资产支付，一部分由无形资产支付”。即政府给予投融资方的交换对价的支付方式，不是完全的金融资产模式或完全的无形资产模式，而是两种方式兼有的独特方式。

比如政府授予项目公司在运行项目设施后，投融资方建造的项目在政府授予项目采用使用者付费模式的同时，还有其他向政府提供的、需要由政府付费购买服务的子项目（可能是因为采用的使用者付费模式不足以弥补投融资方的建造付出，如果不是延长收费时间，就可能以由政府付费购买服务的形式给付补价）；或者根据合同约定，在项目投入运营后，项目授予方承诺按绩效或其他指标给予项目公司补偿或奖励（不兜底，不做缺口补偿承诺），但对特许经营设置了一定的经营底量，超出部分，需要由经营方自行承担风险。2 号解释未对混合模式进行规范，只要求可行性缺口补助模式要按金融资产进行核算，未要求项目公司在依据协议向公众和政府各自提供服务时，单独核算为金融资产、无形资产。

需要指出的是，无论是政府付费还是使用者付费的形式，有保底收入和超额收费另行计价的模式，都不应该视为混合模式。

有观点认为，在一些特许经营项目中，政府只对一定限额的特许经营服务予以付费购买，超出部分需要另行谈判价格的情况，也属于混合模式。本书对此持否定观点。同时，本书认为，在另一种模式下，比如政府付费模式，在超出协议约定的保底服务量以外，政府允许投融资方向社会提供收费服务，或者政府明确不承担保底服务量以外的其他经营产出，超出协议以外的部分由投融资方自行解决，即该部分应核算为无形资产的，则属于混合模式的规定范围。

2 号解释和 IFRIC12 的比较见表 11-1。

表 11-1　　2 号解释和 IFRIC12 的比较

规范文件	资产模式	建造模式	收费模式	划分标准	正确标准
2 号解释	金融资产	自行建造	政府付费模式	收费金额确定	向合同授予方收取确定金额的货币资金或其他金融资产
		自行建造	可行性缺口补助模式	收费金额确定	经营方提供公共服务而向使用者收取的费用低于某一限定金额情况下，合同授予方按照合同规定负责将差价补偿给项目公司，所以金额确定。
	无形资产	自行建造	使用者付费模式	收费金额不确定	向获取公共服务的对象收取使用费用，金额不确定

续表

规范文件	资产模式	建造模式	收费模式	划分标准	正确标准
2 号解释	金融资产	发包建造	政府付费模式	按照建造过程中支付的工程价款等	向合同授予方收取确定金额的货币资金或其他金融资产
		发包建造	可行性缺口补助模式	按照建造过程中支付的工程价款等	经营方提供公共服务而向使用者收取的费用低于某一限定金额情况下，合同授予方按照合同规定负责将差价补偿给项目公司，所以金额确定。
	无形资产	发包建造	使用者付费模式	按照建造过程中支付的工程价款等	向获取公共服务的对象收取使用费用，金额不确定
IFRIC12	金融资产		可直接从授予方无条件收取现金的现时权利	收取金额确定的货币资金或其他金融资产	同左
	无形资产		不产生收取现金或其他金融资产的现时权利	收取金额不确定	同左
	混合		经营方因其建造服务获得的报酬一部分由金融资产支付，一部分由无形资产支付	由未来收取金额确定和不确定的两项以上收取的政府支付的对价组成	同左

11.3　PPP 业务研究过程中应重视的问题

11.3.1　PPP 模式的分类

陈玉琢教授将 2 号解释描述的 PPP 业务模式进行了详细的归类，包括：

（1）自建—移交；

（2）外包—移交；

（3）自建—运营—移交；

（4）外包—运营—移交；

（5）自建—运营—拥有—移交；

（6）外包—运营—拥有—移交；

（7）自建—运营—拥有—不移交；

（8）外包—运营—拥有—不移交；等等。

读者可根据自己项目的类型分别进行再细分和处理。

11.3.2 PPP协议的再调整

在PPP项目中，当测算项目公司在未来有获得超额利润的可能时，尤其是在使用者付费模式下，协议一般都规定了政府对此有参与再分配的条款。

需要注意的是，目前多数合同在测算时采用的都是当前的固定利率，而未考虑未来利率发生重大变化的可能。个别社会资本出资方对此提出异议时，有政府认为此类问题属于市场风险，应由投融资方自行承担。本书认为，由于PPP项目历时较长，如果不考虑经营期利率变动造成项目公司利润的重大变化，是不恰当的。此类风险不应该完全由投融资方独立承担，应比照超额利润的分配条款，在协议中增加此类调整内容。

11.3.3 金融资产或无形资产的起始归集时间

在施工企业建造过程中，项目公司向其支付工程价款，以完成金融资产或无形资产的购建。对金融资产或无形资产的成本，应在确认建造收入或支付工程款的同时即进行相应归集，而非在基础设施建造完毕后再结转入金融资产或无形资产。

11.3.4 收入确认环节不可错漏

本书第4章“BT项目的会计核算”中指出，财政部在《企业会计准则解释第5号》中所明确的“项目公司应当按照《企业会计准则第14号——收入》确认与后续经营服务相关的收入”属于对BT模式的误解，应再给予详细的说明，以防被误解和误操作。

在2号解释中，也存在一个“瑕疵”。从实践结果看，“应当在确认收入的同时确认金融资产”“应当在确认收入的同时确认无形资产”“应当按照建造过程中支付的工程价款等考虑合同规定，分别确认为金融资产或无形资产”，这几句话已经造成了误导。

需要注意的是，此金融资产、无形资产非彼金融资产或无形资产。因为建造或支付工程款归集形成的金融资产和无形资产是一个成本归集科目，而不加说明的结果，就是很多实操者会将其与政府授予的、同样被处理为金融资产（政府使用付费模式、可行性缺口补助模式下）、无形资产（使用者付费模式下）的特许运营权利相混淆。这并不是税会差异，而是产生了误解，因为 2 号解释本身并没有错。2 号解释虽然没有点明此处有事实的交换行为，但解释中也没有否认资产交换的存在。

政府特许的收费权利不是项目公司通过构建而成，而是由政府或政府授权的企业授予给项目公司的。在实操过程中，不能认为投融资方投入资金实施建造、买入而形成的项目设施会天然成为另一类的政府特许的收费权利。这两类资产，无论是功能还是用途，其区别都十分明显。由于 2 号解释说得并不清楚，很多实操者会将政府授予的、同样被处理为金融资产或无形资产的特许运营权利与之混淆。

如果投融资方能够通过协议中规定的项目设施，形成经营、获益的特别权利，那么，投融资方根本无须将项目设施的控制权交给政府。而政府之所以要将特许经营权授予投融资方，其原因正是政府不能或不愿意以财政资金负担用以提供公共服务的基础设施。因此，整个特许经营的核心是一种融资行为，但方式有多种，比如，政府在已拥有现成的公共设施的情况下，不愿意由政府或政府授权的机构直接提供公共服务，也不愿意继续保持在该设施和服务的资金投入，故采用 TOT 模式。由于政府承担了建造过程中的风险，构建完成后，将资产转让给经营方，政府承担的风险较 BOT 模式高，因此经营方购入特许经营权的总价值一般会高于 BOT 模式，使得政府高效地利用了财政资金。TOT 模式的核心是，经营方是以货币资产换入特许经营权，其前提是政府已拥有提供该服务的项目设施。

如果政府缺乏足够的财政资金投入，也没有现成的项目设施，又需要向社会提供某项公共服务，则往往会采用 BOT 等模式，由经营方出资构建项目资产，并核算计入项目公司的金融资产或无形资产。从项目公司的角度看，项目设施的成本构成主要是项目设施中的构建成本，公允价值则还需要包括合理利润和相应的融资利息。

在 BOT 等需要新构建项目设施的 PPP 模式下，明显存在项目公司以构建投入的建设服务来换取政府给予特许经营权利的情形。也就是说，政府经过物有所值评价后，对项目公司建造服务的公允价值进行了评估，并以等值的若干年的特许经营资格（投融资方接受特许经营权的目的，是获取特许经营带来的收益）作为对价，换取项目公司根据协议约定、投入资金构建项目设施的建造服务。（该建造服务往往形成了实物形态的项目设施，可归类为非货币性资产。）由于双方用以交换的资产价值的公允价值相当，交换过程中一般不涉及补价。（如果涉及补价，且占比超过25%，则应按《企业会计准则第14号——收入》进行处理。）

为了理解得更加清楚，我们将该环节做进一步分解。假设该项目并不是政府以特许经营权换取项目公司的建造服务，而是以财政资金收购项目设施。那么，毫无疑问，项目公司应该在项目设施构建、交付完毕后，确认增值税应税收入。如果政府是将项目资产收购后，再与投融资方签订TOT模式的特许经营协议，即，项目公司再将政府收购项目设施的资金用于向政府购买特许经营权（除多了一次资金的来回拨付或互挂往来之外，最终资产的处理结果与BOT模式是一样的），那么项目设施建造完毕后，投融资方事实上发生了一次资产交换，应该有一次纳税义务发生，对此还会有疑问吗？

遗憾的是，自2号解释发布以来，绝大多数相关文章都忽视了此处的交换行为。虽然文件没有错误，但文件对绝大多数使用者有误导，至少文字上的误导是肯定存在的。

最终的结果是，项目公司构建了由授予方控制的，并由授予方准许经营方进行特许经营的项目设施。从项目设施构建完毕后到进行特许经营期间，项目公司如自身提供建造需要计算一次增值税销项税额，而将项目设施的构建外包给其他企业就不需要计税，其间的重大差别从原理上是难以说通的。

在此环节，事实上存在项目公司以项目设施的构建投入换取政府给予的特许经营权利的情形。也就是说，政府经过物有所值评价后，对项目资产的价值进行了精确的评估，并以若干年的特许经营资格作为对价，换取了项目公司根据协议约定，投入资金构建的项目设施。由于双方用以交换的资产价值的公允价值基本相当，交换过程中一般不涉及补价。

不少相关文章同样忽视了该环节的税收问题（详见第7章及第12章第10节案例）。除了计算后续经营收入的税收外，直到移交项目设施阶段，也没有核算过资产交换的税收，其中蕴含的税收风险不可不防。（详细解释见12.4节。）

11.3.5 大修支出的处理

按照合同规定，项目公司或项目公司委托的运营机构需要对合同约定的基础设施保持一定的服务能力，在移交给合同授予方之前保持一定的使用状态。因此，必须按使用状态或使用年限继续修理、大修。预计将发生的支出，按照《企业会计准则第13号——或有事项》的规定处理。如政府认可该项支出，可计入对政府的应收款；如合同约定由项目公司承担，则计入运营成本。

11.3.6 金融资产模式中的特殊情况

根据 2 号解释，按照特许经营权合同的规定，项目公司应提供不止一项服务（如既提供基础设施建造服务又提供建成后经营服务，或者一种服务中有不同收费方式）的，各项服务能够单独区分时，其收取或应收的对价应当按照各种项服务的相对公允价值比例分配给所提供的各项服务。比如，某污水处理厂 BOT 项目，政府允许其执行保底处理量每月××吨，超出部分则政府不再提供缺口补助，因此污水处理单价明显下降。

此种情况下，在核算时，就需要以各自的单价和吨数作为自变量，对政府的支付进行分割。这并不改变还是政府付费的金融资产模式。

从税法的角度看，不同的服务，尤其是不同税率的服务，构成了兼营。财税〔2016〕36 号文件附件 1《营业税改征增值税试点实施办法》第三十九条规定："纳税人兼营销售货物、劳务、服务、无形资产或者不动产，适用不同税率或者征收率的，应当分别核算适用不同税率或者征收率的销售额；未分别核算的，从高适用税率。"从税务处理的角度看，各项服务必须继续单独区分并单独核算。

11.3.7 回报风险的大小不影响对金融资产的确认

IFRIC12 结论基础 BC50 明确：

> 国际财务报告解释委员会考虑了包含实质上排除经营方回报所有可变性的协议是否满足金融资产定义，例如：
>
> ①被管制的经营方收取费用的价格可以变化，以确保经营方收到充分固定的回报；或者
>
> ②经营方被允许从使用者或授予方取得收入，直到协议终止时其投资收到确定回报。

从商业的角度看，经营方等于获得了固定的回报，赋予其资产很多金融资产的特征。国际财务报告解释委员会坚持认为，经营方的资产，即使风险较低，也并不影响其分类（《国际会计准则第 32 号》）。也就是说，国际会计准则不考虑回报的风险大小对金融资产的影响，只要涉及无条件收取现金的合同权利存在，就是金融资产。

11.3.8 BOT项目建造的基础设施不作为项目公司的固定资产

这一点较易理解。因为在BOT模式下，按照合同约定，项目公司仅仅是标的基础设施的建造方或“代建方”，并不对该基础设施拥有所有权和控制权。所以，按2号解释的规定，一般按对象和金额分别计入金融资产或无形资产。

在PPP模式的其他类型中（比较常见的如O&M、MC模式），如果项目公司不拥有资产的所有权或控制权，也不拥有特许经营权，只需根据合同确认运营维护及管理服务收入、成本。如果采用BOT、TOT和ROT模式，项目运作主体不享有资产的所有权或控制权，但拥有特许经营权，则应根据特许经营合同约定的未来收益的确定性程度，分别确认金融资产或无形资产。如果采用BOO模式（依然没有控制权），项目运作主体享有资产所有权，则应根据具体约定，判断相应资产是否可直接确认为固定资产。

11.3.9 对政府补助的筹划需慎重

在BOT业务中，授予方可能向项目公司提供除基础设施以外其他的资产，如果该资产构成授予方应付合同价款的一部分，不应作为政府补助处理。

也就是说，部分企业与政府间继续进行税收筹划，人为地将构成授予方应付合同价款转变为政府补助的约定是无效条款。在税务处理时，也不得构成不征税收入。

项目公司自授予方取得资产时，应以其公允价值确认，未提供与获取该资产相关的服务前，无论该资产是否构成授予方应付合同价款的一部分，都应确认为负债。《企业会计准则第16号——政府补助》第二条规定：“政府补助，是指企业从政府无偿取得货币性资产或非货币性资产。”

财政部在《财政部关于征求〈企业会计准则第16号——政府补助（修订）（征求意见稿）〉意见的函》（财办会〔2016〕31号）就提出：“企业与政府发生交易所取得的收入，如果该交易与企业销售商品或提供劳务等日常经营活动密切相关，且来源于政府的经济资源是企业商品或服务的对价或者是对价的组成部分，应当按照《企业会计准则第14号——收入》的规定进行会计处理，不适用本准则。”

11.3.10 追溯调整

企业已经开展的BOT项目，应当进行追溯调整；进行追溯调整不切实可行的，以期初（根据不同情况分别处理）的账面价值为基础进行重新分类，作为无形资产或者金融资产，同时进行减值测试。

11.3.11　其他 PPP 模式下项目设施的核算

国际财务报告解释委员会在 IFRIC12 结论基础 BC27 中明确：如果协议符合本解释公告第 5 段中的控制条件，经营方不具有控制某项资产（公共服务基础设施）使用的权利，则不应按照《国际会计准则第 16 号》将基础设施确认为不动产、厂场和设备或者按照《国际会计准则第 17 号》确认为租赁。授予方与经营方之间的建造服务协议不会将基础设施使用权转移给经营方。

也就是说，在 TOT、ROT 等模式下，项目设施依然不能被核算为固定资产。

11.3.12　无形资产摊销应依据孰短原则

需要注意的是，无形资产摊销与固定资产不同。固定资产按照资产分类以不同年限进行折旧，而无形资产按照特许经营期年数摊销。这样必然会遇到特许经营期内项目基础资产使用期满报废事宜，很可能账面还在进行摊销的某设备已经到期报废，项目公司已购入新资产代替，但原资产还在继续进行摊销。

因此，建议在计算项目设施的建造成本时，考虑不同资产的使用年限问题。税务处理也应同样考虑相应扣除内容的调整问题。

案例 11-1

A 集团与政府签约某管廊项目，项目签约总额为 10 亿元。特许经营期限为 20 年，其中施工期 2 年，经营期 18 年。假设管廊通风设施的理论可使用年限为 6 年，单套总价为 1 000 万元。如经过谈判，政府同意，则应根据该设备现价 1 000 万元（假设合同不考虑未来设备价格变化），修理安装费用 100 万元，将总价款 2 100 万元计入项目成本，其中未发生的 1 100 万元作为预计负债处理，并在报价时就加入该数额。上述设备在构建时实际发生的采购成本和预计采购支出总计 1 100 万元按特许经营期限进行摊销。

如政府不同意后续支出计入项目起初构建成本，运营期第 7 年依然会发生通风设施的更换成本。假设新更换的设施可使用寿命依然是 6 年，实际支出还是 1 100 万元。此时该项目全部剩余特许经营期限为 12 年。新更换的设施应根据设施可使用寿命与剩余特许经营期限孰短原则，确定摊销期限。因此，新设施设定的摊销年限为 6 年。

11.3.13 后续经营项目的税目、税率问题

后续经营项目的税目、税率问题值得细细琢磨。本书认为，政府付费模式和使用者付费模式，都是经营方利用项目设施提供特许经营合同约定的服务后收取应得的对价，区别在于付费主体不同；可行性缺口补助模式如在实践中真实发生了，有其特殊之处。这实际上是政府最初进行的物有所值评价出现了失误，或者因为政策限制，造成政府所提供对价（用于向使用者收费的金融资产）的实际价值低于项目公司构建项目资产核算的金融资产。在项目完工后，双方进行资产交换时，政府付费中一部分事实上是提供的补价。如超过投融资方项目设施总造价的 25%，则不再适用《企业会计准则第 7 号——非货币性资产交换》，而是适用《企业会计准则第 14 号——收入》。

本书认为，目前部分企业对税务政策的理解过于粗疏，尤其是对适用税率的把握不够准确，后期运作中的涉税风险不小，需要引起注意。

Chapter 12
第 12 章

PPP 项目的税会处理要点

由于 PPP 项目的资金回报方式不同，因此核算与移交时适用的企业会计准则也有所不同，总结如表 12-1 所示。本章将对 PPP 项目的税会处理要点进行详述。

表 12-1

资金回报方式	核算适用准则	资产形式	移交时适用准则	是否应缴税
政府付费模式	《企业会计准则第 22 号——金融工具确认和计量》	金融资产	《企业会计准则第 14 号——收入》	是
可行性缺口补助模式	《企业会计准则第 22 号——金融工具确认和计量》	金融资产	《企业会计准则第 15 号——收入》	是
使用者付费模式	《企业会计准则第 6 号——无形资产》	无形资产	《企业会计准则第 7 号——非货币性资产交换》	是

12.1 与收入相关的要点

《企业会计准则第 14 号——收入》（以下简称 CAS14）分为四章，除总则外，第二章“销售商品收入”和第四章“让渡资产使用权收入”由于在项目公司的业务中比重较小，不属于本书探讨的重点，因此予以忽略。而在2017年《国际财务报告准则第15号——客户合同收入》（允许提前适用）生效后，《国际会计准则第11号——建造合同》（IAS11）和《国际会计准则第18号——收入》（IAS18）将失效。根据财政部在2010年发布的《中国企业会计准则与国际财务报告准则持续趋同路线图》，我国企业会计准则将与国际会计准则趋同，那么在不远的将来，我国的CAS14也很可能随之调整。财政部已于2015年发布了《企业会计准则第14号——收入（修订）（征求意见稿）》，所以，执行中国企业会计准则的单位，也应时刻关注国际准则和企业会计准则的变化，以便提前做好准备。

12.1.1 《企业会计准则第14号——收入》摘要

第一章　总　则

第二条　收入，是指企业在日常活动中形成的、会导致所有者权益增加的、与所有者投入资本无关的经济利益的总流入。

本准则所涉及的收入，包括销售商品收入、提供劳务收入和让渡资产使用权收入。企业代第三方收取的款项，应当作为负债处理，不应当确认为收入。

第三章　提供劳务收入

第十条　企业在资产负债表日提供劳务交易的结果能够可靠估计的，应当采用完工百分比法确认提供劳务收入。

完工百分比法，是指按照提供劳务交易的完工进度确认收入与费用的方法。

第十一条　提供劳务交易的结果能够可靠估计，是指同时满足下列条件：

（一）收入的金额能够可靠地计量；

（二）相关的经济利益很可能流入企业；

（三）交易的完工进度能够可靠地确定；

（四）交易中已发生和将发生的成本能够可靠地计量。

第十二条　企业确定提供劳务交易的完工进度，可以选用下列方法：

（一）已完工作的测量。

（二）已经提供的劳务占应提供劳务总量的比例。

（三）已经发生的成本占估计总成本的比例。

第十三条　企业应当按照从接受劳务方已收或应收的合同或协议价款确定

提供劳务收入总额，但已收或应收的合同或协议价款不公允的除外。

企业应当在资产负债表日按照提供劳务收入总额乘以完工进度扣除以前会计期间累计已确认提供劳务收入后的金额，确认当期提供劳务收入；同时，按照提供劳务估计总成本乘以完工进度扣除以前会计期间累计已确认劳务成本后的金额，结转当期劳务成本。

第十五条　企业与其他企业签订的合同或协议包括销售商品和提供劳务时，销售商品部分和提供劳务部分能够区分且能够单独计量的，应当将销售商品的部分作为销售商品处理，将提供劳务的部分作为提供劳务处理。

销售商品部分和提供劳务部分不能够区分，或虽能区分但不能够单独计量的，应当将销售商品部分和提供劳务部分全部作为销售商品处理。

12.1.2　税会处理要点

12.1.2.1　会计处理

（1）项目公司提供的由政府付费的服务，根据合同约定的计算或考核条件，在资产负债表日能够可靠估计已提供劳务交易的结果的，应当采用完工百分比法确认提供劳务收入。

如果是长期为客户提供重复劳务收取的劳务费，在相关劳务活动发生时确认收入，比如过路过桥费、门票费等。

（2）政府付费等项目，项目公司按从政府或政府授权的项目发布企业实际收取或应收的合同或协议价款确定提供劳务收入总额。

公式为：

$$\begin{matrix}\text{当期提供}\\\text{劳务收入}\end{matrix}=\left(\begin{matrix}\text{提供劳务}\\\text{收入总额}\end{matrix}\times\text{完工进度}\right)-\begin{matrix}\text{以前会计期间累计}\\\text{已确认提供劳务收入}\end{matrix}$$

如当期劳务成本暂无法可靠计量，则：

$$\text{当期劳务成本}=\left(\begin{matrix}\text{提供劳务}\\\text{估计总成本}\end{matrix}\times\text{完工进度}\right)-\begin{matrix}\text{以前会计期间累计}\\\text{已确认劳务成本}\end{matrix}$$

（3）企业会计准则规定，项目公司与其他企业签订的合同或协议包括销售商品和提供劳务时，销售商品部分和提供劳务部分能够区分且能够单独计量的，应当将销售商品的部分作为销售商品处理，将提供劳务的部分作为提供劳务处理。

销售商品部分和提供劳务部分不能够区分，或虽能区分但不能够单独计量的，应当将销售商品部分和提供劳务部分全部作为销售商品处理。

案例 12-1

某市的产业园 PPP 项目，允许项目公司在公共服务之外附带商业经营。项目公司将部分商业用房出租给经营户，其中，向租赁的经营户提供的水、电、气等属于销售商品，提供租赁不动产、安保、保洁等服务则属于服务。依据企业会计准则的规定，销售商品部分和提供劳务部分应当区分并单独计量不能区分，或虽能区分但不能够单独计量的，应当将销售商品部分和提供劳务部分全部作为销售商品处理。

12.1.2.2　税务处理

（1）按税法规定，纳税人兼营销售货物、劳务、服务、无形资产或者不动产，适用不同税率或者征收率的，应当分别核算适用不同税率或者征收率的销售额；未分别核算的，从高适用税率。

案例 12-2

（承案例 12-1）如果该项目公司是增值税小规模纳税人，兼营的全部收入未分别核算，由于销售商品按 3%的征收率简易计征，出租不动产按 11%税率征税。则全部收入应按最高的税率，即 11%征税。

（2）《国家税务总局关于企业所得税若干问题的公告》（国家税务总局公告 2011 年第 34 号）规定：

> 六、关于企业提供有效凭证时间问题
>
> 企业当年度实际发生的相关成本、费用，由于各种原因未能及时取得该成本、费用的有效凭证，企业在预缴季度所得税时，可暂按账面发生金额进行核算；但在汇算清缴时，应补充提供该成本、费用的有效凭证。

企业应在汇算清缴前及时取得相关成本和费用发票，以便正确扣除。

（3）当年的有效凭证在汇算清缴结束未及时扣除的，《国家税务总局关于企业所得税应纳税所得额若干税务处理问题的公告》（国家税务总局公告 2012 年第 15 号）规定：

六、关于以前年度发生应扣未扣支出的税务处理问题

根据《中华人民共和国税收征收管理法》的有关规定，对企业发现以前年度实际发生的、按照税收规定应在企业所得税前扣除而未扣除或者少扣除的支出，企业做出专项申报及说明后，准予追补至该项目发生年度计算扣除，但追补确认期限不得超过5年。

汇算清缴后才取得当年发票的，应该归集在实际收到年度的相关成本中。

(4) 随着《国际财务报告解释公告第15号——合同收入》(IFRIC15) 全面替代《企业会计准则第11号——股份支付》(CAS11) 和《企业会计准则第18号——所得税》(CAS18)，我们也尝试将收入与建造合同收入合并在一起来讨论其税收问题。

①企业所得税方面。《中华人民共和国企业所得税法实施条例》明确：

第二十三条 企业的下列生产经营业务可以分期确认收入的实现：

(二) 企业受托加工制造大型机械设备、船舶、飞机，以及从事建筑、安装、装配工程业务或者提供其他劳务等，持续时间超过12个月的，按照纳税年度内完工进度或者完成的工作量确认收入的实现。

《国家税务总局关于确认企业所得税收入若干问题的通知》(国税函〔2008〕875号) 规定：

二、企业在各个纳税期末，提供劳务交易的结果能够可靠估计的，应采用完工进度（完工百分比）法确认提供劳务收入。

(一) 提供劳务交易的结果能够可靠估计，是指同时满足下列条件：

1. 收入的金额能够可靠地计量；

2. 交易的完工进度能够可靠地确定；

3. 交易中已发生和将发生的成本能够可靠地核算。

(二) 企业提供劳务完工进度的确定，可选用下列方法：

1. 已完工作的测量；

2. 已提供劳务占劳务总量的比例；

3. 发生成本占总成本的比例。

(三) 企业应按照从接受劳务方已收或应收的合同或协议价款确定劳务收入总额，根据纳税期末提供劳务收入总额乘以完工进度扣除以前纳税年度累计已确认提供劳务收入后的金额，确认为当期劳务收入；同时，按照提供劳务估计总成本乘以完工进度扣除以前纳税期间累计已确认劳务成本后的金额，结转为

当期劳务成本。

②营业税方面。《中华人民共和国营业税暂行条例》明确：

第十二条　营业税纳税义务发生时间为纳税人提供应税劳务、转让无形资产或者销售不动产并收讫营业收入款项或者取得索取营业收入款项凭据的当天。国务院财政、税务主管部门另有规定的，从其规定。

③增值税方面。财税〔2016〕36号文件附件1《营业税改征增值税试点实施办法》规定：

第四十五条　增值税纳税义务、扣缴义务发生时间为：

（一）纳税人发生应税行为并收讫销售款项或者取得索取销售款项凭据的当天；先开具发票的，为开具发票的当天。

收讫销售款项，是指纳税人销售服务、无形资产、不动产过程中或者完成后收到款项。

取得索取销售款项凭据的当天，是指书面合同确定的付款日期；未签订书面合同或者书面合同未确定付款日期的，为服务、无形资产转让完成的当天或者不动产权属变更的当天。

（二）纳税人提供建筑服务、租赁服务采取预收款方式的，其纳税义务发生时间为收到预收款的当天。

本书在上一章中已重点解释，在PPP模式中最典型的BOT项目，经营方构建的项目设施完工后，转给授予方，已构成了增值税的应税行为，应当在转移业务发生时核算并申报缴税，如果先开具了发票，则在开具发票日确认应税行为。

值得注意的是，如果项目公司自行施工，建造了基础设施，则应在建造过程中按完工百分比法核算建造收入，在实际移交时同样是应税环节。

财税〔2016〕36号文件附件1《营业税改征增值税试点实施办法》规定：

第三条　纳税人分为一般纳税人和小规模纳税人。

应税行为的年应征增值税销售额（以下称应税销售额）超过财政部和国家税务总局规定标准的纳税人为一般纳税人，未超过规定标准的纳税人为小规模纳税人。

只要项目公司在进行资产交换前没有年度销售不动产或无形资产超过500万元的情况，就可以不认定为增值税一般纳税人，在交换当期，即使金额较大，也依然能够按简易办法计征缴税。

值得注意的是，业内有些人士提出过此方案，但本书反对在实际运营时尝试此方法。因为如果试图保持小规模纳税人资格，但同时也等于放弃了合法拥有抵扣进项税款的权利。从项目全寿命周期考虑，税负的变化效果并不理想。

如果经测算，按一般纳税人计缴税负更合理，则在项目公司设立时即申请一般纳税人，按构建基础设施和其他支出的进项税额进行抵扣。

12.2　与借款费用相关的要点

12.2.1　《企业会计准则第 17 号——借款费用》摘要

第四条　企业发生的借款费用，可直接归属于符合资本化条件的资产的购建或者生产的，应当予以资本化，计入相关资产成本；其他借款费用，应当在发生时根据其发生额确认为费用，计入当期损益。

符合资本化条件的资产，是指需要经过相当长时间的购建或者生产活动才能达到预定可使用或者可销售状态的固定资产、投资性房地产和存货等资产。

第五条　借款费用同时满足下列条件的，才能开始资本化：

（一）资产支出已经发生，资产支出包括为购建或者生产符合资本化条件的资产而以支付现金、转移非现金资产或者承担带息债务形式发生的支出；

（二）借款费用已经发生；

（三）为使资产达到预定可使用或者可销售状态所必要的购建或者生产活动已经开始。

第六条　在资本化期间内，每一会计期间的利息（包括折价或溢价的摊销）资本化金额，应当按照下列规定确定：

（一）为购建或者生产符合资本化条件的资产而借入专门借款的，应当以专门借款当期实际发生的利息费用，减去将尚未动用的借款资金存入银行取得的利息收入或进行暂时性投资取得的投资收益后的金额确定。专门借款，是指为购建或者生产符合资本化条件的资产而专门借入的款项。

（二）为购建或者生产符合资本化条件的资产而占用了一般借款的，企业应当根据累计资产支出超过专门借款部分的资产支出加权平均数乘以所占用一般借款的资本化率，计算确定一般借款应予资本化的利息金额。资本化率应当根据一般借款加权平均利率计算确定。资本化期间，是指从借款费用开始资本化时点到停止资本化时点的期间，借款费用暂停资本化的期间不包括在内。

第十二条　购建或者生产符合资本化条件的资产达到预定可使用或者可销售状态时，借款费用应当停止资本化。在符合资本化条件的资产达到预定可使用或者可销售状态之后所发生的借款费用，应当在发生时根据其发生额确认为费用，计入当期损益。

第十三条　购建或者生产符合资本化条件的资产达到预定可使用或者可销售状态，可从下列几个方面进行判断：

（一）符合资本化条件的资产的实体建造（包括安装）或者生产工作已经全部完成或者实质上已经完成。

（二）所购建或者生产的符合资本化条件的资产与设计要求、合同规定或者生产要求相符或者基本相符，即使有极个别与设计、合同或者生产要求不相符的地方，也不影响其正常使用或者销售。

（三）继续发生在所购建或生产的符合资本化条件的资产上的支出金额很少或者几乎不再发生。购建或者生产符合资本化条件的资产需要试生产或者试运行的，在试生产结果表明资产能够正常生产出合格产品、或者试运行结果表明资产能够正常运转或者营业时，应当认为该资产已经达到预定可使用或者可销售状态。

第十四条　购建或者生产的符合资本化条件的资产的各部分分别完工，且每部分在其他部分继续建造过程中可供使用或者可对外销售，且为使该部分资产达到预定可使用或可销售状态所必要的购建或者生产活动实质上已经完成的，应当停止与该部分资产相关的借款费用的资本化。

购建或者生产的资产的各部分分别完工，但必须等到整体完工后才可使用或者可对外销售的，应当在该资产整体完工时停止借款费用的资本化。

12.2.2　税会处理要点

12.2.2.1　会计处理

1. 为什么要资本化？

对于项目公司发生的借款费用，用于自身所提供的建造服务或在中标企业建造过程中向其支付工程价款，以完成金融资产或无形资产的购建的，《企业会计准则第 17 号——借款费用》（以下简称 CAS17）并未明确是否为“符合资本化条件的资产”、是否应当予以资本化、是否应计入相关资产成本。

2 号解释规定：“建造过程如发生借款利息，应当按照《企业会计准则第 17 号——借款费用》的规定处理。”可以理解为，借款过程中发生的专为构建基础设施介入的专项借款的利息，应当在计算后予以资本化。

项目公司构建的基础设施，一般需要经过相当长时间的购建或者生产活动才能达到预定可使用或者可销售状态，根据收费对象和金额计为金融资产和无形资产。

IFRIC12 结论基础 BC57 指出，《国际会计准则第 23 号——借款费用》先将借款费用进行费用化，然后甄别是否可资本化，其中将无形资产列为可能资本化，金融资产的借款费用不允许资本化，理由是取得时立刻可使用或销售。

CAS17 第四条规定：“符合资本化条件的资产，是指需要经过相当长时间的购建或者生产活动才能达到预定可使用或者可销售状态的固定资产、投资性房地产和存货等资产。”上述规定中也同样并未规定无形资产，事实上，我们都已经可以确定为构建无形资产而借入的专项借款的利息支出是应该资本化的。

我们同样可以认为 CAS17 第四条的列举不是穷尽式的列举，条件中未指定金融资产，并非代表着就是金融资产不可资本化。

2. 借款费用资本化的条件

借款费用资本化的条件如下（详见图 12-1）：

（1）资产支出已经发生。资产支出包括为购建特许经营合同规定的基础设施资产而以支付现金、转移非现金资产或者承担带息债务形式发生的支出。

（2）借款费用已经发生。

（3）基础设施项目在建。未开建或已建成的，都不予资本化。

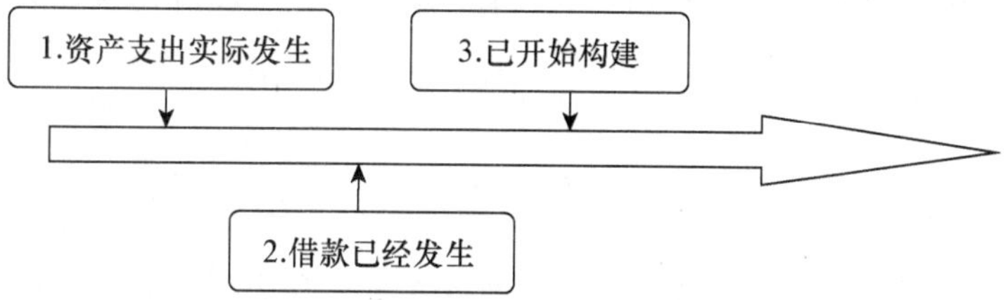

图 12-1　借款费用资本化条件逻辑图

3. 如何资本化？

（1）为建造符合资本化条件的基础设施而借入专门借款的，应当以专门借款当期实际发生的利息费用，减去将尚未动用的借款资金存入银行取得的利息收入或进行暂时性投资取得的投资收益后的金额确定。公式为：

$$\text{资本化金额}=\text{专门借款利息}-\left(\text{介入资金的余款的利息收入}+\text{余款短期暂时性投资获得的投资收益}\right)$$

（2）如果为建造符合资本化条件的基础设施而占用了一般借款（在PPP项目中不多见），企业应当根据累计资产支出超过专门借款部分的资产支出加权平均数乘以所占用一般借款的资本化率，计算确定一般借款应予以资本化的利息金额。资本化率应当根据一般借款加权平均利率计算确定。公式为：

$$\text{被占用的一般借款利息应资本化金额}=\text{累计资产支出超过专门借款部分的资产支出加权平均数}\times\text{占用一般借款的资本化率}$$

$$\text{资本化率}=\text{一般借款加权平均利率}$$

资本化期间，是指从借款费用开始资本化时点到停止资本化时点的期间，借款费用暂停资本化的期间不包括在内。

4. 停止资本化

项目公司构建的基础设施（含自己施工和发包给施工企业的）达到预定可使用状态时，借款费用应当停止资本化。在基础设施达到预定可使用状态之后所发生的借款费用，应当在发生时根据其发生额确认为费用，计入当期损益。

若项目公司构建的基础设施的各部分分别完工，且每部分在其他部分继续建造过程中可供使用，为使该部分资产达到预定可使用状态所必要的购建或者生产活动实质上已经完成的，应当停止与该部分资产相关的借款费用的资本化。

若项目公司构建的基础设施的各部分分别完工，但必须等到整体完工后才可使用或者对外销售，应当在该资产整体完工时停止借款费用的资本化。

案例 12-3

某建工集团与某设备集成公司组成联合体中标某市市政跨河大桥PPP项目。其中，某路口至某某路口（引桥前）的双向8车道1.8公里市政道路标段为单独标段，截至2014年9月，该标段已根据工期要求完工通车，但桥梁主体及路面、前后引桥、照明、监控、调度等设施未完工。那么，根据企业会计准则要求，与该市政道路标段相关的借款费用的资本化应予停止。

案例12-4

某科技工程公司中标了某省中小学教育网络信息化平台PPP项目。该项目主要是先期录制该省中小学各学科著名教师的课堂教学课程，并在开通后根据情况不断补充、更新。学生和家长根据老师发放的学号和密码注册、登录，教育局、学校、老师可实时发布各种信息；除学生可以在线学习外，还可以有一定数额的在线提问等求帮助的形式；家长也可以与老师进行各种互动。截至某时段，该项目的软、硬件和土建项目已建造、调试完毕，具备交付条件，但供学生点、选播的著名教师教学节目录制未完工（视频录制的酬劳已发放）。因此，该网络信息化教育平台尚未开通。

CAS17规定：

第六条 在资本化期间内，每一会计期间的利息（包括折价或溢价的摊销）资本化金额，应当按照下列规定确定：

（一）符合资本化条件的资产的实体建造（包括安装）或者生产工作已经全部完成或者实质上已经完成。

……

（三）继续发生在所购建或生产的符合资本化条件的资产上的支出金额很少或者几乎不再发生。

因此，与项目相关的借款费用的资本化应予停止。

12.2.2.2　税务处理

财税〔2016〕36号文件附件2《营业税改征增值税试点有关事项的规定》规定：

一、营改增试点期间，试点纳税人［指按照《营业税改征增值税试点实施办法》（以下简称《试点实施办法》）缴纳增值税的纳税人］有关政策（四）进项税额。

3. 纳税人接受贷款服务向贷款方支付的与该笔贷款直接相关的投融资顾问费、手续费、咨询费等费用，其进项税额不得从销项税额中抵扣。

财税〔2016〕36号文件附件1《营业税改征增值税试点实施办法》规定：

第二十七条　下列项目的进项税额不得从销项税额中抵扣：

（六）购进的旅客运输服务、贷款服务、餐饮服务、居民日常服务和娱乐服务。

《中华人民共和国企业所得税法实施条例》规定：

第二十八条　企业发生的支出应当区分收益性支出和资本性支出。收益性支出在发生当期直接扣除；资本性支出应当分期扣除或者计入有关资产成本，不得在发生当期直接扣除。

从税收的角度看，在PPP项目中，经营方无论是用于构建金融资产还是无形资产的专门借款利息，都是资本性支出，应该予以资本化，而不是在当期直接扣除。

12.3　与或有事项相关的要点

财政部于2000年4月制定发布了《企业会计准则第13号——或有事项》（以下简称CAS13)，对或有事项的概念及其处理进行了规定。或有事项是由于过去的交易或事项而形成的，是一种具有较大不确定性的经济事项。PPP项目合同一般都会规定，项目公司在项目即将交付时，应当对应移交的设施进行检修、维护，确保达到合同约定的完全可使用状态；在特许经营期间，项目公司或授权的经营公司也必须使设施保持一定的服务能力。因此，该项确定会支出的费用对项目公司的财务状况和经营成果会产生较大的影响，必须进行正确的核算（见图12-2)。

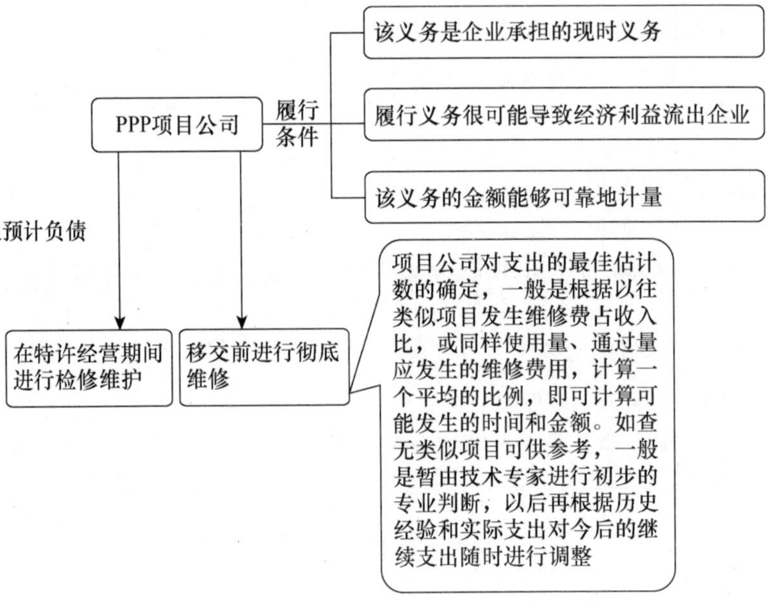

图12-2　或有事项核算逻辑图

12.3.1 《企业会计准则第 13 号——或有事项》摘要

第四条　与或有事项相关的义务同时满足下列条件的，应当确认为预计负债：

（一）该义务是企业承担的现时义务；

（二）履行该义务很可能导致经济利益流出企业；

（三）该义务的金额能够可靠地计量。

第五条 预计负债应当按照履行相关现时义务所需支出的最佳估计数进行初始计量。

所需支出存在一个连续范围，且该范围内各种结果发生的可能性相同的，最佳估计数应当按照该范围内的中间值确定。

在其他情况下，最佳估计数应当分别下列情况处理：

（一）或有事项涉及单个项目的，按照最可能发生金额确定。

（二）或有事项涉及多个项目的，按照各种可能结果及相关概率计算确定。

第六条 企业在确定最佳估计数时，应当综合考虑与或有事项有关的风险、不确定性和货币时间价值等因素。

货币时间价值影响重大的，应当通过对相关未来现金流出进行折现后确定最佳估计数。

12.3.2 《国际会计准则第 37 号——准备、或有负债和或有资产》关键内容

在 2001 年 4 月，国际会计准则理事会发布了《国际会计准则第 37 号——准备、或有负债和或有资产》(以下简称 IAS37)，部分取代了于 1978 年发布的，专门用于处理或有事项的《国际会计准则第 10 号——或有事项及资产负债表日后事项》。

12.3.2.1　规范的对象

IFRS 认为下列内容不应由 IAS37 规范：

(1) 以公允价值计量的金融工具形成的准备、或有负债和或有资产。

(2) 待执行合同（亏损性待执行合同除外）形成的准备、或有负债和或有资产。

（待执行合同指合同双方均未履行任何义务或双方均同等程度地履行了部分义务的合同。）

（3）保险主体与投保人之间的合同形成的准备、或有负债和或有资产。

（4）由其他准则规范的准备、或有负债和或有资产。

12.3.2.2 准备与负债

IAS37认为，准备是指时间或金额不确定的负债，而负债是指主体（在PPP项目中，核心主体是构建基础设施，向公众提供特许经营服务的项目公司）因过去事项而承担的现时义务，该义务的履行预期会导致含有经济利益的资源流出主体。

主体共同和各自对某项义务负有责任时，义务中预期由其他方履行的部分应作为或有负债处理。主体应将很可能使得含有经济利益的资源流出的那部分义务确认为准备，除非在极少数情况下不能对该义务做出可靠的估计。

12.3.2.3 准备的计量

确认为准备的金额，应该是按照履行相关现时义务所需支出的最佳估计数。

履行相关现时义务所要求支出的最佳估计数，应该是主体在报告期末履行该义务或将该义务转让给第三方而合理支付的金额。

IAS37认为，对结果和财务影响的估计，应该由主体的管理层根据职业经验进行判断，可以同时辅之以类似交易的案例和独立专家（如果需要的话）出具的报告确定。如果予以计量的准备涉及大量的项目，则应凭借项目间的相关性，对各种可能结果考虑各项目的权数来进行估计。

IAS37强调，在计量准备时不应考虑资产预期处置将形成的利得。

在资产负债表日，经营方应对准备进行复核并予以调整。如果预计不再会导致含有经济利益的资源流出，应将准备予以转销。

12.3.3 税会处理要点

12.3.3.1 会计处理

（1）项目公司对未来会发生的或有事项，如维护设施等行为，应当确认为预计负债：

①项目公司按合同规定和公司自身特许经营顺利开展的需要，必须对设施在使用中发生的磨损、老化、毁坏等进行维护、修复，这是项目公司必须承担的现时义务；

②在对经营设施进行维护、修复时，必然导致经济利益流出企业；

③维护、修复行为发生的金额能可靠地计量。

（2）项目公司对维护、修复特许经营设施至完全可使用状态所需支出的最佳估计数的确定，一般是根据以往类似项目发生维修费占收入比，或同样使用量、通过量应发生的维修费用，计算一个平均的比例，即可计算可能发生的时间和金额。如果无类似项目可供参考，一般是暂由技术专家做初步的专业判断，以后再根据历史经验和实际支出对今后的继续支出随时进行调整。

12.3.3.2 税务处理

从税收的角度看，税务主管部门并不认可或有事项的有关处理，不允许预计负债直接在税前扣除。对此，本书认为，需要对 PPP 项目的特殊情况予以考虑。比如 PPP 项目在特许经营末期进行项目设施移交并解散项目公司前，按合同约定必须进行大修，如不允许项目公司在运营期计提、扣除准备金，会导致项目公司在大修业务发生时已无收入与之配比。

12.4 与非货币性资产交换相关的要点

12.4.1 《企业会计准则第 7 号——非货币性资产交换》摘要

第一章 总 则

第二条 非货币性资产交换，是指交易双方主要以存货、固定资产、无形资产和长期股权投资等非货币性资产进行的交换。该交换不涉及或只涉及少量的货币性资产（即补价）。

货币性资产，是指企业持有的货币资金和将以固定或可确定的金额收取的资产，包括现金、银行存款、应收账款和应收票据以及准备持有至到期的债券投资等。

非货币性资产，是指货币性资产以外的资产。

第二章　确认和计量

第三条　非货币性资产交换同时满足下列条件的，应当以公允价值和应支付的相关税费作为换入资产的成本，公允价值与换出资产账面价值的差额计入当期损益：

（一）该项交换具有商业实质；

（二）换入资产或换出资产的公允价值能够可靠地计量。

换入资产和换出资产公允价值均能够可靠计量的，应当以换出资产的公允价值作为确定换入资产成本的基础，但有确凿证据表明换入资产的公允价值更加可靠的除外。

第四条　满足下列条件之一的非货币性资产交换具有商业实质：

（一）换入资产的未来现金流量在风险、时间和金额方面与换出资产显著不同。

（二）换入资产与换出资产的预计未来现金流量现值不同，且其差额与换入资产和换出资产的公允价值相比是重大的。

第五条　在确定非货币性资产交换是否具有商业实质时，企业应当关注交易各方之间是否存在关联方关系。关联方关系的存在可能导致发生的非货币性资产交换不具有商业实质。

第六条　未同时满足本准则第三条规定条件的非货币性资产交换，应当以换出资产的账面价值和应支付的相关税费作为换入资产的成本，不确认损益。

第九条　非货币性资产交换同时换入多项资产的，在确定各项换入资产的成本时，应当分别下列情况处理：

（一）非货币性资产交换具有商业实质，且换入资产的公允价值能够可靠计量的，应当按照换入各项资产的公允价值占换入资产公允价值总额的比例，对换入资产的成本总额进行分配，确定各项换入资产的成本。

（二）非货币性资产交换不具有商业实质，或者虽具有商业实质但换入资产的公允价值不能可靠计量的，应当按照换入各项资产的原账面价值占换入资产原账面价值总额的比例，对换入资产的成本总额进行分配，确定各项换入资产的成本。

12.4.2 税会处理要点

12.4.2.1 会计处理

1. 非货币性资产的主要类型

在企业填报的资产负债表中列示的项目，属于非货币性资产的项目通常有：存货（原材料、包装物、低值易耗品、库存商品、委托加工物资、委托代销商品等）、长期股权投资、投资性房地产、固定资产、在建工程、工程物资、无形资产等。因此，项目公司构建项目设施的支出或支付工程款支出确认的金融资产或无形资产构成了非货币性资产。

2. PPP项目公司为何会涉及非货币性资产交换

非货币性资产交换是指交易双方通过存货、固定资产、无形资产和长期股权投资等非货币性资产进行的交换，有时也涉及少量货币性资产（即补价）。

非货币性资产交换一般不涉及货币性资产，或只涉及少量货币性资产即补价，通常以补价占整个资产交换金额的比例低于25%作为参考。在PPP项目中，政府凭借物有所值评价或项目可行性报告等，通过谈判，与投融资方最终达成共同意见。即双方在签署合同时认为，项目公司构建的项目设施与政府提供的收费权价值相当。后期如发现与预期差异较大，PPP合同也同样有调整机制，比如严重亏损，政府会有缺口补偿；出现暴利，会有利益共享机制进行约束。

政府或政府授权的企业作为PPP项目的发起人和授予方，按合同约定，将项目的特许经营权（含建造权和经营权）授予投融资方，因此，投融资方需要投资构建项目设施，支付给政府作为对价。

我们从大量的书籍、文章中可以看到，目前主流的观点是，项目公司移交其特许经营的资产时，只要没有所有权，就无须承担相应的税收。

问题在于，此观点有可能会误导PPP项目从业者，因为该结论只有在项目公司自建合同约定的项目资产时才有效。但现在新设立的项目公司，几乎不可能立刻获得有效的施工资质，所以普遍采取了项目公司再次发包、由施工企业承包的模式。这时，项目公司确实不需要确认建造收入，但项目公司出资建造的项目设施事实上是一项有形的资产，而项目公司获得的特许经营权（根据协议，后续经营换取收入的不同分别核算为无形资产或金融资产）并不是自己拥有的，而是由政府授予的。这两种完全不同的资产，必须经过交换，项目公司才能最终获得附着于项目设施（所有权和控制权属于政府）上的特许经营权。如果项目公司通过自己投资，即可建造出有特许经营权的项目，而无须政府的授予，那么，PPP模式的基础还会存在吗？

项目公司在以对项目资产的施工投入换取特许运营权利（项目公司后续可利用换入的该权利进行运营，换取运营收入）时，如不计算销项税额，就可能会面临税收风险。企业如果在与政府谈判总工程造价和工程结算款时，未能全面考虑税收问题，项目在实际开展后就可能会遇到麻烦。

为此，本书将探索性地提出相应对策。

按照2号解释的规定，PPP项目业务双方采用政府付费模式、可行性缺口补助模式时，项目公司应在确认建造收入时，在支付工程款时确认金融资产；在项目双方采用使用者付费模式时确认无形资产。

《企业会计准则第6号——无形资产》规定：

第六条　企业无形项目的支出，除下列情形外，均应于发生时计入当期损益：

（一）符合本准则规定的确认条件、构成无形资产成本的部分。

第十六条　企业应当于取得无形资产时分析判断其使用寿命。

无形资产的使用寿命为有限的，应当估计该使用寿命的年限或者构成使用寿命的产量等类似计量单位数量；无法预见无形资产为企业带来经济利益期限的，应当视为使用寿命不确定的无形资产。

第十七条　使用寿命有限的无形资产，其应摊销金额应当在使用寿命内系统合理摊销。

根据企业会计准则的上述规定和PPP项目公司进行非货币性资产交换的实质，投融资方通过设立项目公司，以项目公司构建的基础设施换得了政府给予项目公司的特许经营权，通过特许经营来赚回投资方预期的构建支出和预期中的后续利润。不同于BT项目的政府直接回购基础设施项目，PPP模式下项目公司获得的回报方式主要有：政府付费模式、可行性缺口补助模式、使用者付费模式。其基本原理是：政府获得投融资方移交的资产后，以直接回购或者给予特许经营方式作为对价，支付给项目公司或直接支付给投融资方。

所以，在PPP模式下，项目公司付出的对项目资产投入的金额，换入的是特许经营权中的运营权利，并以该运营权的实际运营换取向政府索取款项的权利。不能从政府取得款项的（即向使用者收取款项的），按无形资产核算。项目公司根据合同，约定将来这些资产移交给政府，政府给予的对价有可能是购买运营维护服务，或给予缺口补助。采用这种移交方式，如果政府是以货币性资产作为对价（或者货币性资产在交换价中占比较大），适用《企业会计准则第14号——收入》；如果政府主要是以非货币性资产（特许经营权）作为对价，则适用《企业会计准则第7号——非货币性资产交换》。

根据《企业会计准则第14号——收入》以及《企业会计准则第7号——非货币性资产交换》的规定，资产交换应当以公允价值和应支付的相关税费作为交换的价值依据。

但在案例10-2中，我们可以看到如下分录：

借：长期应收款——可用性服务费

　贷：长期应收款——成本

　　　投资收益（实际投资与审计值差额）

　　　未实现融资收益

从该会计分录看，政府与企业间进行资产交换时，换入资产的成本不是以换出资产的公允价值进行计量而是该资产的构建成本支出计量。进行相应财税处理时，也要注意其中的风险。

3. 政府提供补价

政府提供补价如果在实践中真实发生了，有其特殊之处。这实际上是政府最初进行的物有所值评价出现了失误，或者受制于某些政策的限制性规定，造成政府所提供对价（用于向使用者收费的金融资产，不可以核算为无形资产）的实际价值可能低于项目公司构建项目资产的总造价。如果政府在项目完工后对资产交换另行提供补价，补价超过项目公司换出资产的25%，则不再适用《企业会计准则第7号——非货币性资产交换》，而是适用《企业会计准则第14号——收入》。

《国际财务报告解释公告第12号——服务特许权协议》中“授予方给经营方提供的对价”指出：

> 15　如果经营方提供了建造或改良基础设施的服务，经营方应按照《国际财务报告准则第15号》确认已收或应收的对价。对价可能是对以下资产的权利：

(1) 金融资产；或

(2) 无形资产。

16 经营方应将因建造服务而应从授予方，或在授予方指示下，收取现金或其他金融资产的无条件的合同权利确认为一项金融资产……

17 如果经营方取得一项向公共服务使用者收费的权利（许可），就应当确认一项无形资产。

该解释公告结论基础 BC34 指出：

当经营方在交换其建造服务中收到无形资产时，存在两组而非一组流入和流出。在第一组，与授予方易货贸易中建造服务交换为无形资产。在第二组，耗尽从授予方收到的无形资产而从公共服务使用者获取现金流入。

由此可以看出，国际准则明确认为，项目公司将项目资产构建完毕后，即出现了第一组的“易货贸易”行为。而运营收入则出现在第二组，是产生了现金流入的收入。结论基础 BC34 特别强调：“此结果并不仅局限于本解释公告范围内的服务协议。主体提供商品或劳务以交换另外不同的产生未来现金收入的资产的任何情况都会导致相似结果。”也就是说，政府以其他资产换取经营方提供的建造设施，同样符合该条款所描述的第一组易货贸易。

在该解释公告结论基础 BC35 中，一些国际财务报告解释委员会成员更倾向于采用另一种会计核算方法，并且在这种方法下全部收入被限定为现金流入。但是，他们接受与易货交易一致的处理，即不同商品或劳务的交换。也就是说，即使有人不同意上述的第一组易货交易产生了收益，但由于发生了交换行为这一事实，因此得到了国际财务报告解释委员会几乎所有成员的认可。

《国际会计准则解释公告第 29 号——服务特许权协议：披露》（SIC29）一致意见 6A 指出：“经营方应披露在以建设服务交换金融资产或无形资产的期间所确认的收入及损益。”也就是说，投融资方在为政府构建项目设施时，不仅要核算以建设服务交换政府支付的金融资产或无形资产这一经济过程，还有义务准确全面披露交换所导致的收入及损益。

12.4.2.2 税务处理

只要是投融资方与政府签约获得特许经营权，外包了施工业务（可以是自建），并将构建的设施用于特许经营合同约定的公共服务，便应认为经营方在将项目资产与授予方换取金融资产或无形资产时发生了应税行为。项目公司是否拥有基础设施的土地和其他资产的所有权并不影响其纳税义务的发生。

《中华人民共和国企业所得税法实施条例》规定：

> 第二十五条　企业发生非货币性资产交换，以及将货物、财产、劳务用于捐赠、偿债、赞助、集资、广告、样品、职工福利或者利润分配等用途的，应当视同销售货物、转让财产或者提供劳务。

《国家税务总局关于企业取得财产转让等所得企业所得税处理问题的公告》（国家税务总局公告 2010 年第 19 号）明确：

> 一、企业取得财产（包括各类资产、股权、债权等）转让收入、债务重组收入、接受捐赠收入、无法偿付的应付款收入等，不论是以货币形式、还是非货币形式体现，除另有规定外，均应一次性计入确认收入的年度计算缴纳企业所得税。

12.5　与合并财务报表相关的要点

为了进一步完善企业会计准则体系，提高企业合并财务报表质量，财政部对《企业会计准则第 33 号——合并财务报表》（以下简称 CAS33）进行了修订，自 2014 年 7 月 1 日起，在所有执行企业会计准则的企业范围内施行。

12.5.1 《企业会计准则第 33 号——合并财务报表》摘要

> 第二条　合并财务报表，是指反映母公司和其全部子公司形成的企业集团整体财务状况、经营成果和现金流量的财务报表。
>
> 母公司，是指控制一个或一个以上主体（含企业、被投资单位中可分割的部分，以及企业所控制的结构化主体等，下同）的主体。
>
> 子公司，是指被母公司控制的主体。
>
> 第三条　合并财务报表至少应当包括下列组成部分：
>
> （一）合并资产负债表；

（二）合并利润表；

（三）合并现金流量表；

（四）合并所有者权益（或股东权益，下同）变动表；

（五）附注。

企业集团中期期末编制合并财务报表的，至少应当包括合并资产负债表、合并利润表、合并现金流量表和附注。

第四条　母公司应当编制合并财务报表。

如果母公司是投资性主体，且不存在为其投资活动提供相关服务的子公司，则不应当编制合并财务报表，该母公司按照本准则第二十一条规定以公允价值计量其对所有子公司的投资，且公允价值变动计入当期损益。

第十三条　除非有确凿证据表明其不能主导被投资方相关活动，下列情况，表明投资方对被投资方拥有权力：

（一）投资方持有被投资方半数以上的表决权的。

（二）投资方持有被投资方半数或以下的表决权，但通过与其他表决权持有人之间的协议能够控制半数以上表决权的。

第十四条　投资方持有被投资方半数或以下的表决权，但综合考虑下列事实和情况后，判断投资方持有的表决权足以使其目前有能力主导被投资方相关活动的，视为投资方对被投资方拥有权力：

（一）投资方持有的表决权相对于其他投资方持有的表决权份额的大小，以及其他投资方持有表决权的分散程度。

（二）投资方和其他投资方持有的被投资方的潜在表决权，如可转换公司债券、可执行认股权证等。

（三）其他合同安排产生的权利。

（四）被投资方以往的表决权行使情况等其他相关事实和情况。

第二十一条　母公司应当将其全部子公司（包括母公司所控制的单独主体）纳入合并财务报表的合并范围。

如果母公司是投资性主体，则母公司应当仅将为其投资活动提供相关服务的子公司（如有）纳入合并范围并编制合并财务报表；其他子公司不应当予以合并，母公司对其他子公司的投资应当按照公允价值计量且其变动计入当期损益。

第二十六条　母公司应当以自身和其子公司的财务报表为基础，根据其他有关资料，编制合并财务报表。

母公司编制合并财务报表，应当将整个企业集团视为一个会计主体，依据相关企业会计准则的确认、计量和列报要求，按照统一的会计政策，反映企业集团整体财务状况、经营成果和现金流量。

（一）合并母公司与子公司的资产、负债、所有者权益、收入、费用和现金流等项目。

（二）抵销母公司对子公司的长期股权投资与母公司在子公司所有者权益中所享有的份额。

（三）抵销母公司与子公司、子公司相互之间发生的内部交易的影响。内部交易表明相关资产发生减值损失的，应当全额确认该部分损失。

（四）站在企业集团角度对特殊交易事项予以调整。

第三十条　合并资产负债表应当以母公司和子公司的资产负债表为基础，在抵销母公司与子公司、子公司相互之间发生的内部交易对合并资产负债表的影响后，由母公司合并编制。

（一）母公司对子公司的长期股权投资与母公司在子公司所有者权益中所享有的份额应当相互抵销，同时抵销相应的长期股权投资减值准备。

子公司持有母公司的长期股权投资，应当视为企业集团的库存股，作为所有者权益的减项，在合并资产负债表中所有者权益项目下以“减：库存股”项目列示。

子公司相互之间持有的长期股权投资，应当比照母公司对子公司的股权投资的抵销方法，将长期股权投资与其对应的子公司所有者权益中所享有的份额相互抵销。

（二）母公司与子公司、子公司相互之间的债权与债务项目应当相互抵销，同时抵销相应的减值准备。

（三）母公司与子公司、子公司相互之间销售商品（或提供劳务，下同）或其他方式形成的存货、固定资产、工程物资、在建工程、无形资产等所包含的未实现内部销售损益应当抵销。

对存货、固定资产、工程物资、在建工程和无形资产等计提的跌价准备或减值准备与未实现内部销售损益相关的部分应当抵销。

（四）母公司与子公司、子公司相互之间发生的其他内部交易对合并资产负债表的影响应当抵销。

（五）因抵销未实现内部销售损益导致合并资产负债表中资产、负债的账面价值与其在所属纳税主体的计税基础之间产生暂时性差异的，在合并资产负债表中应当确认递延所得税资产或递延所得税负债，同时调整合并利润表中的所得税费用，但与直接计入所有者权益的交易或事项及企业合并相关的递延所得税除外。

第三十四条　合并利润表应当以母公司和子公司的利润表为基础，在抵销母公司与子公司、子公司相互之间发生的内部交易对合并利润表的影响后，由母公司合并编制。

（一）母公司与子公司、子公司相互之间销售商品所产生的营业收入和营业成本应当抵销。

母公司与子公司、子公司相互之间销售商品，期末全部实现对外销售的，应当将购买方的营业成本与销售方的营业收入相互抵销。

母公司与子公司、子公司相互之间销售商品，期末未实现对外销售而形成存货、固定资产、工程物资、在建工程、无形资产等资产的，在抵销销售商品的营业成本和营业收入的同时，应当将各项资产所包含的未实现内部销售损益予以抵销。

（二）在对母公司与子公司、子公司相互之间销售商品形成的固定资产或无形资产所包含的未实现内部销售损益进行抵销的同时，也应当对固定资产的折旧额或无形资产的摊销额与未实现内部销售损益相关的部分进行抵销。

（三）母公司与子公司、子公司相互之间持有对方债券所产生的投资收益、利息收入及其他综合收益等，应当与其相对应的发行方利息费用相互抵销。

（四）母公司对子公司、子公司相互之间持有对方长期股权投资的投资收益应当抵销。

（五）母公司与子公司、子公司相互之间发生的其他内部交易对合并利润表的影响应当抵销。

第三十五条　子公司当期净损益中属于少数股东权益的份额，应当在合并利润表中净利润项目下以“少数股东损益”项目列示。

第三十四条　合并利润表应当以母公司和子公司的利润表为基础，在抵销母公司与子公司、子公司相互之间发生的内部交易对合并利润表的影响后，由母公司合并编制。

（一）母公司与子公司、子公司相互之间销售商品所产生的营业收入和营业成本应当抵销。

母公司与子公司、子公司相互之间销售商品，期末全部实现对外销售的，应当将购买方的营业成本与销售方的营业收入相互抵销。

母公司与子公司、子公司相互之间销售商品，期末未实现对外销售而形成存货、固定资产、工程物资、在建工程、无形资产等资产的，在抵销销售商品的营业成本和营业收入的同时，应当将各项资产所包含的未实现内部销售损益予以抵销。

（二）在对母公司与子公司、子公司相互之间销售商品形成的固定资产或无形资产所包含的未实现内部销售损益进行抵销的同时，也应当对固定资产的折旧额或无形资产的摊销额与未实现内部销售损益相关的部分进行抵销。

（三）母公司与子公司、子公司相互之间持有对方债券所产生的投资收益、利息收入及其他综合收益等，应当与其相对应的发行方利息费用相互抵销。

（四）母公司对子公司、子公司相互之间持有对方长期股权投资的投资收益应当抵销。

（五）母公司与子公司、子公司相互之间发生的其他内部交易对合并利润表的影响应当抵销。

第三十五条　子公司当期净损益中属于少数股东权益的份额，应当在合并利润表中净利润项目下以“少数股东损益”项目列示。

子公司当期综合收益中属于少数股东权益的份额，应当在合并利润表中综合收益总额项目下以“归属于少数股东的综合收益总额”项目列示。

第三十六条　母公司向子公司出售资产所发生的未实现内部交易损益，应当全额抵销“归属于母公司所有者的净利润”。

子公司向母公司出售资产所发生的未实现内部交易损益，应当按照母公司对该子公司的分配比例在“归属于母公司所有者的净利润”和“少数股东损益”之间分配抵销。

子公司之间出售资产所发生的未实现内部交易损益，应当按照母公司对出售方子公司的分配比例在“归属于母公司所有者的净利润”和“少数股东损益”之间分配抵销。

12.5.2 税会处理要点

1. 合并范围界定的有关规定

只要是由母公司控制的子公司，不论子公司的规模大小、子公司向母公司转移资金能力是否受到严格限制，也不论子公司的业务性质与母公司或企业集团内其他子公司是否有显著差别，都应当纳入合并财务报表的合并范围。

根据CAS33的要求，纳入企业合并财务报表的范围应当以实质控制为基础予以确定，而不是以占被投资企业的股权比例为标准。

控制，是指一个企业能够决定另一个企业的财务和经营政策，并能据以从另一个企业的经营活动中获取利益的权力。控制通常具有如下特征：

(1) 控制的主体是唯一的，不是两方或多方。即对被投资单位的财务和经营政策的提议不必要征得其他方同意，就可以形成决议并付诸实施。

(2) 控制的内容主要是被控制方的财务和经营政策，这些财务和经营政策的控制一般是由表决权决定的。在某些情况下，也可以通过法定程序严格限制董事会、受托人或管理层对特殊目的主体经营活动的决策权，如规定除设立者或发起人外，其他人无权决定特殊目的主体经营的活动。

(3) 控制的性质是一种权力或法定权力，也可以是由公司章程或协议、投资者之间的协议授予的权力。

(4) 控制的目的是获取经济利益，包括增加经济利益、维持经济利益、保护经济利益，或者降低所分担的损失等。

2. 纳入合并范围对合并方报表的影响

从CAS33的要求来看，目前PPP投资控股方对所有主导投资的PPP项目均具有实质控制权，或者虽通过引入基金转移了投资公司出资，但是实质上并未转移实际控制及应付偿债义务，因此均应纳入控股方合并报表。

(1) 有利影响——提供收入和利润贡献。随着项目的完成，项目就进入了运营期，无论项目是否具有特许经营权，项目公司未来一段运营期间都能持续回收约定的投资回报，因此控股方合并PPP投资公司将会使控股方合并报表收入规模和利润贡献增加，但对建设期合并报表并无此类影响。

(2) 不利影响——导致控股方资产负债率上升。以淮北某 PPP 项目为例：工程总投资 22 亿元，其中工程建安费 7 亿元，前期土地等补偿费约 15 亿元。成立项目公司注册资本 4.5 亿元，其中控股方出资 80%，政府方出资 20%（0.9 亿元），合并投资公司报表导致集团资产总额至少增加 22 亿元，所有者权益增加 0.9 亿元+少量的当期利润（政府出资的 0.9 亿元在合并报表中列为少数股权，其他所有者权益全部抵销）。假设控股方现有资产总额为 400 亿元，据此推算，控股方投资 PPP 项目每增加 10 亿元，将导致控股方合并资产负债率上升 0.15 个百分点左右，并随着投资额每增长 10 亿元，合并报表资产负债率增速放缓 0.1 个百分点左右，具体情况如图 12-3 所示。

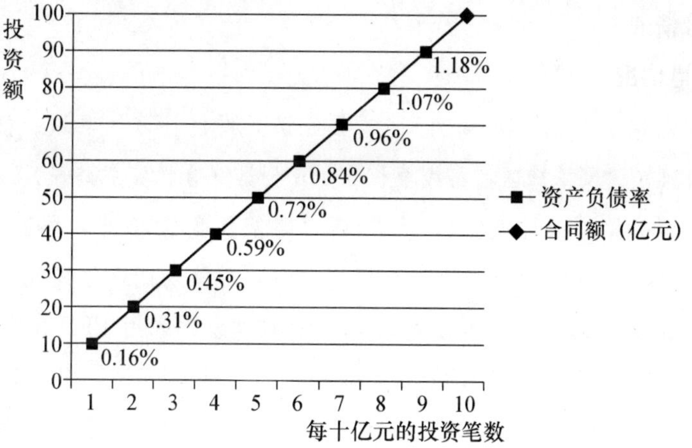

图 12-3

3. 不纳入合并范围的条件及有关影响

(1) 不并表的条件。如果不希望 PPP 投资公司纳入所有投资的合并报表，应放弃对投资公司的财务、生产经营管理等，不实质性控制投资公司，而是创造条件从事单纯的 PPP 项目施工和运营分包业务，从而规避并表要求。

(2) 不并表的影响。一是运营期间收入和利润下降：回购期应确认的收入、成本、利润无法体现，导致控股方的整体业务规模和盈利能力指标下降。二是不会导致资产负债率上升：投资公司不纳入集团合并报表范围，集团只进行正常的施工，按建造合同确认收入成本等，与集团其他施工业务无异。

4. 关于是否并表的建议

(1) 充分研究 PPP 项目情况，了解项目特征和有关政府方要求，特别是项目公司运营期及政府方回购条款。

(2) 对回购期能产生稳定的收入、利润、现金流的PPP项目投资公司，需要通过实质性控制后纳入合并报表。

(3) 对回购期不能产生或只能产生少量收入、利润、现金流的PPP项目投资公司，建议通过参股方式，以此达到不并表的需要。

案例12-5

PPP项目并表的影响

一、基本情况

(一) 项目情况

该项目起点位于Y、S省界，经××县经济开发区、××县城、桃TZ镇，至终点××县×××镇凤桥社区，路线全长53.16公里（含已完成路段）。技术标准为：双向四车道一级公路，设计速度80千米/时，路基宽度25.5米，路面宽21米（其中K28+230～K45+030为利用段，该段兼顾城市道路功能，红线宽35.5米），沥青混凝土路面。改建工程经××县人民政府批准建设，采用PPP模式社会资本方（AH建工集团有限公司）持70%股权，政府方授权主体（××县交通投资有限公司）持30%股权，双方共同组建项目公司——××县新凤公路投资有限公司。

该项目概算总投资约15亿元人民币，建设期2年，特许经营权年限10年。

该项目工程建设期24个月，于2018年7月完工。项目运营期10年，2018年年底开始申请回购，2027年全部回购完成。

(二) 项目运营及付费方式

项目建设完毕后交由项目公司全权负责改建工程运营，并设立道路收费，收费期限设定为10年。

项目公司运营期间每年度通过改建工程收取过路过桥通行费约1 050万元，除此以外，××县人民政府另外对项目公司支付财政补贴25 418万元，合计整个运营期取得运营收入和政府补贴共计26.47亿元。

二、PPP控股方并表影响

(1) 建设期。将项目公司纳入AH建工集团有限公司合并报表范围。由于AH建工集团有限公司对项目公司持股比例达到70%，且根据PPP合作建设协议约定，AH建工集团有限公司对项目公司具有实质性控制权，因此从建设期开始的主要影响如下（见表1）：

表 1　　单位：亿元

项目周期		投资额或运营收入	总资产	总负债	净资产	
					控股方资本	政府方出资
建设期	公司设立		3.75	0	2.625	1.125
	2016 年	−7.310 0	7.310 0	6.185 0	2.625	1.125
	2017 年	−7.310 0	14.620 0	13.495 0	2.625	1.125

从表 1 可以分析看出，建设期并表是出于合并抵销的需要，并表后将导致控股方资产、负债及所有者权益的增长，但是由于政府方出资数额较小，因此并表后将会导致控股方资产负债率上升。

(2) 运营期。运营期的主要影响如表 2 所示。

表 2　　单位：亿元

项目周期		投资额或运营收入	总资产	总负债	净资产		收入	归属母公司利润
					控股方资本	政府方出资		
运营期	2018 年	2.648 0	13.270 5	12.145 5	2.625	1.125	2.648	0.830 2
	2019 年	2.648 0	11.921 0	10.796 0	2.625	1.125	2.648	0.830 2
	2020 年	2.648 0	10.571 5	9.446 5	2.625	1.125	2.648	0.830 2
	2021 年	2.648 0	9.222 0	8.097 0	2.625	1.125	2.648	0.830 2
	2022 年	2.648 0	7.872 5	6.747 5	2.625	1.125	2.648	0.830 2
	2023 年	2.648 0	6.523 0	5.398 0	2.625	1.125	2.648	0.830 2
	2024 年	2.648 0	5.173 5	4.048 5	2.625	1.125	2.648	0.830 2
	2025 年	2.648 0	3.824 0	2.699 0	2.625	1.125	2.648	0.830 2
	2026 年	2.648 0	2.474 5	1.349 5	2.625	1.125	2.648	0.830 2
	2027 年	2.648 0	1.125 0	0.000 0	2.625	1.125	2.648	0.830 2
移　交			0.000 0	0.000 0	0.000	0.000	26.480	8.302 0

从表 2 可以分析看出，运营期并表将会给控股方未来 10 年提供稳定的收入和利润贡献；同时，随着运营收入实现，项目公司资产负债率将持续下降，控股方资产结构将不断优化。

12.6　PPP 项目其他模式的财务核算

由于 PPP 模式较多，本书难以一一列举，因此，选择其中有代表性的 BOO、TOT 模式予以解析，其余模式在其他章节予以概略说明。

12.6.1 BOO模式的财务核算

BOO模式由BOT方式演变而来，二者的区别主要是：BOO方式下社会资本方或项目公司拥有项目所有权，但必须在合同中注明保证公益性的约束条款，一般不涉及项目期满移交。

通常来说，BOO模式的适用范围小于BOT模式，适用于运行周期长、资金投入较大、运行平稳、投资回报稳定但预期偏低的项目，或者政府提供的特许经营权无法使得投融资方获得满意回报的项目。这种模式在污水治理、垃圾处理等项目中运用比较多，政府作出部分让步，允许经营方拥有项目产权，会激励部分投融资方参与。由于此类项目资金需求量大，经营方获得项目所有权后，可以将项目资产用于抵押融资，而这在BOT模式下一般难以做到。项目公司本身能获得融资，可更好地发挥PPP项目拥有有限追索权的优势，也可以适当地缓解投融资方的资金压力；同时，更适合ABS等新型融资模式。

在传统的由业主方主导运营的PPP模式下，往往效率低、运营成本高、扯皮现象多。在低私有化程度的BOT模式下，经营方往往会故意选择运营设施寿命期与特许经营期更多重合的设计，以期降低全生命周期的运营成本。对设备设施的维护往往会出现偷工减料或敷衍了事的情况。BOO模式则有一定的优势，产权、运营责任都由经营方自己负责，经营方因为要运营项目资产，所以会更注重长期效益，少有扯皮现象发生，能更加有效地提供优质的公共服务。而授予方（政府）通过给予投融资方对项目资产拥有所有权的高私有化的“优惠”，吸引了社会资本的投入。与相同条件的BOT模式相比，BOO模式可以凭借此理由有效压低政府向项目公司购买公共服务的价格，减轻财政压力。另外，按照中国法律的规定，土地不是私有的，项目设施的可用寿命周期和用途又受到特许经营协议的限定。在经历了整个BOO类项目漫长的特许经营期后，投融资方获得项目所有权，尤其是土地使用权的出让时间一般也即将到期，与BOT等模式相比，其最终获利程度如何，还有待探究。因此，BOO模式在中国应该有更大的推广空间。

值得注意的是，虽然整个项目的所有权属于经营方，但这种所有权是一种不完全的所有权，在特许经营期间，事实上经营方从来没有获得对项目资产的全部控制权，政府依然能对经营方施加影响。可以在协议中作出以下规定：禁止经营方转让特许经营权；禁止经营方出租项目设施；只允许经营方将资产用于为该设施的施工、运营维护而借款的抵押，禁止用于其他途径；对特许经营进行绩效考核，如果经营方提供的公共服务达不到协议规定的标准，则政府可按协议约定取消已授予的特许经营权。也就是说，项目设施的资产价值只能来源于所获得的特许经营权，如果没有特许经营权的支撑，则项目资产的价值必然大打折扣。金融机构在同意给予项目公司资金支持时，一般也是看重项目公司所掌握的特许经营权而非项目资产。

在BOO模式下，社会资本方或项目公司承担新建项目资产的规划、设计、融资、建设、运营、维护等职责。对于社会资本方拥有的BOO模式下的项目资产，可根据2号解释的内容判断社会资本方或项目公司是否拥有基础设施的控制权。拥有项目控制权的，按“固定资产”进行会计核算；不拥有项目资产控制权的，参照BOT业务进行会计核算。

《国际财务报告解释公告第12号——服务特许权协议》结论基础BC21指出：

> 国际财务报告解释委员会得出结论认为，经营方建造或购置或出于服务协议目的授予方给予经营方有权使用的基础设施的处理，应当由授予方是否按第5段所描述的方式进行控制来决定。如果被这样控制（在本解释公告范围内所有协议的情况），无论协议中哪方拥有合法权利，基础设施不应被确认为经营方的不动产、厂场和设备，因为经营方没有控制公共服务基础设施的使用。

对于控制权，在《国际财务报告准则第9号——金融工具》（IFRS9）中有如下规定：

> 主体是否保留了对被转移资产的控制，取决于受让人出售该资产的能力。如果受让人具有向不相关的第三方整体出售该资产的实际能力，并且能够单方面地行使这种能力，而不需要对该转移加诸额外的限制，则主体并未保留对该资产的控制。在所有其他的情形中，主体保留了对该资产的控制。

如果经营方不拥有对设施的控制权，则可按2号解释进行处理，且在项目设施竣工交付使用时，应核算资产交换的相应税收。

目前有观点认为，投融资方的特许经营权的取得与项目设施的构建无关，即项目设施竣工交付使用时，没有资产交换这一环节。甚至有观点不承认BOO模式属于PPP模式中的一种。

本书认为，上述观点有失偏颇。如果投融资方经评估认为，政府所能提供的特许经营带来的收入无法令其满意，或者因为其他原因，投融资方的获利风险较大，此时，为吸引社会资本，政府可能会加大出资比例，放弃出资部分的分红权利；或者采用延长特许经营期等方式降低投融资方的获利风险。BOO模式则是另外一种选择，投融资方最终获得项目资产的所有权，即特许经营期满后投融资方无须将项目设施移交给政府。政府之所以会采用BOO模式，主要是因为该项目对社会资本方缺乏足够的吸引力，导致项目无法落地。

与同等条件的BOT模式相比，在BOO模式中，作为授予方的政府，其所能提供的特许经营权的价值偏低，如果不另行提供补价，会导致投融资方权益受损。所以，本书认为，BOO模式下，政府之所以会允许投融资方获得项目资产的所有权，其实就是政府主动放弃获得项目资产所有权，以此作为资产交换的补价，使得投融资方获得了合理的投资回报。其实质依然是：投融资方根据合同约定，将构建的项目资产与政府相交换，政府获得项目资产后，由于提供的特许经营权价值不能令人满意，而政府又不愿意或者无法提供资金作为补价，所以政府将特许经营期满后的项目资产的控制权、所有权价值合计作为交换的补价，支付给投融资方。

如果政府在做项目资产价值评价时，预测特许经营期满后项目资产的价值依然较高，则可以通过确定合理的特许经营期（即减少特许经营权限），或者只允许融资方获得部分资产的所有权，使得交换的总价值达到平衡。

因此，投融资方用于交换的，依然是全部的项目设施，而不只是将特许经营期内的项目设施的控制权。如发生认知混乱，就会导致计税金额的计算错误。

12.6.2 TOT模式的财务核算

转让—运营—移交（TOT）模式指政府将存量资产所有权有偿转让给社会资本方或项目公司，并由其负责运营、维护和用户服务，合同期满后资产及其所有权等移交给政府的项目运作方式。这里不存在BOT模式中的“B”，即建造。TOT模式通常适用于政府已拥有一项用于提供公共服务的基础设施，但不愿自己承担提供公共服务的烦琐事项；或还需要另行提供其他公共服务，但政府财力有限又无力承担的情形。往往用TOT模式，政府在避免国有资产流失的同时，又维护了政府对公共基础设施的控制权，同时，还使得政府可高效地使用财政资金。对社会资本方而言，其优点是可避免建造期间的各种风险，无须等待漫长的无收益的建造期，项目设施可立即投入运营，项目运行费用也可较准确地进行估算。因此，TOT模式对政府和社会资本方双方都有较大的吸引力。

社会资本方通过政府或使用者付费实现投资运营回报。其项目资产所有权或经营权通常会在运营期末无偿移交给政府，所以，TOT 模式可以帮助政府通过盘活固定资产融资，同时引入先进的管理经营。

在进行项目资产初始移交的会计核算时，应根据 2 号解释中的内容判断社会资本方或项目公司是否对该项目资产是否拥有控制权。

（1）项目公司对移交资产不拥有控制权的，项目公司应以移交价款作为取得无形资产或金融资产的对价进行会计核算。

（2）项目公司对移交资产拥有控制权的，可参照《企业会计准则第 4 号——固定资产》《企业会计准则第 21 号——租赁》或其他相关准则进行会计核算。TOT 模式与 BOT 模式都是一种融资行为，其差别在于：BOT 模式是基于政府需要向社会提供某种公告服务，但提供该公告服务的基础设施还不存在，政府与社会资本方达成协议，由社会资本方投资建造，建成后，政府为补偿社会资本方的投入，允许其进行设定期限的特许经营。TOT 模式则是政府已经拥有该设施，但政府采取将该设施的经营权转让给社会资本方的方式，既回收了投入的资金，又能继续提供公共服务，可谓一举两得。相对来说，TOT 和 BOT 间再插入一个 BTO，过渡得似乎更加平顺。

目前，有税务机关与政府间就项目设施向经营方移交时是否应当征税产生了争议。本书以为，即使是政府授权的企业作为移交方，其实质依然是代表政府完成设施的移交，不改变政府与社会资本方之间的合作关系。不能因为授予方是政府授权的企业，就认为是授予方向经营方发出了应税的商业特许。

此外，就 TOT 协议的实质而言，该项目设施在特许经营完成后，必须交还给政府。因此，政府移交给企业的，与其说具体的设施，不如说是项目设施的经营权。经营方取得资产后，不可能按自己的心愿随意处置，比如转卖、出售等。所以，TOT 项目中政府向经营方转让项目设施，与融资租赁售后回租中的承租方向租赁方出售资产，混合型投资中的融资方出售股权一样，看似是发生了应税交易，其实仅仅是一种融资方式。

在《国际财务报告解释公告第 12 号——服务特许权协议》结论基础 BC69 中有如下规定："对于本解释公告范围内的服务协议，为了服务协议授予方提供给经营方的预先存在的基础设施项目不应确认为经营方的不动产、厂场和设备。"该规定也从另一侧面佐证了，在 TOT 模式下，政府从未失去过对项目资产的控制权，因此在项目设施向项目公司移交时，授予方（含政府或政府授权的单位）不应被征税。

而经营方在收到项目资产后，不应按资产的实物形态核算，而应按提供公共服务后收费的方式核算为金融资产或无形资产。

对于 TOT 模式，目前的难题在于营改增后，如果政府在向项目公司转让项目设施时不征收增值税，则经营方必然面临在漫长的经营期只产生销项税款却没有可供冲抵的进项税款的难题。如不解决，会使得项目公司的税负明显偏高，对项目公司有失偏颇。本书给出的处理方案与 BOT 项目换得特许经营权后未取得进项税款的情况相同。

12.6.3 BOT 模式的财务核算

在前文中，为便于读者理解，本书作者反复强调，在 BOT 模式下，投融资方构建了项目设施后，政府应向投融资方支付合同约定的对价。但实质上，政府与社会资本方（投融资方）签订 PPP 合同后，即已向投融资方授予了特许经营权。包括投融资方获得的项目设施构建权、后续经营权等。其中，后续经营权是需要合适条件触发的，因为政府之所以愿意授予投融资方特许经营权，除了要求投融资方提供合同约定的公共服务以外，还要求投融资方构建合同约定的合格的项目设施。反之，如投融资方未构建项目设施，也就无法触发后续经营权的生效。

因此，从政府的角度看，投融资方融资构建项目设施，正是投融资方根据合同约定，针对政府已授予的特许经营权行为，向政府支付的对价。BOT 项目是合同签订后，政府授予了投融资方特许经营权（部分是直接授予，如项目设施构建权），但未触发后续经营权。项目设施竣工达到交付条件后，即第一次交换完成，投融资方以构建的项目设施换取了完全的特许经营权。然后投融资方成立的项目公司或以其他方式确定的经营方，通过消耗特许经营权，提供后续的公共服务，换取了现金收入。也就是说，BOT 模式下存在两次交换。

但在 BTO 模式下，则略有不同，且该模式存在三次交换过程。其不同之处在于，投融资方在构建项目设施时，政府并未向投融资方授予后续经营权，其构建项目设施行为，只是单纯地准备为政府提供合同约定的项目设施，在项目设施完成后，政府必须进行项目回购，此时，BT 模式与之十分类似。之后，政府再允许投融资方运营已存在的公共设施，开展后续经营。在此期间，也有的以 MC 模式进行短期过渡。因此，BTO 模式非常像“BT＋TOT”模式的组合。

三次交换过程分别是：第一次，项目设施完成后，政府按约定进行回购，此时项目公司理论上有一笔对政府的应收款项；第二次，政府不支付回购现金，项目公司收到政府授予的特许经营权（以后续经营权为主），理论上项目公司应对政府有一笔应付款项。政府和投融资方不再互相支付款项，而是以应收和应付对冲。第三次，投融资方消耗特许经营权，通过提供公共服务，以收费抵除构建服务、公共服务的成本费用支出，并获得应得利润。

从税收的角度看，BOT 模式在项目构建合格、达到可使用状态时，投融资方和政府间完成了项目设施和特许经营权的交换。此时，项目公司必须及时计提销项税额。但在 BTO 模式下，即使是项目设施构建完毕后，项目公司也不应该立刻全额计提销项税额，而是应根据约定的政府支付回购款的时间，或者以政府向投融资方授予特许经营权的当日为销项税额计提日。此处，读者需要注意 BOT 模式和 BTO 模式的项目实质和财税处理差异。

12.7 《国际财务报告解释公告第 12 号——服务特许权协议》对我国的借鉴意义

在 2001 年和 2006 年，《国际会计准则解释公告第 29 号——服务特许权协议：披露》（以下简称 SIC29）和《国际财务报告解释公告第 12 号——服务特许权协议》（IFRIC12）分别发布，针对社会资本及服务特许权安排进行了全面的规范。IFRIC12 比 2 号解释要全面深入得多，本书重要业务顾问姜小华先生一直主张财政部应该尽快颁布 PPP 业务准则。

IFRIC12 和 SIC29 中有大量的内容对中国的特许服务核算有借鉴意义，鉴于中国的企业会计准则及其解释对特许服务内容的解析较为粗略，目前可供学习的主要是已经发布的上述两个解释公告，内容较为详尽。在不违背企业会计准则规定的前提下，读者可以学习这些解释公告的相关内容，以便更好地理解和运用我国的企业会计准则。

12.7.1 背景分析

国内企业会计准则的缺位，间接导致国内对特许经营权和特许经营服务核算的混乱。即使本书试图将多个会计准则的内容进行融合，也难以弥补准则缺项带来的不便。

我国过去长期提供财政出资修建基础设施，将其作为刺激经济发展的手段之一。比如著名的 2008 年“4 万亿政策”，中央拿出巨额资金用于基础设施建设，地方政府还要拿出部分配套资金。这种基础设施的建造模式，基本上由政府通过财政预算拨款来推动，对承建单位的资金实力和资质要求都比较严格，承建单位以国有或大中型私营或有限公司为主。

但是，随着投入的不断加大，政府所能提供的基础设施建设的后续资金日渐缺乏，政府，尤其是地方政府的负债比例不断升高。全国人大官方资料显示，2015 年年底，地方政府债务率为 86%，已经成为基础设施建设的阻碍而不是助力因素。因此，政府开始转变基础设施建设的思路，很多地方政府开始推崇 BT 项目模式。但多年的实践结果，显示了 BT 模式的一些弊端。我国政府机关，以财政部和发改委为代表，掀起了一股 PPP 热潮，引入合同形式的服务协议来吸引社会资本方参与这些公共服务基础设施的建造、融资、经营和维护。

中国政府力推的 PPP 项目主要模式是：政府授权社会资本方独自或者与政府共同成立（部分地方的规定中要求必须共同成立，但一般又规定持股比例不得超过一定限度）项目公司以特许经营模式来投资、运营项目，政府承担合理定价、财政补贴等相关责任，不承担项目的偿债责任。PPP 模式的要点有：（1）设立项目公司（股权模式）；（2）特许经营；（3）政府不承担债务。

国际上，同样有很多国家通过特许经营服务吸引社会资本方加入“政府—社会资本合作”的一揽子协议。

根据 IFRIC12 的解释，“政府—社会资本合作”协议的经营方承担的服务具有公共服务性质，这与商业的特许经营服务有显著的区别。这些协议反映了政府的公共政策，保证了无论完工后经营基础设施项目公司的股权是否转让，基础设施是否移交，政府都能通过合同约束经营方在经营期间内，代表政府向社会公众提供合同规定的服务。

我们将 IFRIC12 与 2 号解释中的概念对比列示于表 12-2。

表 12-2　　IFRIC12 与 2 号解释中的概念比较

合同双方	IFRIC12	2 号解释	社会惯用概念	构建对象	服务手段
甲方	授予服务协议方	合同授予方	政府；政府授权的企业	公共基础设施	特许经营服务
乙方	经营方	合同投资方	社会资本	公共基础设施	特许经营服务

IFRIC12 指出的服务协议的特征包括：

（1）经营方承担的责任具有公共服务性质。

（2）授予服务协议方（授予方）是公共部门主体，包括政府机构或被赋予了这一服务职责的私营部门主体。

而在财政部颁布的2号解释里，则有对BOT项目的类似规定："合同授予方为政府及其有关部门或政府授权进行招标的企业"。通过确定的授予方身份，就可以区别公用和商业协议。

(3) 经营方并不单纯扮演授予方代理人的角色，其至少要负责基础设施的一部分管理和相关服务工作。

2号解释里类似的解释为："合同投资方为按照有关程序取得该特许经营权合同的企业（以下简称合同投资方）。合同投资方按照规定设立项目公司（以下简称项目公司）进行项目建设和运营。项目公司除取得建造有关基础设施的权利以外，在基础设施建造完成以后的一定期间内负责提供后续经营服务。"政府发布PPP项目的起因就是能提供合格的公共服务，如果经营方完全不承担后续的管理和服务工作，就无法保证服务的质量，也就违背了政府的初衷。

(4) 合同设定了经营方收费的最初定价，并对服务协议期间的价格修订进行管制。

在国内，一般在签订PPP合同时，对政府付费模式的PPP项目，每年购买经营方利用合同约定的基础设施实施的特许经营权服务，就规定了数字（即使文件中有调整的机制）。

比如在政府发布的PPP项目中，政府提供PPP合同，对中标的投融资方或其投资设立的项目公司在使用基础设施过程中，必须提供的服务类型、提供服务的对象和服务的价格进行约束。

同时，向社会公众提供具有公告服务性质的特许经营，其价格通常也会受到价格主管部门的监控。由于目前中国的法制化还不如欧美完善，对价格和服务的约束机制还不够成熟，因此，此条供参考。

IFRIC12附录一 应用指南AG3指出："比如说合同赋予经营方有定价的自由，但是任何额外的利润都返还给授予方，那么经营方的收益被限定，且满足控制测试的价格因素。"在中国，PPP项目的经营方只能说总体上能符合该规定，但如果要严格界定，则对于"经营方有定价的自由，但是任何额外的利润都返还给授予方，那么经营方的收益被限定"的条件，需要辩证地看待。

(5) 不论基础设施最初是由哪方融资建造，在服务协议期末，经营方都要以极少或没有增量对价将规定状态的基础设施移交给授予方。

2号解释里对应的规定如下："特许经营权合同中对所建造基础设施的质量标准、工期、开始经营后提供服务的对象、收费标准及后续调整作出约定，同时在合同期满，合同投资方负有将有关基础设施移交给合同授予方的义务，并对基础设施在移交时的性能、状态等做出明确规定。"

BOO模式等特例情况的存在，使得本书有必要对此做一解释。我们认为，BOO模式下，经营方依然有义务将规定状态的基础设施移交给授予方。只是在起初双方签订协议时，政府即认为，政府授予的特许经营权的公允价值低于投融资方建造的项目设施的公允价值等，只有将政府将特许经营期到期后的项目设施也作为总体应支付的对价的一部分支付给投融资方，才能使双方都获得合理的收益。也就是说，即使是BOO项目，也同样有"经营方都要以极少或没有增量对价将规定状态的基础设施移交给授予方"这一环节。只是经营方有权要求政府立刻将该设施作为补价予以支付，表面看起来似乎是经营方从未将资产移交给政府。

这也是特许经营服务与"政府—社会资本合作"的内涵、外延不完全相同之处，毕竟，"政府—社会资本合作"有多项模式是经营者取得了基础设施的所有权的。所以，"政府—社会资本合作"的概念要大于特许经营服务。

IFRIC12对特许经营服务特征的规定如表12-3所示。

表12-3　　IFRIC12对特许经营服务特征的规定

1	经营方承担的责任具有公共服务性质
2	授予服务协议方（授予方）是公共部门主体
3	经营方至少要负责基础设施的一部分管理和相关服务工作
4	合同设定经营方收费的最初定价，并对服务协议期间的价格修订进行管制
5	服务协议期末，经营方要将符合规定状态标准的基础设施移交给授予方

12.7.2 适用范围

IFRIC12作为国际财务准则的一部分，一般只适用于授予方始终控制的政府—社会资本特许服务权协议中经营方的会计核算。

在政府—社会资本服务特许权协议到期后，政府通过所有权、收益权或其他形式控制该基础设施的重大剩余权益。

1. 哪些协议可由IFRIC12解释

根据IFRIC12第6段，只要是满足以下两个条件的政府—社会资本服务特许权协议，尤其是第一个条件（该条件为第一顺位条件，且可以单独成立），则协议使用的基础设施，在其全部有用期间内（资产的全部寿命期间）都适用于IFRIC12：

（1）授予方始终对基础设施经营方提供的服务拥有控制，包括经营方按协议提供的公共服务的服务类型、对象、价格等。

（2）协议期满，授予方通过其拥有的对基础设施的所有权、收益权或其他形式控制该基础设施的重大剩余权益。

因此，即使是经营者获得了资产所有权的PPP模式，如BOO，也可以适用IFRIC12。

授予方对所有重大剩余权益的控制既限制了经营方出售或抵押、质押该基础设施的能力，也赋予授予方在合同期内对基础设施有使用的权利。

2. IFRIC12适用于哪些情形

（1）合同约定用于“政府与社会资本合作”协议的基础设施；（本段的核心是基础设施。）

（2）合同约定政府给项目公司使用现有基础设施的权利的项目。（本段的焦点在权利。）

3. IFRIC12不规范授权方的会计处理

国际财务报告解释委员会认为，在许多情况下，授予方是政府机构，而政府机关为组织利用基础设施向公众提供公共服务是非营利行为。国际财务报告准则是用于营利行为的，所以最终不规范授权方的会计核算。

社会资本参与PPP项目服务的类型详见表12-4。

表12-4　　社会资本参与PPP项目服务类型表

参与方角色	承租人	服务提供者			所有者	
典型的PPP模式	租赁（经营方不具有控制某项资产使用的权利）	服务以及（或者）维护合同（运维）	改建—运营—移交（ROT）	建设—运营—移交（BOT）	建设—拥有—运营（BOO）	100%出售或私有化或公司
资产所有权归属	授予方	授予方			经营方	
需求风险归属	共担	授予方	经营方、授予方		经营方	
时间期限	8～20年	1～5年	25～30年		25～30年	不确定
剩余权益归属	授予方		授予方		经营方	
相关准则	《国际会计准则第17号》	《国际会计准则第18号》	《国际财务报告解释公告第12号》		《国际会计准则第16号》	

说明：本表摘自IFRIC12随附文件注释2。

12.7.3 对我国影响的重点：项目公司对基础设施的权利的会计处理

“政府与社会资本合作”协议规定的基础设施不应确认为项目公司拥有的不动产、厂场和设备。因为双方签订的特许经营服务协议通常没有约定将用于提供公共服务的基础设施的所有权移交给项目公司。项目公司按照合同规定，获得使用该基础设施来提供公共服务，并获得应有利益。

例如，某污水处理 PPP 项目采用 BOT 模式，合同约定按政府付费方式运作，运营期为 30 年，合同到期后，将基础设施移交给政府，项目公司解散。为达到合同要求的特许经营服务标准而构建的基础设施，不能核算为该项目公司拥有的固定资产。而应根据其收费方式，按付出的工程支出计为金融资产。

1. 协议对价的确认和计量

根据协议规定，项目公司或项目公司授权委托的经营方是服务的提供者。经营方建造或改良用于提供公共服务的基础设施（建造或改良服务），并在规定时期内运营和维持该基础设施（运营服务）。

经营方应根据《企业会计准则第 14 号——收入》确认和计量其所提供服务产生的收入。IFRIC12 认为，经营方应根据《国际财务报告准则第 15 号》确认和计量其所提供服务产生的收入。对价的性质决定了后续会计处理，收取的对价应作为金融资产和无形资产进行后续会计处理。

2. 政府给项目公司提供的对价的会计处理

如果项目公司提供了建造或改良基础设施的服务，政府应按照《国际财务报告准则第 15 号》确认已收或应收的对价。政府应支付的对价只可能是对以下资产的权利：一是金融资产；二是无形资产。

（1）金融资产。项目公司构建公共基础设施，根据合同约定，应从政府收取现金或其他金融资产，作为构建并转移基础设施应收取的对价，这样的可以无条件获取的合同权利应确认为一项金融资产。理论上政府应无条件支付，经营方的项目公司具有无条件收取现金的权利。

如果政府在合同中保证向经营方项目公司支付：①确定的金额；②应收款，则应确认为金融资产。

若公共基础设施的使用者付出使用费用后的金额，与项目公司按合同约定应收取金额间有差额，即使项目公司获得的支付，是完全按照确保基础设施符合规定的质量或效率要求而设定的。现在我国普遍将其定义为可行性缺口补助模式。也就是在项目公司取得营业收入，但不足以获得合同约定的应收取金额的情况下，政府按合同约定，保证经营方项目公司可获取规定或可确定的金额，或者承诺项目公司可获得应收的权利。

2号解释中的说法相对更符合中国的语言习惯，但实质相同："合同规定基础设施建成后的一定期间内，项目公司可以无条件地自合同授予方收取确定金额的货币资金或其他金融资产的；或在项目公司提供经营服务的收费低于某一限定金额的情况下，合同授予方按照合同规定负责将有关差价补偿给项目公司的，应当在确认收入的同时确认金融资产，并按照《企业会计准则第22号——金融工具确认和计量》的规定处理。"

按照IFRIC12的要求，项目公司取得的金融资产必须按实际利率计算利息，并按摊余成本计量；也可以以公允价值计量并将其变动计入其他综合收益；或者计入损益。

金融资产按照规定可分为四类：一是以公允价值计量且其变动计入损益的金融资产；二是持有至到期投资；三是贷款和应收款项；四是可供出售金融资产。

IFRIC12结论基础BC61指出："《国际财务报告解释公告第12号》第24段认为："公共—私营服务协议金融资产不应分类为持有至到期投资。"

《国际会计准则第39号——金融工具：确认和计量》第9段规定：金融资产如果满足贷款和应收款项的定义，就不分类为持有至到期投资。持有至到期投资的资产如果满足贷款和应收款项的定义，就不分类为持有至到期投资。

国内有部分文章中出现了将PPP、BT项目构建基础设施过程中应确认的金融资产计为持有至到期投资的错误，已在第3章"BT项目会计核算的政策规定"进行分析，此处不再赘述。

(2) 无形资产。如果项目公司通过构造基础设施（无论是否提供建造服务）取得一项向公共服务使用者收费的权利（许可），按IFRIC12的规定就应确认为无形资产。无论是通过非货币性资产交换还是用货币性资产和非货币性资产结合取得的。这时，与前述的可向政府无条件收取的合同权利不同，向公共服务使用者进行收费的权利不是无条件收取现金的权利，公共服务使用者拥有选择权，可收取的金额可能事先不确定，这取决于公众使用服务的程度。

2号解释中的规定是："合同规定项目公司在有关基础设施建成后，从事经营的一定期间内有权利向获取服务的对象收取费用，但收费金额不确定的，该权利不构成一项无条件收取现金的权利，项目公司应当在确认收入的同时确认无形资产。”

税务处理：根据《国际会计准则第 38 号——无形资产》，无形资产在经营方预期可使用期间内进行摊销。目前税务机关一般认可按直线法摊销。

（3）混合型。如果经营方提供建造服务，一部分得到金融资产，一部分得到无形资产，就有必要对经营方对价的各组成部分单独进行会计处理。已收或应收两个组成部分的对价应按照《国际财务报告准则第 15 号——客户合同收入》的要求进行初始计量。

2 号解释中的规定是：“按照特许经营权合同规定，项目公司应提供不止一项服务（如既提供住宿又提供餐饮）各项服务能够单独区分时，其收取或应收的对价应当按照各项服务的相对公允价值比例分配给所提供的各项服务。”

两者在理解上容易发生混淆。IFRIC12 规定了取得对价时，如果是有政府的最低担保导致同时收到金融资产和无形资产，属于混合模式，应分别核算。2 号解释则要求项目公司在运营期间，如有不同的服务（兼营），应将收入进行区分。

3. 运营服务的会计处理

（1）IFRIC12 要求经营方按照《国际财务报告准则第 15 号——客户合同收入》对运营服务收入进行会计处理，并将基础设施保持在特许服务合同要求的设施完好程度，如果达不到就要通过修理、维护来达到。

我国的企业会计准则还未颁布类似的规定，但一般特许经营合同中都有规定，要求经营者必须在移交前负责对基础设施进行维护，达到完全的服务能力。

（2）IFRIC12 要求经营方有一定的履行合同义务的能力，包括：

①维持该基础设施保持合同规定水平的运营维护能力。

②在服务协议期末移交给授予方之前，将该基础设施恢复到规定状态。

维持和恢复基础设施的这些合同义务，除改良部分外，均应按报告期末清偿现时义务要求的最佳支出估计数计量。

在我国的企业会计准则里，《企业会计准则第 13 号——或有事项》里也规定：

> 第五条　预计负债应当按照履行相关现时义务所需支出的最佳估计数进行初始计量。
>
> 所需支出存在一个连续范围，且该范围内各种结果发生的可能性相同的，最佳估计数应当按照该范围内的中间值确定。

在其他情况下，最佳估计数应当分别下列情况处理：

（一）或有事项涉及单个项目的，按照最可能发生金额确定。

（二）或有事项涉及多个项目的，按照各种可能结果及相关概率计算确定。

因此，PPP模式中的项目公司可按照维护、修复特许经营设施至完全可使用状态所需支出的最佳估计数确定。

4. 经营方发生的借款费用的会计处理

《企业会计准则第17号——借款费用》（CAS17）和2号解释的规定是：可归属于协议的借款费用应在发生时确认为费用，除非经营方根据合同有取得无形资产的权利（向公共服务使用者收费的权利）。在这种情形下，根据该准则，可归属于协议的借款费用应当在协议的建造阶段资本化。

IFRIC12主张的首选方式为借款费用在发生时费用化。只有相当于使用者付费模式时，即经营方取得的收费权本身是一项无形资产时，才主张可归属于该协议的专项借款费用应当在建造期间资本化。

2号解释中规定："建造过程如发生借款利息，应当按照《企业会计准则第17号——借款费用》的规定处理。"

而CAS17第四条规定："企业发生的借款费用，可直接归属于符合资本化条件的资产的购建或者生产的，应当予以资本化，计入相关资产成本；其他借款费用，应当在发生时根据其发生额确认为费用，计入当期损益。

符合资本化条件的资产，是指需要经过相当长时间的购建或者生产活动才能达到预定可使用或者可销售状态的固定资产、投资性房地产和存货等资产。"

由上述规定可见，中国规定的资本化的条件有两个。

（1）"要经过相当场时间的构建或生产活动才能达到预定可使用或可销售状态。"在PPP模式中，无论经营方在构建过程中形成的是金融资产还是无形资产，构建活动都要经过相当长的时间。

（2）关于可资本化的资产类型，CAS17只列举了固定资产、投资性房地产和存货这三类，并未包含金融资产和无形资产。由于无形资产可以资本化是确定的，由此可知，该列举形式并非穷尽法，而是例举法。"等资产"可包括固定资产、投资性房地产和存货这三类资产以外的其他资产。项目公司为构建用于提供公共服务的项目设施，在进行财务处理时核算为金融资产或无形资产，从上述三项例举，无法直接判断其专项借款的利息是否可资本化。至于是否符合，还是要看前半句"经过相当长时间的构建或生产活动才能达到预定可使用或可销售状态”。因此，金融资产和无形资产都属于“符合资本化条件的资产”。如果未来企业会计准则的修订走无限趋同路线，CAS17 或可能出现的特许经营准则或许会规定，为构建金融资产而借入的借款费用不能资本化。但企业会计准则未修改之前，按照相关规定，企业构建的金融资产，其借款费用可能是符合资本化要求的。

同时，PPP 项目中构成金融资产的条件是可以无条件地向合同授予方收取确定金额的货币资金或其他金融资产等。根据该定义无法判断是否可以资本化，也就是说，无法排除其资本化的合理性。

另外，也不能排除经营方自建的可能，在 2 号解释里，财政部也认可：“应当在确认（建造）收入的同时确认金融资产，并按照《企业会计准则第 22 号——金融工具确认和计量》的规定处理。”这样的金融资产并不是在构建时可立刻按预定用途使用或销售的，而是经营方经过相当长时间的购建逐步建造形成的。所以，按照中国的国情，CAS17 和 2 号解释未排除金融资产可资本化的可能。

需要注意的是，按文件的规定，短期生产的存货，没有“经过相当长时间的构建或生产”这一过程，是不可以资本化的。

《国际会计准则第 23 号——借款费用》（IAS23）明确：可直接归属于符合条件的资产的购置、建造或生产的借款费用应确认为该资产成本的组成部分。

根据具体情况，下列资产可能是符合条件的资产：

（1）存货；

（2）生产厂房；

（3）电力生产设施；

（4）无形资产；

（5）投资性房地产；

（6）生产性植物。

金融资产和短期内生产或制造的存货不属于符合条件的资产。即取得时即可按预定用途使用或销售的资产不属于符合条件的资产。

国际会计准则不主张特许经营合同中的经营方项目公司构建或支付构建的金融资产过程中发生的借款利息可以资本化。

IFRIC12 结论基础 BC58 指出：“对于本解释公告范围内的协议，国际财务报告解释委员会认为……金融资产（即授予方给予经营方收取现金或其他金融资产的合同权利作为建造服务的回报）不满足经营方符合条件的资产的定义。”

5. 授予方向经营方提供的项目的会计处理

特许经营合同的授予方为达成合同规定的特许经营目的而向经营方提供的基础设施项目，不能确认为经营方的固定资产。在前文中也已明确，经营方构建的资产，应在确认收入的同时按金融资产或无形资产处理，同样不应当处理成固定资产。

授予方也可能将其他项目（非特许服务合同规定的基础设施）提供给经营方。如果这些资产是服务授予方应向经营方支付的对价的一部分，就不应处理成政府补助，而是应按照《国际财务报告准则第 15 号》中定义的交易价格进行处理（即认定为收入）。

这些内容，在 2 号解释中的说法为："BOT 业务所建造基础设施不应作为项目公司的固定资产。授予方可能向项目公司提供除基础设施以外其他的资产，如果该资产构成授予方应付合同价款的一部分，不应作为政府补助处理。项目公司自授予方取得资产时，应以其公允价值确认，未提供与获取该资产相关的服务前应确认为一项负债。"

这里 2 号解释并未说明，项目公司自授予方取得的资产是否需要专用于构建基础设施或用于特许经营服务。如果仅仅用于支付对价，允许项目公司用于其他业务，还需要在未提供与该资产相关的服务前继续确认为负债吗？根据上下文语境推测，本书认为，2 号解释可能确实未将政府授予经营方的特许经营权视为获取项目设施应支付的对价。

我们将 IFRIC12 与 2 号解释的比较列示于表 12-5 中。

表 12-5　　IFRIC12 与 2 号解释的比较

内容	IFRIC12	2 号解释	差异
适用范围	所有特许服务	BOT	总体上差异不大
适用条件	合同授予方为政府及其有关部门或政府授权进行招标的企业等 3 条	经营方承担的责任具有公共服务性质等 5 条	IFRIC12 的划定更为清晰明确
对价的规定	金融资产、无形资产、混合型	金融资产、无形资产	2 号解释规定了项目公司提供不止一项服务时，取得的对价要进行分配
政府付费的计量	按摊余成本计量，使用实际利率法计算利息并确认为损益	未规定	应比照处理
建造、改建等的服务	按 IFRS15 确认客户合同收入	实际构建则确认建造收入	后续两者应会趋同，目前收入的确认、递延所得税等有差异
授予方向经营方提供基础设施项目构成授予方应支付对价的	不作为政府补助处理，按照 IFRS15 中定义的交易价格计量	不作为政府补助处理	2 号解释要求未提供与获取该资产相关的服务前应确认为一项负债

12.8 《国际会计准则解释公告第29号——服务特许权协议：披露》对我国的借鉴意义

特许权经营方（不一定是基础设施的投资方或项目公司）在经过招标或竞争性谈判获得特许经营权后，会与特许经营权的授予方（政府或政府授权的企业）签订特许经营协议，在完成构建或买入项目设施后，要按照政府—社会资本合作的协议中约定的内容，向社会公众提供公共服务。

为使读者能清晰了解文件的原意，SIC29给出了比较明确的案例。例如，服务特许权协议属于向社会公众提供公共服务，包括污水处理和供给设施，海绵、智慧城市，以及市政公路、高速公路、汽车停车场、隧道、桥梁、机场和通信网络等面向公众的服务。明显不属于服务特许权协议，而是私—私商业经营的例子包括：某单位发布外包信息，要求承包单位对发包单位内部提供服务。SIC29给出的案例是单位内部的员工食堂外包、自建或取得的建筑物维修、单位的会计或信息技术功能外包等（见表12-6）。

表12-6

合同授予方	达成协议	服务内容	举例
政府或政府授权的企业	特许经营协议	公共服务	污水处理和供给设施；海绵、智慧城市；市政公路、高速公路等
私营单位	提供服务协议	商业服务	单位内部的员工食堂外包、自建或取得的建筑物维修、单位的会计或信息技术功能外包等

说明：表中的"私营单位"仅用于表示非政府或政府授权单位，即不限于私营企业，很可能包括国有或国有控股企业。

12.8.1 协议双方的权利义务

特许经营权的授予方（政府或政府授权的企业）与特许权经营方为达成特许经营和提供社会公共服务的目的，在协议期间，一般要互相承诺履行各自的权利与义务（见图12-4）。

所有的特许经营服务协议，都会在给予经营方特许经营权的同时，要求经营方承担一定的提供公共服务的义务。这也是政府推出合作项目的初衷。

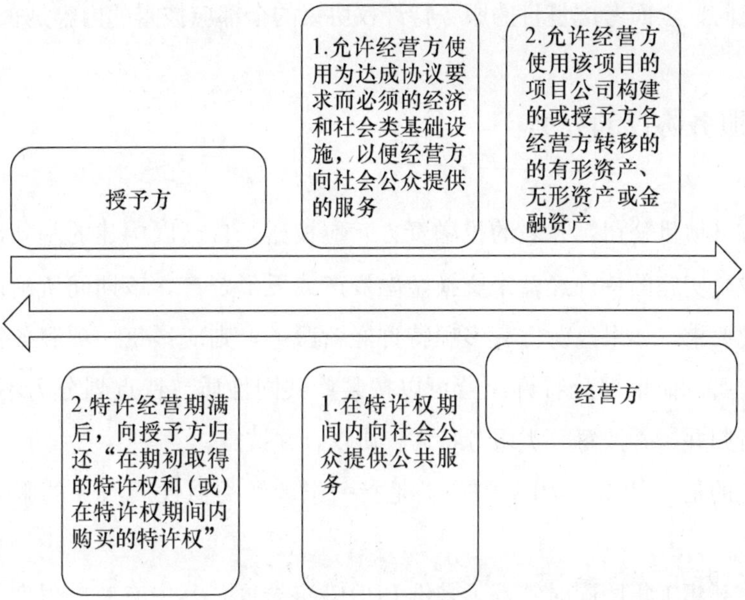

图 12-4　协议双方的权利与义务

授予方在特许权期间内向经营方提供特许经营权的具体内容包括：

（1）允许经营方使用为达成协议要求所必需的经济和社会类基础设施，以便经营方向社会公众提供的服务。

（2）允许经营方在某些情况下，为达成协议要求使用该项目的项目公司构建的或授予方向经营方转移的的有形资产、无形资产或金融资产。

同时，作为协议的一方，经营方同样应当做到：

（1）在特许权期间，按照协议约定的条款和条件向社会公众提供公共服务。

（2）在协议约定的特许经营期满后，向授予方归还“在期初取得的特许权和（或）在特许权期间内购买的特许权”。

SIC29 对授予方和经营方在自己的财务报表的附注中应如何披露、需披露哪些信息给予了明确，但不是全部的业务都包含在内。虽然“与某些服务特许权协议相关的某些方面和披露，已经由现行国际财务报告准则规定（例如，《国际会计准则第 16 号——不动产、厂房和设备》适用于不动产、厂场和设备项目的取得，《国际会计准则第 17 号——租赁》适用于资产租赁，《国际会计准则第 38 号——无形资产》适用于无形资产的取得）”，但是，这些国际财务报告准则只规范了各自负责部分的内容，一些没有被规范到的特许权协议内容如何披露，一般由 SIC29 进行规范。

为防止错误或者不完整的信息披露产生误导，SIC29 要求协议双方在附注中披露有关信息时，全面考虑签订的服务特许权协议的全部应披露的内容是否周详。

12.8.2 服务协议的分类

经营方（项目公司，并表的投融资方）应披露，自己以构建的基础设施以及依托该基础设施实施的特许经营来交换金融资产或无形资产，该期间所确认的收入及损益。按此要求，如果经营方有多项特许经营服务，则应按每一项服务特许权协议分别进行披露。如果部分特许经营可以按某些共同性质、特点划分为不同的大类，可按类进行归并，并按每一类服务特许权协议合并披露。

应注意的是，SIC29 指出，“一类是指一组涉及类似性质服务的服务特许权协议”。

例如，某建工集团同时签订了多份 PPP 业务合同，其中有政府付费的工业园区开发项目，两个污水处理加公益市政园林项目，以及多个市政公路项目，则应分类分别披露。

12.9 PPP 项目实施过程中的税收问题

12.9.1 PPP 项目资产交换环节的进项税款缺失问题

PPP 项目的资产交换环节会发生应税行为，进而导致应交税款的产生。下面以 PPP 项目中比较典型的 BOT 和 TOT 模式为例加以说明。

在 BOT 模式下，项目公司以构建投入的建设服务，换取政府授予特许经营权利。从政府的角度看，就是在经过物有所值评价后，对项目公司的建造服务的公允价值进行了评估，并以等值的若干年的特许经营资格作为对价，换取项目公司投入资金构建项目设施的建造服务。

在 TOT 模式下，政府将已可运营的完备的、可用于提供公共服务的基础设施的所有权有偿转让给社会资本方或项目公司，并由其负责运营、维护和用户服务，合同期满后，社会资本方再将项目资产及其所有权移交给政府。前文已阐述过，在 TOT 模式下，政府将项目资产转让给选择向该项目投融资的社会资本方（一般是投融资方设立的项目公司)，从政府的角度看，不应缴税。

但是，无论是 BOT 还是 TOT，或者其他的 PPP 模式，都存在一个无法绕开的问题：项目公司取得特许的经营权利后，该权利在换入时，没有带来进项税额，在将来项目公司运用该特许经营权获取收入时，产生的销项税款将面临无进项税额可抵扣的问题，会出现近乎全额缴税的现象。对于经营方而言，这是不公平的。

12.9.1.1 BOT 模式下的处理

按传统的 PPP 财税处理思路，项目公司向施工方支付建造费用，应当按照建造过程中支付的工程价款等考虑合同规定，分别确认为金融资产或无形资产。根据 2 号解释的规定，“项目公司可以无条件地自合同授予方收取确定金额的货币资金或其他金融资产的；或在项目公司提供经营服务的收费低于某一限定金额的情况下，合同授予方按照合同规定负责将有关差价补偿给项目公司的，应当在确认收入的同时确认金融资产，并按照《企业会计准则第 22 号——金融工具确认和计量》的规定处理”；“合同规定项目公司在有关基础设施建成后，从事经营的一定期间内有权利向获取服务的对象收取费用，但收费金额不确定的，该权利不构成一项无条件收取现金的权利，项目公司应当在确认收入的同时确认无形资产”。

正确的处理方式应该是，项目公司根据是否可以无条件地自合同授予方收取确定金额的货币资金或其他金融资产，或根据在项目公司提供经营服务的收费低于某一限定金额的情况下，合同授予方按照合同规定负责将有关差价补偿给项目公司的情形，按支付的工程款的数额核算项目成本，在核算了建造期间的利息费用和合理的利润额后，通过与政府谈判，最终确立构建该项目设施的公允价值，并以此为依据核算换入资产的价值，并计算缴纳资产换出时的税金（换入资产没有进项税额）。在后续经营期，根据收入的实质，分别按相应的税率计算缴税即可。项目最终结束特许经营期，移交政府时无须缴税。

12.9.1.2 TOT 模式下的处理

TOT 模式本质上与 BOT 类似，只是政府已有用于提供公共服务的设施，不再需要投融资方"垫资"建造，而是要求投融资方将资金直接支付给政府以"购买"特许经营权。不同的是整个交易的过程，相同的是项目公司依然无法取得进项税金。

12.9.1.3 对策建议

对于PPP模式下项目公司取得政府授予的特许经营权没有进项税金，从而导致后期提供公共服务期间取得经营收入税负较高的问题，若不予解决，将会严重打压社会资本方参与PPP项目的热情。这也有违政府大力推行PPP模式的初衷。

对此，本书给出以下解决方案：

（1）将政府应支付给企业构建项目设施的公允价值总额及投入运营后的利息，按特许经营期平均分解到各经营年度（可以考虑再分解到各申报期内），与经营方在经营当期取得的全部收入（含政府应给予的构成支付对价的组成部分，包括可行性缺口补助和其他各类资产价值，如划拨和低价租赁的资金、土地等）相比较，在收入高于分解金额时，将差额换算为不含税金额后，按适用税率计算缴税。如收入低于分解金额，则允许将差额部分挂账，待以后各期以收入冲抵。

（2）项目公司后期运营收入允许全额简易计征。

12.9.2 预计负债的调整问题

根据PPP协议，项目公司应该在特许经营到期前，将项目设施修缮完毕，待项目设施达到协议规定的状态后再移交给政府。事实上，这笔支出是项目公司获得政府授予特许经营权的必须性支出。

上述支出，在特许经营期间属于未实际发生的费用，财务核算时计入企业各经营期间的主营业务成本，但按照企业所得税法规的规定，该笔类准备性质的预计负债应该在汇算清缴期予以调整。

本书认为，这笔维修支出，事实上是在特许经营即将结束甚至已结束的时段发生的，此时已无相对应的收入与之匹配。如果在经营期予以调整，事实上会导致项目公司的特许经营前期虚增应税所得额，在全经营期内不合理地多缴企业所得税。建议国家税务总局对此予以明确。

12.10　综合案例[1]

案例 12-6

授予方向经营方提供一项无形资产（对使用者收费的许可权）

一、基本情况

协议条款：J 省 N 市科技局发布该市知识产权大楼 PPP（BOT）项目。

项目业主：N 市国有资产投资经营有限公司（以下简称 N 公司）。

项目内容：经营方在整个特许经营期内有权将项目设施进行运营、维护，按协议约定足额收取房屋出租租金、停车费、广告费、物业管理费，及其他合法收入。

投资规模：预算 3 亿元，其中 1 亿元为股东投入，2 亿元利用项目融资手段筹集。

项目实施主体：本项目由 S 建设施工企业集团、B 建设投资基金管理有限公司及授予方共同发起设立项目公司，授予方占股 10%，B 建设投资基金管理有限公司占股 10%。各方按股权比例分享经营收益。S 建设施工企业集团承建项目设施。

运作模式：项目前期费用 500 万元由授予方垫付，待项目公司成立后，项目公司据实结算后支付给授予方，纳入项目投资总额。假设面积为 100 000 平方米，建设时间为 2 年。为便于核算理解，假设特许经营期限为 10 年（实际为 28 年），超额利润由三方按股权比例分享。协议条款同时要求经营方在移交前半年对项目进行大修。

二、分析说明

（1）本案例中，授予方向经营方提供一项无形资产，其实质就是经营方和授予方分别以自己构建的资产和向使用者收费权进行非货币性资产交换。经营方以换入的收费权进行运营，再次取得收益的过程，类似于某工业企业以外购原材料换取其他企业的生产设备，再以换入的生产设备进行生产，产生新的效益。

（2）本案例中，项目公司营业收入主要来自出租办公用房、办公场地和一楼门面取得的租金以及物业费收入，广告费，地下停车场取得的停车费收入等。上述费用主要取决于客户的使用程度，无法事先准确估计，符合无形资产的定义。

[1]　案例经由作者加工编纂。

（3）土地使用税和房产税等其他税费在特许经营期间由项目公司承担。为简化案例，不予赘述。

三、会计处理

1. PPP实施主体即项目公司设立的会计处理

授予方、S公司、B基金出资设立项目公司时，根据各方的出资方式，其账务处理为：

借：银行存款等资产类科目

贷：实收资本

2. 项目公司在知识产权大楼建设期的会计处理

（1）在建设期，对项目公司而言，是形成PPP合同资产的过程，因为PPP合同资产对应的是不动产建设，很多企业目前习惯用“在建工程”科目归集在合同资产的形成过程中发生的成本费用。根据现行增值税政策，如果项目实行简易计税，则形成合同资产过程的各项成本费用支出所含的增值税额计入成本费用；如果项目实行一般计税，则形成合同资产过程中的各项成本费所含的增值税额应当通过“应交税费——应交增值税（进项税额）”科目归集。假设项目公司为一般纳税人，实行一般计税。发生建设成本、费用时，账务处理为：

借：在建工程——知识产权大楼（前期费用等）

应交税费——应交增值税（进项税额）

贷：应付账款等

根据2号解释的规定，则建议账务处理为：

借：无形资产——知识产权大楼（前期费用等）

应交税费——应交增值税（进项税额）

贷：应付账款等

事前发生的勘察设计费等前期费用，由项目公司拨付款项。为防止出现“三流不统一”的抵扣异议，建议经营方依然付款给提供服务的企业，原授予方垫款提供服务的由企业退还。（如主管税务机关同意，也可签订三方抵账协议。但发票必须由勘察设计单位向项目公司开具。）不建议由垫付方向项目公司开具发票。账务处理为：

借：在建工程——知识产权大楼——预付工程款（N公司垫付款）等[1]

应交税费——应交增值税（进项税额）

[1] 在本案例中没有直接归集为无形资产，是为了便于说明；选择简易计税，税金直接计入工程成本；选择一般计税则计入进项税额。

贷：银行存款

同样，推荐账务处理为：

借：无形资产——知识产权大楼——预付工程款（N 公司垫付款）等

应交税费——应交增值税（进项税额）

贷：银行存款

（2）归集项目设施成本（以施工企业开具的发票等为依据）时，账务处理为：

借：无形资产——知识产权大楼

应交税费——应交增值税（进项税额）

贷：相关对应科目

（3）对于建造收入，因为项目公司将施工转移给 S 建设施工企业集团承担，未提供实际建造服务，所以建设期项目公司不确认建造服务收入。

（4）合同规定，经营方必须在 10 年后基础设施移交前进行大修，按预算计入资产成本（协议规定政府承担）。账务处理为：

借：无形资产——知识产权大楼

贷：预计负债

3. 资产交换的会计处理

项目设施完工交付给项目公司后，因为合同约定在特许经营期满后应移交给授予方，按照合同规定，授予方应向经营方支付对价——向使用者收费的权限。根据 2 号解释的规定，应核算为无形资产。

（1）换入资产的核算。

换入资产成本＝换出资产含税公允价值＋支付的含税补价（－收到的含税补价）－可抵扣的增值税进项税额＋应支付的相关税费

（2）账务处理。

借：其他权益性无形资产——特许经营权（向使用者收费的权利，由政府授予）

应交税费——应交增值税（进项税额）（理论上无法索取到增值税专用发票进行抵扣，但可尽力争取）

贷：其他业务收入（实际应根据企业经营范围确定）

应交税费——应交增值税（销项税额）

借：其他业务成本

贷：无形资产——知识产权大楼

4. 项目公司（经营方）在经营期的会计处理

(1) 换入资产（收费权）投入使用后，向设施使用者——租户和广告商分别收取租金和物业费，按各自业务和预计利润率分配收入比。账务处理为：

借：银行存款

　贷：主营业务收入（客户租金）

　　其他业务收入（物业费）

　　应交税费——应交增值税（销项税额）（税率11%）

　　　　　——应交增值税（销项税额）（税率6%）

(2) 换入的无形资产，按特许经营期，以直线法进行摊销，至期末摊销完毕。账务处理为：

借：管理费用

　贷：累计摊销

(3) 如果经营期内产生盈余，要向S公司、B基金及授予方分配股利。分配时：

借：利润分配——未分配利润

　贷：应付股利

5. 经营期满移交资产的会计处理

PPP合同确定，经营期满后，PPP合同资产应当无偿移交给授予方。根据以上会计处理分析，经营期满后，无形资产等科目经摊销后，余额为零，因此，可不做会计处理，直接移交。

如果无形资产摊销通过"累计摊销"科目核算，则应将两者对冲，即：

借：累计摊销

　贷：无形资产

案例12-7

授予方向经营方提供一项金融资产

一、基本情况

项目名称：H市海绵城市建设PPP（ROT）项目。

项目业主：A省H市开发建设有限责任公司（以下简称H公司）。

项目内容：海绵城市工程建设中的源头、中端和末端的建设项目，源头项目包括道路的LID整治、老小区LID整治、市政公园、绿地改建等；中端项目包括雨污水管网扩建、调蓄池建设等；末端项目包括雨污水泵站、污水处理厂等的改、扩建和新建。

注册资本金：A水务集团出资3.8亿元，H市政府授权H市城投公司代表政府出资1 000万元，共同发起成立项目公司。项目公司设立资金监管户，由双方共同监管。

投资规模（暂定合同价）：预算10亿元，其中4亿元为股东投入，6亿元利用项目融资手段筹集。

项目实施主体：本项目由A水务集团投资，具体由其下属A水务建设有限责任公司、A省××技术发展有限公司组成联合体承包施工工程。

支付控制：总体上采用压缩支付比例加滞后的方式。

运作模式：由于该项目缺乏"使用者付费"基础，在特许经营期内主要依靠"政府付费"回收投资成本，且项目公司可根据合同约定，收取确定价格或单位金额，因此核算按照金融资产模式进行。假设采用ROT（改建—运营—移交）模式。

为简化案例，假设协议规定特许经营期限为10年，经营方第1、第2年为项目设施改建期，并以特定标准维护和运营8年（即第3年至第10年）。协议同时要求经营方在第10年年末对项目设施进行大修，金额预算为8 000万元。在第10年年末，特许经营协议结束。假设经营方确认了运营服务和大修义务。H市政府购买服务费用为每年2亿元（部分为财政部补助资金）。

政府在获投融资方提供的公共服务后延期支付款项，其支付的款项中包含了资金的时间价值，因而应按未来收取款项的折现值确认改、扩建期间的收入，收入现值与到期值之间的差额在各收款期间确认为各期的利息收入。

二、分析说明

（1）H市政府向项目公司购买服务的2亿元，已构成项目公司提供服务后应收取的政府支付对价的一部分，无论作为授予方的政府和作为经营方的项目公司如何处理，都不应作为政府补助处理。在税收方面，则是无论怎么处理，都不构成不征税收入。

（2）项目公司可根据合同约定，可逐年无条件地向政府收取确定单位金额的货币资金，根据2号解释，应当在项目公司支付工程款的同时确认金融资产。

（3）项目公司所构建的基础设施不应作为项目公司的固定资产。

（4）本案例所述的金融资产是项目公司需要经过相当长时间的购建，才能达到预定可使用状态的资产，所以是符合资本化条件的资产（国际准则明文约定不得资本化）。

三、会计处理

（1）取得银行借款（根据资金监管约定，银行融资贷款直接注入双方共管资金监管账户）的账务处理：

借：银行存款——资金监管户

贷：长期借款——××银行

（2）根据资金使用计划和项目实际施工情况，项目公司拨付工程进度款、工程监理费、勘察设计费等款项。

借：长期应收款——H市海绵城市工程改建支出——预付工程款等

（选择简易计税，税金直接计入工程成本）

应交税费——应交增值税（进项税额）

贷：银行存款

（3）每季度，支付银行借款利息（资本化）的账务处理：

借：长期应收款——H市海绵城市工程——利息支出

贷：银行存款——资金监管户

（4）投融资方为PPP项目配套的自有资金，从自有资金注入双方共管资金监管账户的当天开始，按银行同期贷款利率按季计算利息，计入项目投资总额。

由于该部分资金的利息能够可靠地计量，因此项目公司应按季度确认提供该部分资金的利息收入。

①取得自有资金利息收入的账务处理：

借：银行存款——资金监管户

贷：财务费用——利息收入

②支付自有资金利息，计入工程成本的账务处理：

借：长期应收款——H市海绵城市工程——利息支出

贷：银行存款——××银行

（5）取得银行借款（根据资金监管约定，银行融资贷款直接注入双方共管资金监管账户）的账务处理：

借：银行存款——资金监管户

贷：长期借款——××银行

每季度末，支付银行借款利息（资本化）时：

借：长期应收款——H市海绵城市工程——利息支出

贷：银行存款——资金监管户

(6) 因为项目公司将施工转移给 A 水建设有限责任公司、A 省××技术发展有限公司承担，未提供实际建造服务，所以建设期项目公司不确认建造服务收入。

(7) 合同规定经营方必须在 10 年后基础设施移交前进行大修，且协议规定政府承担相应支出，按预算计入资产成本。账务处理为：

借：长期应收款——H 市海绵城市工程——预计大修费用

　贷：预计负债（无须做调增处理）

(8) 交换的核算。项目设施完工交付给项目公司后，因为合同约定在特许经营期满后应移交给授予方，按照合同约定，项目公司构建基础设施完工后，项目公司提供公共服务和项目运营维护，每年可向政府收取 2 亿元。由于该项目与 A 水务建设有限责任公司、A 省 XX 技术发展有限公司在同一城市，所以非异地施工，无须预缴增值税税款。

金融资产的利息收入，同样应构成项目公司通过构建项目设施而获取的全部对价的组成部分。通过将未来现金流入折现至项目公司提供的各项运营维护服务的公允价值所需要的内含利率，来确定实际利率。账务处理为：

借：长期应收款——H 市开发建设有限责任公司

　　应交税费——应交增值税（进项税额）

　贷：其他业务收入

　　　未实现融资收益

　　　应交税费——待转销项税额

借：其他业务成本

　贷：长期应收款——H 市海绵城市工程

说明：项目公司账面上只有可用于收取款项的金融资产（特许经营权包含对被换出资产的使用权），但公司还需要用这些实物资产进行运营以换取政府支付的款项，因此必须对该设施提供必要的维护、修缮。同时，根据项目绩效考核要求，项目公司也必须做好资产维护。

(9) 运营内容的核算。

收到政府偿还金融资产，账务处理如下：

借：银行存款

　贷：长期应收款——H 市开发建设有限责任公司

借：应交税费——待转销项税额

　贷：应交税费——应交增值税（销项税额）

借：未实现融资收益

贷：财务费用——利息收入

运营期内，收到运维服务费时：

借：银行存款

贷：主营业务收入——运维服务费

应交税费——应交增值税（销项税额）

运营期内，支付运维成本时：

借：主营业务成本——运维成本

贷：银行存款

应付职工薪酬等

如果项目每隔三年必须对部分设施进行一次修缮，以保证项目设施完好，可提供公共服务，则会计分录为：

借：主营业务成本

贷：预计负债[1]

实施大修时，则：

借：预计负债

应交税费——应交增值税（进项税额）

贷：对应科目

从企业所得税的角度看，一般对扣除的预计负债会予以调整，待实际付出时再予以调减。

（10）10年后，项目移交。

无须再做会计处理。

案例 12-8

项目公司方自己承建项目设施；授予方向经营方提供一项无形资产

一、基本情况

项目名称：某市收费制机场高速公路BOT项目。

[1] 为今后核算简单，建议计提时按不含税处理。

项目业主：某市市政投资建设有限公司。

项目内容：假设经省物价局、财政局、交通运输厅等相关部门许可，投资方经营收费10年（不含建设期2年）。经测算，车流量能满足经营方经营需求。

运作模式：假设经双方谈判，同意由投融资方——甲建设集团直接施工（此处为方便处理特意设定），土地所有权不属于经营方，政府协助经营方办理所有开工手续。主要施工范围为路基、路面、防护、交通、绿化工程、电子设施等的建造外包。根据合同约定，完工后，政府协助经营方办理相关手续，允许经营方对过往车辆实行收费（其他经营项目予以忽略）。期满后整个项目完全移交政府。

因案例12-7已对维护、大修等进行过讲解，故本案例予以省略。

投资规模：预算5亿元，其中1亿元为股东投入，4亿元利用项目融资手段筹集。

二、分析说明

（1）本案例为经营方自建项目设施，故采用建筑施工企业财务核算方式。

（2）本案例采用使用者付费模式，收费金额取决于车流量，事先无法准确估计，符合无形资产的定义。

（3）建造期间，项目公司对于所提供的建造服务应当按照《企业会计准则第15号——建造合同》的要求，以完工百分比法确认相关的收入和费用。

$$\text{本案例合同总收入}=\frac{\text{特许经营合同规定}}{\text{授予方应支付的合同价款}}+\frac{\text{特许经营}}{\text{收益权的价值}}$$

（4）基础设施建成后，项目公司应当按照《企业会计准则第14号——收入》的要求确认与后续经营服务相关的收入。

三、会计处理

（1）登记施工时发生的人工费、材料费、机械使用费、施工现场的二次搬运费、生产工具和用具使用费、检验试验费、临时设施折旧费等直接费用。

借：工程施工——合同成本

　贷：银行存款

　　　应付职工薪酬

　　　原材料

　　　累计折旧

（2）登记管理人员薪酬、固定资产折旧费、财产保险费、工程保修费、排污费等间接费用。

借：工程施工——间接费用

贷：应付职工薪酬

累计折旧

银行存款

（3）月末，分配间接费用。

借：工程施工——合同成本

贷：工程施工——间接费用

（4）专门借款中借款利息按规定应资本化（不分金融资产和无形资产，但需注意，IFRIC12 主张经营方取得的收费权本身是一项无形资产时，才可在建造期间资本化），不可资本化的借款费用直接计入当期损益。

借：工程施工——合同成本

贷：银行存款

（5）核算项目到期前需移交资产的大修费。（同样无须在当年进行所得税调增。）

借：工程施工——合同成本

贷：预计负债

（6）资产负债表日按完工百分比法确认建造合同收入和成本（此时，不一定是增值税的应税环节）。

借：其他业务成本

工程施工——合同毛利

贷：其他业务收入

（7）完工结算。投融资企业甲建设集团在项目建成后，根据合同约定，在特许经营期间内有权向途经车辆收取过路费。因为收费金额事先无法确定，该权利不构成无条件收取的权利。甲建设集团只能根据换出资产的公允价值等核算换入的无形资产价值。

借：工程结算

贷：工程施工——合同毛利

——合同成本

借：无形资产——特许经营权

应交税费——应交增值税（进项税额）

贷：工程结算

应交税费——应交增值税（销项税额）

本案例中，无政府另行支付补价（假设无其他税费），以换出资产的公允价值计量换入资产（无形资产——特许经营权）。本案例的重点在于换入资产很可能无法带来常规非货币性资产交换的进项税额。由于政府一般是授权某机构作为项目授予方，多数也是增值税一般纳税人，建议项目公司可尝试与该企业沟通。

(8) 甲建设集团按特许经营权合同和批准文件规定，对过往车辆进行收费。

借：现金（银行存款）

　贷：主营业务收入

　　应交税费——应交增值税（销项税额）

(9) 按照特许经营协议，甲建设集团获得了授予方给予的特许经营权，同时，甲建设集团应构建项目设施，并在特许经营期满后无条件移交政府。在特许经营期内，甲建设集团开始按协议授权收取过路费，说明授予方已开始在利用项目设施运行协议允许的收益权，即，甲建设集团有偿提供建筑劳务的义务已履行完毕，也就是“发生应税行为”。同时，项目公司也取得了建造服务的相应报酬。

(10) 无形资产摊销。甲建设集团为授予方构建项目设施，换取特许经营的无形资产，应按特许经营权合同规定的经营期内，按直线法摊销：

借：管理费用——无形资产摊销

　贷：累计摊销

(11) 移交时，无须进行会计处理。

Chapter 13

第 13 章

PPP 项目的会计处理

PPP 项目包括 BOT、BOOT、BTO、TOT、ROT、EPC 等不同的经营运作模式，不同运作模式的财务处理也不尽相同。目前，在政策层面仅针对 BOT 方式规定了财务处理原则，但也是语焉不详，没有具体实例可供参考。

本章将以 BOT 经营模式为主，结合其他经营模式来介绍 PPP 项目财务处理原则。

13.1 主要 PPP 模式的账务处理

13.1.1 以项目设置换取特许经营权

政府在以特许经营权换取经营方的建造服务时，其换取的目标并不是经营方的活劳动，而是经营方建造服务最终构建成的项目设施。

需要说明的是，该项目设施的构成十分复杂，既包括经营方的建造服务，也包括授予方（政府）的投入，比如土地等。事实上，经营方可用于交换的就是自身提供的建造服务的价值，即项目造价。

在设定征税对象时，必须针对授予方实际换入的价值。因此，经营方在交换过程中的征税对象到底是什么？是销售建造服务还是出售不动产？需要仔细鉴别。

关于建造服务，财税〔2016〕36号文件附件1《营业税改征增值税试点实施办法》的附件《销售服务、无形资产、不动产注释》给出的定义是：

> 一、销售服务
>
> （四）建筑服务。
>
> 建筑服务，是指各类建筑物、构筑物及其附属设施的建造、修缮、装饰，线路、管道、设备、设施等的安装以及其他工程作业的业务活动。包括工程服务、安装服务、修缮服务、装饰服务和其他建筑服务。

也就是说，销售建造服务的前提是必须由建造方通过构建行为从无到有地将其建造出来。

例如，项目资产是经营方自行建造的，则经营方在与授予方进行资产交换时，应按照建造建筑服务中的工程服务计算缴纳税款，如取得一般纳税人资格，且按一般计征，则应选择11%税率缴税；如有条件选择简易计征，则按3%征收率计征。如是小规模纳税人，则按3%征收率计缴税款。

出售不动产，是指转让不动产所有权的业务活动。其前提是必须有一个可供出售且出售方拥有被出售资产控制权、现成或将来在出售时会存在（也可能是即将存在）的不动产。

如经营方通过竞争性谈判、招投标选择等方式，向建筑方支付项目设施建造款项，最终获得了建管局竣工备案认可的合格项目设施，则其与授予方进行的资产交换属于销售不动产。关于销售不动产，财税〔2016〕36号文件附件1《营业税改征增值税试点实施办法》的附件《销售服务、无形资产、不动产注释》给出的定义是：

> 三、销售不动产
>
> 转让建筑物有限产权或者永久使用权的，转让在建的建筑物或者构筑物所有权的，以及在转让建筑物或者构筑物时一并转让其所占土地的使用权的，按照销售不动产缴纳增值税。

由此可知，经营方在与授予方进行资产交换时，不同的资产构建或取得方式，其征税方式是完全不同的。

用于与授权方的交换的，实际上是经营方构建的项目设施的公允价值。经营方与授权方在就不动产换取特许经营权时，如系一般纳税人，且选择一般计征，则税率为11%。这些投入包括全部的支付成本、构建期应资本化的利息成本、利润等。经营方在与授予方在以不动产换取特许经营权时，经营方如系一般纳税人，且选择一般计征，则税率为11%，简易计征的征收率为5%。

营改增也给PPP项目的核算带来了难题。假设有一个项目是在2016年4月30日前开工建设的。施工方如选择了简易计税，则经营方将因为无法取得足够数量的进项税额而被迫选择简易计征。即使最终授予方给予经营方的对价只考虑了项目成本价值，即与政府交换价与项目支付总额相等，该设施在该过程中的总计增值税税款也为项目总额的3%加5%。由于在财税〔2016〕36号文件实施之前相当多的PPP项目早已开工建造，因此经营方如遇到此类情况，需要积极与授予方进行沟通。

需要注意的是，对2016年4月30日之前已开工的PPP项目，需要用对政策，否则项目公司的税负会增加不少。

政府以特许经营权为对价与经营方进行资产交换，须进行物有所值评价。除考虑项目设施的公允价值外，还需要考虑经营方建设期以及建设期后项目建设总投资利息，还需要进行折现。考虑到建造服务、销售不动产11%税率与现代、生活服务业6%税率间的差距，一般PPP合同应尽量避免将利息直接表述为因项目设施建造成本延期支付造成，而是将其隐藏在绩效考核、服务购买等内容中（具体要看服务内容）。如在合同中作为授予方给付的建造服务总对价的组成部分，则很有可能被税务机关按价外费用，以11%的税率征收税款。

总体上说，税负情况需要根据企业的实际，经过测算后才能确定，如果项目施工过程中进项税额取得比较顺利，总体毛利合理，相对而言，在施工环节和交换环节都选择一般计税可能对经营方更为有利。

在经营期，经营方提供的公共服务形式可能有多种。除一级土地开发、少数不动产出租外，多数是提供服务。

比如提供轨道运输服务的，根据财税〔2016〕36号文件的规定，“其他陆路运输服务，是指铁路运输以外的陆路运输业务活动。包括公路运输、缆车运输、索道运输、地铁运输、城市轻轨运输等”，即应按11%税率计征。

利用互联网收费提供基础教育的，根据财税〔2016〕36号文件的规定，“增值电信服务，是指利用固网、移动网、卫星、互联网、有线电视网络，提供短信和彩信服务、电子数据和信息的传输及应用服务、互联网接入服务等业务活动”，税率为6%。

案例13-1

一、基本情况

某收费公路PPP项目，项目公司在项目投入使用后，向使用者提供公共服务。根据合同约定，项目收费内容包括向有偿通过该路段的客户收费，属于经营租赁服务中的道路通行服务（包括过路费、过桥费、过闸费等），如系一般纳税人，且项目资产取得时间为2016年4月30日之后，应按照不动产经营租赁11%的税率缴纳增值税。

二、分析说明

如协议已约定，收费不足部分由政府提供补助。根据“项目公司运作的财税问题”一章已阐明内容，该补足部分金额应同样可能会按11%的税率计算缴税。

如该公路不属于收费项目，全额由政府提供费用构成项目收入，一般分为政府购买服务、运营维护收入、绩效考核等几种形式。

如协议将经营收入规定为政府为消费者向经营方购买公共服务，则税务机关很可能会认为经营方是提供道路通行服务，将税率定为11%。

如协议将经营收入规定为运营维护收入，则需要根据合同具体分析。如果合同简单地以经营方建造服务的公允价值为依据，或者还要考虑到相关支出的利息等，按项目设施的有关标准由政府购买项目设施的运行、维护，则税务机关很有可能将收入划分为运行和维护两个部分进行征税。如经营方系一般纳税人，且选择一般计征，税率相应都为11%。税务机关会选择实际的成本支出占比作为划分标准。

对此，比较极端的筹划方案是政府对项目公司按最高比例出资，并在项目投入运营后逐年认缴出资额，并承诺未来项目公司清算时，放弃对项目公司资产的清算权利，进行隐蔽的补助。

也有的项目在设立绩效项目时，尽可能设立符合现代服务标准的收费内容。同时，对污水和垃圾处理等有税收优惠的项目，则积极地享受政策。这也是一种可行的办法。

对难以获得税收优惠的项目，建议对收入进行划分，凡能够归入低税率项目的内容，都严格按兼营进行核算，争取项目公司的利益最大化。

在项目移交时，因为已没有营运内容，且项目设施的所有权本来就属于政府，所以项目公司无须就设施的移交缴纳税款。

13.1.2 BOT模式账务处理原则

13.1.2.1 《企业会计准则解释第2号》相关规定

《企业会计准则解释第2号》规定：

企业采用建设经营移交方式（BOT）参与公共基础设施建设业务，应当按照以下规定进行处理：

（一）本规定涉及的BOT业务应当同时满足以下条件：

1. 合同授予方为政府及其有关部门或政府授权进行招标的企业。

2. 合同投资方为按照有关程序取得该特许经营权合同的企业（以下简称合同投资方）。合同投资方按照规定设立项目公司（以下简称项目公司）进行项目建设和运营。项目公司除取得建造有关基础设施的权利以外，在基础设施建造完成以后的一定期间内负责提供后续经营服务。

3. 特许经营权合同中对所建造基础设施的质量标准、工期、开始经营后提供服务的对象、收费标准及后续调整作出约定，同时在合同期满，合同投资方负有将有关基础设施移交给合同授予方的义务，并对基础设施在移交时的性能、状态等作出明确规定。

13.1.2.2 与BOT业务相关收入的确认原则

《企业会计准则解释第2号》规定：

1. 建造期间，项目公司对于所提供的建造服务应当按照《企业会计准则第15号——建造合同》确认相关的收入和费用。基础设施建成后，项目公司应当按照《企业会计准则第14号——收入》确认与后续经营服务相关的收入。

建造合同收入应当按照收取或应收对价的公允价值计量，并分别以下情况在确认收入的同时，确认金融资产或无形资产：

（1）合同规定基础设施建成后的一定期间内，项目公司可以无条件地自合同授予方收取确定金额的货币资金或其他金融资产的；或在项目公司提供经营服务的收费低于某一限定金额的情况下，合同授予方按照合同规定负责将有关差价补偿给项目公司的，应当在确认收入的同时确认金融资产，并按照《企业会计准则第 22 号——金融工具确认和计量》的规定处理。

(2) 合同规定项目公司在有关基础设施建成后，从事经营的一定期间内有权利向获取服务的对象收取费用，但收费金额不确定的，该权利不构成一项无条件收取现金的权利，项目公司应当在确认收入的同时确认无形资产。

建造过程如发生借款利息，应当按照《企业会计准则第 17 号——借款费用》的规定处理。

2. 项目公司未提供实际建造服务，将基础设施建造发包给其他方的，不应确认建造服务收入，应当按照建造过程中支付的工程价款等考虑合同规定，分别确认为金融资产或无形资产。

3. 按照合同规定，企业为使有关基础设施保持一定的服务能力或在移交给合同授予方之前保持一定的使用状态，预计将发生的支出，应当按照《企业会计准则第 13 号——或有事项》的规定处理。

4. 按照特许经营权合同规定，项目公司应提供不止一项服务（如既提供基础设施建造服务又提供建成后经营服务）的，各项服务能够单独区分时，其收取或应收的对价应当按照各项服务的相对公允价值比例分配给所提供的各项服务。

5. BOT 业务所建造的基础设施不应作为项目公司的固定资产。

6. 在 BOT 业务中，授予方可能向项目公司提供除基础设施以外其他的资产，如果该资产构成授予方应付合同价款的一部分，不应作为政府补助处理。项目公司自授予方取得资产时，应以其公允价值确认，未提供与获取该资产相关的服务前应确认为一项负债。

本规定发布前，企业已经进行的 BOT 项目，应当进行追溯调整；进行追溯调整不切实可行的，应以与 BOT 业务相关的资产、负债在所列报最早期间期初的账面价值为基础重新分类，作为无形资产或是金融资产，同时进行减值测试；在列报的最早期间期初进行减值测试不切实可行的，应在当期期初进行减值测试。

对于 PPP 实务中符合条件的 BOT 业务，《企业会计准则解释第 2 号》提供了会计核算指引。根据文件精神及 PPP 项目合同约定规则，政府方（即合同授予方）能够通过政策监管以及合同约定的方式对建造基础设施的质量标准、工期、开始经营后提供服务的对象、收费标准及后续调整做出约定；同时对合同期满时基础设施在移交时的性能、状态等做出明确规定，而 SPV 项目公司负有将有关基础设施移交给合同授予方的义务。上述安排表明政府方能够对该项基础设施的使用以及期末剩余权益的转移实施控制，即构成《企业会计准则解释第 2 号》所称的“控制”。对控制的判断不因项目公司是否拥有基础设施的法定权利而改变。

综上，由于 PPP 项目之 BOT 模式项目大多符合《企业会计准则解释第 2 号》规定的 BOT 模式的适用范围，且项目公司未提供实际建造服务，而是将基础设施建造发包给其他方，因此，项目公司 BOT 业务所建造基础设施不应作为项目公司的固定资产，不应确认建造服务收入，应当按照建造过程中支付的工程价款等考虑合同规定，分别确认为金融资产或无形资产。

由于 BOT 模式下的 PPP 合同存在不同的付款机制，因此对建造服务的对价可能存在以下确认模式：

1. 金融资产模式

如果合同规定基础设施建成后的确定的运营期内，项目公司可以无条件地向合同授予方（政府方）收取可确定金额的货币资金或其他金融资产；或在项目公司提供运营服务的收费低于某一限定金额的情况下，合同授予方按照合同规定负责将有关差价补偿给项目公司，则：

（1）项目公司提供建造服务的，应当在确认建造收入的同时确认金融资产；

（2）项目公司不提供建造服务的，应当确认为金融资产。

此类模式下的项目付费机制如表 13-1 所示。

表 13-1

	收款条件	付费机制
1	收取可确定金额的货币资金或其他金融资产	可用性付费模式
2	项目公司提供运营服务的收费低于某一限定金额的情况下，合同授予方按照合同规定负责将有关差价补偿给项目公司	使用者付费＋可行性缺口补助模式

此类处理模式涉及的典型项目主要有：污水处理、市政道路、河道治理、政府场馆、垃圾焚烧等。此类项目主要集中在可经营性系数低、不具备营利性的公益行业。

2. 无形资产模式

如果合同规定项目公司在有关基础设施竣工验收后，在项目运营期内有权利向获取服务的对象收取费用，但收费金额不确定，该权利不构成一项无条件收取可确定金额的货币资金或其他金融资产的权利，则：

（1）项目公司提供建造服务的，应当在确认建造收入的同时确认为无形资产；

（2）项目公司不提供建造服务的，应当确认为无形资产。

此类模式下的项目付费机制如表 13-2 所示。

表 13-2

收款条件	付费机制
运营期内有权利向获取服务的对象收费金额不确定	使用者付费

此类处理模式涉及的典型项目主要有：高速公路、供水供电供气、机场、学校等。此类项目主要集中在可经营性系数高、财务效益良好的行业。

3. 混合模式

在 PPP 项目实例中，可能存在多种付费模式。例如，某 PPP 项目中存在多个子项目，每个子项目的付费机制不一样。有的子项目采用使用者付费机制，通过无形资产核算；有的子项目采用政府可用性付费机制，通过金融资产核算。此类模式在实务中称为“混合模式”。在会计核算过程中，建议对子项目分别按金融资产或无形资产进行核算。

综上，不同核算模式下会计核算的比较如表 13-3。

表 13-3

各阶段业务类型	按金融资产核算	按无形资产核算
一、项目公司提供建造服务		
确认建造或改良服务收入	1. 以建造收入的公允价值确认建造收入，建造收入与实际建造成本差额确认为“工程结算——合同毛利” 2. 同时，以最终建造服务收费金额计入金融资产；建造服务收费金额与建造收入的公允价值差额确认为“未实现融资收益” 3. 根据项目分期收款进度，按实际利率法确认收入	1. 以建造收入的公允价值确认建造收入，建造收入与实际建造成本差额确认为“工程结算——合同毛利” 2. 同时，以建造收入的公允价值确认无形资产 3. 根据项目分期收款，确认项目收入，同时摊销无形资产
借款费用	建设期资本化，运营期费用化	建设期资本化，运营期费用化
二、项目公司不提供建造服务		
不确认建造或改良收入	1. 以最终建造服务收费金额计入金融资产；建造服务收费金额与建造收入的公允价值差额确认为“未实现融资收益”；对建造收入的公允价值与实际发生的项目资产成本差额部分确认为“投资收益” 2. 根据项目分期收款进度，按实际利率法确认收入	1. 以建造收入的公允价值确认无形资产，以公允价值与实际项目资产成本的差额确认“投资收益” 2. 根据项目分期收款，确认项目收入，同时摊销无形资产

续表

各阶段业务类型	按金融资产核算	按无形资产核算
借款费用	建设期资本化，运营期费用化	建设期资本化，运营期费用化
运营服务收入	不承担需求风险，运营服务收入为固定或可确定金额。现金流入需区分收回建造工程款部分和运营服务部分	承担需求风险，全部现金流入作为运营收入
利息收入	对于长期应收款项应按照实际利率确认利息收入	无
无形资产摊销	无	在运营期内摊销

13.1.3 其他模式账务处理原则

13.1.3.1 EPC模式账务处理原则

如前所述，在EPC模式中，engineering不仅包括具体的设计工作，而且可能包括整个建设工程内容的总体策划以及整个建设工程实施组织管理的策划和具体工作；procurement也不是一般意义上的建筑设备材料采购，而更多地是指专业设备、材料的采购；construction意为“建设”，其内容包括施工、安装、试车、技术培训等。

EPC模式是BOT模式的延伸，二者的区别主要是：在BOT的基础上，EPC将属于政府的设计职能由社会资本方或项目公司行使。相关的会计核算，建议参照BOT模式进行。

13.1.3.2 BOO模式账务处理原则

BOO模式由BOT模式演变而来，二者的区别主要是：BOO方式下社会资本方或项目公司拥有项目所有权，但必须在合同中注明保证公益性的约束条款，一般不涉及项目期满移交。

对于社会资本方拥有的项目设施，应根据《企业会计准则解释第2号》的内容判断社会资本方或项目公司是否拥有基础设施的控制权：

（1）对于拥有项目控制权的，按“固定资产”进行会计核算；

（2）不拥有项目资产控制权的，参照BOT业务进行会计核算。

13.1.3.3　TOT 模式账务处理原则

TOT 模式，即转让—运营—移交，是指政府将存量资产所有权有偿转让给社会资本方或项目公司，并由其负责运营、维护和用户服务，合同期满后资产及其所有权等移交给政府的项目运作方式。社会资本方通过政府或使用者付费实现投资运营回报。其项目资产所有权或经营权通常会在运营期末无偿移交给政府，其目的在于政府通过盘活固定资产融资，同时引入先进的管理经营。

对于项目资产初始移交的会计核算，应根据《企业会计准则解释第 2 号》中的内容判断社会资本方或项目公司对该项目资产是否拥有控制权：

（1）项目公司对移交资产不拥有控制权的，应以移交价款作为取得无形资产或金融资产的对价进行会计核算；

（2）项目公司对移交资产拥有控制权的，可参照《企业会计准则第 4 号——固定资产》《企业会计准则第 21 号——租赁》或其他相关准则进行会计核算。

13.1.3.4　ROT 模式账务处理原则

ROT 模式，即改建—运营—移交，是指政府在 TOT 模式基础上，增加改扩建内容的项目运作模式。ROT 的合同期限一般为 20～30 年，除增加了建造和融资功能外，其他属性和特点均与 TOT 模式一致。

政府将存量资产所有权或经营权有偿转让给社会资本方或项目公司，并由其负责承担改扩建、运营、维护和用户服务职责，合同期满后资产所有权和经营权收回。相关的会计核算，可以参照 BOT 模式与 TOT 模式进行。

13.1.3.5　O&M 模式账务处理原则

O&M 模式即委托运营模式，是指政府将存量公共资产的运营维护职责委托给社会资本方或项目公司，社会资本方或项目公司不负责用户服务的 PPP 项目运作模式。政府保留资产所有权，只向社会资本方或项目公司支付委托运营费。

政府将存量公共资产的运营维护职责委托给社会资本方或项目公司，社会资本方或项目公司不负责用户服务。通常情况下，项目公司或社会资本方从政府取得的委托运营费，应按《企业会计准则第 14 号——收入》进行会计核算。

13.1.3.6 MC 模式账务处理原则

MC 模式即管理合同模式，是指政府将存量公共资产的运营、维护及用户服务职责授权给社会资本方或项目公司的项目运作方式。政府保留公共资产所有权，只向社会资本方或项目公司支付管理费。

政府将存量公共资产的运营、维护及用户服务职责授权移交给社会资本方或项目公司。通常情况下，社会资本方或项目公司从政府取得的管理费，应按《企业会计准则第 14 号——收入》进行会计核算。

13.2 SPV 公司其他环节账务处理

13.2.1 筹建费用的账务处理

项目公司前期筹建期间发生的费用，应通过“开办费”科目核算。

13.2.1.1 开办费定义及内容

开办费是指企业在企业批准筹建之日起，到开始生产、经营（包括试生产、试营业）之日止的期间（即筹建期间）发生的费用支出。包括筹建期人员工资、办公费、培训费、差旅费、印刷费、注册登记费以及不计入固定资产和无形资产购建成本的汇兑损益和利息支出。具体包括：

1. 筹建人员开支的费用

（1）筹建人员的劳务费用：具体包括筹办人员的工资奖金等工资性支出，以及应缴纳的各种社会保险。在筹建期间发生的医疗费等福利性费用，如果筹建期较短可据实列支，筹建期较长的，可按工资总额的 14％计提职工福利费。

（2）差旅费：包括市内交通费和外埠差旅费。

（3）董事会费和联合委员会费

2. 企业登记、公证的费用

主要包括登记费、验资费、税务登记费、公证费等。

3. 筹措资本的费用

主要是指筹资支付的手续费以及不计入固定资产和无形资产的汇兑损益和利息等。

4. 人员培训费

主要有以下两种情况：

（1）引进设备和技术需要消化吸收，选派一些员工在筹建期间外出进修学习产生的费用。

（2）聘请专家进行技术指导和培训产生的劳务费及相关费用。

5. 企业资产的摊销、报废和毁损

6. 其他费用

（1）项目公司筹建期间发生的办公费、广告费、交际应酬费。

（2）印花税。

（3）经投资人确认由企业负担的进行可行性研究所发生的费用。

（4）其他与筹建有关的费用，如资讯调查费、诉讼费、文件印刷费、通讯费以及庆典礼品费等。

13.2.1.2　不列入开办费的支出

（1）取得各项资产所发生的费用。包括购建固定资产和无形资产时支付的运输费、安装费、保险费和购建时发生的相关人工费用。

（2）按规定应由投资各方负担的费用。如投资各方为筹建企业进行了调查、洽谈发生的差旅费、咨询费、招待费等支出。

（3）为培训员工而购建的固定资产、无形资产等支出。

（4）投资方因投入资本自行筹措款项所支付的利息。该费用由出资方自行负担。

（5）以外币现金存入银行而支付的手续费。该费用应由投资者负担。

13.2.1.3 开办费的账务处理

《企业会计准则——应用指南》附件《会计科目与主要账务处理》(财会〔2006〕18号文件发布)在“管理费用”科目的核算内容与主要账务处理部分，对开办费的会计处理规定如下：

(1)明确规定，开办费在“管理费用”会计科目核算。

(2)统一了开办费的核算范围，即开办费包括筹办人员职工薪酬、办公费、培训费、差旅费、印刷费、注册登记费以及不计入固定资产成本的借款费用等。

(3)规范了开办费的账务处理程序，即开办费在“管理费用”科目核算，计入当期损益，不再按照摊销处理。

13.2.2 前期费用的账务处理

SPV项目公司前期费用，指项目前期工作时发生的各项费用，包括规划、环评、可行性研究、设计、征地拆迁、检测检验、三通一平等前期支出，以及招标成本，应支付给招标代理机构的咨询服务费和采购代理费。在PPP项目招标文件中可能会明确此项费用由政府方承担，也有部分招标文件约定由SPV项目公司承担。

在PPP项目招标实例中，大部分均明确项目咨询服务机构与采购代理机构由采购代委托，咨询服务费、采购代理服务费等费用作为项目公司前期费用，在发布竞争性磋商成交结果公告(中标公告)后、成交供应商获取成交通知书前向项目咨询服务机构与采购代理机构一次性支付，最终由PPP项目公司承担。

也有部分PPP项目招标文件约定：项目土地征地拆迁和安置费用纳入项目总投资。

因此，SPV项目公司前期费用，应确认为金融资产或无形资产。

案例13-2

一、基本情况

甲公司预中标“某省某县综合管廊及道排工程PPP项目”。招标文件约定，在取得中标通知书前，甲公司代项目公司支付招标代理机构代理服务费106万元。项目公司成立后，代理服务费由项目公司承担，项目公司取得招标代理机构开具的增值税专用发票106万元，其中增值税进项税额6万元。

二、账务处理

甲公司及项目公司的账务处理如下（单位：万元）：

甲公司代付招标代理服务费

借：其他应收款——某PPP项目公司 106

贷：银行存款 106

项目公司取得代理服务费发票，并向甲公司开具代付费用收款收据。

（1）若该项目在运营期内取得可确定金额的货币资金或其他金融资产的合同权利，则通过金融资产核算。

借：长期应收款——项目成本 100

应交税费——应交增值税（进项税额） 6

贷：其他应付款——甲公司 106

（2）若该项目在运营期内取得对未来运营服务的收费权，则通过无形资产核算。

借：无形资产——特许经营权 100

应交税费——应交增值税（进项税额） 6

贷：其他应付款——甲公司 106

13.2.3 资本金的账务处理

13.2.3.1 项目资本金比例要求

《国务院关于调整和完善固定资产投资项目资本金制度的通知》（国发〔2015〕51号）要求：

一、各行业固定资产投资项目的最低资本金比例按以下规定执行。

城市和交通基础设施项目：城市轨道交通项目由25%调整为20%，港口、沿海及内河航运、机场项目由30%调整为25%，铁路、公路项目由25%调整为20%。

房地产开发项目：保障性住房和普通商品住房项目维持20%不变，其他项目由30%调整为25%。

产能过剩行业项目：钢铁、电解铝项目维持40%不变，水泥项目维持35%不变，煤炭、电石、铁合金、烧碱、焦炭、黄磷、多晶硅项目维持30%不变。

其他工业项目：玉米深加工项目由30%调整为20%，化肥（钾肥除外）项目维持25%不变。

电力等其他项目维持20%不变。

项目资本金主要用于前期费用的支付及铺底流动资金等需求，在PPP项目具体实施过程中，各地招标文件要求的PPP项目公司资本金比率一般在项目总投资额的20%～30%之间。

13.2.3.2 项目公司股权结构

《政府和社会资本合作项目财政承受能力论证指引》（财金〔2015〕21号文件发布）规定：

第十五条 股权投资支出应当依据项目资本金要求以及项目公司股权结构合理确定。股权投资支出责任中的土地等实物投入或无形资产投入，应依法进行评估，合理确定价值。计算公式为：

股权投资支出＝项目资本金×政府占项目公司股权比例

由此可知，

项目公司中政府方股权投资金额＝项目资本金×政府占项目公司股权比例

项目公司中社会资本方股权金额＝项目资本金×社会资本方占项目公司股权比例

《政府和社会资本合作模式操作指南（试行）》（财金〔2014〕113号文件发布）规定：

第二十三条 社会资本可依法设立项目公司。政府可指定相关机构依法参股项目公司。项目实施机构和财政部门（政府和社会资本合作中心）应监督社会资本按照采购文件和项目合同约定，按时足额出资设立项目公司。

通过政府与社会资本方进行股权合作，可以更好地实现PPP项目的“风险共担、利润共享”机制，主要是基于以下考虑：（1）降低社会资本方投资负担。政府出资参股，有助于降低社会资本方的总体资金负担，有效提高项目公司的资本金实力，保障项目公司的资金支付能力，使得项目抗风险能力大大增加。（2）优化项目协调机制。政府参股可以提升项目公司的透明度，降低社会资本方对政府或第三方的协调难度，优化项目内外部协调机制。（3）强化政府监管职能。以股东角色参与项目公司的投资、运维、管理等决策，有助于在行政监管之外增强政府方在股东管理、风险控制等监管方面的作用，引导项目公司注重公众利益。

为了充分发挥社会资本方的积极性，政府及其所属机构在项目公司所占的股权比例处于参股地位，对项目公司的运营管理不具有实际控制力及管理权。

目前已进行招投标程序或已实施的PPP项目合同中，对政府方对项目公司是否参股，以及参股后的股权比例要求不尽相同。

有的政府方不参股项目公司。如南京市浦口区某地块保障房建设项目，招标文件要求，在PPP合同生效后1个月内，在政府方授权下，由中标的社会投资人在南京市浦口区注册成立PPP项目公司，社会投资人占股100%。

有的政府方要求参股项目公司，一般在项目公司所占的股权比例为10%～49%。如海南省某城市道路改造提升工程PPP项目合同要求，项目资本金占项目投资总额的20%，成交供应商与海口市城建集团有限公司项目资本金出资比例为80%：20%。又如，新疆昌吉某PPP项目招标文件要求，项目资本金不得低于项目总投资的30%，其中代表政府方出资的某政府平台公司占有项目公司35%的股份，中标社会资本方占有项目公司65%的股份。

13.2.3.3　社会资本方资本金来源

1. 社会资本方自有资金投入

按企业资金取得的来源，分为自有资金和借入资金。

自有资金，主要来自企业股东投入的股金和由企业内部积累形成的公积金、公益金及其他各项专用基金。借入资金，主要指通过金融机构贷款、非金融机构贷款、企业发债等方式取得的资金。

此处所说的社会资本投入，指以社会资本方（即投标方，或以联合体名义投标的联合体牵头人及联合体成员企业）名义投入资本金的行为。社会资本投入来源于社会资本方可自主投资资金，包括但不限于现金、银行存款、企业债券、公司债券、基金、信托、IPO等。

2. 产业基金参股

《基础设施和公用事业特许经营管理办法》规定：

第二十四条　国家鼓励通过设立产业基金等形式入股提供特许经营项目资

本金。鼓励特许经营项目公司进行结构化融资，发行项目收益票据和资产支持票据等。国家鼓励特许经营项目采用成立私募基金，引入战略投资者，发行企业债券、项目收益债券、公司债券、非金融企业债务融资工具等方式拓宽投融资渠道。

在实践中，通常认为政府方限制项目公司自身或其母公司的股权结构变更，其目的主要是避免不合适的主体被引入项目的实施过程。由于在项目合作方选择阶段，通常政府方是在对社会资本方的融资能力、技术能力、管理能力等资格条件进行系统评审后，才最终选定社会资本合作方的，因此，如果在项目实施阶段、特别是建设阶段，社会资本方将自身或项目公司的部分或全部股权转让给不符合上述资格条件的主体，将有可能直接导致项目无法按照既定目的或标准实施。

对社会资本方而言，则希望通过转让其所直接或间接持有的部分或全部的项目公司股权的方式，来吸引新的投资者或实现退出。保障其自由转让股权的权利，有利于增加资本灵活性和融资吸引力，进而有利于社会资本更便利地实现资金价值。因此，社会资本方当然不希望其自由转让股份的权利受到限制。

为更好地平衡上述两方的不同需要，PPP 项目合同中需要设定一个适当的股权变更限制机制，在合理的期限和限度内有效的限制社会资本方不当变更股权。

在项目采购过程中，PPP 项目招标文件或 PPP 项目合同条款中会明确社会资本方“为了项目融资，经××市人民政府同意后，可引入基金等社会资本方股东以保障项目的顺利实施”。基于上述原因，一般做法是，社会资本方引入项目公司的产业基金，合同约定产业基金不参与项目公司的具体经营和分红，仅按照约定的价格定期向基金支付资金报酬。

也可能在 PPP 项目招标文件中明确社会资本方不得引入其他股权，在一定期限内不得变更股权，故而 PPP 项目公司不会引入除政府方、社会资本方外的其他股东，社会资本方的资本金来源只能是社会资本方的自有资金或外部融资。

13.2.3.4 账务处理原则

1. 产业基金不参股的情形

《企业会计准则第 2 号——长期股权投资》规定：

第二条　本准则所称长期股权投资，是指投资方对被投资单位实施控制、重大影响的权益性投资，以及对其合营企业的权益性投资。

……

第六条 除企业合并形成的长期股权投资以外，其他方式取得的长期股权投资，应当按照下列规定确定其初始投资成本：（一）以支付现金取得的长期股权投资，应当按照实际支付的购买价款作为初始投资成本。初始投资成本包括与取得长期股权投资直接相关的费用、税金及其他必要支出……

第七条 投资方能够对被投资单位实施控制的长期股权投资应当采用成本法核算。

第八条 采用成本法核算的长期股权投资应当按照初始投资成本计价。追加或收回投资应当调整长期股权投资的成本。被投资单位宣告分派的现金股利或利润，应当确认为当期投资收益。

在 PPP 项目实例中，项目公司中社会资本方持股比率为 51%～100%，属于社会资本方的子公司或控股子公司，应按成本法核算社会资本方投入的长期股权投资。

2. 产业基金参股的情形

产业基金参股不参与项目公司经营，仅按照约定的价格定期向基金支付资金报酬，属典型的“明股实债”投资模式。产业基金参股与传统的纯粹股权投资或债权投资的区别在于：形式上是以股权方式投资于 PPP 项目公司，但本质上是具有刚性兑付的保本约定。

产业基金实施股权投资的目的，是通过投资后对被投资企业的制约（如对特定事项的表决权或否决权）和监管（如向被投资企业派驻管理人员管理公章或财务章）来降低项目的投资风险。

《企业会计准则——基本准则》规定，企业应当按照交易或事项的经济实质进行会计确认，计量和报告，不应仅以交易或者事项的法律形式为依据。企业发生明股实债业务时，应根据投资协议的具体约定，按照投资的经济实质进行会计处理。

案例 13-3

社会资本方不得引入产业基金

一、基本情况

安徽省某县综合管廊及道排工程 PPP 项目，总投资 7 亿元，要求政府方出资代表与社会资本方共同组建项目公司。项目公司资本金为项目总投资的20%，其中，政府方出资代表占股比例为10%（指资本金占股比例），社会资本方占股比例为90%（指资本金占股比例），要求社会资本方不得引入其他社会资本或基金等财务投资人。

二、分析说明

社会资本方对项目资本金出资金额=7亿元×20%×90%=1.26亿元

政府方对项目资本金出金额=7亿元×20%×10%=0.14亿元

则相关账务处理如下（单位：万元）：

PPP项目公司收到社会资本方投入资本金时：

借：银行存款等	14 000	
贷：实收资本——社会资本方		12 600
实收资本——政府方		1 400

社会资本方以货币资金方式投入资本金时：

借：长期股权投资——成本法（某PPP项目）	12 600	
贷：银行存款等		12 600

案例13-4

社会资本方引入产业基金

一、基本情况

接上例，招投标文件规定，若采购人同意社会资本方引入产业基金等形式入股提供特许经营项目资本金，如社会资本方占项目公司注册资本的50%，产业基金占40%，政府方占10%，则产业基金不参与项目公司具体经营。

二、分析说明

社会资本方对项目资本金出资金额=7亿元×20%×50%=0.7亿元

产业基金对项目公司资本金出资金额=7亿元×20%×50%=0.56亿元

政府方对项目资本金出金额=7亿元×20%×10%=0.14亿元

则PPP项目公司收到社会资本方投入资本金时的账务处理为（单位：万元，下同）：

借：银行存款等　　14 000
　　贷：实收资本——社会资本方　　7 000
　　　　实收资本——产业基金　　5 600
　　　　实收资本——政府方　　1 400

产业基金公司发生 PPP 投资业务时，若在 PPP 投资协议中明确产业基金投资入股 PPP 项目公司后，不参与项目公司经营，仅按固定收益收取回报，则属于典型的“明股实债”业务，应按“长期债权投资”进行会计核算，其账务处理为：

借：长期债权投资——某 PPP 项目公司　　5 600
　　贷：银行存款等　　5 600

产业基金公司发生 PPP 投资业务时，若在 PPP 投资协议中明确产业基金投资入股 PPP 项目公司后，参与项目公司经营管理，不收取固定收益，而是按项目公司收益进行分红，则应按“长期股权投资”进行会计核算。根据占 PPP 项目公司股权比例和是否控制等因素，选择“长期股权投资”核算方法。假设本例采用成本法核，则其账务处理为：

借：长期股权投资——成本法（某 PPP 项目）　　5 600
　　贷：银行存款等　　5 600

13.2.4　开发阶段有关支出资本化的条件

在开发阶段，判断是否将有关支出资本化计入无形资产成本，主要考虑以下几方面：

（1）完成该无形资产以使其能够使用或出售在技术上具有可行性。企业在判断是否满足该条件时，应以目前阶段的成果为基础，说明在此基础上进一步进行开发所需的技术条件等已经具备，基本上不存在技术上的障碍或其他不确定性。企业在判断时，应提供相关的证据和材料。

在 PPP 项目招标前，政府方会针对具体项目出具并通过物有所值评价、财政承受能力论证报告和 PPP 项目实施方案，在项目中标后，签订的 PPP 项目合同中会明确授予 SPV 公司该项目的特许经营权，故而针对 BOT 模式的 PPP 项目而言，取得该项“无形资产——特许经营权”在技术上具有可行性。

（2）具有完成该无形资产并使用或出售的意图。在 PPP 项目实例中，SPV 项目公司建造该项目，是为最终从政府方取得该项特许经营权，待该项目资产通过政府方验收后，由项目公司运营，并在运营期内取得可用性付费收入和运维绩效服务费收入。因此，SPV 项目公司应能够明确说明持有该项无形资产（特许经营权）的目的，并具有完成该项无形资产（特许经营权）开发并使其能够使用的可能性。

（3）无形资产产生经济利益的方式，包括能够证明运用该无形资产生产的产品存在市场或无形资产自身存在市场，无形资产将在内部使用的，应当证明其有用性。作为无形资产确认，其基本条件是能够为企业带来未来经济利益。就其能够为企业带来未来经济利润的方式来讲，如果有关的无形资产在形成以后，主要是用于形成新产品或新工艺，企业应对运用该无形资产生产的产品市场情况进行估计，能够证明所生产的产品存在市场，并能够带来经济利益的流入；如果有关的无形资产开发以后主要用于对外出售，则企业应能够证明市场上存在对该类无形资产的需求，开发以后存在外在的市场可以出售并带来经济利益的流入；如果无形资产开发以后，不是用于生产产品，也不是用于对外出售，而是在企业内部使用的，则企业应能够证明在企业内部使用时对企业的有用性。

在 PPP 项目实例中，以政府方为发起方的项目主要包括以下基础设施建设项目：涉水项目、燃气和能源项目、环卫环保项目、城市道路交通及园林绿化项目、综合管廊项目、供热项目、市政公用设施管养项目等。这些基础设施是城市正常运行和健康发展的物质基础，对于改善人居环境、增强城市综合承载能力、提高城市运行效率、稳步推进新型城镇化具有重要作用，故而 PPP 项目存在较高的市场价值。

社会资本方在取得该项目的特许经营权后，政府方采用使用者付费、可用性付费、可行性缺口补助等方式或组合方式付款，保证了社会资本方的经济利益。

（4）有足够的技术、财务资源和其他资源支持，以完成该无形资产的开发，并有能力使用或出售该无形资产。这一条件包括：

①完成该项无形资产开发具有技术上的可靠性。开发的无形资产及其形成成果在技术上的可靠性，是继续开发活动的关键。因此，必须有确凿证据证明企业继续开发该项无形资产有足够的技术支持和技术能力。

②有财务资源和其他资源支持。财务资源和其他资源是完成该项无形资产开发的经济基础，因此，企业必须能够证明自己拥有为完成该项无形资产的开发所需的财务和其他资源，足以支持完成该项无形资产的开发。

③有能够证明企业在开发过程中所需的技术、财务和其他资源，以及企业获得这些资源的相关计划等。比如，在企业自有资金不足以提供支持的情况下，存在外部其他方面的资金支持，有银行等金融机构愿意为该无形资产的开发提供所需资金

的声明，并且企业有能力使用或出售该无形资产。

PPP项目采购过程中，政府方及招标代理机构对社会资本方的资金实力、技术能力、管理水平、投融资能力等综合实力进行评估，最终选定综合实力最强的社会资本方和政府授权投资平台公司共同组建SPV项目公司，共同投资、建设、运营该项目。且在社会资本方的投标文件中明确地阐述了社会资本方有足够的技术、财务资源和其他资源，保证按PPP合同约定标准完成项目建设工作，从而取得项目的特许经营权。

（5）归属于该无形资产开发阶段的支出能够可靠地计量。企业对于开发活动中发生的支出应单独核算，如发生的开发人员的工资、材料费等，在企业同时从事多项开发活动的情况下，所发生的支出同时用于支持多项开发活动的，应按照一定的标准在各项开发活动之间进行分配，无法明确分配的，应予费用化计入当期损益，不计入开发活动的成本。

Chapter 14

第 14 章 PPP 项目的税务处理

《国务院关于深化预算管理制度改革的决定》（国发〔2014〕45 号）要求加强财政收入管理，清理规范税收优惠政策。具体内容如下：

1. 加强税收征管。各级税收征管部门要依照法律法规及时足额组织税收收入，并建立与相关经济指标变化情况相衔接的考核体系。切实加强税收征管，做到依法征收、应收尽收，不收过头税。严格减免税管理，不得违反法律法规的规定和超越权限多征、提前征收或者减征、免征、缓征应征税款。加强执法监督，强化税收入库管理。

2. 加强非税收入管理。各地区、各部门要依照法律法规切实加强非税收入管理。继续清理规范行政事业性收费和政府性基金，坚决取消不合法、不合理的收费基金项目。加快建立健全国有资源、国有资产有偿使用制度和收益共享机制。加强国有资本收益管理，完善国家以所有者身份参与国有企业利润分配制度，落实国有资本收益权。加强非税收入分类预算管理，完善非税收入征缴制度和监督体系，禁止通过违规调库、乱收费、乱罚款等手段虚增财政收入。

3. 全面规范税收优惠政策。除专门的税收法律、法规和国务院规定外，各部门起草其他法律、法规、发展规划和区域政策都不得突破国家统一财税制度、规定税收优惠政策。未经国务院批准，各地区、各部门不能对企业规定财政优惠政策。各地区、各部门要对已经出台的税收优惠政策进行规范，违反法律法规和国务院规定的一律停止执行；没有法律法规障碍且具有推广价值的，尽快在全国范围内实施；有明确时限的到期停止执行，未明确时限的应设定优惠政策实施时限。建立税收优惠政策备案审查、定期评估和退出机制，加强考核问责，严惩各类违法违规行为。

国家高度重视PPP项目税收征管和政策优惠规范问题，本章从应交税费科目设置及使用、PPP项目税收筹划建议及税收优惠政策等方面介绍PPP项目的税务处理。

14.1　应交税费科目设置

PPP项目涉及的税费包括增值税、附加税费、印花税、土地使用税、房产税、企业所得税等。

14.1.1　增值税科目设置及账务处理

PPP项目合同金额较大，均超过营改增后一般纳税人资格登记规定的年应税销售额500万元（含）的限定标准。故本节仅介绍一般税纳人的科目设置及账务处理。

14.1.1.1　增值税计税方法

（1）一般计税方法：

应纳税额＝销项税额－进项税额

＝不含税收入×税率

（2）简易计税方法：

应纳税额＝销售额×征收率

销售额＝含税销售额÷(1＋征收率)

14.1.1.2　一般纳税人的科目设置

根据《增值税会计处理规定》（财会〔2016〕22号文件发布）及财税〔2016〕36号文件等有关规定，纳税人的增值税会计科目及专栏设置如下：

增值税一般纳税人应当在“应交税费”科目下设置“应交增值税”“未交增值税”“预交增值税”“待抵扣进项税额”“待认证进项税额”“待转销项税额”“增值税留抵税额”“简易计税”“转让金融商品应交增值税”“代扣代交增值税”等明细科目。

（1）增值税一般纳税人应在“应交增值税”明细账内设置“进项税额”“销项税额抵减”“已交税金”“转出未交增值税”“减免税款”“出口抵减内销产品应纳税额”“销项税额”“出口退税”“进项税额转出”“转出多交增值税”等专栏。其中：

①“进项税额”专栏，记录一般纳税人购进货物、加工修理修配劳务、服务、无形资产或不动产而支付或负担的、准予从当期销项税额中抵扣的增值税额；

②“销项税额抵减”专栏，记录一般纳税人按照现行增值税制度规定因扣减销售额而减少的销项税额；

③“已交税金”专栏，记录一般纳税人当月已交纳的应交增值税额；

④“转出未交增值税”和“转出多交增值税”专栏，分别记录一般纳税人月度终了转出当月应交未交或多交的增值税额；

⑤“减免税款”专栏，记录一般纳税人按现行增值税制度规定准予减免的增值税额；

⑥“出口抵减内销产品应纳税额”专栏，记录实行“免、抵、退”办法的一般纳税人按规定计算的出口货物的进项税抵减内销产品的应纳税额；

⑦“销项税额”专栏，记录一般纳税人销售货物、加工修理修配劳务、服务、无形资产或不动产应收取的增值税额；

⑧“出口退税”专栏，记录一般纳税人出口货物、加工修理修配劳务、服务、无形资产按规定退回的增值税额；

⑨“进项税额转出”专栏，记录一般纳税人购进货物、加工修理修配劳务、服务、无形资产或不动产等发生非正常损失以及由于其他原因不应从销项税额中抵扣，按规定转出的进项税额。

（2）“未交增值税”明细科目，核算一般纳税人月度终了从“应交增值税”或“预交增值税”明细科目转入当月应交未交、多交或预交的增值税额，以及当月交纳以前期间未交的增值税额。

（3）“预交增值税”明细科目，核算一般纳税人转让不动产、提供不动产经营租赁服务、提供建筑服务、采用预收款方式销售自行开发的房地产项目等，以及其他按现行增值税制度规定应预交的增值税额。

（4）“待抵扣进项税额”明细科目，核算一般纳税人已取得增值税扣税凭证并经税务机关认证，按照现行增值税制度规定准予以后期间从销项税额中抵扣的进项税额。包括：一般纳税人自 2016 年 5 月 1 日后取得并按固定资产核算的不动产或者 2016 年 5 月 1 日后取得的不动产在建工程，按现行增值税制度规定准予以后期间从销项税额中抵扣的进项税额；实行纳税辅导期管理的一般纳税人取得的尚未交叉稽核比对的增值税扣税凭证上注明或计算的进项税额。

（5）“待认证进项税额”明细科目，核算一般纳税人由于未经税务机关认证而不得从当期销项税额中抵扣的进项税额。包括：一般纳税人已取得增值税扣税凭证、按照现行增值税制度规定准予从销项税额中抵扣，但尚未经税务机关认证的进项税额；一般纳税人已申请稽核但尚未取得稽核相符结果的海关缴款书进项税额。

（6）“待转销项税额”明细科目，核算一般纳税人销售货物、加工修理修配劳务、服务、无形资产或不动产，已确认相关收入（或利得）但尚未发生增值税纳税义务而需于以后期间确认为销项税额的增值税额。

（7）“增值税留抵税额”明细科目，核算兼有销售服务、无形资产或者不动产的原增值税一般纳税人，截至纳入营改增试点之日前的增值税期末留抵税额，以及按照现行增值税制度规定不得从销售服务、无形资产或不动产的销项税额中抵扣的增值税留抵税额。

（8）“简易计税”明细科目，核算一般纳税人采用简易计税方法发生的增值税计提、扣减、预缴、缴纳等业务。

（9）“转让金融商品应交增值税”明细科目，核算增值税纳税人转让金融商品发生的增值税额。

（10）“代扣代交增值税”明细科目，核算纳税人购进在境内未设经营机构的境外单位或个人在境内的应税行为代扣代缴的增值税。

14.1.1.3　小规模纳税人的科目设置

小规模纳税人只需在“应交税费”科目下设置“应交增值税”明细科目，不需要设置上述专栏及除“转让金融商品应交增值税”“代扣代交增值税”外的明细科目。

14.1.1.4　增值税的账务处理

1. 取得资产或接受劳务等业务的账务处理

（1）采购等业务进项税额允许抵扣的账务处理。一般纳税人购进货物、加工修理修配劳务、服务、无形资产或不动产，按应计入相关成本费用或资产的金额，借记“在途物资”或“原材料”“库存商品”“生产成本”“无形资产”“固定资产”“管理费用”等科目，按当月已认证的可抵扣增值税额，借记“应交税费——应交增值税（进项税额）”科目，按当月未认证的可抵扣增值税额，借记“应交税费——待认证进项税额”科目，按应付或实际支付的金额，贷记“应付账款”“应付票据”“银行存款”等科目。发生退货的，如原增值税专用发票已做认证，应根据税务机关开具的红字增值税专用发票做相反的会计分录；如原增值税专用发票未做认证，应将发票退回并做相反的会计分录。

（2）采购等业务进项税额不得抵扣的账务处理。一般纳税人购进货物、加工修理修配劳务、服务、无形资产或不动产，用于简易计税方法计税项目、免征增值税项目、集体福利或个人消费等，其进项税额按照现行增值税制度规定不得从销项税额中抵扣的，取得增值税专用发票时，应借记相关成本费用或资产科目，借记“应交税费——待认证进项税额”科目，贷记“银行存款”“应付账款”等科目，经税务机关认证后，应借记相关成本费用或资产科目，贷记“应交税费——应交增值税（进项税额转出）”科目。

（3）购进不动产或不动产在建工程按规定进项税额分年抵扣的账务处理。一般纳税人自 2016 年 5 月 1 日后取得并按固定资产核算的不动产或者 2016 年 5 月 1 日后取得的不动产在建工程，其进项税额按现行增值税制度规定自取得之日起分 2 年从销项税额中抵扣的，应当按取得成本，借记“固定资产”“在建工程”等科目，按当期可抵扣的增值税额，借记“应交税费——应交增值税（进项税额）”科目，按以后期间可抵扣的增值税额，借记“应交税费——待抵扣进项税额”科目，按应付或实际支付的金额，贷记“应付账款”“应付票据”“银行存款”等科目。尚未抵扣的进项税额待以后期间允许抵扣时，按允许抵扣的金额，借记“应交税费——应交增值税（进项税额）”科目，贷记“应交税费——待抵扣进项税额”科目。

（4）货物等已验收入库但尚未取得增值税扣税凭证的账务处理。一般纳税人购进的货物等已到达并验收入库，但尚未收到增值税扣税凭证并未付款的，应在月末按货物清单或相关合同协议上的价格暂估入账，不需要将增值税的进项税额暂估入账。下月初，用红字冲销原暂估入账金额，待取得相关增值税扣税凭证并经认证后，按应计入相关成本费用或资产的金额，借记“原材料”“库存商品”“固定资产”“无形资产”等科目，按可抵扣的增值税额，借记“应交税费——应交增值税（进项税额）”科目，按应付金额，贷记“应付账款”等科目。

（5）小规模纳税人采购等业务的账务处理。小规模纳税人购买物资、服务、无形资产或不动产，取得增值税专用发票上注明的增值税应计入相关成本费用或资产，不通过“应交税费——应交增值税”科目核算。

（6）购买方作为扣缴义务人的账务处理。按照现行增值税制度规定，境外单位或个人在境内发生应税行为，在境内未设有经营机构的，以购买方为增值税扣缴义务人。境内一般纳税人购进服务、无形资产或不动产，按应计入相关成本费用或资产的金额，借记“生产成本”“无形资产”“固定资产”“管理费用”等科目，按可抵扣的增值税额，借记“应交税费——进项税额”科目（小规模纳税人应借记相关成本费用或资产科目），按应付或实际支付的金额，贷记“应付账款”等科目，按应代扣代缴的增值税额，贷记“应交税费——代扣代交增值税”科目。实际缴纳代扣代缴增值税时，按代扣代缴的增值税额，借记“应交税费——代扣代交增值税”科目，贷记“银行存款”科目。

2. 销售等业务的账务处理

（1）销售业务的账务处理。企业销售货物、加工修理修配劳务、服务、无形资产或不动产，应当按应收或已收的金额，借记“应收账款”“应收票据”“银行存款”等科目，按取得的收入金额，贷记“主营业务收入”“其他业务收入”“固定资产清理”“工程结算”等科目，按现行增值税制度规定计算的销项税额（或采用简易计税方法计算的应纳增值税额），贷记“应交税费——应交增值税（销项税额）”或“应交税费——简易计税”科目（小规模纳税人应贷记“应交税费——应交增值税”科目）。发生销售退回的，应根据按规定开具的红字增值税专用发票做相反的会计分录。

按照国家统一的会计制度确认收入或利得的时点早于按照增值税制度确认增值税纳税义务发生时点的，应将相关销项税额记入“应交税费——待转销项税额”科目，待实际发生纳税义务时再转入“应交税费——应交增值税（销项税额）”或“应交税费——简易计税”科目。

按照增值税制度确认增值税纳税义务发生时点早于按照国家统一的会计制度确认收入或利得的时点的，应将应纳增值税额借记“应收账款”科目，贷记“应交税费——应交增值税（销项税额）”或“应交税费——简易计税”科目，按照国家统一的会计制度确认收入或利得时，应按扣除增值税销项税额后的金额确认收入。

（2）视同销售的账务处理。企业发生税法上视同销售的行为，应当按照企业会计准则制度相关规定进行相应的会计处理，并按照现行增值税制度规定计算的销项税额（或采用简易计税方法计算的应纳增值税额），借记“应付职工薪酬”“利润分配”等科目，贷记“应交税费——应交增值税（销项税额）”或“应交税费——简易计税”科目（小规模纳税人应记入“应交税费——应交增值税”科目）。

（3）全面营改增前已确认收入，此后产生增值税纳税义务的账务处理。营改增前已确认收入，但因未产生营业税纳税义务而未计提营业税的，企业应在达到增值税纳税义务时点时，在确认应交增值税销项税额的同时冲减当期收入；已经计提营业税且未缴纳的，应在达到增值税纳税义务时点时，借记“应交税费——应交营业税”“应交税费——应交城市维护建设税”“应交税费——应交教育费附加”等科目，贷记“主营业务收入”科目，并根据调整后的收入计算确定记入“应交税费——待转销项税额”科目的金额，同时冲减收入。

全面营改增后，“营业税金及附加”科目名称调整为“税金及附加”，该科目核算企业经营活动发生的消费税、城市维护建设税、资源税、教育费附加及房产税、土地使用税、车船税、印花税等相关税费；利润表中的“营业税金及附加”项目调整为“税金及附加”项目。

3. 差额征税的账务处理

（1）企业发生相关成本费用允许扣减销售额的账务处理。按现行增值税制度规定企业发生相关成本费用允许扣减销售额的，发生成本费用时，按应付或实际支付的金额，借记“主营业务成本”“存货”“工程施工”等科目，贷记“应付账款”“应付票据”“银行存款”等科目。待取得合规增值税扣税凭证且纳税义务发生时，按照允许抵扣的税额，借记“应交税费——应交增值税（销项税额抵减）”或“应交税费——简易计税”科目（小规模纳税人应借记“应交税费——应交增值税”科目），贷记“主营业务成本”“存货”“工程施工”等科目。

（2）金融商品转让按规定以盈亏相抵后的余额作为销售额的账务处理。金融商品实际转让月末，如产生转让收益，则按应纳税额借记“投资收益”等科目，贷记“应交税费——转让金融商品应交增值税”科目；如产生转让损失，则按可结转下月抵扣税额，借记“应交税费——转让金融商品应交增值税”科目，贷记“投资收益”等科目。缴纳增值税时，应借记“应交税费——转让金融商品应交增值税”科目，贷记“银行存款”科目。年末，本科目如有借方余额，则借记“投资收益”等科目，贷记“应交税费——转让金融商品应交增值税”科目。

4. 出口退税的账务处理

为核算纳税人出口货物应收取的出口退税款，设置“应收出口退税款”科目，该科目借方反映销售出口货物按规定向税务机关申报应退回的增值税、消费税等，贷方反映实际收到的出口货物应退回的增值税、消费税等。期末借方余额，反映尚未收到的应退税额。

（1）未实行“免、抵、退”办法的一般纳税人出口货物按规定退税的，按规定计算的应收出口退税额，借记“应收出口退税款”科目，贷记“应交税费——应交增值税（出口退税）”科目，收到出口退税时，借记“银行存款”科目，贷记“应收出口退税款”科目；退税额低于购进时取得的增值税专用发票上的增值税额的差额，借记“主营业务成本”科目，贷记“应交税费——应交增值税（进项税额转出）”科目。

（2）实行“免、抵、退”办法的一般纳税人出口货物，在货物出口销售后结转产品销售成本时，按规定计算的退税额低于购进时取得的增值税专用发票上的增值税额的差额，借记“主营业务成本”科目，贷记“应交税费——应交增值税（进项税额转出）”科目；按规定计算的当期出口货物的进项税抵减内销产品的应纳税额，借记“应交税费——应交增值税（出口抵减内销产品应纳税额）”科目，贷记“应交税费——应交增值税（出口退税）”科目。在规定期限内，内销产品的应纳税额不足以抵减出口货物的进项税额，不足部分按有关税法规定给予退税的，应在实际收到退税款时，借记“银行存款”科目，贷记“应交税费——应交增值税（出口退税）”科目。

5. 进项税额抵扣情况发生改变的账务处理

因发生非正常损失或改变用途等，原已计入进项税额、待抵扣进项税额或待认证进项税额，但按现行增值税制度规定不得从销项税额中抵扣的，借记“待处理财产损溢”“应付职工薪酬”“固定资产”“无形资产”等科目，贷记“应交税费——应交增值税（进项税额转出）”“应交税费——待抵扣进项税额”或“应交税费——待认证进项税额”科目；原不得抵扣且未抵扣进项税额的固定资产、无形资产等，因改变用途等用于允许抵扣进项税额的应税项目的，应按允许抵扣的进项税额，借记“应交税费——应交增值税（进项税额）”科目，贷记“固定资产”“无形资产”等科目。固定资产、无形资产等经上述调整后，应按调整后的账面价值在剩余尚可使用寿命期内计提折旧或摊销。

一般纳税人购进时已全额计提进项税额的货物或服务等转用于不动产在建工程的，对于结转以后期间的进项税额，应借记“应交税费——待抵扣进项税额”科目，贷记“应交税费——应交增值税（进项税额转出）”科目。

6. 月末转出多交增值税和未交增值税的账务处理

月度终了，企业应当将当月应交未交或多交的增值税自“应交增值税”明细科目转入“未交增值税”明细科目。对于当月应交未交的增值税，借记“应交税费——应交增值税（转出未交增值税）”科目，贷记“应交税费——未交增值税”科目；对于当月多交的增值税，借记“应交税费——未交增值税”科目，贷记“应交税费——应交增值税（转出多交增值税）”科目。

7. 缴纳增值税的账务处理

（1）缴纳当月应交增值税的账务处理。企业缴纳当月应交的增值税，借记“应交税费——应交增值税（已交税金）”科目（小规模纳税人应借记“应交税费——应交增值税”科目），贷记“银行存款”科目。

（2）缴纳以前期间未交增值税的账务处理。企业缴纳以前期间未交的增值税，借记“应交税费——未交增值税”科目，贷记“银行存款”科目。

（3）预缴增值税的账务处理。企业预缴增值税时，借记“应交税费——预交增值税”科目，贷记“银行存款”科目。月末，企业应将“预交增值税”明细科目余额转入“未交增值税”明细科目，借记“应交税费——未交增值税”科目，贷记“应交税费——预交增值税”科目。房地产开发企业等在预缴增值税后，应直至纳税义务发生时方可从“应交税费——预交增值税”科目结转至“应交税费——未交增值税”科目。

（4）减免增值税的账务处理。对于当期直接减免的增值税，借记“应交税金——应交增值税（减免税款）”科目，贷记损益类相关科目。

8. 增值税期末留抵税额的账务处理

纳入营改增试点当月月初，原增值税一般纳税人应按不得从销售服务、无形资产或不动产的销项税额中抵扣的增值税留抵税额，借记“应交税费——增值税留抵税额”科目，贷记“应交税费——应交增值税（进项税额转出）”科目。待以后期间允许抵扣时，按允许抵扣的金额，借记“应交税费——应交增值税（进项税额）”科目，贷记“应交税费——增值税留抵税额”科目。

9. 增值税税控系统专用设备和技术维护费用抵减增值税额的账务处理

按现行增值税制度规定，企业初次购买增值税税控系统专用设备支付的费用以及缴纳的技术维护费允许在增值税应纳税额中全额抵减的，按规定抵减的增值税应纳税额，借记“应交税费——应交增值税（减免税款）”科目（小规模纳税人应借记“应交税费——应交增值税”科目），贷记“管理费用”等科目。

10. 关于小微企业免征增值税的会计处理规定

小微企业在取得销售收入时，应当按照税法的规定计算应交增值税，并确认为应交税费，在达到增值税制度规定的免征增值税条件时，将有关应交增值税转入当期损益。

14. 1. 1. 5　财务报表相关项目列示

“应交税费”科目下的“应交增值税”“未交增值税”“待抵扣进项税额”“待认证进项税额”“增值税留抵税额”等明细科目期末借方余额应根据情况，在资产负债表中的“其他流动资产”或“其他非流动资产”项目列示：“应交税费——待转销项税额”等科目期末贷方余额应根据情况，在资产负债表中的“其他流动负债”或“其他非流动负债”项目列示：“应交税费”科目下的“未交增值税”“简易计税”“转让金融商品应交增值税”“代扣代交增值税”等明细科目期末贷方余额应在资产负债表中的“应交税费”项目列示。

14. 1. 2　附加税费的处理

14. 1. 2. 1　城市维护建设税的处理

城市维护建设税，简称城建税，是我国为了加强城市的维护建设，扩大和稳定城市维护建设资金的来源，对有经营收入的单位和个人征收的一个税种。

《中华人民共和国城市维护建设税暂行条例》第三条规定，城市维护建设税，以纳税人实际缴纳的消费税、增值税、营业税税额为计税依据，分别与消费税、增值税、营业税同时缴纳；第五条规定，城市维护建设税的征收、管理、纳税环节、奖罚等事项，比照增值税、营业税的有关规定办理。

适用税率：(1) 纳税人所在地为城市市区的，税率为7%；(2) 纳税人所在地为县城、建制镇的，税率为5%；(3) 纳税人所在地不在城市市区、县城或建制镇的，税率为1%。

企业计提、缴纳城市维护建设税时，通过“应交税费——应交城市维护建设税”科目核算。

计提时：

借：税金及附加

贷：应交税费——应交城市维护建设税

缴纳城市维护建设税时：

借：应交税费——应交城市维护建设税

贷：银行存款

14.1.2.2 教育费附加的处理

教育费附加是对缴纳增值税、消费税的单位和个人征收的一种附加费，其作用是：发展地方性教育事业，扩大地方教育经费的资金来源。

教育费附加的征收率为3%。

企业计提、缴纳的教育费附加，通过“应交税费——应交教育费附加”科目核算。

计提时：

借：税金及附加

贷：应交税费——教育费附加

上缴教育费附加时：

借：应交税费——教育费附加

贷：银行存款

14.1.2.3　地方教育附加的处理

地方教育附加属于政府性基金，专项用于发展教育事业。

2010 年发布的《关于统一地方教育附加政策有关问题的通知》(财综〔2010〕98 号) 明确，我国将统一开征地方教育附加，地方教育附加征收标准统一为单位和个人(包括外商投资企业、外国企业及外籍个人) 实际缴纳的增值税、营业税和消费税税额的 2%。

企业计提、缴纳的地方教育附加，通过“应交税费——地方教育附加”科目核算。

计提时：

借：税金及附加

　贷：应交税费——地方教育附加

缴纳地方教育附加时：

借：应交税费——地方教育附加

　贷：银行存款

14.1.3　印花税的处理

印花税是对经济活动和经济交往中设立、领受具有法律效力的凭证的行为所征收的一种税。

在 PPP 项目中，可能涉及的印花税及适用税率如表 14-1 所示。

表 14-1　　PPP 项目所涉印花税及适用税率

序号	税目	范围	税率	纳税人	说明
1	购销合同	包括供应、预购、采购、购销、结合及协作、调剂等合同	按购销金额 0.3‰贴花	立合同人	
2	加工承揽合同	包括加工、定作、修缮、修理、印刷、广告、测绘、测试等合同	按加工或承揽收入 0.5‰贴花	立合同人	
3	建设工程勘察设计合同	包括勘察、设计合同	按收取费用 0.5‰贴花	立合同人	

续表

序号	税目	范围	税率	纳税人	说明
4	建筑安装工程承包合同	包括建筑、安装工程承包合同	按承包金额0.3‰贴花	立合同人	
5	财产租赁合同	包括租赁房屋、船舶、飞机、机动车辆、机械、器具、设备等合同	按租赁金额1‰贴花。税额不足1元，按1元贴花	立合同人	
6	货物运输合同	包括民用航空运输、铁路运输、海上运输、联运合同	按运输费用0.5‰贴花	立合同人	单据作为合同使用的，按合同贴花
7	仓储保管合同	包括仓储、保管合同	按仓储保管费用1‰贴花	立合同人	仓单或栈单作为合同使用的，按合同贴花
8	借款合同	银行及其他金融组织和借款人	按借款金额0.05‰贴花	立合同人	单据作为合同使用的，按合同贴花
9	财产保险合同	包括财产、责任、保证、信用等保险合同	按保险费收入1‰贴花	立合同人	单据作为合同使用的，按合同贴花
10	技术合同	包括技术开发、转让、咨询、服务等合同	按所载金额0.3‰贴花	立合同人	
11	产权转移书据	包括财产所有权、版权、商标专用权、专利权、专有技术使用权、土地使用权出让合同、商品房销售合同等	按所载金额0.5‰贴花	立据人	
12	营业账簿	生产、经营用账册	记载资金的账簿，按实收资本和资本公积的合计金额0.5‰贴花； 其他账簿按件计税5元/件	立账簿人	
13	权利、许可证照	包括政府部门发给的房屋产权证、工商营业执照、商标注册证、专利证、土地使用证	按件贴花5元	领受人	

企业缴纳的印花税如果金额比较小，比如定额贴花的营业账簿和产权许可证照等，不需要预计应交数的税金，不通过“应交税费”科目核算，购买时直接减少银行存款或库存现金即可。实际缴纳的印花税，借记“管理费用（印花税）”，贷记“银行存款”“库存现金”等科目。

实际工作中，很多地方采购合同和销售合同印花税是根据实际采购、销售或购销总额的一定百分比乘以税率直接计算缴纳的，这时很多企业就会先通过“应交税费”账户计提本月的印花税，次月实际缴纳时再冲减“应交税费”账户。

计提本月印花税的会计分录：

借：管理费用

　贷：应交税费——应交印花税

实际缴纳印花税的会计分录：

借：应交税费——应交印花税

　贷：银行存款、库存现金等

14.1.4　土地使用税的处理

土地使用税，是指在城市、县城、建制镇、工矿区范围内使用土地的单位和个人，以实际占用的土地面积为计税依据，依照规定由土地所在地的税务机关征收的一种税。

应纳城镇土地使用税＝应税土地的实际占用面积×适用单位税额

一般规定，每平方米的年税额，大城市为 1.5～30 元；中等城市为 1.2～24 元；小城市为 0.9～18 元；县城、建制镇、工矿区为 0.6～12 元。

企业计提、缴纳的土地使用税，通过“应交税费——土地使用税”科目核算。

计提本月土地使用税的会计分录：

借：管理费用

　贷：应交税费——应交土地使用税

实际缴纳土地使用税的会计分录：

借：应交税费——应交土地使用税

　贷：银行存款、库存现金等

《中华人民共和国城镇土地使用税暂行条例》规定，下列土地免缴土地使用税：

（一）国家机关、人民团体、军队自用的土地；

（二）由国家财政部门拨付事业经费的单位自用的土地；

（三）宗教寺庙、公园、名胜古迹自用的土地；

（四）市政街道、广场、绿化地带等公共用地；

（五）直接用于农、林、牧、渔业的生产用地；

（六）经批准开山填海整治的土地和改造的废弃土地，从使用的月份起免缴土地使用税 5 年至 10 年；

（七）由财政部另行规定免税的能源、交通、水利设施用地和其他用地。

在PPP实例中，以市政道路、广场、绿化、能源、交通、水利设施为项目主体的PPP项目，可结合项目实际情况，确定是否免缴土地使用税。

14.1.5 房产税的处理

房产税是以房屋为征税对象，按房屋的计税余值或租金收入为计税依据，向产权所有人征收的一种财产税。

房产税征收标准有从价或从租两种情况：

（1）从价计征的，其计税依据为房产原值一次减去10%～30%后的余值，具体减除幅度由省、自治区、直辖市人民政府确定。

（2）从租计征的（即房产出租的），以房产租金收入为计税依据。

房产税税率采用比例税率。按照房产余值计征的，年税率为1.2%；按房产租金收入计征的，年税率为12%。

房产税应纳税额的计算分为以下两种情况，其计算公式为：

（1）以房产原值为计税依据的。

应纳税额＝房产原值×(1－10%或30%)×税率(1.2%)

（2）以房产租金收入为计税依据的。

应纳税额＝房产租金收入×税率(12%)

企业计提、缴纳的房产税，通过“应交税费——房产税”科目核算。

计提本月房产税的会计分录：

借：管理费用

　贷：应交税费——应交房产税

实际缴纳房产税的会计分录：

借：应交税费——应交房产税

　贷：银行存款、库存现金等

14.1.6 企业所得税的处理

企业所得税是指对中华人民共和国境内的企业（居民企业及非居民企业）和其

他取得收入的组织以其生产经营所得为课税对象所征收的一种所得税。

企业所得税的征税对象是纳税人取得的所得。包括销售货物所得、提供劳务所得、转让财产所得、股息红利所得、利息所得、租金所得、特许权使用费所得、接受捐赠所得和其他所得。

居民企业应当就其来源于中国境内、境外的所得缴纳企业所得税。

企业所得税的法定税率为 25%，内资企业和外资企业一致，国家需要重点扶持的高新技术企业税率为 15%，小型微利企业税率为 20%，非居民企业税率为 20%。

企业应纳所得税额＝当期应纳税所得额×适用税率

应纳税所得额＝收入总额－准予扣除项目金额

企业计提、缴纳的企业所得税，通过“应交税费——应交企业所得税”科目核算。

计提企业所得税的会计分录：

借：所得税费用

　贷：应交税费——应交企业所得税

实际缴纳企业所得税的会计分录：

借：应交税费——应交企业所得税

　贷：银行存款、库存现金等

14.2 PPP 项目税务筹划

14.2.1 政策筹划，合理利用优惠政策

开展税务筹划的一个重要条件就是投资于不同的地区和不同的行业以享受不同的税收优惠政策。目前，企业所得税税收优惠政策已形成以产业优惠为主、区域优惠为辅、兼顾社会进步的新的税收优惠格局。区域税收优惠只保留了西部大开发税收优惠政策，其他区域优惠政策已取消。产业税收优惠政策主要体现在：促进技术创新和科技进步，鼓励基础设施建设，鼓励农业发展及环境保护与节能等方面。因此，企业利用税收优惠政策开展税务筹划主要体现在以下几个方面：

（1）低税率及减计收入优惠政策。低税率及减计收入优惠政策主要包括：对符合条件的小型微利企业实行 20%的优惠税率；资源综合利用企业的收入总额减计

10%。税法对小型微利企业在应纳税所得额、从业人数和资产总额等方面进行了界定。

（2）产业投资的税收优惠。产业投资的税收优惠主要包括：对国家需要重点扶持的高新技术企业减按15%税率征收所得税；对农林牧渔业给予免税；对国家重点扶持基础设施投资享受“三免三减半”税收优惠；对环保、节能节水、安全生产等专用设备投资额的10%从企业当年应纳税额中抵免。

（3）就业安置的优惠政策。就业安置的优惠政策主要包括：企业安置残疾人员就业所支付的工资加计100%扣除，安置特定人员（如下岗、待业、专业人员等）就业所支付的工资也给予一定的加计扣除。企业只要录用下岗员工、残疾人士等都可享受加计扣除的税收优惠。企业可以结合自身经营特点，分析哪些岗位适合安置国家鼓励就业的人员，筹划录用上述人员与录用一般人员在工薪成本、培训成本、劳动生产率等方面的差异，在不影响企业效率的基础上尽可能录用可以享受优惠的特定人员。

14.2.2 经营筹划，通过谈判转嫁税负

在PPP项目实施过程中，政府方将由政府方实施的前期工作交由SPV项目公司进行运作。如项目前期的设计工作，因此产生了EPC模式的PPP项目；又如征地拆迁工作等等。

针对征地拆迁工作，由于SPV公司无法取得支付征地发票，无法取得增值税进项税额，从而增加SPV项目公司的增值税税负。对于此类情况，社会资本方在投标过程中应予以考虑，在磋商阶段应提出此类问题，争取在合同谈判过程中，将此类应由政府承担的工作不能取得进项税额而产生的损失，转嫁到政府方。

PPP竞标过程非常激烈，一般PPP项目在招标文件中均要求社会资本方自行承担企业的纳税义务，而且价格为不可谈判条款，所以此方法在实际应用中的可行性不大。

14.2.3 税率筹划，扩大项目公司经营范围

税率差异方法是指根据国家税收法律、法规或政策规定的税率差异，选择税率较低的经营、投资、理财等活动的方案，以减轻税收负担的方法。

在我国，对于有的税种，根据地区、行业、经济成分、所得项目、企业类型的不同，规定有差异的税率；也有的税种，规定的是幅度税率，由各地根据情况对具体税率作出规定。这就使不同的经营、投资、理财情况在税率运用上会出现差异，纳税人可以对照政策规定，在多种方案中进行选择，以适用较低的税率。

在 PPP 项目招标文件、PPP 项目合同或合资合作协议中均会明确 PPP 项目公司的经营范围，如“投资、融资、建设、运营维护和资产管理”等，并注明以工商部门登记注册的内容为准。

在 PPP 项目运营期，经营范围不同，则运营维护内容和所属税目不同：

针对市政道路 PPP 项目，运营期内项目公司提供道路的维护、养护服务，属提供“建筑服务——修缮服务”，增值税一般纳税人按 11%的税率缴纳增值税。

针对城市轨道交通、公共交通 PPP 项目，运营期内项目公司参与轨道交通的运营，提供交通运输管理服务，属提供“交通运输服务——陆路运输服务”，增值税一般纳税人按 11%的税率缴纳增值税；若项目公司在合同中约定将设施设备出租给专门的轨道交通公司进行运营，则属提供“现代服务——租赁服务”，增值税一般纳税人出租不动产按 11%的税率缴纳增值税，增值税一般纳税人出租动产按 17%的税率缴纳增值税。

针对安置房、棚户区 PPP 项目，运营期内项目公司提供物业管理服务，则属提供“现代服务——商务辅助服务”，增值税一般纳税人按 6%的税率缴纳增值税。

在运营期内，项目公司提供的可用性服务和运营维护服务属不同的税目，在税率不同的情况下，建议根据需要分税目开具服务费发票，并按不同税目纳税。故而，在项目公司注册过程中要综合考虑项目公司的经营范围，不能笼统描述为提供“运营维护和资产管理”，应尽可能全面地列明在项目建设期、运营期可能涉及的经营范围。

14.2.4　借助延期纳税方法提高资金使用效率

延期纳税方法是指依据国家税收法律、法规或政策规定，将经营、投资、理财等活动的当期应纳税额延期缴纳，以实现相对减轻税收负担的方法。

延期纳税虽然不能减少纳税人的应纳税额，但对纳税人而言，纳税期的推后相当于获得了一笔政府的无息贷款，获取了货币的时间价值，有利于其资金周转。纳税人根据国家税收政策规定，合理安排其经营行为，是可以实现延期纳税的。例如，在销售货物中采用分期收款、赊销或代销方式的纳税期要比直接销售的纳税期迟；符合条件的固定资产可以采用加速折旧的办法计入成本和费用等。

1. 利用折旧方法开展税务筹划

折旧是为了弥补固定资产的损耗而转移到成本或期间费用中计提的那一部分价值，折旧的计提直接关系到企业当期成本、费用的大小，利润的高低和应纳所得税的多少。折旧具有抵税作用，采用的折旧方法不同，所需缴纳的所得税税款也不相同。因此，企业可以利用折旧方法开展税收筹划。

缩短折旧年限有利于加速成本收回，可以把后期成本费用前移，从而使前期会计利润后移。在税率稳定的前提下，所得税的递延缴纳相当于取得了一笔无息贷款。另外，当企业享受“三免三减半”的优惠政策时，延长折旧期限，把后期利润尽量安排在优惠期内，也可进行税收筹划，减轻企业税负。

最常用的折旧方法有直线法、工作量法、年数总和法和双倍余额递减法等。运用不同的折旧方法计算出来的折旧额在量上不一致，分摊到各期的成本也存在差异，影响各期营业成本和利润。这一差异为税收筹划提供了可能。

2. 利用无形资产摊销方法开展税务筹划

PPP 项目在使用者付费模式下，财务核算可分为金融资产模式、无形资产模式和混合模式。

其中，在无形资产模式下，项目公司应在项目经营期内系统地对无形资产进行摊销。无形资产的摊销方法包括直接法、产量法等。有特定产量限制的特许经营权或专利权，应当采用产量法进行摊销；无法可靠确定其预期实现方式的，应当采用直线法进行摊销。

选择不同的无形资产摊销方法，会导致不同的营业成本，从而影响企业利润，进而影响各期所得税税额。企业应根据自身所处的不同纳税期以及盈亏的不同情况选择不同的无形资产摊销方法，使得成本费用的抵税效应得到最充分的发挥。

增加当期营业成本，可以减少当期应纳税所得额，延缓纳税时间。在企业感到流动资金紧张时，延缓纳税相当于获取了一笔无息贷款，有利于企业资金周转。

3. 利用收入确认时间的选择开展税务筹划

企业选择的销售方式不同，则对企业资金流入和企业收益实现的影响也不同。

不同的销售方式在税法上确认收入的时间是不同的。通过销售方式的选择，控制收入确认的时间，合理归属所得年度，可在经营活动中获得延缓纳税的税收效益。

企业所得税法规定的销售方式及收入实现时间的确认，包括以下几种情况：一是直接收款销售方式，以收到货款或者取得索款凭证，并将提货单交给买方的当天为收入的确认时间。二是托收承付或者委托银行收款方式，以发出货物并办好托收手续的当天为确认收入时间。三是赊销或者分期收款销售方式，以合同约定的收款日期为企业收入的确认日期。四是预付货款销售或者分期预收货款销售方式，以是否交付货物为确认收入的时间。五是长期劳务或工程合同，按照纳税年度内完工进度或者完成的工作量确认收入的实现。

由此可见，销售收入确认的关键在于“是否交货”这个时点，交货取得销售额或取得索取销售额凭证的，销售成立确认收入，否则收入未实现。因此，销售收入的筹划关键是对交货时点的把握和调整。每种销售结算方式都有其收入确认的标准条件，企业通过对收入确认条件的控制，即可以控制收入确认的时间。

4. 利用费用扣除标准的选择开展税务筹划

费用列支是应纳税所得额的递减因素。在税法允许的范围内，应尽可能地列支当期费用，减少应缴纳的所得税，合法推迟纳税时间来获得税收利益。

税收筹划是一项综合性的、复杂的工作，涉及面广、难度大。在运用税收筹划方法时，应充分考虑具体情况和政策规定，综合运用各种税收筹划方法。同时，随着税收筹划层次的深入和领域的拓宽，还将会有新的、科学的税收筹划技术的发展和运用。

SPV 项目公司财务人员要努力学习财税政策，通过合理、合法的手段降低项目公司实际税负，实现企业价值最大化。

Chapter 15

第 15 章 关于 PPP 项目财税实务的深层次思考

目前，国家税务总局尚未出台针对 PPP 项目的涉税文件，各级税务机关和社会资本方根据现有的财税文件不断摸索与探讨。根据 PPP 实务中存在的问题，结合同行业的财务同仁、项目咨询及招标代理机构，以及税务干部对 PPP 项目的理解，本书将对 PPP 财税处理的建议汇总如下。

15.1 涉及土地征拆等支出的 PPP 项目涉税建议

PPP 项目大部分会涉及征地拆迁、拆迁户安置等应由政府完成的前期工作，此类费用在 PPP 项目合同中均约定由 SPV 项目公司承担。目前，征地拆迁占项目总投资的比例越来越高，在本书作者了解的 PPP 项目中，征地拆迁费占项目总投资的比例最高已达 34%。

特别是征地拆迁安置业务，SPV 公司仅能取得拆迁安置户开具的收据或收条、政府方出具的拆迁安置标准、拆迁安置花名册等原始凭证，而无法取得为此项业务开具的增值税专用发票，无法抵扣进项税额。对于 SPV 公司而言，此类业务若无法取得进项税额，则承担的增值税税负可能会吞噬掉 SPV 公司原本已很微薄的利润。

15.1.1　以扣减征拆等支出后的余额为销售额

增值税分为一般纳税人和小规模纳税人，从 PPP 项目总投资规模来看，SPV 公司均可认定为增值税一般纳税人。而增值税一般纳税人计税可分为一般计税和按简易办法征收。一般计税方法的应纳税额，是指当期销项税额抵扣当期进项税额后的余额。

15.1.1.1　财税〔2016〕36 号文件的相关规定

根据财税〔2016〕36 号文件等财税法规的规定，除按照一般计税方法根据销项税额减进项税额外，以下业务以余额为销售额计征增值税：

（1）金融商品转让。按照卖出价扣除买入价后的余额为销售额。

（2）经纪代理服务。以取得的全部价款和价外费用，扣除向委托方收取并代为支付的政府性基金或者行政事业性收费后的余额为销售额。向委托方收取的政府性基金或者行政事业性收费，不得开具增值税专用发票。

（3）航空运输服务。航空运输企业的销售额，不包括代收的机场建设费和代售其他航空运输企业客票而代收转付的价款。

（4）试点纳税人中的一般纳税人提供客运场站服务。以其取得的全部价款和价外费用，扣除支付给承运方运费后的余额为销售额。

（5）试点纳税人提供旅游服务，可以选择以取得的全部价款和价外费用，扣除向旅游服务购买方收取并支付给其他单位或者个人的住宿费、餐饮费、交通费、签证费、门票费和支付给其他接团旅游企业的旅游费用后的余额为销售额。

（6）试点纳税人提供建筑服务适用简易计税方法的，以取得的全部价款和价外费用扣除支付的分包款后的余额为销售额。上述简易征收的建筑服务仅指三种计情况：清包工、甲供工程、老项目。

（7）房地产开发企业中的一般纳税人销售其开发的房地产项目（选择简易计税方法的房地产老项目除外），以取得的全部价款和价外费用，扣除受让土地时向政府部门支付的土地价款后的余额为销售额。

（8）一般纳税人转让其 2016 年 4 月 30 日前取得（不含自建）的不动产，可以选择适用简易计税方法计税，以取得的全部价款和价外费用扣除不动产购置原价或者取得不动产时的作价后的余额为销售额，按照5%的征收率计算应纳税额。

(9) 一般纳税人提供劳务派遣服务，选择差额纳税，以取得的全部价款和价外费用，扣除代用工单位支付给劳务派遣员工的工资、福利和为其办理社会保险及住房公积金后的余额为销售额，按照简易计税方法依5%的征收率计算缴纳增值税。

(10) 纳税人提供人力资源外包服务，按照经纪代理服务缴纳增值税，其销售额不包括受客户单位委托代为向客户单位员工发放的工资和代理缴纳的社会保险、住房公积金。向委托方收取并代为发放的工资和代理缴纳的社会保险、住房公积金，不得开具增值税专用发票，可以开具普通发票。

(11) 纳税人转让2016年4月30日前取得的土地使用权，可以选择适用简易计税方法，以取得的全部价款和价外费用减去取得该土地使用权的原价后的余额为销售额，按照5%的征收率计算缴纳增值税。

15.1.1.2 财税〔2016〕140号文件的相关规定

《关于明确金融 房地产开发 教育辅助服务等增值税政策的通知》(财税〔2016〕140号) 规定：

七、《营业税改征增值税试点有关事项的规定》(财税〔2016〕36号) 第一条第（三）项第10点中“向政府部门支付的土地价款”，包括土地受让人向政府部门支付的征地和拆迁补偿费用、土地前期开发费用和土地出让收益等。

房地产开发企业中的一般纳税人销售其开发的房地产项目（选择简易计税方法的房地产老项目除外），在取得土地时向其他单位或个人支付的拆迁补偿费用也允许在计算销售额时扣除。纳税人按上述规定扣除拆迁补偿费用时，应提供拆迁协议、拆迁双方支付和取得拆迁补偿费用凭证等能够证明拆迁补偿费用真实性的材料。

八、房地产开发企业（包括多个房地产开发企业组成的联合体）受让土地向政府部门支付土地价款后，设立项目公司对该受让土地进行开发，同时符合下列条件的，可由项目公司按规定扣除房地产开发企业向政府部门支付的土地价款。

（一）房地产开发企业、项目公司、政府部门三方签订变更协议或补充合同，将土地受让人变更为项目公司；

（二）政府部门出让土地的用途、规划等条件不变的情况下，签署变更协议或补充合同时，土地价款总额不变；

（三）项目公司的全部股权由受让土地的房地产开发企业持有。

由此可见，符合条件的 PPP 项目公司支付的征地和拆迁补偿费用以及土地前期开发费用和土地出让收益，可在计算销售额时计算扣除。

PPP 项目中的土地征拆和安置成本支出，无法取得增值税专用发票，无法认证进项税额，在此情形下，若由政府方承担该项支出产生的税费，则增加财政支出负担；若政府方不负担该项支出产生的税费，则与中央政府倡导的降低企业税负的执政理念相悖。故本书建议：由 SPV 公司支付的征地拆迁安置费用，在 SPV 公司取得可用性服务费时，参照房地产开发企业，以服务费抵减代政府支付的土地征拆和安置成本支出后的余额为销售额。

为防止社会资本方随意利用此项政策，可在协议中约定，该项土地征拆和安置成本支出，是指向政府、土地管理部门或受政府委托收取土地价款的单位直接支付的土地征拆和安置价款；要作为抵减销售额的依据，应取得县级以上财政部门开具的具有财政监制印章的行政事业性收费收据及其他征拆证明材料。

根据《国家税务总局关于全面推开营业税改征增值税试点有关税收征收管理事项的公告》（国家税务总局公告 2016 年第 23 号）的规定，按照现行政策规定适用差额征税办法缴纳增值税，且不得全额开具增值税发票的（财政部、国家税务总局另有规定的除外），纳税人自行开具或者税务机关代开增值税发票时，通过新系统中的差额征税开票功能，录入含税销售额（或含税评估额）和扣除额，系统自动计算税额和不含税金额，备注栏自动打印“差额征税”字样。发票开具不应与其他应税行为混开。

15.1.2　将征拆等支出视同代付支出

《国土资源部关于加强征地管理工作的通知》（国土资发〔1999〕480 号）规定，征用农村集体所有土地，为经济建设和社会发展提供用地，是政府行为。各地必须依照《中华人民共和国土地管理法》确立的征用土地制度，实行由县级以上地方人民政府统一征地。各级土地行政主管部门根据职责及法定的征地批准权限和程序，代表政府负责组织征地的审查报批和具体实施工作，其他任何单位和个人均无权审查报批和组织实施征用土地。

各地应依法规范征地审批和实施行为，确保国家经济建设用地。征用土地必须依法报省级人民政府或国务院批准，严禁越权批准征用土地。征用土地方案经依法批准后，由被征用土地所在地的市、县人民政府组织实施，市、县土地行政主管部门承担实施的具体工作。

综上，SPV 项目公司支付因项目建设涉及的征地拆迁及安置支出时，属代政府履行该职责，在会计核算时属“其他应收款——代付支出”。在计算应纳税额时，应以取得的全部价款和价外费用，扣除向代政府或相关职能部门支付的征地拆迁安置等费用后的余额为销售额。

15.2 关于项目可用性付费的涉税建议

SPV 项目公司在项目建设期结束后，经政府方验收合格进入项目运营期，政府方按 PPP 项目合同约定，在项目运营期内支付可用性服务费。

15.2.1 非货币性资产交换模式下的建议

PPP 项目是投资、建设、运营项目资产的一种经营模式，由社会资本方投资成立项目公司，项目公司组织项目资产建设工作，在运营期内开展项目资产运营管理工作，取得该项资产的特许经营权，从而取得因在经营期内提供公共产品或服务而获取的收费权。

故而可以将 SPV 项目公司取得的 PPP 项目可用性付费理解为提供公共产品或公共服务特许经营权而取得的对价，取得特许经营权的代价则是建造项目资产。即建造项目资产，以非货币性资产交换的方式取得特许经营权，从而在特许经营期内取得提供公共产品或公共服务的收费权。

非货币性资产交换，是指交易双方主要以存货、固定资产、无形资产和长期股权投资等非货币性资产进行的交换。非货币性资产交换一般不涉及货币性资产，或只涉及少量货币性资产即补价。《企业会计准则第 7 号——非货币性资产交换》规定，认定涉及少量货币性资产的交换为非货币性资产交换，通常以补价占整个资产交换金额的比例低于 25％作为参考比例。

在 PPP 项目实例中，项目公司取得特许经营权的对价就是项目资产的审定价值，而且不存在补价问题，所以 SPV 项目公司本质上是以建设的项目资产换取项目的特许经营权。

针对非货币性资产交换的会计处理如下：

（1）建造或发包建造项目资产时，可根据收费模式的不同，通过“长期应收款——××项目”“无形资产——××项目”归集成本支出。

（2）以项目资产换取项目的特许经营权，按财会〔2008〕11 号文件和《企业会计准则解释第 2 号》，确认为“长期应收款——××政府”“无形资产——××政府”。

借：无形资产——特许经营权/长期应收款——特许经营权

　　应交税费——应交增值税（进项税额）

（理论上，政府无法提供增值税专用发票。）

贷：其他业务收入

　　应交税费——应交增值税（销项税额）

借：其他业务成本

贷：长期应收款——××项目/无形资产——××项目

但在实务操作过程中，由于非货币性资产交换的换出方（政府方）不能开具增值税专用发票，故而采用非货币性资产交货模式的可能性不大。但作为特殊的项目运营模式，结合土地征拆支出的税务处理，可在协议中约定，经政府方审定的项目总投资，可在项目运营期内合理抵减取得的可用性服务费收入，并以抵减后的余额作为销售额。

15.2.2　融资性售后租回模式下的建议

为确保回收的项目符合政府的预期，在 PPP 项目合同内均会约定运营期结束后的项目资产的移交条件和标准。特别是在项目移交后政府还将自行运营或者另行选择第三方继续运营该项目的情形下，移交的条件和标准更为重要。通常包括以下两类：

（1）权利方面的条件和标准：项目设施、土地及所涉及的任何资产不存在权利瑕疵，其上未设置任何担保及其他第三人的权利。但在提前终止导致移交的情形下，如移交时尚有未清偿的项目贷款，就该未清偿贷款所设置的担保除外。

（2）技术方面的条件和标准：项目设施应符合双方约定的技术、安全和环保标准，并处于良好的运营状态。在一些 PPP 项目合同中，会对“良好运营状态”的标准做进一步明确，例如在不再维修的情况下，项目可以正常运营 3 年等。

其业务实质是社会投资人成立项目公司，建造项目资产，将其项目资产通过非货币性资产交换销售给政府方，再从政府方回租，并在回租期（运营期）内提供运营服务，取得项目资产的可用性服务费收入。

根据《会计会计准则第 21 号——租赁》，当满足下列标准之一的，应认定为融资租赁：

（一）租赁期满时，租赁资产的所有权转移给承租人。

在 PPP 合同中均有约定，当项目运营期结束后，SPV 项目公司将资产无偿移交给政府方或其指定的机构。

（二）承租人有购买租赁资产的选择权，所订立的购买价款预计远低于行使选择权时租赁资产的公允价值，因而在租赁开始日就可以合理地确定承租人将会行使这种选择权。

在 PPP 项目中，承租人（政府方，因其需提供公共产品或公共服务）最终拥有项目资产的所有权。

（三）即使资产的所有权不转移，但租赁期占租赁资产使用寿命的大部分。

在 PPP 项目中，从项目资产建设到移交，都是为承租人提供公共产品或公共服务，所以 PPP 项目符合此条规定。

（四）承租人在租赁开始日最低租赁付款额的现值几乎相当于租赁开始日租赁资产的公允价值；出租人在租赁开始日最低租赁收款额的现值几乎相当于租赁开始日租赁资产的公允价值。

在 PPP 项目中，最低租赁付款额的现值，即为经审计的项目资产的投资额，也就是项目资产的公允价值，所以 PPP 项目也符合此条规定。

（五）租赁资产性质特殊，如果不作较大改造，只有承租人才能使用。

在 PPP 项目中，项目资产就是为政府方或采购人量身定做的，并为社会提供公共产品或公共服务，所以 SPV 项目公司视同租出的项目资产具有特殊性，只有承租人（政府方）可以使用。

由此可见，从商业实质上看，PPP 项目收取的可用性服务费，相当于融资租赁业务中的租金，符合《会计会计准则第 21 号——租赁》中租赁的条件。所以，PPP 业务中的 SPV 项目公司，相当于融资租赁公司，其所收取的可用性服务费，属提供“现代服务业——租赁服务”中的融资租赁业务。

财税〔2016〕36 号文件规定：

（1）经人民银行、银监会或者商务部批准从事融资租赁业务的试点纳税人，提供融资租赁服务，以取得的全部价款和价外费用，扣除支付的借款利息（包括外汇借款和人民币借款利息）、发行债券利息和车辆购置税后的余额为销售额；

（2）经人民银行、银监会或者商务部批准从事融资租赁业务的试点纳税人，提供融资性售后回租服务，以取得的全部价款和价外费用（不含本金），扣除对外支付的借款利息（包括外汇借款和人民币借款利息）、发行债券利息后的余额作为销售额。

PPP 项目中的 SPV 公司可以参照融资性售后租回业务执行，涉及的增值税按取得的全部价款，扣除支付的借款利息（包括外汇借款和人民币借款利息）、发行债券利息和车辆购置税后的余额为销售额。

15.3　对项目特殊性恢复支出扣除规定的建议

根据 PPP 业务的惯例，政府一般会要求投融资方在漫长的特许经营到期前，将 PPP 项目设施进行系统维修，以恢复到合同约定的可使用状态。根据税法的规定，该项计提不属于允许的可扣除内容。从税收的角度看，税务主管部门并不认可或有事项的有关处理，不允许预计负债直接在税前扣除。

对此，本书认为，需要对 PPP 项目的特殊情况予以考虑。比如 PPP 项目在特许经营末期进行项目设施移交并解散项目公司前，按合同约定必须进行大修，如不允许项目公司在运营期计提、扣除准备金，会导致项目公司在大修业务发生时，已无收入与之配比。

本书建议，对 PPP 项目公司的大修应分类处理：

（1）运营期间例行的修理。比如某收费公路，每 5 年就必须重铺路面，应在大修理业务实际发生年度进行处理。

（2）如果合同约定项目公司必须在特许经营期末将 PPP 项目设施进行系统维修，以恢复到合同约定的可使用状态，则建议应允许企业按预算额分解，逐年计入相应的主营业务成本，并在企业所得税申报时允许扣除。

（3）如果政府已承诺认可该相应大修支出，则项目公司计入施工工程总造价，其后各年不得再计提。

Chapter 16

第 16 章 PPP 项目融资[1]

PPP 项目是一种特殊的项目投融资方式，投资规模大，动辄数十亿元，甚至上百亿元。由于 PPP 项目投资大、周期长、涉及面广，因此需要更好地管理风险。从融资角度来看，多采用项目融资的模式。

PPP 项目对于资金的需求量极大。以第二批财政部 PPP 示范项目为例，总投资 10 亿元及以上的项目 97 个，投资额共计 6 116.78 亿元，项目数量占项目总数（206 个）的 47.09%，投资金额则占投资总额（6 589 亿元）的 92.83%。

由于 PPP 特许经营项目融资结构与合同的复杂性，因此，PPP 模式更适用于投资额较大的项目。与传统的政府采购或政府负责出资不同，PPP 项目融资常用于公共部门与私营部门的项目合作，通过政府引入社会资本投资者，合作开发和提供公共产品或服务。巨大的投资体量也带来了相当大的融资压力。对于政府和很多投资人（尤其是非上市企业）而言，目前主要还是依靠传统的商业银行贷款和民间借贷，渠道较为单一。传统商业银行贷款的融资要求和融资成本都较高，民间借贷的融资成本更是高得离谱。毫无疑问，投入 PPP 项目的社会资本追求的是预期的利润，必然会设法将融资成本转嫁到项目报价中，这势必会加大政府采购 PPP 公共服务的成

[1] 本章部分内容参考了周兰萍所著《PPP 项目运作实务》和林华所著《PPP 与资产证券化》。

本。另外，商业银行对于贷款融资的苛刻要求也可能会加大政府的债务风险。《国务院关于创新重点领域投融资机制鼓励社会投资的指导意见》（国发〔2014〕60 号）中，即明确将政府与社会资本合作模式作为公共服务、资源环境、生态建设基础设施等重点领域的一种创新投融资机制予以推广。《国务院关于加强地方政府性债务管理的意见》（国发〔2014〕43 号）中明确规定："对在建项目确实没有其他建设资金来源的，应主要通过政府与社会资本合作模式和地方政府债券解决后续融资。"而在实际运作过程中，投融资属于 PPP 项目运作中极其重要的事项，为具体 PPP 项目运作提供资金保障。如果投融资问题解决得不好，会导致 PVC 具体的项目运作缺乏资金保证，在运行过程中产生较大的困难。

PPP 项目融资与公司融资的比较见表 16-1。

表 16-1　　PPP 项目融资和公司融资比较

主要内容	项目融资	公司融资
融资人	项目公司	投融资方
融资担保依据	项目资产价值和项目收益	融资主体的资产、信用
对财务弹性的影响	对融资主体的财务弹性影响不大	降低融资主体的财务弹性
会计处理	资产负债表外	资产负债表内
还款来源	项目产生的现金流、收益	投融资方整体的现金流、收益
批准融资的主要条件	项目自身未来现金流	融资主体资信、市场能力、资产负债表盈利的可靠性
贷款方参与度	一般需要参与监督，部分参与管理，甚至受让股权	一般按合同约定放款，通常不参与管理

16.1　PPP 项目融资概述

16.1.1　项目投融资结构体系

项目投融资结构体系如图 16-1 所示。

（1）政府方授权实施机构负责项目采购以及项目的统筹协调，以保障项目顺利实施。

（2）授权政府平台公司作为政府出资方，与中标社会资本（含联合体成员企业）、PPP 基金共同入股项目公司。

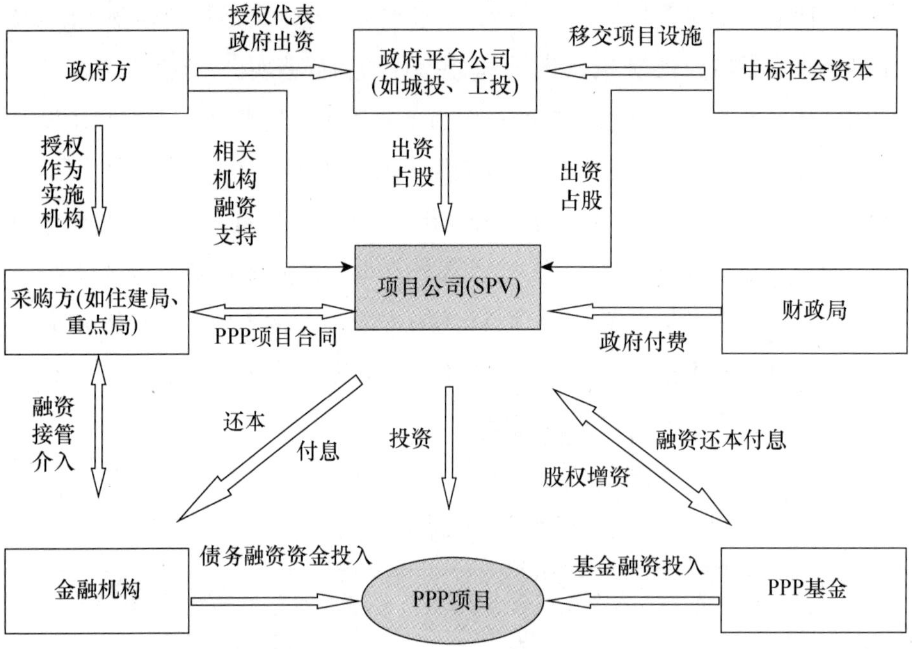

图 16-1 项目投融资结构体系

（3）选定社会投资人后，依法与选定的社会资本方签订 PPP 合同，组建 SPV 项目公司。

（4）项目公司按照 PPP 项目合同约定，尽快完成项目融资及交割工作。

（5）顺利完成融资工作后，项目公司按 PPP 项目合同规定，负责项目的投资、建设和运营工作。

（6）政府方将项目投融资、建设、运营及维护工作交给项目公司，由政府向项目公司购买可用性服务，并购买为维持项目可用性所需的运营维护服务。相应地，政府方按合同约定向社会资本方支付可用性服务费和绩效服务费。

（7）运营期内，项目公司根据资金状况，安排债权性融资的还本付息工作。

16.1.2 项目债权融资方式

在 PPP 项目中，通常项目公司有权并且有义务获得项目的融资。为此，PPP 项目合同中通常会明确约定项目全生命周期内相关资产和权益的归属，以确定项目公司是否有权通过在相关资产和权益上设定抵质押担保等方式获得项目融资，以及是否有权通过转让项目公司股份和处置项目相关资产或权益的方式实现投资的退出。

项目公司可采用向社会投资人借款或融资、向金融机构贷款等方式筹措项目资金，包括但不限于基金、信托、资产管理计划等，以弥补投资总额和注册资本之间的差额。即项目公司以自身拥有的资产或权益作为融资担保，项目公司各股东方仅以资本金为限承担相应的责任或风险。项目公司可以为本项目融资之目的，将其在 PPP 项目协议项下的各项权益（如 PPP 项目协议项下的预期收益权、保险受益权等）之上设置抵押、质押或以其他方式设置担保权益。

根据《关于在公共服务领域推广政府和社会资本合作模式的指导意见》（国办发〔2015〕42 号文件发布）精神，政府引导符合条件的项目运营主体在资本市场通过发行公司债券、企业债券、中期票据、定向票据等市场化方式进行融资。

在 PPP 项目实例中，如果项目公司不能顺利完成项目融资，政府方一般会要求由社会资本方通过股东贷款、补充提供担保等方式解决，以确保项目公司的融资足额及时到位。

PPP 项目的融资方通常有商业银行、其他金融机构、多边金融机构（如世界银行、亚洲开发银行等）以及非银行金融机构（如信托公司）等。

根据项目规模和融资需求的不同，融资方可以是一两家金融机构，也可以是由多家银行或机构组成的银团，具体的债权融资方式除贷款外，也包括债券、资产证券化等。

16.1.3　项目融资金额及年限

对于一般 PPP 项目而言，项目所需资金相当于项目投资总额。公式如下：

项目债权融资金额＝项目投资总额－项目资本金

根据《政府和社会资本合作模式操作指南（试行）》（财金〔2014〕113 号文件发布），PPP 合同期限一般为 20～30 年。在 PPP 项目实例中，考虑到地方政府财政承受能力，PPP 合作期限均在 10 年以上。

根据 PPP 项目政府付费模式，一般情况下，PPP 项目融资年限略小于项目合作年限，属于中长期融资，在会计处理中，PPP 项目融资应通过非流动负债核算。

16.2 PPP项目融资现状

1. 政府出资比例较小，大部分资金由社会资本筹集

一般情况下，政府出资只占项目总投入的百分之几，90%以上的资金需要社会资本负责筹集。社会资本投入资金有两部分，一部分为社会资本自有资金，以股权投资形式进入项目公司；另一部分以项目公司为融资主体，由社会资本负责引入债权资金。也就是说，社会资本承担着PPP项目融资的主要义务。

2. 融资增信主体缺失

上述结构存在一个突出问题，就是融资增信主体缺失。在PPP模式中，政府一般不负责融资，也不为融资提供增信，甚至要求不允许对PPP项目为社会资本作保底承诺。例如，《关于在公共服务领域推广政府和社会资本合作模式的指导意见》（国办发〔2015〕42号文件发布）规定：严禁融资平台公司通过保底承诺等方式参与政府和社会资本合作项目，进行变相融资。而目前的社会资本多数为大型央企、国企的施工企业。由于PPP项目动辄需要十几亿、几十亿元的投资，施工企业不可能全部自己筹集，股权部分可由自身出资（等同于垫资），但债权部分需要向银行等金融机构申请债权融资。而按银行的授信要求，项目公司一般不具有授信能力，通常是对由项目公司的股东提供增信措施，例如担保、回购等；作为股东方的施工企业，又由于承债能力有限、上市公司并表等原因，不能为占PPP项目总投入70%～80%的资金提供担保。结果是政府、施工企业两个股东都不能为项目公司的融资增信，增信主体缺失，债权融资困难。

3. 政府提出的合作条件苛刻，影响项目融资能力

PPP既是一种融资模式，也是一种管理模式，是由政府对公共基础设施和公共服务大包大揽的传统模式，转向与社会资本方合作，利用社会资本方的资金优势和专业能力进行共同管理。但多数地方政府还未转变思路，将PPP看成一种行政许可的手段，提出的条件相对苛刻。例如，融资成本（或项目公司内部收益率）不超过规定的数额、没有补贴或补贴很少、政府不兜底、不增信、按绩效考核付费等。加

上法律法规不健全，对社会资本没有足够的救济措施，导致社会资本方积极性不高；PPP项目融资主要靠社会资本方，也影响了项目融资能力。

4. 因项目回报率低而融资困难重重

提供公共产品是政府的天然责任。对于大多数非经营性项目而言，最合适的资金引入模式就是借贷（传统上是通过BT模式来实现的），或者与此相近的制度安排。相较于目前PPP项目的主力军——国有企业，亟待参与PPP项目的民营企业融资更为困难，融资成本相对更高。原因是国有企业具有先天的融资优势，金融机构为国有企业融资，一般顾虑较小，即使国企违约或破产，往往也会有其他方式补偿或化解；而民营企业则不同，融资难、融资成本高，已经造成了PPP领域国有企业对民营企业的挤出效应，甚至形成了国企的垄断局面。而社会资本，事实上是包含了民营企业资金在内的全社会非政府资金。

多数PPP项目规模大、期限长、风险高，而金融机构等融资方前期参与度不够高，尤其在项目识别、项目准备阶段参与少；同时，由政府和社会资本方共同成立的项目公司，因为资产规模小、现金流少，自身融资能力受限。另外，我国PPP项目融资的方式还比较单一，仍然以银行贷款为主，通过债券融资、信托融资、资产证券化融资等方式筹集资金的比例还比较低。

PPP项目提供的是公共服务，服务的成本终究要由使用者或政府承担。基于PPP项目的公共属性，社会资本方只能得到合理收益而无法获取暴利。相较于国有企业，民营企业更看重投资回报率，原因是民营企业融资成本高，使得其投资回报率必须高于国有企业，才能取得相当的投资利润；此外，民营企业一般也愿意承受比国企更高的风险，以期获得更高的回报。但不少企业长期依赖商业银行贷款，融资渠道单一，融资成本较高，PPP项目的低收益可能无法完全覆盖较高的融资成本。

由投资者认缴的项目资本金对投资项目来说是非债务性资金，项目资本金在一定程度上可以反映投融资方的资金实力以及对项目的预期。按最新文件规定，绝大多数PPP项目资本金比例可以为总投资的20%，但银行从风险控制的角度考虑，往往会希望资本金比例更高。所以，尽管国务院已经在2015年9月发布《国务院关于调整和完善固定资产投资项目资本金制度的通知》（国发〔2015〕51号），要求下调固定资产资本金比例，同时规定对于城市地下综合管廊、城市停车场项目以及经国务院批准的核电站等重大建设项目，可以在规定最低资本金比例的基础上适当降低，但实际情况往往取决于金融机构的意愿。包括我们经常说的有限追索，如果投融资方纠缠于有限追索权，很可能会给项目融资带来巨大的麻烦。银行往往会放弃具有有限追索权的项目。即便按照最低20%的资本金比例，在动辄数十亿元甚至数百亿元的PPP项目面前，社会资本特别是非央企或非大型国企社会资本的资本金筹措压力也非常大。据网络媒体报道，一份某国有商业银行的贷款审批意见书显示，针对PPP的不同模式，比如BOT、BOO、TOT等，银行有不同的贷款要求。政府和社会资本合作项目若想顺利获得银行贷款，需要满足包括所处区域、还款来源、资产负债率、实收资本以及现金流等在内的20多项条件。

以现金流为例，贷款意见书要求，城市基础设施和公共服务项目需要经营性现金流稳定，项目使用者付费及政府付费获得的收入，要能全额覆盖贷款本息。而且，涉及使用付费者为公众，如果项目未通过价格听证，应追加有效抵押担保方式；若项目在完工后无法通过价格听证，应立即停止放款，同时要求客户立即偿还贷款本息和有关费用。由于银监会尚未对PPP贷款给出明确的定义和要求，意见书认为，这些贷款条件只是对PPP项目的最基本原则性要求。不过，在PPP项目业内人士看来，这些条件过于苛刻。从某种意义上讲，对不得不转型参与投资的诸多企业而言，项目资本金筹措能力甚至关系到项目能否顺利落地。

另外，如前所述，PPP项目的资本金融资压力极大。在资本金融资方面，除了民间借贷以外，目前最常见的是通过基金和信托融资。这两种渠道的实际融资成本通常会高于银行贷款，而政府由于对融资市场不了解不熟悉，往往不愿接受较高的资本金融资成本。可见，PPP项目的低收益与高昂的融资成本之间形成了非常大的矛盾，如果将这类风险全部推给社会资本，无疑会给PPP项目的推进及实施带来巨大的风险和隐患。

5. 项目期限与融资期限往往不匹配

目前，PPP项目期限通常是10～30年，在漫长的投融资期限里，融资工具通常要贯穿PPP项目的整个生命周期。不仅在项目公司成立层面需要股权融资，在成立后还需要项目建设所需的债权融资，在运营期还需要资产证券化、资产支持票据等融资，在退出期还需要并购贷款、IPO、新三板挂牌等资本市场融资（当然社会资本退出方式目前仍是特许经营权利到期自动移交项目）。可以说，PPP项目融资是全生命周期融资。

融资的方式有很多，但适合PPP项目的不多。PPP项目合作期限较长（一般为10～30年），而传统融资渠道的融资期限较短（至多在10～15年），融资期限的不匹配导致再融资风险和压力加大。目前来看，符合这一要求的资金只有保险资金和银行资金。新近修订的《保险资金间接投资基础设施项目管理办法》规定，保险公司可以投资 PPP 项目，保险投资期限可达 20～30 年。银行固定资产贷款期限可以达 12～15 年，银行可以通过发行理财产品等灵活组合，延长 PPP 项目融资期限。其他资金融资期限最多 3～5 年，不能满足 PPP 项目的融资要求；如果用组合方式进行，也往往要求社会资本保证回购，不具有可操作性。

融资期限与 PPP 项目期限不匹配的问题带来了很大的再融资风险——项目运作正常，资金周转顺畅，再融资易；反之，则会加大再融资的不确定性风险。

6. 融资担保要求高

PPP 项目融资担保要求高。有限追索项目融资在国际上被普遍采用，而在我国 PPP 项目中却大都不能为金融机构所接受。

有限追索项目融资是指贷款人除依靠项目收益作为偿债来源，并得在项目公司的资产上设定担保物权之外，还要求由项目公司以外的其他与项目有利害关系的第三方当事人提供各种担保或者承诺。这里的第三方当事人，包括该项目的投资人、供应方、项目使用者、承包方等。如项目不能完工或失败，致使项目本身资产或收益不足以清偿债务，贷款人有权向上述包括项目投资人在内的有关担保人追偿，债务担保人仅以各自所提供的担保金额或按有关协议承担责任。换言之，项目公司是独立于其投资人之外的一个法律实体，对偿还贷款负直接责任，项目投资人只提供有限的保证或担保。另外，项目的债务不反映在项目投资人的资产负债表上，属于资产负债表外的融资。目前国内金融机构普遍按照为传统企业融资的方式提供债务资金，项目投资人往往被要求向金融机构承担还本付息的连带责任，由此加大了 PPP 项目投资人的融资风险。

目前，PPP 项目收益权质押登记机关没有统一的规定，客观上导致收益权质押担保不能为金融机构所广泛接受。根据现有规定，仅有高速公路收费权、农村电网收费权以及学校公寓收费权有相应的质押登记机关，其他如污水处理费、地铁票务收入、公园门票收入等均没有统一规定的质押登记机关。根据《中华人民共和国物权法》（以下简称《物权法》）第二百二十四条的规定，没有权利凭证，质权自有关部门办理出质登记时设立。《物权法》第二百二十三条及第二百二十八条也分别规定了应收账款可以设定质权，质权自信贷征信机构办理出质登记时设立。收益权虽然理论上属于应收账款范畴，但目前中国人民银行的应收账款质押登记系统仅考虑到其债权，既未考虑未来预期收益权，也未考虑向终端用户的收费权情形。鉴于此，除了明文规定有登记机关的部分PPP项目的收益权外，绝大多数PPP项目收益权都面临无法质押登记的尴尬，由此也加大了PPP项目的融资风险。

综上所述，PPP项目融资难的现状客观上加大了PPP项目的投融资风险，也在一定程度上导致了PPP项目的落地难。尽管根据《政府和社会资本合作模式操作指南（试行）的通知》，对于风险分配原则的规定，融资风险主要由社会资本方承担，但在当前融资环境下，通过给社会资本必要的融资协助以降低项目融资成本和融资风险（包括再融资风险）也是政府方的应有职责。此外，在PPP项目合作期间及合作期限届满后，政府同样面临如何通过合理的投融资方案设计在接管项目的同时降低后续项目运作成本的问题。

16.3 融资渠道与方式

16.3.1 主要融资渠道

PPP项目所需的大部分资金都是通过项目融资获得的。PPP项目的项目融资是指以项目资产、预期收益或权益作为抵押，而取得一种有限追索权的融资活动。PPP模式下，项目公司是实现PPP业务核心理念的最常见的组织形式，项目公司的融资行为表现为项目融资的主要形式。

项目公司可以采取有限责任公司合伙企业或其他形式，具体采取哪种形式需要综合考虑融资、便利税收等各种情况。由于项目公司的大部分工作在项目合同签订时才开始，因此往往也是在合同签订后才成立项目公司。

项目公司可采取单一实体或多重实体架构进行融资。目前在我国的PPP实践活动中，主要的形式是通过单一实体进行融资。在单一实体架构中只设立单一的项目公司，该项目公司一般同时负责项目的融资和项目的运营管理。

在多重实体架构下，不同的实体通常在PPP项目中承担不同的任务。比较常见的有两种形式：一是PPP项目涉及众多的投资人和债权人，为了满足他们的不同要求，设立双重实体；二是PPP项目本身可以分成两个不同的部分。

比如，北京地铁4号线的PPP项目融资就是比较著名的多重实体架构融资项目的例子，此项目采取了双实体架构的交易结构。

案例 16-1

北京地铁 4 号线项目的双实体架构融资

一、基本情况

北京地铁 4 号线是北京轨道交通网中一条贯穿市区南北的交通主干线。4 号线被分为营利部分和非营利部分，即 A 部分与 B 部分（见图 1）。

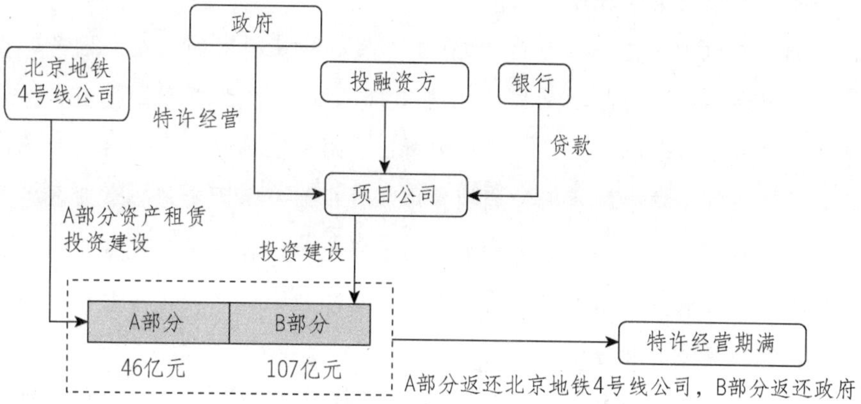

图 1　北京地铁 4 号线融资、股权结构

A 部分包括车辆、自动售检票系统、通信、电梯、控制设备、供电设施等机电设备的购置和安装，总投资额约为 46 亿元，占项目总投资的 30%，由特许经营公司筹资建设。

B 部分包括征地拆迁和车站、洞体及轨道铺设等的土建工程，总投资额约为 107 亿元，占项目总投资的 70%，由北京地铁 4 号线投资有限责任公司代表北京市政府筹集建设并拥有产权。

项目公司注册资本为 15 亿元人民币，由香港地铁有限公司、北京首都创业有限公司及北京基础设施投资有限公司组成，前两家公司注册资金均为 7.35 亿元，占注册资本的 49%，后一家公司的注册资金为 0.3 亿元，占注册资本的 2%。并成立了特许经营公司——北京京港地铁有限公司（简称京港地铁公司）。其余 31 亿元投资由无追索权的银行贷款来负担。项目公司以特许经营收入或收益权设置抵押、质押或以其他方式设置担保权益取得贷款。与北京地铁 4 号线公司签订《资产租赁协议》取得 A 部分资产的使用权，负责地铁 4 号线的运营管理、全部设施（包括 A、

B两部分）的维护和除洞体外的资产更新，以及站内的商业经营，通过地铁票款收入及站内商业经营收入回收投资。特许经营期满后，特许公司将B部分项目设施无偿移交给北京市政府，将A部分项目设施归还给北京地铁4号线公司。

二、分析说明

北京地铁4号线项目分成公益性和经营性两部分，分别采取不同的投融资方式。社会私营机构只负责A部分项目（即营利性项目）的投融资建设。在项目运营期间，除非预计客流量和实际客流量增减相差较大（达到特许协议约定的比例），政府一般不会给予政策性补助。

对于B部分（即公益性项目），政府还要收取一定额度的租金。因此，在前补偿模式下，京港地铁公司年运营成本主要包括A部分项目资产的折旧和摊销、运营服务成本和缴纳给政府的租金。资产的折旧和摊销取决于公司的会计政策，会计政策一旦确定，每年发生的折旧和摊销费用就可视为一个固定值。运营服务成本主要包括人工成本、设备维修、牵引动力、站务等生产消耗费用，这些费用主要与运营服务水平相关，服务水平越高，需要的人工成本越高。同时，及时维护检修、加大运量，也能提高运营服务水平。

北京地铁4号线项目将项目资产分为两个相对独立的部分，分别进行融资安排，将由政府投资的资产与项目公司分立，降低了项目公司的融资总额。

16.3.2 主要融资方式

根据融资方式的不同，PPP项目融资可分为股权融资和债权融资。对于PPP项目公司而言，股权融资和债权融资的范围非常广泛，几乎包括了大部分的金融机构和金融工具。PPP项目融资的资金来源可分为股权投资、债务融资和夹层资本。

股权投资一般包括货币出资和非货币性资产出资，是项目公司以其他方式进行融资的基础。债务融资是项目公司最重要的融资方式，包括银行贷款和发行债券。随着金融工具不断创新，夹层资本也越来越多地运用到项目融资中，到了PPP项目中后期的运营期，随着项目子公司逐渐产生稳定的现金流，还可以通过资产证券化、售后回租等表外工具进行融资。

1. 股权融资

项目公司的股东对项目公司投入的资本是项目公司后续融资的基础，作为股权投资人，需要承担较高的投资风险，也有可能获得较高的投资收益。项目公司的股东主要包括公共部门投资者、社会资本方，还包括战略投资者。PPP 项目的战略投资者是指通过投融资行为实现社会或商业层面的战略目的，或者能够将自身业务经营与项目运营实现战略协同，主动而深入地参与到项目设计建设运营过程中的投资者，主要包括政府、政府融资平台及转型中的融资平台。政府通常指定全资或控股的政府融资平台或国有资产管理公司作为发起人，组建 PPP 项目公司，或对 PPP 项目进行股权投资。

PPP 产业基金及政府投资的 PPP 基金，是指以股权、债权、夹层融资等工具投资 PPP 项目的产业投资基金，通常与承包商、行业运营商组成投资联合体，作为项目发起人或社会资本参与项目投资运营。政府投资基金也可以作为公共投资人参与项目，通过设立有限合伙公司制或契约制的基金形式参与基础项目设施投资建设。PPP 项目公司的股东还包括业务协同的专业投资者，主要有承包商和建筑商、技术服务商和运营商、设备提供商等。除此之外，还包括一些财务投资者，比如金融机构、大型实业投资集团、地方企业等。

2. 债务融资

PPP 项目具有高负债运营的特点，债务融资是 PPP 项目融资中最重要的组成部分，一般占比较高，其主要形式是银行贷款和发行债券。

3. 夹层资本

夹层资本介于股权投资与债务融资之间，其主要表现形式是次级贷款和优先股。在 PPP 项目融资中，夹层资本的提供者包括股东、商业银行、机构投资者、双边和多边组织等。

16.4 融资工具

16.4.1 产业投资基金

产业投资基金及与之类似的城市发展基金、私募股权投资基金等，越来越成为 PPP 融资的主要渠道之一。

产业投资基金是私募基金的一种。私募基金是相对于公募基金而言的，它以非公开的形式向特定投资人募集，是国家政策大力支持的基础设施领域的重要融资工具。《国务院关于创新重点领域投融资机制鼓励社会投资的指导意见》（国发〔2014〕60号）第三十八条规定："鼓励发展支持重点领域建设的投资基金。大力发展股权投资基金和创业投资基金，鼓励民间资本采取私募等方式发起设立主要投资于公共服务、生态环保、基础设施、区域开发、战略性新兴产业、先进制造业等领域的产业投资基金。政府可以使用包括中央预算内投资在内的财政性资金，通过认购基金份额等方式予以支持。"地方政府和社会资本可依据上述文件精神，依法设立主要投向基础设施领域PPP项目的产业投资基金。比如某省政府牵头设立了规模达数十亿元的上市公司产业并购基金，其中政府平台认缴一部分做劣后级，社会资本认缴一部分做夹层，金融机构认缴"大头"做优先级，由专业管理团队担任一般合伙人，重点并购节能环保资产，随后置换进入上市公司套现退出。虽然资金成本在8%以内，但由于金融机构贷款和政策性贷款成本更低，加之实行优先劣后结构，保障了作为夹层的社会资本仍能获得相当的收益。

16.4.1.1 产业投资基金的分类

根据不同的标准，产业投资基金可分为行业产业基金（如交通产业基金）与地域产业基金（如城市发展基金），也可分为母基金与子基金，还可分为金融资本与地方政府成立基金、金融资本与施工企业（或上市公司）成立基金和三方共同成立基金等。

按法律形式，广义上的产业基金可分为公司型基金、有限合伙型基金、信托型基金、资管计划型基金和契约型基金等。下面将详细介绍。

1. 公司型基金

公司型基金有以下特点：

（1）出资人数受到公司法的限制（有限公司不超过50人）。

（2）从决策机制看，基于其资合性的特点，投资多的人往往更有话语权。这与整个基金行业的特点不同。基金行业的特点是有钱的人出钱，有管理能力的人负责管理，故管理人对基金有相对较大的控制权。

（3）由于涉及公司和股东（自然人股东）双重纳税，税负较重。

鉴于前述弊端，虽然早期有非常多的产业基金以公司型形式设立，但是目前多以其他形式设立。

2. 有限合伙型基金

有限合伙型基金是私募基金行业中常见的一种。主要有以下特点：

（1）有限合伙型基金包括两类合伙人：普通合伙人和有限合伙人。有限合伙人主要负责出钱，不参与合伙企业事务执行，对合伙企业债务承担有限责任；普通合伙人则负责合伙企业的管理和正常的事务执行，对合伙企业的债务承担无限责任。

（2）合伙人在分配等条款设置方面有非常大的自由裁量权。合伙人可以根据基金的特点，在合伙协议中设定非常灵活的投资、分配及退出方式。

（3）有限合伙基金没有所得税，整体而言，税负较公司型基金低。

3. 信托型基金

信托型基金系通过信托公司设立的基金，根据目前的法律法规，主要以信托计划的形式设立。主要有以下特点：

（1）信托计划自然人投资人不能超过 50 个，但如果自然人投资金额在 300 万元以上，则人数不受此限。

（2）信托计划委托人（即投资人）一般不参与信托计划投资运作，由信托公司（受托人）负责信托计划的投资运作。

（3）信托计划不是一个法律实体，对外以信托公司的名义投资。在监管方面，因为信托制度较为成熟，所以银监会对于信托计划的监管在很多方面要求很高。

（4）一家信托公司不可设立若干信托计划共同投向一个项目，但不同信托公司分别设立的信托计划不受此限制。

（5）在税务方面，国家税务总局暂时没有要求信托公司在支付信托收益时代扣代缴个人所得税。

4. 资管计划型基金

资管计划型基金可由证券公司、基金子公司和保险公司等不同主体设立，不同主体发行的资管计划法律结构大同小异。以基金子公司设立的资管计划型基金为例，其主要特点如下：

（1）单个投资人的认购和赎回金额均有下限，不能低于100万元。

（2）实务中，证监会要求单位资管计划的投资人不能突破200人的上限。

（3）可平行设立若干资管计划，共同投向一个项目。

（4）与信托计划相同的是，资管计划也不是一个法律实体，对外以基金子公司名义的投资，因为法律形式较新，故监管相对宽松。

（5）在税务方面，国家税务总局暂时没有要求基金子公司在支付投资收益时代扣代缴个人所得税。

5. 契约型基金

契约型基金是由经证券投资基金业协会登记的私募基金管理人设立的基金。主要有以下特点：

（1）单个投资人认购金额不能低于100万元。

（2）单位契约型基金的投资人不能超过200人，实践中也可通过设立若干支基金的方式来增加人数。

（3）因为法律形式较新，故监管较为宽松。

（4）在税务方面，国家税务总局暂时没有要求基金管理人在支付投资收益时代扣代缴个人所得税。

16.4.1.2 PPP产业基金的发起方式

按照发起人的不同，PPP产业基金可分为PPP引导基金（由政府发起）、PPP产业基金（由社会资本发起）等。

1. PPP引导基金（由政府发起）

政府发起引导基金是指省级政府层面出资成立引导基金，以此吸引金融机构资金，合作成立产业基金母基金，母基金再根据审核后的项目设立子基金，由母基金做优先级，地方政府做劣后级，承担主要风险。

PPP项目资金需求量大、投资周期长，为了拓宽项目融资渠道、优化各方投资风险、提高社会资本参与PPP项目积极性，中央与地方政府都在积极探索成立融资支持基金（即PPP引导基金）。《关于在公共服务领域推广政府和社会资本合作模式的指导意见》（国办发〔2015〕42号文件发布）第二十一条规定，积极探索财政资金撬动社会资本和金融资本参与政府和社会资本合作项目的有效方式。中央财政出资引导设立中国政府和社会资本合作融资支持基金，作为社会资本方参与项目，提高项目融资的可获得性。鼓励地方政府在承担有限损失的前提下，与具有投资管理经验的金融机构共同发起设立基金，并通过引入结构化设计，吸引更多社会资本参与（见图 16-2）。根据上述规定，目前财政部已与山东、山西、河南、江苏、四川和新疆等地分别成立了不同规模的 PPP 引导基金。

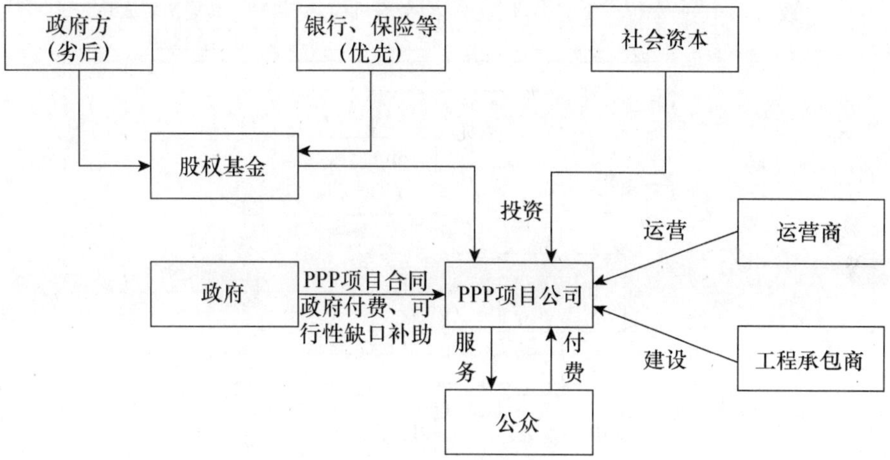

图 16-2　PPP 引导基金交易结构图

各地的 PPP 引导基金设立方式不尽相同。大致分为三类：

（1）只设立 PPP 母基金，而不另设立 PPP 子基金。在该种模式下，PPP 基金虽然由政府发起，但政府通常不直接参与出资及基金管理，而是单独委托特定出资平台与银行、保险等金融机构以及其他出资人共同出资（见图 16-3）。PPP 基金的管理人可以由基金公司或合伙企业自行担任，也可另行委托基金管理人管理基金资产。

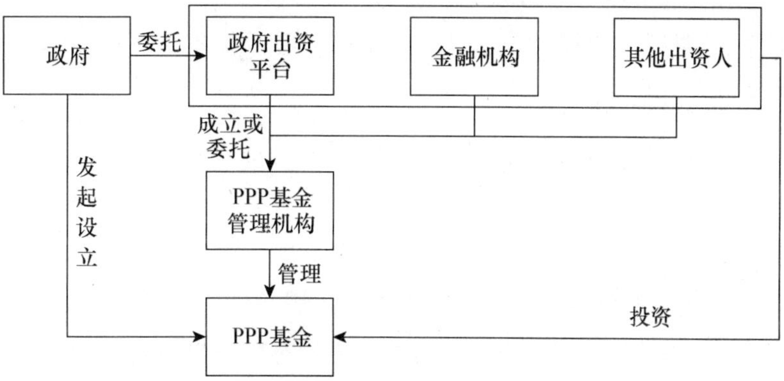

图 16-3　只设立母基金不设立子基金的 PPP 引导基金交易结构图

（2）既设立PPP母基金，也设PPP子基金，子基金来源多元化。由省级政府发起设立PPP母基金，母基金出资人为省政府出资平台，金融机构和其他出资人，也可以引入特定的实体企业参与投资（见图16-4）。母基金通过分散投资多个下级政府发起成立的PPP子基金，起到引导产业投资、撬动社会资本投入地区PPP项目建设和运营的作用。

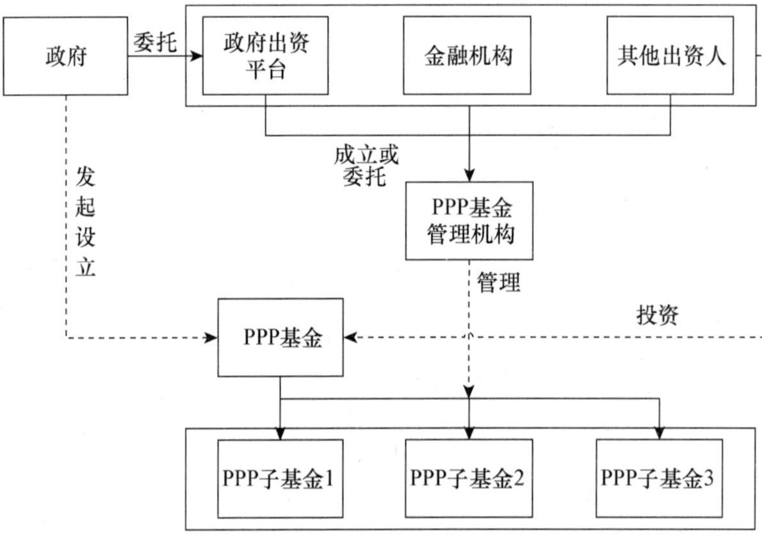

图16-4 子基金来源多元化的PPP引导基金交易结构

例如，山西省改善城市人居环境PPP投资引导基金重点用于城市供水、供气、供热、污水处理、垃圾处理、地下综合管廊、轨道交通等领域的PPP项目。根据有关新闻报道，金融机构按照政府出资的三倍配比作为出资构成；母基金为省级，只对子基金配比，不对具体项目投资；子基金为市、县级，只对PPP项目投资，本身不再设立子基金。先期母基金规模为16亿元，按母基金不超过当地财政出资额配比计算，子基金总规模可达到128亿元，按基金投资项目资本金不超过15%计算，可带动投资规模达853亿元。

（3）既设立母基金，也设立子基金，子基金出资全部出自母基金。在该种模式下，PPP母基金对各子基金承担全部出资责任。母基金既可以授权某个基金管理机构全权负责旗下的所有子基金，也可以分别委托管理（见图16-5）。

例如，江苏省PPP融资支持基金母基金规模100亿元，每20亿元设立一个子基金，共设立5个子基金，并分别选择5家基金管理机构。徐州地铁2号线PPP项目获得江苏省PPP融资支持基金的首单支持，其首支子基金A交以股权投资方式对徐州地铁2号线一期工程项目投资4亿元，期限10年。

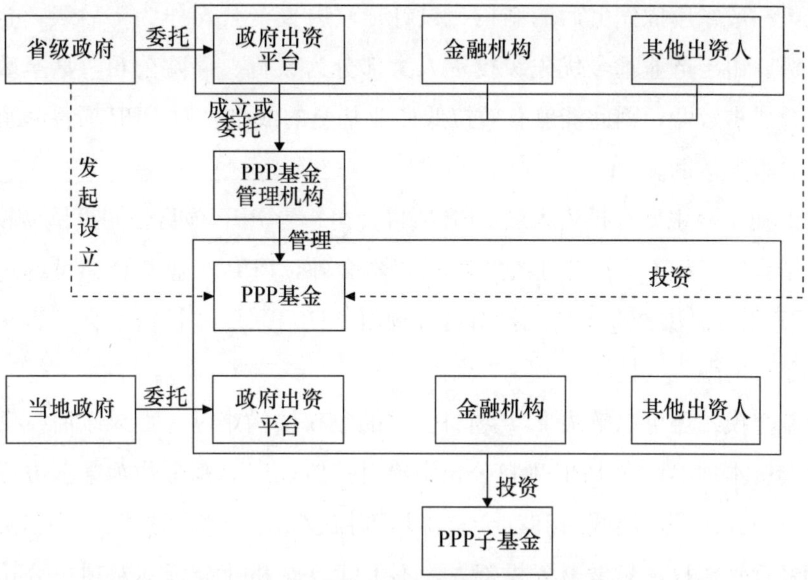

图 16-5 子基金全部出自母基金的 PPP 引导基金交易结构

2. PPP 产业基金（由社会资本发起）

采用产业基金结构募集项目资金可以减轻社会资本的财务压力，释放杠杆效应，在特定情况下也可以达到通过表外融资降低企业负债的目的。

我们以北京排水集团等设立的水环境投资基金为例加以说明。2013 年，北京市政府制定了《加快污水处理和再生水利用设施建设三年行动方案（2013—2015）》，确定北京排水集团作为中心城区排水和再生水设施投融资、建设、运营主体，承担“三年行动方案”建设任务，北京排水集团同时获得北京市政府授予的中心城区污水处理和再生水利用服务特许经营权，期限 30 年。2014 年 9 月 18 日，国家开发投资公司、北京排水集团、中国工商银行等五家机构共同发起设立首期 100 亿元水环境投资基金，该基金将被优先投入北京市污水处理和再生水利用设施建设的三年行动计划。该项目有效整合了诸多主体的资金优势和项目优势，也开拓了商业银行在 PPP 项目资金链上的参与渠道。

16.4.1.3 PPP 产业基金要点说明

1. PPP 产业基金的投资形式

PPP 产业基金通常是由政府所属投资公司与金融资本以有限合伙的认缴模式成

立的基金，一般采用优先劣后的结构化设计，政府投资公司作为劣后级，金融资本作为优先级。由于产业基金优先级投资人大部分为银行、保险公司，甚至政策性银行等，资金成本较低，因此能够有效拉低产业基金的成本，对PPP项目融资成本的整体降低有很大帮助。

PPP产业基金主要有投资入股PPP项目公司、为PPP项目公司提供债权融资以及“投贷结合”三种方式。除了充当项目资本金外，PPP产业基金亦可通过债权的形式为PPP项目提供资金支持。针对特殊项目，还可采取“投贷结合”为该类PPP项目提供足够的融资支持。

产业基金模式还可以解决PPP项目公司的股权结构难题。如果政府投资方和施工企业社会资本均不愿在PPP项目公司中绝对控股，产业基金作为第三方投资人可以拉低各自股权比例，使政府和社会资本均不控股。产业基金控股，可在协议中规定可让渡经营管理权，只做财务投资人，不干涉政府和社会资本对项目公司的经营管理。此外，产业基金可以解决单一社会资本投入比例过大的问题，即产业基金和施工企业分别作为财务投资人和工程投资人，组成社会资本联合体，比施工企业单独作为社会资本方具有更强的竞争优势。

2. PPP产业基金的投资回报机制

PPP产业基金的投资回报机制与投资形式密切相关。实行股权投资的项目，按股权比例享有投资收益；以债权形式投入或虽以资本金方式注入但约定固定预期回报的项目，按约定的固定预期回报率获取收益，该固定预期回报率通常以同期人民币贷款基准利率上浮一定幅度设置上限。基金出资人的回报采取固定预期收益加浮动收益的方式按年分配，基金每年实际所得收益，首先用于分配优先级出资人的固定预期回报。收益超过优先级出资人的固定预期回报部分，作为浮动收益由优先级与劣后级出资人按一定比例分配（劣后级投资人一般占比较大）。

3. PPP产业基金的退出机制

在实践中，PPP产业基金的退出主要有两种方式：

（1）项目清算退出。如产业基金投资期限与项目公司PPP合作期限同期届满，产业基金可以通过项目公司清算解散获得其应得的股权投资收益，实现投资退出。

（2）股权转让。当产业基金投资先于项目公司PPP合作其限到期，或者即使投资期限与PPP合作期限同期届满但项目公司继续经营，不清算解散的，产业基金可以考虑将期持有项目公司的股权转让给其他股东（如约定股权回购条款）或股东外第三方，产业基金通过合作期内的股东分红或股份溢价转让获得其应得投资收益。但通常在PPP项目合同中政府都会规定社会资本的股权锁定期。为避免退出风险，PPP产业基金设立时应兼顾项目特点和政府方的要求，征得政府方同意后在PPP项目合同等相关文件中事先设置好相应的退出机制。

产业基金通常有一定的存续期限，与PPP项目以及项目公司的存续期限并不完全一致。在项目实施过程中应当平衡投资人利益保护和PPP项目正常运作的关系，提前设计滚动融资补充措施，确保不会因为产业基金退出而影响项目资金链稳定。

4. PPP产业基金的隐性问题

产业投资基金与地方国企或种子平台合资成立一家项目公司，可以绕开被严格限制举债的城投公司或土地储备中心，形成影子平台。这样做表面上并不新增政府债务，而且基金方便进行投贷结合，可以解决地方政府基础设施建设最棘手的项目资本金问题，财政以劣后级资金形式增信替代担保函，显著提升了地方政府的融资可得性。但是，PPP产业投资基金很可能进一步增加地方政府的隐形债务。《关于在公共服务领域推广政府和社会资本合作模式的指导意见》（国办发〔2015〕42号）明确禁止融资平台公司通过保底承诺等方式参与评比项目进行变相融资，故这种模式存在一定的合规性问题。本书作者在公开授课时，经常听到学员提出关于政府融资平台公司保底承诺如何转付的问题，发现此问题覆盖面相当广泛。而且，产业投资基金存续期通常较短，一般不超过5～7年。融资性基金一般与项目建设期一致。很少有超过3年的，一般属于项目阶段性融资支持。

16.4.2 政策性基金

2015年8月，为扩大有效投资、积极缓解经济下行压力，国家发展改革委通过国家开发银行（以下简称国开行）和农业发展银行（以下简称农发行）向邮政储蓄银行定向发行长期专项债券，设立国家专项建设基金。因发行专项债的两家银行均为政策性银行，故该专项建设基金亦称为政策性基金。

政策性基金的申请多是通过发展改革委的渠道进行的。企业通过地方发展改革委逐级上报至国家发展改革委审批，国家发展改革委审批通过后由国开行、农发行与申请企业对接，实践中也有部分项目是与国开行、农发行直接对接的。

16.4.2.1 特点

政策性基金可以为符合条件的重点建设项目提供资本金支持，目前在地下综合管廊、城市轨道交通、海绵城市等PPP项目中发挥着非常重要的作用。主要具有以下特点：

（1）政策性基金实际上是长期贴息贷款，年利率一般在1.2%，融资期限最长可达30年。

（2）融资期限内只付息（实践中也有建设期不付息的做法），不还本。

（3）一般不参与分红，但在是否享有表决权的问题上不同项目做法不同，具体取决于与合作基金洽商的结果。

（4）期满，通常按照约定由指定方（通常是政府方股东）一次性回购政策性基金持有的项目公司股权。

16.4.2.2 申请条件

（1）申报项目必须是国家重点支持的以下重点建设项目：易地扶贫搬迁等三农建设、轨道交通等城市基础设施建设、中西部铁路等重大基础设施、民生改善等建设工程、增强制造业核心竞争力等转型升级项目。

（2）申报项目前期准备工作已基本完成，如已取得项目建议书批复和可行性研究报告批复，土地、规划、环评手续完备。

（3）申报项目应基本具备开工条件，一般应在当年内能够开工建设。

16.4.3 银行融资

16.4.3.1 银行贷款

现有PPP模式没有给社会资本方提供利益保障机制。PPP模式获得推动的核心动力，在于引入社会资本方分担财政压力。但当前绝大多数项目无法产生足够现金流，社会资本方无法从项目中获得足够的利润。银行是参与PPP项目融资的主力，主要通过固定资产贷款等债权融资方式，以及发行表外理财产品认购基金或资管计划份额的股权融资方式参与 PPP 项目融资。银行贷款在债权融资中运用最为广泛，但监管也最为严格。另外，因银行贷款是间接融资，融资成本比直接融资要高。银行贷款包括政策性银行贷款和商业银行贷款。国开行、农发行以及中国进出口银行等三家政策性银行贷款在 PPP 项目中也常得到运用。根据项目规模和融资需求的不同，融资方可以是一两家金融机构，也可以是由多家银行或机构组成的银团。PPP 项目融资资金额较大，融资期限较长，适合采用银团贷款的方式进行项目融资。根据中国银行业协会要求，单一客户或单一项目融资超过 10 亿元，原则上通过银团方式提供融资；若融资金额超过 30 亿元，则必须通过银团方式提供融资。

1. 银行贷款投融资方式

银行参与 PPP 项目融资的方式主要有三类：

（1）发行理财产品，募集理财资金，通过认购私募基金或资管计划优先级份额，投资 PPP 项目股权或“股权＋债权”，这种融资属于表外融资，也是直接融资。

（2）凭借项目贷款、银团贷款等产品，向项目公司融资，对项目公司来讲是债权融资，属于表内融资和间接融资。

（3）流动资金贷款。流动资金贷款是为满足生产经营者在生产经营过程中的短期资金需求，保证生产经营活动正常进行而发放的贷款。在 PPP 项目融资中。流动资金贷款主要向委托运营（O&M）方式运作的社会资本或者项目公司发放，用于城市基础设施或公共服务项目运营维护，支持以政府支付的运营维护费为主要还款来源的项目；或向以管理合同方式（MC）运作的社会资本或项目公司发放，用于城市基础设施和公共服务项目运行维护及用户服务，支持政府支付的管理费为主要还款来源的项目。

银行融资的特点主要是资金成本低，规模大。

2. 银行贷款的不足之处

一是风控严格，授信条件高，要求主体信用（一般是银行内部评级）达到条件、增信担保措施符合规定等，表外理财资金现在通常也已纳入银行统一授信体系，与表内资金授信条件相同。

二是 PPP 项目投入大，单一银行基于客户集中度风险控制考虑，不愿全部自己出资，通常与其他银行组成银团，这就增加了融资推进的时间成本和沟通成本。

三是表内贷款资金只能“实贷实付”(需要支付多少就贷多少，贷款资金不能在项目公司账户上长期停留)，项目公司使用十分不便。

四是银行业务地域划分问题严重，授信主体如果是跨区域经营，或项目跨省运作，需要两地银行配合为客户或项目授信，无形中降低了融资效率。

由于银行在我国金融体系中占据举足轻重的地位．且银行资金成本较低，因此是政府融资和 PPP 项目融资最大的资金来源方。

3. 适用范围

银行理财资金可适用于产业基金、私募基金的优先级（部分银行也可同意认购中间级），或者单一项目股权投资中的优先级，也可适用于项目的债权融资部分；银行贷款资金仅适用于项目投资中的债权融资部分。银行参与 PPP 项目融资，对于政府财政实力、项目公司股东方实力、项目本身都有一定的条件要求，尤其对于债权资金，会要求有“第二还款来源”，即抵押或股东方、担保公司担保。银行参与 PPP 项目的资金成本普遍不高，表内贷款资金通常围绕基准利率下浮或上浮一定幅度。

16.4.3.2 银团贷款

银团贷款又称辛迪加贷款，是指由两家或两家以上银行基于相同贷款条件，依据同一贷款协议，按约定时间和比例，通过代理行向借款人提供的本外币贷款或其他授信业务。PPP 项目融资资金较大，融资期限较长，适合采用银团的方式进行项目融资。

银团贷款的特点有：

（1）银团贷款具有金额大、期限长、分散信贷风险等优点，因此银行业普遍认同通过银团贷款的形式为 PPP 项目提供资金支持。

（2）由于风险有所分散，银团贷款往往比单个银行贷款更容易争取到更优惠的贷款利率，因此银团贷款也受到政府和社会资本的青睐。

（3）银团成员一般包括牵头行、代理行及参加行。牵头行指经借款人同意，发起组织银团、负责分销银团贷款份额的银行，是银团贷款的组织者和安排者。银团可以由一家银行牵头，也可以由两家以上银行作为联合牵头行共同履行牵头职责，还可以根据其他金融机构认购份额情况设置副牵头行。代理行系按相关贷款条件确定的金额和进度归集资金向借款人提供贷款，并按受银团委托按银团贷款协议规定的职责对银团资金进行管理的银行。参加行则为参加银团并按照协商确定的承贷份额向借款人提供贷款的银行。

银团贷款与分别向多家银行申请贷款是不同的，详见表 16-2。

表 16-2　　银团贷款与分别向多家银行申请贷款的主要区别

项目	银团贷款	分别向多家银行申请贷款
银行间关系	银团对外统一，通过牵头行和代理行与借款人联系	借款人需独立、分别与贷款银行联系，沟通成本与时间成本较高
贷款评审	各银行以牵头行提供的信息备忘录为依据，进行贷款评审	各家银行分别收集资料，分别评审，评审所需时间不同，且产生大量重复工作
贷款合同	统一签订	分别签订
贷款条件	利率、期限、担保方式统一	借款人与各家贷款银行分别谈判确定
贷款发放	通过代理行、按照约定比例统一发放	分别发放
贷款管理	由代理行统一负责	分别负责
贷款本息支付	代理行负责按照合同收取本息，并按照贷款比例划到各行指定账户	分别支付本息

16.4.4　资管计划

资管计划通常有券商资管、基金资管、保险资管、信托计划等形式。被动管理类资管计划是银行、保险资金参与 PPP 项目的一种通道。真正的主动管理类资管计划一般不参与 PPP 项目，而是参与证券一级半（定向增发）市场或二级市场。

保险资管是保险资金借助资管计划投资 PPP 项目的表现形式。2010 年以来，保监会逐步放开了保险资金投资不动产、股权、金融产品、基础设施债权、集合信托计划、资产支持计划、私募基金的限制，除基础设施债权投资可直接适用于 PPP 项目外，保险公司还可以直接投资能源、资源、养老、医疗、汽车服务、现代农业、新型商贸流通、公租房或廉租房建设等企业股权，其中很多产业与 PPP 项目多有重叠。又因为保险资金具有成本低、规模大、期限长的特点，与 PPP 项目的特征吻合，因此保险资金参与 PPP 项目融资有很好的前景。但另一方面，保险资金对项目和投融资主体的要求也很高，唯有优质项目才能进入保险资金的“法眼”。

信托计划自 2009 年“四万亿元投资”起，成为政府融资的主要工具。但由于信托资金属于私募性质，不具备银行、保险等公募机构的成本优势，在当前政府和 PPP 融资渠道广泛、资金价格低廉的背景下，信托计划渐渐没有了往日的风光。目前，信托计划参与 PPP 项目融资主要为被动管理，即银行或保险资金以信托计划作为通道，参与 PPP 项目。不过，信托公司也在积极转型和“自降身价”，推出各类创新工具参与政府融资和 PPP 项目，以适应市场的变化，尤其是在 PPP 项目“过桥融资”、地方政府“债务置换”等领域，继续发挥其方式灵活的优势。

16.4.5 发行债券

目前国内证券市场分为银行间债券市场、交易所市场两大债券发行流通市场。这里所称债券，主要是指由证券公司承销的，由证监会（或证券业协会）核准的公司债，由发改委审批的企业债；以及由银行承销的，在银行间债券市场交易的短融、中票和PPN（非公开定向融资工具）。

依据不同标准，债券可以分为：发改委系统的企业债，证监会系统的公司债；公开发行的公募债，非公开发行的私募债；传统企业债（依托城投企业本身发债），项目收益债等专项债；以及中期票据、PPN、项目收益票据，等等。

16.4.5.1 交易所市场债券

交易所市场发行的企业债主要分为两类。一类是对政府平台公司（即PPP项目投资人本身）发行的企业债、公司债，对于PPP项目来讲，其政府股东方的股权出资资金可能就来源于这种债券资金。另一类是对PPP项目公司发行的债券，一般为项目收益债或专项债。

1. 特点

债券最大的好处是融资成本低。一般情况下，AA级以上债券的主体年化融资成本为5%～7%（公开发行）或7%～9%（私募发行）。随着利率下行，成本进一步降低，有些评级高、实力强的企业，融资成本甚至可以达到3%～4%。但相应地，债券市场对于发行主体的要求非常高，公开发行的一般要求评级在AA甚至AA+以上，能够达到AA级以上的企业在地方上屈指可数，同时要求有足够的资产支持发债（公开发行的债券额度不超过净资产的40%），发债规模有限；虽然可以发行私募债，但对于地方政府需要动辄上百亿元资金的众多PPP项目来讲，显然远远不够。

2. 适用范围

与股权投资模式相同，发债对PPP项目融资的适用情况主要分为两类：一类是对政府平台公司发债，一类是对项目公司发行项目收益债或专项债。在如今政府平台公司发债额度基本饱和的情况下，项目收益债及专项债券是很好的PPP融资突破方向。尤其是证监会2015年1月推出《公司债发行与交易管理办法》；以及国家发展改革委在2015年4月推出战略新兴产业、停车场、地下综合管廊、养老产业四个专项债，8月出台了《项目收益债券管理暂行办法》，12月又推出《绿色债券发行指引》等专项债券管理、发行办法后，公司债、专项企业债发展空间巨大。专项债券有几个优势：一是发债主体可为项目公司，不占用平台公司等传统发债主体额度；二是不受发债指标限制，且发债规模可达项目总投的70%～80%（非专项债券发债规模不超过项目总投的60%）；三是多有财政补贴和金融贴息、投贷联动等多方面支持。由于PPP项目融资增信主体缺失的普遍现状，以现金流为支撑，仅须对债项进行评级的项目收益债、专项债，可以不占用政府财政信用和社会资本信用（有些需要政府AA级以上发债主体提供担保）。

3. 类型

（1）企业债券。企业债券是指企业依据法定程序发行、约定在一定期限内还本付息的有价证券。根据《企业债券管理条例》的规定：

> 发行企业债券必须经过审批，且符合下列条件：
>
> 1. 企业规模达到国家规定的要求；
> 2. 企业财务会计制度符合国家规定；
> 3. 具有偿债能力；
> 4. 企业经济效益良好，发行企业债券前连续3年盈利；
> 5. 所筹资金用途符合国家产业政策，不得用于房地产买卖、股票买卖和期货交易等与本企业生产经营无关的风险性投资。

企业债券是国内最早的债券产品类型。这种债券要求募集资金用于预先约定的用途，且为固定资产类投资。企业债双细分为两种：一种是由地方融资平台公司发行的债券，即城投债；另一种是由一般产业类公司发行的债券，即产业债。

发行企业债券的申报流程是：通过发行人注册地的省级发改委提交申报材料，并抄送地市级、县级发改委。在资金使用灵活性与审批效率上低于其他债券产品。发改委系统为各地固定资产投资的主要审批机关，地方融资平台往往是当地的投资主体。存量债券的规模不能超过发行人净资产的40%，且近三年平均可分配净利润可以覆盖债券一年的利息。

企业债券的发行期限普遍较长。少量高品级的产业类企业债券期限可长达15

年。通过特殊条款涉及市场，已有永续类企业债券发行成功。城投类企业债券主要集中于七年期品种。

（2）项目收益债券。项目收益债券是指由项目实施主体或其实际控制人发行的，与特定项目相联系的，无论利息的支付还是本金的偿还均只能来自投资项目自身的收益（比如自来水、城铁和机场的收费等），募集资金用于特定项目的投资与建设，本息偿还资金完全或主要来源于项目建成后运营收益的企业债券。对投资者而言，其风险要高于一般地方政府债券。项目收益类债券可分为项目收益债券和项目收益票据，见表16-3。

表16-3　项目收益类债券的分类

类型	主管机关	已有案例
项目收益债券	国家发展改革委	广州市第四资源热力电厂垃圾焚烧发电项目收益债券（穗热电债）
项目收益票据	中国银行间市场交易商协会	郑州地坤PRN001A、郑州地坤PRN001B、泰州医药PRN001

项目收益债券主要是为弱化对发行人主体资质的要求而设立的。只要能保证募集资金收益良好，与债券有关的账户能保证资金封闭运行，并以项目自身的收益来还本付息即可，是国家发展改革委重点鼓励的债券品种。在实践中，由于仅靠尚处于建设过程中的PPP项目的未来收益难以支撑着债券信用，因此债券发行依然需要较高资质的发行主体提供增信措施，且债券资金监管十分严格。

项目收益债券的发行规模一般受净资产规模和净利润的限制，其期限一般超过募投项目的运营周期，通常不设常规期限。

增信措施包括：建立项目收益差额补足机制；开设募集资金专户、收入专户和偿债资金专户，保证资金安全。

①特点。项目收益债券主要有以下特点：

一是为在建或拟建项目融资，解决项目实际的资金需求。

二是项目收益债券是与特定项目相联系的债券，无论利息的支付还是本金的偿还均只能来自投资项目自身的收益，如自来水、城铁、机场和景点门票的收费等。

三是项目收益债券可以项目公司为发行主体，也可以设专户封闭运行，募集资金直接投入固定资产投资项目，项目收入进专户，专门用于支持债券的兑付。

四是项目收益债发行实行核准制，由国家发展改革委负责发行审批，中国人民银行为会签单位，可以通过公开或非公开方式定向发行。

五是发行方式为公募发行，信息披露更加充分，有利于市场监督，同时公募品种市场流动性高，有利于降低债券发行利率。

②发行条件。根据 2015 年 7 月 29 日发布的《项目收益债券管理暂行办法》（发改办财金〔2015〕2010 号文件发布）的规定，项目收益债发行须符合下条件：

一是，项目可以产生稳定现金流，现金流可预测且证据充分，基本具备稳定、可预测的现金流。以经营性项目高速公路为例，项目收益包括高速公路收费权、广告收入等；以准经营性项目如地下综合管廊项目为例，项目收益包括运营期内收取的入廊费、日常维护费以及政府的可行性缺口补助。

二是，项目运营期内的每个计算年度，项目收入应该能够完全覆盖债券当年的还本付息额，但债券存续期内合法合规的财政补贴占项目收入的比例合计不得超过 50%。

三是，项目投资内部收益率原则上应大于 8%，对于政府购买服务项目，或债券存续期内财政补贴占全部收入比例超过 30%的项目，或运营期超过 20 年的项目，内部收益率的要求可适当放宽，但原则上不低于 6%。

四是，现金流封闭运转，即通过专户的设置实现“融资—投资—项目收入—本息偿付”资金流的封闭运行。

五是，提供必要的内外部增信，确保当实际现金流情况未达到预期预测值时，债券通过增信可以确保按时还本付息。

另外，发行人还应于募集项目竣工验收并办理权利凭证后 10 个工作日内，将项目建设、运营所形成的资产或收益权按照法律法规规定可以抵押或质押的部分，足额向债权代理人办理抵、质押手续。

案例 16-2

广州市第四资源热力电厂垃圾焚烧发电项目收益债券（穗热电债）于 2014 年 11 月 17 日完成簿记，债券利率确定为 6.38%。该债券为固定利率品种，发行总额为 8 亿元，发行期限为 10 年期，附本金提前偿还条件，从第 3 个计算年度开始偿还本金，第 3～10 个计算年度末分别按本期债券发行总额的 7.5%、10%、10%、12.5%、15%、15%、15%、15%的比例偿还本金。本期债券信用级别为 AA 级，募集资金将全部用于广州市第四资源热力电厂的投资建设。

（1）还款来源。广州市第四资源热力电厂项目在 2014 年开工，计划于 2016 年 6 月投产。建成后项目收入主要包括垃圾处理费收入、发电收入、金属回收收入、即征即退增值税等，满负荷运营时年收入预计达 2.60 亿元。

（2）偿债保障。本期债券设立了差额补偿机制予以增信，股东方广环投集团为债券第一差额补偿人，广环投集团的股东广州广日集团有限公司为偿债第二差额补偿人。如果项目年运营收入对债券本息支出出现不足，则由差额补偿人依顺序补足。

（3）公司债。公司债的发行主体起初仅限于沪深证券交易所的上市公司和注册于中国境内的境外上市公司，2015 年已正式扩容至所有公司制法人。目前，我国已全面建立面向公众投资者的大公募发行、面向合格投资者的小公募发行和面向合格投资者的非公开发行制度。

小公募发行主要由交易所负责审核并颁发批文，证监会不再进行实质性审核，流程快捷。大公募在交易所审核基础上仍需由证监会进行实质性审核。非公开发行公司债实行发行后备案制度。如需发行后在交易场所挂牌转让，则需发行前获得交易场所的无异议函。

发行条件：除满足《中华人民共和国证券法》第十六、第十八条规定以及《公司债券发行与交易管理办法》第十七条规定之外。还需满足以下条件：发行人最近三个会计年度实现的年均可分配利润不少于债券一年利息的 1.5 倍；债券信用评级达到 AAA 级；若需非公开发行，则发行主体无任何财务指标限制，但需保证发行对象不超过 200 人。

发行规模：公开发行的公司债券发行规模不能超过发行人净资产的 40%，且发行人最近三年平均可分配利润可以覆盖债券年利息。非公开发行的公司债券发行规模不受发行净资产的影响。

常见期限：短期公司债券的期限为一年以内；一般公司债券期限为 3～5 年。

16.4.5.2 银行间债券市场债券

1. 银行间债券优势

相对于其他金融工具而言，银行间债券具有以下优势：

（1）申请门槛较低，适合多种类型的企业拓宽自身融资渠道。

（2）融资成本较低。在正常市场条件下，综合考虑中介手续费等因素，总体成本通常低于同期银行贷款成本。

（3）发行方式灵活。可依据企业资金需求灵活设计债务融资工具的期限和金额等要素，并可分次多项滚动发行。

（4）提升融资主体知名度。债券发行有利于加深机构对企业的认识，起到提升融资主体知名度的广告效应。

（5）完善治理结构。融资的前期以及债券存续期间，各家中介机构的监督和要求会提升融资主体的规范治理水平。

银行间债券融资发行方案的设计，以保证债券顺利发行、满足发行人的资金需求为最基本的前提，在此基础上追求债券发行成本的最小化。方案设计时考虑的主要因素有：公司自身的具体情况，包括净资产规模、资产负债率、净利润、业绩增长趋势等，以判断公司的债券发行规模和债券信用情况；公司的资金使用需求，进而考虑规模和期限等债券要素；基于目前的债券市场环境，估算债券的需求和利率情况；宏观经济和利率趋势判断，设计对公司长期有利的债券方案。

2. 债券品种

（1）中期票据。中期票据是企业直接融资的重要债务融资工具之一。中期票据的发行实行注册制，发行管理部门为中国银行间市场交易商协会。

《银行间债券市场非金融企业中期票据业务指引》规定：

1. 中期票据待偿还余额不得超过企业净资产的 40%。

2. 募集资金应用于符合国家法律法规及政策要求的企业生产经营活动，并在发行文件中明确披露具体资金用途。企业在中期票据存续期内变更募集资金用途应提前披露。

3. 一般而言，中期票据发行期限为一年以上。

4. 发行人信用评级一般在 AA－以上，且系存续超过三年的非金融企业。

5. 发行人近三年连续盈利。

（2）项目收益票据。项目收益票据是指非金融企业在银行间债券市场发行的，募集资金用于项目建设且以项目产生的经营性现金流为主要偿债来源的债务融资工具。项目收益票据的发行实行注册制，发行管理部门为中国银行间市场交易商协会，可通过公开或非公开方式定向发行。

项目收益票据主要有以下特点：

一是发行主体一般为项目公司，以保证与地方政府或城建类企业风险隔离。

二是偿债来源以项目收益（包括财政补贴）为主，与现金流实现“一一对应”，地方政府不直接承担债务责任。

三是发行期限可覆盖整个项目投资周期，包括项目建设阶段与运营收益阶段。

四是募集资金可用于项目建设，以及偿还前期形成的项目贷款。

五是通常会对偿还期限、分期摊还、提前赎回、资金归集、抵质押担保、信用增进等交易条款进行结构化设计。

案例16-3

一、基本情况

2014年7月11日，银行间市场交易商协会接受了郑州交投地坤实业有限公司的项目收益票据项目注册，该项目注册规模12亿元，首期发行5亿元。

此单收益票据期限为15年，根据回购期限不同，票面利率分别为"5年+5年+5年，7.5%（规模4亿元）"和"10年+5年，8.2%（规模1亿元）。"主承销商是国开行，中信银行担任联席主承销商，于7月14日完成簿记发行。

二、分析说明

（一）资金使用及还款来源

项目募集资金用于郑州综合交通枢纽地下交通（东广场）人防工程项目，还款资金来源为项目经营性收入（出售或出租）产生的现金流。项目收入由两部分构成：一部分为地下一层商业开发租金收入及出售收入，另一部分为地下二层、三层车位出租收入。

发行人将建立项目偿债基金，基金来源包括政府给予项目建设期的贴息收入、项目建成后配套商业经营性收入的累计盈余等，保障定向工具到期本息的兑付（包括在定向工具存续期间的第5年年末和第10年年末发行人赎回或投资人回售的债券本息的兑付）。

（二）偿债保障措施

措施一：发行人股东提供差额补足支持。在项目经营性收入和偿债基金不足以偿付到期本息时，发行人的合资控股股东郑州交通建设投资有限公司将给予发行人资金支持。

措施二：第三方增信担保。中债信用增进投资股份有限公司对本债券进行增信担保，就本期定向工具存续发行人应偿还的不超过人民币5亿元本金、相应票面利息、违约金、损害赔偿金和实现债权的费用提供不可撤销的连带责任保证。

16.4.6 资产证券化

李克强总理在2016年的《政府工作报告》中指出："要深化投融资体制改革，探索基础设施资产证券化。"

在《中共中央国务院关于深化投融资体制改革的意见》（中发〔2016〕18号）中则明确要求："依托多层次资本市场体系，拓宽投资项目融资渠道，支持有真实经济活动支撑的资产证券化，盘活存量资产，优化金融资源配置，更好地服务投资兴业。”因此，推行PPP项目资产证券化（Asset-backed Securities，ABS），是贯彻落实党中央、国务院的有关要求，深化投融资体制改革的一项重要举措，是对PPP项目落地的一大助力。

资产证券化可以将缺乏流动性但具有未来现金收入的资产打包，通过结构性调整予以增信，将其转变为可以在金融市场出售和流通的证券。资产证券化是PPP项目融资结构中可以选择的一种方式，一般是对于有稳定可测现金流的使用者付费类项目，在进入运营期后，根据合理推算的未来年化现金流，由证券公司等机构将其证券化，并在交易所上市交易的一种融资模式。资产证券化可以成为PPP项目投资机构（尤其是施工企业和财务投资人）退出的载体。由于PPP项目期限长，施工企业和财务投资人完成自己的投资使命后，在到期前需要借助合理通道退出，资产证券化可以是一种融资替代模式，主要是使项目资产活化并市场化。只要PPP项目运营符合要求，理论上来讲，社会资本方两年后就有可能提前收回投资，这将大幅提高社会资本的资金使用效率，提升社会资本的投资热情。因此，资产证券化成为PPP模式发展的重要引擎。

资产证券化融资具有表外融资的显著特点，有独立的风险隔离功能，证券化后的PPP项目资产在资本市场流动，具有可交易性，能够更好地发挥基础资产的融资作用，达到融资的最大化。同时，也不会增加项目公司的负债，不会挤占项目公司的融资额度和空间。

2016年12月26日，《国家发展改革委 中国证监会关于推进传统基础设施领域政府和社会资本合作（PPP）项目资产证券化相关工作的通知》（发改投资〔2016〕2698号，以下简称《通知》）出台，这是国家发改委和证监会首次联合发文力推“PPP＋ABS”的创新融资模式。《通知》要求：“要优先选取符合国家发展战略、主要社会资本参与方为行业龙头企业的PPP项目开展资产证券化”，同时明确提出：“各省级发展改革委于2017年2月17日前，推荐1～3个首批拟进行证券化融资的传统基础设施领域PPP项目，正式行文报送国家发展改革委。国家发展改革委将从中选取符合条件的PPP项目，加强支持辅导，力争尽快发行PPP项目证券化产品，并及时总结经验、交流推广。”《通知》在重点推动资产证券化的PPP项目范围中，明确提出了四点要求：“一是项目已严格履行审批、核准、备案手续和实施方案审查审批程序，并签订规范有效的PPP项目合同，政府、社会资本及项目各参与方合作顺畅；二是项目工程建设质量符合相关标准，能持续安全稳定运营，项目履约能力较强；三是项目已建成并正常运营两年以上，已建立合理的投资回报机制，并已产生持续、稳定的现金流；四是原始权益人信用稳健，内部控制制度健全，具有持续经营能力，最近三年未发生重大违约或虚假信息披露，无不良信用记录。”

资产证券化在PPP项目产业链中的作用如图16-6所示。

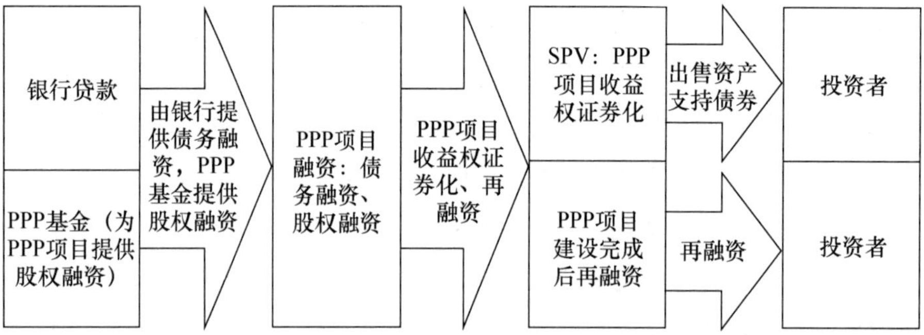

图16-6 资产证券化在PPP项目产业链中的作用

标准的资产证券化交易方式是：资产持有人（发起人）将自己持有的基础资产出售给SPV项目公司，SPV项目公司将基础资产产生的现金流继续重组和信用增级，在此基础上发行资产支持债券，不同优先级的资产支持债券的偿付顺序不同，风险和收益也不同。投资者可根据自己的偏好，选择投资不同的证券。

根据基础资产的不同，资产证券化又分为信贷资产证券化和企业资产证券化（见表16-4）。因PPP项目仅涉及企业资产，不涉及信贷资产，故本节仅介绍企业资产证券化。

表16-4 信贷资产证券化和企业资产证券化

证券化模式	信贷资产证券化	企业资产证券化
监管部门	中国人民银行（发行审批） 中国银监会（资格准入和项目审批或报备）	中国证监会
发起机构	商业银行、汽车金融公司、金融资产管理公司	主要为实业企业（非金融机构）
受托机构	信托公司	证券公司、基金管理公司子公司
特殊目的载体（SPV）	信托计划	资产支持专项计划
基础资产	信贷资产（含不良信贷资产）	企业债权（应收账款）、收益权
交易市场	全国银行间债券市场	上交所固定收益电子平台 深交所综合协议交易平台
登记托管机构	中央国债登记结算有限公司	中国证券登记结算有限公司
投资者类型	机构投资者	

企业资产证券化的发行主管部门为证监会。证监会2014年11月出台的《证券公司及基金管理公司子公司资产证券化业务管理规定》（中国证券监督管理委员会公告〔2014〕49号发布）第二条规定，资产证券化业务是指以基础资产所产生的现金流为偿付支持，通过结构化等方式进行信用增级，在此基础上发行资产支持证券的业务活动。

下面对"PPP＋ABS"模式进行简单介绍。

若以PPP项目贷款或金融租赁债权作为基础资产开展资产证券化，则发起机构为商业银行或金融租赁公司，该类业务属于银行间信贷资产证券化业务，基础资产需符合信贷资产证券化业务一般性的"合格标准"。

若以PPP项目未来产生的收费收益权与（或）财政补贴作为基础资产开展资产证券化，则可以发行资产支持专项计划、资产支持票据或资产支持计划。

1. 适用范围

根据中国证券投资基金业协会《关于发布〈资产支持专项计划备案管理办法〉及配套规则的通知》（中基协函〔2014〕459号）附件2《资产证券化业务基础资产负面清单指引》（以下简称《指引》）的规定，资产证券化业务基础资产实行负面清单管理。根据《指引》中的资产证券化基础资产负面清单规定，以下基础资产不属于负面清单的范围：PPP项目中地方政府应当支持或承担的财政补贴及列入国家计划并已开工建设的保障房租赁权或收益权。

《证券公司及基金管理公司子公司资产证券化业务管理规定》（中国证券监督管理委员会公告〔2014〕49号发布）第三条规定，符合法律法规规定，权属明确，可以产生独立、可预测的现金流且可特定化的财产权利或财产，都可以作为资产证券化业务的基础资产。据此，下列PPP项目的经营收入都可以作为基础资产：公用事业项目中的供水、电、气、热收入；污水处理系统、排污费收入；发电站、电费收入；路、桥的过路、过桥费收入；航空、铁路、地铁的客货运费收入；港口、机场的泊位收入；物业租金收入；门票收入等。

2. 对原始权益人的基本要求

（1）原始权益人为有限责任公司、股份有限公司、全民所有制企业或事业单位。

（2）原始权益人内部控制制度健全，具有持续经营能力，无重大经营风险、财务风险和法律风险。

（3）原始权益人最近三年未发生重大违约或虚假信息披露，中国人民银行企业信息信用报告中无不良信用记录。

（4）原始权益人最近三年未发生过重大违法违规行为。

3. 对基础资产的基本要求

（1）基础资产符合法律法规及国家政策规定，权属明确，可以产生独立、可预测的现金流且可以特定化。基础资产的交易基础应当真实，交易对价应当公允，现金流应当持续、稳定。若以存量项目（或已建成开始运营的项目）开展资产证券化，则还要求基础资产运营已有一定期限（比如一年以上），且现金流历史记录良好，数据容易获得。

（2）基础资产不得附带抵押、质押等担保负担或者其他权利限制，但通过专项计划相关安排，在原始权益人向专项计划转移基础资产时能够解除相关担保负担和其他权利限制的除外。原始权益人可以通过如下三种方式解除基础资产的抵质押等权利负担：①与贷款银行（或提供融资的其他金融机构）协商替换担保措施，将基础资产的抵质押释放出来；②用部分募集资金提前还款，解除基础资产抵质押；③发行前寻找过桥资金，提前还款解除基础资产抵质押。

（3）基础资产不属于《资产证券化业务基础资产负面清单指引》的附件《资产证券化基础资产负面清单》的范围。

4. 资产证券化业务的特点

资产证券化业务本质上是一种债务融资，主要有如下特点：

（1）资产证券化业务实行事后备案制，由中国证券投资基金业协会负责办理备案手续。

（2）企业介入融资门槛低。即使是资信度不高的企业，只要有优质资产及其稳定现金流，就可以设计资产证券化产品。

（3）融资成本低。一般会高于同期银行存款利率但明显低于同期银行贷款利率水平及其他债务融资品种成本。

（4）操作相对简便易行。项目设计、申报材料制作，项目发行、项目备案、项目运行，相比企业债和短期融资券更加简便。

（5）期限结构灵活设计。融资期限根据基础资产及其收益状况、融资用途而定，有半年、一年、三年、五年不等，较为灵活。

（6）资金用途不受限制。发起人融资的资金用途不受限制，无须披露。

案例 16-4

隧道股份 BOT 项目

上海大连路隧道建设发展有限公司（以下简称大连路隧道公司）于 2001 年与原上海市政工程管理局签订的专营权合同约定，公司特许经营权期限为 28 年，其中建设期为 3 年，享有政府授予大连路隧道公司对大连路越江隧道工程项目的经营权 25 年。大连路隧道公司向回购方上海市建交委提交了关于大连路隧道专营权转让事宜的申请，回购方出具了上海市城乡建设和交通委员会《关于大连路隧道专营权事宜的批复》。

该项目的基础资产为专营权，合同中约定了 2013 年到 2017 年期间应到期支付的专营权收入，扣除隧道大修基金和隧道运营费用后的合同债权及其从权利。涉及的基础资产金额合计约为 5.48 亿元。隧道股份 BOT 项目专项资产管理计划设立于 2013 年 5 月，由上海国泰君安证券资产管理有限公司担任计划管理人对政府付费项目开展的 PPP 项目资产证券化具有重大的借鉴意义。该资产支持证券发行总规模为 4.84 亿元，其中优先级发行规模为 4.68 亿元，分为优先级受益凭证 01 和 02 两个品种，信用评级均为 AAA，面向合格机构投资者发行。次级发行规模为 0.16 亿元，由上海大连路隧道发建设发展有限公司全额认购。

Chapter 17
第 17 章

PPP 项目融资的账务处理

17.1 借款费用的确认原则

17.1.1 借款费用范围

借款费用是企业因借入资金而付出的代价，包括借款利息费用（含借款折价或溢价的摊销和相关辅助费用）以及因外币借款而发生的汇兑差额。企业发生的权益性融资费用不应包括在借款费用中。

1. 因借款而发生的利息

因借款而发生的利息，包括企业向银行或其他金融机构等借入资金发生的利息、企业发行公司债券发生的利息，以及为购建或者生产符合资本化条件的资产而发生的带息债务所承担的利息。

2. 因借款而发生的折价或溢价的摊销

因借款而发生的折价或溢价，主要指发行债券等所发生的折价或溢价，其实质为对债券票面利息的调整（将债券票面利率调整为实际利率），属借款费用范畴。

3. 因外币借款而发生的汇兑差额

因外币借款而发生的汇兑差额，是指由于汇率变化导致市场汇率与账面汇率出现差异，从而对外币借款本金及其利息的记账本位币金额所产生的影响额。

4. 因借款而发生的辅助费用

因借款而发生的辅助费用，是指企业在借款过程中发生的手续费、佣金、印刷费等费用，由于这些费用是因为安排借款而发生的，也属借入资金所付出的代价，是借款费用的有机组成部分。

17.1.2 借款的范围

借款包括专门借款和一般借款。

专门借款指为购建或生产符合资本化条件的资产而专门借入的款项。专门借款通常应有明确的用途，即是为购建或者生产某项符合资本化条件的资产而专门借入的，并且有标明该用途的借款合同。在PPP项目借款合同中，通常会明确资金使用用途，如为建造某项资产向银行专门借款，且资金受SPV项目公司股东方共同监管。

一般借款指除专门借款外的借款。相对于专门借款，一般借款在借入时，其用途通常没有特指用于符合资本化条件的资产的购建或生产。

17.1.3 符合资本化条件的资产概述

符合资本化条件的资产，是指需要经过相当长时间的购建或者生产活动才能达到预定可使用或可销售状态的固定资产、投资性房地产和存货等资产。建造合同成本、确认为无形资产的开发支出等，在符合条件的情况下，也可以认定为符合资本化条件的资产。

在实务中，如果由于人为或者故意等非正常因素导致资产的购建或者生产时间相当长，则该资产不属于符合资本化条件的资产。购入即可使用的资产，或者购入后需要安装但所需安装时间较短的资产，或者需要建造或者生产但所需建造或生产时间较短的资产，均不属于符合资本化条件的资产。

在PPP项目合同中，SPV项目公司通过项目资产建造，取得的该项资产的特许经营权，应通过无形资产（特许经营权）科目核算，在自行建造无形资产（特许经营权）过程中发生的借款费用，应予以资本化，通过“研发支出——资本化支出——利息支出”或“在建工程”等科目核算；在经营期内发生的借款费用，应予以费用化，通过“财务费用——利息支出”科目核算。

17.1.4 借款费用的确认计量

借款费用的确认主要解决“究竟是将每期发生的借款费用资本化计入相关资产的成本，还是将有关借款费用化计入当期损益”这一问题。

17.1.4.1 借款费用确认的基本原则

根据《企业会计准则第 17 号——借款费用》的规定，借款费用确认的基本原则是：企业发生的借款费用，可直接归属于符合资本化条件的资产的购建或生产的，应予以资本化，计入相关资产成本；其他借款费用，应当在发生时根据其发生额，计入当期损益。

SPV 项目公司只有发生在资本化期间内的有关借款费用才允许资本化。资本化期间的确定是借款费用确认和计量的重要前提。借款费用资本化期间，是指从借款费用开始资本化时点到停止资本化时点的期间，但不包括借款费用暂停资本化的期间。

17.1.4.2 借款费用开始资本化的时点

借款费用开始资本化必须同时满足三个条件，即：资产支出已经发生，借款费用已经发生，为使资产达到预定可使用状态或可销售状态所必要的购建或生产活动已经开始。

在 PPP 项目中，SPV 项目公司在借款后，前期已发生了为取得该项资产的特许经营权而发生的必要支出，借款费用已经发生，为取得该项资产的特许经营权而发生的购建活动已经开始，一般情况下均同时符合上述三个条件，相关借款费用可资本化。若在此过程中 PPP 合同双方另行约定，资产建造暂停导致上述条件未满足的或未同时满足，则发生的借款费用不能开始资本化，应予以费用化。

17.1.4.3 借款费用暂停资本化的时间

符合资本化条件的资产在购建或生产过程中发生非正常中断且中断时间连续超过 3 个月的，应当暂停借款费用资本化。

要求必须是非正常中断，属于正常中断的，相关借款费用仍可资本化。在实务中，企业应当遵循“实质重于形式”等原则来判断借款费用暂停资本化的时间。如果相关资产购建或生产的中断时间较长而且满足其他规定的条件，相关借款费用应当暂停资本化。

非正常中断，通常是由于企业管理决策上的原因或其他不可预见的原因等所导致的中断。在 PPP 项目中，SPV 项目公司因与施工方发生质量纠纷，或施工过程中发生安全事故，或发生与资产购建产有关的劳动纠纷，或资金周转出现困难，导致项目资产购建活动发生中断，均属非正常中断。

正常中断通常是因购建符合资本化条件的资产达到预定可使用状态所必要的程序，或事先可预见的不可抗力因素导致的中断。如在 PPP 项目中，因工程建造到一定阶段必须暂停进行质量或安全检查，待质量安全检查验收通过后才能继续下一阶段的建设工作，这类中断属施工前可预见的，而且是工程建造必须经过的程序，属正常中断。又如，在某些地区的某个季节，如江南的梅雨季节（长时间下雨属人力不可抗因素）、北方的冬歇期（冬季温度低，不能正常进行室外施工）导致项目停工，也属于正常中断。正常中断期间所发生的借款费用可以继续资本化，计入相关资产成本。

17.1.4.4　借款费用停止资本化的时点

购建符合资本化条件的资产达到预定可使用状态时，借款费用应当停止资本化。在符合资本化条件的资产达到预定可使用状态之后所发生的借款费用，应当在发生时根据其发生额确认为费用，计入当期损益。

可通过以下方面来判断购建的资产已达到预定可使用状态：

（1）符合资本化条件的资产的实体建造（含安装）或生产工作已经全部完成或实质上已经完成。

（2）所购建或生产的符合资本化条件的资产与设计要求、合同规定或生产要求相符或基本相符，即使有极个别不相符的地方，也不影响正常使用。

（3）继续发生在所购建或生产的符合资本化条件的资产上的支出金额很少或几乎为零。

在 PPP 项目中，可能存在若干个子项目（资产），如一个市政道路工程 PPP 项目，存在多条路的新建或改建，且多条道路单独发挥市政道路功能，故而此 PPP 项目中存在多个子项目或多个资产。此时，PPP 项目中所购建的资产如果是分别建造、分别完工的，SPV项目公司应当区别情况，界定借款费用停止资本化的时点。

也就是说，PPP项目所购建的符合资本化条件资产的子项目分别完工，该子项目在其他子项目继续建造过程中可供使用发挥既定功能或对可对外销售，且为使该子项目达到预定可使用状态或可销售状态所必要的购建或生产活动实质上已经完成的，应当停止与该子项目资产相关的借款费用的资本化，因为该子项目已达到预定的可使用或可销售状态。

17.2 借款费用的计量原则

17.2.1 借款利息资本化金额的确定

在借款费用资本化期间内，每一会计期间的利息资本化金额，应当按照下列原则确定：

（1）为购建或生产符合资本化条件的资产而借入专门借款的，应当以专门借款当期实际发生的利息费用，减去将尚未动用的借款资金存入银行取得的利息收入或进行暂时性投资取得的投资收益后的金额确定。

（2）为购建或者生产符合资本化条件的资产而占用了一般借款的，企业应当根据累计资本支出超过专门借款部分的资产支出加权平均数乘以占用一般借款的资本化率，计算确定一般借款应予资本化的利息金额。资本化率应当根据一般借款加权平均利率计算确定。

（3）每一会计期间的利息资本化金额，不应当超过当期相关借款关系发生的利息金额。

17.2.2 借款利息资本化的判断标准

企业在确定每期利息资本化金额时，应当首先判断符合资本化条件的资产在购建或者生产过程中所占用资金的来源，如果所占用的资金是专门借款资金，则应当在资本化期间内，根据每期实际发生的专门借款利息费用，确定应予资本化的金额。在企业将闲置的专门借款资金存入银行取得的利息收入或进行暂时性投资获取的投资收益时，企业还应将此相关的利息收入或投资收益从资本化金额中扣除，以如实反映符合资本化条件的资产的实际成本。

企业在购建或生产符合资本化条件的资产时，如果专门借款资金不足，占用了一般借款资金，则企业应当根据为购建或生产符合资本化条件的资产而发生的累计资产支出超过专门借款部分的资产支出加权平均数乘以所占用一般借款的资本化率，计算确定一般借款应予资本化的利息金额。资本化率应当根据一般借款加权平均利率计算确定。若符合资本化条件的资产的购建或生产没有借入专门借款，占用的都是一般借款，则企业应当以累计资产支出加权平均数为基础计算所占用的一般借款利息资本化金额。也就是说，企业占用一般借款资金购建或生产符合资本化条件的资产时，一般借款的借款费用的资本化金额的确定应当与资产支出相挂钩。

在 PPP 项目实例中，一般情况下均为基于 PPP 项目借款，其借款也是以该项目未来收益权作为质押进行担保的，实质上是该 PPP 项目的专门借款。

若 PPP 项目合同中约定，政府可用性付费基数的项目投资总额是按建设成本加上实际发生的建设期借款利息计算，则建议 SPV 公司在签订借款合同时，应明确项目贷款的用途，约定为该项目的专门借款。

17.3　融资业务的账务处理

17.3.1　金融机构融资的账务处理

项目公司取得的金融机构融资，因贷款年限较长，一般通过“长期借款”科目核算。

长期借款，指企业从银行或其他金融机构借入的期限在一年以上（不含一年）的借款。

企业借入长期借款时，按实际收到的款项，借记“银行存款”科目，贷记“长期借款——本金”；按借款双方之间的差额，借记“长期借款——利息调整”。

在资产负债表日，企业应按长期借款的摊余成本和实际利率计算确定的长期借款利息费用，借记“在建工程”“财务费用”等科目，按借款本金和合同利率计算确定的应付未付利息，贷记“应付利息”科目，按其差额，贷记“长期借款——利息调整”科目。

企业归还长期借款时，按归还的长期借款本金，借记“长期借款——本金”科目，按转销的利息调整金额，贷记“长期借款——利息调整”科目，按实际归还的款项，贷记“银行存款”科目，按借贷双方之间的差额，借记“在建工程”“财务费用”等科目。

在PPP项目债权性融资过程中发生的借款费用，参照《企业会计准则——基本准则》执行。

案例 17-1

专门借款，按年付息，到期一次还本付息

一、基本情况

某PPP项目为市政项目，总投资10亿元，合作期10年，其中建设期2年，运营期8年。20×6年1月1日进入建设期，因项目建设需要，项目公司自建设银行取得80 000万元的银行贷款专门用于本项目的建设。贷款合同约定，贷款期限8年，贷款利息4.9%，借款利息按年支付，贷款到期后一次还本付息。本例暂不考虑建设期间闲置资金产生的利息收入或投资收益。

本PPP项目按合同约定，于20×7年12月31日完工，达到预定可使用状态。

二、分析说明

由于PPP项目公司使用专门借款用于建造该市政项目，因此项目公司20×6年、20×7年为建造该市政项目发生的专门借款应予以资本化。应予以资本化的金额计算如下：

确定借款费用资本化期间为20×6年1月1日至20×7年12月31日。

项目公司资本化期间专门借款发生的利息金额＝80 000×4.9%＝3 920（万元）

项目公司运营期间每年应支付利息金额＝80 000×4.9%＝3 920（万元）

根据上述资料，项目公司账务处理如下（单位：万元）：

(1) 2016年1月1日取得银行贷款80 000万元时：

借：银行存款	80 000	
贷：长期借款——本金		80 000

(2) 项目公司建设期年末计算、支付贷款利息时：

借：长期应收款（成本）/无形资产	3 920	
贷：应付利息		3 920
借：应付利息	3 920	
贷：银行存款		3 920

(3) 项目公司运营期年末计算、支付贷款利息时：

借：财务费用　3 920

　贷：应付利息　3 920

借：应付利息　3 920

　贷：银行存款　3 920

(4) 最后一年还本付息时：

借：财务费用　3 920

　　长期借款——本金　80 000

　贷：银行存款　83 920

案例 17-2

专门借款，分期到位，分步还款

一、基本情况

某 PPP 项目为市政项目，总投资 10 亿元，合作期 10 年，其中建设期 2 年，运营期 8 年。2×06 年 1 月 1 日进入建设期，因项目建设需要，项目公司自建设银行取得 80 000 万元的银行贷款专门用于本项目的建设。贷款合同约定：贷款期限 8 年，贷款利息 5.0%；根据项目建设进度分期发放贷款，其中：2×06 年 1 月 1 日银行发放贷款 30 000 万元，2×07 年 1 月 1 日银行发放贷款 50 000 万元。

项目公司以项目未来收益权作为抵押，项目公司根据政府付费特点和资金测算，约定自运营期第 1 年至第 2 年开始，每年年末偿还本金 10 000 万元；第 3 年至第 6 年，每年年末偿还本金 15 000 万元。

每年年末根据贷款余额付息一次，贷款到期后一次偿还本金余额及应付利息。

2×06 年该专门借款闲置资产存于银行账户，产生利息收入 50 万元；2×07 年该专门借款闲置资产存于银行账户，产生利息收入 80 万元。

本例暂假设借款名义利率与实际利率相同。

二、分析说明

由于 PPP 项目公司使用专门借款用于建造该市政项目，因此项目公司 2×06 年、2×07 年为建造该市政项目发生的专门借款应予以资本化，应予以资本化金额的计算过程如下：

确定借款费用资本化期间为2×06年1月1日至2×07年12月31日。

计算在资本化期间内专门借款实际发生的利息金额：

2×06年专门借款发生的利息金额=30 000×5.0%=1 500（万元）

2×07年专门借款发生的利息金额=80 000×5.0%=4 000（万元）

资本化期间，专门借款利息费用的资本化金额应当以实际发生的利息费用减去将闲置资金存放在银行取得的利息收入后的金额确定。因此，PPP项目公司利息资本化金额为（见表1）：

表1 单位：万元

年度	实际发生利息	闲置资金利息收入	利息资本化金额	备注
2×06年	1 500	50	1 450	
2×07年	4 000	80	3 920	

贷款期间各年度应付利息金额计算如下（见表2）：

表2 单位：万元

序号	年度	借款金额	还款金额	借款余额	利息支出
1	2×06年	30 000		30 000	1 500
2	2×07年	50 000		80 000	4 000
3	2×08年	—	10 000	70 000	4 000
4	2×09年	—	10 000	60 000	3 500
5	2×10年	—	15 000	45 000	3 000
6	2×11年	—	15 000	30 000	2 250
7	2×12年	—	15 000	15 000	1 500
8	2×13年	—	15 000	—	750
9	2×14年	—	—	—	—
10	2×15年	—		—	—
合计		80 000	80 000	—	20 500

根据上述资料，PPP项目公司账务处理如下（单位：万元）：

（1）2×06年度：

①2×06年1月1日取得银行贷款30 000万元。

借：银行存款 30 000

　贷：长期借款——本金 30 000

②2×06年12月31日，确认应付利息1 500万元，收到闲置资金存款利息收入50万元，并存于PPP项目公司银行账户。2×06年为建设期，按利息资本化金额记入“研发支出——资本化支出——建设期利息”科目。

借：研发支出——资本化支出——建设期利息　　1 450
　　银行存款　　50
　贷：应付利息　　1 500

③实际支付借款利息时：

借：应付利息　　1 500
　贷：银行存款　　1 500

(2) 2×07 年度：

①2×07 年 1 月 1 日取得银行贷款 50 000 万元。

借：银行存款　　50 000
　贷：长期借款——本金　　50 000

②2×07 年 12 月 31 日，确认 2×07 年度应付利息 4 000 万元，收到闲置资金存款利息收入 80 万元，并存于 PPP 项目公司银行账户。2×07 年为建设期，按利息资本化金额记入“研发支出——资本化支出——建设期利息”科目。

借：研发支出——资本化支出——建设期利息　　3 920
　　银行存款　　80
　贷：应付利息　　4 000

③实际支付借款利息时：

借：应付利息　　4 000
　贷：银行存款　　4 000

(3) 2×08 年度：

①2×08 年 12 月 31 日偿还借款 10 000 万元，还款后贷款余额为 70 000 万元。

借：长期借款——本金　　10 000
　贷：银行存款　　10 000

②2×08 年 12 月 31 日，确认 2×08 年度应付利息 4 000 万元。2×08 年进入运营期，发生的借款费用记入“财务费用——利息支出”科目。

借：财务费用——利息支出　　4 000
　贷：应付利息　　4 000

③实际支付借款利息时：

借：应付利息　　4 000
　贷：银行存款　　4 000

（4）2×09 年度至 2×13 年度：

偿还借款本金，计算借款利息金额及支付借款利息，参照 2×08 年度账务处理。

17.3.2 发行公司债券融资的账务处理

17.3.2.1 PPP 项目公司发行债券的条件

公开发行公司债券，应当符合下列条件：

（1）股份有限公司的净资产不低于人民币 3 000 万元，有限责任公司的净资产不低于人民币 6 000 万元；

（2）累计债券余额不超过公司净资产的 40%；

（3）最近三年平均可分配利润足以支付公司债券一年的利息；

（4）筹集的资金投向符合国家产业政策；

（5）债券的利率不超过国务院限定的利率水平；

（6）国务院规定的其他条件。

公开发行公司债券筹集的资金必须用于核准的用途，不得用于弥补亏损和非生产性支出。

PPP 项目公司一般是在社会资本方中标后，根据 PPP 项目合同要求新设立的有限责任公司。新设立的有限责任公司通常不符合发行公司债券的条件，而且发行债券融资所需时间较长，不能满足 PPP 项目建设期资金需求。PPP 项目公司可在项目运营期内，比照公司债券发行条件及项目公司现有融资成本等因素，选择是否发行公司债券。

17.3.2.2 PPP 项目发行债券的账务处理

1. 企业债券发行

无论 PPP 项目公司是按面值发行，还是溢价发行或折价发行，均按债券面值记入“应付债券——面值”科目，按实际收到的款项与面值的差额，记入“应付债券——利息调整”科目。

企业发行债券时，按实际收到的款项，借记“银行存款”“库存现金”等科目，按债券票面价值，贷记“应付债券——面值”科目，按实际收到的款项与票面价值之间的差额，贷记或借记“应付债券——利息调整”科目。

2. 利息调整的摊销

利息调整应在债券存续期间内采用实际利率法进行摊销。

在资产负债表日，对于分期付息，一次还本的债券，企业应按应付债券的摊余成本和实际利率计算确定的债券利息费用，借记“在建工程”“财务费用”等科目，按票面利率计算确定的应付未付利息，贷记“应付利息”科目，按其差额，借记或贷记“应付债券——利息调整”科目。

对于一次还本付息的债券，应于资产负债表日按摊余成本和实际利率计算确定的债券利息费用，借记“在建工程”“财务费用”等科目，按票面利率计算确定的应付未付利息，贷记“应付债券——应计利息”科目，按其差额，借记或贷记“应付债券——利息调整”科目。

3. 债券的偿还

采用一次还本、分期付息方式的，在每期支付利息时，借记“应付利息”科目，贷记“银行存款”科目；债券到期偿还本金并支付最后一期利息时，借记“应付债券——面值”“财务费用”等科目，贷记“银行存款”科目。采用一次还本付息方式的，项目公司应于债券到期支付债券本息时，借记“应付债券——面值”“应付债券——应计利息”，贷记“银行存款”科目，按其差额，借记或贷记“应付债券——利息调整”科目。

17.3.3　股东借款/贷款的账务处理

PPP 公司因资金需求，向股东借款或贷款的，短期借款通过“其他应付款”科目核算，长期借款通过“长期应付款”科目核算。

Chapter 18

第 18 章 项目公司运作的财税问题

18.1 成立项目公司的政策依据

从我国历年来 BT 项目的实践来看，由于政府部门对项目的监管和控制不到位，虽然达到了简政增效的目的，但是双方扯皮的现象也比较多，如投资人抱怨地方政府不及时付费，有的社会资本存在不诚信问题等。即使成立了项目公司，也往往是由项目投融资方单方成立项目公司，政府完全不参与，造成了很多弊端。

根据目前的政策导向，政府持有项目公司股份，可以在项目过程中有效地约束社会资本的行为。一般来说，政府授权的企业通常会在项目公司持有一定比例的股权，并派出人员加入项目公司董事会。同时，政府承担一定责任，减少社会资本在运作项目过程中的压力。PPP 模式兴起后，政府部门开始热衷于在社会资本和政府之间搭建一个桥梁，以此将政府和社会资本统一成一个利益体——项目公司。事实证明，与 BT 模式下不成立项目公司的政府对基础和社会公共设施项目施工过程中的失控状况相比，PPP模式下项目公司成立后情况确实有明显的改观。

18.1.1 是否成立项目公司由政府决定

《基础设施和公用事业特许经营管理办法》中明确：

第十六条 实施机构应当在招标或谈判文件中载明是否要求成立特许经营项目公司。

第十八条 实施机构应当与依法选定的特许经营者签订特许经营协议。

需要成立项目公司的，实施机构应当与依法选定的投资人签订初步协议，约定其在规定期限内注册成立项目公司，并与项目公司签订特许经营协议。

18.1.2 社会资本方可依法设立项目公司

项目公司也被称为SPV（special purpose vehicle），中文意思为“特殊目的载体”。财政部印发的《政府和社会资本合作模式操作指南（试行）》（财金〔2014〕113号文件发布）规定：项目公司股权情况主要明确是否要设立项目公司以及公司股权结构。社会资本可依法设立项目公司。政府可指定相关机构依法参股项目公司。项目实施机构和财政部门（政府和社会资本合作中心）应监督社会资本按照采购文件和项目合同约定，按时足额出资设立项目公司。

18.1.3 成立项目公司是政府推崇的PPP实践的主要模式

《PPP项目合同指南（试行）》（财金〔2014〕156号文件发布）指出：

社会资本是PPP项目的实际投资人。但在PPP实践中，社会资本通常不会直接作为PPP项目的实施主体，而会专门针对该项目成立项目公司，作为PPP项目合同及项目其他相关合同的签约主体，负责项目具体实施。

项目公司是依法设立的自主运营、自负盈亏的具有独立法人资格的经营实体。

18.1.4 营改增后税收政策的变化及其影响

18.1.4.1 实际纳税地点的变化

1. 营业税政策

《中华人民共和国营业税暂行条例》规定：

第十四条 营业税纳税地点：

（一）纳税人提供应税劳务应当向其机构所在地或者居住地的主管税务机关申报纳税。但是，纳税人提供的建筑业劳务以及国务院财政、税务主管部门规定的其他应税劳务，应当向应税劳务发生地的主管税务机关申报纳税。

（二）纳税人转让无形资产应当向其机构所在地或者居住地的主管税务机关申报纳税。但是，纳税人转让、出租土地使用权，应当向土地所在地的主管税务机关申报纳税。

（三）纳税人销售、出租不动产应当向不动产所在地的主管税务机关申报纳税。

2. 增值税政策

财税〔2016〕36号文件附件1《营业税改征增值税试点实施办法》规定：

第一条 在中华人民共和国境内（以下称境内）销售服务、无形资产或者不动产（以下称应税行为）的单位和个人，为增值税纳税人，应当按照本办法缴纳增值税。

财税〔2016〕36号文件附件2《营业税改征增值税试点有关事项的规定》规定：

一、营改增试点期间，试点纳税人［指按照《营业税改征增值税试点实施办法》（以下称《试点实施办法》）缴纳增值税的纳税人］有关政策

（七）建筑服务。

4. 一般纳税人跨县（市）提供建筑服务，适用一般计税方法计税的，应以取得的全部价款和价外费用为销售额计算应纳税额。纳税人应以取得的全部价款和价外费用扣除支付的分包款后的余额，按照2%的预征率在建筑服务发生地

预缴税款后，向机构所在地主管税务机关进行纳税申报。

（八）销售不动产。

3. 一般纳税人销售其2016年5月1日后取得（不含自建）的不动产，应适用一般计税方法，以取得的全部价款和价外费用为销售额计算应纳税额。纳税人应以取得的全部价款和价外费用减去该项不动产购置原价或者取得不动产时的作价后的余额，按照5%的预征率在不动产所在地预缴税款后，向机构所在地主管税务机关进行纳税申报。

由上述政策，可以有以下结果：

(1) 如果在项目当地[1]成立项目公司，且项目公司自身不承建项目设施（属于目前的惯例），项目公司各环节的增值税将全部保留在项目所在地。

(2) 如果在项目当地成立项目公司，且项目公司自身承建项目设施（此种情况极少发生），则不会发生异地施工的问题，会使全部建造收入计量的增值税都在项目公司缴纳。

(3) 如果不成立项目公司，直接由投融资方作为经营方进行项目施工和提供后续的特许经营，只要投资方注册地不在当地，则会有相当多的税款会从当地流失。

项目公司设立时股东涉及税种如表18-1所示：

表18-1　　项目公司设立时股东可能涉及税种

项目公司设立方式	股东出资方式	可能涉及税种
新设	货币、金融资产	印花税
	非货币性资产	印花税、增值税、企业所得税、土地增值税
股权转让	货币、金融资产	印花税、增值税、企业所得税、（土地增值税、契税）

18.1.4.2　PPP项目公司与其他普通公司的比较

(1) 要求政府持股比例的应当低于50%且不具有实际控制力及管理权，体现了PPP项目公司股权结构中政府职能的转变，PPP项目公司的市场化运作。

(2) PPP项目公司作为项目融资的唯一主体，区别于普通公司融资主体多样化，PPP项目公司对外融资只以该项目公司为主体进行融资，与投资人和政府进行有效隔离，实现表外融资的目的。

---

[1] 依据国家税务总局公告2017年第11号第三条的规定，“当地”是指“同一地级行政区范围内”。

（3）PPP 项目公司是多方不同利益的集中体现，政府与社会资本或者联合体合作之间的权利义务、职责分工、利益分配等都是通过 PPP 项目公司的股权结构、公司治理架构体现的。

18.1.4.3　结论性观点

（1）笔者对成立项目公司可能体现有限追索的优势的观点并不赞同，认为项目公司的有限追索优势在中国目前的融资环境下难以得到体现。

（2）国外开始出现独立于采购公共部门的 CGU（central government unit，英国财政部内设一个新机构，由它关注 PPP 项目的商务问题）。CGU 投入并负责公共部门股权投资安排（the public sector equity investment vehicle）。但是，这只是政府在项目公司出席董事会的部门有所改变，为此成立专门机构，说明国外对项目公司的看法不是弱化，而是强化。

（3）虽然营改增后税款入库分配比例有变化，但地方政府对税收入库数的考核依然是绩效考核的重点要素，各级地方政府不可能轻易放弃。

18.2　项目公司的股权结构

项目公司的股权结构，是指 PPP 项目中，合作主体（政府或其授权平台与社会资本）共同注册成立的项目公司的股权结构。股权结构决定其优势、弊端所在，同时，也决定了项目风险控制能力。不同的项目，在不同阶段，对股东的能力要求存在差异，这一差异是 SPV 项目公司股权结构变化的潜在动因。对于不同类型的项目，基于项目特点，在不同阶段，股东结构存在不同需求。因此，股权结构的变化，不仅是合作方的利益调整、权益分布的需要，对 PPP 项目的健康持续发展、进而实现长期战略目的，更具有特别重要的意义。在 PPP 项目中，股权结构在前期的综合考量以及中后期的调整，对于项目的完整实施和运营具有非常重要意义。

18.2.1　项目公司的成立

根据《政府和社会资本合作模式操作指南（试行）》（财金〔2014〕113 号文件发

布），项目公司的成立属于其规定的“项目执行阶段”。

18.2.1.1　项目公司的成立流程

根据前文，首先，由政府决定是否应设置项目公司。其次，要在政府采购文件和有关协议中明确体现，并具体指出项目公司的权限和职责，经过相关程序，确定项目的参与各方。项目公司的成立流程见图 18-1。

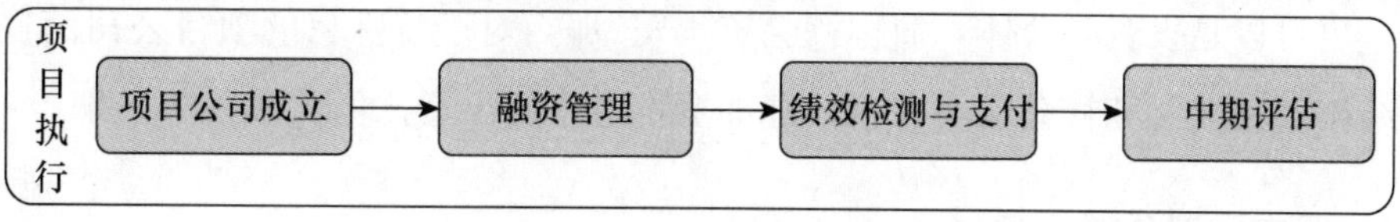

图 18-1　项目公司的成立流程

18.2.1.2　设立方式

1. 新设成立

目前主流的项目公司设立方式是新设项目公司，在项目采购阶段确立中选的社会资本（投融资方）后，由该社会资本新设立项目公司，或与政府指定的授权机构共同发起设立项目公司。根据双方出资比例确定出资份额。

2. 通过股权转让或增资扩股设立

如果确定政府要在项目公司持有部分股权，且投融资方还未确定，也可以由政府指定参与项目的机构先行注资成立项目公司。同时还要为项目前期必不可少的勘探、设计进行部分垫资。待参与政府与社会资本合作的投资方确定后，通过股权转让或增资控股的形式使得投融资方加入到项目公司中来，并按照协议的要求承担未来项目公司的有关具体业务事项。

值得注意的是，在项目具体内容公开后，如果项目的预计回报比较丰厚，可能单位投资份额的估值会有提高，即公允价值会高于政府指定机构的计税基础。由于该项股权转让多数是采取现金或金融资产作为对价，不存在获得股权转让的企业所得税特殊性处理的可能，因此要注意其中的税收风险。相对而言，采取增资方式基本没有税收风险，对设立方的验资压力也较小。

18.2.2 项目公司的股权安排

《PPP 项目合同指南（试行）》（财金〔2014〕156 号文件发布）中规定："政府在项目公司中的持股比例应当低于 50%且不具有实际控制力及管理权。"至于社会资本的出资比例，一般由发起方代表政府根据具体要求进行考量。项目公司的股权结构较上市公司相对简单。拿 PPP 项目公司来说，其股东为政府和社会资本（可以是企业，也可以是投资联合体，简称社会资本）。那么对于特殊目的项目公司而言，其股权结构就是政府和社会资本在项目总的资本金中的出资比例关系。

1. 股东类型分析

PPP 模式可以看作是一种社会博弈，是在考虑社会资本方和公共部门的合作约定、各自的作用及投入收益等因素后构架起来的博弈模型。公共部门和私人投资者的出发点完全不同，前者代表公众利益，后者则单纯考虑公司的风险利益而进行投资。

PPP 项目公司的股权结构对项目的运作效率有直接影响。为实现项目公司股东的权益，建议在保持项目主体的投融资方不变的基础上，允许不同类型的股东参与决定项目公司不同的运行模式，转让或参与不同的项目业务时期的股权。不同股东在 PPP 项目的不同阶段可根据需要调整股权结构。在特许经营类 PPP 项目中，前期阶段可安排金融机构占项目公司一定的股权比例，以保证融资的及时到位；项目建成投入运营阶段由专业的运营管理机构作为重要股东，可以提高在项目公司中所占的股权比例。由此，金融机构退出时可获得投资收益，运营机构因为参股而获得运营资格，也获得了长期稳定的运营服务费，保证了 PPP 项目的建设效率和运营质量。

（1）金融投资机构。由于 PPP 项目前期需要大量资金，因此金融投资机构成为股东有助于项目公司融资成本的降低。同时，部分金融机构会以明股实债的形式参与，要注意与真实参股之间的区别。

（2）施工企业。PPP 项目为保证公共服务的质量，对参与施工企业的专业素质和资历通常要求较高，政府在挑选合作伙伴时，往往会优先挑选具有资质的专业承包方作为中选企业，并共同成立项目公司。

（3）提供关键设备或技术的专业机构。有些 PPP 项目的发起方会挑选能够提供专业设备或技术的专业机构作为股东，以提高项目水平、加快项目进度、降低项目风险。

（4）运营管理机构。PPP 项目有时会引进先进的运营管理机构作为股东，尤其是一些大型 PPP 专业投资机构，往往有运营管理企业长期跟随。

上述企业可通过承建工程、供应设备材料、运营管理等专业服务获取合同收益，也可通过投资 PPP 项目获得运营收益的分红。

2. 影响社会资本方积极性的主要因素

（1）公私双方对于项目的侧重点不同。社会资本方具有逐利性，不能控股意味着难以合并财务报表；而政府更多地考虑公共利益。

（2）如果出现扯皮和纠纷，本身就处于弱势的社会资本方没有决策权，其利益得不到保障。目前，相关的法律法规对社会资本利益的保障措施仍不够完善。

（3）政府要在 PPP 项目中把自己和社会投资主体放在平等地位，尊重市场化的合作方式，不能随意违约，更不能犯红眼病，通过行政手段去干预社会资本方的合理行为。

3. 增量项目与存量项目的股权安排

《关于政府和社会资本合作示范项目实施有关问题的通知》（财金〔2014〕112 号）中列举了 30 个 PPP 示范项目，其中有 8 个是增量项目，22 个是存量项目。

（1）对于存量项目，一般可以通过股权转让，或者增资扩股等方法实现 PPP 模式合作。

（2）对于增量项目，需要新建的，一般在项目发起初期通过协商谈判确定公私双方股权比例。

18.2.3 项目公司的股权转让

18.2.3.1 股权结构变化在股权结构设计时的统筹考虑

PPP 项目最大的风险在于，项目实施周期长，未知的各种风险难以预料。就股权结构变更而言，各方在合作之初基本可以预见，在不同阶段各方的优势以及利益需求所在，股东各方应就各自专业优势和利益目标，预先磋商未来股权结构变化原则或方案。在最初的 PPP 实施方案及项目合同、公司章程中预设股东进入和退出机制，预先设定权利、义务发起条件和时点，确定估值原则、利益平衡机制等。在最初方案中充分考虑并切合投资人的利益诉求，可以保证项目的平稳运行。

18.2.3.2 股权转让的要求

PPP项目投入大，运营时间跨度长，为保证经营方提供的公共服务能达到合同要求的标准，政府往往不希望投融资方在经营期间随意转让股权，大多数合同对股权转让设置了限制条款。即使是笔者见过的最宽松的合同，也要求在运营的头五年内，投融资方不得转让其在项目公司投资的份额。五年之后，如果需要转让，必须得到政府的批准。

18.2.3.3 股权转让的会计规定

《企业会计准则第2号——长期股权投资》第十七条规定："处置长期股权投资，其账面价值与实际取得价款之间的差额，应当计入当期损益。采用权益法核算的长期股权投资，在处置该项投资时，采用与被投资单位直接处置相关资产或负债相同的基础，按相应比例对原计入其他综合收益的部分进行会计处理。"

根据《企业会计准则第2号——长期股权投资应用指南（2014）》，处置长期股权投资时，应按实际收到的金额，借记"银行存款"等科目，原已计提减值准备的，借记"长期股权投资减值准备"科目；按其账面余额，贷记本科目；按尚未领取的现金股利或利润，贷记"应收股利"科目，按其差额，贷记或借记"投资收益"科目。

处置采用权益法核算的长期股权投资时，应当采用与被投资单位直接处置相关资产或负债相同的基础，对相关的其他综合收益进行会计处理按照上述原则可以转入当期其他综合收益，应按结转的长期股权投资的投资成本比例结转原记入"其他综合收益"科目的金额，借记或贷记"其他综合收益"科目，贷记或借记"投资收益"科目。

18.2.3.4 股权转让的税收规定

《财政部 国家税务总局关于企业重组业务企业所得税处理若干问题的通知》（财税〔2009〕59号）规定：

一、本通知所称企业重组是指企业在日常经营活动以外发生的法律结构或经济结构重大改变的交易，包括法律形式改变、债务重组、股权收购、资产收购、合并、分立等。

（三）股权收购，是指一家企业（以下称为收购企业）购买另一家企业（以下称为被收购企业）的股权，以实现对被收购企业控制的交易。收购企业支付对价的形式包括股权支付、非股权支付或两者的组合。

财税〔2009〕59号文件还规定：

四、企业重组，除符合本通知规定适用特殊性税务处理规定的外，按以下规定进行税务处理：

（三）企业股权收购、资产收购重组交易，相关交易应按以下规定处理：

1. 被收购方应确认股权、资产转让所得或损失。

2. 收购方取得股权或资产的计税基础应以公允价值为基础确定。

3. 被收购企业的相关所得税事项原则上保持不变。

五、企业重组同时符合下列条件的，适用特殊性税务处理规定：

（一）具有合理的商业目的，且不以减少、免除或者推迟缴纳税款为主要目的。

（二）被收购、合并或分立部分的资产或股权比例符合本通知规定的比例。

（三）企业重组后的连续12个月内不改变重组资产原来的实质性经营活动。

（四）重组交易对价中涉及股权支付金额符合本通知规定比例。

（五）企业重组中取得股权支付的原主要股东，在重组后连续12个月内，不得转让所取得的股权。

六、企业重组符合本通知第五条规定条件的，交易各方对其交易中的股权支付部分，可以按以下规定进行特殊性税务处理：

（二）股权收购，收购企业购买的股权不低于被收购企业全部股权的75%（调整为"股权收购，收购企业购买的股权不低于被收购企业全部股权的50%"），且收购企业在该股权收购发生时的股权支付金额不低于其交易支付总额的85%，可以选择按以下规定处理：

1. 被收购企业的股东取得收购企业股权的计税基础，以被收购股权的原有计税基础确定。

2. 收购企业取得被收购企业股权的计税基础，以被收购股权的原有计税基础确定。

3. 收购企业、被收购企业的原有各项资产和负债的计税基础和其他相关所得税事项保持不变。

《企业重组业务企业所得税管理办法》(国家税务总局公告2010年第4号发布)明确：

第十二条　企业发生《通知》第四条第(三)项规定的股权收购、资产收购重组业务，应准备以下相关资料，以备税务机关检查。

(一) 当事各方所签订的股权收购、资产收购业务合同或协议；

(二) 相关股权、资产公允价值的合法证据。

《国家税务总局关于企业重组业务企业所得税征收管理若干问题的公告》(国家税务总局公告2015年第48号，以下简称48号公告) 指出，股权收购中当事各方，指收购方、转让方及被收购企业。股权收购，主导方为股权转让方，涉及两个或两个以上股权转让方，由转让被收购企业股权比例最大的一方作为主导方(转让股权比例相同的可协商确定主导方)。

根据上述政策组合，由于项目公司的股东间转让股权时，多数是以现金作为对价的支付手段，其股权支付金额达不到85%的比例要求，因此难以符合特殊性处理的要求，也就是说，只能适用一般性税务处理，即股权转让方应确认股权转让所得或损失。如果股权转让的股权支付比例达到了文件的要求，就需要核对是否符合其他政策，如果符合规定，则在财务处理时，应在该重组业务完成当年，办理企业所得税年度申报时，分别向各自的主管税务机关报送《企业重组所得税特殊性税务处理报告表及附表》和申报资料。合并、分立中重组一方涉及注销的，应在尚未办理注销税务登记手续前进行申报。

重组主导方完成申报后，其他当事方向其主管税务机关办理纳税申报。申报时还应附送重组主导方经主管税务机关受理的《企业重组所得税特殊性税务处理报告表及附表》(复印件)。

根据48号公告的规定：

企业重组业务适用特殊性税务处理的，申报时，应从以下方面逐条说明企业重组具有合理的商业目的：

(一) 重组交易的方式；

(二) 重组交易的实质结果；

(三) 重组各方涉及的税务状况变化；

（四）重组各方涉及的财务状况变化；

（五）非居民企业参与重组活动的情况。

企业重组业务适用特殊性税务处理的，申报时，当事各方应向主管税务机关提交重组前连续 12 个月内有无与该重组相关的其他股权、资产交易情况的说明，并说明这些交易与该重组是否构成分步交易，是否作为一项企业重组业务进行处理。

若同一项重组业务涉及在连续 12 个月内分步交易，且跨两个纳税年度，确定选择特殊性税务处理的，可以暂时适用特殊性税务处理，并在当年企业所得税年度申报时提交书面申报资料。

在下一纳税年度全部交易完成后，财务人员应判断是否适用特殊性税务处理。如适用特殊性税务处理，应按 48 号公告要求申报相关资料；如适用一般性税务处理，应调整相应纳税年度的企业所得税年度申报表，计算缴纳企业所得税。

18.3　项目公司运作前期的税务处理要点

18.3.1　增值税处理

18.3.1.1　税收优惠

对于 PPP 项目中的污水处理、垃圾处理和风力等涉及资源综合利用和环境保护的项目，可以享受以下增值税优惠政策。

1. 销售自产的再生水免增值税

《财政部 国家税务总局关于资源综合利用及其他产品增值税政策的通知》（财税〔2008〕156 号）第一条第（一）项规定：销售自产的再生水免增值税。其中所谓的再生水是指对污水处理厂出水、工业排水（矿井水）、生活污水、垃圾处理厂渗透（滤）液等水源进行回收，经适当处理后达到一定水质标准，并在一定范围内重复利用的水资源。再生水应当符合水利部《再生水水质标准》（SL368—2006）的有关规定。

2. 污水处理劳务免征增值税

《财政部 国家税务总局关于资源综合利用及其他产品增值税政策的通知》（财税〔2008〕156号）第二条规定，对污水处理劳务免征增值税。污水处理是指将污水加工处理后符合GB18918—2002有关规定的水质标准的业务。

3. 增值税即征即退的政策

（1）销售以垃圾为燃料生产的电力或者热力实行增值税即征即退100%的政策。

（2）根据财税〔2008〕156号文件第三条第（二）项的规定，销售以垃圾为燃料生产的电力或者热力实行增值税即征即退的政策。垃圾用量占发电燃料的比重不低于80%，并且生产排放达到GB13223—2003第1时段标准或者GB18485—2001的有关规定。所称垃圾，是指城市生活垃圾、农作物秸秆、树皮废渣、污泥、医疗垃圾。

（3）销售以煤矸石、煤泥、石煤、油母页岩为燃料生产的电力和热力，实行增值税即征即退50%的政策

（4）根据财税〔2008〕156号文件第四条第（四）和第（五）项的规定，销售下列自产货物实现的增值税实行即征即退50%的政策：以煤矸石、煤泥、石煤、油母页岩为燃料生产的电力和热力。煤矸石、煤泥、石煤、油母页岩用量占发电燃料的比重不低于60%；利用风力生产的电力。

（5）销售自产的电力或热力实行增值税即征即退100%的政策。

（6）《财政部 国家税务总局关于调整完善资源综合利用产品及劳务增值税政策的通知》（财税〔2011〕115号）规定，对销售下列自产货物实行增值税即征即退100%的政策：①利用工业生产过程中产生的余热、余压生产的电力或热力。②以餐厨垃圾、畜禽粪便、稻壳、花生壳、玉米芯、油茶壳、棉籽壳、三剩物、次小薪材、含油污水、有机废水、污水处理后产生的污泥、油田采油过程中产生的油污泥（浮渣），包括利用上述资源发酵产生的沼气为原料生产的电力、热力、燃料。

4. 垃圾处理、污泥处理处置劳务免征增值税

财税〔2011〕115号文件规定，对农林剩余物资源综合利用产品增值税政策进行调整完善，并增加部分资源综合利用产品及劳务适用增值税优惠政策。其中，与垃圾处理有关的PPP项目运营有关的税收优惠是：对垃圾处理、污泥处理处置劳务免征增值税。

18.3.1.2　进项税额的取得与认证

1. 项目公司认定为一般纳税人前的增值税专用发票处理

目前，多数的财税专家在回答企业疑问时，都异口同声地回复：未取得一般纳税人资格前取得的专用发票不得抵扣。事实真的如此吗？

《国家税务总局关于纳税人认定或登记为一般纳税人前进项税额抵扣问题的公告》（国家税务总局公告 2015 年第 59 号）明确：

> 一、纳税人自办理税务登记至认定或登记为一般纳税人期间，未取得生产经营收入，未按照销售额和征收率简易计算应纳税额申报缴纳增值税的，其在此期间取得的增值税扣税凭证，可以在认定或登记为一般纳税人后抵扣进项税额。
>
> 二、上述增值税扣税凭证按照现行规定无法办理认证或者稽核比对的，按照以下规定处理：
>
> （一）购买方纳税人取得的增值税专用发票，按照《国家税务总局关于推行增值税发票系统升级版有关问题的公告》（国家税务总局公告 2014 年第 73 号）规定的程序，由销售方纳税人开具红字增值税专用发票后重新开具蓝字增值税专用发票。
>
> 购买方纳税人按照国家税务总局公告 2014 年第 73 号规定填开《开具红字增值税专用发票信息表》或《开具红字货物运输业增值税专用发票信息表》时，选择“所购货物或劳务、服务不属于增值税扣税项目范围”或“所购服务不属于增值税扣税项目范围”。
>
> （二）纳税人取得的海关进口增值税专用缴款书，按照《国家税务总局关于逾期增值税扣税凭证抵扣问题的公告》（国家税务总局公告 2011 年第 50 号）规定的程序，经国家税务总局稽核比对相符后抵扣进项税额。

对于新设立的企业，从办理税务登记，到开始生产经营，往往要经过一定的筹建期，进行基础建设、购买办公和生产设备、建账建制、招聘员工、联系进销渠道等。在此期间，企业也会取得一定数量的增值税扣税凭证。有些情况下，企业在筹建期间未能及时认定为一般纳税人，在税务机关的征管系统中有一段时期为小规模纳税人状态，导致其取得的增值税扣税凭证在抵扣进项税额时遇到障碍。国家税务总局公告2015年第59号有效地解决了这一矛盾。作为被政府特许经营的项目公司，尤其需要知道以上内容，因为按惯例，政府推动的PPP项目中，一般政府会在项目发布前做一些勘探和规划设计等工作，这些工作的费用会在项目公司成立后由项目公司承担。项目公司自身也同样有一些成本、费用类支出，在取得一般纳税人资格前即已完成。而项目公司一般也不会直接承建项目设施，也就是不会在初期即取得建造收入。所以，按国家税务总局公告2015年第59号妥善处理，可以多取得不少可抵扣的进项税额。

2. 进项税额认证、抵扣的处理

(1)《国家税务总局关于调整增值税扣税凭证抵扣期限有关问题的通知》(国税函〔2009〕617号) 规定：

一、增值税一般纳税人取得2010年1月1日以后开具的增值税专用发票应在开具之日起180日内[1]到税务机关办理认证，并在认证通过的次月申报期内，向主管税务机关申报抵扣进项税额。

二、实行海关进口增值税专用缴款书(以下简称海关缴款书)“先比对后抵扣”管理办法的增值税一般纳税人取得2010年1月1日以后开具的海关缴款书，应在开具之日起180日内向主管税务机关报送《海关完税凭证抵扣清单》(包括纸质资料和电子数据) 申请稽核比对。

未实行海关缴款书“先比对后抵扣”管理办法的增值税一般纳税人取得2010年1月1日以后开具的海关缴款书，应在开具之日起180日后的第一个纳税申报期结束以前，向主管税务机关申报抵扣进项税额。

四、增值税一般纳税人丢失已开具的增值税专用发票，应在本通知第一条规定期限内，按照《国家税务总局关于修订〈增值税专用发票使用规定〉的通知》(国税发〔2006〕156号) 第二十八条及相关规定办理。

增值税一般纳税人丢失海关缴款书，应在本通知第二条规定期限内，凭报关地海关出具的相关已完税证明，向主管税务机关提出抵扣申请。主管税务机关受理申请后，应当进行审核，并将纳税人提供的海关缴款书电子数据纳入稽核系统进行比对。稽核比对无误后，方可允许计算进项税额抵扣。

项目公司取得增值税一般纳税人资格后，取得的增值税专用发票、海关缴款书应

[1] 根据国家税务总局公告2017年第11号，自2017年7月1日起，应自开具之日起360日内认证。

在开具之日起180日内办理比对、认证，并在认证通过的次月申报期内，向主管税务机关申报抵扣进项税额。丢失的可按程序处理后进行抵扣，不是丢失就不能抵扣。

(2)《国家税务总局关于逾期增值税扣税凭证抵扣问题的公告》(国家税务总局公告2011年第50号）规定：

> 一、对增值税一般纳税人发生真实交易但由于客观原因造成增值税扣税凭证逾期的，经主管税务机关审核、逐级上报，由国家税务总局认证、稽核比对后，对比对相符的增值税扣税凭证，允许纳税人继续抵扣其进项税额。
>
> 增值税一般纳税人由于除本公告第二条规定以外的其他原因造成增值税扣税凭证逾期的，仍应按照增值税扣税凭证抵扣期限有关规定执行。
>
> 本公告所称增值税扣税凭证，包括增值税专用发票、海关进口增值税专用缴款书和公路内河货物运输业统一发票。
>
> 二、客观原因包括如下类型：
>
> （一）因自然灾害、社会突发事件等不可抗力因素造成增值税扣税凭证逾期；
>
> （二）增值税扣税凭证被盗、抢，或者因邮寄丢失、误递导致逾期；
>
> （三）有关司法、行政机关在办理业务或者检查中，扣押增值税扣税凭证，纳税人不能正常履行申报义务，或者税务机关信息系统、网络故障，未能及时处理纳税人网上认证数据等导致增值税扣税凭证逾期；
>
> （四）买卖双方因经济纠纷，未能及时传递增值税扣税凭证，或者纳税人变更纳税地点，注销旧户和重新办理税务登记的时间过长，导致增值税扣税凭证逾期；
>
> （五）由于企业办税人员伤亡、突发危重疾病或者擅自离职，未能办理交接手续，导致增值税扣税凭证逾期；
>
> （六）国家税务总局规定的其他情形。

由此可见，如果逾期有正当理由（前提是真实交易，有客观原因），且按程序逐级审核、上报，只是耽搁些时间，还是可以抵扣的。或许很多理由并没有很有效的验证真实与否的方式，希望企业能注意到国家税务总局给出的“温暖”。

(3)《国家税务总局关于纳税信用A级纳税人取消增值税发票认证有关问题的公告》(国家税务总局公告2016年第7号）明确：

> 项目公司如果获得了纳税信用A级的资质，取得销售方使用增值税发票系统升级版开具的增值税发票（包括增值税专用发票、货物运输业增值税专用发票、机动车销售统一发票，下同），可以不再进行扫描认证，通过增值税发票税

控开票软件登录本省增值税发票查询平台，查询、选择用于申报抵扣或者出口退税的增值税发票信息。

由此可见，取得较高级别纳税信用等级是很重要的。

（4）即使是不得抵扣的发票也应先进行认证。比如，按照财税〔2016〕36号文件第二十七条第（一）项的规定，不得抵扣且未抵扣进项税额的固定资产、无形资产、不动产，发生用途改变，改用于允许抵扣进项税额的应税项目，可在用途改变的次月抵扣合法有效的增值税扣税凭证。其前提是还在认证期或已认证，如果已超过认证期，且未认证，就非常麻烦，如果没有正当的理由，很可能就会失去宝贵的抵扣权。

（5）大多数情况下无须分年抵扣。

根据财税〔2016〕36号文件附件2《营业税改征增值税试点有关事项的规定》：

一、营改增试点期间，试点纳税人［指按照《营业税改征增值税试点实施办法》（以下称《试点实施办法》）缴纳增值税的纳税人］有关政策

（四）进项税额。

1. 适用一般计税方法的试点纳税人，2016年5月1日后取得并在会计制度上按固定资产核算的不动产或者2016年5月1日后取得的不动产在建工程，其进项税额应自取得之日起分2年从销项税额中抵扣，第一年抵扣比例为60%，第二年抵扣比例为40%。

除BOO或DBFO模式中的经营方可获得项目资产全部控制权的以外，其他PPP模式下，项目资产都应核算为金融资产或无形资产，按该条目规定，无须分年抵扣，可在取得进项税额并认证后的当月进行抵扣。

（6）"三流统一"不得不防。《国家税务总局关于加强增值税征收管理若干问题的通知》（国税发〔1995〕192号）明确：

一、关于增值税一般纳税人进项税额的抵扣问题

（三）购进货物或应税劳务支付货款、劳务费用的对象。纳税人购进货物或应税劳务，支付运输费用，所支付款项的单位，必须与开具抵扣凭证的销货单位、提供劳务的单位一致，才能够申报抵扣进项税额，否则不予抵扣。

本书的观点是：该条款所说的"一致"不是指具体的支付通道，而是最终的收款人和销货单位、提供劳务的单位必须一致，也就是说，只要最终能销货单位、提供劳务的单位通过各种途径收到了货款就是一致。但目前各界争议较大，为避免无谓的税收风险，取得特许经营权的项目公司必须在经营过程中时刻注意该问题。

（7）项目交由第三方负责施工的处理。如项目公司将项目设施交由社会第三方某建筑企业施工，因为在会计核算时，应该将支付的工程款计入无形资产，项目完工后，施工企业开具了该市政项目的增值税专用发票，认证合格后，可以全额抵扣。笔者认为，无须将其中的 40%做进项转出。退一步说，即便主管税务机关有异议，因为项目设施是用于交换特许后续经营，所以在交换时也可以全额抵扣。

18.3.1.3　销项的重点问题

1. 混合销售

财税〔2016〕36 号文件附件 1《营业税改征增值税试点实施办法》明确：

第四十条　一项销售行为如果既涉及服务又涉及货物，为混合销售。从事货物的生产、批发或者零售的单位和个体工商户的混合销售行为，按照销售货物缴纳增值税；其他单位和个体工商户的混合销售行为，按照销售服务缴纳增值税。

（1）混合销售涉及的是不同税率或征收率的两种或两种以上的服务行为，或者是销售货物行为，是兼营而不是混合销售。

（2）混合销售的关键是既涉及服务又涉及货物的销售行为无法人为分开，是一项销售行为。虽然其中可能会有主次之分，但绝对属于“一体”，尤其是属于辅助的销售行为，如果主销售行为被取消，则辅助销售行为不能继续存在。

（3）被定为混合销售要看具体业务内容和纳税人，不一定在税收上就是吃亏的。

例如，某企业投资了一公益性污水处理 PPP 项目，建成后，特许经营合同允许项目公司将部分区域用于开展商业行为。假设项目公司在市政主干道边的商业区开办了一间咖啡吧，其菜单中有一个套餐，购买该套餐会附赠当月热门时尚杂志一份，杂志并不单独计价，系餐饮服务时一并提供，且需要客户选择了指定的餐饮服务才提供。综合来看，该企业可获得一定的税收利益。

2. 兼营

财税〔2016〕36 号文件附件 1《营业税改征增值税试点实施办法》明确：

第三十九条　纳税人兼营销售货物、劳务、服务、无形资产或者不动产，适用不同税率或者征收率的，应当分别核算适用不同税率或者征收率的销售额；未分别核算的，从高适用税率。

财税〔2016〕36号文件附件2《营业税改征增值税试点有关事项的规定》明确：

一、营改增试点期间，试点纳税人［指按照《营业税改征增值税试点实施办法》（以下称《试点实施办法》）缴纳增值税的纳税人］有关政策

（一）兼营。

试点纳税人销售货物、加工修理修配劳务、服务、无形资产或者不动产适用不同税率或者征收率的，应当分别核算适用不同税率或者征收率的销售额，未分别核算销售额的，按照以下方法适用税率或者征收率：

1. 兼有不同税率的销售货物、加工修理修配劳务、服务、无形资产或者不动产，从高适用税率。

2. 兼有不同征收率的销售货物、加工修理修配劳务、服务、无形资产或者不动产，从高适用征收率。

3. 兼有不同税率和征收率的销售货物、加工修理修配劳务、服务、无形资产或者不动产，从高适用税率。

兼营的最大特点是：销售的是不同税目、税率的对象，业务间互不依存。核算正确十分必要。

3. 价外费用

财税〔2016〕36号文件附件1《营业税改征增值税试点实施办法》规定：

第三十七条　销售额，是指纳税人发生应税行为取得的全部价款和价外费用，财政部和国家税务总局另有规定的除外。

价外费用，是指价外收取的各种性质的收费，但不包括以下项目：

（一）代为收取并符合本办法第十条规定的政府性基金或者行政事业性收费。

（二）以委托方名义开具发票代委托方收取的款项。

相对于《中华人民共和国增值税暂行条例》的穷尽式列举，该条目以定义的方式圈定范围。是比较讨巧的方法。读者需要仔细体会两者的差异。

18.3.2　企业所得税处理

18.3.2.1　税收优惠

从事PPP项目实现的投资经营所得享受以下企业所得税优惠政策：

(1) 减免企业所得税：享受“三免三减半”的企业所得税政策。

根据《中华人民共和国企业所得税法》第二十七条第二款、第三款，《中华人民共和国企业所得税法实施条例》第八十七条，《财政部 国家税务总局关于执行公共基础设施项目企业所得税优惠目录有关问题的通知》（财税〔2008〕46 号）和《国家税务总局关于实施国家重点扶持的公共基础设施项目企业所得税优惠问题的通知》（国税发〔2009〕80 号）的规定，投资企业从事《公共基础设施项目企业所得税优惠目录》规定的港口码头、机场、铁路、公路、城市公共交通、电力、水利等项目，从事公共污水处理、公共垃圾处理、沼气综合开发利用、节能减排技术改造、海水淡化等符合条件的环境保护、节能节水项目的所得，自项目取得第一笔生产经营收入所属纳税年度起，第一年至第三年免征企业所得税，第四年至第六年减半征收企业所得税。新办国家重点扶持的公共基础设施项目和从事符合条件的环境保护、节能节水项目享受税收优惠的开始时间为：取得第一笔生产经营收入时。

另外，《财政部 国家税务总局关于公共基础设施项目享受企业所得税优惠政策问题的补充通知》（财税〔2014〕55 号）规定：

> 一、企业投资经营符合《公共基础设施项目企业所得税优惠目录》规定条件和标准的公共基础设施项目，采用一次核准、分批次（如码头、泊位、航站楼、跑道、路段、发电机组等）建设的，凡同时符合以下条件的，可按每一批次为单位计算所得，并享受企业所得税“三免三减半”优惠：
>
> （一）不同批次在空间上相互独立；
>
> （二）每一批次自身具备取得收入的功能；
>
> （三）以每一批次为单位进行会计核算，单独计算所得，并合理分摊期间费用。

(2) 投资抵免企业所得税：专用设备投资额的 10%抵免当年企业所得税应纳税额。

《中华人民共和国企业所得税法》第三十四条规定：“企业购置用于环境保护、节能节水、安全生产等专用设备的投资额，可以按一定比例实行税额抵免”。税额抵免，是指企业购置并实际使用《环境保护专用设备企业所得税优惠目录》《节能节水专用设备企业所得税优惠目录》和《安全生产专用设备企业所得税优惠目录》规定的环境保护、节能节水、安全生产等专用设备的，该专用设备的投资额的 10%可以从企业当年的应纳税额中抵免；当年不足抵免的，可以在以后 5 个纳税年度结转抵免。其中专用设备投资额，根据《财政部 国家税务总局关于执行环境保护专用设备企业所得税优惠目录 节能节水专用设备企业所得税优惠目录和安全生产专用设备企业所得税优惠目录有关问题的通知》（财税〔2008〕48 号）第二条的规定，是指购买专用设备发票价税合计价格，但不包括按有关规定退还的增值税税款以及设备运输、安装和调试等费用。当年应纳税额，根据财税〔2008〕48 号文件第三条的规定，是指企业当年的应纳税所得额乘以适用税率，扣除依照企业所得税法和国务院有关税收优惠规定以及税收过渡优惠规定减征、免征税额后的余额。享受投资抵免企业所得税优惠的企业，应当实际购置并自身实际投入使用的环境保护、节能节水、安全生产等专用设备；企业购置上述专用设备在 5 年内转让、出租的，应当停止享受企业所得税优惠，并补缴已经抵免的企业所得税税款。根据财税〔2008〕48 号文件的相关规定，企业利用自筹资金和银行贷款购置专用设备的投资额，可以按企业所得税法的规定抵免企业应纳所得税额；企业利用财政拨款购置专用设备的投资额，不得抵免企业应纳所得税额。企业购置并实际投入适用、已开始享受税收优惠的专用设备，如从购置之日起 5 个纳税年度内转让、出租的，应在该专用设备停止使用当月停止享受企业所得税优惠，并补缴已经抵免的企业所得税税款。转让的受让方可以按照该专用设备投资额的 10%抵免当年企业所得税应纳税额；当年应纳税额不足抵免的，可以在以后 5 个纳税年度结转抵免。

根据《国家税务总局关于环境保护节能节水安全生产等专用设备投资抵免企业所得税有关问题的通知》（国税函〔2010〕256 号）的规定，纳税人购进并实际使用规定目录范围内的专用设备并取得增值税专用发票的，如增值税进项税额允许抵扣，其专用设备投资额不再包括增值税进项税额；如增值税进项税额不允许抵扣，其专用设备投资额应为增值税专用发票上注明的价税合计金额。企业购买专用设备取得普通发票的，其专用设备投资额为普通发票上注明的金额。

（3）经营期间项目公司股利分配的企业所得税政策。

根据《中华人民共和国企业所得税法》的规定，经营期间项目公司股利分配享受以下企业所得税优惠政策：经营期间涉及股利分配，如果项目公司是境内居民企业间分配股利，免征企业所得税；境内居民企业分配股利给自然人股东，需代扣代缴 20%个人所得税。

如果项目公司有境外股东，跨境分配股息给境外非居民企业，一般适用 10%的预提所得税，如果境外非居民企业与中国间有签订双边税收协定，在符合一定条件下能够适用税收协定安排下的优惠预提所得税税率。

18.3.2.2　资产损失

（1）《企业资产损失所得税税前扣除管理办法》（国家税务总局公告 2011 年第 25 号发布）规定：

第二条　本办法所称资产是指企业拥有或者控制的、用于经营管理活动相关的资产，包括现金、银行存款、应收及预付款项（包括应收票据、各类垫款、企业之间往来款项）等货币性资产，存货、固定资产、无形资产、在建工程、生产性生物资产等非货币性资产，以及债权性投资和股权（权益）性投资。

第三条　准予在企业所得税税前扣除的资产损失，是指企业在实际处置、转让上述资产过程中发生的合理损失（以下简称实际资产损失），以及企业虽未实际处置、转让上述资产，但符合《通知》和本办法规定条件计算确认的损失（以下简称法定资产损失）。

第四条　企业实际资产损失，应当在其实际发生且会计上已作损失处理的年度申报扣除；法定资产损失，应当在企业向主管税务机关提供证据资料证明该项资产已符合法定资产损失确认条件，且会计上已作损失处理的年度申报扣除。

如项目公司出现意外损失，可按规定办理清单或专项申报，经申报后进行税前扣除。

案例 18-1

A 市采用 BOT 形式建设了某公共服务设施，项目公司自己从事后期运营，并将全部工程款和设备购置支出计入无形资产，特许经营期为 12 年。假设项目公司在第 6 年报废了部分设备（使用期满），由于公司是按全部无形资产的特许经营期作为摊销年限，因此该批设备未摊销完毕。应当将该无形资产的账面价值予以转销，其账面价值转作当期损益（营业外支出）。（在有明确的特许经营期，且期末无形资产全部移交的情况下，项目公司一般不计提无形资产减值准备。）账务处理为：

借：营业外支出——非流动资产处置损失

　　累计摊销

　贷：无形资产

18.3.2.3　企业当年度实际已发生但未取得发票的费用支出的处理

《国家税务总局关于企业所得税若干问题的公告》（国家税务总局公告2011年第34号）规定：企业当年度实际发生的相关成本、费用，由于各种原因未能及时取得该成本、费用的有效凭证，企业在预缴季度所得税时，可暂按账面发生金额进行核算；但在汇算清缴时，应补充提供该成本、费用的有效凭证。

根据上述规定，年度实际已发生但未取得发票的费用支出，会计上已确认的成本、费用，在年度企业所得税汇算清缴结束前未取得发票的，应作纳税调增处理，待取得发票后，在该项成本、费用实际发生的年度作可追溯纳税调减处理。

18.3.3　其他税务问题处理

1. 关注土地使用税优惠政策

《土地使用税暂行条例》及其实施细则明确：

从事PPP项目中的市政街道、广场、绿化地带和免税的能源、交通、水利设施项目，可以享受以下土地使用税优惠政策。

对于公园、名胜、寺庙及文教、卫生、社会福利等单位使用的土地，城镇、街道、公共设施用地、铁路、机场、港区、车站、管理交通运输用地及水利工程，农、林、牧、渔、果生产基地用地，以及个人非营业建房用地等，均免征土地使用税。

为了鼓励利用荒地、滩涂等土地，对经过批准整治的土地和改造的废弃土地，以使用的月份给予5～10年期限的免税。

2. 多税种综合性问题的处理

对于目前的PPP项目，在设立项目公司后，政府和投融资方大多会选择投融资方选出的施工企业负责项目设施建设，由于施工企业与投融资方是关联企业，很可能在工程造价等方面进行利益输送，导致项目公司项目建造成本不公允，项目公司可能长期亏损。由于此类亏损是人为调整造成的，税务机关对此一般不予认可，尤其若其施工企业是跨地市进行施工的，项目所在地政府和税务部门更不可能答应，往往会令其进行调整。

18.4　特许经营到期，项目公司解散的税务处理

18.4.1　企业注销时的存货及留抵税额处理

《财政部 国家税务总局关于增值税若干政策的通知》（财税〔2005〕165 号）明确：

六、一般纳税人注销时存货及留抵税额处理问题

一般纳税人注销或被取消辅导期一般纳税人资格，转为小规模纳税人时，其存货不作进项税额转出处理，其留抵税额也不予以退税。

值得注意的是，“存货进项两不找”不代表应计算的销项税额可以忽略。

18.4.2　注销清算的税务处理

（1）《中华人民共和国企业所得税法》规定：

第五十五条　企业在年度中间终止经营活动的，应当自实际经营终止之日起六十日内，向税务机关办理当期企业所得税汇算清缴。

企业应当在办理注销登记前，就其清算所得向税务机关申报并依法缴纳企业所得税。

（2）《财政部 国家税务总局关于企业清算业务企业所得税处理若干问题的通知》（财税〔2009〕60 号）明确：

一、企业清算的所得税处理，是指企业在不再持续经营，发生结束自身业务、处置资产、偿还债务以及向所有者分配剩余财产等经济行为时，对清算所得、清算所得税、股息分配等事项的处理。

三、企业清算的所得税处理包括以下内容：

（一）全部资产均应按可变现价值或交易价格，确认资产转让所得或损失；

（二）确认债权清理、债务清偿的所得或损失；

（三）改变持续经营核算原则，对预提或待摊性质的费用进行处理；

（四）依法弥补亏损，确定清算所得；

（五）计算并缴纳清算所得税；

（六）确定可向股东分配的剩余财产、应付股息等。

五、企业全部资产的可变现价值或交易价格减除清算费用，职工的工资、社会保险费用和法定补偿金，结清清算所得税、以前年度欠税等税款，清偿企业债务，按规定计算可以向所有者分配的剩余资产。

(3)《国家税务总局关于企业清算所得税有关问题的通知》(国税函〔2009〕684号）规定：

企业清算时，应当以整个清算期间作为一个纳税年度，依法计算清算所得及其应纳所得税。企业应当自清算结束之日起15日内，向主管税务机关报送企业清算所得税纳税申报表，结清税款。企业未按照规定的期限办理纳税申报或者未按照规定期限缴纳税款的，应根据《中华人民共和国税收征收管理法》的相关规定加收滞纳金。

由上述规定可知：

第一，项目公司按合同约定，移交资产后进行清算时，无论当年实际时间多少，都以整个清算期间作为一个纳税年度进行清算。

第二，虽然项目公司剩余存货和进项两不找，但投融资方投入的资产，项目公司运营后购入的未计入应移交的无形资产或金融资产的，在清算时应视为向股东分配，为视同销售。

第三，注销清算时，对其他应付、应付账款等科目的贷方余额需要提前做好处理，如果在清算时仍挂账未处理，会被视为不需支付或无法支付，而被计入清算所得。

18.5 政府补贴的性质认定及会计处理

因为PPP项目具有公共服务性质，所以政府会根据具体情况或协议，在项目初始项目、投资建设期或运营期内，为项目公司提供各类补贴。

18.5.1　政府补贴的形式

1. 无偿划拨

无偿划拨具体可分为：

（1）政府向项目公司无偿划拨与项目运营无关的非货币性资产，如土地使用权、项目周边的建筑物等。给予此类补贴，多数是为弥补项目公司获得的特许经营收费不足。

（2）政府向项目公司无偿划拨货币资金，用于补偿项目初期投资额较大、专业性较强的项目，并且在拨款时明确规定了资金用途。

根据2号解释，对于政府无偿划拨的各类资产，在具体进行核算时，需要从实质上区分是否为政府作为PPP项目授予方而向项目公司支付的对价。如果是，应将其作为服务对象的一部分；如果不是，会计核算时应当区分以下情况进行处理。

（1）政府下发的补贴文件明确将其有关款项计入政府投入的资本公积，在会计核算上应按相关文件处理，计入资本公积；

（2）其他情况，应按照《企业会计准则第16号——补助》进行会计处理。

2. 运营补贴

运营补贴是政府在项目运营期内通过分批拨付一定的财政资金，用于补贴项目公司的运营成本，或者项目期满时通过移交验收拨付的财政补贴。

与无偿划拨相类似，投融资方在进行会计核算时，应区分运营补贴中的拨付方，即政府作为PPP项目的授予方而向项目公司支付对价的一种方式。如果属于应支付对价的组成部分，则该“运营补贴”应属于项目的投融资方通过构建PPP项目设施而换取的政府支付的设施对价。

2号解释明确：“授予方可能向项目公司提供除基础设施以外其他的资产，如果该资产构成授予方应付合同价款的一部分，不应作为政府补助处理。”

3. 财政贴息

财政贴息是政府为支持特定领域或区域发展，根据国家宏观经济形势和政策目标，对承贷企业的银行贷款利息给予的补贴。

财政贴息主要有两种方式：

第一，财政将贴息资金直接拨付给受益项目公司。

第二，财政将贴息资金拨付给贷款银行，由贷款银行以政策性优惠利率向项目公司提供贷款，受益项目公司按照实际发生的利率计算利息。

对此类补贴，若政府下发的补贴文件中明确了相关会计处理办法，应按文件进行核算。其他情况，应按照《企业会计准则第 16 号——政府补助》进行会计处理。

4. 税收返还

税收返还是指政府按照国家有关规定采取先征后返、先征后退、即征即退等办法，向项目公司返还税款，属于以税收优惠形式给予的一种政府补助。上述优惠，若政府下发的补贴文件中明确了相关会计处理办法，应按照文件的规定进行核算。其他情况，因其具有补偿性，是从政府直接取得的，应当视为政府补助，按照《企业会计准则第 16 号——政府补助》进行会计处理。

5. 低价租赁或无偿使用

政府将项目运营所需的划拨土地，以及项目设施或设备无偿或低价租赁给项目公司使用；或者政府为项目设施先期出资建设的专用设施或购买设备等，以无偿或低价的方式租赁给项目公司使用，以减轻项目公司前期投资和现金流压力。由于所涉及的实物资产通常是 PPP 项目不可或缺的基础设施，事实上不属于政府补助范围，因此应当作为特许服务权安排的一部分进行核算。

典型的案例是北京国家体育馆（鸟巢）项目。为鼓励社会资本参与，北京市政府在约定 PPP 合同时，给予了很多优惠政策。其中，项目用地开发费用仅为 1 040 元/平方米，而相邻地块商业用地价格普遍已超过 10 000 元/平方米。

18.5.2 政府补贴的会计核算

1. 作为提供服务对价的补贴的核算

有一些政府补贴的发放，实质上是因为项目公司向政府提供了项目设施的构建，作为 PPP 项目的授予方，政府有义务向项目公司支付对价。作为建造服务对价的，项目公司应当将补贴视为授予方对建造服务的工程结算款的一部分，作为经营服务的对价，冲减确认经营服务收入时所确认的应收款项。账务处理如下：

（1）作为建造服务对价，在实际收到时：

借：银行存款/固定资产（按公允价值进行初始计量）

贷：长期应收款/无形资产

（2）作为运营服务对价，在实际收到时：

借：银行存款/固定资产（按公允价值进行初始计量）

贷：应收账款

2. 计入资本公积的补贴的核算

政府的补贴文件明确，有关补贴款项应计入政府投入的资本公积。对于政府无偿给予项目公司的，且政府下发的补贴文件中，明确将相关补贴款计入政府投入的资本公积，在会计核算上应按相关文件进行处理。

借：银行存款/固定资产

贷：资本公积——股本溢价

3. 作为政府补助的补贴的核算

某些政府补贴实质上并不是作为交换对价支付的，而政府无偿支付给项目公司的，具有无偿性和直接从政府取得的特点，如财政拨款、财政贴息、无偿划拨非货币性资产、先征后返、即征即退等办法返还的税款等（直接减征、免征，增加契税抵扣额，抵免部分税额等税收优惠，因不是从政府直接取得的，不属于政府补助范畴)，应根据《企业会计准则第 16 号——政府补助》的相关规定，区分与资产相关的政府补助和与收益相关的政府补助，分别进行会计处理。

（1）与资产相关的政府补助。对于资产相关的政府补助，项目公司在能够满足政府补助所附条件时，应当确认为递延收益，并在相关资产使用寿命期内平均分配计入当期损益。账务处理如下：

①取得政府补助时：

借：银行存款/固定资产/应收账款（按公允价值进行初始计量）

贷：递延收益

②根据资产摊销期间分摊递延收益时：

借：递延资产

贷：营业外收入

（2）与收益相关的政府补助。与收益相关的政府补助，项目公司应该区分两种情况分别进行处理：

①用于补偿企业企业以后期间的相关费用或损失的，确认为递延收益，并在确认相关费用的期间计入当期损益。

②用于补偿企业已发生的相关费用或损失的，直接计入当期损益。

4. 低价租赁或无偿使用的核算

政府将项目运营所需的划拨土地，为建项目设施或设备无偿或低价租赁给项目公司使用时，如果项目公司需要依据合同使用此类基础设施资产并履行其义务，且在项目特许经营到期后移交给政府，则其属于授予方（政府）的资产，不应被确认为社会资本自有或租赁的资产。对于支付的租赁款项，无论该租金是否为公允价值，都应视为政府为建造和运营费用而支付的对价。

Chapter 19

第 19 章

PPP 项目财务投融资方案设计及财务测算

19.1 投融资财务方案编写要点

财政部发布的 PPP 合同范本明确要求，社会资本方在投标时应提交投融资财务方案。

下面，我们对投融资财务方案的具体内容加以介绍。

19.1.1 资信证明

资信证明是指由银行或其他金融机构出具的足以证明他人资产、信用状况的各种文件、凭证等。此类证明文件不论以何种名义、形式出具，其核心都是证明他人拥有某项资产、债权或具有何种程度经济实力，等等。

办理资信证明银行接受客户申请，在银行记录资料的范围内，通过对客户的资金运动记录及相关信息的收集整理，以对外出具资信证明函件的形式，证明客户信誉状况的一种咨询类中间业务。银行为客户办理资信证明业务分综合资信证明及单项、多项证明。

综合资信证明指银行对客户在银行的记录资料作较全面的描述并对该客户信誉状况进行评价的证明文件。

单项或多项证明指银行对客户在银行记录的各单项资料与往来情况的证明文件，一般不包括银行对客户的评价。单项或多项证明主要包括存款余额证明、授信额度证明、抵质押证明及开户证明等。

在编制投融资财务方案时，投标人可自行判断使用何种资信证明文件。如：存款余额证明，是指银行为存款人出具证明，证明存款人在前某个时点的存款余额或某个时期的存款发生额，以及证明存款人在银行有在以后某个时点前不可动用的存款余额。存款余额证明，在 PPP 项目投融资财务方案中主要证明社会资本方项目资本金的出资能力，其开具的时间越近，越能证明社会资本方的出资能力。为证明社会资本方的实际银行资金余额及实际出资能力，PPP 项目招标文件一般会要求“提供××年×月以来由同一家银行在同一天一次性出具的金额不少于××亿元的自有资金证明”。

授信额度，是指银行向客户提供的一种灵活便捷、可循环使用的授信产品，只要授信余额不超过对应的业务品种指标，无论累计发放金额和发放次数为多少，均可快速向客户提供短期授信。授信额度证明，在 PPP 项目投融资财务方案中主要证明社会资本方的融资能力。

19.1.2 项目资本金出资比例及方式

PPP 项目招标文件通常会对项目资本金比例下限、出资方式、股权比例等提出要求。

因此，社会资本方在拟定投融资财务方案时，应注明拟投标项目的投资总额、项目公司（SPV）资本金或注册资本占投资总额的比例、出资方式等内容。同时根据 PPP 项目出资协议或公司章程等内容，明确项目公司的股东及股权结构。

一般 PPP 项目公司要求的出资方式为货币。

此部分内容可通过文字描述，也可通过表格形式表述。

（1）文字描述示例：

本项目由政府方和社会资本方合资设立一家项目公司，专门负责本项目的投资、建设和运营维护等。

根据本项目招标文件（竞争性磋商文件）、项目合同、项目合作协议及国务院《关于调整和完善固定资产投资项目资本金制度的通知》（国发〔2015〕51 号）文件说明，本项目资本金比例为××%，总金额为××万元人民币。

项目公司股权结构如下：政府方出资占项目公司自有资本金的××%，出资金额为××万元；社会资本方出资占项目公司自有资本金的××%，出资金额为××万元。

（2）表格表述（见表 19-1、表 19-2）：

表 19-1　　项目公司资本金计划测算表

项目总投资（万元）	
资本金占投总资比例（%）	
项目公司资本金（万元）	

表 19-2　　项目公司股权结构表

股东名称	出资金额	出资比例	备注
政府方（出资代表）			
社会资本方（或联合体牵头方）			
社会资本方（或联合体成员）			
小计			

19.1.3　出资能力证明

社会资本方的出资能力，主要是指项目公司资本金的出资能力。一般情况下，社会资本方可通过以下内容进行证明：

（1）近期的银行存款余额。后附存款余额证明。

（2）最近一年的经审计的财务报告。通过货币资金余额、净资产、利润表及现金流量表证明社会资本方的出资能力；后附经审计的财务报告。

（3）社会资本方银行授信额度、未使用授信额度证明。社会资本方的未使用授信额度，可保证其在原有授信额度内随时提取贷款，以满足资金需求。

（4）社会资本方拟发行股份、债券计划。社会资本方可通过发行股票、债券方式来融资。

若招标文件中约定了具体的证明文件及其格式，则以招标文件要求为准。

19.1.4 债务资金的规模、来源及融资条件说明

PPP项目的融资安排是PPP项目实施的关键环节，鼓励融资方式多元化、引导融资方式创新、落实融资保障措施，对于增强投资者信心、维护投资者权益以及保障PPP项目的成功实施至关重要。在投融资财务方案中，应当对此做出说明。

一般情况下，SPV公司的融资规模为项目的总投资规模，除去SPV公司资本金（注册资金）融资外，剩余部分则通过债务资金来融资（见表19-3）。也就是说，

债务资金＝项目总投资－项目公司资本金

表19-3

项目总投资（万元）	
减：项目公司资本金（万元）	
项目公司债务融资（万元）	

项目公司以建设项目资产为代价，取得项目资产的特许经营权，项目公司在合作期内投资建设所形成资产的所有权归政府方所有。一般情况下，政府方不同意以项目资产为项目融资提供担保，也有的PPP项目合同中约定“项目公司以自身拥有的资产或权益作为融资担保”；但绝大多数的招标文件及PPP项目合同中均约定了“项目公司可以为本项目融资之目的，将其在PPP项目协议项下的各项权益（如PPP项目协议项下的预期收益权、保险受益权等）之上设置抵押、质押或以其他方式设置担保权益，但这种质押只能用于本项目且融资期限最长不应超过本项目合作期限。在本项目中，如果项目公司不能顺利完成项目融资的，则由社会资本方通过股东贷款、补充提供担保等方式解决，以确保项目公司的融资足额及时到位”。

也就是说，项目公司以项目资产资产或PPP项目协议项目的预期收益权等设置抵押等方式进行融资，融资的渠道包括银行、其他金融机构、基金等机构。

19.1.5 资金到位及使用计划

资金到位及使用计划是指根据项目建设进度计划、资金使用计划确定的资金到位时间、具体金额及使用计划表，它能使各阶段资金得到有效使用，项目公司融资成本最低，结构最优。

19.1.6　项目收支测算分析

项目公司收支测算分析主要从以下方面进行。

1. 收入测算

项目公司收入主要包括可用性服务费收入、使用者付费收入、可行性缺口补助收入、运维绩效服务收入、大修理费收入及其他收入。在项目公司收入测算时，社会资本方可根据投标报价进行收入测算。

（1）根据《政府和社会资本合作项目财政承受能力论证指引》（财金〔2015〕21 号文件发布）列示的公式：

$$\text{当年可用性服务费}=\text{项目全部建设成本}\times(1+\text{合理利润率})\times(1+\text{年度折现率})^{n}/\text{财政运营补贴周期}$$

可根据项目公司的全部建设成本、合理利润率、年度折现率、财政运营补贴周期等指标计算当年的可用性服务费收入，年度合计则为可用性服务费总额。

项目全部建设成本包括建筑工程费、设备及工器具购置费、安装工程费、工程建设其他费用、基本预备费、价差预备费、建设期利息、流动资金等。合同应明确总投资的认定依据，如投资估算、投资概算或竣工决算等。

n 代表折现年数。财政运营补贴周期指财政提供运营补贴的年数。

年度折现率应考虑财政补贴支出发生年份，并参照同期地方政府债券收益率合理确定。折现率是管理的报酬，是与资产以及所有者使用效果相关，是一种特定条件下的收益率，说明资产取得该项收益的收益率水平；投资者对投资收益的期望、对投资风险的态度，都将综合地反映在折现率上。折现率的确定应当以该资产的市场利率为依据；如果该资产的利率无法从市场取得，可以使用替代利率（根据企业加权平均资金成本、增量借款利率或其他相关市场借款利率作适当调整后确定）估计折现率。

合理利润率，应以商业银行中长期贷款利率水平为基准，充分考虑可用性付费、使用量付费、绩效付费的不同情景，结合风险因素确定。实际上该比率的确定受到投资者投资报酬率及年度折现率的影响，因此，应当在确保投资者投资回报率（必要报酬率）的前提下，给出合理利润率。

（2）等额本息付费方式下的收入测算。

$$当年可用性服务费 A=项目总投资\times(A/P,i,n)$$

例如，绩效服务费收入，指项目公司对项目资产进行运营、维护而获得的服务费收入。服务费收入可根据项目公司确定的年运营成本及合理利润率确定，也可根据运营期内SPV项目公司对项目资产的服务面积、数量、市场单价进行测算。

又如，大修理费收入，有部分项目会在投标报价过程中单独列示，具体金额可根据运营期结束前根据项目资产的现状给出报价。

2. 成本测算

项目公司成本主要包括项目建设成本、项目运营维护期的运维成本、大修理成本和其他成本。在项目公司成本测算时，应以SPV项目公司为主体进行测算。

项目建设成本，对SPV项目公司而言，指的是项目在建设期内发生的全部建设成本，包括工程建设成本、工程建设其他费用（含土地拆迁和安置费）、预备费用、建设期融资成本、项目实施前期费用、税费及必要的合理回报。项目建设投资估算见表19-4。

表19-4　　项目建设投资估算表　　单位：万元

项目	建设期第1年	……	建设期第 n 年	合计
投入比率（%）				
投入金额				

有PPP项目实例中，计算可用性服务费等收入时使用的项目建设成本中的工程建设成本部分，由各方共同委托的具备相应资质的造价单位负责确定，如按照《建设工程工程量清单计价规范》（GB50500—2008）、《××省建设工程工程量清单计价规范》（××××年）、《××省安装工程（常用册）计价定额综合单价》（××××年）、《××省市政工程消耗量定额》（××××年）、《××省园林工程消耗量定额》（××××年）、《××省安装工程消耗量定额》（××××年）、《××市信息价》等定额进行计划。也有的约定按照经政府财政部分经审计的项目建设成本进行计划，或按照经政府财政部分经审计的项目建设成本下浮一定比例进行计划确定。

对于项目公司而言，其项目建设成本一般与项目总投资金额相当。

项目运营期内运维成本，主要包括运营期内职工薪酬、经营管理费、物业服务费、运营维护费等。应根据项目自身特点、项目质量要求、项目使用者的使用状况等因素，对运维成本进行测算。

3. 税金测算

在PPP项目实例中，主要涉及以下税费：增值税及附加、企业所得税等（见表19-5）。

表19-5 项目税费测算表 单位：万元

序号	项目	合计	运营期第1年	……	运营期第n年
1	经营收入				
2	增值税				
3	城市维护建设税				
4	教育附加费				
5	地方教育附加				
6	印花税				
7	水利基金				
8	房产税				
9	土地使用税				
10	……				
11	企业所得税				
	合计				

4. 各种费用的预算

项目公司各种费用的测算方法如下：

（1）管理费用测算。管理费用是指项目公司治理层在项目建设期、运营期内发生的各项经营管理费用，主要包括职工薪酬、福利费、社保及公积金、办公费、业务招待费、交通费、车辆费、通信费、办公场所租赁费、培训费等。

（2）项目融资测算。根据项目资金使用计划，合理确定的项目资金融资额度、资金成本和到位计划；在项目全生命周期内，测算项目公司建设期融资利息、运营期融资利息。

（3）项目现金流量测算。项目公司现金流量测算（见表16-6）主要包括现金流入测算、现金流出测算、资金结余测算。

（4）现金流入测算。现金流入测算包括项目资本金流入、债务资金流入测算、收入测算，其他资金流入测算（见表19-6）。

（5）现金流出测算。现金流出测算包括成本测算，税费测算，管理费用、财务费用测算，偿还债务资金流出、其他资金流出测算。

（6）资金结余。资金结余根据现金流入、现金流出、前期资金结余进行测算。

表 19-6　　现金流量测算表（样表）　　单位：万元

项目	建设期第 1 年	建设期第 n 年	运营期第 1 年	运营期第 n 年
项目资本金				
债务融资				
可用性付费				
使用者付费				
缺口补助				
运维服务费				
其他流入				
流入小计				
建设成本				
运维成本				
税费及附加				
管理费用				
财务费用				
偿还贷款				
其他流出				
流出小计				
资金结余				

现金流量大于项目资本金，则表示项目公司有利润可供项目公司股东进行分配。项目利润测算公式如下：

项目利润＝收入－成本－税费－管理费用－财务费用－所得税费用

5. 项目分析

根据上述资料，可对项目进行财务分析。主要内容包括计算项目收益率、项目净现值、投资回收期等财务指标并进行分析。

案例 19-1

简要财务方案

一、基本情况

某项目招标文件要求如下：

1. 投标人根据自身情况、本工程特点（如工期）提出切实可行的资金投入计划，并依据资金投入计划制定详细、合法、可行的融资方案及其保证措施，并提供应关证明文件。主要应包含以下内容：

1.1 自筹资金情况、到位计划、额度、来源及保障措施。

1.2 其他建设资金的额度、资金来源及保障措施。

1.3 资金筹措的应急预案，详细说明该预案的可行性。

1.4 方案中必须明确自有资金、银行贷款及其他渠道资金的组成比例。

1.5 投标人认为其他需补充的相关说明。

2. 投标人根据自身情况、本工程特点制定项目建设管理移交方案，主要包括组织机构建立、资金管理、工程管理、工程移交等工作特点，以及与招标人、监理、造价、设计等单位的配合方法。

二、分析说明

完成的投资资金筹措方案如下。

投资资金筹措方案

一、项目融资方案

我公司现有流动资金存款规模约××亿元，××银行××分行对本项目专项授信8亿元（可按项目实施进度调整资金拨付金额），另外2亿元以公司自有资金作为保障，完全有能力完成本项目的施工任务。

二、融资方案保证措施

现将本工程的应急预案具体安排如下：

1. 自筹资金情况、到位计划、额度及保障措施

我公司在预计资金投入时，充分考虑了自身在各地现有的建筑业市场中良好的商业信用，预计投入75%的资金，即可满足本项目的顺利实施，即：在施工期间共计投入资金约7.5亿元，并达到我公司投标文件中承诺的付款条件。

另我公司与部分银行长期保持着良好的银企业合作关系，目前在授信额度内尚有近15亿元未提取，当本项目生产资金出现短缺时，可以在原有授信额度内提取贷款，以满足工程需要。

2. 其余建设资金的额度、资金来源及保障措施

我公司有多家设在全国各地的分（子）公司，均为建筑企业，这些企业从事建筑工程施工，除具有丰富的工程建设经验外，同时还具备一定资金实力。若我公司在本项目出现资金短缺，这些公司均能为我公司筹措数量可观的流动资金，但这部分资金仅作为本工程的一个资金保障措施。

3. 资金筹措的应急预案

我公司就本项目的资金筹措应急主要有三种途径：

(1) 我公司与××银行保持了良好的银企合作关系，本身尚有近15亿元的授信额度未提取；

(2) 我公司已对设在全国各地分（子）公司的资金进行了整合，所有下属分公司的银行存款账户均收回集团统一管理，若本项目资金出现短缺，也能通过内部资金弥补。

(3) 我公司与多家商业银行均作了初步沟通，若工程中标后，我集团公司可向银行申请专项贷款。

从以上资金筹措方案及应急预案可以看出：我公司完全有能力通过自身资金和银行融资解决本工程所需资金，保障工程的顺利实施。

×××建设集团有限公司

××××年××月××日

案例 19-2

含财务分析的财务方案

一、基本情况

山东某PPP项目于20××年××月××日发布竞争性磋商公告，竞争性磋商文件中与投融资财务方案相关的内容如下（见表1）：

表 1

1	项目名称	山东省××市综合管廊及配套设施PPP项目
2	项目授权主体	山东省××市人民政府
3	建设投资总额	73 000万元（投资估算批复金额）
4	操作模式	建设—运营—移产（BOT）模式
5	采购方式	竞争性磋商
6	全生命周期	合作期20年，其中建设期3年，运营期17年
7	项目公司资本金	项目资本金为项目建设投资总额的30%（但不得低于2.2亿元），其余资金由社会资本方自行解决。

8	资本金出资比例	中标社会资本与政府方出资代表山东省××市城市投资建设投资有限公司合资组建项目公司，项目公司中社会资本占股90%，山东省××市城市投资建设投资有限公司占股10%。山东省××市城市投资建设投资有限公司只参股不扩股，不参与分红，不为项目公司提供任何担保。
9	磋商保证金	金额：壹佰伍拾万元整（150万元） 形式：电汇 磋商保证金收款账户信息： 开户名称：（略） 开户银行：（略） 银行账号：（略）
10	建设投资范围	政府方负责完成并承担费用的工作包括：规划选址、环境影响评价及报批、立项、可研、初设及概算报批、勘测、施工图设计及审查、工程量清单控制价编制、征地拆迁、三通一平费用。 项目公司负责完成并承担费用工作：工程建设总投资；PPP协议中未明确由政府承担的与本项目建设相关的工作。
11	运营维护范围	在项目运营期内项目公司负责项目资产的物业服务及综合管廊的维修、养护和管理，具体范围详见本项目PPP项目协议。
12	资产权属	本项目全部资产所有权均归政府方。
13	项目融资	政府方将提请人大通过将本项目政府付费纳入本级政府财政预算，并在中长期财政规划中统筹考虑的决议。社会资本应当通过提供股东借款、融资担保等措施，确保项目公司成功融资。 项目公司可以为本项目融资之目的，将其在PPP项目合同项目的各项权益（如政府购买服务的预期收益权、保险受益权等）之上设置质押或以其他方式设置担保权益。
14	可用性付费	可用性服务费指项目公司对本项目投资、融资、建设而获得的服务费，主要包括项目工程总投资、融资成本、税费及投资回报等。 **当年可用性服务费＝项目全部建设成本×（1＋合理利润率）×（1＋年度折现率）^{n}/财政运营补贴周期**
15	最高竞争限价	合理利润率最高报价为8%（含）； 年度折现率最高报价为6.5%（含）； 年度运营维护费最高报价为500万元。

其中投融资财务方案编写要求如下：

(1) 资金筹措方案。

①供应商的自有资金情况、拟投入项目公司的自有资金额度；

②其余建设资金的额度、资金来源；

③资金筹措的应急预案（需详细说明该预案的可行性）。

资金筹措方案应根据项目投资需求和项目实施进度计划制定，资金来源应可靠、详细、合法、充足、及时、可行，并提供有关融资方的承诺函或融资协议等证明文件。

(2) 收入、成本测算及财务分析。供应商应根据其项目实施计划和管理方式，结合资金筹措情况，进行特许经营期内各年度项目成本（费用）测算、收入测算，对项目进行财务分析（包括计算项目收益率、项目净现值、投资回收期等财务指标）、风险分析和测算。收益、成本测算及财务分析的详细表格均应附在相应文件内。

(3) 项目资金到位和使用计划。按建设进度计划，制定出资金到位时间、数额及使用计划表。

(4) 供应商认为必要的其他内容。

二、分析说明

完成的××项目投融资方案如下。

××项目投融资方案

1. 资金筹措方案

我公司关于本项目的资金筹措方案主要包括项目资本金筹划方案与债权性融资计划方案，本方案将从供应商的自有资金情况、资金来源、资金筹措的应急预案等方面阐述资金筹措方案。

1.1 自有资金融资方案

1.1.1 项目资本金及股权结构

在项目合作期限内，由项目公司投资、建设、运营维护项目建设内容，期限届满移交政府。政府方只参与项目重大决策，对项目进行监督管理、不参与项目经营管理和项目分红，同时不承担项目技术、融资、成本超支、运营、需求等风险。

根据磋商文件，本项目总投资7.3亿元，项目资本金为项目建设投资总额的30%（但不得低于2.2亿元），其余资金由社会资本方自行解决。中标社会资本与政府方出资代表山东省××市城市投资建设投资有限公司合资组建项目公司，项目公司中社会资本占股90%，山东省××市城市投资建设投资有限公司占股10%。山东省××市城市投资建设投资有限公司只参股不扩股，不参与分红，不为项目公司提供任何担保。

综上，本方案中项目资本金为22 000万元人民币，其中山东省××市城市投资建设投资有限公司占股10%，出资金额为2 200万元；社会资本占股90%，出资金额为19 800万元（见表2）。

表2 项目公司股权结构表

股东名称	出资金额（万元）	出资比例	备注
山东省××市城市投资建设投资有限公司	2 200	10%	
社会资本方	19 800	90%	
合计	22 000	100%	

1.1.2 供应商自有资金实力

供应商自有资金实力雄厚，本PPP项目合同签订后，供应商完全有能力按照本项目招标文件、本公司投标文件、签订的PPP项目合同、PPP投资合作协议及国家关于固定资产投资项目资本金制度的相关规定及本合同约定，完成项目公司工商注册并保证供应商方资本金及时足额到位。

（1）截至20××年××月××日，我公司在××银行的××××××××账户银行存款余额为××××元人民币（大写××××××××）。

附：××银行单位存款证明书（见图1）

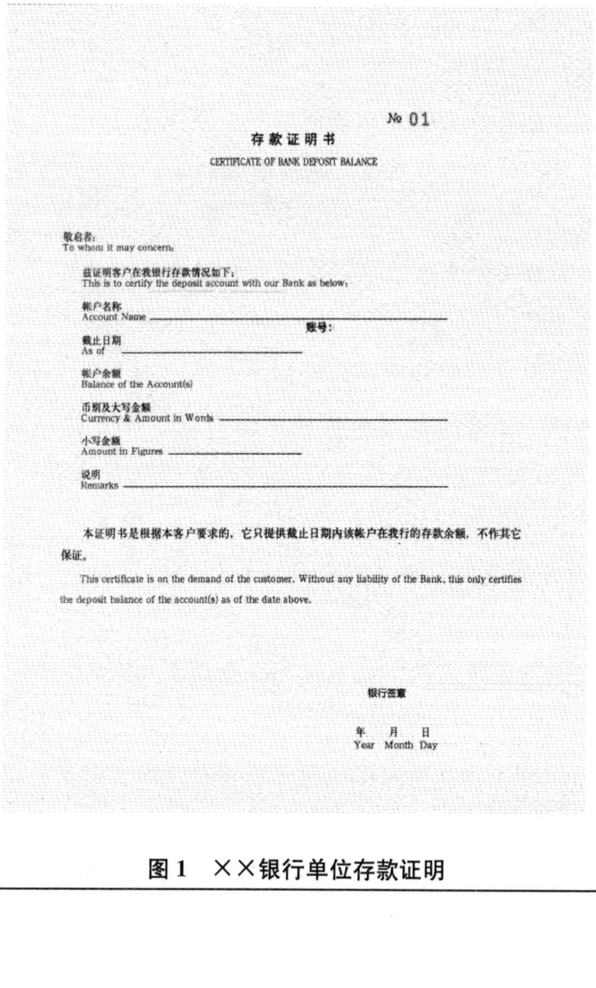
№ 01

存款证明书

CERTIFICATE OF BANK DEPOSIT BALANCE

敬启者:
To whom it may concern:

兹证明客户在我银行存款情况如下:
This is to certify the deposit account with our Bank as below:

帐户名称
Account Name ______

账号:

截止日期
As of ______

帐户余额
Balance of the Account(s)

币别及大写金额
Currency & Amount in Words ______

小写金额
Amount in Figures ______

说明
Remarks ______

本证明书是根据本客户要求的，它只提供截止日期内该帐户在我行的存款余额，不作其它保证。

This certificate is on the demand of the customer. Without any liability of the Bank, this only certifies the deposit balance of the account(s) as of the date above.

银行签章

年 月 日
Year Month Day

图1 ××银行单位存款证明

(2) 经审计的20××年度财务报告显示，我公司货币资金年末余额为××万元，年末所有者权益余额××万元。

附：经审计的20××年度资产负债表（节选）。(略)

(3) 我公司尚未提取的银行授信额度为××万元，可在我公司项目资本金未及时到位时按差额提取。

附：××银行授信额度证明。(略)

综上所述，我公司完全有能力在本PPP项目中标后，按合同约定保证项目资本金的及时到位。

1.2 债务资金融资方案

债务资金主要指项目总投资需要资金扣除项目资本金的部分，此部分资金主要通过债务资金解决。

债务资金融资金额=73 000万元−22 000万元=51 000万元

1.2.1 以项目未来收益权进行融资之方案

债务资金融资规模：51 000万元

预计融资利率：××%

担保措施：项目公司为本项目融资之目的，将其在PPP项目合同项目的各项权益（如政府购买服务的预期收益权、保险受益权等）之上设置的质押或以其他方式设置的担保权益。

还款来源：项目公司未来收益权。本项目采用政府付费机制，包括可用性服务费、运维绩效服务费等。

还款方式：根据政府付费及项目公司资金余额，分年度偿还贷款本金。

所提供融资材料：①将项目列入省级以上财政与社会资本合作PPP项目库，并纳入财政部PPP项目信息管理平台；②政府方将提请人大通过将本项目政府付费纳入本级政府财政预算，并在中长期财政规划中统筹考虑的决议；③政府方同意提供“许可项目公司使用项目未来收益权作为项目融资的质押担保”的证明材料。

附：××银行针对本项目的贷款承诺函（意向函）。(略)

1.2.2 供应商提供担保进行融资之方案

以项目公司为融资主体，供应商为项目公司提供融资担保，或以与上述方案相结合的方式进行融资。

附：供应商××银行未提取银行授信额度证明或担保证明。(略)

1.2.3　供应商提供股东借款或股东贷款之方案

在上述方案未能实现项目公司融资之目的，供应商担保能力较强的情况下，根据项目公司资金需求，供应商提供股东借款或股东贷款。

附：供应商自有资金能力证明、供应商××银行未提取银行授信额度证明、供应商发生股份或债券证明。（略）

1.3　资金筹措应急预案

项目公司资金筹措方案能否实施，是否按时实施，是否足额实施，均会影响本项目资金使用计划，影响本项目的施工进度，影响本项目的建设周期及完工时点，影响最终项目政府可用性付费、运维绩效服务费、使用者付费、可行性缺口补助的付费时间，增加项目公司的资金占用成本，降低项目公司的年化收益率。结合上述项目融资方案，我公司拟订了以下资金筹措应急预案。

（1）本 PPP 项目是否按计划时间列入财政等主管部门 PPP 项目库。若项目未按时间进度入库，可能影响本 PPP 项目公司贷款发放时间及速度。

应急预案：①需要政府相关部门共同配合，共同推进将本项目列入财政等主管部门 PPP 项目库；②若由于上述原因导致项目贷款未按时到位，则项目公司可通过向其他企业或股东拆借资金方式融资。

（2）项目入库后办理贷款，政府方提供相应担保措施或证明文件的进度，可能会影响项目公司贷款业务的办理进度，对项目资金使用产生不利影响。

应急预案：①及时与政府协商，提供本项目融资相应担保措施或证明文件，以利于项目公司融资，包括但不限于：将项目列入省级以上财政与社会资本合作 PPP 项目库，并纳入财政部 PPP 项目信息管理平台；政府方提请人大通过将本项目政府付费纳入本级政府财政预算，并在中长期财政规划中统筹考虑的决议；政府方同意提供“许可项目公司使用项目未来收益权作为项目融资的质押担保”的证明材料。②若由于上述原因导致项目贷款未按时到位，则项目公司可通过向其他企业或股东拆借资金方式融资。

（3）金融机构审批时间较长，短期内影响项目公司正常资金支出计划。

应急预案：可通过股东借款或向其他企业资金拆借等方式在短期内缓解资金使用压力。

2. 收入、成本测算及财务分析

2.1　收入测算

项目收入主要包括：可用性服务费、运营维护费。

2.1.1 可用性服务费

可用性服务费指项目公司对本项目投资、融资、建设而获得的服务费，主要包括项目工程总投资、融资成本、税费及投资回报等。其计算公式如下：

$$\text{当年可用性服务费}=\text{全部建设成本}\times\left(1+\text{合理利润率}\right)\times\left(1+\text{年度折现率}\right)^{n}/\text{财政运营补贴周期}$$

合理利润率最高报价为 8%（含），供应商报价为 7.8%；

年度折现率最高报价为 6.5%（含），供应商报价为 6.3%；

财政运营补贴周期 18 年，全部建设成本，预计为 73 000 万元。

则本项目可用性服务费计算如下（见表 3）：

表 3　　项目公司可用性服务费测算表

年度	全部建设成本（万元）	合理利润率	年度折现率	财政运营补贴周期	$(1+\text{年度折现率})^{n}$	年可用性服务费（万元）
第 1 年	73 000	7.80%	6.30%	17	1.063 0	4 920.69
第 2 年	73 000	7.80%	6.30%	17	1.130 0	5 230.69
第 3 年	73 000	7.80%	6.30%	17	1.201 2	5 560.23
第 4 年	73 000	7.80%	6.30%	17	1.276 8	5 910.52
第 5 年	73 000	7.80%	6.30%	17	1.357 3	6 282.88
第 6 年	73 000	7.80%	6.30%	17	1.442 8	6 678.71
第 7 年	73 000	7.80%	6.30%	17	1.533 7	7 099.46
第 8 年	73 000	7.80%	6.30%	17	1.630 3	7 546.73
第 9 年	73 000	7.80%	6.30%	17	1.733 0	8 022.17
第 10 年	73 000	7.80%	6.30%	17	1.842 2	8 527.57
第 11 年	73 000	7.80%	6.30%	17	1.958 2	9 064.81
第 12 年	73 000	7.80%	6.30%	17	2.081 6	9 635.89
第 13 年	73 000	7.80%	6.30%	17	2.212 8	10 242.95
第 14 年	73 000	7.80%	6.30%	17	2.352 2	10 888.26
第 15 年	73 000	7.80%	6.30%	17	2.500 3	11 574.22
第 16 年	73 000	7.80%	6.30%	17	2.657 9	12 303.39
第 17 年	73 000	7.80%	6.30%	17	2.825 3	13 078.51
小计						42 567.68

综上，本项目可用性服务费总额为 42 567.68 万元。

2.1.2 运营维护费

年度运营维护费最高报价为 500 万元，供应商报价为 480 万元。

运营维护费总额为 480 万元/年×17 年=8 160 万元。

综上，本项目收费总额为50 727.68万元。

2.2　成本费用测算

2.2.1　项目全部建设成本

项目全部建设成本包括工程建设成本、工程建设其他费用（含土地拆迁和安置费）、预备费用、建设期融资成本、项目实施前期费用等，根据项目特点，本项目全部建设成本预计如下：（略）

2.2.2　项目运营维护成本

根据项目公司项目运营维护范围，结合运营维护单价，预计本项目运营维护成本为××万元。（略）

2.2.3　项目公司税费

结合本项目特点，本项目税费测算如下（见表4，具体数据略）：

表4　　单位：万元

序号	项目	合计	建设期第1年	……	运营期第17年
1	经营收入				
2	增值税				
3	城市维护建设税				
4	教育附加费				
5	地方教育附加				
6	印花税				
7	水利基金				
8	房产税				
9	土地使用税				
10	……				
11	企业所得税				
	合计				

2.2.4　项目公司管理费用

管理费用是指项目公司治理层在项目建设期、运营期内发生的各项经营管理费用，主要包括职工薪酬、福利费、社保及公积金、办公费、业务招待费、交通费、车辆费、通信费、办公场所租赁费、培训费等。

结合本项目组织架构及人员配置，项目公司在全生命周期内的行政管理费用预计××万元。

附：项目公司管理费用预计表。（略）

综上，项目公司预计成本费用支出为××万元。

2.3　项目融资测算

根据项目资金使用计划，合理确定了项目资金融资额度、资金成本和到位计划；在项目全生命周期内，测算了项目公司建设期融资利息、运营期融资利息。

2.3.1　债务资金融资额度及计划（略）

2.3.2　项目公司融资利息（略）

2.4　项目财务分析

2.4.1　项目收益率（略）

2.4.2　项目净现值（略）

2.4.3　投资回收期（略）

3. 项目资金到位和使用计划

3.1　项目公司项目施工进度安排

根据投标文件之技术方案拟订的项目施工进度，明确了各项目在建设期内的完工百分比，现整理如下（见表5）：

表5　项目分年度完工百分比

序号	子项目	投资额	建设期第1年	建设期第2年	……
1					
2					
3					
4					

3.2　项目公司付款进度安排

项目公司拟按项目总包施工合同约定、项目施工进度及付款比例计划安排付款。如房建项目封顶后按确定完工产值付80%；按市政道路项目的完工进度计划付款，项目验收合格后预留5%为质量保证金，2年后无质量问题付清等。

根据上述暂估条件，拟订了项目公司建安工程分项目分年度（或季度、月度）支付计划（见表6）。

表6　建安工程分年度付款进度安排

序号	子项目	投资额	建设期第1年	建设期第2年	……
1					
2					
3					
4					

3.3　项目公司资金使用计划

根据项目总投资包含内容，分别拟订了除建安工程外的其他付款计划，包括：工程建设其他费用（含土地拆迁和安置费）、预备费用、建设期融资成本、项目实施前期费用、税费等支出。

按年度汇总项目公司资金支出计划，形成了项目公司资金使用计划。

3.4　项目公司资金到位计划

根据项目公司资金使用计划，分别拟订了项目资本金及债务资金到位计划，具体包括：总融资额度，债务资金分别到位时间及金额。

4. 供应商认为必要的其他内容

根据实际情况，拟订了以下与财务投融资相关的内容：

4.1　项目公司财务管理制度（略）

4.2　项目公司会计核算制度（略）

4.3　项目公司财务档案管理规定（略）

4.4　项目公司财务支出管理规定（略）

4.5　项目公司费用支出报销管理规定（略）

4.6　供应商认为必要的其他内容（略）

19.2　PPP 项目实施方案及财务测算案例解析

19.2.1　PPP 项目概况

19.2.1.1　项目基本情况

项目名称：T 市某公路工程项目（以下简称“本项目”或“项目”）。

项目实施机构：T 市交通局。

项目政府方出资代表：T 市城投集团（T 市政府融资平台）。

项目类型：新建项目。

项目建设地点：T 市。

项目所属领域：交通运输。

19.2.1.2　项目建设内容

T市公路工程PPP项目为交通运输领域捆包项目，主要包含两项子工程。各子工程建设内容如下：

1. 项目1

本项目计划采用单侧拼宽方式将原有的双向两车道二级公路连接线改为双向四车道一级公路连接线。

本项目采用技术标准如表19-7所示。

表19-7　　主要技术指标表一

序号	项目	单位	指标
1	路线里程	km	16.8
2	公路等级	一级公路	
3	设计速度	km/h	100
4	路基宽度	m	24.5
5	行车道宽度	m	2—2×3.75
6	右侧硬路肩宽度	m	1.5/3
7	土路肩宽度	m	0.5
8	中间带宽度	m	4
9	左侧路缘带宽度	m	0.50
10	荷载等级	公路-I级	
11	不设超高圆曲线最小半径	m	2 500
12	最大纵坡	%	1.24
13	最短坡长	m	300
14	凸型竖曲线最小半径	m	8 000
15	凹型竖曲线最小半径	m	10 000
16	地震烈度	VI	
17	设计洪水频率	1/100	

2. 项目2

本项目计划新建一条全长为32公里的二级公路，主要用于连接T市市区与T市某景区。

本项目采用技术标准如表 19-8 所示。

表 19-8　　主要技术指标表二

序号	指标名称	单位	技术标准	备注
1	公路等级		二级公路	
2	计算行车速度	Km/h	80	
3	路基宽度	m	12.0	
4	路面宽度	m	10.5	
5	路面类型		沥青砼	
6	行车道路面横坡	%	1.5	
7	桥涵设计荷载		公路-Ⅰ级	
8	桥涵设计洪水频率			大中 1/100，小 1/50
9	桥涵宽度	m	12.0	与路基同宽
10	地震动峰值加速度	g	小于 0.05	

19.2.1.3　采用 PPP 模式的必要性

1. PPP 模式的优势

（1）平滑政府财政支出，增加公共交通设施供给。市政道路项目前期资本性投入大，通过引入社会资本，可将短期建设支出转化为合作期内的分期支付可用性服务费和运维绩效服务费，有利于平滑财政支付资金压力、加快公共交通基础设施建设。

（2）优化项目风险分配，降低全寿命周期成本，提高公共交通服务效率。本项目施工及运营维护的专业化要求较高，更适合引入专业化的社会资本来负责投资、融资、建设和运营维护。同时，在风险最优分担的约束机制下，社会资本也有足够动力，统筹考虑项目的建设质量和后续运营维护成本，在保障服务质量的前提下切实降低项目全生命周期的成本，提高自身收益水平。

（3）有利于转变政府职能。PPP 模式要求政府在与社会资本合作中“既不越位也不缺位”。一方面，要遵循市场原则和契约精神，切实履行义务、承担相应风险；另一方面，要在加强项目规划、筛选和评估的同时，通过建立和落实基于绩效的考核机制，加强对社会资本的监管，切实保障公共产品和服务质量得到改善，实现物有所值。

2. PPP 模式的可行性

（1）有中央政策的指引。党的十八届三中全会提出“积极发展混合所有制经济”，国有资本、非公有资本等交叉持股、相互融合的混合所有制经济，是基本经济制度的重要实现形式，有利于国有资本放大功能、保值增值、提高竞争力，有利于各种所有制资本取长补短、相互促进、共同发展。在推进城市建设管理创新领域，允许社会资本通过特许经营等方式参与城市基础设施投资和运营。

（2）有国务院的相关规定。2014年10月，国务院发布了《关于加强地方政府性债务管理的意见》（国发〔2014〕43号），该文件再次强调"剥离融资平台公司政府融资职能"，并且首次提出"融资平台公司不得新增政府债务"。面对地方城镇化建设对基础设施建设的需要与国家收紧地方政府债务规模之间的矛盾，该文件给出的解决办法是推广使用政府与社会资本合作模式，鼓励社会资本通过特许经营等方式，参与城市基础设施等有一定收益的公益性事业投资和运营。

（3）符合财政可承受能力的安排。2015年1月1日起施行的《中华人民共和国预算法》要求财政部门实行全口径预算管理并建立跨年度预算平衡机制，也有利于提高政府方的财政支付履约保障能力。

（4）根据所在省财政厅关于组织申报政府和社会资本合作（PPP）项目的通知，本项目充分满足通知对PPP项目的适用条件：

①项目投资额较大，且需求长期稳定。本项目总投资约为6亿元，合作期限拟定为15年，满足PPP项目对投资额和合作期限的要求。

②付费机制完善，本项目如采用PPP模式，项目公司收益采用绩效评价下的政府付费机制，通过政府部门的监管和考核，并依据考核结果，政府对项目的可用性付费、运营维护付费。

目前，全国各地多个市政道路PPP项目都已落地，市政道路施工技术和运营维护理念成熟，PPP模式运作经验丰富。

19.2.1.4 项目前期进展

本项目已列入T市当年政府工作报告，T市政府重点关注本项目的实施。目前，由T市交通局作为实施机构，统筹协调项目前期准备工作、后期采购阶段的相关事宜（社会资本的选择等）以及后期执行阶段的合同签署和监督职责。两项子工程目前已取得可行性研究批复、土地预审意见及环境影响报告书的批复，前期审批手续基本齐全。

19.2.1.5 项目前期论证工作

依据《政府和社会资本合作模式操作指南》（财金〔2015〕113号文件发布）第

八、第九条的规定，拟实施 PPP 模式的项目必须在前期由财政局会同行业主管部门进行物有所值评价工作和财政可承受能力论证工作。通过物有所值评价和财政可承受能力论证的项目，可进行项目准备。

1. 物有所值评价

物有所值评价包括定性评价和定量评价两部分。

（1）物有所值定性评价。定性评价重点关注：与采用政府传统采购模式相比，项目采用政府和社会资本合作模式能否增加供给、优化风险分配、提高运营效率、促进创新和公平竞争等。

（2）物有所值定量评价。物有所值定量评价是在假定采用 PPP 模式与政府传统投资方式产出绩效相同的前提下，通过对 PPP 项目全生命周期内政府方净成本现值（PPP 值）与公共部门比较值（PSC 值）进行比较，判断采用 PPP 模式能否降低项目全生命周期成本。

2. 财政可承受能力论证

（1）财政可承受能力论证依据。本项目财政可承受能力论证依据主要是《政府和社会资本合作模式操作指南（试行）》（财金〔2014〕113 号文件发布）、《政府和社会资本合作项目财政承受能力论证指引》（财金〔2015〕21 号文件发布），根据文件要求形成本项目的财政可承受能力论证报告。

（2）可承受能力论证内容。财政可承受能力论证内容包括责任识别、支出测算、能力评估等。其中，责任识别包括股权投资支出责任识别、运营补贴支出责任识别、风险承担支出责任识别、配套投入支出责任识别等内容。支出测算包括股权投资支出测算、运营补贴支出测算、风险承担支出测算、配套投入支出测算等内容。能力评估内容包括：①财政支出能力评估，是根据 PPP 项目预算支出责任，评估 PPP 项目实施对当前及今后年度财政支出的影响；②行业和领域均衡性评估，是依据 PPP 模式适用的行业和领域范围，结合经济社会发展需要和公众对公共服务的需求，平衡不同行业和领域 PPP 项目，防止某一行业和领域 PPP 项目过于集中。

具体财政可承受能力论证内容参见项目财政可承受能力论证报告。

（3）可承受能力论证结论。根据项目财政可承受能力论证报告，可得出以下结论：“项目在财政可承受能力论评估的定量分析和定性分析论证中，满足 PPP 模式对项目财政可行性的要求，项目可以实现吸收社会资本合作、减少财政压力，提高财政资金使用效率，实现社会资本和政府的双赢。因此，项目通过财政可承受能力论证。”

19.2.2 项目实施初步安排

19.2.2.1 运作方式

根据财金〔2014〕113号文件的表述，项目运作方式主要包括委托运营、管理合同、建设—运营—移交、建设—拥有—运营、转让—运营—移交和改建—运营—移交等。本项目属于非经营性项目，没有收益来源；项目属性为新建项目，选择的社会资本方须负责项目的建设、运营、移交等工作。依据上述运作方式介绍，结合本项目自身特点，本项目拟采用BOT运作模式。

19.2.2.2 合作期限

财金〔2014〕113号文件中指出，BOT运作模式期限为20～30年。因为考虑到本项目没有收益来源，纯靠政府补贴来满足项目公司收回成本及获得合理利润，所以时间越长，政府补贴越高。

考虑本项目特点、项目道路工程沥青路面使用年限设计标准、财政收支情况等，本项目协议期设置为15年，自PPP项目协议生效日起计算。项目协议期包括建设期和运营维护期，其中运营维护期为13年，运营维护期自完成项目建设经验收合格交付使用之日起计算。

19.2.2.3 投融资方案

1. 投融资结构

T市公路工程项目总投资为6亿元，依据《国务院关于调整固定资产投资项目资本金比例的通知》（国发〔2009〕27号）、《国务院关于调整和完善固定资产投资项目资本金制度的通知》（国发〔2015〕51号）等文件，社会资本方或政府和社会资本方共同出资占PPP项目总投资的20%～40%，此类项目资本金占项目总投资的最低比例为20%；不同的投资人的资信和融资能力不同，根据T市已实施PPP项目的经验，结合目前的融资环境，本项目的资本金占比在20%～30%比较适宜推进项目后续的建设和运营，暂按 20%确定。

本项目总投资 6 亿元，其中资本金 1.2 亿元，占总投资的 20%，银行及其他渠道贷款总额 4.8 亿元，占比 80%。

2. 股权结构

股权结构是指项目公司资本金中政府和社会资本方的出资比例。本项目中，政府方代表出资 1 200 万元，占股 10%；社会资本方出资 10 800 万元，占股 90%。

3. 项目公司的设立

本项目拟设立项目公司，项目公司成立注册资金以及股权结构依上所述。项目公司应为有限责任公司，注册地为 T 市，经营范围应为负责本项目的融资、建设、运营维护与移交。

4. 资产的形成和权属

本方案中建议资产权属方为政府，以保障项目的公益性。项目公司后期可以通过预期收益权抵押或其他方式进行融资贷款。

项目公司虽然不能通过抵押项目资产获得融资，但可通过收益权抵押、收益权资产证券化等方式进行融资。《证券公司及基金管理公司子公司资产证券化业务管理规定》（中国证券监督管理委员会公告〔2014〕49 号发布）提出，“基础资产可以是企业应收款、租赁债权、信贷资产、信托受益权等财产权利，基础设施、商业物业等不动产财产或不动产收益权，以及中国证监会认可的其他财产或财产权利”。可以预见，未来 PPP 项目资产收益权的资产证券化将有很大的发展空间。

19.2.2.4　项目回报机制与绩效考核

1. 项目回报机制

项目回报机制主要说明社会资本取得投资回报的资金来源，包括使用者付费、可行性缺口补助和政府付费等支付方式。

本项目属于不具有向最终用户收费机制的公路工程。

社会资本在项目中投入的资本性支出和运营维护成本宜采用政府付费的回报机制，并通过建设期和运营期绩效考核机制的设定，向项目公司支付可用性费用和运维绩效费用。

2. 项目绩效考核

本项目绩效考核包含建设期绩效考核与运营期绩效考核，由T市交通局会同各行业主管部门或委托第三方机构设置考核标准与方法，编制绩效考核方案，对项目组织年度/季度及临时绩效考核，形成绩效考核年度/季度报告，政府部门依据绩效考核结果进行费用的支付。

本项目中政府所应付的费用主要分为两个部分，即可用性服务付费与运维服务付费。在项目建设、运维期间通过相对应的考核方案进行考核评分，形成考核结果，并依据考核结果在项目运营期间进行可用性服务费、运维服务费用的支付。

建设期绩效考核评分结果将与本项目运营期间可用性服务费的支付挂钩，主要考核项目的建设成果是否达到PPP合同所约定的可用性标准；运营期绩效考核评分结果将与本项目运维绩效服务费的支付挂钩，主要考核项目运营期内，项目公司对道路的维护及项目公司自身运营状况是否达到PPP合同、行业主管部门及服务接受者的要求。

绩效考核方式：本项目绩效考核方式分为季度/年度考核以及日常考核（临时考核），T市交通局及行业主管部门通过上述考核方式形成年度/季度考核结果，并将结果报到财政局，作为年度/季度付费依据。

19.2.2.5 项目调价机制

1. 可用性服务费的调整

可用性服务费以项目建设总投资（总投资中包含建设期利息）为基础，后期中标价为基准。

2. 运营维护费的调整

PPP模式合作期较长，后期消费物价指数、劳动力市场指数等因素的变化将导致运维成本费用发生变化，从而影响项目公司的收益。为保障社会资本有合理的投资回报，避免损害公众利益，本方案中暂定调整机制如下：

(1) 项目1工程第一年运维成本以中标运维成本为基准，且运营成本每年按2%

递增，以保障项目公司收益。

(2) 项目2工程第一年运维成本以中标运维成本为基准，运营成本每年按3%递增，以保障项目公司收益。

运维费用的调整方式暂按以上描述为参照，后期以PPP项目合同约定为准。

19.2.2.6 相关配套安排

1. 实施机构授权

实施机构需获得T市政府授权。根据《中华人民共和国政府采购法》第十四条、《政府和社会资本合作项目政府采购管理办法》(财库〔2014〕215号文件发布) 第六条、《政府和社会资本合作模式操作指南 (试行)》等，建议T市交通局作为本项目的实施机构，T市人民政府作为项目授权主体提供授权文件。对于政府方进入项目公司作为股东的指定机构，目前T市人民政府暂定由T市城投集团 (政府融资平台) 作为政府方出资代表。

2. 土地使用

本项目中的土地由交通局负责取得。

目前，实践中PPP项目用地的取得方式主要有三种：划拨土地使用权、出让土地使用权和政府将土地无偿提供给项目公司使用。政府方基于可用性及基于绩效的付费水平，考虑协调项目公司拥有相应的划拨土地使用权或无偿提供本项目用地以供项目公司使用。此处分析仅做参考：如果社会资本拥有本项目划拨土地使用权 (对应地，项目公司拥有相应的项目资产或设施的所有权)，则政府方应协助国土管理部门向项目公司提供本项目划拨土地使用权；如果项目公司认为仅需政府方确保其享有土地使用权的权利，则政府应确保项目公司有权无偿使用该宗土地。具体土地使用方式以后期PPP项目合同约定为准。

3. 水电等配套措施

项目建设期间所需的使用土地、进场道路、水、电等基础设施，以及项目运营维护期间涉及的交通、排水、路灯、电力、园林绿化、供水、通信等，由T市交通局相关部门根据职责范围给予协助。

19.2.3 风险分担机制

19.2.3.1 风险因素识别

PPP 项目的风险来源于法律、法规及政策变化，工程方案、融资方案、组织管理、环境与社会、外部配套条件等一个或几个方面的共同影响。项目风险贯穿项目设计、建设、生产和运营的全过程。

本项目为新建项目，采用 BOT 模式进行项目的建设运营等工作。通过对本 PPP 项目每个阶段潜在的项目风险进行梳理识别，在项目全生命周期内分别存在以下风险：

1. 政府性风险

PPP 项目主要是公共服务领域，而政府是公共利益的代言人，因此政府性风险是 PPP 项目面临的重要风险。政府性风险主要包括政治风险、法律法规风险、政策风险、行政决策风险、政府信用风险等。

2. 组织管理风险

PPP 项目的主要特征是政府方和社会资本方合作，二者的具体合作方式、组织结构、管理制度等对于项目的执行运作具有核心作用。PPP 模式还涉及金融机构、保险机构、咨询评估单位等众多机构，运作过程涉及项目准备、投融资、建设、运营维护、移交等众多复杂的操作流程。因此，项目的组织管理风险也是 PPP 项目所面临的主要风险。

组织管理风险主要包括组织机构风险、组织机构决策风险、管理风险、组织协调风险（包括外部协调和内部协作风险）等。

3. 融资风险

项目总投资规模大是 PPP 项目的典型特征，在项目实际操作过程中需要进行巨额融资以保证项目的正常进行。因此，项目融资过程中所面临的各种风险均可能导致项目融资失败，进而影响项目的正常进行。

融资风险通常由融资结构不合理、金融市场不健全、融资的可及性等因素导致，其中最主要的表现形式是资金筹措风险，另外还有融资成本的变动风险、融资过程中的金融风险。

4. 建设风险

主要指项目建设实施中面临的风险，按照项目实施程序，所面临的主要风险包括：建设成本超支风险、技术风险、工期延误风险、完工风险、工程质量风险。

5. 运营风险

运营风险主要指项目公司在项目运营阶段，由于运营服务质量、收益不足、配套设备服务提供、市场需求变化、服务收费变更等原因所导致的风险。PPP 项目的核心就是项目的运营，因为只有运营阶段才能获得项目收益，才能提供公共服务，才能偿还债务获取投资收益。

因此，PPP 项目运营所面临的风险是项目正常运营所必须解决的问题。本项目的运营风险具体包括运营服务质量风险、运营维护成本超支风险、支付风险等。

6. 移交风险

移交风险主要是残值风险。PPP 项目是公共部门与私人共同修建，建成后由私营机构特许经营一段时间，特许经营期满后把项目完好地移交给政府的过程。移交项目时，项目/设备的完好程度（或磨损程度）往往是一个未知数，可能会发生因私营机构在特许经营期内维护不善、过度使用造成的项目/设备磨损度大、完好程度欠佳的情况。所以 PPP 模式下的准经营性基础设施项目比普通工程项目更多地面临特有的移交后项目/设备状况风险。

7. 不可抗力风险

不可抗力风险指合同一方无法控制，在签订合同前无法合理防范，情况发生时，又无法回避或克服的风险。不可抗力风险通常分为两类：一类是由自然因素导致的不可抗力风险，即自然不可抗力风险，如地震、洪水、山体滑坡、泥石流、地面沉降等地质灾害和恶劣的气候环境等不可控制的因素导致施工与运营无法正常进行；另一类是因非自然因素导致的不可抗力风险，即社会不可抗力风险，如突发战争、疾病、暴乱、罢工等事件发生导致本项目失败或收益大幅减少的风险。

19.2.3.2 风险分担机制说明

结合本项目投融资结构及项目自身特点，本项目风险分担机制见表19-9。

表19-9　　　　　　　　　　风险分担机制表

风险类型			风险说明	风险分担			
风险因素				政府方承担	项目公司承担	双方共同承担	其他
政府性风险	政治风险			√			
政府性风险	法律法规风险			√			
政府性风险	政策风险			√			
政府性风险	政策风险	环保风险	环保要求提高			√	
政府性风险	政策风险	环保风险	由项目公司管理不善导致		√		
政府性风险	行政决策风险			√			
政府性风险	审批延误风险			√			
政府性风险	政府信用风险			√			
组织管理风险	组织机构风险				√		
组织管理风险	组织机构决策风险				√		
组织管理风险	管理风险				√		
组织管理风险	组织协调风险		政府方负责协调	√			
组织管理风险	组织协调风险		非政府方负责协调		√		
融资风险	融资风险				√		
融资风险	融资成本变动风险				√		
融资风险	融资过程中的金融风险				√		
建设风险	建设成本超支风险				√		
建设风险	技术风险				√		
建设风险	工程质量风险				√		
建设风险	工期延误风险				√		
建设风险	完工风险				√		
运营风险	运营服务质量风险	设施技术缺陷	政府方造成	√			
运营风险	运营服务质量风险	设施技术缺陷	非政府方造成		√		
运营风险	运营服务质量风险	服务质量不达标			√		
运营风险	运营服务质量风险	安全管理			√		
运营风险	运营维护成本超支风险				√		
运营风险	支付风险		政府费用支付	√			
移交风险	残值风险		移交设备达不到移交标准		√		
不可抗力风险	自然不可抗力风险					√	
不可抗力风险	社会不可抗力风险					√	

19.2.3.3　风险应对措施

1. 政府性风险

应对此类风险时主要考虑政策、法律风险中的环保政策变化引起的风险。本项目可以在合同中明确要求项目公司在项目的建设、运营和维护中应遵守环境保护法律法规的相关规定。因环保问题所造成的损害、损失以及费用支出，根据归责原则，由过错方作出相应的赔偿。如果因更严格的环境保护法规的颁布而导致项目建设成本增加、工期延误等损失，由双方在合同中约定分担比例并依据比例承担损失。

2. 组织管理风险

应对此类风险的措施是：项目公司在构建组织机构时，按照公司法法律法规等要求操作，并及时进行内部沟通。其中，组织协调风险由各自承担方负责，另一方给予必要协助以保证风险发生概率降到最低。

3. 融资风险

此类风险主要包含三种：融资风险、融资成本变动风险及金融风险。对于融资风险，建议在选定中标者之前，由投资人制定合理的资金筹集与使用计划，并提前明确项目的资金来源，待选定中标者之后，政府与选中的社会资本方草签特许权协议，选中的社会资本方需凭草签的合同在规定的融资期限内完成融资或得到金融机构明确的融资保证，合同方可正式生效，否则将会被取消资格。融资成本变动风险及金融风险由项目公司承担，建议在选择融资来源时谨慎对待。

4. 建设风险

此类风险主要由项目公司承担，建议项目公司采用先进成熟的技术，并按照项目合同约定的相关规范与标准执行。工程监理公司及时监督，确保工程保质保量及时完工。

5. 运营风险

此类风险的应对机制是组建有经验、有技术的运营管理团队，进而提升服务水平、提高运营效率，尽可能地降低运营成本，可同时设置一定的备用资本金来减轻此类风险带来的损失。

6. 移交风险

此类风险的应对措施主要是：双方在合同中约定合作期满项目移交时本项目的基础设施所应达到的一个最低标准，以及项目在运营期间的相关资料的齐全程度。

7. 不可抗力风险

此类风险的应对措施主要是：在合同中对不可抗力事件做出明确定义，明确发生不可抗力事件之后的应对措施，各方共同分担；对能够转移的不可抗力风险要尽量转移，不能转移的部分要进行风险控制以降低风险（如准备不可预见费）。

19.2.4 合同体系

19.2.4.1 项目合同体系

本项目合同结构下，具体包括PPP项目合同、股东协议以及其他与第三方签署的相关协议等。

（1）PPP项目合同：由T市交通局与中选社会资本方签订，待政府出资代表（T市城投集团）与中选社会资本方组建的项目公司成立后，交通局与项目公司签订补充合同，由项目公司承继社会资本方的权利义务。

（2）股东协议：由项目公司各股东共同签订，目的在于成立项目公司，约定股东之间的股权比例、权利义务划分等事项。

（3）其他合同：包括融资合同（由项目公司与金融机构签订）、保险合同（由项目公司与保险公司签订）、施工承包合同（由项目公司与施工方签订）、运营服务合同（由项目公司与运营商签订）等。

19.2.4.2 项目合同主要条款

1. 权利义务

本项目合作期内，T市交通局通过签订PPP项目合同，将T市道路工程项目的经营权授予项目公司。合作期内，项目公司所享有的经营权是指：T市交通局授予项目公司在合作期内对本项目投资、融资、建设、运营维护及移交项目设施的权利以及获取政府付费的权利。合作期满，项目公司应当将项目无偿移交给政府方或其指定机构，并保证设施完好，无债务，未设置担保。

合作期内，政府方与项目公司的权利义务初步设计如下：

（1）政府方的权利。

①可在项目全生命周期内对项目公司的建设、运营与维护进行监督；

②可在项目公司绩效考核不达标的情况下，依据PPP项目合同的约定扣减相应付费金额；

③可在项目公司违约的情形下，依据PPP项目合同的约定要求项目公司支付违约金；

④可依据PPP合同的约定，获得关于项目公司运营成本、运营情况的报告；

⑤项目合同约定的其他权利。

（2）政府方的义务。

①根据PPP项目合同的约定向项目公司支付可用性服务费和运营维护费；

②在合作期内，协助项目公司办理有关政府部门所要求的批准和保持批准有效；

③在合作期内，对项目的建设、运营维护以及项目设施的更新、维修等予以配合，并提供必要的支持条件；

④按PPP项目合同的约定承担政府方可控的法律变更等应由政府方承担的风险；

⑤项目合同约定的其他权利。

（3）项目公司的权利。

①可在合作期内独家、排他性地享有本项目的经营权；

②可依据PPP项目合同的约定获取政府付费；

③可在政府方违约的情形下，依据PPP项目合同的约定要求政府方支付违约金；

④项目合同约定的其他权利。

（4）项目公司的义务。

①在建设期内，保证项目按照PPP项目合同所约定的质量标准和进度安排完成项目施工；

②在运营期内，保证按照适用法律、项目合同的要求对项目范围内的公路进行维修与养护；

③在运营期内，科学合理地制定年度运营计划，按时制定年度运营报告等各项文件，必要时提交政府方备案；

④按照适用法律法规及相关政策缴纳有关税费；

⑤按照项目合同的约定购买保险；

⑥未经政府方的书面同意，项目公司不得擅自解散；

⑦项目合同约定的其他义务。

2. 合作期限

本项目合作期为15年，其中建设期2年（自开工日起计算），运营期13年（自开始运营日起计算）。项目合作期在特定事由下可以顺延，但应当提交书面证明材料并经双方认可。延期事由包括但不限于：（1）因政府方违约导致项目公司延误履行其义务；（2）因发生政府方应承担的风险导致项目公司延误履行其义务；（3）经双方合意且在合同中约定的其他事由。项目公司应当保证项目的按时开工与竣工，保证项目在合同约定的时间内进入运营期。如由项目公司自身原因导致延误，将承担相应的违约责任。

3. 回报机制

项目公司在运营期内负责项目范围内公路的维修和养护，并按PPP项目合同的约定获取政府付费。支付方式为：（1）自开始运营日起，项目公司每季度/年度向T市交通局提交付款通知书，并附当季度/年度运营成本报告及证明文件；（2）T市交通局收到付款通知书及其附件后进行审核，并根据当季度/年度绩效考核评分结果，核算支付金额；（3）T市交通局将付款通知书及其附件，以及绩效考核评分结果一并报送T市财政局，由财政局向项目公司付费。本项目的政府付费应当列入财政预算。

4. 项目公司的股权转让限制

PPP项目合作期内，为保证基础设施和公共服务项目的正常运行，政府方一般会在一定时间内限制通过规范程序采购的中选社会资本的股权转让行为，促使其在相应期限内发挥自身专长及优势，对项目公司进行有效的管理。基于上述考虑，本项目设置3年（暂定）的股权锁定期，自合同生效之日起3年内，项目公司的股东不得转让其在项目公司中的全部或部分股权，除非应法律要求，由司法机关裁定和执行。

5. 项目公司的股东退出机制

股权锁定期届满，股东满足下列条件的，可以进行股权转让：（1）股东向政府方提出申请；（2）项目运营正常；（3）受让方应当具备符合项目要求的履约能力及资格、受让方须继承转让方相应的权利义务；（4）PPP 项目合同约定的其他条件。

项目公司股东可以通过上述方式实现投资的退出，也可以在股权变更锁定期届满后，满足 PPP 合同约定的前提下，通过资本市场方式实现退出，如公开上市、发行债券、资产证券化等。

6. 履约担保

本项目 PPP 合同项下涉及的履约担保主要包括建设期履约保函、维护保函和移交保函。履约保函的数额不超过项目总投资的 10%。项目公司应当按照 PPP 项目合同约定的格式、金额及时限，及时足额提交保函。在合作期内，如果项目公司未能履行 PPP 项目合同中约定的义务，政府方有权兑取履约保函或保证金项下的相应数额。

7. 合同的终止

本项目 PPP 合同终止的情形包括：（1）合作期限届满，合同自动终止。此种情况下的资产移交与处置按照 PPP 合同关于项目移交的约定执行。（2）合同的提前终止。PPP 项目合同中将约定合同双方主体有权发出提前终止意向通知的情形，如：违约情形持续至合理改正期届满而仍未采取补救措施的、不可抗力事件发生 180 天（暂定）仍未消除致使合同无法履行的、双方一致同意提前终止的，等等。在提前终止意向通知发出后，将设立一定的协商期。协商期限届满前，双方另外达成一致或采取措施纠正终止事项的，终止意向通知应立即自动失效。协商期限届满，双方未另外达成一致，或终止事项未纠正的，一方有权发出终止通知。本合同终止后，双方在本合同项下不再有进一步的义务，但应当履行相应的移交、赔偿、补偿等责任。

8. 项目的移交

项目合作期限结束或项目合同提前终止后，项目公司应当按合同约定将全部项目设施及相关权益无偿移交给政府方或其指定单位。政府需要对项目进行重新采购或自行运营的，项目公司必须尽可能减少移交对公共产品或服务供给的影响，确保项目持续运营。

政府方与项目公司应当于合同约定的期限内（暂定为 12 个月）各自派员组成移交委员会，并在移交前一定期限内（暂定为 6 个月）会谈并商定项目移交资产清单及项目移交的详细程序，签订相关协议。移交范围除包括项目设施外，还应包括项目设备等其他动产、项目实施相关人员、运维项目设施所要求的技术和技术信息等等。移交时，项目设施、土地及所涉及的任何资产应不存在权利瑕疵，其上未设置任何担保及其他第三人的权利。移交相关的资产过户和合同转让等手续应当由项目公司负责。由移交手续产生的相关费用由项目公司承担。

19.2.5 监管架构

19.2.5.1 监管机构

本项目监管方由T市人民政府、T市交通局以及行业主管部门（环保局）、T市财政局组成。

19.2.5.2 监管目标

明确监管目标是确保监管活动成功实施的前提。从政府角度来讲，监管的最终目标是项目社会效益和公众利益得到保障。具体到PPP项目的各个环节，政府监管部门需要根据行政职责和项目特色建立具体的监管目标。

19.2.5.3 监管内容

由T市交通局作为签约主体依据PPP项目合同对项目公司实施合同监管；由财政局等项目涉及的其他政府部门协同进行行政监管。政府在履行监管职能时，可委托第三方监管机构对项目公司履行情况进行监督或中期评估。

1. 合同履约监管

（1）项目实施机构（T市交通局）和财政部门应监督政府指定出资机构（T市城投集团）和中标社会资本按照采购文件和项目合同约定，按时、足额出资设立项目公司。

（2）项目实施机构（T市交通局）和财政部门应监督管理社会资本方或项目公司及时开展融资方案设计、机构接洽、合同签订和融资交割等工作，防止企业债务向政府转移。

（3）项目实施机构（T 市交通局）应根据 PPP 项目合同约定，监督社会资本方或项目公司履行合同义务，定期监测项目产出绩效指标，编制季报和年报，并报财政部门备案。

（4）项目实施机构（T 市交通局）应对项目进行中期评估，重点分析项目运行状况和项目合同的合规性、适应性和合理性；及时评估以发现问题的风险，制定应对措施，并报发改、财政等政府部门备案。

2. 前期工作、准备工作监管

前期工作、准备工作包括项目可行性研究、环评、节能、稳评、设计，以及开工条件是否落实等。

（1）项目审批环节监管。项目审批环节主要是指项目的可行性研究、环评、节能、稳评等审批阶段，监管的重点是对项目的审批程序进行监督、评议，保障项目严格按照程序实施。

（2）项目设计监管。项目设计监管是指对设计单位和参与人员的能力、设计内容、标准、技术参数、深度、进度及初设概算进行全面监督和评议，以确保项目设计能够满足施工的需要。

（3）项目开工条件的监管。开工条件是指项目开工建设必须具备的内、外部条件。开工条件监管包括对开工前用地批准手续、规划许可、水电气供应等条件进行监管。

3. 项目建设过程监管

项目建设过程监管是指对项目从建设到完工的全过程监管。建设期间的监管包括对项目的资金到位控制、质量控制、工程进度控制。

（1）工程进度控制。工程进度控制监管的主要任务是：监管编制施工总进度计划和执行情况；监管施工年、季、月实施计划和执行情况。

（2）质量控制监管。为了实现项目质量目标，由政府部门对质量管理的程序、环节、步骤等进行抽查，并对重点部位进行必要核定，以确保工程质量控制符合规范要求。

（3）资金监管。主要包括政府对资金的来源及落实、债权人的基本情况等的监管，以及财政局对项目施工图结算、决算审计的监管。

4. 项目运维过程监管

项目投入运营后，项目实施机构应对项目公司的运营进行全程监督，加强公共服务质量和价格（运维费用）的监管，根据PPP项目合同约定，监督项目公司履行合同义务，定期监测项目产出、服务质量绩效指标，并要求项目公司披露项目产出的数量和质量、项目经营状况等信息，确保项目产出符合行业技术标准或服务技术规范和PPP项目合同的约定标准。

项目实施机构应建立对项目公司运营成本的定期审查制度，加强成本监审，并要求项目公司按期提交经审计的年度财务报表。

在项目公司根据PPP项目合同的约定提出价格（运维费用）调整申请后，项目实施机构（T市交通局）应组织相关部门或委托第三方机构将绩效评价结果作为重要依据，并对项目公司的申请进行核定和报批。

项目实施机构（T市交通局）还应监督项目公司完善和落实各类应急预案，在发生危及或可能危及公共利益、公共安全等紧急情况时，政府可采取应急管制措施。

5. 项目移交工作监管

项目合作期届满前12个月开始，项目实施机构按有关法律法规对项目公司全面审计，做好移交准备；届满前6个月开始，项目公司应负责解除和清偿项目公司所有债务、留置权、质押权，政府不承担任何责任。

19.2.5.4 监管手段

1. 政府持股

为了保证政府对PPP项目信息的知情权，政府持有项目公司一定股份以保证政府既能及时了解项目信息的前提，又不干预项目的正常运作。但是，政府与项目公司签订的合同中应有明确条款强调政府持股应享有的权利。

2. 建立独立监管组织

由于PPP项目公司合作涉及政府公共项目管理体制及运行机制的创新与改革，为了提高管理效率，可以借鉴已有的PPP模式，设立综合性独立监管组织，监管组织的成员包括公共事业部门工作人员，社会知名技术、经济、法律专家等，并保证监管组织的独立性。

3. 设立社会监管体系

设立社会监管体系的常见方法：一是建立公共投诉及建议平台；二是加强信息公示。项目实施机构应将项目合同在指定媒体上公告，除法律明文规定可以不予公开信息外（如涉及国家安全和利益的国家秘密），其他的信息均依据项目公司和政府方的合同约定予以公开披露。

19.2.6　合作伙伴的选择

19.2.6.1　合作伙伴选择方式

根据《政府和社会资本合作模式操作指南（试行）》《政府采购竞争性磋商采购方式管理暂行办法》和《关于印发政府和社会资本合作项目政府采购管理办法的通知》（财库〔2014〕215 号文件发布）的规定，PPP 项目采购应根据《政府采购法》及相关规章制度执行。

根据上述规章制度，PPP 项目采购一般采用以下五种方式：

1. 公开招标

公开招标方式主要适用于采购需求中核心边界条件和技术经济参数明确、完整，符合国家法律法规及政府采购政策，且采购过程中不作更改的项目。

2. 邀请招标

邀请招标方式主要适用于以下情形：

（1）项目具有特殊性，只能从有限范围的供应商处采购的；

（2）采用公开招标方式的费用占政府采购项目总价值的比例过大的。

3. 竞争性谈判

竞争性谈判方式主要适用于以下情形：

（1）招标后没有供应商投标或者没有合格标的或者重新招标未能成立的；

（2）技术复杂或性质特殊，不能确定详细规格或者具体要求的；

（3）由于采购人不可预见的原因或者非因采购人拖延导致的采用招标所需时间不能满足用户紧急需要的；

（4）因专利、专有技术，或者服务的时间、数量事先不能确定等导致不能事先计算出价格总额的。

4. 竞争性磋商

《政府采购竞争性磋商采购方式管理暂行办法》规定，拟采用竞争性磋商采购方式的，采购人应当在采购活动开始前，报经主管预算单位同意后，依法向设区的市、自治州以上人民政府财政部门申请批准。

获得项目采购任务批准书后，采购人、采购代理机构应当按照政府采购法和该办法的规定组织开展竞争性磋商。

19.2.6.2 竞争性磋商程序

根据《政府采购法》等法规对采购方式的规定，本项目拟采取竞争性磋商的方式选择社会资本方。

1. 资格预审

根据《政府和社会资本合作项目政府采购管理办法》，本项目应当采用资格预审方式，提交资格预审申请文件的时间自公告发布之日起不得少于15个工作日。

（1）项目实施机构根据项目需要准备资格预审文件（预审公告包括：项目授权主体、项目实施机构和项目名称、采购需求、对社会资本的资格要求、允许联合体参与采购活动、拟确定参与竞争的合格社会资本方的家数和确定方法，以及社会资本提交资格预审申请文件的地点和截止时间）。

（2）项目实施机构在省级（含省级）以上人民政府财政部门指定的媒体上发布发布资格预审公告，邀请社会资本方和与其合作的金融机构参与资格预审。

2. 竞争性磋商实施

（1）磋商文件编制。项目采购文件应当包括采购邀请，竞争者须知（包括密封、签署、盖章要求等），竞争者应当提供的资格、资信及业绩证明文件，采购方式，项目相关审批文件，采购程序，响应文件编制要求，提交响应文件截止时间，开启时间及地点，保证金交纳数额和形式，评审方法，评审标准，政府采购政策要求，PPP 项目协议草案及其他法律文本，采购结果确认谈判中项目合同可变的细节以及评审小组根据与社会资本方谈判情况可能实质性变动的内容，以及采购需求中的技术、服务要求和项目合同草案条款等内容。项目采购文件中还应当明确：项目合同必须报请本级人民政府审核同意，在获得同意前项目合同不得生效。

（2）发售竞争性磋商文件、接受报名。项目实施方审核通过磋商文件，公开发布竞争性磋商公告，并向所有潜在投标人发售竞争性磋商文件；接受投标人递交的响应文件。

（3）响应文件评审。项目实施机构应按照采购文件规定组织响应文件的接收和开启。评审小组对响应文件进行两阶段评审。

第一阶段，确定最终采购需求方案。磋商小组可与社会资本方进行多轮谈判。

第二阶段，综合评分。经磋商确定最终采购需求和提交最后报价的社会资本方后，由磋商小组采用综合评分法对提交最后报价的社会资本方的响应文件和最后报价进行综合评分。

磋商小组应当根据综合评分情况，按照评审得分由高到低顺序推荐 3 名成交候选社会资本方，并编写评审报告。评审得分相同的，按照最后报价由低到高的顺序推荐。

（4）确定候选人以及公示公告。采购人应当在收到评审报告后 5 个工作日内，从评审报告提出的成交候选人中，根据质量和服务均能满足采购文件实质性响应要求且报价最低的原则确定成交社会资本方，也可以书面授权磋商小组直接确定成交社会资本方。采购人逾期未确定成交社会资本方且不提出异议的，视为确定评审报告提出的最后报价最低的社会资本方为成交社会资本方。

采购人或者采购代理机构应当在成交社会资本方确定后 2 个工作日内，在省级以上财政部门指定的政府采购信息发布媒体上公告成交结果，同时向成交社会资本方发出成交通知书，并将磋商文件随成交结果同时公告。成交结果公告应当包括以下内容：采购人和采购代理机构的名称、地址和联系方式；项目名称和项目编号；成交社会资本方名称、地址和成交金额；主要成交标的的名称、单价、服务要求。

（5）签署合同。采购人与成交社会资本方应当在成交通知书发出之日起 30 日内，按照磋商文件确定的合同文本签订 PPP 项目合同。

采购人不得向成交社会资本方提出超出磋商文件以外的任何要求作为签订合同的条件，不得与成交社会资本方订立背离磋商文件确定的合同文本以及实质性内容的协议。

19.2.7 财务测算[1]

19.2.7.1 测算依据

财务评价是在国家现行会计制度、税收法规和价格体系下进行的。本项目财务评价按现行的企业会计准则和税务的有关规定进行。评价方法参考国家发展改革委和建设部联合颁发的《建设项目经济评价方法与参数（第三版）》（发改投资〔2006〕1325 号）进行。

本项目已完成项目前期的可行性研究报告，处于准备阶段。相关基础数据依据《项目 1 工程可行性研究报告》《项目 2 工程可行性研究报告》。

19.2.7.2 核心边界条件

1. PPP 合作期限

根据《关于进一步做好 PPP 项目示范工作的通知》（财金〔2015〕57 号）的规定，“政府和社会资本合作期限原则上不低于 10 年”；《政府和社会资本合作模式操作指南（试行）》中指出，BOT 运作模式期限为 20～30 年。

结合本项目的实际情况，暂将 PPP 合作期限设计为 15 年，其中建设期 2 年，运营期 13 年。

2. 投融资结构及还本付息计划

拟由政府方出资代表和中标社会资本方共同组建 PPP 项目公司。项目资本金占比暂设计为总投资额的 20%，其中政府方占股 10%，社会资本方占股 90%；剩余 80%由项目公司通过银行贷款、发行债券等其他方式解决。

PPP 项目公司贷款年限初步设计为 15 年，宽限期暂定为 2 年（即建设期，为便于计算本次假设宽限期较长，但对经济分析结论影响不大，且建设期内仅计息，运营期开始还本付息），还款期为 13 年，还款方式为等额本息，详情附表 19-10。

---

〔1〕 为维护企业数据安全，对本章节部分数据（金额、税率）、名称、文件名等进行了修饰和改变，请读者在阅读中谨记，个别数据可能与真实情况或相关文件不符，请予谅解。

表 19-10　　运营成本表

运营期	项目1				项目2			
	日常养护费(1)	管理费用(2)	大中修费用(3)	运营成本(1+2+3)	日常养护费(4)	管理费用(5)	大中修费用(6)	运营成本(4+5+6)
第3年								
第4年								
第5年								
第6年								
第7年								
第8年								
第9年								
第10年								
第11年								
第12年								
第13年								
第14年								
第15年								

结合项目建设期资金需求进度，设计投融资计划表如下（见表19-11），本融资结构仅供参考，融资贷款及利息将按照实际情况在合同中约定。

表 19-11　　投资计划与资金筹措表　　金额单位：万元

序号	名称	合计	建设期（期初）	
			第1年	第2年
	建设投入比例	100%	60.00%	40.00%
1	总投资	59 411.79	34 832.60	24 579.19
1.1	建设投资	55 897.59	33 538.55	22 359.04
1.2	建设期利息（期末）	3 514.20	1 294.05	2 220.15
1.3	铺底流动资金	0.00		0.00
2	资金筹措	59 411.79	34 832.60	24 579.19
2.1	资本金（20%）	11 882.36	7 129.41	4 752.95
2.1.1	政府（10%）	1 188.24	712.94	475.30
2.1.2	社会资本（90%）	10 694.12	6 416.47	4 277.65
2.2	PPP项目公司借款（80%）（i=4.9%）	47 529.43	27 703.19	19 826.24
2.2.1	用于建设投资	44 015.23	26 409.14	17 606.09
2.2.2	用于建设期利息	3 514.20	1 294.05	2 220.15

3. 合理回报率

本项目资本金占总投资20%，借款占80%。

资本金成本以债券收益加风险溢价法计算。所在省 2016 年最新十年期地方政府债券利率为 3.29%，权益资本成本以此为基准加上风险溢价，风险溢价暂估值为 2%，资本金成本为 5.29%，折现率为 5.29%，合理回报率暂定为 6.8%。

4. 建设成本

本项目建设投资为 55 897.59 万元，其中项目 1 工程为 24 898.85 万元，项目 2 工程为 30 998.74 万元。

5. 运营成本

(1) 项目 1 工程。运营成本主要包括日常养护费用和管理费用，其中日常养护费用 5 万元/千米，管理费用 3 万元/千米，每五年一次中修，费用为当年养护管理费的 3 倍，每十年一次大修，费用为当年养护管理费用的 6 倍，运营成本每年按 2% 递增（详见表 19-12）。

(2) 项目 2 工程。运营成本主要包括日常养护费用和管理费用，日常用养护费用 3 万元/千米，管理费用 2 万元/千米，每五年一次中修，费用为当年养护费用的 3 倍，每十年一次大修，费用为当年养护管理费用的 6 倍，运营成本每年按 3% 递增（详见表 19-13）。

6. 相关税费

本项目需缴纳的税金有企业所得税、增值税、城市维护建设税和教育费附加、地方教育费附加。

根据有关规定，建筑施工按 11% 的税率计征增值税；道路通行服务按照不动产经营租赁服务缴纳增值税，适用税率为 11%；道路日常运营维护按照服务业计征增值税，适用税率 6%；城市维护建设税按增值税的 5% 计征；教育费附加按增值税的 3% 计征；地方教育费附加按增值税的 2% 计征。企业所得税按 25% 税率计征。

7. 运营收入

财金〔2015〕21 号文件规定，在政府付费模式下的项目，在项目运营补贴期间，政府承担直接付费责任。政府每年直接付费数额包括：社会资本方承担的年均建设成本、年度运营成本以及合理利润率。计算公式如下：

表 19-12　　运营成本表　　单位：万元

序号	项目	合计	运营期												
			第 3 年	第 4 年	第 5 年	第 6 年	第 7 年	第 8 年	第 9 年	第 10 年	第 11 年	第 12 年	第 13 年	第 14 年	第 15 年
1	运营成本	3 038.67	135.62	138.33	141.09	143.92	495.45	149.73	152.73	155.78	158.90	1 033.20	165.32	168.62	171.99
1.1	日常养护费	1 051.26	84.76	86.46	88.18	89.95	0.00	93.58	95.45	97.36	99.31	0.00	103.32	105.39	107.50
1.2	管理费用	746.59	50.86	51.87	52.91	53.97	55.05	56.15	57.27	58.42	59.59	60.78	61.99	63.23	64.50
1.3	大中修费用	1 412.82					440.40					972.42			

表 19-13　　运营成本表　　单位：万元

序号	项目	合计	运营期												
			第 3 年	第 4 年	第 5 年	第 6 年	第 7 年	第 8 年	第 9 年	第 10 年	第 11 年	第 12 年	第 13 年	第 14 年	第 15 年
1	运营成本	4 390.67	187.50	193.13	198.92	204.89	717.51	217.36	223.88	230.60	190.02	1 565.73	201.59	259.54	213.86
1.1	日常养护费	1 483.59	112.50	115.88	119.35	122.93		130.42	134.33	138.36	142.51		151.19	155.73	160.40
1.2	管理费用	1 171.33	75.00	77.25	79.57	81.95	84.41	86.95	89.55	92.24	95.01	97.86	100.79	103.82	106.93
1.3	大中修费用	2 100.97					633.10					1 467.87			

$$\text{当年运营补贴支出数额}=\frac{\text{项目全部建设成本}\times(1+\text{合理利润率})\times(1+\text{年度折现率})^n}{\text{财政运营补贴周期(年)}}+\text{年度运营成本}\times(1+\text{合理利润率})$$

说明：

（1）项目全部建设成本：因项目模式为BOT，所以全部建设成本为运营期期初净投资额，并以该数值作为公式中的项目全部建设成本。

（2）年度折现率：本项目折现率为5.29%。权益资本成本以债券收益加风险溢价法计算，所在省2016年最新10年期地方政府债券利率为3.29%，权益资本成本以此为基准加上风险溢价，风险溢价暂估值为2%，折现率为5.29%。

（3）合理利润率：本项目暂定为6.8%。

（4）财政补贴周期：根据前期与政府方的沟通及项目本身特点，暂设计本项目运营补贴周期为13年。

（5）年度运营成本：日常养护费用、管理费用以及大中修费用。

依据公式可计算13年运营补贴，得出表19-14。

表19-14　项目运营期政府补贴明细表　金额单位：万元

运营年度	合理利润率	折现率（5.29%）	拟补贴年数	年度运营成本	使用者直接付费额	政府补贴
1	6.80%	1.052 9	13	323.12	0.00	5 484.20
2	6.80%	1.108 6	13	331.45	0.00	5 764.96
3	6.80%	1.167 2	13	340.01	0.00	6 060.34
4	6.80%	1.229 0	13	348.80	0.00	6 371.11
5	6.80%	1.294 0	13	1 212.96	0.00	7 611.35
6	6.80%	1.362 5	13	367.09	0.00	7 042.08
7	6.80%	1.434 5	13	376.61	0.00	7 404.03
8	6.80%	1.510 4	13	386.38	0.00	7 784.86
9	6.80%	1.590 3	13	396.42	0.00	8 185.57
10	6.80%	1.674 4	13	2 598.93	0.00	10 948.47
11	6.80%	1.763 0	13	417.30	0.00	9 050.84
12	6.80%	1.856 3	13	428.17	0.00	9 517.65
13	6.80%	1.954 5	13	439.32	0.00	10 008.86
合计				7 966.56	0.00	101 234.33

19.2.7.3　运营期损益及现金流分析

1. 运营期损益分析

偿债备付率的计算公式为：

$$\text{偿债备付率}=\frac{(\text{息税前利润}+\text{折旧和摊销})-\text{企业所得税}}{\text{当期应还本付息金额}}(\text{EBITDA}-\text{TAX})/\text{PD}$$

$$=(6\,458.47-223.23)/5\,029.37$$

$$=1.24(\text{计算时取还款期均值})$$

由上式可知，偿债备付率大于1，项目有一定的偿债能力。

2. 现金流分析

经计算，项目投资财务内部收益率（税前）为6.16%，项目投资财务内部收益率（税后）为5.23%；项目投资财务净现值（税前）为4 824.2万元，项目投资财务净现值（税后）为1 216.4万元，均大于0，说明现金流评价可行。

19.2.7.4　财务测算结论

本工程项目投资财务内部收益率（税后）为5.23%，项目静态投资回收期（税后）为11.2年，本工程政府补贴收入能够满足总成本费用支出，同时也具有较强的财务生存能力。

从财务评价结果看出该项目全部投资财务内部收益率高于行业基准指标；财务净现值大于零；投资利润率、投资利税率、资本金净利润率均高于行业基准指标；项目各年的财务状况也较好，具有一定的抗风险能力，各项指标均符合要求。因此，该项目在财务上是可行的。

19.2.7.5　采购标的

PPP项目招标可按照财金〔2015〕21号文件列示的公式进行报价，在合作期一致的前提下，以“投标人投报的总补贴（含政府可能的股权支出）金额累计折现值”作为招标标的。

19.2.7.6　测算附表

详细的测算附表见表19-15至表19-20。

表 19-15

贷款还本付息表

单位：万元

序号	名称	合计	建设期		运营期												
			第1年	第2年	第3年	第4年	第5年	第6年	第7年	第8年	第9年	第10年	第11年	第12年	第13年	第14年	第15年
1	期初借款余额			27 703.19	47 529.43	44 829.00	41 996.25	39 024.70	35 907.54	32 637.64	29 207.51	25 609.31	21 834.80	17 875.34	13 721.86	9 364.86	4 794.37
2	当期借款	44 015.23	26 409.14	17 606.09													
3	建设期利息	3 514.20	1 294.05	2 220.15													
4	还本来源	73 657.20			5 098.95	5 126.40	5 155.28	5 185.68	5 269.37	5 251.34	5 286.78	5 324.08	4 972.77	6 285.60	6 426.87	6 892.32	7 381.75
5	净利润	8 706.01												1 715.46	1 856.73	2 322.18	2 811.64
6	进项税额	5 539.40			569.11	598.25	628.90	661.15	789.86	730.78	768.34	793					
7	折旧摊销	59 411.79			4 570.14	4 570.14	4 570.14	4 570.14	4 570.14	4 570.14	4 570.14	4 570.14	4 570.14	4 570.14	4 570.14	4 570.14	4 570.11
8	当期还本付息	65 381.73			5 029.37	5 029.37	5 029.37	5 029.37	5 029.37	5 029.37	5 029.37	5 029.37	5 029.37	5 029.37	5 029.37	5 029.37	5 029.29
	还本	47 529.43			2 700.43	2 832.75	2 971.55	3 117.16	3 269.90	3 430.13	3 598.20	3 774.51	3 959.46	4 153.48	4 357.00	4 570.49	4 794.37
	付息	17 852.30			2 328.94	2 196.62	2 057.82	1 912.21	1 759.47	1 599.24	1 431.17	1 254.86	1 069.91	875.89	672.37	458.88	234.92
9	期末借款余额		27 703.19	47 529.43	44 829.00	41 996.25	39 024.70	35 907.54	32 637.64	29 207.51	25 609.31	21 834.80	17 875.34	13 721.86	9 364.86	4 794.37	0.00

表 19-16　　**总成本费用表**　　单位：万元

序号	项目	合计	运营期												
			第3年	第4年	第5年	第6年	第7年	第8年	第9年	第10年	第11年	第12年	第13年	第14年	第15年
1	运营成本	7 966.56	323.12	331.45	340.01	348.80	1 212.96	367.09	376.61	386.38	396.42	2 598.93	417.30	428.17	439.32
1.1	日常养护费	2 534.86	197.26	202.33	207.54	212.88	0.00	224.00	229.78	235.72	241.82	0.00	254.51	261.11	267.89
1.2	管理费用	1 917.92	125.86	129.12	132.48	135.92	139.46	143.09	146.83	150.66	154.59	158.64	162.79	167.05	171.43
1.3	大中修费用	3 513.79					1 073.50					2 440.29			
2	利息	17 852.30	2 328.94	2 196.62	2 057.82	1 912.21	1 759.47	1 599.24	1 431.17	1 254.86	1 069.91	875.89	672.37	458.88	234.92
3	摊销	59 411.79	4 570.14	4 570.14	4 570.14	4 570.14	4 570.14	4 570.14	4 570.14	4 570.14	4 570.14	4 570.14	4 570.14	4 570.14	4 570.11
4	总成本费用	85 230.65	7 222.20	7 098.21	6 967.97	6 831.15	7 542.57	6 536.47	6 377.92	6 211.38	6 036.47	8 044.96	5 659.81	5 457.19	5 244.35

表 19-17　　**税金及附加测算表**　　单位：万元

序号	项目	合计	第1年	第2年	第3年	第4年	第5年	第6年	第7年	第8年	第9年	第10年	第11年	第12年	第13年	第14年	第15年
1	销项税额	9 670.67			528.81	556.26	585.14	615.54	699.23	681.20	716.64	753.94	793.19	967.03	877.99	923.76	971.93
2	进项税留抵额	5 539.40			528.81	556.26	585.14	615.54	699.23	681.20	716.64	753.94	402.63				
3	应交增值税	4 131.27											390.56	967.03	877.99	923.76	971.93
4	税金及附加（10%）	413.13											39.06	96.70	87.80	92.38	97.19

表 19-18　　利润表　　单位：万元

序号	项目	合计	运营期												
			第 3 年	第 4 年	第 5 年	第 6 年	第 7 年	第 8 年	第 9 年	第 10 年	第 11 年	第 12 年	第 13 年	第 14 年	第 15 年
1	营业收入	91 563.66	4 955.38	5 208.70	5 475.20	5 755.57	6 912.13	6 360.88	6 687.39	7 030.93	7 392.38	9 981.44	8 172.85	8 593.89	9 036.93
1.1	可用性付费	83 536.97	4 629.83	4 874.74	5 132.62	5 404.13	5 690.01	5 991.01	6 307.94	6 641.63	6 992.97	7 362.90	7 752.40	8 162.50	8 594.29
1.2	运维绩效付费	8 026.69	325.55	333.95	342.58	351.44	1 222.11	369.87	379.45	389.30	399.41	2 618.54	420.45	431.40	442.64
2	税金及附加	413.13									39.06	96.70	87.80	92.38	97.19
3	总成本费用	84 454.58	7 184.70	7 059.59	6 928.19	6 790.18	6 645.23	6 493.00	6 333.14	7 502.75	5 988.96	7 323.26	5 609.41	5 405.28	5 190.89
4	利润总额	6 695.96	−2 229.32	−1 850.89	−1 452.99	−1 034.61	266.90	−132.12	354.25	−471.82	1 364.36	2 561.48	2 475.63	3 096.24	3 748.85
5	弥补以前年度亏损	2 259.70					266.90		354.25		1 364.36	274.19			
6	应纳税所得额	11 608.01										2 287.28	2 475.63	3 096.24	3 748.85
7	所得税	2 902.00										571.82	618.91	774.06	937.21
8	净利润	8 706.01										1 715.46	1 856.73	2 322.18	2 811.64
9	息税前利润	24 548.26	99.62	345.73	604.83	877.60	2 026.37	1 467.12	1 785.42	783.04	2 434.27	3 437.37	3 148.00	3 555.12	3 983.77
10	息税折旧摊销前利润	83 960.05	4 669.76	4 915.87	5 174.97	5 447.74	6 596.51	6 037.26	6 355.56	5 353.18	7 004.41	8 007.51	7 718.14	8 125.26	8 553.88

说明：营业收入为不含税收入。

表 19-19　　项目投资现金流量表　　金额单位：万元

序号	名称	合计	建设期		运营期					
			第 1 年	第 2 年	第 3 年	第 4 年	第 5 年	第 6 年	第 7 年	第 8 年
1	现金流入	101 234.33			5 484.20	5 764.96	6 060.34	6 371.11	7 611.35	7 042.08
1.1	可用性付费	92 726.04			5 139.11	5 410.97	5 697.21	5 998.59	6 315.91	6 650.03
1.2	运维绩效付费	8 508.29			345.09	353.99	363.13	372.52	1 295.44	392.06
1.3	回收固定资产余值									
1.4	回收流动资金									
2	现金流出	68 408.55	33 538.55	22 359.04	323.12	331.45	340.01	348.80	1 212.96	367.09
2.1	建设投资（期初）	55 897.59	33 538.55	22 359.04						
2.2	流动资金									
2.3	经营成本	7 966.56			323.12	331.45	340.01	348.80	1 212.96	367.09
2.4	应交增值税	4 131.27								
2.5	税金及附加	413.13								
3	所得税前净现金流量	32 825.78	−33 538.55	−22 359.04	5 161.08	5 433.50	5 720.33	6 022.31	6 398.39	6 674.99
4	所得税前累计现金流量		−33 538.55	−55 897.59	−50 736.51	−45 303.01	−39 582.68	−33 560.37	−27 161.98	−20 486.99
5	调整所得税	6 137.06			24.91	86.43	151.21	219.40	506.59	366.78
6	所得税后净现金流量	26 688.72	−33 538.55	−22 359.04	5 136.17	5 347.07	5 569.12	5 802.91	5 891.80	6 308.21
7	所得税后累计现金流量		−33 538.55	−55 897.59	−50 761.42	−45 414.34	−39 845.22	−34 042.32	−28 150.52	−21 842.31

计算指标	所得税前	所得税后
财务内部收益率（%）	6.16%	5.23%
净现值（万元）（i=5.29%）	4 824.20	1 216.40
静态投资回收期（年）（含建设期）	10.82	11.20

续表

序号	名称	运营期						
		第 9 年	第 10 年	第 11 年	第 12 年	第 13 年	第 14 年	第 15 年
1	现金流入	7 404.03	7 784.86	8 185.57	10 948.47	9 050.84	9 517.65	10 008.86
1.1	可用性付费	7 001.81	7 372.21	7 762.20	8 172.82	8 605.16	9 060.37	9 539.67
1.2	运维绩效付费	402.22	412.66	423.37	2 775.65	445.68	457.28	469.20
1.3	回收固定资产余值							
1.4	回收流动资金							
2	现金流出	376.61	386.38	826.03	3 662.66	1 383.09	1 444.30	1 508.45
2.1	建设投资（期初）							
2.2	流动资金							
2.3	经营成本	376.61	386.38	396.42	2598.93	417.30	428.17	439.32
2.4	应交增值税			390.56	967.03	877.99	923.76	971.93
2.5	税金及附加			39.06	96.70	87.80	92.38	97.19
3	所得税前净现金流量	7 027.42	7 398.48	7 359.54	7 285.81	7 667.75	8 073.35	8 500.42
4	所得税前累计现金流量	−13 459.57	−6 061.09	1 298.46	8 584.27	16 252.01	24 325.37	32 825.78
5	调整所得税	446.35	195.76	608.57	859.34	787.00	888.78	995.94
6	所得税后净现金流量	6 581.07	7 202.72	6 750.97	6 426.47	6 880.75	7 184.57	7 504.47
7	所得税后累计现金流量	−15 261.24	−8 058.52	−1 307.54	5 118.93	11 999.67	19 184.24	26 688.72

表 19-20　　**项目资本金现金流量表**　　单位：万元

序号	名称	合计	建设期		运营期					
			第 1 年	第 2 年	第 3 年	第 4 年	第 5 年	第 6 年	第 7 年	第 8 年
1	现金流入	101 234.33			5 484.20	5 764.96	6 060.34	6 371.11	7 611.35	7 042.08
1.1	可用性付费	92 726.04			5 139.11	5 410.97	5 697.21	5 998.59	6 315.91	6 650.03
	运维绩效付费	8 508.29			345.09	353.99	363.13	372.52	1 295.44	392.06
1.2	回收固定资产余值	0.00								
1.3	回收流动资金	0.00								
2	现金流出	89 775.05	7 129.42	4 752.94	5 352.49	5 360.82	5 369.38	5 378.17	6 242.33	5 396.46
2.1	项目资本金	11 882.36	7 129.42	4 752.94						
2.2	借款本金偿还	47 529.43			2 700.43	2 832.75	2 971.55	3 117.16	3 269.90	3 430.13
2.3	借款利息支付	17 852.30			2 328.94	2 196.62	2 057.82	1 912.21	1 759.47	1 599.24
2.4	经营成本	7 966.56			323.12	331.45	340.01	348.80	1 212.96	367.09
2.5	应交增值税	4 131.27			0.00	0.00	0.00	0.00	0.00	0.00
3	税金及附加	413.13			0.00	0.00	0.00	0.00	0.00	0.00
4	所得税前净现金流量	11 459.28	−7 129.42	−4 752.94	131.71	404.13	690.96	992.94	1 369.02	1 645.62
5	所得税前累计现金流量		−7 129.42	−11 882.36	−11 750.65	−11 346.52	−10 655.56	−9 662.63	−8 293.60	−6 647.98
6	所得税	2 902.00			0.00	0.00	0.00	0.00	0.00	0.00
7	所得税后净现金流量	8 557.28	−7 129.42	−4 752.94	131.71	404.13	690.96	992.94	1 369.02	1 645.62
	计算指标	所得税前	所得税后							
	财务内部收益率（%）	7.54%	6.23%							
	净现值（万元）（i=4.9%）	2 806.61	1 298.72							
	静态投资回收期（年）（含建设期）	10.98	10.98							

续表

序号	名称	运营期						
		第 9 年	第 10 年	第 11 年	第 12 年	第 13 年	第 14 年	第 15 年
1	现金流入	7 404.03	7 784.86	8 185.57	10 948.47	9 050.84	9 517.65	10 008.86
1.1	可用性付费	7 001.81	7 372.21	7 762.20	8 172.82	8 605.16	9 060.37	9 539.67
	运维绩效付费	402.22	412.66	423.37	2 775.65	445.68	457.28	469.20
1.2	回收固定资产余值							
1.3	回收流动资金							
2	现金流出	5 405.98	5 415.75	5 855.40	8 692.03	6 412.46	6 473.67	6 537.74
2.1	项目资本金							
2.2	借款本金偿还	3 598.20	3 774.51	3 959.46	4 153.48	4 357.00	4 570.49	4 794.37
2.3	借款利息支付	1 431.17	1 254.86	1 069.91	875.89	672.37	458.88	234.92
2.4	经营成本	376.61	386.38	396.42	2 598.93	417.30	428.17	439.32
2.5	税金及附加			390.56	967.03	877.99	923.76	971.93
3	所得税前净现金流量			39.06	96.70	87.80	92.38	97.19
4	所得税前累计现金流量	1 998.05	2 369.11	2 330.17	2 256.44	2 638.38	3 043.98	3 471.13
5	所得税	−4 649.93	−2 280.82	49.35	2 305.79	4 944.17	7 988.15	11 459.28
6	所得税后净现金流量				571.82	618.91	774.06	937.21
7	所得税后累计现金流量	1 998.05	2 369.11	2 330.17	1 684.62	2 019.47	2 269.92	2 533.91

19.2.8　绩效考核

19.2.8.1　建设期可用性服务绩效考核

本项目付费的主要支付前提是项目竣工验收通过，故项目的建设产出指标有四大项，绩效考核评价体系从质量、工期、环境保护、安全生产等方面规定了项目的建设标准和验收规范（详见表 19-21）。当项目建设完成，满足 PPP 项目协议约定的可用性绩效标准并通过竣工验收后，即满足可用性服务费的支付条件。根据 PPP 项目协议约定，在项目正常运维且无影响项目协议正常履行的情形（如提前终止）发生时，项目公司可获得可用性服务费。

表 19-21　　T 市公路建设工程项目绩效考核评价体系

指标类别	指标要求
质量	总体上，本项目工程质量需符合可行性研究中确定的各项技术规范标准，并做到一次性验收合格。如： 1. 项目 1 工程相关技术标准 《公路工程技术标准》（JTG B01—2014） 《公路沥青路面设计规范》（JTGD50—2006） 《道路交通标志与标线》（GB5768～2009）、 《公路交通安全设施设计规范》（JTG D81～2006）、 《公路交通安全设施设计细则》（JTG/T D81～2006）、 《公路交通安全设施施工技术规范》（JTG F71～2006） 2. 项目 2 工程相关技术标准 《公路交通安全设施设计规范》（JTGD60—2006） 《公路路线设计规范》（JTGD20—2006） 《公路交通安全设施设计规范》（JTGD60—2006）、 《公路交通标志和标线设置规范》（JTGD62—2009） 《道路交通标志和标线》（GB5766.3—2009）
工期	（1）开工日，以监理工程师的施工许可为准； （2）竣工验收日，自前述实际开工时间日期不超过可行性研究报告中工程最长建设期两年。
环境保护	参照《建设项目环境保护管理条例》《公路建设项目环境影响评价规范（试行）》（JTJ005—96）等。
安全生产	参照《建筑施工安全检查标准》（JGJ59—2011）和《公路工程施工安全技术规范》（JTGF9—2015）等。

说明：若国家、省、市出台具体考核办法或新的相关规定，则表中与之不一致的或未作约定的或约定不明的，以国家、省、市出台标准进行调整并执行。

建设期绩效考核主要以监理报告以及竣工验收报告为准，建设期间交通局以及相关主管部门可进行随时自行考核施工工程质量以及施工安全，保证项目公司按照公路工程技术标准以及环保部门规定的环保措施进行施工。

19.2.8.2 运营维护期绩效考核

1. 项目运营维护内容

运营维护主要包括对道路维护管理、运营维护、应急措施和公共参与这四个层级设计了 9 项考核内容进行考核。

在运营维护期内，项目实施机构主要通过常规考核和临时考核的方式对项目公司服务绩效水平进行考核，并将考核结果与运维绩效付费支付挂钩。

表 19-22 运营期绩效考核

序号	分类	考核内容	计分办法	扣分规则
1	管理（30%）	制定和完善道路日常养护管理办法、设施修复管理办法、路况巡检和检评办法、病害限时修复、中修及大修办法等制度，各项制度和办法落实良好。	无考核所要求的办法即扣分	少一项办法或制度扣 5 分
2	运营维护（40%）	上报公路工程运营维护手册：包括项目的定期和年度检查报告，日常运行维护和年度维护计划，以及相应的实施方案、计划。	运营维护手册内容不全即扣分，未及时上报即扣分（总分 10 分）	内容一项不全扣 2 分，为及时上报扣 0.5 分
		春季集中维修期和冬季保养期，应对影响车辆、行人通行的道路病害，按照有关标准进行简易维修，并建档。	未按时进行养护即扣分（满分 10 分）	未按时养护扣 2 分，未建档扣 0.5 分
		日常维护做到： （1）车行道：无坑槽、无破损、无沉陷、无翻浆、无拥包、检查井周边道路无破损、达到矩形几何挖补图形、路面密实平整、接茬平顺、完好。 （2）侧石：无缺失、无倾斜、无脱落，达到直顺、勾缝平整、饱满、稳固。	有前述任何一项不满足即扣分（满分 15 分）	每小项扣 0.5 分，严重问题扣 2 分
		日常养护维修施工做到：道路养护维修作业时要做到文明施工，现场各种材料摆放整齐，废弃物料及时清运，设置明显、规范的文明施工标志，完工后做到场清，料净。	施工现场不整洁即扣分（满分 5 分）	每项扣 1 分

续表

序号	分类	考核内容	计分办法	扣分规则
3	应急措施（20%）	制定安全紧急预案制度，并进行安全应急预案演练，监理安全管理档案。	制度、档案不完善即扣分（满分 10 分）	少一项扣 2 分，未进行演练扣 1 分
		应对突发事件：突发事件在接到通知第一时间处理，快速处置、清理交通事故、车辆故障、危险物品泄露等事发现场，疏导交通、抢救伤员。	突发事件、应急处置未及时处理即扣分	未及时处理，按照处理结果进行相应扣分
		应急处置： (1) 道路养护维修责任部门对突发事件及时发现、及时上报、及时处理。 (2) 突发事件现场应立即设置警示标志和围挡设施。制定具体抢险维修施工方案，按照方案进行抢修处置。		
4	公共参与（10%）	媒体曝光、群众举报属实、通报批评	曝光等属实即扣分并及时整改	举报属实每次扣 5 分

说明：如果以上运营维护期绩效考核指标未作约定，约定不明或相关约定和国家、省、市相关规范不一致的，则应执行相应的规范；如果相应规范有更新的，则应立即执行新的规范。

2. 暂定绩效考核付费机制

按照年度/季度绩效考核最后得分确定支付系数，运维服务费用为当期季度考核系数与当期运维费用相乘所得。绩效考核分数与相应系数确定见表 19-23。

表 19-23　运维付费机制表

序号	运营绩效考核分数（X）	当期实际支付的政府运营绩效付费	备注
1	$X>90$	100%×当年全额政府运营绩效服务费	
2	$80<X\leqslant 90$	90%×当年全额政府运营绩效服务费	
3	$70<X\leqslant 80$	80%×当年全额政府运营绩效服务费	
4	$60<X\leqslant 70$	70%×当年全额政府运营绩效服务费	
5	$X<60$	提取运维保函	启动谈判程序

当项目考核总分<60 分时，T 市财政局可暂扣该期项目的运营维护费不予支付，待整改后的后续考评总分≥60 分后延至下一期一并支付，支付系数仍按照绩效考核分数所对应的付费机制表执行。每年所扣运维费用延至下一年度支付运维费用时一并支付，以激励项目公司提高运维服务水平。连续两次有考核总分<60

分的情况时，甲方有权提取履约保函或提前终止。运营期绩效考核付费不影响可用性服务费支付。

上述绩效考核机制与绩效付费机制作为参考版本，后期绩效考核以 PPP 项目合同中约定为准。

附　录

附录 19-1　资信证明范本一（投标用简化版）

资信证明

编号：

银行名称：××银行××分行

地址：北京市××区××路××号

致：××公司（单位）

兹证明××公司在我行开有人民币结算账户，结算正常，在我行履行记录良好。

本银行资信证明仅限该公司投标××项目时使用，且仅供参考，我行不承担由此引起的任何法律责任。

此项目若未中标，本银行资信证明自动失效。

××银行××分行

________年____月____日

附录 19-2　资信证明书范本二（标准格式）

资信证明书（标准格式样本）

编　　号：　　年　　号

签发日期：　　年　　月　　日

（证明书接受人）：__________

（被证明人）　因　　（资信证明用途）　　委托我行（部）对其资信状况出具证明书，经确认具体情况如下：

（被证明人）　在我行（部）开立有结算账户。自______年____月____日开始，到______年____月____日止，（被证明人）在我行（部）办理的各项信贷业务（有/无）逾期（垫款）和欠息记录，资金结算方面（有/无）不良记录，执行结算纪律情况（良好/不好）。

证明人声明：

1. 我行（部）只对本证明书所指明期间内，被证明人在我行偿还贷款及其利息、资金结算和执行结算纪律情况的真实性负责。我行（部）对本证明书所指明期间之前或之后上述情况发生的任何变化不承担责任。

2. 本证明书只用于前款特定用途，不得转让，不得作为担保、融资等其他事项的证明。

3. 本证明书为正本，只限送往证明接受人，涂改、复印无效。我行（部）对被证明人、证明书接受人运用本资信证明书产生的后果，不承担任何法律责任。

4. 本证明书经我行（部）负责人或授权代理人签字并加盖公章后方能生效。

5. 本证明书的解释权归我行（部）所有。

________银行________行（部）（章）

负责人或授权代理人（签名）：______

附录 19-3 资信证明范本三

资信证明书

编　　号：　　年　　号

签发日期：　　年　　月　　日

××有限公司：

××有限公司因投标委托我行（部）对其资信状况出具证明书，经确认具体情况如下：

××有限公司在我行（部）开立一般存款账户。自20××年××月××日开始，到20××年××月××日止，×××有限公司在我行（部）无各项信贷业务，资金结算方面无不良记录，执行结算纪律情况良好。

证明人声明：

1. 我行（部）只对本证明书所指明期间内，被证明人在我行偿还贷款及其利息、资金结算和执行结算纪律情况的真实性负责。我行（部）对本证明书所指期间之前或之后上述情况发生的任何变化不承担责任。

2. 本证明书只用于前款特定用途，不得转让，不得作为担保、融资等其他事项的证明。

3. 本证明书为正本，只限送往证明接受人，涂改、复印无效。我行（部）对被证明人、证明书接受人运用本资信证明书产生的后果，不承担任何法律责任。

4. 本证明书经我行（部）负责人或授权代理人签字并加盖公章后方能生效。

5. 本证明书的解释权归我行（部）所有。

××银行××支行（章）

负责人或授权代理人（签名）：______

附录 19-4　存款余额证明范本一

资金存款证明

致：________________

截至 20××年××月××日，××公司在我行开立账号为 1234567890000 的银行账户存款余额为××元（人民币大写×亿×仟×佰×拾×万×仟×佰×拾×元×角×分）。

特此证明。

本证明不作为本银行的担保，我行只对出具证明中注明日期的存款真实性负责，对存款证明开出后被证明单位账户内存款发生的变化不负任何责任。该存款证明只证明该客户在上述时点的存款情况，不作其他用途。

××银行××支行

20××年××月××日

附录 19-5　存款余额证明范本二

No. __________

存款证明书

CERTIFICATE OF BANK DEPOSIT BALANCE

敬启者：

To whom it may concern：

兹证明客户在我银行存款情况如下：

This is to certify the deposit account with our Bank as below：

账户名称

Account Name ______________________________

截止日期

As of ______________________

账户余额

Balance of the Account （s）

币别及大写金额：

Currency & Amount in Words ______________________________

小写金额

Amount in Figures ______________________

说明

Remarks ______________________________

本证明书是根据本客户要求提供的，它只证明截止日期内该账户在我行的存款余额，不作其他保证。

本证明书的中英文版本不一致时，以中文版本为准。

This certificate is on the demand of the customer. Without any liability of the Bank, this only certifies deposit of the account(s) as of the date above.

If there is any discrepancy between the English version and Chinese version of this Statement of Deposit, Chinese version shall be the prevailing one.

银行签章

Bank's seal

年　　月　　日

Year Month Day

附录 19-6　授信额度证明范本一

银行信贷证明书

××有限公司：

根据湖北××有限公司的申请，现出具最高限额为人民币×仟×佰万元（含）的信贷证明，供湖北××有限公司在湖北省××区××更新改造项目中标后该项目施工过程中信用额度证明之用。本《银行信贷证明书》的有效期为（大写）：贰零××年××月××至贰零××年××月××日。

我行以本《银行信贷证明书》的形式承诺：在上述有效期内，我行将在不违背《中华人民共和国商业银行法》、《贷款通则》等有关法律、法规及我行相关信贷规章的前提下，对湖北××有限公司在上述限额内提出的信贷申请予以满足，且保证：该银行信贷未包括在我行对其现有信贷余额当中。本《银行信贷证明书》在出现以下任一情况时自动失效：申请人未通过资格预审、未中标、《银行信贷证明书》有效期届满或农业银行义务履行完毕。

本《银行信贷证明书》由签开行负责人或授权代理人签发并加盖签开行公章后生效。

签开行：农行××市××支行（公章）

签发日期：20××年××月××日

附录 19-7 授信额度证明范本二

编号：××××××

Ref No.

××银行资信证明书

授信额度证明

CERTIFICATE OF LINE CREDIT

××公司：

To whom if may concern：

我行应××（公司名称）的要求，兹证明如下：

Without any responsibility on our part and at the request of __________ (company name), We hereby certify that:

根据我行资料记录，截至××年××月××日，我行给予该公司授信额度达

According to out records up to the date of ________ (yyyy/mm/dd), ________ (company name) maintains the following account balances at our Bank:

人民币××元，其中短期流动资金额度达人民币××元，银行承兑汇票额度达人民币××元。上述额度为本行根据申请人现在信用情况而定，不作为本行必然为该额户提供上述额度融资的依据。

Overall credit lines granted by our bank:

RMB ________________ and in which:

1. Line of current fund: RMB __________________;

2. Line of bank acceptance bill: RMB __________________;

The above credit lines are based on the applicant's present credit situation and should not be proved that our bank must provide or have provided the amount of the credit lines.

上述描述仅代表本行观点，供参考。本证明函既非保证函，亦非承诺函，不构成本行对本证明申请人的任何形式的担保或承诺。任何受文人对自身的投资或其他商业行业应持谨慎态度，任何受文人依以上描述所做的投资或其他商业行为与本行无关，并不得凭此证明向本行提出索偿。

This letter serves as a reference and should not be deemed as our guarantee or our commitment for the applicant. Receiver of this letter should be cautions about his/her investments or commercial activities with the applicant. We take no responsibility and should not be involved in any activity that described above. And no claim should be declared to us against this certificate.

××银行××分行

年　　月　　日

Chapter 20

第 20 章

PPP 项目问题答疑

20.1 BT 类问题

1. 营改增后 BT 项目的财务核算应如何调整?

答：根据合同约定，投融资方组建的 BT 项目公司可以无条件地向政府收取确定金额的货币资金或其他金融资产。如果项目公司提供建造服务，则按照《企业会计准则第 15 号——建造合同》的规定确认营业收入，并确认金融资产（长期应收款)。如果项目公司不提供建造服务，则按照建造过程中支付的工程价款等，确认金融资产（长期应收款)。建造过程如发生借款利息，应当按照《企业会计准则第 17 号——借款费用》的规定处理，并按照《企业会计准则第 22 号——金融工具确认和计量》(以下简称 CAS22) 的规定，将长期应收款作为金融资产核算用摊余成本计量，按实际利率计算确认利息收入。

(1) 政府根据回购协议在规定的期限内支付回购资金（含占用资金的投资回报)，也就是说，资金占用利息也是回购款的一部分，从增值税角度应视为价外费用。企业不应将利息部分从回购总价中剥离出来，改按金融贷款单独核算。

（2）项目公司提供建造服务模式下的会计核算（适用于完全 BT 方式）。此种模式下，项目公司作为建设期间的“业主”，自行进行项目的建设。建造期间，项目公司因为进行了施工作业，对于其所提供的建造服务，应当按照《企业会计准则第 15 号——建造合同》确认相关收入和费用。

建造合同收入则应当按照收取或应收对价的公允价值计量，即合同总收入要包括合同造价、投资回报等应收价格的公允价值。按完工进度计算各期应确认的收入时，应以该总收入为计算基数。

建造过程中发生的借款利息，也应按照《企业会计准则第 17 号——借款费用》的规定处理，即估算预计总成本时，将借款利息考虑在内。利息收入在进行财务处理时，有的计入投资收益，有的计入财务费用，有的计入收入，总体上不影响报表结果。但推荐计入收入，尤其是需要公开信息的上市公司，这样做有助于减少投资者的报表误读。

（3）项目公司不提供建造服务模式下的会计核算（适用于 BT 工程总承包及 BT 施工承包方式）。这种模式下，项目公司将项目的建造工作发包，由中标的建设单位进行施工，项目公司作为建设期间的“业主”进行项目管理，起到类似于代建的作用。

此时的项目公司不确认建造服务收入，而应当按照建造过程中支付的工程价款等考虑合同规定，确认金融资产。项目建造过程中，由于项目建设周期长，大多超过 1 年，同时，在项目完工并进入回购期前，项目公司并不能收到项目建设的相关款项，且回购基数在完工审价前是不确定的，因此，在建设期应在“长期应收款”科目中核算，核算包括建安工程、设计、监理等在内的一系列投资支出，以及资本化的借款利息（即实际投资额）。可按投资明细项目分设明细账核算。

在投资项目建设完工验收时，根据工程最终审定造价确定投资总额，以此为基数按投资合同约定报酬率计算项目建设公司的代理投融资回报，最终业主方（政府）应支付的回购价款为审定的投资总额与代理投融资回报之和，即“长期应收款”账户的最终入账价值。根据业主方的回购付款方式和年限，以审定的投资总额为现值计算确定回购期间每年的实际投资报酬率。审定投资总额与原账面记录的“长期应收款”科目账面价值之间的差额转入当期损益。

2. BT 项目的增值税纳税义务发生时间应如何确定？

答：如果项目公司提供建造服务，根据《企业会计准则第 15 号——建造合同》第十八条“在资产负债表日，建造合同的结果能够可靠估计的，应当根据完工百分比法确认合同收入和合同费用。完工百分比法，是指根据合同完工进度确认收入与费用的方法”的规定，应在资产负债表日核算收入与建造费用。

如果项目公司不提供建造服务，则应按建造过程中支付的工程价款等，确认金融资产（长期应收款）。并在项目建成移交时，按合同约定及政府审定的回购总价确认收入。

财税〔2016〕36号文件附件1《营业税改征增值税试点实施办法》规定：

第四十五条　增值税纳税义务、扣缴义务发生时间为：

（一）纳税人发生应税行为并收讫销售款项或者取得索取销售款项凭据的当天；先开具发票的，为开具发票的当天。

收讫销售款项，是指纳税人销售服务、无形资产、不动产过程中或者完成后收到款项。

取得索取销售款项凭据的当天，是指书面合同确定的付款日期；未签订书面合同或者书面合同未确定付款日期的，为服务、无形资产转让完成的当天或者不动产权属变更的当天。

由于BT项目是先行移交项目设施，政府再逐步给付回购款，因此，增值税纳税义务发生时间为BT项目公司收讫政府给付的回购款项的当天。

3. BT项目建造过程中，项目公司支付的工程价款归集的会计科目，有企业选择了“持有至到期投资”，是否合适?

答:《企业会计准则解释第5号》对具体科目的选择没有规定，目前看，实际应用案例中，多数是选择“长期应收款”科目。

目前确有企业主张在项目建设完工并审价后，由于最终收回的回购款的到期日固定、回收金额固定，且项目公司有明确意图和能力持有至到期（即最后的回购款支付日)，符合金融资产中“持有至到期投资”的定义。(因而此时，应从“长期应收款”科目转入“持有至到期投资”科目进行核算，即以审核后确定的回购基数将长期应收款转入“持有至到期投资”科目。)

但是，CAS22第十一条明确：

持有至到期投资，是指到期日固定、回收金额固定或可确定，且企业有明确意图和能力持有至到期的非衍生金融资产。下列非衍生金融资产不应当划分为持有至到期投资：

（一）初始确认时被指定为以公允价值计量且其变动计入当期损益的非衍生

金融资产；

（二）初始确认时被指定为可供出售的非衍生金融资产；

（三）贷款和应收款项。

所以，根据上述条款，将长期应收款转入“持有至到期投资”科目并不符合企业会计准则的要求。

4. 有税务专家建议投融资方与政府谈判，争取让政府将部分BT、PPP项目的回购或支付的运营维护款项以补贴的形式支付给项目公司，并包装成符合不征税收入的条件。请问是否可行？

答：以所谓政府补贴的形式给付的专项用途财政性资金，一般适用于《财政部 国家税务总局关于专项用途财政性资金企业所得税处理问题的通知》（财税〔2011〕70号）里规定的：

一、企业从县级以上各级人民政府财政部门及其他部门取得的应计入收入总额的财政性资金，凡同时符合以下条件的，可以作为不征税收入，在计算应纳税所得额时从收入总额中减除：

（一）企业能够提供规定资金专项用途的资金拨付文件；

（二）财政部门或其他拨付资金的政府部门对该资金有专门的资金管理办法或具体管理要求；

（三）企业对该资金以及以该资金发生的支出单独进行核算。

需要注意的是，在《企业会计准则解释第5号》中有如下规定：

（三）在BT业务中，授予方可能向项目公司提供除基础设施以外其他的资产，如果该资产构成授予方应付合同价款的一部分，不应作为政府补助处理。项目公司自授予方取得资产时，应以其公允价值确认，未移交基础设施前应确认为一项负债。

关于BOT项目，《企业会计准则第2号》第五条中则规定：

（六）在BOT业务中，授予方可能向项目公司提供除基础设施以外其他的资产，如果该资产构成授予方应付合同价款的一部分，不应作为政府补助处理。项目公司自授予方取得资产时，应以其公允价值确认。

本段解释的PPP模式特指BOT模式，并不包含政府向项目公司移交项目设施的TOT模式。按合同约定，基础设施一般应该由项目公司承担建造义务。所以，政府向项目公司提供的其他资产，常规情况下不包含项目设施，如果该资产构成授予方应付合同价款的一部分，不应作为政府补助处理。

政府以各种名义给付的，由投融资方收取的各类资产。只要该项资产构成授予方应付合同价款的一部分，无论如何核算，进行税收处理时，同样也不应该作为不征税收入。

5. 项目管理型 BT 项目，依据 CAS22 的要求，项目公司需要将全部工程支出按金融资产进行处理，那么其进项税额是否可予抵扣？

答：所谓的项目管理型 BT 项目，其实质是二次招标型（项目管理型）BT 模式。投融资方组建项目公司，项目公司负责项目的融资、投资，通过二次招标确定施工方，项目公司负责全程负责建设施工管理的模式。常规理解就是项目公司不负责项目设施的施工。项目公司将工程支出按金融资产进行处理符合企业会计准则的要求。

之所以会产生是否可以抵扣的疑问，估计是因为误解了财税〔2016〕36 号文件附件 2《营业税改征增值税试点有关事项的规定》中规定的“纳税人接受贷款服务向贷款方支付的与该笔贷款直接相关的投融资顾问费、手续费、咨询费等费用，其进项税额不得从销项税额中抵扣”这一点。项目公司将工程支出归集进长期应收款，并根据合同约定向政府收取项目设施回购款项，并不影响其抵扣合法的进项税金。

6. BT 项目公司一般是先取得进项税额，后计算销项税额，按合同约定，收入肯定迟于进项税额的取得，甚至会在取得回购款项的初期有较大金额的留抵税额，导致无须缴税。税务机关是否认可？

答：BT 项目公司自行建造项目设施或将施工业务承包给建筑企业，在项目前期基本无收入的情况下，会先形成留抵税额，甚至金额较大。项目公司在移交项目设施后，政府按合同约定应向项目公司支付回购款项，因为一般是约定分期支付，而项目公司的进项税额此时已基本取得，此时很可能会出现当期进项税额加留抵税额大于销项税额的情况。只要项目公司从施工企业、设计企业、材料供应商等处取得的专用发票是合法的，且按文件规定可以从销项税额中抵扣，即使项目回购初期出现了大额的留抵税额，税务机关也不会提出异议。

7. 投融资方设立的项目公司将施工作业交由建筑施工企业，完工后，施工企业向项目公司交付施工项目。则项目公司取得的进项税额是否应按比例分期抵扣？

答：财税〔2016〕36 号文件附件 2《营业税改征增值税试点有关事项的规定》

规定：

一、营改增试点期间，试点纳税人［指按照《营业税改征增值税试点实施办法》（以下称《试点实施办法》）缴纳增值税的纳税人］有关政策（四）进项税额。

适用一般计税方法的试点纳税人，2016 年 5 月 1 日后取得并在会计制度上按固定资产核算的不动产或者 2016 年 5 月 1 日后取得的不动产在建工程，其进项税额应自取得之日起分 2 年从销项税额中抵扣，第一年抵扣比例为 60%，第二年抵扣比例为 40%。

从文件规定可以看出，分期抵扣的前提有两个，一是项目设施必须是不动产或不动产在建工程；二是必须有会计制度规定必须按固定资产核算。对于项目公司向施工方支付的工程款，BT 项目只能处理为金融资产（长期应收款），PPP 项目一般按收费来源处理为金融资产或无形资产。也就是说，按企业会计准则及其解释的要求，项目公司不得处理为固定资产，因此，项目公司无须进行分期抵扣。

值得注意的是，PPP 项目中有一种特殊的模式——BOO 模式，该模式下，项目公司在特许经营到期后，其项目设施及资产无须向政府移交，只要项目公司能拥有项目设施及业务的控制权，即应以“固定资产”进行会计核算，此时，项目公司在 2016 年 4 月 30 日后获取的属于不动产或者不动产在建工程，其进项税额应自取得之日起分两年从销项税额中抵扣，第一年抵扣比例为 60%，第二年抵扣比例为 40%。

8. 项目公司为完成 BT、PPP 项目而专门借入的借款，其利息应如何处理?

答：1. 增值税相关政策

第一，财税〔2016〕36 号文件附件 2《营业税改征增值税试点有关事项的规定》规定：

一、营改增试点期间，试点纳税人［指按照《营业税改征增值税试点实施办法》（以下称《试点实施办法》）缴纳增值税的纳税人］有关政策（四）进项税额。

（四）进项税额。

3. 纳税人接受贷款服务向贷款方支付的与该笔贷款直接相关的投融资顾问费、手续费、咨询费等费用，其进项税额不得从销项税额中抵扣。

第二，财税〔2016〕36 号附件 1《营业税改征增值税试点实施办法》有如下规定：

第二十七条 下列项目的进项税额不得从销项税额中抵扣：

（六）购进的旅客运输服务、贷款服务、餐饮服务、居民日常服务和娱乐服务。

2. 企业所得税相关政策

《企业所得税法实施条例》规定：

第二十八条 企业发生的支出应当区分收益性支出和资本性支出。收益性支出在发生当期直接扣除；资本性支出应当分期扣除或者计入有关资产成本，不得在发生当期直接扣除。

从税收的角度看，在 PPP 项目中，经营方无论是用于构建金融资产还是无形资产的专门借款利息，都是资本性支出，应该资本化而不是在当期直接扣除。

《企业会计准则第 17 号——借款费用》规定：

第四条 企业发生的借款费用，可直接归属于符合资本化条件的资产的购建或者生产的，应当予以资本化，计入相关资产成本；其他借款费用，应当在发生时根据其发生额确认为费用，计入当期损益。

符合资本化条件的资产，是指需要经过相当长时间的购建或者生产活动才能达到预定可使用或者可销售状态的固定资产、投资性房地产和存货等资产。

第十四条 购建或者生产的符合资本化条件的资产的各部分分别完工，且每部分在其他部分继续建造过程中可供使用或者可对外销售，且为使该部分资产达到预定可使用或可销售状态所必要的购建或者生产活动实质上已经完成的，应当停止与该部分资产相关的借款费用的资本化。

值得注意的是，在国际会计准则中，IFRIC 12 结论基础 BC57，以及《国际会计准则第 23 号——借款费用》都要求先将借款费用进行费用化，然后甄别是否可资本化，并将无形资产列为可能资本化的项目，金融资产的借款费用则不允许资本化，理由是取得时立刻可使用或销售。

9.《企业会计准则解释第 5 号》中提到的 BT 项目的“后续运营收入”指的是什么?

答：《企业会计准则解释第 5 号》规定，“BT 业务……基础设施建成后，项目公司应当按照《企业会计准则第 14 号——收入》确认与后续经营服务相关的收入”。《企业会计准则解释第 5 号》此部分内容是对 BT 业务的误解。BT 项目公司对项目基础设施既没有所有权也没有控制权。项目建成后即应移交给政府，项目公司无权利用项目设施进行后续经营活动，更不能在此基础上获得相关收入。如果获得政府允许利用项目设施进行后续经营活动，那就不是BT模式而转变成PPP模式了。该规定的出现，是因为未准确理解国际会计准则有关条款精神，并在错误理解的基础上继续拓展内容。

20.2 工程总承包类问题

1. EPC模式与PPP项目有何关系?

答：随着《标准设计施工总承包招标文件》（发改法规〔2011〕3018号文件发布）开始执行，PPP项目在中国逐渐兴起。作为项目授予方的政府，不可能像商业承包项目中的授予方一样凡事亲力亲为。为了提高工程质量与效率，降低前期勘探设计和招投标的成本，“EPC+PPP”模式成为最可能的选择。一般理解，EPC基本属于PPP项目中的前端，以BOT模式为例，基本上政府会授予投融资方特许经营权，项目公司设立后会选择施工企业以EPC模式签订合同，因此，可以近似地将EPC理解为BOT项目中的“B”。

2. EPC合同项目是兼营还是混合销售?

答：目前流行一种“EPC合同应该分解为若干子合同单独核算，以期在核算税款时能将设计等内容按6%的税率单独申报，以降低税负”的说法。我们的理解如下：首先，从多数EPC合同看，勘探、设计等费用占总造价比例并不高，相反，采购费用所占的比例更高，若单独分开核算，采购的材料、设备等部分将按17%的增值税税率缴税，总体上税负有增无减。其次，按《企业会计准则第15号——建造合同》的规定：

第七条　一组合同无论对应单个客户还是多个客户，同时满足下列条件的，应当合并为单项合同：

（一）该组合同按一揽子交易签订；

（二）该组合同密切相关，每项合同实际上已构成一项综合利润率工程的组成部分；

（三）该组合同同时或依次履行。

EPC 总承包合同中，无论设计、勘探等内容是否单独核算了成本、造价，都无法改变整个 EPC 合同是“一揽子交易”的事实，也无法改变勘探、设计、采购合同与整个 EPC 合同密切相关，勘探、设计合同实际上已构成 EPC 项目完整的一项综合利润率工程的组成部分的事实。

所以，按照《企业会计准则第 15 号——建造合同》第七条的规定，EPC 合同只能是一个单项合同。

FIDIC 银皮书、《联合国工业发展组织交钥匙工程合同文本》都对 EPC 合同有全面的安排。在《建设部关于培育发展工程总承包和工程项目管理企业的指导意见》（建市〔2003〕30 号）第二条第（三）项中有如下规定：

1. 设计采购施工（EPC）/交钥匙总承包

> 设计采购施工总承包是指工程总承包企业按照合同约定，承担工程项目设计、采购、施工、试运行服务等工作毛病对承包工程的质量、安全、工期、造价全面负责。
>
> 交钥匙总承包是设计采购施工总承包业务的延伸，最终是向业主提交一个满足使用功能、具备使用条件的过程项目。

从企业实践来看，目前 EPC 合同的签订也是将设计、采购、施工等不加区分地全部纳入建造合同。因此，如果人为地将 EPC 合同拆解为多项合同，事实上等于将设计、采购等拆分并重新交由业主方主导，变回施工总承包模式或分体模式，而不再是 EPC 合同。

财税〔2016〕36 号文件附件 1《营业税改征增值税试点实施办法》规定：

> 第四十条　一项销售行为如果既涉及服务又涉及货物，为混合销售。从事货物的生产、批发或者零售的单位和个体工商户的混合销售行为，按照销售货物缴纳增值税；其他单位和个体工商户的混合销售行为，按照销售服务缴纳增值税。

因此，EPC 模式的施工项目，无论是从业务实质，还是合同形式，或者税法规定看，都只能归类于混合销售行为。

3. EPC 项目在异地施工，应如何缴纳增值税？

答：EPC 只是一种施工承包模式，一般被称作工程总承包或交钥匙工程。是指公司受业主委托，按照合同约定对工程建设项目的设计、采购、建设、试运行等实行全过程或若干阶段的承包。通常公司在总价合同条件下，对所承包工程的质量、安全、费用和进度负责。项目施工地点与施工企业注册地往往不在一处，会出现异地施工的问题。

《纳税人跨县（市、区）提供建筑服务增值税征收管理暂行办法》（国家税务总局公告2016年第17号发布）规定（因为EPC项目的总包商一般有严格的资质要求，很少有小规模纳税人能符合相应的规定，故我们以一般纳税人为重点）：

> 第三条 纳税人跨县（市、区）提供建筑服务，应按照财税〔2016〕36号文件规定的纳税义务发生时间和计税方法，向建筑服务发生地主管国税机关预缴税款，向机构所在地主管国税机关申报纳税。

也就是说，如施工企业跨县（市、区）提供建筑服务，就需要先向建筑服务发生地主管国税机关预缴税款，再向机构所在地主管国税机关申报纳税。

该办法又规定：

> 第四条 纳税人跨县（市、区）提供建筑服务，按照以下规定预缴税款：
>
> （一）一般纳税人跨县（市、区）提供建筑服务，适用一般计税方法计税的，以取得的全部价款和价外费用扣除支付的分包款后的余额，按照2%的预征率计算应预缴税款。
>
> （二）一般纳税人跨县（市、区）提供建筑服务，选择适用简易计税方法计税的，以取得的全部价款和价外费用扣除支付的分包款后的余额，按照3%的征收率计算应预缴税款。

此条目规定了如施工企业是一般纳税人，在获得EPC合同后，组织跨县（市、区）提供建筑服务，并选择适用一般计税方法计税，公司必须以取得的全部价款和价外费用扣除支付的分包款后的余额，按照2%的预征率计算应预缴税款。计算公式为：

应预缴税款＝(全部价款和价外费用－支付的分包款)÷(1＋11%)×2%

如未分包，则以取得的全部价款和价外费用按照2%的预征率计算应预缴税款。如因为各种原因，比如甲供材、老项目等选择了简易计税方法，则以取得的全部价款和价外费用扣除支付的分包款后的余额，按照3%的征收率计算应预缴税款。计算公式为：

应预缴税款＝(全部价款和价外费用－支付的分包款)÷(1＋3%)×3%

4. EPC项目工程结算与完工进度的进程不一定完全一致，对税收是否有影响?

答：EPC项目工程如合同约定是按各节点进行结算，可能会产生工程结算与完工进度的进程不完全一致的情况。

《国家税务总局关于确认企业所得税收入若干问题的通知》（国税函〔2008〕875号）规定：

> 二、企业在各个纳税期末，提供劳务交易的结果能够可靠估计的，应采用完工进度（完工百分比）法确认提供劳务收入。
>
> （一）提供劳务交易的结果能够可靠估计，是指同时满足下列条件：
>
> 1. 收入的金额能够可靠地计量；
>
> 2. 交易的完工进度能够可靠地确定；
>
> 3. 交易中已发生和将发生的成本能够可靠地核算。
>
> （二）企业提供劳务完工进度的确定，可选用下列方法：
>
> 1. 已完工作的测量；
>
> 2. 已提供劳务占劳务总量的比例；
>
> 3. 发生成本占总成本的比例。

《企业会计准则第15号——建造合同》规定：

> 第十八条　在资产负债表日，建造合同的结果能够可靠估计的，应当根据完工百分比法确认合同收入和合同费用。
>
> 完工百分比法，是指根据合同完工进度确认收入与费用的方法。

财税〔2016〕36号文件附件1《营业税改征增值税试点实施办法》明确：

> 第四十五条　增值税纳税义务、扣缴义务发生时间为：
>
> （一）纳税人发生应税行为并收讫销售款项或者取得索取销售款项凭据的当天；先开具发票的，为开具发票的当天。
>
> 收讫销售款项，是指纳税人销售服务、无形资产、不动产过程中或者完成后收到款项。
>
> 取得索取销售款项凭据的当天，是指书面合同确定的付款日期；未签订书面合同或者书面合同未确定付款日期的，为服务、无形资产转让完成的当天或者不动产权属变更的当天。

根据国税函〔2008〕875号文件与财税〔2016〕36号文件间的差异，可以得出结论，企业所得税和企业会计准则都要求EPC工程总承包建造合同应按完工百分比法确认合同收入和合同费用。但增值税不考虑工程节点问题，只是要求在发生应税行为的同时还要收讫销售款项或者取得索取销售款项凭据。而PPP模式本身就是一种投融资方向政府融资的模式，即先构建交付，之后政府通过授予特许经营给付，因此，相比于财务上和企业所得税上的收入确认时间，增值税纳税义务的确认时间一般情况下会有所延迟。

5. EPC项目收取了预收款的，其税收如何处理?

答：财税〔2016〕36号文件附件1《营业税改征增值税试点实施办法》规定：

> 第四十五条　增值税纳税义务、扣缴义务发生时间为：
>
> 纳税人提供建筑服务、租赁服务采取预收款方式的，其纳税义务发生时间为收到预收款的当天。

一般项目公司与EPC总包方会按合同约定的节点支付工程款。EPC总包商如收到项目公司给付的预付款项，即是其纳税义务发生时间。

20.3 PPP基础知识类问题

1. 什么是PPP?

答：PPP是public-private-partnership的首字母缩写，常译为“政府与社会资本合作机制”，是指政府为了建设基础设施项目，或是为提供某种公共物品和服务，按照一定的程序和方式，与投融资方（社会资本方）间，以政府购买服务合同、特许经营协议为基础，明确双方的权利和义务，发挥双方优势，形成一种伙伴式的合作关系，并通过签署合同来明确双方的权利和义务，以确保合作的顺利完成。由社会资本向公众提供公用产品与服务的方式，提高质量和供给效率，最终使合作各方达到比预期单独行动更为有利的结果。政府推行PPP模式的目的是缓解公共基础设施建设的资金缺口，而社会资本参与的目的是从基础设施建设中获得稳定的收益。20世纪90年代后，作为一种新型的融资模式，PPP模式逐渐兴盛起来。在公共基础设施领域中扮演着重要角色。

对PPP内涵的界定有广义和狭义之分，广义的PPP泛指政府与社会资本为提供公共产品或服务而建立的各种合作关系；狭义的PPP可以理解为一系列项目融资模式的总称，是指政府与社会资本为共同参与生产和提供物品和服务的制度安排，是一种项目融资方式，如特许经营、租赁合同模式、管理合同模式等。

2. PPP 模式有哪些主要形式?

答：PPP 项目的具体运作模式主要有以下几种：

（1）委托运营（Operations & Maintenance，O&M）。O&M 是指政府将存量公共资产的运营维护职责委托给社会资本方或项目公司，社会资本方或项目公司不负责用户服务的政府和社会资本合作项目运作方式。政府保留资产所有权，只向社会资本方或项目公司支付委托运营费。

（2）管理合同（Management Contract，MC）。MC 是指政府将存量公共资产的运营、维护及用户服务职责授权给社会资本方或项目公司的项目运作方式。政府保留资产所有权，只向社会资本方或项目公司支付管理费。

（3）建设—运营—移交（Build-Operate-Transfer，BOT）。BOT 是指由社会资本方或项目公司承担新建项目设计、融资、建造、运营、维护和用户服务职责，合同期满后项目资产及相关权利等移交给政府的项目运作方式。

（4）建设—拥有—运营（Build-Own-Operate，BOO）。BOO 由 BOT 方式演变而来，二者的区别主要是 BOO 方式下社会资本方或项目公司拥有项目所有权，但必须在合同中注明保证公益性的约束条款，一般不涉及项目期满移交。

（5）转让—运营—移交（Transfer-Operate-Transfer，TOT）。TOT 是指政府将存量资产所有权有偿转让给社会资本方或项目公司，并由其负责运营、维护和用户服务，合同期满后资产及其所有权等移交给政府的项目运作方式。

（6）改建—运营—移交（Rehabilitate-Operate-Transfer，ROT）。ROT 是指政府在 TOT 模式的基础上，增加改扩建内容的项目运作方式。

（7）租赁—运营—移交（Lease-Operate-Transfer，LOT）。LOT 是一种将存量及新建公共资产的运营管理职责、维护职责以及用户服务职责转移给社会资本方的 PPP 运作模式，政府仍然承担公共资产投资的职责并保留公共资产的所有权。社会资本方通过向使用者收费的方式回收运营维护成本，同时将部分收费返还给政府，作为存量公共资产租赁费用并用于新增资本性支出。LOT 模式的应用目的在于引入先进的运营管理技能和经验提高公共服务水平，进而改善公共资产经营绩效，为政府持续投资提供资金支持。LOT 模式在国内的独立应用较少，通常与 BOT 等其他运作模式组合应用。

PPP 业务的其他模式都是在上述模式的基础上衍生出来的，只要掌握了上述模式的基本内容，就可以较好地了解 PPP 项目。

3. 什么是 PPP 项目综合信息平台项目库?

答：信息公开是促进 PPP 市场科学、规范和可持续发展的重要措施，是对《关于规范政府和社会资本合作（PPP）综合信息平台运行的通知》（财金〔2015〕166 号）等政策的具体落实。按照财政部 PPP 工作领导小组的统一部署，PPP 综合信息平台项目库于 2016 年 2 月 29 日在财政部 PPP 中心网站（www. cpppc. org）首次公开，披露全国 PPP 项目信息。

各地的 PPP 项目信息由地方各级财政部门组织相关部门录入，并经审核通过后纳入项目库。本次公开的项目库信息，主要包括入库项目总数、投资总额和行业分布，库中每个项目的名称、所在地、实施内容、投资额、合作年限、PPP 运作方式、所处 PPP 操作阶段、联系方式等基本信息。

4. 为什么 PPP 项目要纳入项目综合信息平台项目库?

答：根据《关于规范政府和社会资本合作（PPP）综合信息平台运行的通知》（财金〔2015〕166 号）精神，PPP 综合信息平台项目库将在 PPP 项目规划、示范项目遴选、财政支出责任预算安排、PPP 项目规范运行等方面发挥重要功能。PPP 综合信息平台项目库是 PPP 项目规划的来源，是国家级和省级示范项目的备选池，是 PPP 项目政府支出责任安排的依据。

因此，PPP 综合信息平台项目库，是各地财政 PPP 项目目录的唯一来源，未纳入项目库的不得纳入各地 PPP 项目目录，原则上不得通过财政预算安排支出。

5. PPP 模式运作的基本流程是什么?

答：PPP 模式的项目前期准备阶段包括项目发起、项目准备等环节；项目招投标实施阶段包括协议编制、竞争性程序、协议签署等环节；项目实施阶段包括：项目建设、项目运营等环节；项目终结阶段包括项目移交、项目公司清算等环节。

6. 什么是特许经营? 只有政府才能发布特许经营项目吗?

答：特许经营分两大类，政府特许经营（concession）和商业特许经营（franchise)，从英文单词可以看出，在国外，政府特许经营和商业特许经营是有着严格的区别的。目前，PPP 项目及相关文书中所说的特许经营一般特指政府特许经营。社会资本参与公共产品（服务）的提供，通常需要政府的授权。在我国的《基础设施和公用事业特许经营法（征求意见稿）》（2014 年 5 月 3 日稿）中特别指出，政府特许经营是指“各级人民政府依法选择中华人民共和国内外的企业法人或者其他组织，并签订协议，授权企业法人或者其他组织在一定期限和范围内建设运营或者经营特定基础设施和公用事业，提供公共产品或者公共服务的活动”。

7. PPP 项目公司是个什么组织？为何大部分 PPP 项目会选择设立项目公司？

答：PPP 项目公司是为实施 PPP 项目这一特殊目的而设立的公司，通常作为项目建设的实施者和运营者而存在，因此，常被称作“特别目的载体”（special purpose vehicle，SPV）。PPP 项目公司是依法设立的自主运营、自负盈亏的具有独立法人资格的经营实体，作为 PPP 项目合同及项目其他相关合同的签约主体，负责项目的具体实施。项目投资人通过股东协议明确项目公司的设立和融资、经营范围、股东权利、股东承诺、股东的商业计划、股权转让等事宜。

设立 PPP 项目公司并未硬性规定，但是在实际操作中，绝大部分 PPP 项目都是通过设立 SPV 这一特殊目的载体，负责资本金投资、项目融资、建设、运营期的运营及维护、财务管理等事宜，保证 PPP 项目正常通行运营。原因如下：

（1）表外融资。从政府角度看，推广 PPP 模式的一大动机是缓解地方财政压力。成立 PPP 项目公司后，政府并未控股或未实际控制该公司行为，因此，政府参股项目公司的投资直接显示为对外投资，后续 PPP 项目公司融通资金后，亦不需计入政府的资产负债表，可使这部分负债“脱表”，有效减轻政府负债，与尚未剥离的地方融资平台融资后直接计入负债项的会计核算方式不太相同。

（2）有限追索，风险隔离。设立项目公司能在一定程度上实现项目风险的隔离，一旦出现风险，债权人只能向 PPP 项目公司进行有限追索而不会影响到投资人的资产（投资人为项目公司对外融资提供担保的除外）。

（3）明确权责利。设立项目公司后，会对各参与方的出资责任、相关权利和义务进行合理的分配，权责利十分明晰。

8. PPP 项目的融资主体是 SPV 项目公司，该公司以何种方式提供担保？

答：PPP 项目的融资主体是 SPV 项目公司，该公司以建设的项目资产为政府方提供公共产品或公共服务，政府方通过可用性付费方式支付服务费，在运营年度另行支付运营维护绩效服务费。也就是说，项目公司从政府方获得在运营期内的收费权，以政府方提供的收益权向金融机构提供抵押担保。

SPV 项目公司在向金融机构申请项目贷款时需提供以下材料：SPV 项目公司的基础材料，PPP 项目合同，PPP 的合法性证明（项目财政承受能力论证报告、项目物有所值论证报告、项目实施方案及批复文件），PPP 项目入财政库证明文件，地方（城市或县级）人大或其常委会将项目购买服务费或绩效服务费还款列入中长期财政规划以及纳入年度一般性财政支出预算的决议，金融机构要求提供的其他融资材料。

20.4 PPP 项目财税核算类问题

1. PPP 模式中的 BOT 业务应满足哪些基本条件?

答：BOT 业务应满足下列基本条件：

（1）BOT 业务的合同授予方为政府及其有关部门或政府授权进行招标的企业。类同于 BT 项目，但非政府及其有关部门或非政府授权进行招标的企业发布的商业特许经营项目不属于 BOT 项目。从 PPP 模式的全称“政府与社会资本合作”也可以看出，项目的发起、授予一方必须是政府或得到政府授权的企业。

（2）条件二针对的是参与 BOT 项目的另一方，即社会资本方，也称投融资方、项目中标方等，在签订特许经营权合同后，多数都是另行成立项目公司（SPV），由新成立的项目公司继续项目的建设和运营。《PPP 项目合同指南（试行）》（财金〔2014〕156 号文件发布）明确：“在 PPP 实践中，社会资本通常不会直接作为 PPP 项目的实施主体，而会专门针对该项目成立项目公司，作为 PPP 项目合同及项目其他相关合同的签约主体，负责项目具体实施。”由于绝大多数项目设施的工程造价比较高，且对施工方有一定的资质要求，因此项目公司一般需要再将项目发包给施工承建方（通常就是成立项目公司的投融资方，也可能是社会第三方）。项目公司接收施工方交付的项目后，要按合同规定的期限内负责后续的经营或运维服务。

（3）条件三则重点对特许经营合同的内容与格式提出了一定的约束性要求，对所建造基础设施的质量标准、工期、开始经营后提供服务的对象、收费标准及后续调整做出约定，保证了工程质量，也限定了投融资方的后续服务质量、盈利上限等。后续调整项对参与项目的双方而言，都是一个兜底项，可以保护双方取得一定的利益。合同期满后，合同投资方应将有关基础设施移交给合同授予方，基础设施在移交时的性能、状态等还要符合合同要求的，如未达到，投资方还要按合同要求进行修缮、修复，因此，又涉及《企业会计准则第 13 号——或有事项》所规定的内容。

2. 项目公司自身提供建造服务，依据什么标准确认金融资产或无形资产?

答：确认金融资产或无形资产，主要依据项目公司收费的对象和金额。

(1) 一种常见的情形是：合同规定基础设施建成后，根据合同约定的特许经营期限和金额，项目公司可以无条件地自合同授予方收取确定金额的货币资金或其他金融资产（政府付费模式）；或在项目公司提供经营服务的收费低于某一限定金额的情况下，合同授予方按照合同规定负责将有关差价补偿给项目公司（可行性缺口补助模式）。此种情形下，在确认（建造）收入的同时确认金融资产，并按照《企业会计准则第 22 号——金融工具确认和计量》的规定处理。

(2) 如果合同规定项目公司在有关基础设施建成后，在从事经营的一定期间内，有权利向获取服务的对象收取费用（使用者付费模式），但收费金额不确定，则该收取费用权利不构成一项无条件收取现金的权利，项目公司应当在确认收入的同时确认无形资产。但一般合同会对此模式设定调整机制，框定收入的上限，防止项目公司获得超额利润。

3. 项目公司自身不提供建造服务，而是向施工企业支付工程款，依据什么标准确认金融资产或无形资产?

答：在项目公司自身不提供建造服务的情况下，由于基础设施的建造都有一定资质要求，因此很少有项目公司刚成立就能够合法地直接提供建造服务的。项目公司通常将项目的建造工作发包，由中标的建设单位（一般就是合同的投资方）进行施工，项目公司作为建设期间的“业主”进行项目管理，起到类似于代建的作用。

此时的项目公司不确认建造收入。《企业会计准则解释第 2 号》（以下简称 2 号解释）要求按照建造过程中支付的工程价款等考虑合同规定，确认金融资产或无形资产。基础设施建成后，项目公司则按照《企业会计准则第 14 号——收入》确认来自后续经营服务的收入。在此处，2 号解释的说明并不清楚，建造过程中支付的工程价款与项目公司是按金融资产还是无形资产核算之间没有关系。

建议对项目公司不提供建造服务的情况，确认金融资产或无形资产的标准参照项目公司直接提供建造服务的解释部分执行。即：

(1) 承建的建筑施工企业将建造完毕的项目基础设施交付项目公司后，根据合同约定的特许经营期限和金额，项目公司可以无条件地按支付的工程款及附生的利息、利润等，向合同授予方收取确定金额的货币资金或其他金融资产（政府付费模式)；或在项目公司提供公共服务而向使用者收取的费用低于某一限定金额的情况下，合同授予方按照合同规定负责将有关差价补偿给项目公司（可行性缺口补助模式)。按建造过程中支付的工程价款等确认金融资产，并按照《企业会计准则第22号——金融工具确认和计量》的规定处理。授予方应支付的对价，除建造过程中支付的工程价款外，还应考虑成本利润率和现值系数等因素。

《国际会计准则第32号——金融工具：列报》第11段将金融资产定义为“从另一主体收取现金或其他金融资产的合同权利”。《国际财务报告解释公告第12号——服务特许权协议》（以下简称IFRIC12）结论基础BC42认为：“国际财务报告解释委员会决定，经营方因建造服务直接从授予方无条件收取现金的现时权利应当确认为金融资产；因为协议通常由法律强制执行，授予方难以避免支付”，并且，“有形资产（如存货、不动产、厂场和设备等)、租入资产和无形资产（如专利权、商标权等）都不是金融资产。控制这些有形和无形资产能创造产生现金或其他金融资产流入的机会，但并不引起收取现金或其他金融资产的现时权利”。此项内容可近似理解为，无形资产能产生机会或现金流，属于有机会，但不代表一定会实现，或者实现数不能确定；但金融资产是一种权利，未来实现数可以精确预见。

（2）建筑施工企业将建造完毕的项目基础设施交付项目公司后，项目公司在从事特许经营的合同期间内（一般合同都约定为扣除施工期的实际运营期)，有权利向获取公共服务的对象收取使用费用（使用者付费模式)，但收费金额不确定的，该权利不构成一项无条件收取现金的权利，项目公司应当在确认收入的同时确认无形资产。

4. PPP项目公司根据合同约定，获得的可向政府收费的权利，是否需要计提坏账准备?

答：项目公司确认的应由项目授予方支付的款项，一般不存在坏账风险；对于确认的应收账款等债权，初始确认时不必折现，存续期间也不提坏账准备。

5.《企业会计准则解释第2号》对混合收费模式未作规定，应如何处理?

答：在IFRIC12结论基础BC53中，国际财务报告解释委员会认为，如果经营方因其建造服务获得的报酬一部分由金融资产支付，一部分由无形资产支付，必须单独核算经营方对价的每一部分。

需要引起注意的是，国际会计准则在此处提及的混合模式，即无形资产和金融资产各自核算的形式，不能混同为缺口补助模式。在IFRIC12结论基础BC45中，国际财务报告解释委员会解释得非常清楚，必须是“经营方因其建造服务获得的报酬一部分由金融资产支付，一部分由无形资产支付”，即政府给予投融资方的交换对价的支付方式，不是完全的金融资产模式或完全的无形资产模式，而是两种方式兼有的独特方式。比如政府授予项目公司采用使用者付费模式的同时，还有其他向政府提供的、需要由政府付费购买服务的独立的子项目（可能是因为政府采用的使用者付费模式经测算不足以支付投融资方的建造付出，如果不是延长收费时间，就可能另行以由政府付费购买服务的形式给付补价）；或者根据合同约定，在项目投入运营后，按绩效或其他指标给予项目公司补偿或奖励（不兜底，不做缺口补偿承诺）；政府购买服务项目中，项目公司超协议提供服务等。2 号解释未对混合模式进行规范，只要求可行性缺口补助模式要按金融资产进行核算，未要求将其中向公共服务使用者收费的部分单独核算为无形资产。需要指出的是，无论是政府付费还是使用者付费的形式，在一个项目内有保底收入和超额收费另行计价的模式，都不应该视为混合模式。

6. PPP 项目中的混合模式是否属于兼营的概念?

答：如果特许经营权合同规定，项目公司应提供不止一项服务（如既提供基础设施建造服务又提供建成后经营服务），当各项服务能够单独区分时，其收取或应收的对价应当按照各项服务的相对公允价值比例分配给所提供的各项服务。

IFRIC12 结论基础 BC53 明确：“如果经营方因其建造服务获得的报酬一部分由金融资产支付，一部分由无形资产支付，必须单独核算经营方对价的每一部分。”

从税法的角度看，不同的服务，尤其是不同税率的服务，就构成了兼营。财税〔2016〕36 号文件附件 1《营业税改征增值税试点实施办法》规定：

> 第三十九条　纳税人兼营销售货物、劳务、服务、无形资产或者不动产，适用不同税率或者征收率的，应当分别核算适用不同税率或者征收率的销售额；未分别核算的，从高适用税率。

从税务处理的角度看，各项服务应继续单独区分并单独核算。

7. 项目公司建造项目资产，取得 PPP 项目的特许经营权是否存在非货币性资产交换的过程?

答：社会投资人中标后，与政府方签订合资合作协议，成立 SPV 项目公司，项目公司负责项目的投资、融资、建设、运营工作。

项目公司建造项目资产后，取得 PPP 项目的特许经营权，此时存在项目公司以建造的项目资产换取PPP项目特许经营权的过程，而后SPV项目公司对项目资产进行运营，提供公共产品或公共服务，并取得项目的可用性服务费及运营维护绩效服务费。

若适用非货币性资产交换原则，则SPV项目公司相当于确认换出项目资产的销项税额，同时确认换入特许经营权的进项税额。然而，项目实施机构为政府或政府指定的单位，无法开具增值税专用发票，所以在实务操作方面尚有一定的难度。

国际会计准则已普遍认可PPP模式下的政府授予投融资方特许经营为二次交换——第一次是投融资方通过付出建造服务，进而构建出项目设施，以此换取政府方授予的特许经营权；第二次交换是投融资方耗尽特许经营权利，以此换取收益。即便如此，基于目前针对PPP项目的财税政策尚未明确，建议PPP项目公司与税务主管机关多多沟通，待政策明朗后进行调整处理。

8. PPP项目中，SPV项目公司是否可以直接将投入的构建项目设施支出直接核算为应获取的特许经营权，以此规避增值税应税环节?

答：PPP模式是指政府与社会资本合作，因此根本无法抛开政府，只以社会资本的立场单独进行核算。项目公司以对项目资产投入的金额换取了政府授予的特许经营权，并以该运营权的实际运营换取了向政府索取款项的权利。不能从政府取得款项的，即向公共服务使用人收取款项的，按无形资产核算。

由此，我们可以明确，特许经营权是由政府向社会资本设立的项目公司授予的，而非项目公司自行构建而获得的。事实上，如果项目公司可以通过自行构建获得特许经营权，那么项目公司根本没必要将自己花费巨资构建的项目设施的控制权交给政府。即使在进行财务核算时，强行将“长期应收款——××项目——××”记为“长期应收款——××政府”，也依然要进行后续的成本归集、分配，并进而核算成项目设施。或者借记“长期应收款——××项目——××”，贷记“长期应收款——××政府”，更是直接暴露了其交换的实质。所以项目公司将投入的构建项目设施支出核算为应获取的特许经营权，以此规避增值税应税环节是行不通的。

9. PPP项目中，对建造的项目设施应如何核算？可否计入在建工程和固定资产?

答：在PPP模式的BOT业务中，其所建造基础设施不作为项目公司的固定资产，这一点较易理解。因为BOT业务所建造的基础设施，按照合同约定，项目公司仅仅是建造方或“代建方”，并不对建造基础设施拥有所有权和控制权，所以按2号解释的规定，一般按对象和金额相应计入金融资产或无形资产。

在 PPP 模式的其他类型中（比较常见的如 O&M、MC 模式），如果项目公司不拥有资产的所有权或控制权，也不拥有特许经营权，只要根据合同确认运营维护及管理服务收入、成本。如果采用 BOT、TOT 和 ROT 模式，项目运作主体不享有资产的所有权或控制权，但拥有特许经营权，则应根据特许经营合同约定的未来收益的确定性程度，分别确认金融资产或无形资产；如果采用 BOO 模式（依然没有控制权），项目运作主体享有资产所有权，则应根据具体约定，判断相应资产是否可直接确认为固定资产。

10. 项目公司向施工企业发包 PPP 项目的建造工程，其支付的工程款可否计入在建工程?

答：项目公司在施工企业建造过程中向其支付工程价款，以完成金融资产或无形资产的购建。构成金融资产或无形资产的成本归集，应在支付工程款的同时即进行相应的成本归集，而不是在基础设施建造完毕后再结转入金融资产或无形资产。所以在项目施工过程中，支付的工程款不适合计入在建工程，而是应直接计入长期应收款或无形资产。

11. PPP 项目在运营中必要的大修理支出，该如何核算?

答：按照合同规定，项目公司或项目公司委托的运营机构需要对合同约定的基础设施保持一定的服务能力，在移交给合同授予方之前保持一定的使用状态。因此，必须按使用状态或使用年限继续修理、大修，预计将发生的支出，按照《企业会计准则第 13 号——或有事项》的规定处理。如果政府认可该项支出，则计入建造成本；如果属于项目运营期间的修理费用，则应计入主营业务成本。

12. 上问所称的大修实际发生后，大修理支出（尤其是在营改增之后发生的）是否要对以往已计入成本对象的金额进行追溯调整?

答：没有必要，虽然前期已开始计算预计费用，但差额通常在实际发生年度进行处理。而且，进项税额未实际发生的也不允许预提。

建议在营改增之后，为简化手续，凡计算预计负债时按不含税数计算，待大修发生时，发生的支出差额在当年处理，进项税额按实际数计算。

13. 项目公司提供多项服务的应如何处理?

答：根据 2 号解释，按照特许经营权合同规定，项目公司应提供不止一项服务

（如既提供基础设施建造服务又提供建成后经营服务；或者一种服务中有不同收费方式的）的，各项服务能够单独区分时，其收取或应收的对价应当按照各种项服务的相对公允价值比例分配给所提供的各项服务。

比如，某污水处理厂BOT项目，政府允许其执行保底处理量每月××吨，超出部分则政府不再提供缺口补助，因此污水处理单价明显下降。此种情况下，在核算时，就需要以各自的单价和吨数作为自变量，对政府支付的总对价进行分割。这并不改变还是政府付费的金融资产模式。

从税法的角度看，不同的服务，尤其是不同税率的服务，构成了兼营。财税〔2016〕36号文件附件1《营业税改征增值税试点实施办法》规定：

> 第三十九条　纳税人兼营销售货物、劳务、服务、无形资产或者不动产，适用不同税率或者征收率的，应当分别核算适用不同税率或者征收率的销售额；未分别核算的，从高适用税率。

从税务处理的角度看，各项服务必须继续单独区分并单独核算。

14. 项目公司在经营期如何确定税率？

答：PPP模式涉及项目较多，无法一一列举，只能试加以说明。在经营期，经营方提供的公共服务形式可能有多种，除一级土地开发、少数不动产出租外，多数是提供服务。

比如提供轨道运输的服务，按财税〔2016〕36号文件的规定，“其他陆路运输服务，是指铁路运输以外的陆路运输业务活动。包括公路运输、缆车运输、索道运输、地铁运输、城市轻轨运输等”，即应按11％税率计征。

又如，利用互联网收费提供基础教育的，按财税〔2016〕36号文件的规定，“增值电信服务，是指利用固网、移动网、卫星、互联网、有线电视网络，提供短信和彩信服务、电子数据和信息的传输及应用服务、互联网接入服务等业务活动”。

15. 理论上BOO不用考虑合作年限，因为无须移交，对吗？且BOO的模式比较特殊，投融资方拥有了项目资产的所有权，是否可归入PPP？

答：这样的理解是错误的。因为移交和特许经营权不是完全的一个概念，不移交不代表企业就获得了永久的特许经营权。政府完全可以在特许经营到期后，将类似的特许经营权赋予其他企业。

虽然整个BOO项目的所有权属于投融资方，但这种所有权是一种不完全的所有权，在特许经营期间，事实上经营方从来没有获得对项目资产的全部控制权，政府依然能对经营方施加影响。比如在协议中禁止经营方转让特许经营权；在协议中禁止经营方出租项目设施；在协议中只允许经营方将资产禁止用于其他途径借款的抵押；对特许经营进行绩效考核，如果经营方提供的公共服务达不到协议规定的标准，则政府可按协议约定取消已授予的特许经营权。也就是说，项目设施的资产价值，主要基于获得了特许经营权，如果没有特许经营权的支撑，则项目资产的价值必然大打折扣。金融机构在给予项目公司融资时，一般也是看重项目公司所掌握的特许经营权而非项目资产。

所以 BOO 模式依然是政府与社会资本合作的模式之一，是 PPP 模式中的一种。

16. TOT 模式下，政府或其授权的企业向项目公司移交基础设施，是否认定为销售行为?

答：不认定为销售行为。转让—运营—移交（TOT）模式指政府将存量资产所有权有偿转让给社会资本或项目公司，并由其负责运营、维护和用户服务，合同期满后资产及其所有权等移交给政府的项目运作方式。这是不存在 BOT 模式中的“B”，即建造。TOT 模式通常适用于政府已拥有一项用于提供公共服务的基础设施，但不愿自己承担提供公共服务的烦琐事项；或者还需要另行提供其他公共服务，但政府财力有限又无力承担的情形采用 TOT 模式，在避免国有资产流失的同时，又维护了政府对公共基础设施的控制权，同时，还使得政府可高效地使用财政资金。对社会资本方而言，其优点是可避免建造期间的各种风险，无须等待漫长的无收益的建造期，项目设施可立即投入运营，项目运行费用也可较准确地进行估算。因此，TOT 模式对政府和社会资本双方都有较大的吸引力。

在进行项目资产初始移交的会计核算时，应根据《企业会计准则解释第 2 号》中的内容判断社会资本或项目公司对该项目资产是否拥有控制权：

（1）项目公司对移交资产不拥有控制权的，项目公司应以移交价款作为取得无形资产或金融资产的对价进行会计核算；

（2）项目公司对移交资产拥有控制权的，可参照《企业会计准则第 4 号——固定资产》《企业会计准则第 21 号——租赁》或其他相关准则进行会计核算。

目前，有税务机关与政府间就项目设施向经营方移交时是否应当征税产生了争议。我们以为，即使是政府授权的企业作为移交方，其实质依然是代表政府完成设施的移交，不改变政府与社会资本间的合作关系。不能因为授予方是政府授权的企业，就认为是授予方向经营方发出了应税的商业特许。

对于控制权的解释，在《国际财务报告准则第 9 号——金融工具》（IFRS9）中有如下规定：

> 主体是否保留了对被转移资产的控制，取决于受让人出售该资产的能力。如果受让人具有向不相关的第三方整体出售该资产的实际能力，并且能够单方面地行使这种能力，而不需要对该转移加诸额外的限制，则主体并未保留对该资产的控制。在所有其他的情形中，主体保留了对该资产的控制。

就 TOT 协议实质而言，该项目设施在特许经营完成后，必须交还政府。因此，政府移交给企业的，与其说是具体的设施，不如说是项目设施的经营权。经营方取得资产后，不可能按自己的心愿随意处置，比如转卖、出售等。所以，TOT 项目中政府向经营方转让项目设施，与融资租赁售后回租中的承租方向租赁费出售资产，混合型投资中的融资方出售股权一样，看似是发生了应税交易，其实仅仅是一种融资方式。

在 IFRIC12 结论基础 BC69 中有如下规定：

> 对于本解释公告范围内的服务协议，为了服务协议授予方提供给经营方的预先存在的基础设施项目不应确认为经营方的不动产、厂场和设备。

该规定也从另一侧面佐证了，在 TOT 模式下，政府从未失去过对项目资产的控制权。因此，在项目设施向项目公司移交时，授予方（含政府或政府授权的单位）不应被征税。

17. PPP 项目的融资方案中，还本付息计划应如何设计?

答：SPV 项目公司融资方案的还款计划应根据项目公司的资金来源及资金余额进行设计，以确保 SPV 公司在还本付息期能按贷款合同约定还款。PPP 项目的资金来源主要是政府的可用性付费及运营维持绩效付费，所以应根据项目公司的可用性付费的付费方式来确定还款计划。

若政府方按等额本息方式支付可用性服务费，则项目融资应尽可能地采用同样的还本付息方式；若政府方采用约定的其他方式支付可用性服务费，则项目融资应尽可能地采用与之相对应的方式还本付息。

另外，SPV 公司的融资方案中的贷款期限，应结合中标条件及付款比例、资本金占项目总投资的比例进行测算确定。

18. 项目总投资的内容包括哪些?

答：财政部发布的 PPP 项目合同范本明确：对于包括新建、改扩建工程的合作项目，应在合同中明确工程建设总投资及构成。项目总投资包括建筑工程费、设备及工器具购置费、安装工程费、工程建设其他费用、基本预备费、价差预备费、建设期利息、流动资金等。

19. 项目总投资中的建设期利息的计算基数是什么？项目资本金是否包含在建设期利息的计算基数内？

建设期利息，是指工程项目在建设期间内发生并计入固定资产的利息，主要是建设期发生的支付银行贷款、出口信贷、债券等的借款利息和融资费用。

建设期利息一般不包括项目资本金在建设期内产生的利息。

20. PPP 项目投融资财务方案一般包括哪些内容？

答：PPP 项目投标的投融资财务方案一般包括社会投资人的投资方案、出资能力及方案、融资能力及方案、项目收益测算、现金流测算等内容。

21. 编写 PPP 项目投融资财务方案要准备哪些外部材料？

答：编写 PPP 项目投融资财务方案需要准备的外部材料主要包括：

（1）存款余额证明，主要证明投资人的资本金出资能力；

（2）授信额度证明、授信余额证明，主要证明社会资本方的融资能力，主要指社会投资人资本金的来源及 SPV 公司融资出现问题时，社会投资人有能力进行后续投资，以保证项目的资金需求和项目建设；

（3）针对本项目的贷款承诺函、贷款意向函，主要证明社会投资人的项目融资渠道及能力；

（4）项目公司财务管理制度，证明社会投资人有项目财务管理经验。

22. 借款费用资本化的原则与具体时点是什么？

答：根据《企业会计准则第 17 号——借款费用》的规定，借款费用确认的基本原则是：企业发生的借款费用，可直接归属于符合资本化条件的资产的购建或生产的，应予以资本化，计入相关资产成本；其他借款费用，应当在发生时根据其发生额，计入当期损益。

（1）借款费用资本化的原则。SPV 项目公司只有发生在资本化期间内的有关借款费用才允许资本化。资本化期间的确定是借款费用确认和计量的重要前提。借款费用资本化期间，是指从借款费用开始资本化时点到停止资本化时点的期间，但不包括借款费用暂停资本化的期间。

（2）借款费用开始资本化的时点。借款费用开始资本化必须同时满足三个条件，即：资产支出已经发生，借款费用已经发生，为使资产达到预定可使用状态或可销售状态所必要的购建或生产活动已经开始。

在PPP项目中，SPV项目公司在借款后，前期已发生了为取得该项资产的特许经营权发生的必要支出，借款费用已经发生，为取得该项资产的特许经营权而发生的购建活动已经开始，一般情况下均同时符合上述三个条件，相关借款费用可资本化。若在此过程中PPP合同双方另行约定，资产建造暂停导致上述条件未满足的或未同时满足，则发生的借款费用不能开始资本化，应予以费用化。

（3）借款费用暂停资本化的时间。符合资本化条件的资产在购建或生产过程中发生非正常中断且中断时间连续超过3个月的，应当暂停借款费用资本化。

要求必须是非正常中断，属于正常中断的，相关借款费用仍可资本化。在实务中，企业应当遵循“实质重于形式”等原则来判断借款费用暂停资本化的时间。如果相关资产购建或生产的中断时间较长而且满足其他规定的条件，相关借款费用应当暂停资本化。

23. PPP项目目前尚没有一例资产证券化项目落地实施，且项目公司也没有实际拥有的项目资产，可行吗？

答：2016年12月26日，国家发展改革委、中国证监会联合发布了《关于推进传统基础设施领域政府和社会资本合作（PPP）项目资产证券化相关工作的通知》（发改投资〔2016〕2698号），这是国家发展改革委和证监会首次联合发文力推“PPP＋ABS”的创新融资模式。该通知要求：“要优先选取符合国家发展战略、主要社会资本参与方为行业龙头企业的PPP项目开展资产证券化。”更明确提出：“各省级发展改革委于2017年2月17日前，推荐1～3个首批拟进行证券化融资的传统基础设施领域PPP项目，正式行文报送国家发展改革委。国家发展改革委将从中选取符合条件的PPP项目，加强支持辅导，力争尽快发行PPP项目证券化产品，并及时总结经验、交流推广。”

虽然目前开展的ABS还不是很适应PPP模式，但只要政策到位，在项目进入运营阶段后，项目公司已能够获取稳定的现金流，是能够以项目通过公共服务后收取的收益和政府补贴作为基础资产发型资产专项（支持）计划的。对于项目在建期间的ABS计划，则需要更加专业和细致的模式设计来完成。

24. 什么是可用性付费？什么是绩效付费？

答：可用性付费，指项目公司为本项目建设符合适用法律及协议规定的竣工验收标准的公共资产之目的投入的资本性总支出而需要获得的服务收入，主要包括项目建设总投资（含前期费用）、投资成本、税费及必要的合理回报。

绩效付费（performance payment）是指政府依据项目公司所提供的公共产品或服务的质量付费，通常会与可用性付费或者使用量付费搭配使用。在按绩效付费的项目中，政府与项目公司通常会明确约定项目的绩效标准，并将政府付费与项目公司的绩效表现挂钩，如果项目公司未能达到约定的绩效标准，则会扣减相应的付费。

绩效付费，在实例中又称为绩效运维付费、运费付费、按效付费、运营管理付费等。

25. PPP项目可用性付费的付款方式有哪些？

答：PPP项目可用性付费的付款方式主要分为四种：等额本息、等额本金、等额本金终值、其他约定方式。

（1）等额本息。在运营期范围内支付金额均相等，公式为：

$$\text{每期还款额}=\left[\text{贷款本金}\times\text{每期利率}\times\left(1+\text{每期利率}\right)^{\text{还款期数}}\right]\div\left[\left(1+\text{每期利率}\right)^{\text{还款期数}}-1\right]$$

（2）等额本金。在还款期内把贷款数总额等分，每期偿还同等数额的本金和剩余贷款在该期所产生的利息，这样由于每期的还款本金额固定，而利息越来越少，借款人起初还款压力较大，但是随时间的推移每期还款数也越来越少。公式为：

$$\text{每期还款金额}=(\text{贷款本金}/\text{还款期数})+(\text{本金}-\text{已归还本金累计额})\times\text{每期利率}$$

（3）等额本金终值。即财金〔2015〕21号文件列明的公式：

$$\text{每期可用性付费金额}=\frac{\text{项目全部建设成本}\times(1+\text{合理利润率})\times(1+\text{年度折现率})^{n}}{\text{财政运营补贴周期(年)}}$$

计算公式的结果是本金平分为若干等份，在运营期内，可用性服务费金额前期小、后期大。

（4）其他约定方式。是指合同双方约定的按约定比例支付的方式，此种方式由政府方根据政府财政承受能力进行测算。

26. SPV项目公司是否纳入投融资社会资本方的报表合并范围?

答：根据《企业会计准则第33号——合并财务报表》第二章第六条至第十条的相关规定，合并财务报表的合并范围应当以控制为基础予以确定。

（一）母公司直接或通过子公司间接拥有被投资单位半数以上的表决权，表明母公司能够控制被投资单位，应当将该被投资单位认定为子公司，纳入合并财务报表的合并范围。但是，有证据表明母公司不能控制被投资单位的除外。

（二）母公司拥有被投资单位半数或以下的表决权，且满足下列条件之一的，视为母公司能够控制被投资单位，但是，有证据表明母公司不能控制被投资单位的除外：

（1）通过与被投资单位其他投资者之间的协议，拥有被投资单位半数以上的表决权。

（2）根据公司章程或协议，有权决定被投资单位的财务和经营政策。

（3）有权任免被投资单位的董事会或类似机构的多数成员。

（4）在被投资单位的董事会或类似机构占多数表决权。

（三）在确定能否控制被投资单位时，应当考虑投资企业和其他企业持有的被投资单位的当期可转换的可转换公司债券、当期可执行的认股权证等潜在表决权因素。

（四）所有子公司都应纳入母公司的合并财务报表的合并范围。

综上，只要是由母公司控制的子公司，不论子公司的规模大小、子公司向母公司转移资金能力是否受到严格限制，也不论子公司的业务性质与母公司或企业集团内其他子公司是否有显著差别，都应当纳入合并财务报表的合并范围。

我们在判断SPV公司是否要纳入社会投资人的报表合并范围时，一定要分析社会投资人是否能实际控制该SPV公司。

27. PPP项目的财务处理方式有哪些？其适用条件分别是什么?

答：(1) 金融资产模式。适用情形：合同规定基础设施建成后的确定的运营期内，项目公司可以无条件地向合同授予方（政府方）收取可确定金额的货币资金或其他金融资产；或在项目公司提供运营服务的收费低于某一限定金额的情况下，合同授予方按照合同规定负责将有关差价补偿给项目公司。也就是说项目公司在运营期内可收取可确定的金融的货币或其他金融资产的，使用金融资产模式。

（2）无形资产模式。适用情形：合同规定项目公司在有关基础设施竣工验收后，在项目运营期内有权利向获取服务的对象收取费用，但收费金额不确定，该权利不构成一项无条件收取可确定金额的货币资金或其他金融资产的权利。

（3）混合模式。适用情形：同一个项目内的不同子项目的收费，既有可确定的收费金额也有不确定的收费金额。

具体使用哪种财务处理模式，根据项目的可用性付费方式进行确定。

28. SPV 项目公司取得的 PPP 项目可用性服务费适用什么税率?

答：SPV 项目公司取得的 PPP 项目可用性服务费，属于项目公司运用特许经营权取得的服务费收入，根据财税〔2016〕36 号文件关于增值税税率的规定，多数情况下属于不动产租赁服务及销售不动产，其适用税率为 11%。

也有观点认为，SPV 项目公司取得 PPP 项目可用性服务费适用财税〔2016〕36 号文件第十五条“增值税率（一）纳税人发生应税行为，除本条第（二）项、第（三）项、第（四）项规定外，税率为 6%”的规定。但我们认为，该观点可适用范围较小，除极个别案例外，正常情况下可以不予考虑。

REFERENCES

参考文献

[1] 汤明，裴劲松，吕海军. 建筑企业 BT、BOT 项目投资管理及案例分析 [M]. 北京：北京交通大学出版社，2015.

[2] 王伍仁. EPC工程总承包管理 [M]. 北京：中国建筑工业出版社，2008.

[3] 张水波，陈勇强. 国际工程总承包 EPC 交钥匙合同与管理 [M]. 北京：中国电力出版社，2009.

[4] 杨俊杰，王力尚，余时立. EPC 工程总承包项目管理面板及操作实例 [M]. 北京：中国建筑工业出版社，2014.

[5] 盛和太，王守清. 特许经营项目融资（PPP/BOT）资本结构选择 [M]. 北京：清华大学出版社，2015.

[6] 曹珊. 政府和社会资本合作（PPP）项目法律实务 [M]. 北京：法律出版社，2016.

[7] 林华. PPP 与资产证券化 [M]. 北京：中信出版社，2016.

[8] 周兰萍. PPP 项目运作实务 [M]. 北京：法律出版社，2016.

[9] 财政部政府和社会资本合作中心. PPP 项目会计核算方法探讨 [M]. 北京：经济科学出版社，2015.

[10] 财政部政府和社会资本合作中心. 政府和社会资本合作项目会计核算案例

[M]. 北京：中国商务出版社，2014.

[11] 孙赫. 我国 BOO 项目会计处理研究 [D]. 北京：财政部财政科学研究所，2015.

[12] 赵建. 内蒙古呼（和浩特）至准（格尔）铁路项目实施 BOO 模式的合同管理研究 [D]. 成都：四川大学，2006.

[13] 侯龙. BOT+EPC 模式下公路特许经营权投资会计核算研究 [D]. 西安：长安大学，2014.

[14] 沈吉，季伟伟，陈栋. 国际会计准则的发展对中国会计准则改革的影响分析——兼论金融工具准则改革的具体影响 [D]. 南京：南京理工大学，2014.

[15] 程璐. 施工企业 BT 项目运作及会计核算研究 [D]. 西安：长安大学，2015.

[16] 张君. PPP 模式下公共体育场馆建设的会计核算探讨 [J]. 会计之友，2014 (28).

[17] 王李平. 常见 PPP 项目运作模式会计核算管见 [J]. 财会月刊，2016 (16).

[18] 王宗刚. PPP 模式会计核算初步探讨 [J]. 河北企业，2015 (10).

[19] 许涛. PPP 模式下会计核算相关问题研究 [J]. 国际商务财会，2015 (12).

[20] 包湘海. BOO 模式在油田企业的应用研究 [J]. 经济师，2014 (14).

[21] 刘运华. PPP 投资与建设模式下会计问题研究 [J]. 国际商务财会，2015 (5).

[22] 郑自爱. PPP 项目会计核算相关问题思考 [J]. 现代商业，2015 (26).

[23] 何双杉. 论我国 PPP 项目会计核算的完善 [J]. 时代金融，2015 (5).

[24] 冷卫华. 浅析 PPP 模式下会计核算问题 [J]. 财会学习，2016 (2).

[25] 方卫士. 建筑企业集团 BT 项目会计核算研究——以福建大农景观建设有限公司为例 [J]. 商业经济，2014 (12).

[26] 黄孝群. BT 工程项目会计核算探讨——以重庆牛滴路工程为例 [J]. 财会月刊，2010 (6).

[27] 王光辉. EPC 项目建造合同准则应用探讨 [J]. 会计师，2015 (5).

[28] 郑琼彬. 浅谈 BT 项目公司会计核算——以珠海横琴新区市政基础设施 BT 项目为例 [J]. 财经界（学术版），2013 (1).

[29] 朱晓玲. BT 项目会计核算及营业税探讨 [J]. 财会通讯，2014 (3).

[30] 王耀辉，马荣国. 基础设施建设 BT 项目融资风险模糊评价 [J]. 交通运输工程学报，2009 (6).

[31] 付军. BT 项目会计处理与涉税事务探讨 [J]. 财政监督，2010 (4).

[32] 林军辉. 试析 BT 项目中的会计处理的关键点 [J]. 低碳世界，2015 (1).

[33] 王立群. 项目融资 BT 模式下会计核算方法的应用探讨 [J]. 财会学习，2009 (3).

[34] 陈建华. EPC 总承包项目的会计核算方式探讨 [J]. 经营管理者，2015 (33).

[35] 冯兆杰，崔金满. "延期付款 EPC 项目"的会计核算 [J]. 财会月刊（理论），2015 (10).

[36] 王飞. 浅谈设计企业 EPC 总承包项目会计核算模式选择 [J]. 当代会计，2014 (2).

[37] 张军. 浅析施工企业执行建造合同准则的问题及对策 [J]. 企业研究，2014 (5).

APPENDIX

重要法规文件

企业会计准则解释第2号

（财会〔2008〕11号文件发布）

一、同时发行A股和H股的上市公司，应当如何运用会计政策及会计估计？

答：内地企业会计准则和香港财务报告准则实现等效后，同时发行A股和H股的上市公司，除部分长期资产减值损失的转回以及关联方披露两项差异外，对于同一交易事项，应当在A股和H股财务报告中采用相同的会计政策、运用相同的会计估计进行确认、计量和报告，不得在A股和H股财务报告中采用不同的会计处理。

二、企业购买子公司少数股东拥有对子公司的股权应当如何处理？企业或其子公司进行公司制改制的，相关资产、负债的账面价值应当如何调整？

答：（一）母公司购买子公司少数股权所形成的长期股权投资，应当按照《企业会计准则第2号——长期股权投资》第四条的规定确定其投资成本。

母公司在编制合并财务报表时，因购买少数股权新取得的长期股权投资与按照新增持股比例计算应享有子公司自购买日（或合并日）开始持续计算的净资产份额之间的差额，应当调整所有者权益（资本公积），资本公积不足冲减的，调整留存收益。

上述规定仅适用于本规定发布之后发生的购买子公司少数股权交易，之前已经发生的购买子公司少数股权交易未按照上述原则处理的，不予追溯调整。

（二）企业进行公司制改制的，应以经评估确认的资产、负债价值作为认定成本，该成本与其账面价值的差额，应当调整所有者权益；企业的子公司进行公司制改制的，母公司通常应当按照《企业会计准则解释第1号》的相关规定确定对子公司长期股权投资的成本，该成本与长期股权投资账面价值的差额，应当调整所有者权益。

三、企业对于合营企业是否应纳入合并财务报表的合并范围?

答：按照《企业会计准则第33号——合并财务报表》的规定，投资企业对于与其他投资方一起实施共同控制的被投资单位，应当采用权益法核算，不应采用比例合并法。但是，如果根据有关章程、协议等，表明投资企业能够对被投资单位实施控制的，应当将被投资单位纳入合并财务报表的合并范围。

四、企业发行认股权和债券分离交易的可转换公司债券，其认股权应当如何进行会计处理?

答：企业发行认股权和债券分离交易的可转换公司债券（以下简称分离交易可转换公司债券），其认股权符合《企业会计准则第22号——金融工具确认和计量》和《企业会计准则第37号——金融工具列报》有关权益工具定义的，应当按照分离交易可转换公司债券发行价格，减去不附认股权且其他条件相同的公司债券公允价值后的差额，确认一项权益工具（资本公积）。

企业对于本规定发布之前已经发行的分离交易可转换公司债券，应当进行追溯调整。

五、企业采用建设经营移交方式（BOT）参与公共基础设施建设业务应当如何处理?

答：企业采用建设经营移交方式（BOT）参与公共基础设施建设业务，应当按照以下规定进行处理：

（一）本规定涉及的BOT业务应当同时满足以下条件：

1. 合同授予方为政府及其有关部门或政府授权进行招标的企业。

2. 合同投资方为按照有关程序取得该特许经营权合同的企业（以下简称合同投资方）。合同投资方按照规定设立项目公司（以下简称项目公司）进行项目建设和运营。项目公司除取得建造有关基础设施的权利以外，在基础设施建造完成以后的一定期间内负责提供后续经营服务。

3. 特许经营权合同中对所建造基础设施的质量标准、工期、开始经营后提供服务的对象、收费标准及后续调整作出约定，同时在合同期满，合同投资方负有将有关基础设施移交给合同授予方的义务，并对基础设施在移交时的性能、状态等作出明确规定。

（二）与 BOT 业务相关收入的确认。

1. 建造期间，项目公司对于所提供的建造服务应当按照《企业会计准则第 15 号——建造合同》确认相关的收入和费用。基础设施建成后，项目公司应当按照《企业会计准则第 14 号——收入》确认与后续经营服务相关的收入。

建造合同收入应当按照收取或应收对价的公允价值计量，并分别以下情况在确认收入的同时，确认金融资产或无形资产：

（1）合同规定基础设施建成后的一定期间内，项目公司可以无条件地自合同授予方收取确定金额的货币资金或其他金融资产的；或在项目公司提供经营服务的收费低于某一限定金额的情况下，合同授予方按照合同规定负责将有关差价补偿给项目公司的，应当在确认收入的同时确认金融资产，并按照《企业会计准则第 22 号——金融工具确认和计量》的规定处理。

（2）合同规定项目公司在有关基础设施建成后，从事经营的一定期间内有权利向获取服务的对象收取费用，但收费金额不确定的，该权利不构成一项无条件收取现金的权利，项目公司应当在确认收入的同时确认无形资产。

建造过程如发生借款利息，应当按照《企业会计准则第 17 号——借款费用》的规定处理。

2. 项目公司未提供实际建造服务，将基础设施建造发包给其他方的，不应确认建造服务收入，应当按照建造过程中支付的工程价款等考虑合同规定，分别确认为金融资产或无形资产。

（三）按照合同规定，企业为使有关基础设施保持一定的服务能力或在移交给合同授予方之前保持一定的使用状态，预计将发生的支出，应当按照《企业会计准则第 13 号——或有事项》的规定处理。

（四）按照特许经营权合同规定，项目公司应提供不止一项服务（如既提供基础设施建造服务又提供建成后经营服务）的，各项服务能够单独区分时，其收取或应收的对价应当按照各项服务的相对公允价值比例分配给所提供的各项服务。

（五）BOT 业务所建造基础设施不应作为项目公司的固定资产。

（六）在BOT业务中，授予方可能向项目公司提供除基础设施以外其他的资产，如果该资产构成授予方应付合同价款的一部分，不应作为政府补助处理。项目公司自授予方取得资产时，应以其公允价值确认，未提供与获取该资产相关的服务前应确认为一项负债。

本规定发布前，企业已经进行的BOT项目，应当进行追溯调整；进行追溯调整不切实可行的，应以与BOT业务相关的资产、负债在所列报最早期间期初的账面价值为基础重新分类，作为无形资产或是金融资产，同时进行减值测试；在列报的最早期间期初进行减值测试不切实可行的，应在当期期初进行减值测试。

六、售后租回交易认定为经营租赁的，应当如何进行会计处理？

答：企业的售后租回交易认定为经营租赁的，应当分别以下情况处理：

（一）有确凿证据表明售后租回交易是按照公允价值达成的，售价与资产账面价值的差额应当计入当期损益。

（二）售后租回交易如果不是按照公允价值达成的，售价低于公允价值的差额，应计入当期损益；但若该损失将由低于市价的未来租赁付款额补偿时，有关损失应予以递延（递延收益），并按与确认租金费用相一致的方法在租赁期内进行分摊；如果售价大于公允价值，其大于公允价值的部分应计入递延收益，并在租赁期内分摊。

国务院关于创新重点领域投融资机制鼓励社会投资的指导意见

（国发〔2014〕60号）

各省、自治区、直辖市人民政府，国务院各部委、各直属机构：

为推进经济结构战略性调整，加强薄弱环节建设，促进经济持续健康发展，迫切需要在公共服务、资源环境、生态建设、基础设施等重点领域进一步创新投融资机制，充分发挥社会资本特别是民间资本的积极作用。为此，特提出以下意见。

一、总体要求

（一）指导思想。全面贯彻落实党的十八大和十八届三中、四中全会精神，按照党中央、国务院决策部署，使市场在资源配置中起决定性作用和更好发挥政府作用，打破行业垄断和市场壁垒，切实降低准入门槛，建立公平开放透明的市场规则，营造权利平等、机会平等、规则平等的投资环境，进一步鼓励社会投资特别是民间投资，盘活存量、用好增量，调结构、补短板，服务国家生产力布局，促进重点领域建设，增加公共产品有效供给。

（二）基本原则。实行统一市场准入，创造平等投资机会；创新投资运营机制，扩大社会资本投资途径；优化政府投资使用方向和方式，发挥引导带动作用；创新融资方式，拓宽融资渠道；完善价格形成机制，发挥价格杠杆作用。

二、创新生态环保投资运营机制

（三）深化林业管理体制改革。推进国有林区和国有林场管理体制改革，完善森林经营和采伐管理制度，开展森林科学经营。深化集体林权制度改革，稳定林权承包关系，放活林地经营权，鼓励林权依法规范流转。鼓励荒山荒地造林和退耕还林林地林权依法流转。减免林权流转税费，有效降低流转成本。

（四）推进生态建设主体多元化。在严格保护森林资源的前提下，鼓励社会资本积极参与生态建设和保护，支持符合条件的农民合作社、家庭农场（林场）、专业大户、林业企业等新型经营主体投资生态建设项目。对社会资本利用荒山荒地进行植树造林的，在保障生态效益、符合土地用途管制要求的前提下，允许发展林下经济、森林旅游等生态产业。

（五）推动环境污染治理市场化。在电力、钢铁等重点行业以及开发区（工业园区）污染治理等领域，大力推行环境污染第三方治理，通过委托治理服务、托管运营服务等方式，由排污企业付费购买专业环境服务公司的治污减排服务，提高污染治理的产业化、专业化程度。稳妥推进政府向社会购买环境监测服务。建立重点行业第三方治污企业推荐制度。

（六）积极开展排污权、碳排放权交易试点。推进排污权有偿使用和交易试点，建立排污权有偿使用制度，规范排污权交易市场，鼓励社会资本参与污染减排和排污权交易。加快调整主要污染物排污费征收标准，实行差别化排污收费政策。加快在国内试行碳排放权交易制度，探索森林碳汇交易，发展碳排放权交易市场，鼓励和支持社会投资者参与碳配额交易，通过金融市场发现价格的功能，调整不同经济主体利益，有效促进环保和节能减排。

三、鼓励社会资本投资运营农业和水利工程

（七）培育农业、水利工程多元化投资主体。支持农民合作社、家庭农场、专业大户、农业企业等新型经营主体投资建设农田水利和水土保持设施。允许财政补助形成的小型农田水利和水土保持工程资产由农业用水合作组织持有和管护。鼓励社会资本以特许经营、参股控股等多种形式参与具有一定收益的节水供水重大水利工程建设运营。社会资本愿意投入的重大水利工程，要积极鼓励社会资本投资建设。

（八）保障农业、水利工程投资合理收益。社会资本投资建设或运营管理农田水利、水土保持设施和节水供水重大水利工程的，与国有、集体投资项目享有同等政策待遇，可以依法获取供水水费等经营收益；承担公益性任务的，政府可对工程建设投资、维修养护和管护经费等给予适当补助，并落实优惠政策。社会资本投资建设或运营管理农田水利设施、重大水利工程等，可依法继承、转让、转租、抵押其相关权益；征收、征用或占用的，要按照国家有关规定给予补偿或者赔偿。

（九）通过水权制度改革吸引社会资本参与水资源开发利用和保护。加快建立水权制度，培育和规范水权交易市场，积极探索多种形式的水权交易流转方式，允许各地通过水权交易满足新增合理用水需求。鼓励社会资本通过参与节水供水重大水利工程投资建设等方式优先获得新增水资源使用权。

（十）完善水利工程水价形成机制。深入开展农业水价综合改革试点，进一步促进农业节水。水利工程供非农业用水价格按照补偿成本、合理收益、优质优价、公平负担的原则合理制定，并根据供水成本变化及社会承受能力等适时调整，推行两部制水利工程水价和丰枯季节水价。价格调整不到位时，地方政府可根据实际情况安排财政性资金，对运营单位进行合理补偿。

四、推进市政基础设施投资运营市场化

（十一）改革市政基础设施建设运营模式。推动市政基础设施建设运营事业单位向独立核算、自主经营的企业化管理转变。鼓励打破以项目为单位的分散运营模式，实行规模化经营，降低建设和运营成本，提高投资效益。推进市县、乡镇和村级污水收集和处理、垃圾处理项目按行业“打包”投资和运营，鼓励实行城乡供水一体化、厂网一体投资和运营。

（十二）积极推动社会资本参与市政基础设施建设运营。通过特许经营、投资补助、政府购买服务等多种方式，鼓励社会资本投资城镇供水、供热、燃气、污水垃圾处理、建筑垃圾资源化利用和处理、城市综合管廊、公园配套服务、公共交通、停车设施等市政基础设施项目，政府依法选择符合要求的经营者。政府可采用委托经营或转让—经营—转让（TOT）等方式，将已经建成的市政基础设施项目转交给社会资本运营管理。

（十三）加强县城基础设施建设。按照新型城镇化发展的要求，把有条件的县城和重点镇发展为中小城市，支持基础设施建设，增强吸纳农业转移人口的能力。选择若干具有产业基础、特色资源和区位优势的县城和重点镇推行试点，加大对市政基础设施建设运营引入市场机制的政策支持力度。

（十四）完善市政基础设施价格机制。加快改进市政基础设施价格形成、调整和补偿机制，使经营者能够获得合理收益。实行上下游价格调整联动机制，价格调整不到位时，地方政府可根据实际情况安排财政性资金对企业运营进行合理补偿。

五、改革完善交通投融资机制

（十五）加快推进铁路投融资体制改革。用好铁路发展基金平台，吸引社会资本参与，扩大基金规模。充分利用铁路土地综合开发政策，以开发收益支持铁路发展。按照市场化方向，不断完善铁路运价形成机制。向地方政府和社会资本放开城际铁路、市域（郊）铁路、资源开发性铁路和支线铁路的所有权、经营权。按照构建现代企业制度的要求，保障投资者权益，推进蒙西至华中、长春至西巴彦花铁路等引进民间资本的示范项目实施。鼓励按照“多式衔接、立体开发、功能融合、节约集约”的原则，对城市轨道交通站点周边、车辆段上盖进行土地综合开发，吸引社会资本参与城市轨道交通建设。

（十六）完善公路投融资模式。建立完善政府主导、分级负责、多元筹资的公路投融资模式，完善收费公路政策，吸引社会资本投入，多渠道筹措建设和维护资金。逐步建立高速公路与普通公路统筹发展机制，促进普通公路持续健康发展。

（十七）鼓励社会资本参与水运、民航基础设施建设。探索发展“航电结合”等投融资模式，按相关政策给予投资补助，鼓励社会资本投资建设航电枢纽。鼓励社会资本投资建设港口、内河航运设施等。积极吸引社会资本参与盈利状况较好的枢纽机场、干线机场以及机场配套服务设施等投资建设，拓宽机场建设资金来源。

六、鼓励社会资本加强能源设施投资

（十八）鼓励社会资本参与电力建设。在做好生态环境保护、移民安置和确保工程安全的前提下，通过业主招标等方式，鼓励社会资本投资常规水电站和抽水蓄能电站。在确保具备核电控股资质主体承担核安全责任的前提下，引入社会资本参与核电项目投资，鼓励民间资本进入核电设备研制和核电服务领域。鼓励社会资本投资建设风光电、生物质能等清洁能源项目和背压式热电联产机组，进入清洁高效煤电项目建设、燃煤电厂节能减排升级改造领域。

（十九）鼓励社会资本参与电网建设。积极吸引社会资本投资建设跨区输电通道、区域主干电网完善工程和大中城市配电网工程。将海南联网Ⅱ回线路和滇西北送广东特高压直流输电工程等项目作为试点，引入社会资本。鼓励社会资本投资建设分布式电源并网工程、储能装置和电动汽车充换电设施。

（二十）鼓励社会资本参与油气管网、储存设施和煤炭储运建设运营。支持民营企业、地方国有企业等参股建设油气管网主干线、沿海液化天然气（LNG）接收站、地下储气库、城市配气管网和城市储气设施，控股建设油气管网支线、原油和成品油商业储备库。鼓励社会资本参与铁路运煤干线和煤炭储配体系建设。国家规划确定的石化基地炼化一体化项目向社会资本开放。

（二十一）理顺能源价格机制。进一步推进天然气价格改革，2015 年实现存量气和增量气价格并轨，逐步放开非居民用天然气气源价格，落实页岩气、煤层气等非常规天然气价格市场化政策。尽快出台天然气管道运输价格政策。按照合理成本加合理利润的原则，适时调整煤层气发电、余热余压发电上网标杆电价。推进天然气分布式能源冷、热、电价格市场化。完善可再生能源发电价格政策，研究建立流域梯级效益补偿机制，适时调整完善燃煤发电机组环保电价政策。

七、推进信息和民用空间基础设施投资主体多元化

（二十二）鼓励电信业进一步向民间资本开放。进一步完善法律法规，尽快修订电信业务分类目录。研究出台具体试点办法，鼓励和引导民间资本投资宽带接入网络建设和业务运营，大力发展宽带用户。推进民营企业开展移动通信转售业务试点工作，促进业务创新发展。

（二十三）吸引民间资本加大信息基础设施投资力度。支持基础电信企业引入民间战略投资者。推动中国铁塔股份有限公司引入民间资本，实现混合所有制发展。

（二十四）鼓励民间资本参与国家民用空间基础设施建设。完善民用遥感卫星数据政策，加强政府采购服务，鼓励民间资本研制、发射和运营商业遥感卫星，提供市场化、专业化服务。引导民间资本参与卫星导航地面应用系统建设。

八、鼓励社会资本加大社会事业投资力度

（二十五）加快社会事业公立机构分类改革。积极推进养老、文化、旅游、体育等领域符合条件的事业单位，以及公立医院资源丰富地区符合条件的医疗事业单位改制，为社会资本进入创造条件，鼓励社会资本参与公立机构改革。将符合条件的国有单位培训疗养机构转变为养老机构。

（二十六）鼓励社会资本加大社会事业投资力度。通过独资、合资、合作、联营、租赁等途径，采取特许经营、公建民营、民办公助等方式，鼓励社会资本参与教育、医疗、养老、体育健身、文化设施建设。尽快出台鼓励社会力量兴办教育、

促进民办教育健康发展的意见。各地在编制城市总体规划、控制性详细规划以及有关专项规划时，要统筹规划、科学布局各类公共服务设施。各级政府逐步扩大教育、医疗、养老、体育健身、文化等政府购买服务范围，各类经营主体平等参与。将符合条件的各类医疗机构纳入医疗保险定点范围。

（二十七）完善落实社会事业建设运营税费优惠政策。进一步完善落实非营利性教育、医疗、养老、体育健身、文化机构税收优惠政策。对非营利性医疗、养老机构建设一律免征有关行政事业性收费，对营利性医疗、养老机构建设一律减半征收有关行政事业性收费。

（二十八）改进社会事业价格管理政策。民办教育、医疗机构用电、用水、用气、用热，执行与公办教育、医疗机构相同的价格政策。养老机构用电、用水、用气、用热，按居民生活类价格执行。除公立医疗、养老机构提供的基本服务按照政府规定的价格政策执行外，其他医疗、养老服务实行经营者自主定价。营利性民办学校收费实行自主定价，非营利性民办学校收费政策由地方政府按照市场化方向根据当地实际情况确定。

九、建立健全政府和社会资本合作（PPP）机制

（二十九）推广政府和社会资本合作（PPP）模式。认真总结经验，加强政策引导，在公共服务、资源环境、生态保护、基础设施等领域，积极推广 PPP 模式，规范选择项目合作伙伴，引入社会资本，增强公共产品供给能力。政府有关部门要严格按照预算管理有关法律法规，完善财政补贴制度，切实控制和防范财政风险。健全 PPP 模式的法规体系，保障项目顺利运行。鼓励通过 PPP 方式盘活存量资源，变现资金要用于重点领域建设。

（三十）规范合作关系保障各方利益。政府有关部门要制定管理办法，尽快发布标准合同范本，对 PPP 项目的业主选择、价格管理、回报方式、服务标准、信息披露、违约处罚、政府接管以及评估论证等进行详细规定，规范合作关系。平衡好社会公众与投资者利益关系，既要保障社会公众利益不受损害，又要保障经营者合法权益。

（三十一）健全风险防范和监督机制。政府和投资者应对 PPP 项目可能产生的政策风险、商业风险、环境风险、法律风险等进行充分论证，完善合同设计，健全纠纷解决和风险防范机制。建立独立、透明、可问责、专业化的 PPP 项目监管体系，形成由政府监管部门、投资者、社会公众、专家、媒体等共同参与的监督机制。

（三十二）健全退出机制。政府要与投资者明确 PPP 项目的退出路径，保障项目持续稳定运行。项目合作结束后，政府应组织做好接管工作，妥善处理投资回收、资产处理等事宜。

十、充分发挥政府投资的引导带动作用

（三十三）优化政府投资使用方向。政府投资主要投向公益性和基础性建设。对鼓励社会资本参与的生态环保、农林水利、市政基础设施、社会事业等重点领域，政府投资可根据实际情况给予支持，充分发挥政府投资"四两拨千斤"的引导带动作用。

（三十四）改进政府投资使用方式。在同等条件下，政府投资优先支持引入社会资本的项目，根据不同项目情况，通过投资补助、基金注资、担保补贴、贷款贴息等方式，支持社会资本参与重点领域建设。抓紧制定政府投资支持社会投资项目的管理办法，规范政府投资安排行为。

十一、创新融资方式拓宽融资渠道

（三十五）探索创新信贷服务。支持开展排污权、收费权、集体林权、特许经营权、购买服务协议预期收益、集体土地承包经营权质押贷款等担保创新类贷款业务。探索利用工程供水、供热、发电、污水垃圾处理等预期收益质押贷款，允许利用相关收益作为还款来源。鼓励金融机构对民间资本举办的社会事业提供融资支持。

（三十六）推进农业金融改革。探索采取信用担保和贴息、业务奖励、风险补偿、费用补贴、投资基金，以及互助信用、农业保险等方式，增强农民合作社、家庭农场（林场）、专业大户、农林业企业的贷款融资能力和风险抵御能力。

（三十七）充分发挥政策性金融机构的积极作用。在国家批准的业务范围内，加大对公共服务、生态环保、基础设施建设项目的支持力度。努力为生态环保、农林水利、中西部铁路和公路、城市基础设施等重大工程提供长期稳定、低成本的资金支持。

（三十八）鼓励发展支持重点领域建设的投资基金。大力发展股权投资基金和创业投资基金，鼓励民间资本采取私募等方式发起设立主要投资于公共服务、生态环保、基础设施、区域开发、战略性新兴产业、先进制造业等领域的产业投资基金。政府可以使用包括中央预算内投资在内的财政性资金，通过认购基金份额等方式予以支持。

（三十九）支持重点领域建设项目开展股权和债权融资。大力发展债权投资计划、股权投资计划、资产支持计划等融资工具，延长投资期限，引导社保资金、保险资金等用于收益稳定、回收期长的基础设施和基础产业项目。支持重点领域建设项目采用企业债券、项目收益债券、公司债券、中期票据等方式通过债券市场筹措投资资金。推动铁路、公路、机场等交通项目建设企业应收账款证券化。建立规范的地方政府举债融资机制，支持地方政府依法依规发行债券，用于重点领域建设。创新重点领域投融资机制对稳增长、促改革、调结构、惠民生具有重要作用。各地区、各有关部门要从大局出发，进一步提高认识，加强组织领导，健全工作机制，协调推动重点领域投融资机制创新。各地政府要结合本地实际，抓紧制定具体实施细则，确保各项措施落到实处。国务院各有关部门要严格按照分工，抓紧制定相关配套措施，加快重点领域建设，同时要加强宣传解读，让社会资本了解参与方式、运营方式、盈利模式、投资回报等相关政策，进一步稳定市场预期，充分调动社会投资积极性，切实发挥好投资对经济增长的关键作用。发展改革委要会同有关部门加强对本指导意见落实情况的督促检查，重大问题及时向国务院报告。

国务院

2014 年 11 月 16 日

附件

重点政策措施文件分工方案

序号	政策措施文件	负责单位	出台时间
1	大力推行环境污染第三方治理	发展改革委、环境保护部	2014 年年底
2	推进排污权、碳排放权交易试点，鼓励社会资本参与污染减排和排污权、碳排放权交易	财政部、环境保护部、发展改革委、林业局、证监会（其中碳排放权交易由发展改革委牵头）	2015 年 3 月底
3	鼓励和引导社会资本参与节水供水重大水利工程建设运营的实施意见，积极探索多种形式的水权交易流转方式，鼓励社会资本参与节水供水重大水利工程投资建设	水利部、发展改革委、证监会	2015 年 3 月底
4	选择若干县城和重点镇推行试点，加大对市政基础设施建设运营引入市场机制的政策支持力度	住房城乡建设部、发展改革委	2014 年年底
5	通过业主招标等方式，鼓励社会资本投资常规水电站和抽水蓄能电站	能源局	2014 年年底
6	支持民间资本投资宽带接入网络建设和业务运营	工业和信息化部	2015 年 3 月底

续表

序号	政策措施文件	负责单位	出台时间
7	政府投资支持社会投资项目的管理办法	发展改革委、财政部	2015年3月底
8	创新融资方式，拓宽融资渠道	人民银行、银监会、证监会、保监会、财政部	2015年3月底
9	政府使用包括中央预算内投资在内的财政性资金，支持重点领域产业投资基金管理办法	发展改革委	2015年3月底
10	完善价格形成机制，增强重点领域建设吸引社会投资能力	发展改革委、国务院有关部门	2015年3月底

注：有2个或以上负责单位的，排在第一位的为牵头单位。

政府和社会资本合作项目政府采购管理办法

（财库〔2014〕215号文件发布）

第一章 总 则

第一条 为了规范政府和社会资本合作项目政府采购（以下简称PPP项目采购）行为，维护国家利益、社会公共利益和政府采购当事人的合法权益，依据《中华人民共和国政府采购法》（以下简称政府采购法）和有关法律、行政法规、部门规章，制定本办法。

第二条 本办法所称PPP项目采购，是指政府为达成权利义务平衡、物有所值的PPP项目合同，遵循公开、公平、公正和诚实信用原则，按照相关法规要求完成PPP项目识别和准备等前期工作后，依法选择社会资本合作者的过程。PPP项目实施机构（采购人）在项目实施过程中选择合作社会资本（供应商），适用本办法。

第三条 PPP项目实施机构可以委托政府采购代理机构办理PPP项目采购事宜。PPP项目咨询服务机构从事PPP项目采购业务的，应当按照政府采购代理机构管理的有关要求及时进行网上登记。

第二章 采购程序

第四条 PPP项目采购方式包括公开招标、邀请招标、竞争性谈判、竞争性磋商和单一来源采购。项目实施机构应当根据PPP项目的采购需求特点，依法选择适当的采购方式。公开招标主要适用于采购需求中核心边界条件和技术经济参数明确、完整、符合国家法律法规及政府采购政策，且采购过程中不作更改的项目。

第五条 PPP项目采购应当实行资格预审。项目实施机构应当根据项目需要准备资格预审文件，发布资格预审公告，邀请社会资本和与其合作的金融机构参与资格预审，验证项目能否获得社会资本响应和实现充分竞争。

第六条 资格预审公告应当在省级以上人民政府财政部门指定的政府采购信息发布媒体上发布。资格预审合格的社会资本在签订PPP项目合同前资格发生变化的，应当通知项目实施机构。

资格预审公告应当包括项目授权主体、项目实施机构和项目名称、采购需求、对社会资本的资格要求、是否允许联合体参与采购活动、是否限定参与竞争的合格社会资本的数量及限定的方法和标准、以及社会资本提交资格预审申请文件的时间和地点。提交资格预审申请文件的时间自公告发布之日起不得少于15个工作日。

第七条 项目实施机构、采购代理机构应当成立评审小组，负责PPP项目采购的资格预审和评审工作。评审小组由项目实施机构代表和评审专家共5人以上单数组成，其中评审专家人数不得少于评审小组成员总数的2/3。评审专家可以由项目实施机构自行选定，但评审专家中至少应当包含1名财务专家和1名法律专家。项目实施机构代表不得以评审专家身份参加项目的评审。

第八条 项目有3家以上社会资本通过资格预审的，项目实施机构可以继续开展采购文件准备工作；项目通过资格预审的社会资本不足3家的，项目实施机构应当在调整资格预审公告内容后重新组织资格预审；项目经重新资格预审后合格社会资本仍不够3家的，可以依法变更采购方式。

资格预审结果应当告知所有参与资格预审的社会资本，并将资格预审的评审报告提交财政部门（政府和社会资本合作中心）备案。

第九条 项目采购文件应当包括采购邀请、竞争者须知（包括密封、签署、盖章要求等）、竞争者应当提供的资格、资信及业绩证明文件、采购方式、政府对项目实施机构的授权、实施方案的批复和项目相关审批文件、采购程序、响应文件编制要求、提交响应文件截止时间、开启时间及地点、保证金交纳数额和形式、评审方法、评审标准、政府采购政策要求、PPP项目合同草案及其他法律文本、采购结果确认谈判中项目合同可变的细节，以及是否允许未参加资格预审的供应商参与竞争并进行资格后审等内容。项目采购文件中还应当明确项目合同必须报请本级人民政府审核同意，在获得同意前项目合同不得生效。

采用竞争性谈判或者竞争性磋商采购方式的，项目采购文件除上款规定的内容外，还应当明确评审小组根据与社会资本谈判情况可能实质性变动的内容，包括采购需求中的技术、服务要求以及项目合同草案条款。

第十条 项目实施机构应当在资格预审公告、采购公告、采购文件、项目合同中列明采购本国货物和服务、技术引进和转让等政策要求，以及对社会资本参与采购活动和履约保证的担保要求。

第十一条 项目实施机构应当组织社会资本进行现场考察或者召开采购前答疑会，但不得单独或者分别组织只有一个社会资本参加的现场考察和答疑会。项目实施机构可以视项目的具体情况，组织对符合条件的社会资本的资格条件进行考察核实。

第十二条 评审小组成员应当按照客观、公正、审慎的原则，根据资格预审公告和采购文件规定的程序、方法和标准进行资格预审和独立评审。已进行资格预审的，评审小组在评审阶段可以不再对社会资本进行资格审查。允许进行资格后审的，由评审小组在响应文件评审环节对社会资本进行资格审查。

评审小组成员应当在资格预审报告和评审报告上签字，对自己的评审意见承担法律责任。对资格预审报告或者评审报告有异议的，应当在报告上签署不同意见，并说明理由，否则视为同意资格预审报告和评审报告。

评审小组发现采购文件内容违反国家有关强制性规定的，应当停止评审并向项目实施机构说明情况。

第十三条 评审专家应当遵守评审工作纪律，不得泄露评审情况和评审中获悉的国家秘密、商业秘密。

评审小组在评审过程中发现社会资本有行贿、提供虚假材料或者串通等违法行为的，应当及时向财政部门报告。

评审专家在评审过程中受到非法干涉的，应当及时向财政、监察等部门举报。

第十四条 PPP项目采购评审结束后，项目实施机构应当成立专门的采购结果确认谈判工作组，负责采购结果确认前的谈判和最终的采购结果确认工作。

采购结果确认谈判工作组成员及数量由项目实施机构确定，但应当至少包括财政预算管理部门、行业主管部门代表，以及财务、法律等方面的专家。涉及价格管理、环境保护的PPP项目，谈判工作组还应当包括价格管理、环境保护行政执法机关代表。评审小组成员可以作为采购结果确认谈判工作组成员参与采购结果确认谈判。

第十五条 采购结果确认谈判工作组应当按照评审报告推荐的候选社会资本排名，依次与候选社会资本及与其合作的金融机构就项目合同中可变的细节问题进行项目合同签署前的确认谈判，率先达成一致的候选社会资本即为预中标、成交社会资本。

第十六条 确认谈判不得涉及项目合同中不可谈判的核心条款，不得与排序在前但已终止谈判的社会资本进行重复谈判。

第十七条 项目实施机构应当在预中标、成交社会资本确定后10个工作日内，与预中标、成交社会资本签署确认谈判备忘录，并将预中标、成交结果和根据采购文件、响应文件及有关补遗文件和确认谈判备忘录拟定的项目合同文本在省级以上人民政府财政部门指定的政府采购信息发布媒体上进行公示，公示期不得少于5个工作日。项目合同文本应当将预中标、成交社会资本响应文件中的重要承诺和技术文件等作为附件。项目合同文本涉及国家秘密、商业秘密的内容可以不公示。

第十八条 项目实施机构应当在公示期满无异议后2个工作日内，将中标、成交结果在省级以上人民政府财政部门指定的政府采购信息发布媒体上进行公告，同时发出中标、成交通知书。

中标、成交结果公告内容应当包括：项目实施机构和采购代理机构的名称、地址和联系方式；项目名称和项目编号；中标或者成交社会资本的名称、地址、法人代表；中标或者成交标的名称、主要中标或者成交条件（包括但不限于合作期限、服务要求、项目概算、回报机制）等；评审小组和采购结果确认谈判工作组成员名单。

第十九条 项目实施机构应当在中标、成交通知书发出后30日内，与中标、成交社会资本签订经本级人民政府审核同意的PPP项目合同。

需要为PPP项目设立专门项目公司的，待项目公司成立后，由项目公司与项目实施机构重新签署PPP项目合同，或者签署关于继承PPP项目合同的补充合同。

第二十条 项目实施机构应当在PPP项目合同签订之日起2个工作日内，将PPP项目合同在省级以上人民政府财政部门指定的政府采购信息发布媒体上公告，但PPP项目合同中涉及国家秘密、商业秘密的内容除外。

第二十一条 项目实施机构应当在采购文件中要求社会资本交纳参加采购活动的保证金和履约保证金。社会资本应当以支票、汇票、本票或者金融机构、担保机构出具的保函等非现金形式交纳保证金。参加采购活动的保证金数额不得超过项目预算金额的2%。履约保证金的数额不得超过PPP项目初始投资总额或者资产评估值的10%，无固定资产投资或者投资额不大的服务型PPP项目，履约保证金的数额不得超过平均6个月服务收入额。

第三章 争议处理和监督检查

第二十二条 参加PPP项目采购活动的社会资本对采购活动的询问、质疑和投诉，依照有关政府采购法律制度规定执行。

项目实施机构和中标、成交社会资本在PPP项目合同履行中发生争议且无法协商一致的，可以依法申请仲裁或者提起民事诉讼。

第二十三条 各级人民政府财政部门应当加强对PPP项目采购活动的监督检查，依法处理采购活动中的违法违规行为。

第二十四条 PPP项目采购有关单位和人员在采购活动中出现违法违规行为的，依照政府采购法及有关法律法规追究法律责任。

第四章 附 则

第二十五条 本办法自发布之日起施行。

财政部关于推广运用政府和社会资本合作模式有关问题的通知

（财金〔2014〕76号）

各省、自治区、直辖市、计划单列市财政厅（局），新疆生产建设兵团财务局：

为贯彻落实党的十八届三中全会关于“允许社会资本通过特许经营等方式参与城市基础设施投资和运营”精神，拓宽城镇化建设融资渠道，促进政府职能加快转变，完善财政投入及管理方式，尽快形成有利于促进政府和社会资本合作模式（Public-Private Partnership，PPP）发展的制度体系，现就有关问题通知如下：

一、充分认识推广运用政府和社会资本合作模式的重要意义

政府和社会资本合作模式是在基础设施及公共服务领域建立的一种长期合作关系。通常模式是由社会资本承担设计、建设、运营、维护基础设施的大部分工作，并通过“使用者付费”及必要的“政府付费”获得合理投资回报；政府部门负责基础设施及公共服务价格和质量监管，以保证公共利益最大化。当前，我国正在实施新型城镇化发展战略。城镇化是现代化的要求，也是稳增长、促改革、调结构、惠民生的重要抓手。立足国内实践，借鉴国际成功经验，推广运用政府和社会资本合作模式，是国家确定的重大经济改革任务，对于加快新型城镇化建设、提升国家治理能力、构建现代财政制度具有重要意义。

（一）推广运用政府和社会资本合作模式，是促进经济转型升级、支持新型城镇化建设的必然要求。政府通过政府和社会资本合作模式向社会资本开放基础设施和公共服务项目，可以拓宽城镇化建设融资渠道，形成多元化、可持续的资金投入机制，有利于整合社会资源，盘活社会存量资本，激发民间投资活力，拓展企业发展空间，提升经济增长动力，促进经济结构调整和转型升级。

（二）推广运用政府和社会资本合作模式，是加快转变政府职能、提升国家治理能力的一次体制机制变革。规范的政府和社会资本合作模式能够将政府的发展规划、市场监管、公共服务职能，与社会资本的管理效率、技术创新动力有机结合，减少政府对微观事务的过度参与，提高公共服务的效率与质量。政府和社会资本合作模式要求平等参与、公开透明，政府和社会资本按照合同办事，有利于简政放权，更好地实现政府职能转变，弘扬契约文化，体现现代国家治理理念。

（三）推广运用政府和社会资本合作模式，是深化财税体制改革、构建现代财政制度的重要内容。根据财税体制改革要求，现代财政制度的重要内容之一是建立跨年度预算平衡机制、实行中期财政规划管理、编制完整体现政府资产负债状况的综合财务报告等。政府和社会资本合作模式的实质是政府购买服务，要求从以往单一年度的预算收支管理，逐步转向强化中长期财政规划，这与深化财税体制改革的方向和目标高度一致。

二、积极稳妥做好项目示范工作

当前推广运用政府和社会资本合作模式，首先要做好制度设计和政策安排，明确适用于政府和社会资本合作模式的项目类型、采购程序、融资管理、项目监管、绩效评价等事宜。

（一）开展项目示范。地方各级财政部门要向本级政府和相关行业主管部门大力宣传政府和社会资本合作模式的理念和方法，按照政府主导、社会参与、市场运作、平等协商、风险分担、互利共赢的原则，科学评估公共服务需求，探索运用规范的政府和社会资本合作模式新建或改造一批基础设施项目。财政部将统筹考虑项目成熟度、可示范程度等因素，在全国范围内选择一批以“使用者付费”为基础的项目进行示范，在实践的基础上不断总结、提炼、完善制度体系。

（二）确定示范项目范围。适宜采用政府和社会资本合作模式的项目，具有价格调整机制相对灵活、市场化程度相对较高、投资规模相对较大、需求长期稳定等特点。各级财政部门要重点关注城市基础设施及公共服务领域，如城市供水、供暖、供气、污水和垃圾处理、保障性安居工程、地下综合管廊、轨道交通、医疗和养老服务设施等，优先选择收费定价机制透明、有稳定现金流的项目。

（三）加强示范项目指导。财政部将通过建立政府和社会资本合作项目库为地方提供参考案例。对政府和社会资本合作示范项目，财政部将在项目论证、交易结构设计、采购和选择合作伙伴、融资安排、合同管理、运营监管、绩效评价等工作环节，为地方财政部门提供全方位的业务指导和技术支撑。

（四）完善项目支持政策。财政部将积极研究利用现有专项转移支付资金渠道，对示范项目提供资本投入支持。同时，积极引入信誉好、有实力的运营商参与示范项目建设和运营。鼓励和支持金融机构为示范项目提供融资、保险等金融服务。地方各级财政部门可以结合自身财力状况，因地制宜地给予示范项目前期费用补贴、资本补助等多种形式的资金支持。在与社会资本协商确定项目财政支出责任时，地方各级财政部门要对各种形式的资金支持给予统筹，综合考虑项目风险等因素合理确定资金支持方式和力度，切实考虑社会资本合理收益。

三、切实有效履行财政管理职能

政府和社会资本合作项目从明确投入方式、选择合作伙伴、确定运营补贴到提供公共服务，涉及预算管理、政府采购、政府性债务管理，以及财政支出绩效评价等财政职能。推广运用政府和社会资本合作模式对财政管理提出了更高要求。地方各级财政部门要提高认识，勇于担当，认真做好相关财政管理工作。

（一）着力提高财政管理能力。政府和社会资本合作项目建设周期长、涉及领域广、复杂程度高，不同行业的技术标准和管理要求差异大，专业性强。地方各级财政部门要根据财税体制改革总体方案要求，按照公开、公平、公正的原则，探索项目采购、预算管理、收费定价调整机制、绩效评价等有效管理方式，规范项目运作，实现中长期可持续发展，提升资金使用效益和公共服务水平。同时，注重体制机制创新，充分发挥市场在资源配置中的决定性作用，按照“风险由最适宜的一方来承担”的原则，合理分配项目风险，项目设计、建设、财务、运营维护等商业风险原则上由社会资本承担，政策、法律和最低需求风险等由政府承担。

（二）认真做好项目评估论证。地方各级财政部门要会同行业主管部门，根据有关政策法规要求，扎实做好项目前期论证工作。除传统的项目评估论证外，还要积极借鉴物有所值（Value for Money，VFM）评价理念和方法，对拟采用政府和社会资本合作模式的项目进行筛选，必要时可委托专业机构进行项目评估论证。评估论证时，要与传统政府采购模式进行比较分析，确保从项目全生命周期看，采用政府和社会资本合作模式后能够提高服务质量和运营效率，或者降低项目成本。项目评估时，要综合考虑公共服务需要、责任风险分担、产出标准、关键绩效指标、支付方式、融资方案和所需要的财政补贴等要素，平衡好项目财务效益和社会效益，确保实现激励相容。

（三）规范选择项目合作伙伴。地方各级财政部门要依托政府采购信息平台，加强政府和社会资本合作项目政府采购环节的规范与监督管理。财政部将围绕实现“物有所值”价值目标，探索创新适合政府和社会资本合作项目采购的政府采购方式。地方各级财政部门要会同行业主管部门，按照《政府采购法》及有关规定，依法选择项目合作伙伴。要综合评估项目合作伙伴的专业资质、技术能力、管理经验和财务实力等因素，择优选择诚实守信、安全可靠的合作伙伴，并按照平等协商原则明确政府和项目公司间的权利与义务。可邀请有意愿的金融机构及早进入项目磋商进程。

（四）细化完善项目合同文本。地方各级财政部门要会同行业主管部门协商订立合同，重点关注项目的功能和绩效要求、付款和调整机制、争议解决程序、退出安排等关键环节，积极探索明确合同条款内容。财政部将在结合国际经验、国内实践的基础上，制定政府和社会资本合作模式操作指南和标准化的政府和社会资本合作模式项目合同文本。在订立具体合同时，地方各级财政部门要会同行业主管部门、专业技术机构，因地制宜地研究完善合同条款，确保合同内容全面、规范、有效。

（五）完善项目财政补贴管理。对项目收入不能覆盖成本和收益，但社会效益较好的政府和社会资本合作项目，地方各级财政部门可给予适当补贴。财政补贴要以项目运营绩效评价结果为依据，综合考虑产品或服务价格、建造成本、运营费用、实际收益率、财政中长期承受能力等因素合理确定。地方各级财政部门要从“补建设”向“补运营”逐步转变，探索建立动态补贴机制，将财政补贴等支出分类纳入同级政府预算，并在中长期财政规划中予以统筹考虑。

（六）健全债务风险管理机制。地方各级财政部门要根据中长期财政规划和项目全生命周期内的财政支出，对政府付费或提供财政补贴等支持的项目进行财政承受能力论证。在明确项目收益与风险分担机制时，要综合考虑政府风险转移意向、支付方式和市场风险管理能力等要素，量力而行，减少政府不必要的财政负担。省级财政部门要建立统一的项目名录管理制度和财政补贴支出统计监测制度，按照政府性债务管理要求，指导下级财政部门合理确定补贴金额，依法严格控制政府或有债务，重点做好融资平台公司项目向政府和社会资本合作项目转型的风险控制工作，切实防范和控制财政风险。

（七）稳步开展项目绩效评价。省级财政部门要督促行业主管部门，加强对项目公共产品或服务质量和价格的监管，建立政府、服务使用者共同参与的综合性评价体系，对项目的绩效目标实现程度、运营管理、资金使用、公共服务质量、公众满意度等进行绩效评价。绩效评价结果应依法对外公开，接受社会监督。同时，要根据评价结果，依据合同约定对价格或补贴等进行调整，激励社会资本通过管理创新、技术创新提高公共服务质量。

四、加强组织和能力建设

（一）推动设立专门机构。省级财政部门要结合部门内部职能调整，积极研究设立专门机构，履行政府和社会资本合作政策制订、项目储备、业务指导、项目评估、信息管理、宣传培训等职责，强化组织保障。

（二）持续开展能力建设。地方各级财政部门要着力加强政府和社会资本合作模式实施能力建设，注重培育专业人才。同时，大力宣传培训政府和社会资本合作的工作理念和方法，增进政府、社会和市场主体共识，形成良好的社会氛围。

（三）强化工作组织领导。地方各级财政部门要进一步明确职责分工和工作目标要求。同时，要与有关部门建立高效、顺畅的工作协调机制，形成工作合力，确保顺利实施。对工作中出现的新情况、新问题，应及时报告财政部。

政府和社会资本合作模式操作指南（试行）

（财金〔2014〕113 号文件发布）

第一章　总　则

第一条　为科学规范地推广运用政府和社会资本合作模式（Public-Private Partnership，PPP），根据《中华人民共和国预算法》、《中华人民共和国政府采购法》、《中华人民共和国合同法》、《国务院关于加强地方政府性债务管理的意见》（国发〔2014〕43 号）、《国务院关于深化预算管理制度改革的决定》（国发〔2014〕45 号）和《财政部关于推广运用政府和社会资本合作模式有关问题的通知》（财金〔2014〕76 号）等法律、法规、规章和规范性文件，制定本指南。

第二条　本指南所称社会资本是指已建立现代企业制度的境内外企业法人，但不包括本级政府所属融资平台公司及其他控股国有企业。

第三条 本指南适用于规范政府、社会资本和其他参与方开展政府和社会资本合作项目的识别、准备、采购、执行和移交等活动。

第四条 财政部门应本着社会主义市场经济基本原则，以制度创新、合作契约精神，加强与政府相关部门的协调，积极发挥第三方专业机构作用，全面统筹政府和社会资本合作管理工作。

各省、自治区、直辖市、计划单列市和新疆生产建设兵团财政部门应积极设立政府和社会资本合作中心或指定专门机构，履行规划指导、融资支持、识别评估、咨询服务、宣传培训、绩效评价、信息统计、专家库和项目库建设等职责。

第五条 各参与方应按照公平、公正、公开和诚实信用的原则，依法、规范、高效实施政府和社会资本合作项目。

第二章 项目识别

第六条 投资规模较大、需求长期稳定、价格调整机制灵活、市场化程度较高的基础设施及公共服务类项目，适宜采用政府和社会资本合作模式。

政府和社会资本合作项目由政府或社会资本发起，以政府发起为主。

（一）政府发起。

财政部门（政府和社会资本合作中心）应负责向交通、住建、环保、能源、教育、医疗、体育健身和文化设施等行业主管部门征集潜在政府和社会资本合作项目。行业主管部门可从国民经济和社会发展规划及行业专项规划中的新建、改建项目或存量公共资产中遴选潜在项目。

（二）社会资本发起。

社会资本应以项目建议书的方式向财政部门（政府和社会资本合作中心）推荐潜在政府和社会资本合作项目。

第七条 财政部门（政府和社会资本合作中心）会同行业主管部门，对潜在政府和社会资本合作项目进行评估筛选，确定备选项目。财政部门（政府和社会资本合作中心）应根据筛选结果制定项目年度和中期开发计划。

对于列入年度开发计划的项目，项目发起方应按财政部门（政府和社会资本合作中心）的要求提交相关资料。新建、改建项目应提交可行性研究报告、项目产出说明和初步实施方案；存量项目应提交存量公共资产的历史资料、项目产出说明和初步实施方案。

第八条 财政部门（政府和社会资本合作中心）会同行业主管部门，从定性和定量两方面开展物有所值评价工作。定量评价工作由各地根据实际情况开展。

定性评价重点关注项目采用政府和社会资本合作模式与采用政府传统采购模式相比能否增加供给、优化风险分配、提高运营效率、促进创新和公平竞争等。

定量评价主要通过对政府和社会资本合作项目全生命周期内政府支出成本现值与公共部门比较值进行比较，计算项目的物有所值量值，判断政府和社会资本合作模式是否降低项目全生命周期成本。

第九条 为确保财政中长期可持续性，财政部门应根据项目全生命周期内的财政支出、政府债务等因素，对部分政府付费或政府补贴的项目，开展财政承受能力论证，每年政府付费或政府补贴等财政支出不得超出当年财政收入的一定比例。

通过物有所值评价和财政承受能力论证的项目，可进行项目准备。

第三章 项目准备

第十条 县级（含）以上地方人民政府可建立专门协调机制，主要负责项目评审、组织协调和检查督导等工作，实现简化审批流程、提高工作效率的目的。政府或其指定的有关职能部门或事业单位可作为项目实施机构，负责项目准备、采购、监管和移交等工作。

第十一条 项目实施机构应组织编制项目实施方案，依次对以下内容进行介绍：

（一）项目概况。

项目概况主要包括基本情况、经济技术指标和项目公司股权情况等。

基本情况主要明确项目提供的公共产品和服务内容、项目采用政府和社会资本合作模式运作的必要性和可行性，以及项目运作的目标和意义。

经济技术指标主要明确项目区位、占地面积、建设内容或资产范围、投资规模或资产价值、主要产出说明和资金来源等。

项目公司股权情况主要明确是否要设立项目公司以及公司股权结构。

（二）风险分配基本框架。

按照风险分配优化、风险收益对等和风险可控等原则，综合考虑政府风险管理能力、项目回报机制和市场风险管理能力等要素，在政府和社会资本间合理分配项目风险。

原则上，项目设计、建造、财务和运营维护等商业风险由社会资本承担，法律、政策和最低需求等风险由政府承担，不可抗力等风险由政府和社会资本合理共担。

（三）项目运作方式。

项目运作方式主要包括委托运营、管理合同、建设-运营-移交、建设-拥有-运营、转让-运营-移交和改建-运营-移交等。

具体运作方式的选择主要由收费定价机制、项目投资收益水平、风险分配基本框架、融资需求、改扩建需求和期满处置等因素决定。

（四）交易结构。

交易结构主要包括项目投融资结构、回报机制和相关配套安排。

项目投融资结构主要说明项目资本性支出的资金来源、性质和用途，项目资产的形成和转移等。

项目回报机制主要说明社会资本取得投资回报的资金来源，包括使用者付费、可行性缺口补助和政府付费等支付方式。

相关配套安排主要说明由项目以外相关机构提供的土地、水、电、气和道路等配套设施和项目所需的上下游服务。

（五）合同体系。

合同体系主要包括项目合同、股东合同、融资合同、工程承包合同、运营服务合同、原料供应合同、产品采购合同和保险合同等。项目合同是其中最核心的法律文件。

项目边界条件是项目合同的核心内容，主要包括权利义务、交易条件、履约保障和调整衔接等边界。

权利义务边界主要明确项目资产权属、社会资本承担的公共责任、政府支付方式和风险分配结果等。

交易条件边界主要明确项目合同期限、项目回报机制、收费定价调整机制和产出说明等。

履约保障边界主要明确强制保险方案以及由投资竞争保函、建设履约保函、运营维护保函和移交维修保函组成的履约保函体系。

调整衔接边界主要明确应急处置、临时接管和提前终止、合同变更、合同展期、项目新增改扩建需求等应对措施。

（六）监管架构。

监管架构主要包括授权关系和监管方式。授权关系主要是政府对项目实施机构的授权，以及政府直接或通过项目实施机构对社会资本的授权；监管方式主要包括履约管理、行政监管和公众监督等。

（七）采购方式选择。

项目采购应根据《中华人民共和国政府采购法》及相关规章制度执行，采购方式包括公开招标、竞争性谈判、邀请招标、竞争性磋商和单一来源采购。项目实施机构应根据项目采购需求特点，依法选择适当采购方式。

公开招标主要适用于核心边界条件和技术经济参数明确、完整、符合国家法律法规和政府采购政策，且采购中不作更改的项目。

第十二条 财政部门（政府和社会资本合作中心）应对项目实施方案进行物有所值和财政承受能力验证，通过验证的，由项目实施机构报政府审核；未通过验证的，可在实施方案调整后重新验证；经重新验证仍不能通过的，不再采用政府和社会资本合作模式。

第四章 项目采购

第十三条 项目实施机构应根据项目需要准备资格预审文件，发布资格预审公告，邀请社会资本和与其合作的金融机构参与资格预审，验证项目能否获得社会资本响应和实现充分竞争，并将资格预审的评审报告提交财政部门（政府和社会资本合作中心）备案。

项目有3家以上社会资本通过资格预审的，项目实施机构可以继续开展采购文件准备工作；项目通过资格预审的社会资本不足3家的，项目实施机构应在实施方案调整后重新组织资格预审；项目经重新资格预审合格社会资本仍不够3家的，可依法调整实施方案选择的采购方式。

第十四条 资格预审公告应在省级以上人民政府财政部门指定的媒体上发布。资格预审合格的社会资本在签订项目合同前资格发生变化的，应及时通知项目实施机构。

资格预审公告应包括项目授权主体、项目实施机构和项目名称、采购需求、对社会资本的资格要求、是否允许联合体参与采购活动、拟确定参与竞争的合格社会资本的家数和确定方法，以及社会资本提交资格预审申请文件的时间和地点。提交资格预审申请文件的时间自公告发布之日起不得少于15个工作日。

第十五条 项目采购文件应包括采购邀请、竞争者须知（包括密封、签署、盖章要求等）、竞争者应提供的资格、资信及业绩证明文件、采购方式、政府对项目实施机构的授权、实施方案的批复和项目相关审批文件、采购程序、响应文件编制要求、提交响应文件截止时间、开启时间及地点、强制担保的保证金交纳数额和形式、评审方法、评审标准、政府采购政策要求、项目合同草案及其他法律文本等。

采用竞争性谈判或竞争性磋商采购方式的，项目采购文件除上款规定的内容外，还应明确评审小组根据与社会资本谈判情况可能实质性变动的内容，包括采购需求中的技术、服务要求以及合同草案条款。

第十六条 评审小组由项目实施机构代表和评审专家共5人以上单数组成，其中评审专家人数不得少于评审小组成员总数的2/3。评审专家可以由项目实施机构自行选定，但评审专家中应至少包含1名财务专家和1名法律专家。项目实施机构代表不得以评审专家身份参加项目的评审。

第十七条 项目采用公开招标、邀请招标、竞争性谈判、单一来源采购方式开展采购的，按照政府采购法律法规及有关规定执行。

项目采用竞争性磋商采购方式开展采购的，按照下列基本程序进行：

（一）采购公告发布及报名。

竞争性磋商公告应在省级以上人民政府财政部门指定的媒体上发布。竞争性磋商公告应包括项目实施机构和项目名称、项目结构和核心边界条件、是否允许未进行资格预审的社会资本参与采购活动，以及审查原则、项目产出说明、对社会资本提供的响应文件要求、获取采购文件的时间、地点、方式及采购文件的售价、提交响应文件截止时间、开启时间及地点。提交响应文件的时间自公告发布之日起不得少于10日。

（二）资格审查及采购文件发售。

已进行资格预审的，评审小组在评审阶段不再对社会资本资格进行审查。

允许进行资格后审的，由评审小组在响应文件评审环节对社会资本进行资格审查。项目实施机构可以视项目的具体情况，组织对符合条件的社会资本的资格条件，进行考察核实。

采购文件售价，应按照弥补采购文件印制成本费用的原则确定，不得以营利为目的，不得以项目采购金额作为确定采购文件售价依据。采购文件的发售期限自开始之日起不得少于5个工作日。

（三）采购文件的澄清或修改。

提交首次响应文件截止之日前，项目实施机构可以对已发出的采购文件进行必要的澄清或修改，澄清或修改的内容应作为采购文件的组成部分。澄清或修改的内容可能影响响应文件编制的，项目实施机构应在提交首次响应文件截止时间至少5日前，以书面形式通知所有获取采购文件的社会资本；不足5日的，项目实施机构应顺延提交响应文件的截止时间。

（四）响应文件评审。

项目实施机构应按照采购文件规定组织响应文件的接收和开启。

评审小组对响应文件进行两阶段评审：

第一阶段：确定最终采购需求方案。评审小组可以与社会资本进行多轮谈判，谈判过程中可实质性修订采购文件的技术、服务要求以及合同草案条款，但不得修订采购文件中规定的不可谈判核心条件。实质性变动的内容，须经项目实施机构确认，并通知所有参与谈判的社会资本。具体程序按照《政府采购非招标方式管理办法》及有关规定执行。

第二阶段：综合评分。最终采购需求方案确定后，由评审小组对社会资本提交的最终响应文件进行综合评分，编写评审报告并向项目实施机构提交候选社会资本的排序名单。具体程序按照《政府采购货物和服务招标投标管理办法》及有关规定执行。

第十八条 项目实施机构应在资格预审公告、采购公告、采购文件、采购合同中，列明对本国社会资本的优惠措施及幅度、外方社会资本采购我国生产的货物和服务要求等相关政府采购政策，以及对社会资本参与采购活动和履约保证的强制担保要求。社会资本应以支票、汇票、本票或金融机构、担保机构出具的保函等非现金形式缴纳保证金。参加采购活动的保证金的数额不得超过项目预算金额的2%。履约保证金的数额不得超过政府和社会资本合作项目初始投资总额或资产评估值的10%。无固定资产投资或投资额不大的服务型合作项目，履约保证金的数额不得超过平均6个月的服务收入额。

第十九条 项目实施机构应组织社会资本进行现场考察或召开采购前答疑会，但不得单独或分别组织只有一个社会资本参加的现场考察和答疑会。

第二十条 项目实施机构应成立专门的采购结果确认谈判工作组。按照候选社会资本的排名，依次与候选社会资本及与其合作的金融机构就合同中可变的细节问题进行合同签署前的确认谈判，率先达成一致的即为中选者。确认谈判不得涉及合同中不可谈判的核心条款，不得与排序在前但已终止谈判的社会资本进行再次谈判。

第二十一条 确认谈判完成后，项目实施机构应与中选社会资本签署确认谈判备忘录，并将采购结果和根据采购文件、响应文件、补遗文件和确认谈判备忘录拟定的合同文本进行公示，公示期不得少于5个工作日。合同文本应将中选社会资本响应文件中的重要承诺和技术文件等作为附件。合同文本中涉及国家秘密、商业秘密的内容可以不公示。

公示期满无异议的项目合同，应在政府审核同意后，由项目实施机构与中选社会资本签署。

需要为项目设立专门项目公司的，待项目公司成立后，由项目公司与项目实施机构重新签署项目合同，或签署关于承继项目合同的补充合同。

项目实施机构应在项目合同签订之日起2个工作日内，将项目合同在省级以上人民政府财政部门指定的媒体上公告，但合同中涉及国家秘密、商业秘密的内容除外。

第二十二条 各级人民政府财政部门应当加强对PPP项目采购活动的监督检查，及时处理采购活动中的违法违规行为。

第五章 项目执行

第二十三条 社会资本可依法设立项目公司。政府可指定相关机构依法参股项目公司。项目实施机构和财政部门（政府和社会资本合作中心）应监督社会资本按照采购文件和项目合同约定，按时足额出资设立项目公司。

第二十四条 项目融资由社会资本或项目公司负责。社会资本或项目公司应及时开展融资方案设计、机构接洽、合同签订和融资交割等工作。财政部门（政府和社会资本合作中心）和项目实施机构应做好监督管理工作，防止企业债务向政府转移。

社会资本或项目公司未按照项目合同约定完成融资的，政府可提取履约保函直至终止项目合同；遇系统性金融风险或不可抗力的，政府、社会资本或项目公司可根据项目合同约定协商修订合同中相关融资条款。

当项目出现重大经营或财务风险，威胁或侵害债权人利益时，债权人可依据与政府、社会资本或项目公司签订的直接介入协议或条款，要求社会资本或项目公司改善管理等。在直接介入协议或条款约定期限内，重大风险已解除的，债权人应停止介入。

第二十五条 项目合同中涉及的政府支付义务，财政部门应结合中长期财政规划统筹考虑，纳入同级政府预算，按照预算管理相关规定执行。财政部门（政府和社会资本合作中心）和项目实施机构应建立政府和社会资本合作项目政府支付台账，严格控制政府财政风险。在政府综合财务报告制度建立后，政府和社会资本合作项目中的政府支付义务应纳入政府综合财务报告。

第二十六条 项目实施机构应根据项目合同约定，监督社会资本或项目公司履行合同义务，定期监测项目产出绩效指标，编制季报和年报，并报财政部门（政府和社会资本合作中心）备案。

政府有支付义务的，项目实施机构应根据项目合同约定的产出说明，按照实际绩效直接或通知财政部门向社会资本或项目公司及时足额支付。设置超额收益分享机制的，社会资本或项目公司应根据项目合同约定向政府及时足额支付应享有的超额收益。

项目实际绩效优于约定标准的，项目实施机构应执行项目合同约定的奖励条款，并可将其作为项目期满合同能否展期的依据；未达到约定标准的，项目实施机构应执行项目合同约定的惩处条款或救济措施。

第二十七条 社会资本或项目公司违反项目合同约定，威胁公共产品和服务持续稳定安全供给，或危及国家安全和重大公共利益的，政府有权临时接管项目，直至启动项目提前终止程序。

政府可指定合格机构实施临时接管。临时接管项目所产生的一切费用，将根据项目合同约定，由违约方单独承担或由各责任方分担。社会资本或项目公司应承担的临时接管费用，可以从其应获终止补偿中扣减。

第二十八条 在项目合同执行和管理过程中，项目实施机构应重点关注合同修订、违约责任和争议解决等工作。

（一）合同修订。

按照项目合同约定的条件和程序，项目实施机构和社会资本或项目公司可根据社会经济环境、公共产品和服务的需求量及结构等条件的变化，提出修订项目合同申请，待政府审核同意后执行。

（二）违约责任。

项目实施机构、社会资本或项目公司未履行项目合同约定义务的，应

承担相应违约责任，包括停止侵害、消除影响、支付违约金、赔偿损失以及解除项目合同等。

（三）争议解决。

在项目实施过程中，按照项目合同约定，项目实施机构、社会资本或项目公司可就发生争议且无法协商达成一致的事项，依法申请仲裁或提起民事诉讼。

第二十九条 项目实施机构应每3—5年对项目进行中期评估，重点分析项目运

行状况和项目合同的合规性、适应性和合理性；及时评估已发现问题的风险，制订应对措施，并报财政部门（政府和社会资本合作中心）备案。

第三十条 政府相关职能部门应根据国家相关法律法规对项目履行行政监管职责，重点关注公共产品和服务质量、价格和收费机制、安全生产、环境保护和劳动者权益等。

社会资本或项目公司对政府职能部门的行政监管处理决定不服的，可依法申请行政复议或提起行政诉讼。

第三十一条 政府、社会资本或项目公司应依法公开披露项目相关信息，保障公众知情权，接受社会监督。

社会资本或项目公司应披露项目产出的数量和质量、项目经营状况等信息。政府应公开不涉及国家秘密、商业秘密的政府和社会资本合作项目合同条款、绩效监测报告、中期评估报告和项目重大变更或终止情况等。

社会公众及项目利益相关方发现项目存在违法、违约情形或公共产品和服务不达标准的，可向政府职能部门提请监督检查。

第六章 项目移交

第三十二条 项目移交时，项目实施机构或政府指定的其他机构代表政府收回项目合同约定的项目资产。

项目合同中应明确约定移交形式、补偿方式、移交内容和移交标准。移交形式包括期满终止移交和提前终止移交；补偿方式包括无偿移交和有偿移交；移交内容包括项目资产、人员、文档和知识产权等；移交标准包括设备完好率和最短可使用年限等指标。

采用有偿移交的，项目合同中应明确约定补偿方案；没有约定或约定不明的，项目实施机构应按照“恢复相同经济地位”原则拟定补偿方案，报政府审核同意后实施。

第三十三条 项目实施机构或政府指定的其他机构应组建项目移交工作组，根据项目合同约定与社会资本或项目公司确认移交情形和补偿方式，制定资产评估和性能测试方案。

项目移交工作组应委托具有相关资质的资产评估机构，按照项目合同约定的评估方式，对移交资产进行资产评估，作为确定补偿金额的依据。

项目移交工作组应严格按照性能测试方案和移交标准对移交资产进行性能测试。

性能测试结果不达标的，移交工作组应要求社会资本或项目公司进行恢复性修理、更新重置或提取移交维修保函。

第三十四条 社会资本或项目公司应将满足性能测试要求的项目资产、知识产权和技术法律文件，连同资产清单移交项目实施机构或政府指定的其他机构，办妥法律过户和管理权移交手续。社会资本或项目公司应配合做好项目运营平稳过渡相关工作。

第三十五条 项目移交完成后，财政部门（政府和社会资本合作中心）应组织有关部门对项目产出、成本效益、监管成效、可持续性、政府和社会资本合作模式应用等进行绩效评价，并按相关规定公开评价结果。评价结果作为政府开展政府和社会资本合作管理工作决策参考依据。

第七章 附 则

第三十六条 本操作指南自印发之日起施行，有效期3年。

第三十七条 本操作指南由财政部负责解释。

关于在公共服务领域推广政府和社会资本合作模式的指导意见

（国办发〔2015〕42号文件发布）

为打造大众创业、万众创新和增加公共产品、公共服务“双引擎”，让广大人民群众享受到优质高效的公共服务，在改善民生中培育经济增长新动力，现就改革创新公共服务供给机制，大力推广政府和社会资本合作（Public-Private-Partnership，PPP）模式，提出以下意见：

一、充分认识推广政府和社会资本合作模式的重大意义

政府和社会资本合作模式是公共服务供给机制的重大创新，即政府采取竞争性方式择优选择具有投资、运营管理能力的社会资本，双方按照平等协商原则订立合同，明确责权利关系，由社会资本提供公共服务，政府依据公共服务绩效评价结果向社会资本支付相应对价，保证社会资本获得合理收益。政府和社会资本合作模式有利于充分发挥市场机制作用，提升公共服务的供给质量和效率，实现公共利益最大化。

（一）有利于加快转变政府职能，实现政企分开、政事分开。

作为社会资本的境内外企业、社会组织和中介机构承担公共服务涉及的设计、建设、投资、融资、运营和维护等责任，政府作为监督者和合作者，减少对微观事务的直接参与，加强发展战略制定、社会管理、市场监管、绩效考核等职责，有助于解决政府职能错位、越位和缺位的问题，深化投融资体制改革，推进国家治理体系和治理能力现代化。

（二）有利于打破行业准入限制，激发经济活力和创造力。

政府和社会资本合作模式可以有效打破社会资本进入公共服务领域的各种不合理限制，鼓励国有控股企业、民营企业、混合所有制企业等各类型企业积极参与提供公共服务，给予中小企业更多参与机会，大幅拓展社会资本特别是民营资本的发展空间，激发市场主体活力和发展潜力，有利于盘活社会存量资本，形成多元化、可持续的公共服务资金投入渠道，打造新的经济增长点，增强经济增长动力。

（三）有利于完善财政投入和管理方式，提高财政资金使用效益。

在政府和社会资本合作模式下，政府以运营补贴等作为社会资本提供公共服务的对价，以绩效评价结果作为对价支付依据，并纳入预算管理、财政中期规划和政府财务报告，能够在当代人和后代人之间公平地分担公共资金投入，符合代际公平原则，有效弥补当期财政投入不足，有利于减轻当期财政支出压力，平滑年度间财政支出波动，防范和化解政府性债务风险。

二、总体要求

（四）指导思想。

贯彻落实党的十八大和十八届二中、三中、四中全会精神，按照党中央、国务院决策部署，借鉴国际成熟经验，立足国内实际情况，改革创新公共服务供给机制和投入方式，发挥市场在资源配置中的决定性作用，更好发挥政府作用，引导和鼓励社会资本积极参与公共服务供给，为广大人民群众提供优质高效的公共服务。

（五）基本原则。

依法合规。将政府和社会资本合作纳入法制化轨道，建立健全制度体系，保护参与各方的合法权益，明确全生命周期管理要求，确保项目规范实施。

重诺履约。政府和社会资本法律地位平等、权利义务对等，必须树立契约理念，坚持平等协商、互利互惠、诚实守信、严格履约。

公开透明。实行阳光化运作，依法充分披露政府和社会资本合作项目重要信息，保障公众知情权，对参与各方形成有效监督和约束。

公众受益。加强政府监管，将政府的政策目标、社会目标和社会资本的运营效率、技术进步有机结合，促进社会资本竞争和创新，确保公共利益最大化。

积极稳妥。鼓励地方各级人民政府和行业主管部门因地制宜，探索符合当地实际和行业特点的做法，总结提炼经验，形成适合我国国情的发展模式。坚持必要、合理、可持续的财政投入原则，有序推进项目实施，控制项目的政府支付责任，防止政府支付责任过重加剧财政收支矛盾，带来支出压力。

（六）发展目标。

立足于加强和改善公共服务，形成有效促进政府和社会资本合作模式规范健康发展的制度体系，培育统一规范、公开透明、竞争有序、监管有力的政府和社会资本合作市场。着力化解地方政府性债务风险，积极引进社会资本参与地方融资平台公司存量项目改造，争取通过政府和社会资本合作模式减少地方政府性债务。在新建公共服务项目中，逐步增加使用政府和社会资本合作模式的比例。

三、构建保障政府和社会资本合作模式持续健康发展的制度体系

（七）明确项目实施的管理框架。

建立健全制度规范体系，实施全生命周期管理，保证项目实施质量。进一步完善操作指南，规范项目识别、准备、采购、执行、移交各环节操作流程，明确操作要求，指导社会资本参与实施。制定合同指南，推动共性问题处理方式标准化。制定分行业、分领域的标准化合同文本，提高合同编制效率和谈判效率。按照预算法、合同法、政府采购法及其实施条例、《国务院办公厅关于政府向社会力量购买服务的指导意见》（国办发〔2013〕96号）等要求，建立完善管理细则，规范选择合作伙伴的程序和方法，维护国家利益、社会公共利益和社会资本的合法权益。

（八）健全财政管理制度。

开展财政承受能力论证，统筹评估和控制项目的财政支出责任，促进中长期财政可持续发展。建立完善公共服务成本财政管理和会计制度，创新资源组合开发模式，针对政府付费、使用者付费、可行性缺口补助等不同支付机制，将项目涉及的运营补贴、经营收费权和其他支付对价等，按照国家统一的会计制度进行核算，纳入年度预算、中期财政规划，在政府财务报告中进行反映和管理，并向本级人大或其常委会报告。存量公共服务项目转型为政府和社会资本合作项目过程中，应依法进行资产评估，合理确定价值，防止公共资产流失和贱卖。项目实施过程中政府依法获得的国有资本收益、约定的超额收益分成等公共收入应上缴国库。

（九）建立多层次监督管理体系。

行业主管部门根据经济社会发展规划及专项规划发起政府和社会资本合作项目，社会资本也可根据当地经济社会发展需求建议发起。行业主管部门应制定不同领域的行业技术标准、公共产品或服务技术规范，加强对公共服务质量和价格的监管。建立政府、公众共同参与的综合性评价体系，建立事前设定绩效目标、事中进行绩效跟踪、事后进行绩效评价的全生命周期绩效管理机制，将政府付费、使用者付费与绩效评价挂钩，并将绩效评价结果作为调价的重要依据，确保实现公共利益最大化。依法充分披露项目实施相关信息，切实保障公众知情权，接受社会监督。

（十）完善公共服务价格调整机制。

积极推进公共服务领域价格改革，按照补偿成本、合理收益、节约资源、优质优价、公平负担的原则，加快理顺公共服务价格。依据项目运行情况和绩效评价结果，健全公共服务价格调整机制，完善政府价格决策听证制度，广泛听取社会资本、公众和有关部门意见，确保定价调价的科学性。及时披露项目运行过程中的成本变化、公共服务质量等信息，提高定价调价的透明度。

（十一）完善法律法规体系。

推进相关立法，填补政府和社会资本合作领域立法空白，着力解决政府和社会资本合作项目运作与现行法律之间的衔接协调问题，明确政府出资的法律依据和出资性质，规范政府和社会资本的责权利关系，明确政府相关部门的监督管理责任，为政府和社会资本合作模式健康发展提供良好的法律环境和稳定的政策预期。鼓励有条件的地方立足当地实际，依据立法法相关规定，出台地方性法规或规章，进一步有针对性地规范政府和社会资本合作模式的运用。

四、规范推进政府和社会资本合作项目实施

（十二）广泛采用政府和社会资本合作模式提供公共服务。

在能源、交通运输、水利、环境保护、农业、林业、科技、保障性安居工程、医疗、卫生、养老、教育、文化等公共服务领域，鼓励采用政府和社会资本合作模式，吸引社会资本参与。其中，在能源、交通运输、水利、环境保护、市政工程等特定领域需要实施特许经营的，按《基础设施和公用事业特许经营管理办法》执行。

（十三）化解地方政府性债务风险。

积极运用转让—运营—移交（TOT）、改建—运营—移交（ROT）等方式，将融资平台公司存量公共服务项目转型为政府和社会资本合作项目，引入社会资本参与改造和运营，在征得债权人同意的前提下，将政府性债务转换为非政府性债务，减轻地方政府的债务压力，腾出资金用于重点民生项目建设。大力推动融资平台公司与政府脱钩，进行市场化改制，健全完善公司治理结构，对已经建立现代企业制度、实现市场化运营的，在其承担的地方政府债务已纳入政府财政预算、得到妥善处置并明确公告今后不再承担地方政府举债融资职能的前提下，可作为社会资本参与当地政府和社会资本合作项目，通过与政府签订合同方式，明确责权利关系。严禁融资平台公司通过保底承诺等方式参与政府和社会资本合作项目，进行变相融资。

（十四）提高新建项目决策的科学性。

地方政府根据当地经济社会发展需要，结合财政收支平衡状况，统筹论证新建项目的经济效益和社会效益，并进行财政承受能力论证，保证决策质量。根据项目实施周期、收费定价机制、投资收益水平、风险分配基本框架和所需要的政府投入等因素，合理选择建设—运营—移交（BOT）、建设—拥有—运营（BOO）等运作方式。

（十五）择优选择项目合作伙伴。

对使用财政性资金作为社会资本提供公共服务对价的项目，地方政府应当根据预算法、合同法、政府采购法及其实施条例等法律法规规定，选择项目合作伙伴。依托政府采购信息平台，及时、充分向社会公布项目采购信息。综合评估项目合作伙伴的专业资质、技术能力、管理经验、财务实力和信用状况等因素，依法择优选择诚实守信的合作伙伴。加强项目政府采购环节的监督管理，保证采购过程公平、公正、公开。

（十六）合理确定合作双方的权利与义务。

树立平等协商的理念，按照权责对等原则合理分配项目风险，按照激励相容原则科学设计合同条款，明确项目的产出说明和绩效要求、收益回报机制、退出安排、应急和临时接管预案等关键环节，实现责权利对等。引入价格和补贴动态调整机制，充分考虑社会资本获得合理收益。如单方面构成违约的，违约方应当给予对方相应赔偿。建立投资、补贴与价格的协同机制，为社会资本获得合理回报创造条件。

（十七）增强责任意识和履约能力。

社会资本要将自身经济利益诉求与政府政策目标、社会目标相结合，不断加强管理和创新，提升运营效率，在实现经济价值的同时，履行好企业社会责任，严格按照约定保质保量提供服务，维护公众利益；要积极进行业务转型和升级，从工程承包商、建设施工方向运营商转变，实现跨不同领域、多元化发展；要不断提升运营实力和管理经验，增强提供公共服务的能力。咨询、法律、会计等中介机构要提供质优价廉的服务，促进项目增效升级。

（十八）保障公共服务持续有效。

按照合同约定，对项目建设情况和公共服务质量进行验收，逾期未完成或不符合标准的，社会资本要限期完工或整改，并采取补救措施或赔偿损失。健全合同争议解决机制，依法积极协调解决争议。确需变更合同内容、延长合同期限以及变更社会资本方的，由政府和社会资本方协商解决，但应当保持公共服务的持续性和稳定性。项目资产移交时，要对移交资产进行性能测试、资产评估和登记入账，并按照国家统一的会计制度进行核算，在政府财务报告中进行反映和管理。

五、政策保障

（十九）简化项目审核流程。

进一步减少审批环节，建立项目实施方案联评联审机制，提高审查工作效率。项目合同签署后，可并行办理必要的审批手续，有关部门要简化办理手续，优化办理程序，主动加强服务，对实施方案中已经明确的内容不再作实质性审查。

（二十）多种方式保障项目用地。

实行多样化土地供应，保障项目建设用地。对符合划拨用地目录的项目，可按划拨方式供地，划拨土地不得改变土地用途。建成的项目经依法批准可以抵押，土地使用权性质不变，待合同经营期满后，连同公共设施一并移交政府；实现抵押权后改变项目性质应该以有偿方式取得土地使用权的，应依法办理土地有偿使用手续。不符合划拨用地目录的项目，以租赁方式取得土地使用权的，租金收入参照土地出让收入纳入政府性基金预算管理。以作价出资或者入股方式取得土地使用权的，应当以市、县人民政府作为出资人，制定作价出资或者入股方案，经市、县人民政府批准后实施。

（二十一）完善财税支持政策。

积极探索财政资金撬动社会资金和金融资本参与政府和社会资本合作项目的有效方式。中央财政出资引导设立中国政府和社会资本合作融资支持基金，作为社会资本方参与项目，提高项目融资的可获得性。探索通过以奖代补等措施，引导和鼓励地方融资平台存量项目转型为政府和社会资本合作项目。落实和完善国家支持公共服务事业的税收优惠政策，公共服务项目采取政府和社会资本合作模式的，可按规定享受相关税收优惠政策。鼓励地方政府在承担有限损失的前提下，与具有投资管理经验的金融机构共同发起设立基金，并通过引入结构化设计，吸引更多社会资本参与。

（二十二）做好金融服务。

金融机构应创新符合政府和社会资本合作模式特点的金融服务，优化信贷评审方式，积极为政府和社会资本合作项目提供融资支持。鼓励开发性金融机构发挥中长期贷款优势，参与改造政府和社会资本合作项目，引导商业性金融机构拓宽项目融资渠道。鼓励符合条件的项目运营主体在资本市场通过发行公司债券、企业债券、中期票据、定向票据等市场化方式进行融资。鼓励项目公司发行项目收益债券、项目收益票据、资产支持票据等。鼓励社保资金和保险资金按照市场化原则，创新运用债权投资计划、股权投资计划、项目资产支持计划等多种方式参与项目。对符合条件的"走出去"项目，鼓励政策性金融机构给予中长期信贷支持。依托各类产权、股权交易市场，为社会资本提供多元化、规范化、市场化的退出渠道。金融监管部门应加强监督管理，引导金融机构正确识别、计量和控制风险，按照风险可控、商业可持续原则支持政府和社会资本合作项目融资。

六、组织实施

（二十三）加强组织领导。

国务院各有关部门要按照职能分工，负责相关领域具体工作，加强对地方推广政府和社会资本合作模式的指导和监督。财政部要会同有关部门，加强政策沟通协调和信息交流，完善体制机制。教育、科技、民政、人力资源社会保障、国土资源、环境保护、住房城乡建设、交通运输、水利、农业、商务、文化、卫生计生等行业主管部门，要结合本行业特点，积极运用政府和社会资本合作模式提供公共服务，探索完善相关监管制度体系。地方各级人民政府要结合已有规划和各地实际，出台具体政策措施并抓好落实；可根据本地区实际情况，建立工作协调机制，推动政府和社会资本合作项目落地实施。

（二十四）加强人才培养。

大力培养专业人才，加快形成政府部门、高校、企业、专业咨询机构联合培养人才的机制。鼓励各类市场主体加大人才培训力度，开展业务人员培训，建设一支高素质的专业人才队伍。鼓励有条件的地方政府统筹内部机构改革需要，进一步整合专门力量，承担政府和社会资本合作模式推广职责，提高专业水平和能力。

（二十五）搭建信息平台。

地方各级人民政府要切实履行规划指导、识别评估、咨询服务、宣传培训、绩效评价、信息统计、专家库和项目库建设等职责，建立统一信息发布平台，及时向社会公开项目实施情况等相关信息，确保项目实施公开透明、有序推进。

在公共服务领域推广政府和社会资本合作模式，事关人民群众切身利益，是保障和改善民生的一项重要工作。各地区、各部门要充分认识推广政府和社会资本合作模式的重要意义，把思想和行动统一到党中央、国务院的决策部署上来，精心组织实施，加强协调配合，形成工作合力，切实履行职责，共同抓好落实。财政部要强化统筹协调，会同有关部门对本意见落实情况进行督促检查和跟踪分析，重大事项及时向国务院报告。

国务院关于调整和完善固定资产投资项目资本金制度的通知

（国发〔2015〕51号）

各省、自治区、直辖市人民政府，国务院各部委、各直属机构：

为进一步解决当前重大民生和公共领域投资项目融资难、融资贵问题，增加公共产品和公共服务供给，补短板、增后劲，扩大有效投资需求，促进投资结构调整，保持经济平稳健康发展，国务院决定对固定资产投资项目资本金制度进行调整和完善。现就有关事项通知如下：

一、各行业固定资产投资项目的最低资本金比例按以下规定执行。

城市和交通基础设施项目：城市轨道交通项目由25%调整为20%，港口、沿海及内河航运、机场项目由30%调整为25%，铁路、公路项目由25%调整为20%。

房地产开发项目：保障性住房和普通商品住房项目维持20%不变，其他项目由30%调整为25%。

产能过剩行业项目：钢铁、电解铝项目维持40%不变，水泥项目维持35%不变，煤炭、电石、铁合金、烧碱、焦炭、黄磷、多晶硅项目维持30%不变。

其他工业项目：玉米深加工项目由30%调整为20%，化肥（钾肥除外）项目维持25%不变。

电力等其他项目维持20%不变。

二、城市地下综合管廊、城市停车场项目，以及经国务院批准的核电站等重大建设项目，可以在规定最低资本金比例基础上适当降低。

三、金融机构在提供信贷支持和服务时，要坚持独立审贷，切实防范金融风险。要根据借款主体和项目实际情况，按照国家规定的资本金制度要求，对资本金的真实性、投资收益和贷款风险进行全面审查和评估，坚持风险可控、商业可持续原则，自主决定是否发放贷款以及具体的贷款数量和比例。对于产能严重过剩行业，金融机构要严格执行《国务院关于化解产能严重过剩矛盾的指导意见》（国发〔2013〕41号）有关规定。

四、自本通知印发之日起，凡尚未审批可行性研究报告、核准项目申请报告、办理备案手续的固定资产投资项目，以及金融机构尚未贷款的固定资产投资项目，均按照本通知执行。已经办理相关手续但尚未开工建设的固定资产投资项目，参照本通知执行。已与金融机构签订相关合同的固定资产投资项目，按照原合同执行。

五、国家将根据经济形势发展和宏观调控需要，适时调整固定资产投资项目最低资本金比例。

六、本通知自印发之日起执行。

基础设施和公用事业特许经营管理办法

（中华人民共和国国家发展和改革委员会 中华人民共和国财政部 中华人民共和国住房和城乡建设部 中华人民共和国交通运输部 中华人民共和国水利部 中国人民银行令第25号）

第一章 总 则

第一条 为鼓励和引导社会资本参与基础设施和公用事业建设运营，提高公共服务质量和效率，保护特许经营者合法权益，保障社会公共利益和公共安全，促进经济社会持续健康发展，制定本办法。

第二条 中华人民共和国境内的能源、交通运输、水利、环境保护、市政工程等基础设施和公用事业领域的特许经营活动，适用本办法。

第三条 本办法所称基础设施和公用事业特许经营，是指政府采用竞争方式依法授权中华人民共和国境内外的法人或者其他组织，通过协议明确权利义务和风险分担，约定其在一定期限和范围内投资建设运营基础设施和公用事业并获得收益，提供公共产品或者公共服务。

第四条 基础设施和公用事业特许经营应当坚持公开、公平、公正，保护各方信赖利益，并遵循以下原则：

（一）发挥社会资本融资、专业、技术和管理优势，提高公共服务质量效率；

（二）转变政府职能，强化政府与社会资本协商合作；

（三）保护社会资本合法权益，保证特许经营持续性和稳定性；

（四）兼顾经营性和公益性平衡，维护公共利益。

第五条 基础设施和公用事业特许经营可以采取以下方式：

（一）在一定期限内，政府授予特许经营者投资新建或改扩建、运营基础设施和公用事业，期限届满移交政府；

（二）在一定期限内，政府授予特许经营者投资新建或改扩建、拥有并运营基础设施和公用事业，期限届满移交政府；

（三）特许经营者投资新建或改扩建基础设施和公用事业并移交政府后，由政府授予其在一定期限内运营；

（四）国家规定的其他方式。

第六条 基础设施和公用事业特许经营期限应当根据行业特点、所提供公共产品或服务需求、项目生命周期、投资回收期等综合因素确定，最长不超过30年。

对于投资规模大、回报周期长的基础设施和公用事业特许经营项目（以下简称特许经营项目）可以由政府或者其授权部门与特许经营者根据项目实际情况，约定超过前款规定的特许经营期限。

第七条 国务院发展改革、财政、国土、环保、住房城乡建设、交通运输、水利、能源、金融、安全监管等有关部门按照各自职责，负责相关领域基础设施和公用事业特许经营规章、政策制定和监督管理工作。

县级以上地方人民政府发展改革、财政、国土、环保、住房城乡建设、交通运输、水利、价格、能源、金融监管等有关部门根据职责分工，负责有关特许经营项目实施和监督管理工作。

第八条 县级以上地方人民政府应当建立各有关部门参加的基础设施和公用事业特许经营部门协调机制，负责统筹有关政策措施，并组织协调特许经营项目实施和监督管理工作。

第二章 特许经营协议订立

第九条 县级以上人民政府有关行业主管部门或政府授权部门（以下简称项目提出部门）可以根据经济社会发展需求，以及有关法人和其他组织提出的特许经营项目建议等，提出特许经营项目实施方案。

特许经营项目应当符合国民经济和社会发展总体规划、主体功能区规划、区域规划、环境保护规划和安全生产规划等专项规划、土地利用规划、城乡规划、中期财政规划等，并且建设运营标准和监管要求明确。

项目提出部门应当保证特许经营项目的完整性和连续性。

第十条 特许经营项目实施方案应当包括以下内容：

（一）项目名称；

（二）项目实施机构；

（三）项目建设规模、投资总额、实施进度，以及提供公共产品或公共服务的标准等基本经济技术指标；

（四）投资回报、价格及其测算；

（五）可行性分析，即降低全生命周期成本和提高公共服务质量效率的分析估算等；

（六）特许经营协议框架草案及特许经营期限；

（七）特许经营者应当具备的条件及选择方式；

（八）政府承诺和保障；

（九）特许经营期限届满后资产处置方式；

（十）应当明确的其他事项。

第十一条 项目提出部门可以委托具有相应能力和经验的第三方机构，开展特许经营可行性评估，完善特许经营项目实施方案。

需要政府提供可行性缺口补助或者开展物有所值评估的，由财政部门负责开展相关工作。具体办法由国务院财政部门另行制定。

第十二条 特许经营可行性评估应当主要包括以下内容：

（一）特许经营项目全生命周期成本、技术路线和工程方案的合理性，可能的融资方式、融资规模、资金成本，所提供公共服务的质量效率，建设运营标准和监管要求等；

（二）相关领域市场发育程度，市场主体建设运营能力状况和参与意愿；

（三）用户付费项目公众支付意愿和能力评估。

第十三条 项目提出部门依托本级人民政府根据本办法第八条规定建立的部门协调机制，会同发展改革、财政、城乡规划、国土、环保、水利等有关部门对特许经营项目实施方案进行审查。经审查认为实施方案可行的，各部门应当根据职责分别出具书面审查意见。

项目提出部门综合各部门书面审查意见，报本级人民政府或其授权部门审定特许经营项目实施方案。

第十四条 县级以上人民政府应当授权有关部门或单位作为实施机构负责特许经营项目有关实施工作，并明确具体授权范围。

第十五条 实施机构根据经审定的特许经营项目实施方案，应当通过招标、竞争性谈判等竞争方式选择特许经营者。

特许经营项目建设运营标准和监管要求明确、有关领域市场竞争比较充分的，应当通过招标方式选择特许经营者。

第十六条 实施机构应当在招标或谈判文件中载明是否要求成立特许经营项目公司。

第十七条 实施机构应当公平择优选择具有相应管理经验、专业能力、融资实力以及信用状况良好的法人或者其他组织作为特许经营者。鼓励金融机构与参与竞争的法人或其他组织共同制定投融资方案。

特许经营者选择应当符合内外资准入等有关法律、行政法规规定。

依法选定的特许经营者，应当向社会公示。

第十八条 实施机构应当与依法选定的特许经营者签订特许经营协议。

需要成立项目公司的，实施机构应当与依法选定的投资人签订初步协议，约定其在规定期限内注册成立项目公司，并与项目公司签订特许经营协议。

特许经营协议应当主要包括以下内容：

（一）项目名称、内容；

（二）特许经营方式、区域、范围和期限；

（三）项目公司的经营范围、注册资本、股东出资方式、出资比例、股权转让等；

（四）所提供产品或者服务的数量、质量和标准；

（五）设施权属，以及相应的维护和更新改造；

（六）监测评估；

（七）投融资期限和方式；

（八）收益取得方式，价格和收费标准的确定方法以及调整程序；

（九）履约担保；

（十）特许经营期内的风险分担；

（十一）政府承诺和保障；

（十二）应急预案和临时接管预案；

（十三）特许经营期限届满后，项目及资产移交方式、程序和要求等；

（十四）变更、提前终止及补偿；

（十五）违约责任；

（十六）争议解决方式；

（十七）需要明确的其他事项。

第十九条 特许经营协议根据有关法律、行政法规和国家规定，可以约定特许经营者通过向用户收费等方式取得收益。

向用户收费不足以覆盖特许经营建设、运营成本及合理收益的，可由政府提供可行性缺口补助，包括政府授予特许经营项目相关的其他开发经营权益。

第二十条 特许经营协议应当明确价格或收费的确定和调整机制。特许经营项目价格或收费应当依据相关法律、行政法规规定和特许经营协议约定予以确定和调整。

第二十一条 政府可以在特许经营协议中就防止不必要的同类竞争性项目建设、必要合理的财政补贴、有关配套公共服务和基础设施的提供等内容作出承诺，但不得承诺固定投资回报和其他法律、行政法规禁止的事项。

第二十二条 特许经营者根据特许经营协议，需要依法办理规划选址、用地和项目核准或审批等手续的，有关部门在进行审核时，应当简化审核内容，优化办理流程，缩短办理时限，对于本部门根据本办法第十三条出具书面审查意见已经明确的事项，不再作重复审查。

实施机构应当协助特许经营者办理相关手续。

第二十三条 国家鼓励金融机构为特许经营项目提供财务顾问、融资顾问、银团贷款等金融服务。政策性、开发性金融机构可以给予特许经营项目差异化信贷支持，对符合条件的项目，贷款期限最长可达30年。探索利用特许经营项目预期收益质押贷款，支持利用相关收益作为还款来源。

第二十四条 国家鼓励通过设立产业基金等形式入股提供特许经营项目资

本金。鼓励特许经营项目公司进行结构化融资，发行项目收益票据和资产支持票据等。

国家鼓励特许经营项目采用成立私募基金，引入战略投资者，发行企业债券、项目收益债券、公司债券、非金融企业债务融资工具等方式拓宽投融资渠道。

第二十五条 县级以上人民政府有关部门可以探索与金融机构设立基础设施和公用事业特许经营引导基金，并通过投资补助、财政补贴、贷款贴息等方式，支持有关特许经营项目建设运营。

第三章 特许经营协议履行

第二十六条 特许经营协议各方当事人应当遵循诚实信用原则，按照约定全面履行义务。

除法律、行政法规另有规定外，实施机构和特许经营者任何一方不履行特许经营协议约定义务或者履行义务不符合约定要求的，应当根据协议继续履行、采取补救措施或者赔偿损失。

第二十七条 依法保护特许经营者合法权益。任何单位或者个人不得违反法律、行政法规和本办法规定，干涉特许经营者合法经营活动。

第二十八条 特许经营者应当根据特许经营协议，执行有关特许经营项目投融资安排，确保相应资金或资金来源落实。

第二十九条 特许经营项目涉及新建或改扩建有关基础设施和公用事业的，应当符合城乡规划、土地管理、环境保护、质量管理、安全生产等有关法律、行政法规规定的建设条件和建设标准。

第三十条 特许经营者应当根据有关法律、行政法规、标准规范和特许经营协议，提供优质、持续、高效、安全的公共产品或者公共服务。

第三十一条 特许经营者应当按照技术规范，定期对特许经营项目设施进行检修和保养，保证设施运转正常及经营期限届满后资产按规定进行移交。

第三十二条 特许经营者对涉及国家安全的事项负有保密义务，并应当建立和落实相应保密管理制度。

实施机构、有关部门及其工作人员对在特许经营活动和监督管理工作中知悉的特许经营者商业秘密负有保密义务。

第三十三条 实施机构和特许经营者应当对特许经营项目建设、运营、维修、保养过程中有关资料，按照有关规定进行归档保存。

第三十四条 实施机构应当按照特许经营协议严格履行有关义务，为特许经营者建设运营特许经营项目提供便利和支持，提高公共服务水平。

行政区划调整，政府换届、部门调整和负责人变更，不得影响特许经营协议履行。

第三十五条 需要政府提供可行性缺口补助的特许经营项目，应当严格按照预算法规定，综合考虑政府财政承受能力和债务风险状况，合理确定财政付费总额和分年度数额，并与政府年度预算和中期财政规划相衔接，确保资金拨付需要。

第三十六条 因法律、行政法规修改，或者政策调整损害特许经营者预期利益，或者根据公共利益需要，要求特许经营者提供协议约定以外的产品或服务的，应当给予特许经营者相应补偿。

第四章 特许经营协议变更和终止

第三十七条 在特许经营协议有效期内，协议内容确需变更的，协议当事人应当在协商一致基础上签订补充协议。如协议可能对特许经营项目的存续债务产生重大影响的，应当事先征求债权人同意。特许经营项目涉及直接融资行为的，应当及时做好相关信息披露。

特许经营期限届满后确有必要延长的，按照有关规定经充分评估论证，协商一致并报批准后，可以延长。

第三十八条 在特许经营期限内，因特许经营协议一方严重违约或不可抗力等原因，导致特许经营者无法继续履行协议约定义务，或者出现特许经营协议约定的提前终止协议情形的，在与债权人协商一致后，可以提前终止协议。

特许经营协议提前终止的，政府应当收回特许经营项目，并根据实际情况和协议约定给予原特许经营者相应补偿。

第三十九条 特许经营期限届满终止或提前终止的，协议当事人应当按照特许经营协议约定，以及有关法律、行政法规和规定办理有关设施、资料、档案等的性能测试、评估、移交、接管、验收等手续。

第四十条 特许经营期限届满终止或者提前终止，对该基础设施和公用事业继续采用特许经营方式的，实施机构应当根据本办法规定重新选择特许经营者。

因特许经营期限届满重新选择特许经营者的，在同等条件下，原特许经营者优先获得特许经营。

新的特许经营者选定之前，实施机构和原特许经营者应当制定预案，保障公共产品或公共服务的持续稳定提供。

第五章　监督管理和公共利益保障

第四十一条　县级以上人民政府有关部门应当根据各自职责，对特许经营者执行法律、行政法规、行业标准、产品或服务技术规范，以及其他有关监管要求进行监督管理，并依法加强成本监督审查。

县级以上审计机关应当依法对特许经营活动进行审计。

第四十二条　县级以上人民政府及其有关部门应当根据法律、行政法规和国务院决定保留的行政审批项目对特许经营进行监督管理，不得以实施特许经营为名违法增设行政审批项目或审批环节。

第四十三条　实施机构应当根据特许经营协议，定期对特许经营项目建设运营情况进行监测分析，会同有关部门进行绩效评价，并建立根据绩效评价结果、按照特许经营协议约定对价格或财政补贴进行调整的机制，保障所提供公共产品或公共服务的质量和效率。

实施机构应当将社会公众意见作为监测分析和绩效评价的重要内容。

第四十四条　社会公众有权对特许经营活动进行监督，向有关监管部门投诉，或者向实施机构和特许经营者提出意见建议。

第四十五条　县级以上人民政府应当将特许经营有关政策措施、特许经营部门协调机制组成以及职责等信息向社会公开。

实施机构和特许经营者应当将特许经营项目实施方案、特许经营者选择、特许经营协议及其变更或终止、项目建设运营、所提供公共服务标准、监测分析和绩效评价、经过审计的上年度财务报表等有关信息按规定向社会公开。

特许经营者应当公开有关会计数据、财务核算和其他有关财务指标，并依法接受年度财务审计。

第四十六条　特许经营者应当对特许经营协议约定服务区域内所有用户普遍地、无歧视地提供公共产品或公共服务，不得对新增用户实行差别待遇。

第四十七条　实施机构和特许经营者应当制定突发事件应急预案，按规定报有关部门。突发事件发生后，及时启动应急预案，保障公共产品或公共服务的正常提供。

第四十八条　特许经营者因不可抗力等原因确实无法继续履行特许经营协议的，

实施机构应当采取措施，保证持续稳定提供公共产品或公共服务。

第六章　争议解决

第四十九条　实施机构和特许经营者就特许经营协议履行发生争议的，应当协商解决。协商达成一致的，应当签订补充协议并遵照执行。

第五十条　实施机构和特许经营者就特许经营协议中的专业技术问题发生争议的，可以共同聘请专家或第三方机构进行调解。调解达成一致的，应当签订补充协议并遵照执行。

第五十一条　特许经营者认为行政机关做出的具体行政行为侵犯其合法权益的，有陈述、申辩的权利，并可以依法提起行政复议或者行政诉讼。

第五十二条　特许经营协议存续期间发生争议，当事各方在争议解决过程中，应当继续履行特许经营协议义务，保证公共产品或公共服务的持续性和稳定性。

第七章　法律责任

第五十三条　特许经营者违反法律、行政法规和国家强制性标准，严重危害公共利益，或者造成重大质量、安全事故或者突发环境事件的，有关部门应当责令限期改正并依法予以行政处罚；拒不改正、情节严重的，可以终止特许经营协议；构成犯罪的，依法追究刑事责任。

第五十四条　以欺骗、贿赂等不正当手段取得特许经营项目的，应当依法收回特许经营项目，向社会公开。

第五十五条　实施机构、有关行政主管部门及其工作人员不履行法定职责、干预特许经营者正常经营活动、徇私舞弊、滥用职权、玩忽职守的，依法给予行政处分；构成犯罪的，依法追究刑事责任。

第五十六条　县级以上人民政府有关部门应当对特许经营者及其从业人员的不良行为建立信用记录，纳入全国统一的信用信息共享交换平台。对严重违法失信行为依法予以曝光，并会同有关部门实施联合惩戒。

第八章　附　则

第五十七条　基础设施和公用事业特许经营涉及国家安全审查的，按照国家有关规定执行。

第五十八条 法律、行政法规对基础设施和公用事业特许经营另有规定的，从其规定。

本办法实施之前依法已经订立特许经营协议的，按照协议约定执行。

第五十九条 本办法由国务院发展改革部门会同有关部门负责解释。

第六十条 本办法自2015年6月1日起施行。

政府和社会资本合作项目财政承受能力论证指引

（财金〔2015〕21号文件发布）

第一章 总 则

第一条 根据《中华人民共和国预算法》、《国务院关于加强地方政府性债务管理的意见》（国发〔2014〕43号）、《国务院关于深化预算管理制度改革的决定》（国发〔2014〕45号）、《国务院关于创新重点领域投融资机制鼓励社会投资的指导意见》（国发〔2014〕60号）、《财政部关于推广运用政府和社会资本合作模式有关问题的通知》（财金〔2014〕76号）和《财政部关于印发政府和社会资本合作模式操作指南（试行）的通知》（财金〔2014〕113号）等有关规定，制定本指引。

第二条 本指引所称财政承受能力论证是指识别、测算政府和社会资本合作（Public-Private Partnership，以下简称PPP）项目的各项财政支出责任，科学评估项目实施对当前及今后年度财政支出的影响，为PPP项目财政管理提供依据。

第三条 开展PPP项目财政承受能力论证，是政府履行合同义务的重要保障，有利于规范PPP项目财政支出管理，有序推进项目实施，有效防范和控制财政风险，实现PPP可持续发展。

第四条 财政承受能力论证采用定量和定性分析方法，坚持合理预测、公开透明、从严把关，统筹处理好当期与长远关系，严格控制PPP项目财政支出规模。

第五条 财政承受能力论证的结论分为“通过论证”和“未通过论证”。“通过论证”的项目，各级财政部门应当在编制年度预算和中期财政规划时，将项目财政支出责任纳入预算统筹安排。“未通过论证”的项目，则不宜采用PPP

模式。

第六条 各级财政部门（或PPP中心）负责组织开展行政区域内PPP项目财政承受能力论证工作。省级财政部门负责汇总统计行政区域内的全部PPP项目财政支出责任，对财政预算编制、执行情况实施监督管理。

第七条 财政部门（或PPP中心）应当会同行业主管部门，共同开展PPP项目财政承受能力论证工作。必要时可通过政府采购方式聘请专业中介机构协助。

第八条 各级财政部门（或PPP中心）要以财政承受能力论证结论为依据，会同有关部门统筹做好项目规划、设计、采购、建设、运营、维护等全生命周期管理工作。

第二章 责任识别

第九条 PPP项目全生命周期过程的财政支出责任，主要包括股权投资、运营补贴、风险承担、配套投入等。

第十条 股权投资支出责任是指在政府与社会资本共同组建项目公司的情况下，政府承担的股权投资支出责任。如果社会资本单独组建项目公司，政府不承担股权投资支出责任。

第十一条 运营补贴支出责任是指在项目运营期间，政府承担的直接付费责任。不同付费模式下，政府承担的运营补贴支出责任不同。政府付费模式下，政府承担全部运营补贴支出责任；可行性缺口补助模式下，政府承担部分运营补贴支出责任；使用者付费模式下，政府不承担运营补贴支出责任。

第十二条 风险承担支出责任是指项目实施方案中政府承担风险带来的财政或有支出责任。通常由政府承担的法律风险、政策风险、最低需求风险以及因政府方原因导致项目合同终止等突发情况，会产生财政或有支出责任。

第十三条 配套投入支出责任是指政府提供的项目配套工程等其他投入责任，通常包括土地征收和整理、建设部分项目配套措施、完成项目与现有相关基础设施和公用事业的对接、投资补助、贷款贴息等。配套投入支出应依据项目实施方案合理确定。

第三章 支出测算

第十四条 财政部门（或PPP中心）应当综合考虑各类支出责任的特点、情景和发生概率等因素，对项目全生命周期内财政支出责任分别进行测算。

第十五条 股权投资支出应当依据项目资本金要求以及项目公司股权结构合理确定。股权投资支出责任中的土地等实物投入或无形资产投入，应依法进行评估，合理确定价值。计算公式为：

$$\text{股权投资支出}=\text{项目资本金}\times\text{政府占项目公司股权比例}$$

第十六条 运营补贴支出应当根据项目建设成本、运营成本及利润水平合理确定，并按照不同付费模式分别测算。

对政府付费模式的项目，在项目运营补贴期间，政府承担全部直接付费责任。政府每年直接付费数额包括：社会资本方承担的年均建设成本（折算成各年度现值）、年度运营成本和合理利润。计算公式为：

$$\text{当年运营补贴支出数额}=\frac{\text{项目全部建设成本}\times(1+\text{合理利润率})\times(1+\text{年度折现率})^n}{\text{财政运营补贴周期(年)}}+\text{年度运营成本}\times(1+\text{合理利润率})$$

对可行性缺口补助模式的项目，在项目运营补贴期间，政府承担部分直接付费责任。政府每年直接付费数额包括：社会资本方承担的年均建设成本（折算成各年度现值）、年度运营成本和合理利润，再减去每年使用者付费的数额。计算公式为：

$$\text{当年运营补贴支出数额}=\frac{\text{项目全部建设成本}\times(1+\text{合理利润率})\times(1+\text{年度折现率})^n}{\text{财政运营补贴周期(年)}}+\text{年度运营成本}\times(1+\text{合理利润率})-\text{当年使用者付费数额}$$

n代表折现年数。财政运营补贴周期指财政提供运营补贴的年数。

第十七条 年度折现率应考虑财政补贴支出发生年份，并参照同期地方政府债券收益率合理确定。

第十八条 合理利润率应以商业银行中长期贷款利率水平为基准，充分考虑可用性付费、使用量付费、绩效付费的不同情景，结合风险等因素确定。

第十九条 在计算运营补贴支出时，应当充分考虑合理利润率变化对运营补贴支出的影响。

第二十条 PPP项目实施方案中的定价和调价机制通常与消费物价指数、劳动力市场指数等因素挂钩，会影响运营补贴支出责任。在可行性缺口补助模式下，运营补贴支出责任受到使用者付费数额的影响，而使用者付费的多少因定价和调价机制而变化。在计算运营补贴支出数额时，应当充分考虑定价和调价机制的影响。

第二十一条 风险承担支出应充分考虑各类风险出现的概率和带来的支出责任，可采用比例法、情景分析法及概率法进行测算。如果PPP合同约定保险赔款的第一受益人为政府，则风险承担支出应为扣除该等风险赔款金额的净额。

比例法。在各类风险支出数额和概率难以进行准确测算的情况下，可以按照项目的全部建设成本和一定时期内的运营成本的一定比例确定风险承担支出。

情景分析法。在各类风险支出数额可以进行测算、但出现概率难以确定的情况下，可针对影响风险的各类事件和变量进行“基本”、“不利”及“最坏”等情景假设，测算各类风险发生带来的风险承担支出。计算公式为：

$$\text{风险承担支出数额}=\text{基本情况下财政支出数额}\times\text{基本情况出现的概率}+\text{不利情况下财政支出数额}\times\text{不利情景下出现的概率}+\text{最坏情景下财政支出数额}\times\text{最坏情景出现的概率}$$

概率法。在各类风险支出数额和发生概率均可进行测算的情况下，可将所有可变风险参数作为变量，根据概率分布函数，计算各种风险发生带来的风险承担支出。

第二十二条 配套投入支出责任应综合考虑政府将提供的其他配套投入总成本和社会资本方为此支付的费用。配套投入支出责任中的土地等实物投入或无形资产投入，应依法进行评估，合理确定价值。计算公式为：

$$\text{配套投入支出数额}=\text{政府拟提供的其他投入总成本}-\text{社会资本方支付的费用}$$

第四章　能力评估

第二十三条 财政部门（或PPP中心）识别和测算单个项目的财政支出责任后，汇总年度全部已实施和拟实施的PPP项目，进行财政承受能力评估。

第二十四条 财政承受能力评估包括财政支出能力评估以及行业和领域平衡性评估。财政支出能力评估，是根据PPP项目预算支出责任，评估PPP项目实施对当前及今后年度财政支出的影响；行业和领域均衡性评估，是根据PPP模式适用的行业和领域范围，以及经济社会发展需要和公众对公共服务的需求，平衡不同行业和领域PPP项目，防止某一行业和领域PPP项目过于集中。

第二十五条 每一年度全部PPP项目需要从预算中安排的支出责任，占一般公共预算支出比例应当不超过10%。省级财政部门可根据本地实际情况，因地制宜确定具体比例，并报财政部备案，同时对外公布。

第二十六条 鼓励列入地方政府性债务风险预警名单的高风险地区，采取PPP模式化解地方融资平台公司存量债务。同时，审慎控制新建PPP项目规模，防止因项目实施加剧财政收支矛盾。

第二十七条 在进行财政支出能力评估时，未来年度一般公共预算支出数额可参照前五年相关数额的平均值及平均增长率计算，并根据实际情况进行适当调整。

第二十八条 “通过论证”且经同级人民政府审核同意实施的PPP项目，

各级财政部门应当将其列入PPP项目目录，并在编制中期财政规划时，将项目财政支出责任纳入预算统筹安排。

第二十九条 在PPP项目正式签订合同时，财政部门（或PPP中心）应当对合同进行审核，确保合同内容与财政承受能力论证保持一致，防止因合同内容调整导致财政支出责任出现重大变化。财政部门要严格按照合同执行，及时办理支付手续，切实维护地方政府信用，保障公共服务有效供给。

第五章 信息披露

第三十条 省级财政部门应当汇总区域内的项目目录，及时向财政部报告，财政部通过统一信息平台（PPP中心网站）发布。

第三十一条 各级财政部门（或PPP中心）应当通过官方网站及报刊媒体，每年定期披露当地PPP项目目录、项目信息及财政支出责任情况。应披露的财政支出责任信息包括：PPP项目的财政支出责任数额及年度预算安排情况、财政承受能力论证考虑的主要因素和指标等。

第三十二条 项目实施后，各级财政部门（或PPP中心）应跟踪了解项目运营情况，包括项目使用量、成本费用、考核指标等信息，定期对外发布。

第六章 附 则

第三十三条 财政部门按照权责发生制会计原则，对政府在PPP项目中的资产投入，以及与政府相关项目资产进行会计核算，并在政府财务统计、政府财务报告中反映；按照收付实现制会计原则，对PPP项目相关的预算收入与支出进行会计核算，并在政府决算报告中反映。

第三十四条 本指引自印发之日起施行。

附：PPP项目财政承受能力论证工作流程图

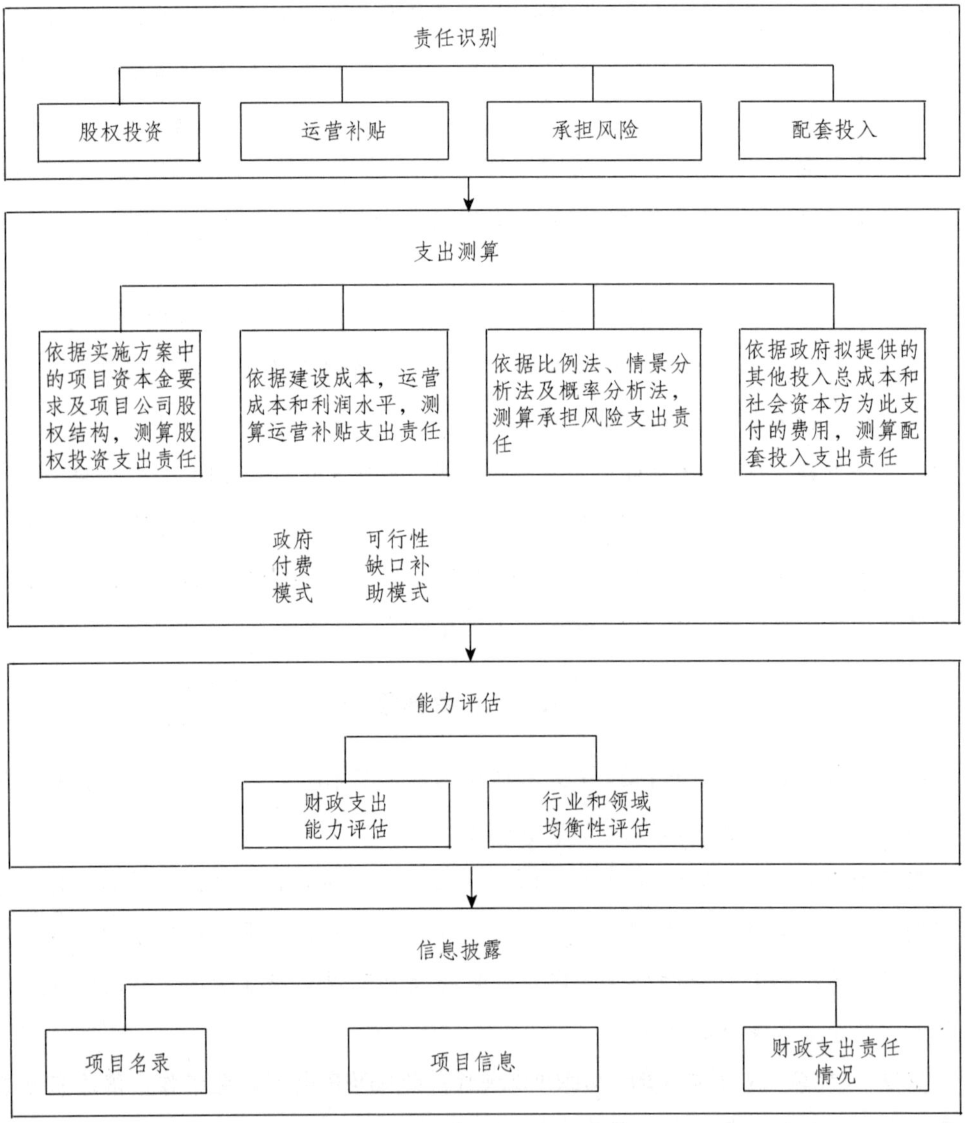

财政部关于实施政府和社会资本合作项目以奖代补政策的通知

（财金〔2015〕158号）

各省、自治区、直辖市、计划单列市财政厅（局），新疆生产建设兵团财务局，财政部驻各省、自治区、直辖市、计划单列市财政监察专员办事处：

为贯彻落实《国务院办公厅转发财政部 发展改革委 人民银行关于在公共服务领域推广政府和社会资本合作模式指导意见的通知》（国办发〔2015〕42号）有关精神，通过以奖代补方式支持政府和社会资本合作（PPP）项目规范运作，保障PPP项目实施质量，现通知如下：

一、PPP项目以奖代补政策旨在支持和推动中央财政PPP示范项目加快实施进度，提高项目操作的规范性，保障项目实施质量。同时，引导和鼓励地方融资平台公司存量公共服务项目转型为PPP项目，化解地方政府存量债务。

（一）对中央财政PPP示范项目中的新建项目，财政部将在项目完成采购确定社会资本合作方后，按照项目投资规模给予一定奖励。其中，投资规模3亿元以下的项目奖励300万元，3亿元（含3亿元）至10亿元的项目奖励500万元，10亿元以上（含10亿元）的项目奖励800万元。奖励资金由财政部门统筹用于项目全生命周期过程中的各项财政支出，主要包括项目前期费用补助、运营补贴等。

（二）对符合条件、规范实施的转型为PPP项目的地方融资平台公司存量项目，财政部将在择优评选后，按照项目转型实际化解地方政府存量债务规模的2%给予奖励，奖励资金纳入相关融资平台公司收入统一核算。享受奖励资金支持的存量项目，其地方政府存量债务应通过合同条款明确地转移至项目公司或社会资本合作方，化债安排可行、交易成本合理、社会资本收益适度。中央财政PPP示范项目中的存量项目，优先享受奖励资金支持。

二、PPP项目以奖代补工作遵循依法合规、公开透明、政府引导、管理到位的原则。

（一）依法合规，是指PPP项目运作要严格遵守相关法律法规和政策制度，切实做到周密部署、有序规划、科学决策、规范实施。

（二）公开透明，是指PPP项目和以奖代补资金均实行阳光化运作，依法充分披露重要信息，对相关各方形成有效监督和约束。

（三）政府引导，是指财政部通过实施以奖代补政策，促进示范项目规范运作，鼓励地方融资平台公司加大存量项目转型力度。

（四）管理到位，是指财政部门规范以奖代补资金管理，严格审核，及时拨付，加强监督检查，保证资金安全和政策实施效果。

三、财政部根据全国PPP工作进展情况、项目实施情况和规定的奖励标准，按年确定PPP项目以奖代补工作计划，在普惠金融发展专项资金中安排以奖代补资金，列入下一年度中央财政预算。以奖代补资金原则上在预算安排额度内据实列支。

四、示范项目和地方融资平台公司转型项目所在地财政部门按年向省级财政部门报送以奖代补资金申请书及相关材料。省级财政部门将辖内以奖代补资金申请材料审核汇总后，报送财政部及财政部驻当地财政监察专员办事处（以下简称专员办）。专员办对省级财政部门报送的以奖代补资金申请材料进行审核，按规定出具审核意见报送财政部。财政部结合专员办审核意见，对省级财政部门报送的项目进行审核评选后，按规定向省级财政部门拨付奖励资金。省级财政部门收到财政部拨付的奖励资金后，及时将奖励资金予以转拨，并编制奖励资金的审核、拨付和使用情况报告，经专员办审核后报财政部备案。

五、享受以奖代补政策支持的PPP项目，必须严格执行国务院和财政部等部门出台的一系列制度文件，切实保障项目选择的适当性、交易结构的合理性、合作伙伴选择的竞争性、财政承受能力的中长期可持续性和项目实施的公开性，确保项目实施质量。不符合示范项目要求被调出示范项目名单的项目，不享受以奖代补政策支持。已经在其他中央财政专项资金中获得奖励性资金支持的PPP项目，不再纳入以奖代补政策奖励范围。

六、地方财政部门要对辖内PPP项目以奖代补资金的申请工作进行指导，做好奖励资金审核拨付的组织和协调工作。会同有关部门对奖励资金审核拨付工作进行检查，对检查中发现的问题及时处理和反映，保证以奖代补政策落到实处。

七、对以奖代补政策支持的PPP项目，有关省级财政部门要切实履行财政职能，因地制宜、主动作为，会同项目实施单位和有关部门，为项目的规范实施创造良好环境。积极推动项目加快实施进度，确保项目规范实施、按期落地，形成一批管理水平高、化债效果好、产出结果优、示范效应强的样板项目。

八、专员办要对辖内申请以奖代补资金的PPP项目有关情况进行认真审核，确保项目规范运作，符合PPP相关制度要求。同时，要加强对奖励资金拨付、使用的监督检查，规范审核拨付程序，保证奖励资金专项使用。

九、PPP项目以奖代补政策自2016年起施行，执行期限暂定3年。

财政部

2015年12月8日

财政部 发展改革委关于进一步共同做好政府和社会资本合作（PPP）有关工作的通知

（财金〔2016〕32号）

各省、自治区、直辖市、计划单列市财政厅（局）、发展改革委，新疆生产建设兵团财务局、发展改革委：

一、稳妥有序推进PPP工作

各地要进一步加强舆论宣传力度，引导各界树立正确的理念认识，制订切合实际的工作目标，建立科学合理的工作预期，积极稳妥地鼓励和引导社会资本参与公共产品和服务供给，切实推动PPP模式持续健康发展。

二、进一步加强协调配合

各地要进一步加强部门间的协调配合，形成政策合力，积极推动政府和社会资本合作顺利实施。对于涉及多部门职能的政策，要联合发文；对于仅涉及本部门的政策，出台前要充分征求其他部门意见，确保政令统一、政策协同、组织高效、精准发力。

三、扎实做好PPP项目前期工作

要加强项目可行性研究，充分论证、科学决策，确保合理有效地提供公共产品和服务。项目决策后，选择条件成熟、适合采用PPP模式的项目，依法选择社会资本方，加快前期工作。

四、建立完善合理的投资回报机制

各地要通过合理确定价格和收费标准、运营年限，确保政府补贴适度，防范中长期财政风险。要通过适当的资源配置、合适的融资模式等，降低融资成本，提高资金使用效率。要充分挖掘PPP项目后续运营的商业价值，鼓励社会资本创新管理模式，提高运营效率，降低项目成本，提高项目收益。要建立动态可调整的投资回报机制，根据条件、环境等变化及时调整完善，防范政府过度让利。

五、着力提高PPP项目融资效率

各地要与中国PPP融资支持基金积极做好项目对接，推动中央和地方联动，优化PPP项目融资环境，降低融资成本。要坚决杜绝各种非理性担保或承诺、过高补贴或定价，避免通过固定回报承诺、明股实债等方式进行变相融资。

六、强化监督管理

各地要对PPP项目有关执行法律、行政法规、行业标准、产品或服务技术规范等进行有效的监督管理，并依法加强项目合同审核与管理，加强成本监督审查。要杜绝固定回报和变相融资安排，在保障社会资本获得合理收益的同时，实现激励相容。

七、加强PPP项目信息公开

要实现项目信息的及时发布与投资需求的有效对接，推动市场信息对称和充分公平竞争。要依法及时、充分披露项目实施方案、招标投标、采购文件、项目合同、工程进展、运营绩效等相关信息，切实保障公众知情权，主动接受社会监督，维护公共利益。

财政部　发展改革委

2016年5月28日

财政部关于在公共服务领域深入推进政府和社会资本合作工作的通知

（财金〔2016〕90号）

各省、自治区、直辖市、计划单列市财政厅（局），新疆生产建设兵团财务局：

为进一步贯彻落实党中央、国务院工作部署，统筹推进公共服务领域深化政府和社会资本合作（PPP）改革工作，提升我国公共服务供给质量和效率，巩固和增强经济持续增长动力，现将有关事项通知如下：

一、大力践行公共服务领域供给侧结构性改革。各级财政部门要联合有关部门，继续坚持推广PPP模式“促改革、惠民生、稳增长”的定位，切实践行供给侧结构性改革的最新要求，进一步推动公共服务从政府供给向合作供给、从单一投入向多元投入、从短期平衡向中长期平衡转变。要以改革实现公共服务供给结构调整，扩大有效供给，提高公共服务的供给质量和效率。要以改革激发社会资本活力和创造力，形成经济增长的内生动力，推动经济社会持续健康发展。

二、进一步加大PPP模式推广应用力度。在中央财政给予支持的公共服务领域，可根据行业特点和成熟度，探索开展两个“强制”试点。在垃圾处理、污水处理等公共服务领域，项目一般有现金流，市场化程度较高，PPP模式运用较为广泛，操作相对成熟，各地新建项目要“强制”应用PPP模式，中央财政将逐步减少并取消专项建设资金补助。在其他中央财政给予支持的公共服务领域，对于有现金流、具备运营条件的项目，要“强制”实施PPP模式识别论证，鼓励尝试运用PPP模式，注重项目运营，提高公共服务质量。

三、积极引导各类社会资本参与。各级财政部门要联合有关部门营造公平竞争环境，鼓励国有控股企业、民营企业、混合所有制企业、外商投资企业等各类型企业，按同等标准、同等待遇参与PPP项目。要会同有关行业部门合理设定采购标准和条件，确保采购过程公平、公正、公开，不得以不合理的采购条件（包括设置过高或无关的资格条件，过高的保证金等）对潜在合作方实行差别待遇或歧视性待遇，着力激发和促进民间投资。对民营资本设置差别条款和歧视性条款的PPP项目，各级财政部门将不再安排资金和政策支持。

四、扎实做好项目前期论证。在充分论证项目可行性的基础上，各级财政部门要及时会同行业主管部门开展物有所值评价和财政承受能力论证。各级财政部门要聚焦公共服务领域，根据《国务院办公厅转发财政部、发展改革委、人民银行关于在公共服务领域推广政府和社会资本合作模式指导意见的通知》（国办发〔2015〕42号）规定，确保公共资金、资产和资源优先用于提升公共服务的质量和水平，按照政府采购法相关规定择优确定社会资本合作伙伴，切实防止无效投资和重复建设。要严格区分公共服务项目和产业发展项目，在能源、交通运输、市政工程、农业、林业、水利、环境保护、保障性安居工程、医疗卫生、养老、教育、科技、文化、体育、旅游等公共服务领域深化PPP改革工作，依托PPP综合信息平台，建立本地区PPP项目开发目录。

五、着力规范推进项目实施。各级财政部门要会同有关部门统筹论证项目合作周期、收费定价机制、投资收益水平、风险分配框架和政府补贴等因素，科学设计PPP项目实施方案，确保充分体现“风险分担、收益共享、激励相容”的内涵特征，防止政府以固定回报承诺、回购安排、明股实债等方式承担过度支出责任，避免将当期政府购买服务支出代替PPP项目中长期的支出责任，规避PPP相关评价论证程序，加剧地方政府财政债务风险隐患。要加强项目全生命周期的合同履约管理，确保政府和社会资本双方权利义务对等，政府支出责任与公共服务绩效挂钩。

六、充分发挥示范项目引领作用。各级财政部门要联合有关部门，按照“又快又实”、“能进能出”的原则，大力推动PPP示范项目规范实施。要积极为项目实施创造条件，加强示范项目定向辅导，指导项目单位科学编制实施方案，合理选择运作方式，择优选择社会资本，详细签订项目合同，加强项目实施监管，确保示范项目实施质量，充分发挥示范项目的引领性和带动性。要积极做好示范项目督导工作，推动项目加快实施，在一定期限内仍不具备签约条件的，将不再作为示范项目实施。

七、因地制宜完善管理制度机制。各级财政部门要根据财政部PPP相关制度政策，结合各地实际情况，进一步建立健全本地区推广实施PPP模式的制度政策体系，细化对地市及县域地区的政策指导。要结合内部职能调整，进一步整合和加强专门力量，健全机构建设，并研究建立部门间的PPP协同管理机制，进一步梳理PPP相关工作的流程环节，明确管理职责，强调按制度管理、按程序办事。

八、切实有效履行财政管理职能。各级财政部门要会同行业主管部门合理确定公共服务成本，统筹安排公共资金、资产和资源，平衡好公众负担和社会资本回报诉求，构建PPP项目合理回报机制。对于政府性基金预算，可在符合政策方向和相关规定的前提下，统筹用于支持PPP项目。对于使用者付费项目，涉及特许经营权的要依法定程序评估价值，合理折价入股或授予转让，切实防止国有资产流失。对于使用者付费完全覆盖成本和收益的项目，要依据合同将超额收益的政府方分成部分及时足额监缴入国库，并按照事先约定的价格调整机制，确保实现价格动态调整，切实减轻公众负担。

九、简政放权释放市场主体潜力。各级财政部门要联合有关部门，加强项目前期立项程序与PPP模式操作流程的优化与衔接，进一步减少行政审批环节。对于涉及工程建设、设备采购或服务外包的PPP项目，已经依据政府采购法选定社会资本合作方的，合作方依法能够自行建设、生产或者提供服务的，按照《招标投标法实施条例》第九条规定，合作方可以不再进行招标。

十、进一步加大财政扶持力度。各级财政部门要落实好国家支持公共服务领域PPP项目的财政税收优惠政策，加强政策解读和宣传，积极与中国政企合作投资基金做好项目对接，基金将优先支持符合条件的各级财政部门示范项目。鼓励各级财政部门因地制宜、主动作为，探索财政资金撬动社会资金和金融资本参与PPP项目的有效方式，通过前期费用补助、以奖代补等手段，为项目规范实施营造良好的政策环境。

十一、充分发挥PPP综合信息平台作用。各级财政部门要通过PPP综合信息平台加快项目库、专家库建设，增强监管能力和服务水平。要督促项目实施单位，依托PPP综合信息平台，及时向社会公开项目实施方案、合同、实施情况等信息。要加强信息共享，促进项目对接，确保项目实施公开透明、有序推进，保证项目实施质量。

各级财政部门要高度重视，切实发挥好统筹协调作用，主动与有关部门沟通合作，合力做好公共服务领域深化 PPP 改革工作，更好地汇聚社会力量增加公共服务供给。

财政部

2016 年 10 月 11 日

政府和社会资本合作项目财政管理暂行办法

（财金〔2016〕92 号文件发布）

第一章　总　则

第一条　为加强政府和社会资本合作（简称 PPP）项目财政管理，明确财政部门在 PPP 项目全生命周期内的工作要求，规范财政部门履职行为，保障合作各方合法权益，根据《预算法》、《政府采购法》、《企业国有资产法》等法律法规，制定本办法。

第二条　本办法适用于中华人民共和国境内能源、交通运输、市政公用、农业、林业、水利、环境保护、保障性安居工程、教育、科技、文化、体育、医疗卫生、养老、旅游等公共服务领域开展的各类 PPP 项目。

第三条　各级财政部门应当会同相关部门，统筹安排财政资金、国有资产等各类公共资产和资源与社会资本开展平等互惠的 PPP 项目合作，切实履行项目识别论证、政府采购、预算收支与绩效管理、资产负债管理、信息披露与监督检查等职责，保证项目全生命周期规范实施、高效运营。

第二章　项目识别论证

第四条　各级财政部门应当加强与行业主管部门的协同配合，共同做好项目前期的识别论证工作。

政府发起 PPP 项目的，应当由行业主管部门提出项目建议，由县级以上人民政府授权的项目实施机构编制项目实施方案，提请同级财政部门开展物有所值评价和财政承受能力论证。

社会资本发起 PPP 项目的，应当由社会资本向行业主管部门提交项目建议书，经行业主管部门审核同意后，由社会资本编制项目实施方案，由县级以上人民政府授权的项目实施机构提请同级财政部门开展物有所值评价和财政承受能力论证。

第五条 新建、改扩建项目的项目实施方案应当依据项目建议书、项目可行性研究报告等前期论证文件编制；存量项目实施方案的编制依据还应包括存量公共资产建设、运营维护的历史资料以及第三方出具的资产评估报告等。

项目实施方案应当包括项目基本情况、风险分配框架、运作方式、交易结构、合同体系、监管架构等内容。

第六条 项目实施机构可依法通过政府采购方式委托专家或第三方专业机构，编制项目物有所值评价报告。受托专家或第三方专业机构应独立、客观、科学地进行项目评价、论证，并对报告内容负责。

第七条 各级财政部门应当会同同级行业主管部门根据项目实施方案共同对物有所值评价报告进行审核。物有所值评价审核未通过的，项目实施机构可对实施方案进行调整后重新提请本级财政部门和行业主管部门审核。

第八条 经审核通过物有所值评价的项目，由同级财政部门依据项目实施方案和物有所值评价报告组织编制财政承受能力论证报告，统筹本级全部已实施和拟实施PPP项目的各年度支出责任，并综合考虑行业均衡性和PPP项目开发计划后，出具财政承受能力论证报告审核意见。

第九条 各级财政部门应当建立本地区PPP项目开发目录，将经审核通过物有所值评价和财政承受能力论证的项目纳入PPP项目开发目录管理。

第三章 项目政府采购管理

第十条 对于纳入PPP项目开发目录的项目，项目实施机构应根据物有所值评价和财政承受能力论证审核结果完善项目实施方案，报本级人民政府审核。本级人民政府审核同意后，由项目实施机构按照政府采购管理相关规定，依法组织开展社会资本方采购工作。

项目实施机构可以依法委托采购代理机构办理采购。

第十一条 项目实施机构应当优先采用公开招标、竞争性谈判、竞争性磋商等竞争性方式采购社会资本方，鼓励社会资本积极参与、充分竞争。根据项目需求必须采用单一来源采购方式的，应当严格符合法定条件和程序。

第十二条 项目实施机构应当根据项目特点和建设运营需求，综合考虑专业资质、技术能力、管理经验和财务实力等因素合理设置社会资本的资格条件，保证国有企业、民营企业、外资企业平等参与。

第十三条 项目实施机构应当综合考虑社会资本竞争者的技术方案、商务报价、融资能力等因素合理设置采购评审标准，确保项目的长期稳定运营和质量效益提升。

第十四条 参加采购评审的社会资本所提出的技术方案内容最终被全部或部分采纳，但经采购未中选的，财政部门应会同行业主管部门对其前期投入成本予以合理补偿。

第十五条 各级财政部门应当加强对PPP项目采购活动的支持服务和监督管理，依托政府采购平台和PPP综合信息平台，及时充分向社会公开PPP项目采购信息，包括资格预审文件及结果、采购文件、响应文件提交情况及评审结果等，确保采购过程和结果公开、透明。

第十六条 采购结果公示结束后、PPP项目合同正式签订前，项目实施机构应将PPP项目合同提交行业主管部门、财政部门、法制部门等相关职能部门审核后，报本级人民政府批准。

第十七条 PPP项目合同审核时，应当对照项目实施方案、物有所值评价报告、财政承受能力论证报告及采购文件，检查合同内容是否发生实质性变更，并重点审核合同是否满足以下要求：

（一）合同应当根据实施方案中的风险分配方案，在政府与社会资本双方之间合理分配项目风险，并确保应由社会资本方承担的风险实现了有效转移；

（二）合同应当约定项目具体产出标准和绩效考核指标，明确项目付费与绩效评价结果挂钩；

（三）合同应当约定项目具体产出标准和绩效考核指标，明确项目付费与绩效评价结果挂钩；

（四）合同应当综合考虑项目全生命周期内的成本核算范围和成本变动因素，设定项目基准成本；

（五）合同应当根据项目基准成本和项目资本金财务内部收益率，参照工程竣工决算合理测算确定项目的补贴或收费定价基准。项目收入基准以外的运营风险由项目公司承担；

（六）合同应当合理约定项目补贴或收费定价的调整周期、条件和程序，作为项目合作期限内行业主管部门和财政部门执行补贴或收费定价调整的依据。

第四章 项目财政预算管理

第十八条 行业主管部门应当根据预算管理要求，将PPP项目合同中约定的政府跨年度财政支出责任纳入中期财政规划，经财政部门审核汇总后，报本级人民政府审核，保障政府在项目全生命周期内的履约能力。

第十九条 本级人民政府同意纳入中期财政规划的PPP项目，由行业主管部门按照预算编制程序和要求，将合同中符合预算管理要求的下一年度财政资金收支纳入预算管理，报请财政部门审核后纳入预算草案，经本级政府同意后报本级人民代表大会审议。

第二十条 行业主管部门应按照预算编制要求，编报PPP项目收支预算：

（一）收支测算。每年7月底之前，行业主管部门应按照当年PPP项目合同约定，结合本年度预算执行情况、支出绩效评价结果等，测算下一年度应纳入预算的PPP项目收支数额。

（二）支出编制。行业主管部门应将需要从预算中安排的PPP项目支出责任，按照相关政府收支分类科目、预算支出标准和要求，列入支出预算。

（三）收入编制。行业主管部门应将政府在PPP项目中获得的收入列入预算。

（四）报送要求。行业主管部门应将包括所有PPP项目全部收支在内的预算，按照统一的时间要求报同级财政部门。

第二十一条 财政部门应对行业主管部门报送的PPP项目财政收支预算申请进行认真审核，充分考虑绩效评价、价格调整等因素，合理确定预算金额。

第二十二条 PPP项目中的政府收入，包括政府在PPP项目全生命周期过程中依据法律和合同约定取得的资产权益转让、特许经营权转让、股息、超额收益分成、社会资本违约赔偿和保险索赔等收入，以及上级财政拨付的PPP专项奖补资金收入等。

第二十三条 PPP项目中的政府支出，包括政府在PPP项目全生命周期过程中依据法律和合同约定需要从财政资金中安排的股权投资、运营补贴、配套投入、风险承担，以及上级财政对下级财政安排的PPP专项奖补资金支出。

第二十四条 行业主管部门应当会同各级财政部门做好项目全生命周期成本监测工作。每年一季度前，项目公司（或社会资本方）应向行业主管部门和财政部门报送上一年度经第三方审计的财务报告及项目建设运营成本说明材料。项目成本信息要通过PPP综合信息平台对外公示，接受社会监督。

第二十五条 各级财政部门应当会同行业主管部门开展PPP项目绩效运行监控，对绩效目标运行情况进行跟踪管理和定期检查，确保阶段性目标与资金支付相匹配，开展中期绩效评估，最终促进实现项目绩效目标。监控中发现绩效运行与原定绩效目标偏离时，应及时采取措施予以纠正。

第二十六条 社会资本方违反PPP项目合同约定，导致项目运行状况恶化，危及国家安全和重大公共利益，或严重影响公共产品和服务持续稳定供给的，本级人民政府有权指定项目实施机构或其他机构临时接管项目，直至项目恢复正常经营或提前终止。临时接管项目所产生的一切费用，根据合作协议约定，由违约方单独承担或由各责任方分担。

第二十七条 各级财政部门应当会同行业主管部门在PPP项目全生命周期内，按照事先约定的绩效目标，对项目产出、实际效果、成本收益、可持续性等方面进行绩效评价，也可委托第三方专业机构提出评价意见。

第二十八条 各级财政部门应依据绩效评价结果合理安排财政预算资金。

对于绩效评价达标的项目，财政部门应当按照合同约定，向项目公司或社会资本方及时足额安排相关支出。

对于绩效评价不达标的项目，财政部门应当按照合同约定扣减相应费用或补贴支出。

第五章 项目资产负债管理

第二十九条 各级财政部门应会同相关部门加强PPP项目涉及的国有资产管理，督促项目实施机构建立PPP项目资产管理台账。政府在PPP项目中通过存量国有资产或股权作价入股、现金出资入股或直接投资等方式形成的资产，应作为国有资产在政府综合财务报告中进行反映和管理。

第三十条 存量PPP项目中涉及存量国有资产、股权转让的，应由项目实施机构会同行业主管部门和财政部门按照国有资产管理相关办法，依法进行资产评估，防止国有资产流失。

第三十一条 PPP项目中涉及特许经营权授予或转让的，应由项目实施机构根据特许经营权未来带来的收入状况，参照市场同类标准，通过竞争性程序确定特许经营权的价值，以合理价值折价入股、授予或转让。

第三十二条 项目实施机构与社会资本方应当根据法律法规和PPP项目合同约定确定项目公司资产权属。对于归属项目公司的资产及权益的所有权和收益权，经行业主管部门和财政部门同意，可以依法设置抵押、质押等担保权益，或进行结构化融资，但应及时在财政部PPP综合信息平台上公示。项目建设完成进入稳定运营期后，社会资本方可以通过结构性融资实现部分或全部退出，但影响公共安全及公共服务持续稳定提供的除外。

第三十三条 各级财政部门应当会同行业主管部门做好项目资产移交工作。

项目合作期满移交的，政府和社会资本双方应按合同约定共同做好移交工作，确保移交过渡期内公共服务的持续稳定供给。项目合同期满前，项目实施机构或政府指定的其他机构应组建项目移交工作组，对移交资产进行性能测试、资产评估和登记入账，项目资产不符合合同约定移交标准的，社会资本应采取补救措施或赔偿损失。

项目因故提前终止的，除履行上述移交工作外，如因政府原因或不可抗力原因导致提前终止的，应当依据合同约定给予社会资本相应补偿，并妥善处置项目公司存续债务，保障债权人合法权益；如因社会资本原因导致提前终止的，应当依据合同约定要求社会资本承担相应赔偿责任。

第三十四条 各级财政部门应当会同行业主管部门加强对PPP项目债务的监控。PPP项目执行过程中形成的负债，属于项目公司的债务，由项目公司独立承担偿付义务。项目期满移交时，项目公司的债务不得移交给政府。

第六章 监督管理

第三十五条 各级财政部门应当会同行业主管部门加强对PPP项目的监督管理，切实保障项目运行质量，严禁以PPP项目名义举借政府债务。

财政部门应当会同相关部门加强项目合规性审核，确保项目属于公共服务领域，并按法律法规和相关规定履行相关前期论证审查程序。项目实施不得采用建设一移交方式。

政府与社会资本合资设立项目公司的，应按照《公司法》等法律规定以及PPP项目合同约定规范运作，不得在股东协议中约定由政府股东或政府指定的其他机构对社会资本方股东的股权进行回购安排。

财政部门应根据财政承受能力论证结果和PPP项目合同约定，严格管控和执行项目支付责任，不得将当期政府购买服务支出代替PPP项目中长期的支付责任，规避PPP项目相关评价论证程序。

第三十六条 各级财政部门应依托PPP综合信息平台，建立PPP项目库，做好PPP项目全生命周期信息公开工作，保障公众知情权，接受社会监督。

项目准备、采购和建设阶段信息公开内容包括PPP项目的基础信息和项目采购信息，采购文件，采购成交结果，不涉及国家秘密、商业秘密的项目合同文本，开工及竣工投运日期，政府移交日期等。项目运营阶段信息公开内容包括PPP项目的成本监测和绩效评价结果等。

财政部门信息公开内容包括本级PPP项目目录、本级人大批准的政府对PPP项目的财政预算、执行及决算情况等。

第三十七条 财政部驻各地财政监察专员办事处应对PPP项目财政管理情况加强全程监督管理，重点关注PPP项目物有所值评价和财政承受能力论证、政府采购、预算管理、国有资产管理、债务管理、绩效评价等环节，切实防范财政风险。

第三十八条 对违反本办法规定实施PPP项目的，依据《预算法》、《政府采购法》及其实施条例、《财政违法行为处罚处分条例》等法律法规追究有关人员责任；涉嫌犯罪的，依法移交司法机关处理。

第七章 附 则

第三十九条 本办法由财政部负责解释。

第四十条 本办法自印发之日起施行。

传统基础设施领域实施政府和社会资本合作项目工作导则

（发改投资〔2016〕2231号文件发布）

第一章 总 则

第一条 目的和依据

为进一步规范传统基础设施领域政府和社会资本合作（PPP）项目操作流程，根据《中共中央 国务院关于深化投融资体制改革的意见》（中发〔2016〕18号）、《国务院关于创新重点领域投融资机制鼓励社会投资的指导意见》（国发〔2014〕60号）、《国务院办公厅转发财政部发展改革委人民银行关于在公共服务领域推广政府和社会资本合作模式指导意见的通知》（国办发〔2015〕42号）、《基础设施和公用事业特许经营管理办法》（国家发展改革委等部门令2015年第25号）、《国家发展改革委关于开展政府和社会资本合作的指导意见》（发改投资〔2014〕2724号）等文件要求，制定本导则。

第二条 适用范围

按照国务院确定的部门职责分工，本导则适用于在能源、交通运输、水利、环境保护、农业、林业以及重大市政工程等传统基础设施领域采用 PPP 模式的项目。具体项目范围参见《国家发展改革委关于切实做好传统基础设施领域政府和社会资本合作有关工作的通知》（发改投资〔2016〕1744 号）。

第三条 实施方式

政府和社会资本合作模式主要包括特许经营和政府购买服务两类。新建项目优先采用建设—运营—移交（BOT）、建设—拥有—运营—移交（BOOT）、设计—建设—融资—运营—移交（DBFOT）、建设—拥有—运营（BOO）等方式。存量项目优先采用改建—运营—移交（ROT）方式。同时，各地区可根据当地实际情况及项目特点，积极探索、大胆创新，灵活运用多种方式，切实提高项目运作效率。

第四条 适用要求

各级发展改革部门应按照本导则明确的程序要求和工作内容，本着“简捷高效、科学规范、兼容并包、创新务实”原则，会同有关部门，加强协调配合，形成合力，共同促进本地区传统基础设施领域 PPP 模式规范健康发展。国家发展改革委将加强指导和监督，促进 PPP 工作稳步推进。

第二章 项目储备

第五条 加强规划政策引导

要重视发挥发展规划、投资政策的战略引领与统筹协调作用，按照国民经济和社会发展总体规划、区域规划、专项规划及相关政策，依据传统基础设施领域的建设目标、重点任务、实施步骤等，明确推广应用 PPP 模式的统一部署及具体要求。

第六条 建立 PPP 项目库

各级发展改革部门要会同有关行业主管部门，在投资项目在线审批监管平台（重大建设项目库）基础上，建立各地区各行业传统基础设施 PPP 项目库，并统一纳入国家发展改革委传统基础设施 PPP 项目库，建立贯通各地区各部门的传统基础设施 PPP 项目信息平台。入库情况将作为安排政府投资、确定与调整价格、发行企业债券及享受政府和社会资本合作专项政策的重要依据。

第七条 纳入年度实施计划

列入各地区各行业传统基础设施PPP项目库的项目，实行动态管理、滚动实施、分批推进。对于需要当年推进实施的PPP项目，应纳入各地区各行业PPP项目年度实施计划。需要使用各类政府投资资金的传统基础设施PPP项目，应当纳入三年滚动政府投资计划。

第八条 确定实施机构和政府出资人代表

对于列入年度实施计划的PPP项目，应根据项目性质和行业特点，由当地政府行业主管部门或其委托的相关单位作为PPP项目实施机构，负责项目准备及实施等工作。鼓励地方政府采用资本金注入方式投资传统基础设施PPP项目，并明确政府出资人代表，参与项目准备及实施工作。

第三章 项目论证

第九条 PPP项目实施方案编制

纳入年度实施计划的PPP项目，应编制PPP项目实施方案。PPP项目实施方案由实施机构组织编制，内容包括项目概况、运作方式、社会资本方遴选方案、投融资和财务方案、建设运营和移交方案、合同结构与主要内容、风险分担、保障与监管措施等。为提高工作效率，对于一般性政府投资项目，各地可在可行性研究报告中包括PPP项目实施专章，内容可以适当简化，不再单独编写PPP项目实施方案。

实施方案编制过程中，应重视征询潜在社会资本方的意见和建议。要重视引导社会资本方形成合理的收益预期，建立主要依靠市场的投资回报机制。如果项目涉及向使用者收取费用，要取得价格主管部门出具的相关意见。

第十条 项目审批、核准或备案

政府投资项目的可行性研究报告应由具有相应项目审批职能的投资主管部门等审批。可行性研究报告审批后，实施机构根据经批准的可行性研究报告有关要求，完善并确定PPP项目实施方案。重大基础设施政府投资项目，应重视项目初步设计方案的深化研究，细化工程技术方案和投资概算等内容，作为确定PPP项目实施方案的重要依据。

实行核准制或备案制的企业投资项目，应根据《政府核准的投资项目目录》及相关规定，由相应的核准或备案机关履行核准、备案手续。项目核准或备案后，实施机构依据相关要求完善和确定PPP项目实施方案。

纳入PPP项目库的投资项目，应在批复可行性研究报告或核准项目申请报告时，明确规定可以根据社会资本方选择结果依法变更项目法人。

第十一条 PPP项目实施方案审查审批

鼓励地方政府建立PPP项目实施方案联审机制。按照“多评合一，统一评审”的要求，由发展改革部门和有关行业主管部门牵头，会同项目涉及的财政、规划、国土、价格、公共资源交易管理、审计、法制等政府相关部门，对PPP项目实施方案进行联合评审。必要时可先组织相关专家进行评议或委托第三方专业机构出具评估意见，然后再进行联合评审。

一般性政府投资项目可行性研究报告中的PPP项目实施专章，可结合可行性研究报告审批一并审查。

通过实施方案审查的PPP项目，可以开展下一步工作；按规定需报当地政府批准的，应报当地政府批准同意后开展下一步工作。未通过审查的，可在调整实施方案后重新审查；经重新审查仍不能通过的，不再采用PPP模式。

第十二条 合同草案起草

PPP项目实施机构依据审查批准的实施方案，组织起草PPP合同草案，包括PPP项目主合同和相关附属合同（如项目公司股东协议和章程、配套建设条件落实协议等）。PPP项目合同主要内容参考国家发展改革委发布的《政府和社会资本合作项目通用合同指南（2014年版）》。

第四章 社会资本方选择

第十三条 社会资本方遴选

依法通过公开招标、邀请招标、两阶段招标、竞争性谈判等方式，公平择优选择具有相应投资能力、管理经验、专业水平、融资实力以及信用状况良好的社会资本方作为合作伙伴。其中，拟由社会资本方自行承担工程项目勘察、设计、施工、监理以及与工程建设有关的重要设备、材料等采购的，必须按照《招标投标法》的规定，通过招标方式选择社会资本方。

在遴选社会资本方资格要求及评标标准设定等方面，要客观、公正、详细、透明，禁止排斥、限制或歧视民间资本和外商投资。鼓励社会资本方成立联合体投标。鼓励设立混合所有制项目公司。社会资本方遴选结果要及时公告或公示，并明确申诉渠道和方式。

各地要积极创造条件，采用多种方式保障PPP项目建设用地。如果项目建设用地涉及土地招拍挂，鼓励相关工作与社会资本方招标、评标等工作同时开展。

第十四条 PPP合同确认谈判

PPP项目实施机构根据需要组织项目谈判小组，必要时邀请第三方专业机构提供专业支持。

谈判小组按照候选社会资本方的排名，依次与候选社会资本方进行合同确认谈判，率先达成一致的即为中选社会资本方。项目实施机构应与中选社会资本方签署确认谈判备忘录，并根据信息公开相关规定，公示合同文本及相关文件。

第十五条 PPP项目合同签订

PPP项目实施机构应按相关规定做好公示期间异议的解释、澄清和回复等工作。公示期满无异议的，由项目实施机构会同当地投资主管部门将PPP项目合同报送当地政府审核。政府审核同意后，由项目实施机构与中选社会资本方正式签署PPP项目合同。

需要设立项目公司的，待项目公司正式设立后，由实施机构与项目公司正式签署PPP项目合同，或签署关于承继PPP项目合同的补充合同。

第五章 项目执行

第十六条 项目公司设立

社会资本方可依法设立项目公司。政府指定了出资人代表的，项目公司由政府出资人代表与社会资本方共同成立。项目公司应按照PPP合同中的股东协议、公司章程等设立。

项目公司负责按PPP项目合同承担设计、融资、建设、运营等责任，自主经营，自负盈亏。除PPP项目合同另有约定外，项目公司的股权及经营权未经政府同意不得变更。

第十七条 项目法人变更

PPP项目法人选择确定后，如与审批、核准、备案时的项目法人不一致，应按照有关规定依法办理项目法人变更手续。

第十八条 项目融资及建设

PPP项目融资责任由项目公司或社会资本方承担，当地政府及其相关部门不应为项目公司或社会资本方的融资提供担保。项目公司或社会资本方未按照PPP项目合同约定完成融资的，政府方可依法提出履约要求，必要时可提出终止PPP项目合同。

PPP项目建设应符合工程建设管理的相关规定。工程建设成本、质量、进度等风险应由项目公司或社会资本方承担。政府方及政府相关部门应根据PPP项目合同及有关规定，对项目公司或社会资本方履行PPP项目建设责任进行监督。

第十九条 运营绩效评价

PPP项目合同中应包含PPP项目运营服务绩效标准。项目实施机构应会同行业主管部门，根据PPP项目合同约定，定期对项目运营服务进行绩效评价，绩效评价结果应作为项目公司或社会资本方取得项目回报的依据。

项目实施机构应会同行业主管部门，自行组织或委托第三方专业机构对项目进行中期评估，及时发现存在的问题，制订应对措施，推动项目绩效目标顺利完成。

第二十条 项目临时接管和提前终止

在PPP项目合作期限内，如出现重大违约或者不可抗力导致项目运营持续恶化，危及公共安全或重大公共利益时，政府要及时采取应对措施，必要时可指定项目实施机构等临时接管项目，切实保障公共安全和重大公共利益，直至项目恢复正常运营。不能恢复正常运营的，要提前终止，并按PPP合同约定妥善做好后续工作。

第二十一条 项目移交

对于PPP项目合同约定期满移交的项目，政府应与项目公司或社会资本方在合作期结束前一段时间（过渡期）共同组织成立移交工作组，启动移交准备工作。

移交工作组按照PPP项目合同约定的移交标准，组织进行资产评估和性能测试，保证项目处于良好运营和维护状态。项目公司应按PPP项目合同要求及有关规定完成移交工作并办理移交手续。

第二十二条 PPP项目后评价

项目移交完成后，地方政府有关部门可组织开展PPP项目后评价，对PPP项目全生命周期的效率、效果、影响和可持续性等进行评价。评价结果应及时反馈给项目利益相关方，并按有关规定公开。

第二十三条 信息公开及社会监督

各地要建立PPP项目信息公开机制，依法及时、充分披露PPP项目基本信息、招标投标、采购文件、项目合同、工程进展、运营绩效等，切实保障公众知情权。涉及国家秘密的有关内容不得公开；涉及商业秘密的有关内容经申请可以不公开。

建立社会监督机制，鼓励公众对 PPP 项目实施情况进行监督，切实维护公共利益。

第六章 附 则

第二十四条 本导则由国家发展改革委负责解释。

第二十五条 本导则自印发之日起施行。

国家发展改革委 中国证监会关于推进传统基础设施领域政府和社会资本合作（PPP）项目资产证券化相关工作的通知

（发改投资〔2016〕2698 号）

各省、自治区、直辖市、计划单列市发展改革委，新疆生产建设兵团发展改革委，中国证监会各派出机构，上海证券交易所、深圳证券交易所，中国证券业协会，中国证券投资基金业协会：

为贯彻落实《中共中央 国务院关于深化投融资体制改革的意见》（中发〔2016〕18 号）、《国务院关于创新重点领域投融资机制鼓励社会投资的指导意见》（国发〔2014〕60 号）等文件精神，推动政府和社会资本合作（PPP）项目融资方式创新，更好吸引社会资本参与，现就推进传统基础设施领域 PPP 项目资产证券化工作通知如下。

一、充分认识 PPP 项目资产证券化的重要意义

（一）PPP 项目资产证券化是保障 PPP 持续健康发展的重要机制。资产证券化是基础设施领域重要融资方式之一，对盘活 PPP 项目存量资产、加快社会投资者的资金回收、吸引更多社会资本参与 PPP 项目建设具有重要意义。各省级发展改革委与中国证监会当地派出机构及上海、深圳证券交易所等单位应加强合作，充分依托资本市场，积极推进符合条件的 PPP 项目通过资产证券化方式实现市场化融资，提高资金使用效率，更好地支持传统基础设施项目建设。

二、各省级发展改革部门应大力推动传统基础设施领域 PPP 项目资产证券化

（二）明确重点推动资产证券化的 PPP 项目范围。各省级发展改革委应当会同相关行业主管部门，重点推动符合下列条件的 PPP 项目在上海证券交易所、深圳证券交易所开展资产证券化融资：一是项目已严格履行审批、核准、备案手续和实施方案审查审批程序，并签订规范有效的PPP项目合同，政府、社会资本及项目各参与方合作顺畅；二是项目工程建设质量符合相关标准，能持续安全稳定运营，项目履约能力较强；三是项目已建成并正常运营2年以上，已建立合理的投资回报机制，并已产生持续、稳定的现金流；四是原始权益人信用稳健，内部控制制度健全，具有持续经营能力，最近三年未发生重大违约或虚假信息披露，无不良信用记录。

（三）优先鼓励符合国家发展战略的PPP项目开展资产证券化。各省级发展改革委应当优先选取主要社会资本参与方为行业龙头企业，处于市场发育程度高、政府负债水平低、社会资本相对充裕的地区，以及具有稳定投资收益和良好社会效益的优质PPP项目开展资产证券化示范工作。鼓励支持“一带一路”建设、京津冀协同发展、长江经济带建设，以及新一轮东北地区等老工业基地振兴等国家发展战略的项目开展资产证券化。

（四）积极做好PPP项目管理和配合资产证券化尽职调查等工作。项目实施单位要严格执行PPP项目合同，保障项目实施质量，切实履行资产证券化法律文件约定的基础资产移交与隔离、现金流归集、信息披露、提供增信措施等相关义务，并积极配合相关中介机构做好PPP项目资产证券化业务尽职调查。各地发展改革部门和相关行业主管部门等要按职责分工加强监督管理，督促项目实施单位做好相关工作。

三、证券监管部门及自律组织应积极支持PPP项目资产证券化

（五）着力优化PPP项目资产证券化审核程序。上海证券交易所、深圳证券交易所、中国证券投资基金业协会应按照规定对申报的PPP项目资产证券化产品进行审核、备案和持续监管。证券交易所、中国证券投资基金业协会等单位应建立专门的业务受理、审核及备案绿色通道，专人专岗负责，提高国家发展改革委优选的PPP项目相关资产证券化产品审核、挂牌和备案的工作效率。

（六）引导市场主体建立合规风控体系。中国证监会系统相关单位应积极配合发展改革部门加大PPP项目资产证券化业务的宣传和培训力度，普及资产证券化业务规则及监管要求等相关知识，推动PPP项目相关责任方建立健全资产证券化业务的合规、风控与管理体系。

（七）鼓励中介机构依法合规开展PPP项目资产证券化业务。中国证监会鼓励支持相关中介机构积极参与PPP项目资产证券化业务，并督促其勤勉尽责，严格遵守执业规范和监管要求，切实履行尽职调查、保障基础资产安全、现金流归集、收益分配、信息披露等管理人职责，在强化内部控制与风险管理的基础上，不断提高执业质量和服务能力。

四、营造良好的政策环境

（八）共同培育和积极引进多元化投资者。国家发展改革委与中国证监会将共同努力，积极引入城镇化建设基金、基础设施投资基金、产业投资基金、不动产基金以及证券投资基金、证券资产管理产品等各类市场资金投资PPP项目资产证券化产品，推进建立多元化、可持续的PPP项目资产证券化的资金支持机制。中国证监会将积极研究推出主要投资于资产支持证券的证券投资基金，并会同国家发展改革委及有关部门共同推动不动产投资信托基金（REITs），进一步支持传统基础设施项目建设。

（九）建立完善沟通协作机制。国家发展改革委与中国证监会将加强沟通协作，及时共享PPP项目信息，协调解决资产证券化过程中存在的问题与困难。中国证监会、国家发展改革委及相关部门将共同推动建立针对PPP项目资产证券化的风险监测、违约处置机制和市场化增信机制，研究完善相关信息披露及存续期管理要求，确保资产证券化的PPP项目信息披露公开透明，项目有序实施，接受社会和市场监督。各省级发展改革委与中国证监会当地派出机构应当建立信息共享及违约处置的联席工作机制，推动PPP项目证券化产品稳定运营。

五、近期工作安排

请各省级发展改革委于2017年2月17日前，推荐1—3个首批拟进行证券化融资的传统基础设施领域PPP项目，正式行文报送国家发展改革委。国家发展改革委将从中选取符合条件的PPP项目，加强支持辅导，力争尽快发行PPP项目证券化产品，并及时总结经验、交流推广。

请中国证监会各派出机构、上海证券交易所、深圳证券交易所、中国证券业协会、中国证券投资基金业协会等有关部门单位做好支持配合工作，推动传统基础设施领域PPP项目资产证券化融资平稳健康发展，并依据传统基础设施领域PPP项目资产证券化执行情况，不断完善资产证券化备案及负面清单管理。

国家发展改革委

中国证监会

2016年12月21日

政府和社会资本合作（PPP）综合信息平台信息公开管理暂行办法

（财金〔2017〕1号文件发布）

第一章 总 则

第一条 为加强和规范政府和社会资本合作（PPP）信息公开工作，促进PPP项目各参与方诚实守信、严格履约，保障公众知情权，推动PPP市场公平竞争、规范发展，依据《中华人民共和国预算法》、《中华人民共和国政府采购法》和《国务院办公厅转发财政部 发展改革委 人民银行关于在公共服务领域推广政府和社会资本合作模式指导意见的通知》（国办发〔2015〕42号）等有关规定，制定本办法。

第二条 中华人民共和国境内已纳入PPP综合信息平台的PPP项目信息公开，适用本办法。

第三条 PPP项目信息公开遵循客观、公正、及时、便利的原则。

第四条 地方各级财政部门（以下简称“财政部门”）会同同级政府有关部门推进、指导、协调、监督本行政区域范围内的PPP项目信息公开工作，结合当地实际具体开展以下工作：

（一）收集、整理PPP项目信息；

（二）在PPP综合信息平台录入、维护和更新PPP项目信息；

（三）组织编制本级政府PPP项目信息公开年度工作报告；

（四）根据法律法规规定和实际需要，在其他渠道同时公开PPP项目信息；

（五）与PPP项目信息公开有关的其他工作。

政府有关部门、项目实施机构、社会资本或PPP项目公司等PPP项目参与主体应真实、完整、准确、及时地提供PPP项目信息。

第二章 信息公开的内容

第五条 项目识别阶段应当公开的PPP项目信息包括：

（一）项目实施方案概要，包含：项目基本情况（含项目合作范围、合作期限、项目产出说明和绩效标准等基本信息）、风险分配框架、运作方式、交易结构（含投融资结构、回报机制、相关配套安排）、合同体系、监管架构、采购方式选择；

（二）经财政部门和行业主管部门审核通过的物有所值评价报告，包含：定性评价的指标及权重、评分标准、评分结果；定量评价测算的主要指标、方法、过程和结果（含PSC值、PPP值）等（如有）；物有所值评价通过与否的结论；

（三）经财政部门审核通过的财政承受能力论证报告，包含：本项目各年度财政支出责任数额及累计支出责任总额，本级政府本年度全部已实施和拟实施的PPP项目各年度财政支出责任数额总和及其占各年度一般公共预算支出比例情况；财政承受能力论证的测算依据、主要因素和指标等；财政承受能力论证通过与否的结论；

（四）其他基础资料，包括：新建或改扩建项目建议书及批复文件、可行性研究报告（含规划许可证、选址意见书、土地预审意见、环境影响评价报告等支撑性文件）及批复文件、设计文件及批复文件（如有）；存量公共资产建设、运营维护的历史资料以及第三方出具的资产评估报告，以及存量资产或权益转让时所可能涉及到的员工安置方案、债权债务处置方案、土地处置方案等（如有）。

第六条 项目准备阶段应当公开的PPP项目信息包括：

（一）政府方授权文件，包括对实施机构、PPP项目合同的政府方签约主体、政府方出资代表（如有）等的授权；

（二）经审核通过的项目实施方案（含同级人民政府对实施方案的批复文件），包含：项目基本情况（含项目合作范围、合作期限、项目产出说明和绩效标准等基本信息），风险分配框架，运作方式，交易结构（含投融资结构、回报机制、相关配套安排），合同体系及核心边界条件；监管架构；采购方式选择；

（三）按经审核通过的项目实施方案验证的物有所值评价报告（如有）；

（四）按经审核通过的项目实施方案验证的财政承受能力论证报告（如有）。

第七条 项目采购阶段的信息公开应遵照政府采购等相关规定执行，应当公开的PPP项目信息包括：

（一）项目资格预审公告（含资格预审申请文件）及补充公告（如有）；

（二）项目采购文件，包括竞争者须知、PPP项目合同草案、评审办法（含评审小组组成、评审专家人数及产生方式、评审细则等）；

（三）补遗文件（如有）；

（四）资格预审评审及响应文件评审结论性意见；

（五）资格预审专家、评审专家名单、确认谈判工作组成员名单；

（六）预中标、成交结果公告；

（七）中标、成交结果公告及中标通知书；

（八）项目采购阶段更新、调整的政府方授权文件（如有），包括对实施机构、PPP 项目合同的政府方签约主体、政府方出资代表（如有）等的授权；

（九）同级人民政府同意签署 PPP 项目合同的批复文件，以及已签署的 PPP 项目合同，并列示主要产出说明及绩效指标、回报机制、调价机制等核心条款。

第八条 项目执行阶段应当公开的 PPP 项目信息包括：

（一）项目公司（如有）设立登记、股东认缴资本金及资本金实缴到位情况、增减资情况（如有）、项目公司资质情况（如有）；

（二）项目融资机构名称、项目融资金额、融资结构及融资交割情况；

（三）项目施工许可证、建设进度、质量及造价等与 PPP 项目合同有关约定的对照审查情况；

（四）社会资本或项目公司的运营情况（特别是出现重大经营或财务风险，可能严重影响到社会资本或项目公司正常运营的情况）及运营绩效达标情况；

（五）项目公司绩效监测报告、中期评估报告、项目重大变更或终止情况、项目定价及历次调价情况；

（六）项目公司财务报告，包括项目收费情况，项目获得的政府补贴情况，项目公司资产负债情况等内容；

（七）项目公司成本监审、PPP 项目合同的变更或补充协议签订情况；

（八）重大违约及履约担保的提取情况，对公众投诉的处理情况等；

（九）本级政府或其职能部门作出的对项目可能产生重大影响的规定、决定等；

（十）项目或项目直接相关方（主要是 PPP 项目合同的签约各方）重大纠纷、诉讼或仲裁事项，但根据相关司法程序要求不得公开的除外；

（十一）本级 PPP 项目目录、本级 PPP 项目示范试点库及项目变化情况、本级人大批准的政府对 PPP 项目的财政预算、执行及决算情况等。

第九条 项目移交阶段应当公开的 PPP 项目信息包括：

（一）移交工作组的组成、移交程序、移交标准等移交方案；

（二）移交资产或设施或权益清单、移交资产或权益评估报告（如适用）、性能测试方案，以及移交项目资产或设施上各类担保或权益限制的解除情况；

（三）项目设施移交标准达标检测结果；

（四）项目后评价报告（含对项目产出、成本效益、监管成效、可持续性、PPP模式应用等进行绩效评价），以及项目后续运作方式。

第三章 信息公开的方式

第十条 PPP项目信息公开的方式包括即时公开和适时公开。

第十一条 即时公开是指财政部门会同有关部门和项目实施机构等依据PPP项目所处的不同阶段及对应的录入时间要求，在PPP综合信息平台录入本办法规定的相关信息时即自动公开。即时公开的内容及要求详见本办法附件。

第十二条 适时公开是指在录入本办法规定的相关信息时不自动公开，而是由财政部门会同有关部门选择在项目进入特定阶段或达成特定条件后再行公开。除本办法另有规定外，项目识别、准备、采购阶段的信息，由财政部门会同有关部门选择在项目进入执行阶段后6个月内的任一时点予以公开；项目执行阶段的信息，由财政部门会同相关部门选择在该信息对应事项确定或完成后次年的4月30日前的任一时点予以公开。前述期限届满后未选择公开的信息将转为自动公开。适时公开的内容及要求详见本办法附件。

第十三条 依照本办法公开的PPP项目信息可在财政部政府和社会资本合作中心官方网站（www.cpppc.org）上公开查询。其中PPP项目政府采购信息应当在省级以上人民政府财政部门指定的政府采购信息发布媒体上同步发布。

第四章 监督管理

第十四条 财政部对全国PPP项目信息公开情况进行评价和监督，省级财政部门负责对本省PPP项目信息公开工作进行监督管理。下级财政部门未按照本办法规定真实、完整、准确、及时录入应公开PPP项目信息的，上级财政部门应责令其限期改正；逾期拒不改正或情节严重的，予以通报批评。

第十五条 政府有关部门、项目实施机构、社会资本或PPP项目公司等PPP项目信息提供方应当对其所提供信息的真实性、完整性、准确性、及时性负责。一经发现所提供信息不真实、不完整、不准确、不及时的，PPP项目信息提供方应主动及时予以修正、补充或采取其他有效补救措施。如经财政部门或利益相关方提供相关材料证实PPP项目信息提供方未按照规定提供信息或存在其他不当情形的，财政部门可以责令其限期改正；无正当理由拒不改正的，财政部门可将该项目从项目库中清退。被清退的项目自清退之日起一年内不得重新纳入PPP综合信息平台。

第十六条 财政部门应会同政府有关部门在每年2月28日前完成上一年度本级政府实施的PPP项目信息公开年度工作报告，报送省级财政部门，并由省级财政部门在每年3月31日前汇总上报至财政部。报告内容应包括：

（一）即时和适时公开PPP项目信息的情况；

（二）PPP项目信息公开工作存在的主要问题及改进情况；

（三）其他需要报告的事项。

第十七条 财政部门工作人员在PPP项目信息公开监督管理工作中存在滥用职权、玩忽职守、徇私舞弊等违法违纪行为的，按照《公务员法》、《行政监察法》、《财政违法行为处罚处分条例》等国家有关规定追究相应责任；涉嫌犯罪的，移送司法机关处理。

第十八条 公民、法人或者其他组织可以通过PPP综合信息平台对PPP项目信息公开情况提供反馈意见，相关信息提供方应及时予以核实处理。

第五章 附 则

第十九条 PPP综合信息平台是指依据《关于规范政府和社会资本合作（PPP）综合信息平台运行的通知》（财金〔2015〕166号）由财政部建立的全国PPP综合信息管理和发布平台，包含项目库、机构库、资料库三部分。

第二十条 PPP项目信息公开涉及国家秘密、商业秘密、个人隐私、知识产权，可能会危及国家安全、公共安全、经济安全和社会稳定或损害公民、法人或其他组织的合法权益的，依照相关法律法规处理。

第二十一条 本办法自2017年3月1日起施行。

附：

PPP项目信息公开要求

项目所处阶段	公开内容	公开方式	公开的时点	信息提供方
项目识别	项目概况、项目合作范围、合作期限、项目运作方式、采购社会资本方式的选择	即时公开	实施方案编制完成之日起10个工作日内	项目发起方
	交易结构（含投融资结构、回报机制、相关配套安排）、项目产出说明和绩效标准、风险分配框架、合同体系、监管体系	适时公开	进入项目执行阶段后6个月内	项目发起方

续表

项目所处阶段	公开内容	公开方式	公开的时点	信息提供方
项目识别	物有所值定性评价指标及权重、评分标准、评分结果	即时公开	报告定稿之日起10个工作日内	
	物有所值评价通过与否的评价结论(含财政部门会同行业部门对报告的审核意见)	即时公开	实施方案批复文件下发后10个工作日内	
	审核通过的物有所值评价报告(含财政部门对报告的批复文件)	适时公开	进入项目执行阶段后6个月内	
	本项目以及年度全部已实施和拟实施的PPP项目财政支出责任数额及年度预算安排情况，以及每一年度全部PPP项目从预算中安排的支出责任占一般公共预算支出比例情况	即时公开	实施方案批复文件下发后10个工作日内	
	财政承受能力论证的测算依据、主要因素和指标	即时公开	报告定稿之日起10个工作日内	
	通过财政承受能力论证与否的结论	即时公开	实施方案批复文件下发后10个工作日内	
	审核通过的财政承受能力论证报告(含财政部门对报告的批复文件)	适时公开	进入项目执行阶段后6个月内	
	新建或改扩建项目建议书及批复文件	适时公开	进入项目执行阶段后6个月内	实施机构
	可行性研究报告(含全套支撑性文件)及批复文件，设计文件及批复文件(如适用)	适时公开	进入项目执行阶段后6个月内	实施机构
	存量公共资产或权益的资产评估报告，以及存量资产或权益转让时所可能涉及的各类方案等(如适用)	适时公开	进入项目执行阶段后6个月内	实施机构
项目准备	政府方授权文件，包括对实施机构、PPP项目合同的政府方签约主体、政府方出资代表(如适用)等的授权	即时公开	授权后10个工作日内	项目所在地本级政府
	项目概况、项目合作范围、合作期限、项目运作方式、采购社会资本方式的选择	即时公开	进入采购程序后10个工作日内	实施机构
	交易结构(含投融资结构、回报机制、相关配套安排)、项目产出说明和绩效标准、风险分配框架、核心边界条件、合同体系、监管体系	适时公开	进入项目执行阶段后6个月内	实施机构
	政府对实施方案的审核批复文件	即时公开	批复文件下发后10工作日内	实施机构
	审核通过的项目实施方案及修正案	适时公开	进入项目执行阶段后6个月内	实施机构

续表

项目所处阶段	公开内容	公开方式	公开的时点	信息提供方
项目采购	项目资格预审公告（含资格预审申请文件）	即时公开	资格预审公告发布后10个工作日内	实施机构
	项目采购文件、补遗文件（如有）	适时公开	进入项目执行阶段后6个月内	实施机构
	资格预审评审报告及响应文件评审报告中专家组评审结论性意见，附资格预审专家和评审专家名单	适时公开	进入项目执行阶段后6个月内	采购监管机构
	确认谈判工作组成员名单	适时公开	进入项目执行阶段后6个月内	实施机构
	预中标及成交结果公告；中标、成交结果公告及中标通知书	即时公开	依法律规定及采购文件约定	实施机构、采购监管机构
	已签署的PPP项目合同	适时公开	进入项目执行阶段后6个月内	实施机构
	PPP项目合同核心条款，应包括主要产出说明、绩效指标回报机制、调价机制	即时公开	项目合同经人民政府审核通过后10个工作日内	实施机构、项目公司
	本项目政府支出责任确认文件或更新调整文件（如适用），以及同级人大（或人大常委会）将本项目财政支出责任纳入跨年度预算的批复文件（如适用）	适时公开	进入项目执行阶段后6个月内	实施机构
	项目采购阶段调整、更新的政府方授权文件（如有）	即时公开	项目合同经人民政府审核通过后10个工作日内的附件依据相关法律规定公开	实施机构
项目执行	项目公司设立登记、股东认缴及实缴资本金情况、增减资（如适用）	即时公开	设立时及资本金到位后10个工作日内	项目公司
	融资额度、融资主要条件及融资交割情况	适时公开	对应事项确定或完成后次年的4月30日前	项目公司
	项目施工许可证、建设进度、质量及造价等与PPP项目合同的符合性审查情况	即时公开	依据PPP项目合同约定；如PPP项目合同未约定时，则在对应活动结束后次年的4月30日前予以公开	实施机构、项目公司
	社会资本或项目公司的年度运营情况及运营绩效达标情况	即时公开	依据PPP项目合同约定；如PPP项目合同未约定时，则在对应活动结束后次年的4月30日前予以公开	项目公司

续表

项目所处阶段	公开内容	公开方式	公开的时点	信息提供方
项目执行	项目公司绩效监测报告、中期评估报告、项目重大变更或终止情况、项目定价及历次调价情况	即时公开	依据PPP项目合同约定；如PPP项目合同未约定时，则在对应活动结束后次年的4月30日前予以公开	实施机构
	项目公司成本监审、所有的PPP合同修订协议或补充协议	适时公开	对应活动结束后次年的4月30日前	实施机构 项目公司
	项目公司财务报告相关内容，包括项目收费情况，项目获得的政府补贴情况，项目公司资产负债情况等	适时公开	对应活动结束后次年的4月30日前	项目公司
	重大违约及履约担保的提取情况，对公众投诉的处理情况等	即时公开	发生之日起10个工作日内	实施机构
	本级政府或其职能部门做出的对项目可能产生重大影响的规定、决定等	即时公开	规定及决定 下发后10个工作日	实施机构
	项目或项目直接相关方重大纠纷、涉诉或涉仲情况	即时公开	除本办法另有规定外，发生后10个工作日内	项目公司
	本级PPP项目目录、本级PPP项目示范试点库及项目变化情况、本级人大批准的政府对PPP项目的财政预算、执行及决算情况等	即时公开	依法律规定（如有）公开或每季度公开	
项目移交	移交工作组的组成、移交程序、移交标准等移交方案	即时公开	移交方案确定后10个工作日内	实施机构
	移交资产或设施或权益清单、移交资产或权益评估报告（如适用）、性能测试方案	即时公开	清单或报告定稿或测试完成后10个工作日内	实施机构
	移交项目资产或设施上各类担保或权益限制的解除情况（如适用）	即时公开	对应解除完成后10个工作日内	实施机构、项目公司
	项目设施移交标准达标检测结果	即时公开	达标检测结果出具后10个工作日内	实施机构
	项目后评价报告，以及项目后续运作方式	即时公开	后评估报告定稿或项目后续运作方式确定后10个工作日内	实施机构

图书在版编目（CIP）数据

PPP财税处理实操指南/王庆主编．—北京：中国市场出版社，2017.7
ISBN 978-7-5092-1491-6

Ⅰ．①P… Ⅱ．①王… Ⅲ．①政府投资-合作-社会资本-应用-财务管理-指南②政府投资-合作-社会资本-应用-税收管理-指南 Ⅳ．①F830.59-62②F014.391-62③F810.423-62

中国版本图书馆CIP数据核字（2017）第122160号

PPP财税处理实操指南
PPP CAISHUI CHULI SHICAO ZHINAN

主　　编　王　庆
责任编辑　辛慧蓉（xhr1224@aliyun.com）
出版发行　中国市场出版社 China Market Press
社　　址　北京市西城区月坛北小街2号院3号楼（100837）
电　　话　编 辑 部（010）68033692　读者服务部（010）68022950
发 行 部（010）68021338　68033577　68020340
总 编 室（010）68020336　盗版举报（010）68020336
经　　销　新华书店
印　　刷　河北鑫兆源印刷有限公司
规　　格　185 mm×260 mm　16开本
印　　张　38.5　　**字　　数**　760 000
版　　次　2017年7月第1版　　**印　　次**　2017年10月第2次印刷
书　　号　ISBN 978-7-5092-1491-6
定　　价　128.00元